이것이
모든것을
바꾼다

**THIS CHANGES
EVERYTHING**

이것이 모든 것을 바꾼다

자본주의 대 기후

나오미 클라인 Naomi Klein
이순희 옮김

THIS CHANGES EVERYTHING
by NAOMI KLEIN

Copyright © 2014 by Klein Lewis Productions Ltd.
Korean language translation copyright © 2016 by The Open Books Co.
All rights reserved.

Korean translation rights arranged with ICM Partners,
New York through EYA(Eric Yang Agency), Seoul.

일러두기
- 본문에 나오는 인명, 지명, 기업명 등 고유명사는 국립국어원 외국어표기법에 따라 표기했다.
- 본문의 각주 가운데 따로 표기가 없는 것은 원주이다. 옮긴이가 직접 단 주는 설명 뒤에 〈옮긴이주〉를 붙였다.
- 이 책에서 언급하는 달러는 전부 미화 달러다. 캐나다의 화폐 단위를 나타낼 때는, 〈캐나다달러〉로 표기했다.

이 책은 실로 꿰매어 제본하는 정통적인 사철 방식으로 만들어졌습니다.
사철 방식으로 제본된 책은 오랫동안 보관해도 손상되지 않습니다.

토마에게

우리 시대의 과제는 기후 변화를 훨씬 넘어서는 것임을 명심해야 한다. 우리는 시야를 넓혀 더 높은 곳을 바라보고, 더 깊이 있게 탐구해야 한다. 지금 우리가 논의하고 있는 문제는 이 행성에서 살아가는 우리의 생활 방식 일체를 바꾸어 놓는 것이다.

— 리베카 타버튼, 열대 우림 행동 네트워크 사무국장, 1973~2012년[1]

소설을 쓰면서 나는 여러 가지 상상을 해보았다. 사람들이 걸프 해류에 소금을 투입하는 장면, 그린란드 만년설에서 밀려 내려오는 빙하를 막기 위해 댐을 쌓는 장면, 사하라와 아시아의 건조한 분지에 바닷물을 끌어들여 내륙해를 만드는 장면, 물 부족을 해소하기 위해 남극 빙하에서 녹아내린 물을 북쪽으로 실어 나르는 장면, 나무뿌리에 더 많은 산소가 흡착하도록 박테리아 유전자를 조작하는 장면, 플로리다가 바닷물에 잠기지 않도록 지면을 10미터 돋워 올리는 장면. 그리고, (아마 가장 어려운 일이겠지만) 사람들이 자본주의를 총체적으로 변화시키는 과정까지.

— 킴 스탠리 로빈슨, 과학 소설 작가, 2012년[2]

차례

추천의 말

「2015년 우리 모두가 함께 느낀 세계는 역사상 가장 더운 해였습니다. 우리 제작진은 눈을 찾으러 이 행성의 최남단까지 가야 했습니다. 기후 변화는 현실이며 바로 지금 우리 눈앞에서 벌어지고 있습니다. 우리 종 전체가 맞고 있는 가장 시급한 위험이며, 우리 모두 힘을 합쳐야 하고 더 이상 미룰 수 없습니다. 오염의 주범들이나 거대 기업을 옹호하지 말고, 인류 전체를 위해, 세계 각지의 토착민들을 위해, 기후 변화의 영향을 가장 크게 받을 수많은 불우한 사람들을 위해, 우리 아이들의 아이들을 위해, 그리고 탐욕의 정치에 의해 발언조차 하지 못하는 모든 사람들을 위해 일하는 세계 지도자들을 지지해야 합니다. 이 행성은 우리에게 당연하게 주어진 게 아닙니다. 저는 오늘 밤을 당연하게 받아들이지 않습니다.」

레오나르도 디카프리오가 2016년 오스카 남우주연상을 수상하며 한 연설의 일부이다. 지난 10년 동안 세 번이나 남우주연상 후보에 올랐다가 낙마한 것에 대한 섭섭함에 대해서는 한마디 언급조차 없이, 도움을 준 분들에 대한 짤막한 감사의 말을 뒤로 하고 연설의 절반 이상을 할애하여 그 어떤 환경 운동가보다 강렬한 메시지를 전달한 명연설이었다.

나오미 클라인의 『이것이 모든 것을 바꾼다』는 책으로 전달할 수 있는 가장 강렬한 메시지를 담고 있다. 환경에 대한 인류의 관점을 한순간에 송두리째 뒤바꿔 버린 레이철 카슨의 『침묵의 봄』에 이 책이 비견되는 이유가 바로 여기 있다. 기후 변화가 현실이라는 증거와 데이터가 너무나 명백하고 넘쳐흐르는데도 끊임없이 음모론이 제기되고, 그 음모론에 기대어 오로지 자신들의 이득만 챙기는 탐욕의 정치와 경제를 향해 저자는 가쁜 숨을 몰아쉬며 마치 각혈이라도 하듯 통렬하게 꾸짖는다. 우선 나는 저자가 이 책 한 권에 정리한 어마어마한 정보의 양에 압도되었다. 마치 기후 변화 백서를 읽는 기분이다.

많이 늦었지만 2008년 2월 22일 환경재단이 주축이 되어 우리나라에도 기후변화센터가 설립되었다. 상공회의소에서 열린 창립 기념식에는 그야말로 대한민국 사회 거의 모든 분야의 지도층 인사들이 다 모여들었다. 보수와 진보, 개발과 보전, 여당과 야당 할 것 없이 우리 사회를 구분하는 거의 모든 경계들이 완벽하게 허물어진 화합의 장을 기후 변화라는 공동의 관심사가 만들어 내는 걸 보며 큰 감동을 받았다. 기후변화센터의 공동대표를 수락하며 내가 제일 먼저 생각한 것이 바로 기후 변화에 관한 책을 만드는 일이었다. 그래서 탄생한 책이 『기후 변화 교과서』(2011)이다. 이 책과 함께 읽으면 좋을 듯싶다.

기후 변화가 인간의 활동에 의해 일어난다는 것을 과학적으로 밝힌 최초의 연구는 1824년 프랑스의 수학자이자 물리학자인 푸리에가 파리 왕립 과학아카데미에 제출한 논문이었다. 그가 처음으로 설명한 대기 에너지 전도의 비대칭성은 훗날 〈온실 효과greenhouse effect〉라고 명명되어 널리 알려졌다. 한편 이 현상을 처음으로 실험을 통해 입증해 낸 사람은 물리학자 틴들이었다. 틴들은 1859년 5월 18일 영국 왕립 연구소의 지하 실험실에서 수증기, 이산화탄소, 아산화질소, 메탄, 그리고 오존 분자가 온실 효과를 일으키는 기체들이라는 최초의 증거를 얻었다. 흥미롭게도 그가 실험에 성공한 1859년은 다윈의 『종의 기원』이 출간된 해이기도 하지만 미국 펜실베이니아 타이터스빌에서 최초로 상업적 석유 채굴이 시작된 해이기도 하다. 석유 시대와 기후 변화 연구는 시작부터 묘한 인연을 갖고 있다.

시사주간지 『타임 *Time*』은 해마다 〈올해의 인물The Man of the Year〉을 선정해 발표한다. 그러나 1988년에는 이례적으로 〈올해의 행성The Planet of the Year〉을 선정했다. 물론 우리가 살고 있는 아름다운 행성 지구가 선정되었는데, 표지의 사진에 있는 지구는 밧줄로 칭칭 감겨 있었다. 지구가 위기에 처했다는 생각은 어제 오늘의 일이 아니다. 인류는 상당히 오래전부터 지구의 환경이 파괴되고 있다는 사실을 잘 알고 있었다. 그러다가 드디어 기후 변화라는 엄청난 괴물이 등장한 것이다. 이전의 환경 문제들은 거의 다 국지적인 것들이었다. 하지만 기후 변화는 우리가 그어 놓은 경계를 무시한다. 전 지구적으로 벌어지는 일이라서 서로 책임을 전가하기에 바쁘다. 저자는 가장 결정적인 실패의 시발점을 2009년 코펜하겐 UN 기후 정상 회의에서 보여준 무기력함에서 찾았다. 기후 변화의 원인을 제공한 강대국들과 애꿎게 피해를 입는 약소국들 간의 협상이 이렇다 할 진전을 보지 못한 채 끝났기 때문이다. 우리나라 기후변화센터의 활동가들은 회의장에서 우리나라의 젊은 천재 디자이너 이제석이 만든 포스터를 내걸어 큰 호응을 얻었다. 거대한 코끼리 똥 옆에 뱁새 한 마리가 빗자루를 들고 서 있는 모습이었다. 메시지는 분명했다. 〈똥 싼 놈이 치워라!〉

기후 변화를 둘러싼 진실은 앨 고어가 얘기하려던 것보다 훨씬 더 불편하다. 우리가 이미 저질러 놓은 것만으로도 앞으로 한동안은 이 추세가 계속될 것이다. 대규모 탄소 감축에 대하여 음모론자들이 주장하는 것처럼 지금 당장 세계 경제를 파산으로 몰아넣는다 하더라도 기후 변화는 일시에 멈추지 않는다. 여기에 기후 변화의 근원적인 아픔이 있다. 그래도 이 책의 저자가 주장하는 대로 〈어쨌든 시작하자〉. 〈늦었다고 생각할 때가 가장 빠른 때〉라는 옛 사람들의 지혜가 새롭다. 어느 날 갑자기 모두가 뛰쳐나와 우리 삶의 방식을 완전히 바꿔 놓을 순간을 기대한다.

최재천
이화여자대학교 에코과학부 교수, 국립생태원 원장

서문

어쨌든, 모든 것은 변한다

대부분의 기후 변화 이론들은 앞으로 온실가스 배출량, 기온 상승, 해수면 상승 등의 변화가 점진적으로 일어날 것이라 추정한다. 일정 정도의 온실가스는 일정 정도의 기온 상승으로 이어지고, 다시 일정 정도의 해수면 상승으로 이어지리라는 것이다. 그런데 기후와 관련한 지질학적 기록들을 살펴보면, 기후를 구성하는 한 가지 요소의 지극히 미미한 변화가 기후 시스템 전체의 급격한 변화로 이어진 순간들이 나타난다. 말하자면, 기온이 특정 임계점을 넘어서는 순간, 예측할 방법도 역전시킬 방법도 없는 엄청난 파괴력과 대규모 충격과 함께 급격한 변화가 일어날 수 있다는 뜻이다. 일단 그 단계에 들어서면 인류가 더 이상 대기 중에 이산화탄소를 배출하지 않는다 해도 결코 멈출 수 없는 과정들이 전개될 것이다. 기후 급제동에 따른 통제 불능 상황이라 할 수 있다. 그렇게 되면 기후 문제와 그로 인한 파급 효과는 우리가 통제할 수 있는 영역 밖에 놓일 것이다.

— 미국 과학 진흥회의 보고서, 2014년[1]

나는 배기가스 냄새가 좋다.

— 세라 페일린, 2011년[2]

기내 안내 방송이 나왔다. 〈워싱턴 D.C.를 출발하여 사우스캐롤라이나 찰스턴에 도착 예정인 3935 여객기에 탑승하신 손님들은 소지품을 가지고 비행기에서 내려 주시기 바랍니다.〉

　승객들은 계단을 내려와 뜨거운 활주로에 모여 섰다. 그곳에서 그들은 이상한 일을 목격했다. US 에어웨이 여객기의 바퀴가 굳지 않은 시멘트처럼 물렁물렁한 상태의 검은 활주로 포장재 속에 깊이 박혀 있었다. 어찌나 깊숙이 박혀 있던지 견인 트럭이 힘껏 잡아당겨도 꼼짝을 하지 않았다. 항공사는 승객 서른세 명의 몸무게라도 덜어 내면 트럭으로 충분히 견인할 수 있으리라 생각했던 모양이지만, 그 예측은 빗나갔다. 누군가 인터넷에 올린 사진에는 이런 글귀가 붙어 있었다. 〈내가 타려던 항공편이 왜 취소됐냐고? 워싱턴 D.C.의 찌는 듯한 폭염 때문에 비행기가 활주로 포장재에 10센티미터쯤 박혀 버렸으니까.〉[3]

　결국 훨씬 더 크고 힘이 좋은 트럭이 도착한 후에야 견인 작업은 성공했다. 비행기는 예정보다 3시간 늦게 이륙했다. 항공사 대변인은 이 사고를 〈이상 고온〉 탓으로 돌렸다.[4]

　2012년 여름에 이상 고온 현상이 나타났다. (2011년에도, 2013년에도 이상 고온 현상이 있었다.) 이상 고온 현상의 원인은 불을 보듯 뻔하다. 엄청난 양의 화석 연료 연소. US 에어웨이 역시 활주로 포장재가 녹는 사고로 불편을 겪으면서도 비행기 운행을 멈추지 않았다. 화석 연료 연소는 급격한 기후 변화를 야기하고, 기후 변화는 역으로 화석 연료를 태워 대는 인간의 능력에 제동을 걸고 있으니 그야말로 아이러니한 형국이다. 그럼에도 3935 여객기 승객들은 다시 비행기에 올라 예정했던 여정을 이어 갔다. 이 사고를 주요 기사로 다룬 뉴스에서 〈기후 변화〉라는 단어는 찾아볼 수도 없었다.

물론 나는 이 승객들을 비난할 입장이 아니다. 비유법을 써서 말하자면, 어느 지역에 살든지 고도의 소비 생활을 하는 우리는 모두 3935 여객기의 탑승객이니까. 인류의 생존을 위협하는 위기가 닥쳤는데도 우리 문화는 위기의 원인이 되는 행위를 계속하며 이를 더욱 부채질한다. 비행기를 견인하기 위해 훨씬 강력한 엔진을 갖춘 트럭을 불러들인 항공사처럼, 세계 경제는 전통적인 화석 연료 채취 방식에서 훨씬 더 더럽고 위험한 화석 연료 채취 방식 — 앨버타 타르 샌드에서 역청을 채취하는 활동, 심해 유전을 뚫어 원유를 채취하는 활동, 프래킹 방식(수압 균열법)으로 가스를 채취하는 활동, 산을 깎아 내 석탄을 채취하는 활동 등 — 으로 옮겨 가며 위기를 가속화하고 있다.

그러는 동안 새로운 반격에 나선 기후는 더욱 강력해진 자연재해로 지구 온난화의 주역인 화석 연료 산업에 적의를 드러내기 시작했다. 예컨대 2013년 기록적인 홍수가 캘거리를 덮쳤을 때 앨버타 타르 샌드 광산을 운영하는 석유 회사들은 작업을 중단하고 직원들을 귀가시켜야 했으며, 가연성 원유를 실은 열차는 홍수의 공격을 받아 무너져 내리는 철도 다리 앞에서 간신히 멈춰 섰다. 2012년 가뭄으로 미시시피 강의 수위가 낮아지자 석유와 석탄을 실은 화물선들은 며칠 동안 발이 묶인 채 육군 공병대가 강바닥 준설을 완료할 때까지 기다려야 했다(육군 공병대는 그 전해에 같은 지점에서 발생한 기록적인 홍수 피해를 복구할 목적으로 할당된 예산을 끌어다 준설 비용으로 써야 했다). 또한 여러 지역의 석탄 화력 발전소들은 냉각수로 이용해 오던 강물의 온도가 너무 높아서, 혹은 그 양이 너무 부족해서 가동을 임시 중단해야 했다.

이처럼 위기에 직면해 삐걱거리는 역사적 순간에 살아간다는 것은 일종의 인지 부조화를 야기한다. 애써 무시해 온 위기가 정면에서 우리를 공격하는데도 우리는 그 위기를 일으키는 활동을 더욱 심하게 밀어붙이고 있는 것이다.

인정하고 싶진 않지만, 나는 상당히 오랫동안 기후 변화를 부정했다. 물론 기후 변화가 진행되고 있다는 사실은 잘 알고 있었다. 기후 변화는 헛소리다, 겨울이 변함없이 찾아오고 있지 않느냐고 주장하는 도널드 트럼프나 티 파티 지지자들과 같은 입장은 결코 아니었다. 하지만 세부적인 내용에 대해선 문외한이었고, 공포감을 자아내는 대부분의 뉴스 보도들을 귓등으로 흘려들었다. 과학은 너무 복잡하며, 그런 복잡한 문제들이라면 환경주의자들이 다루고 있다고 생각했다. 항공사의 〈엘리트급〉 고객 신분을 입증하는 골드 카드를 지갑에 넣어 다니면서도 아무런 문제의식을 느끼지 않았다.

많은 사람들이 이런 식으로 기후 변화를 부정한다. 기후 변화의 현실을 보고도, 금세 관심을 딴 데로 돌려 외면해 버리는 것이다. 혹은 농담으로 넘겨 버리기도 한다. 〈세계 종말의 조짐이 계속 늘고 있군!〉 이 역시 외면의 한 방법이다.

기후 변화의 현실을 보고도, 인간은 영리한 동물이니 대기 중의 탄소를 안전하게 흡수하는 기적의 기술이나 태양열을 차단하는 마법과 같은 방법을 발명해 낼 거라고 스스로를 다독이기도 한다. 내가 취재 과정에서 확인했던 이 같은 행동 역시 외면의 한 방법이다.

기후 변화의 현실을 보고도, 〈경제를 고려하면 기후 변화보다 성장에 집중하는 게 훨씬 효과적이다. 부의 확보야말로 기상 이변의 충격을 견딜 수 있는 최선의 보호책이다〉라는 식의 터무니없는 합리화를 시도하기도 한다. 돈을 더 많이 벌어 두면 도시가 물에 잠길 때도 큰 도움이 되리라는 입장이다. 이 역시 정책 입안자들이 일삼는 외면의 하나다.

기후 변화의 현실을 보고도, 사는 게 너무 바쁘니 그처럼 추상적이고 현실과 동떨어진 문제까지 신경 쓸 겨를이 없다고 생각하기도 한다. 뉴욕 시의 지하철이 침수되고 뉴올리언스의 홍수 때문에 사람들이 지붕으로 대피했다는 뉴스를 접했으면서도, 그 누구도 기후 변화로부터 안전하지 않으며 게다가 가장 약한 사람들이 가장 큰 피해를 입는다는 사실을 알면서도 말이다. 머릿속으로 아무리 완벽하게 이해한다 할지라도, 이런 행동 역시 외면이다.

기후 변화의 현실을 보고도, 당장 할 수 있는 일은 스스로에게 초점을 맞추는 것뿐이라 여기기도 한다. 그래서 명상을 하고, 농민 직영 상점에서 물건을 사고, 자동차 운전을 그만하자고 결심한다. 하지만 기후 위기를 향해 치달아 가는 시스템, 즉 〈나쁜 에너지〉를 지나치게 많이 사용하며 따라서 머지않아 작동을 멈출 이 시스템 자체를 변화시키려 노력해야 한다는 사실은 아예 잊고 만다. 물론 생활 방식을 바꾸는 것 역시 해법의 하나이므로 자신이 적절한 대응을 하고 있노라고 자족할 수도 있다. 하지만 이 경우 역시 한쪽 눈을 질끈 감고 있는 셈이다.

기후 변화의 현실을 보고도, 그 사실을 완전히 잊어버린 사람처럼 행동하기도 한다. 기억하기, 그런 다음 다시 망각하기. 기후 변화는 오랫동안 머릿속에 넣고 있기 어려운 문제다. 생태계 위기와 관련해서 기억과 망각을 단속적으로 되풀이하는 우리의 건망증에는 지극히 합리적인 이유가 있다. 기후 위기라는 엄연한 현실을 인정하는 순간 모든 게 달라질 것임을 알기 때문에 그걸 피하고 싶은 것이다. 물론 그건 정확한 예측이다.[5]

온실가스 배출을 계속 늘려 나가는 현재 경로를 그대로 따라간다면, 기후 변화는 우리가 살고 있는 세계의 모든 것을 바꾸어 놓을 것이다.

대도시는 침수 피해를 겪고, 오랜 역사를 간직한 문화가 바닷물에 잠기며, 우리의 자녀는 맹렬한 폭풍과 혹독한 가뭄의 공격에 직면해 대피와 피해 복구에 엄청나게 많은 시간을 소모할 것이다. 원하는 것이 이런 미래라면 아무 일도 하지 않으면 된다. 특별히 애써서 해야 할 일은 전혀 없다. 지금껏 해온 일들(이를테면 기술적인 해법에 의존하거나, 텃밭 가꾸기에 몰두하거나, 사는 게 바쁘니 본격적인 대응에 나설 여유가 없다고 스스로를 다독이거나)을 지속하는 것만으로도 충분하다.

심각한 위기는 딴 세상 이야기인 양 행동하면 그만이다. 실제로는 겁에 질려 있더라도 겁먹을 일이 전혀 없다는 태도를 고수하면 그만이다. 그렇게 살다 보면 우리는 어느덧 그토록 두려워하던 지점에, 줄곧 외면해 왔던 바로 그 실체에 맞닥뜨리게 될 것이다. 애써 특별한 노력을 기울이지 않아도 말이다.

이런 소름 끼치는 미래를 피할 수 있는, 그 미래의 참혹함을 최대한 완화시킬 수 있는 방법이 있을까? 물론 있다. 하지만 명심해야 할 것은 이 방법 역시 모든 것을 바꾸어 놓으리라는 점이다. 그것은 고도의 소비 생활에 익숙한 우리의 생활 방식과 경제의 작동 방식, 그리고 지구의 생태계에서 인간이 맡아야 할 역할에 대한 사고방식까지 변화시킬 것이다. 물론 희망적인 변화들이다. 이러한 변화는 결코 재앙을 불러일으키지 않는다. 엄청나게 흥미진진한 변화도 많다. 하지만 나는 오랫동안 이 사실을 알아차리지 못했다.

줄곧 기후 변화의 현실을 외면해 오던 내가 처음으로 여기에 눈길을 돌리게 된 계기가 있다. 2009년 4월, 지금도 그날의 기억이 생생하다. 그날 나는 제네바에서 세계 무역 기구 주재 볼리비아 대사인 앙헬리카 나바로 야노스를 만났다. 무역 대표 겸 기후 대표 업무를 맡은 지 얼마 되지 않은 젊은 여성이었다. 한적한 중식당에서 함께 점심 식사를 하면서, 그녀는 볼리비아 국민들 입장에서는 기후 변화가 가공할 위험이자 동시에 기회라는 주장을 폈다(젓가락을 이용해 세계 온실가스 배출 총량의 궤적을 표시하는 그래프까지 그렸다).

볼리비아에서 기후 변화가 위협이라는 건 두말할 필요가 없었다. 볼리비아는 음용수와 농업용수의 대부분을 빙하에 의존하는데, 수도를 굽어보는 산들의 만년설이 녹아내리면서 하얗던 산 정상이 갈수록 빠르게 회색과 갈색으로 변해 가고 있었기 때문이다. 한편 기후 변화가 기회가 되는 이유는 이러하다. 볼리비아 같은 나라들은 온실가스 급증의 원인을 제공한 일이 없으므로 〈기후 채권자*climate creditors*〉의 지위를 가진다. 한마디로 이들 국가들은 기후 관련 재해 대응에 필요한 막대한 비용을 확보하고 청정에너지 경로를 통한 발전을 이루기 위해, 온실가스 대량 배출 국가들에게 금전적·과학 기술적 지원을 요구할 자격이 있는 것이다.

최근 그녀는 UN 기후 회의에서의 연설을 통해 이와 같은 부(富)의 이전 계획을 제안했다. 그녀가 내게 건넨 연설문 사본에는 다음과 같은 내용이 있었다. 〈작은 섬과 최저 개발국, 내륙국과 브라질, 인도, 중국을 비롯한 세계 전역의 취약한 공동체에 속한 수백만 인구는 기후 변화의 원인을 제공한 일이 없음에도 기후 변화로 인해 고통받고 있다. (……) 향후 10년 안에 급격한 온실가스 감축을 달성하기 위해서는 역사상 유례를 찾아볼 수 없을 만한 대규모 계획을 시행해야 한다. 바로 지구를 위한 마셜 플랜이다. 이 계획에 따라 우리는 사상 최대 규모의 자금 조달과 기술 이전을 조직해야 한다. 온실가스를 감축하는 동시에 생활의 질을 향상시키기 위해, 모든 나라에서 기술적인 약진이 이루어져야 한다. 이제 우리 앞에 남은 시간은 딱 10년뿐이다.〉[6]

물론 지구를 위한 마셜 플랜에는 막대한 비용이 필요하다. 수조 달러까지는 아니라도 수천억 달러가 필요할 것이다(나바로 야노스는 숫자를 입에 올리길 주저했다). 그렇게 엄청난 비용이 드는 계획이라면 실행

가능성이 전혀 없다고 생각하는 사람도 있을 것이다. 세계적인 금융 위기가 절정에 달했던 2009년이었으니까. 그러나 아직은 공공 부문 축소, 학교 폐쇄 등을 통해 금융권의 부채를 서민들에게 전가하는 강력한 긴축 논리가 일상화되기 전이었다. 금융 위기는 나바로 야노스가 제시한 구상의 타당성을 약화시키기는커녕 오히려 강화하는 쪽으로 작용했다.

엘리트들이 위기를 선포하는 순간 수조 달러가 조직적으로 동원되는 사례를 우리는 똑똑히 목격했다. 그들은 은행이 무너지면 경제의 나머지 부문 역시 무너진다고, 집단적인 생존이 걸린 문제이니 반드시 재원을 마련해 은행들을 구해야 한다고 설득했다. 그 과정에서 우리 경제 시스템의 핵심 토대인 훨씬 큰 허상이 폭로되기도 했다(돈이 더 필요하다고? 더 찍으면 되잖아!). 몇 년 전 9·11 테러 발생 이후에도 미국 정부는 비슷한 방식으로 공공 재원을 마련했다. 국내 안보·감시 체제의 구축이나 해외 전쟁과 관련한 경우, 많은 서구 국가들에서 예산 문제는 쟁점으로 등장하지도 않는다.

하지만 기후 변화는 우리의 지도자들로부터 이처럼 총력 대응이 필요한 위기로 대접받은 일이 없다. 은행 붕괴나 건물 붕괴와는 비교할 수 없을 만큼 막대한 인명 피해가 우려되는 위기인데도 말이다. 그들은 과학자들이 재앙의 위험을 대폭 축소하기 위해 반드시 필요하다고 밝힌 온실가스 감축을 그저 미적지근한 제안 사항으로, 무기한 연기해도 되는 일로 취급한다. 위기를 선포한다는 것은 그 현실이 매우 엄중한 만큼 해당 사안을 우선순위에 두고 최대한도로 힘을 쏟겠다는 표현이다. 이러한 상황에서 우리가 그저 구경꾼 자리만 지킬 필요는 없다. 정치인들만 위기를 선포할 힘을 가진 것은 아니다. 일반 서민들이 참여하는 대중 운동 역시 위기를 선포할 수 있다.

노예제 폐지 운동이 대중적으로 확산되기 전까지, 영국과 미국의 엘리트들은 노예제를 위기로 취급하지 않았다. 흑인 민권 운동이 대중적으로 확산되기 전까지, 그들은 인종 차별을 위기로 취급하지 않았다. 여권 운동이 대중적으로 확산되기 전까지, 그들은 성 차별을 위기로 취급하지 않았다. 아파르트헤이트 반대 운동이 대중적으로 확산되기 전까지, 엘리트들은 아파르트헤이트를 위기로 취급하지 않았다.

기후 변화 역시 마찬가지다. 많은 사람들이 외면의 눈길을 거두어 기후 변화가 마셜 플랜에 맞먹는 강력한 대응이 필요한 위기임을 선포한다면 기후 변화는 위기가 될 것이며, 정치권은 마지못해서라도 이에 필요한 자원을 동원할 방도를 찾고 엘리트들의 이해관계가 위협받는 경우에는 자유 시장 원칙을 조정하는 등 기민한 대응에 나설 것이다. 이따금 기후 변화가 모두의 신경을 집중시키는 순간, 우리는 잠시나마 이런 가능성을 어렴풋이 확인하곤 한다. 2014년 영국에서 기록적인 홍수로 광범위한 지역이 침수되었을 때 국민들이 재해 원조를 방관하는 정부를 규탄하자, 〈미스터 긴축 *Mr. Austerity*〉이라는 별명까지 얻은 데이비드 캐머런 총리는 이렇게 선언했다. 〈돈이 얼마가 들어도 상관없다. 재해 원조에 필요한 돈은 무조건 지출하겠다.〉[7]

나바로 야노스를 만나 볼리비아의 입장을 들은 뒤로, 나는 기후 변화가 인류 조직의 원동력이 될 수 있음을 깨달았다. 물론 홍수에 도시 전체가 잠긴 상황처럼, 기후 변화가 전 지구적 비상사태로 취급된다면 말이다. 그러면 아마 우리는 극단적인 기상 이변 앞에서 더 확실한 보호를 약속받을 뿐 아니라, 다양한 방면에서 안전성과 공정성이 강화된 사회를 확보하게 될 것이다. 더하여 하루빨리 화석 연료에서 탈피하고 향후에 닥칠 기상 이변을 대비하는 일에 자원을 투입한다면 많은 지구인들이 빈곤에서 헤어날 것이며, 지금은 누리지 못하는 깨끗한 물과 전력 등의 서비스를 이용할 수 있을 것이다. 이는 UN이 흔히 사용하는 〈완화 *mitigating*〉와 〈적응 *adapting*〉 따위의 표현에 함축된 것처럼 기후 변화를 극복해야 할 〈적〉으로 보는 암울한 주장과는 전혀 다른 차원의 미래상이다. 한마디로, 인류가 하나로 뭉쳐 이 위기를 이용함으로써 지금보다 훨씬 나은 상황으로 도약하자는 것이다.

야노스와 대화를 나누고부터, 나는 기후 변화의 과학적 현실을 받아들이기를 주저하던 과거의 태도를 깡그리 던져 버렸다. 당장 기사와 학술 논문은 물론, 찾을 수 있는 모든 것을 닥치는 대로 찾아 읽었다. 환경 운동가들이 맡아야 할 일, 다른 사람이 고심하고 담당하면 되는 일이라고 꽁무니를 빼던 태도를 완전히 벗어던졌다. 기후 정의 운동 분야의 여러 사람과 대화를 나누면서, 나는 기후 변화가 여러 경로를 통해 긍정적인 전환을 추동하는 기폭제가 될 수 있음을 깨달았다. 다시 말해서 기후 변화는 지역 경제를 재건하고 재창조하며, 민주주의에 족쇄를 채우는 기업의 영향력을 분쇄할 뿐 아니라 막대한 피해를 낳는 새로운 자유 무역 협상을 봉쇄하고, 대중교통과 적정 가격의 주택 공급 등 재원 부족에 시달리는 공공 부문에 대한 투자를 이끌어 낸다. 또한 에너지와 물 등 필수적인 서비스 사업의 공공 소유권을 되찾고, 취약해진 농업 시스템을 건강하게 복구하고, 기후 변화의 충격으로 고국을 떠날 수밖에 없는 이주민들에게 국경을 열어 주고, 토지에 대한 원주민의 권리를 존중하는 등, 각 나라는 물론 모든 국가들 사이에 존재하는 위험한 수준의 불평등을 없앨 수 있다. 이런 목표와 관련해서 기후 변화는 지금껏 진보주의자들이 제시했던 그 어떤 주장보다 강력한 힘을 발휘한다.

또한 나는 이처럼 다양한 관계에 대한 인식이 폭넓게 확산될 경우, 기후 위기의 긴급성을 토대로 강력한 대중 운동 형성이 가능하다는 조짐(새로운 연대와 활발한 토론)을 확인했다. 대중 운동은 제각각 분리된 듯 여겨지는 이 모든 사안을 통합하여 하나의 일관된 서사를 탄생시키고, 공정성이 심하게 훼손된 경제 시스템과 불안정한 기후 시스템의 맹렬한 공격으로부터 인류를 보호할 방안을 제시할 수 있다. 내가 이 책을 쓰게 된 것은 바로 기후 행동이 이처럼 보기 드문 기폭제가 될 수 있다는 판단 때문이다.

민중이 주도하는 쇼크

이번에는 조금 다르게 설명해 보자. 내가 이 책을 쓰게 된 것은, 바로
기후 변화로 인해 사회, 정치, 경제가 지금과는 비교할 수 없을 만큼 강
력하게, 그리고 훨씬 바람직하지 못한 방향으로 전환될 수 있다는 판단
때문이기도 하다.

지난 15년 동안 나는 경제적 파탄과 자연재해, 테러 공격 등 극심한
충격에 노출된 사회들을 탐구해 왔다. 그러한 사건을 겪은 뒤로 이 사회
들이 극심한 충격의 시기에 어떤 변화를 겪었는지 깊이 살펴보았다. 이
사건들은 현실적인 대안과 관련한 사회 집단의 판단에 바람직한 변화를
불러일으키기도 했지만, 대개는 부정적인 변화를 가져왔다. 전작『쇼크
독트린』*에서 나는 기업이라는 이익 집단이 40여 년이 넘도록 이런 다양
한 위기들을 이용해 규제 완화와 사회 복지 부문 감축, 공공 부문의 대
대적인 민영화 등, 소수 엘리트들에게 부를 몰아주는 정책을 밀어붙이
고 시민 자유에 대한 극단적인 탄압과 극악한 인권 유린 행위를 자행해
왔음을 탐구했다.

기후 변화 역시 무수히 많은 분야에서 마찬가지 변화를 불러오리라는
신호가 이미 나타나고 있다. 소수 엘리트들은 이 위기를 재앙이나 다름
없는 온난화를 예방하고 불가피한 재해로부터 우리를 보호하기 위해 현
실적인 해결책을 마련하는 기폭제로 삼는 대신, 1퍼센트의 엘리트들에
게 더 많은 자원을 몰아주는 기회로 이용할 것이다. 우리는 이 과정이 이

* shock doctrine. 극심한 위기에 충격을 받고 절박한 심정에 몰린 사람들을 선동해 원하는
목적을 관철하는 방식을 말한다. 나오미 클라인은 2008년에 출간한 동명의 저서에서 이에 관한
내용을 다루었다 ── 옮긴이주.

미 첫걸음을 떼었음을 확인할 수 있다. 이른바 〈탄소 배출권〉을 수집할 목적으로 세계 전역의 공유 삼림이 민간 소유의 수목원과 전유물로 전환되고 있다(나중에 다루겠지만, 이 과정에서 수익을 노린 사기꾼들도 등장한다). 기업과 은행 사이에서는 라스베이거스 도박판에서처럼 기상 변화에 돈을 걸고 〈미래의 기상〉을 거래하는 활동까지 성행하고 있다 (2005년부터 2006년 사이에 기상 관련 파생 상품의 시장 규모는 97억 달러에서 452억달러로 다섯 배 급증했다). 세계적인 재보험(再保險) 회사들이 거두어들이는 수십 억 달러의 수익 가운데 일부는, 기후 위기의 원인이 되는 일이라곤 거의 하지 않았는데도 기후 충격 때문에 기간 시설의 심각한 파손에 직면해 있는 개발 도상국에게 신종 보호 방안을 약속하며 보험을 팔아넘겨 벌어들인 수익이다.[8]

〈기후 변화를 의식하여 소비자의 행동과 요구가 변화함에 따라 사업 기회가 확장될 가능성이 높다.〉 미국의 거대 방위 산업체 레이시언 Raytheon 측의 허심탄회한 설명이다. 이런 사업 기회에는 개인적인 재해 대응 서비스에 대한 수요 확대뿐 아니라, 〈기후 변화로 인한 가뭄, 홍수, 폭풍의 피해에 신변에 대한 불안감이 높아지면서 발생하는 방위 제품 및 서비스의 수요〉도 포함된다.[9] 기후 위기의 긴박함에 대해 의구심을 품은 사람이라면, 이미 사설 무장대의 모집이 진행되고 있는 현실을 떠올려 보길 바란다.

가뭄과 홍수는 총기를 지닌 사설 무장대의 수요를 증대시키는 것 외에도 다양한 사업 기회를 제공한다. 2008년부터 2010년 사이에 〈기후 대비〉 작물이나 종자 재배와 관련해서 261개가 넘는 특허가 출원되었다. 극단적인 기상 조건에도 견딜 수 있다고 광고하는 특허 가운데 약 80퍼센트가 몬산토Monsanto와 신젠타Syngenta를 비롯한 여섯 개 대형 농업 기업의 통제하에 있다. 초대형 폭풍 샌디 역시 뉴저지의 부동산 개발업자들에게 예기치 않은 횡재를 안겨 주었다. 경미한 피해가 발생한 지역에서 건물 신축 수요가 급증한 것이다. 그러나 심각한 피해를 입은 공공 주택 단지 거주민들은 허리케인 카트리나의 기습 이후 뉴올리언스에서 일어난 것과 흡사한 엄청난 고통에 시달리고 있다.[10]

결코 놀라운 일들이 아니다. 공공재를 민영화하고 재해를 이용해 수익을 올리는 새로운 방법을 찾는 것이야말로 현재 우리 시스템의 속성이다. 이 속성을 따르도록 내버려 둘 경우, 시스템이 다른 활동에 눈을 돌릴 가능성은 전혀 없다. 하지만 우리 사회가 위기에 대응하는 방식은 쇼크 독트린, 즉 충격 요법에만 국한되지 않는다. 우리는 2008년 월스트리트에서 시작된 금융권의 붕괴가 세계 전역으로 확산되어 가는 최근 몇 년 동안 또 다른 저항 사례를 똑똑히 목격했다. 식료품 가격 폭등이라는 위기는 〈아랍의 봄〉이 전개될 수 있는 조건을 형성했고, 그리스, 스페인, 칠레, 미국 그리고 캐나다 퀘벡을 비롯한 여러 나라에서는 긴축 정책에 반발하는 대중 운동이 거세졌다. 위기를 이용해 공공 부문을 약탈하려는 자들에 맞서서 많은 사람들이 저항하고 있다. 하지만 이런 저항 사례들을 통해서 확인할 수 있듯이, 반대를 외치는 것만으로는 충분치 않다. 일회성 활동으로 끝나지 않으려면, 저항 운동은 무너져 가는 우리 시스템을 대체할 포괄적인 대안과 이를 달성할 방안에 대한 진지한 정치적 전략을 세워야 한다.

진보주의 진영은 한때 그 방안을 알고 있었다. 역사적으로 대규모 위기가 닥쳤을 때 대중 운동이 사회 정의와 경제 정의 분야에서 획기적인 승리를 거둔 사례는 상당히 많다. 대표적인 것이 1929년 대공황 직후에 탄생한 뉴딜 정책과 제2차 세계 대전 이후에 탄생한 무수히 많은 사회 복지 프로그램이다. 유권자들의 강력한 지지 덕분에, 이 정책들은 내가 『쇼크 독트린』에서 다루었던 권위주의적인 책략을 피해 법률로 제정될 수 있었다. 승리의 핵심 요인은, 무너져 가는 현재의 시스템을 방어하는 자들에 맞서 강력한 대중 운동을 구축하고 경제적 성과를 모든 사람에게 훨씬 더 공정한 방식으로 분배할 것을 요구한 데 있었다. 여러 나라에서 시행되고 있는 건강 보험과 노령 연금, 주택 보조금, 예술에 대한 공적 지원 등은 이처럼 특이한 역사적 순간에 탄생하여 지금까지 지속되어 온(물론 끊임없이 공격받고 있는) 유산들 중 일부다.

나는 기후 변화가 과거의 것과는 비교할 수 없을 만큼 커다란 기회를 열어 주고 있다고 확신한다. 많은 과학자들이 제안하는 수준까지 온실가스를 감축해야 하는 위기 앞에 섰지만, 우리는 이 위기 속에서 생활의 질을 개선하고, 빈부 격차를 줄이고, 좋은 일자리를 대폭 확대하고, 민주주의의 근본 원칙을 되살리는 정책들을 진전시킬 기회를 다시금 맞고 있다. 말하자면, 기후 변화는 쇼크 독트린의 궁극적인 실현(새로운 자원의 장악과 압제의 광풍)이 아니라, 아래로부터의 충격이 될 수 있다. 기후 변화는 소수의 수중에 놓인 권력을 강화하는 방향이 아니라, 권력을 다수의 대중에게 분산시키는 방향으로 사회를 변화시킬 수 있다. 만일 우파의 쇼크 요법 전문가들이 긴박한 상황(현실적인, 혹은 날조된)을 이용해 우리를 훨씬 큰 위기로 몰아넣을 정책을 밀어붙이려 한다면 변화는 정반대 방향으로 진행될 것이다. 우리는 무엇보다 먼저 이 연속되는 위기를 야기한 근본 원인을 캐내고, 현재의 시스템이 예고하는 것보다 더 살 만한 환경, 현재의 경제보다 더 공정한 경제를 맞이하기 위한 사회 변화를 이루어 나가야 할 것이다.

하지만 이런 변화가 이루어지려면, 즉 기후를 계기로 우리가 변화할 수 있다는 확신이 형성되려면 무엇보다 먼저 외면하는 눈길을 거두어야 한다.

「당신들은 내가 태어날 때부터 지금까지 줄곧 협상만 하고 있습니다.」 2011년 남아프리카 공화국 더반에서 열린 UN 기후 회의에서 캐나다 대학생 안잘리 아파두라이가 각국 대표들을 향해 던진 말이다. 청중석에서 일어나 회의에 참석한 젊은이들을 대표하여 인상적인 연설을 하던 중이었다. 안잘리의 말은 과장이 아니었다. 실제로 세계 각국 정부들은 안잘리가 태어난 해에 이 협상을 시작했고, 안잘리가 스물한 살이 된 2011년까지 20년 넘도록 기후 변화를 막을 방안에 대해 의논하고 있었다. 「그 긴 시간 동안 당신들은 서약한 내용을 지키지 않았고, 목표를 상실했으며, 약속을 깼습니다.」[11]

〈치명적〉 수준의 기후 변화를 막아야 할 임무를 띤 정부 간 협의체는 20년 넘게 활동해 오면서도(이들은 조직 설치에 합의한 이후로 90회가 넘는 공식 회의를 가졌다) 아무런 진전을 보지 못했다. 뿐만 아니라 거의 지속적으로 퇴보의 과정을 밟고 있다. 정부들은 학기 말 보고서 준비가 덜 된 대학생들처럼 숫자와 시행 시기를 놓고 언쟁을 벌이며 줄곧 기한 연장에만 매달릴 뿐이다.

이런 혼란과 지연은 파멸적인 결과를 낳고 있다. 기후 협약을 향한 협상이 활발하게 시작되었던 1990년을 기준으로, 2013년 세계 이산화탄소 배출량은 무려 61퍼센트나 늘어났다. MIT의 경제학자 존 레일리는 〈온실가스 배출량을 억제해야 할 필요성에 대한 논의가 길어질수록, 배출량도 훨씬 더 늘어나고 있다〉라고 말한다. 온실가스 배출량보다 훨씬 빠르게 늘어가는 것은 오직 하나, 배출량을 낮추자는 약속뿐이다. 정치적으로 기후 행동을 이끌어 낼 수 있는 최선의 가능성인 UN 연례 기후 회의는 진지한 협상의 공간이라기보다 거액의 비용을 소모하는 고탄소 경제 시대의 집단 치료 공간으로 변질되고 있다. 기후 충격에 가장 취약한 국가의 대표들이 비통한 심정과 분노를 표출하는 동안, 이 비극을 초래한 국가의 하위직 대표들은 그저 각자의 발끝만 내려다보고 있는 것이다.[12]

이런 분위기가 만연하게 된 것은 대대적인 홍보와 함께 개최된 2009년 코펜하겐 UN 기후 정상 회의가 실패로 돌아가면서부터였다. 정상 회의 마지막 날 밤 나는 기후 정의 활동가들 사이에 섞여 있었는데, 그 자리에는 영국에서 활약하던 한 젊은 활동가도 함께했다. 그는 정상 회의가 진행되는 내내 자신만만하고 침착한 태도를 유지했으며, 날마다 10여 명의 기자들 앞에서 그날의 협상 진행 과정을 전달하고 온실가스 감축 목표가 현실에서 어떤 의미를 갖는지 분석했다. 여러 가지 난제에도 불구하고 회의의 전망에 대한 그의 낙관주의는 결코 시들지 않았다. 하지만 정상 회의가 보잘것없는 성과만 내고 마감되자, 그는 우리의 눈앞에서 무너지고 말았다. 환하게 불을 밝힌 이탈리안 레스토랑에 앉은 채, 그는 감정을 주체하지 못하고 흐느껴 울었다. 「오바마는 이해할 거라고 생각했는데.」 이 말만 되풀이하면서 말이다.

기후 운동이 성년기에 들어선 것은 바로 그날 밤이었을 것이다. 바로 그날 밤, 기후 운동은 아무도 자신들을 구하러 오지 않는다는 걸 확실히 깨달았다. 영국의 정신 분석학자이자 기후 전문가 샐리 와인트로브는 기후 정상 회의의 〈핵심 유산〉은 〈지도자들이 우리를 돌볼 생각을 하지 않는다, 생존이 위태로운 순간인데도 아무도 우리를 돌보지 않는다〉라는, 갑작스럽고도 고통스러운 깨달음이라고 표현한다.[13] 약속을 뒤엎는 정치인들의 모습에 실망한 경험이 한두 번이 아님에도, 이러한 깨달음은 여전히 우리에게 극심한 충격을 안긴다. 결국 우리는 스스로의 힘에 의지해야 하며, 이 위기에서 믿을 수 있는 희망은 아래로부터 올 수밖에 없다는 이야기다.

코펜하겐 정상 회의 중, 미국과 중국 등 오염의 장본인인 정부들은 석탄을 경제 동력으로 이용하기 전과 비교하여 기온이 섭씨 2도 이상 상승하지 않도록 하자는, 구속력 없는 협약에 서명했다. 기후 변화의 〈안전〉 한계선이라 널리 알려진 이 목표는 최대한 많은 사람들을 보호하기보다 경제적 충격을 최소화하는 것에 역점을 둔 고도의 정치적 선택이었다. 코펜하겐에서 섭씨 2도라는 목표가 공식화되었을 때, 많은 대표들이 저지대에 위치한 섬나라와 사하라 사막 이남의 아프리카에 속하는 숱한 지역에는 이 목표가 〈사형 선고〉나 다름없다고 주장하며 격렬히 반대했다. 사실 그들뿐 아니라 우리 모두의 입장에서도 위험하기 짝이 없는 목표다. 지금까지 진행된 온도 상승폭이 섭씨 0.8도인데도 우리는 벌써 여러 가지 충격적인 일들을 경험하고 있다. 예컨대 2012년 여름에는 그린란드의 대륙 빙하가 녹아내리는 유례없는 일이 일어났고, 해양 산성화도 예상보다 훨씬 빠른 속도로 진행되고 있다. 여기서 온도 상승폭이 두 배로 올라가면 어떤 결과가 발생할 것인지는 불 보듯 뻔하다.[14]

세계은행은 2012년 보고서를 통해 이 목표에 함축된 위험성을 다음과 같이 밝혔다. 〈지구 온난화가 섭씨 2도에 도달하거나 이를 넘어서면 비선형적 생태 위험 요소를 건드릴 위험이 있다. 예컨대 서남극 대륙 빙하가 녹아내려 급격한 해수면 상승이 일어나거나, 아마존 밀림에서 대규모 고사가 진행되어 생태계와 강, 농업, 에너지 생산, 생활에 막대한 타격을 입힐 수 있다. 이렇게 되면 21세기에 지구 온난화는 더욱 극심해지고 모든 대륙이 충격에 시달릴 것이다.〉[15] 한마디로 온도 상승이 특정 임계점을 넘어서도록 방치한다면, 우리는 수은주 상승을 통제할 기회를 영원히 잃게 된다는 이야기다.

하지만 더 큰 문제는(또한 코펜하겐 정상 회의가 참담한 절망감을 안기는 건) 각국 정부들이 감축 목표 협약의 구속력을 거부한 채 약속한 사항을 제멋대로 무시하고 있다는 사실이다. 바로 이것이 우리의 현주소다. 오히려 배출량이 급상승하는 지금으로서는, 우리 경제 구조에 획기적인 변화가 일어나지 않는 한 섭씨 2도라는 목표조차 아름다운 꿈에 지나지 않는다. 세계은행은 보고서를 발표하며 이러한 경고를 덧붙였다. 〈이대로 가면 금세기 말에는 온도가 섭씨 4도 상승한 세계에 도달할 것이고, 장기간의 폭염과 세계 곡물 생산량의 급감, 생태계와 생물 다양성의 손실, 심각한 인명 피해를 낳는 해수면 상승이 일어날 것이다. 인류가 섭씨 4도 상승이라는 온난화 세계에 적응하는 것이 가능할지는 확신할 수 없다.〉 영국 주요 기후 변화 연구 기관으로 빠르게 부상한 틴들 기후 변화 연구소Tyndall Centre for Climate Change Research의 전 소장(현 부소장) 케빈 앤더슨의 표현은 훨씬 직설적이다. 〈(섭씨 4도 온도 상승은) 규율과 공정성을 토대로 문명화를 이룬 세계 공동체의 합리적인 면모와 양립할 수 없다.〉[16]

물론 우리는 섭씨 4도나 뜨거워진 세계의 모습을 정확히 예측할 수 없다. 하지만 아무리 낙관적인 시나리오를 따르더라도 그 모습은 처참할 것이다. 기온이 섭씨 4도나 상승하면 2100년에는 해수면이 1미터, 어쩌면 2미터까지 상승할 것이고 그다음 세기에도 추가적인 해수면 상승이 일어날 것이다. 몰디브와 투발루 같은 몇몇 섬나라들이 물에 잠기고 에콰도르와 브라질, 그리고 미국 북동부와 캘리포니아, 남아시아와 동남아시아의 해안 지역 상당 부분이 침수될 것이다. 보스턴, 뉴욕, 로스앤젤레스 광역권, 밴쿠버, 런던, 뭄바이, 홍콩, 상하이 등의 대도시들 역시 침수 위기에 놓이게 된다.[17]

또한 남극을 제외한 모든 대륙에서 극심한 폭염이 통상적인 여름철 기상 현상으로 자리 잡아 부유한 국가에서조차 수만 명이 목숨을 잃게 될 것이다. 폭염 때문에 주요 작물의 세계적인 수확량이 급감할 것이다(인도산 밀과 미국산 옥수수 생산량은 무려 60퍼센트나 줄어든다). 그것도 인구 증가와 육류 소비 증대에 따른 곡물 수요 급증이 예상되는 상황에서 말이다. 열기뿐 아니라 장기간의 가뭄이나 홍수, 해충 때문에 예측했던 것보다 훨씬 극심한 피해가 발생할 것이다. 여기에 강력한 허리케인과 맹렬한 산불, 어류 폐사, 물 부족, 일부 생물의 멸종, 질병의 세계적인 확산까지 고려하면 평화롭고 질서 정연한 사회가 계속 유지되리라기대하긴 어렵다(하기야, 애초에 평화와 질서가 존재했다는 전제하에 하는 말이지만).[18]

그나마도 이것은 온난화가 임계점을 건드려 걷잡을 수 없는 단계로 넘어가지 않고 섭씨 4도에서 어느 정도 안정적인 추세를 보인다는 낙관적인 시나리오에 따른 예측일 뿐이다. 최근에 진행된 기상 모델에 따르면, 섭씨 4도의 온난화는 결국 극단적인 위험이 내포된 무수한 순환 과정을 촉발하리라 예상하는 편이 합리적이다. 예컨대 9월의 특정 기간 동안에는 북극의 얼음이 완전히 녹거나, (최근의 한 연구에 따르면) 정상적인 상황에서는 탄소를 저장하는 〈흡수원〉으로 기능하는 식물 생태계가 습기를 잔뜩 머금게 되면서 탄소를 흡수하기보다는 오히려 배출하기 시작한다. 이런 과정이 시작되면 그 파급력을 예측할 가능성은 완전히 사라진다. 2014년 5월, NASA와 캘리포니아 대학 어바인 캠퍼스의 과학자들은 서남극 대륙 빙하 가운데 프랑스 국토와 엇비슷한 면적에서 해빙 현상이 〈걷잡을 수 없는 수준에 이른 것으로 보인다〉고 밝혔다. 이런 상황은 서남극 대륙 빙하 전체에 파멸적인 영향을 미칠 가능성이 높다. 이 연구 논문의 주저자 에릭 리그노는 이렇게 밝힌다. 〈무려 3~5미터의 해수면 상승이 일어난다. 결국 세계적으로 수백만 명이 생활 터전을 잃게 될 것이다.〉 그나마 다행인 것은 해빙 과정이 수백 년에 걸쳐서 진행되리라는 점이다. 이 과정의 진행 속도를 둔화시키고 최악의 상황을 예방하기 위해 온실가스를 감축할 시간적 여유는 아직 남아 있다는 이야기니까.[19]

그럼에도 안심하기엔 이르다. 많은 주요 분석가들은 현재의 배출량 궤도를 그대로 따라갈 경우, 섭씨 4도를 훨씬 넘어서는 온난화에 직면하게 된다고 판단한다. 평소 극단성을 보이지 않는 국제 에너지 기구 또한 2011년에, 이대로 가다가는 섭씨 6도의 온난화에 도달할 거라고 예측하는 보고서를 발표했다. 국제 에너지 기구 수석 경제학자의 말을 인용해 보자. 〈이런 상황이 우리 모두에게 파멸적인 영향을 미치리라는 건 초등학생도 알 수 있는 일이다.〉 이 연구에 따르면, 섭씨 6도의 온난화는 몇 가지 중요한 임계점을 자극할 가능성이 높다. 앞서 말한 서남극 대륙 빙하의 해빙처럼 느리게 진행되는 현상뿐 아니라, 북극 영구 동토층의 메탄 대량 배출처럼 급속히 진행되는 현상까지 촉발할 것이다. 대형 회계 법인 프라이스워터하우스쿠퍼스PricewaterhouseCoopers 역시 우리가 섭씨 4도, 혹은 섭씨 6의 온난화로 향하는 경로에 있음을 경고하는 보고서를 발표했다.[20]

이처럼 다양한 예측이 나오고 있는 현실은 집 안에 있는 모든 경보기가 한꺼번에 울려 대고 거리에 있는 모든 경보기까지 차례차례 울리기 시작하는 상황에 비유할 수 있다. 한마디로, 지금 기후 변화는 인류의 생존이 달린 위기라는 이야기다. 인류 역사상 이처럼 전면적이고 심각한 위기의 선례는 오직 하나, 냉전 시대의 핵 재앙에 대한 공포(지구 상의 상당한 부분에서 인간이 거주할 수 없게 되리라는 공포)였다. 하지만 핵 재앙은 〈위협〉이었다(지금도 여전히 위협이다). 다시 말해 핵 재앙은 지정학적 관계가 걷잡을 수 없는 상황으로 치닫는 경우에만 현실화되는, 극히 희박한 가능성이었다. 이미 여러 해 전부터 기후 과학자들은 우리가 평상시처럼 생활을 유지하며 지금껏 해왔던 일을 그대로 해나가다가는 결국 문명의 파멸을 맞게 될 거라고 말해 왔다. 대다수의 핵 과학자들은 결코 그런 말을 입에 올리지 않는다는 사실을 상기하라.

오하이오 주립 대학의 기후학자이자 빙하 해빙에 관한 세계적인 석학인 로니 G. 톰슨은 2010년 이렇게 말했다. 〈기후학자들은 다른 과학자들과 마찬가지로 감정을 쉽게 표현하지 않는 집단이다. 우리는 하늘이 무너질 거라고 연극조로 절규하는 데는 소질이 없다. 과학자들은 대개 기자들과 인터뷰를 하거나 의회 위원회에서 연설하는 것보다 실험실에서 연구하고 현장에서 자료 모으는 걸 훨씬 편안해한다. 그런데도 이들이 지구 온난화의 위험성을 목청껏 외치는 이유는 무엇일까? 거의 모든 기후학자들이 지구 온난화가 우리 문명에 명백하고도 현실적인 위험을 안기고 있음을 확신하고 있기 때문이다.〉[21]

이처럼 지구 온난화의 위험은 더할 나위 없이 명백하다. 그런데도 인류는 촉각을 곤두세우고 경로를 바꾸기 위해 최선의 노력을 기울이기는커녕, 위험하다는 걸 뻔히 알면서도 태연히 그 길을 걸어가고 있다. 더 강력하고 더 많은 오염을 내뿜는 엔진을 장착한 3935 여객기를 아무렇지 않게 이용하는 승객들처럼 말이다.

대체 왜 이러는 걸까?

설상가상이라더니, 하필이면 이런 때

앞선 질문에 대해선 여러 가지 답이 나와 있다. 전 세계 모든 정부들이 만장일치로 합의를 보기란 극히 어렵다는 주장, 현실성 있는 기술적 해법이 없다는 주장, 요원해 보이는 위협에 대해서는 집단적인 대처를 꺼리는 게 인간의 본성이라는 주장, 게다가 이미 판세가 기울어진 지금에 와서는 아무리 애를 써도 헛일이니 흐르는 물에 몸을 맡기고 주위 경관이나 한껏 감상하자는 주장까지 나왔다.

일견 타당한 면이 있기도 하지만, 이 주장들은 하나같이 큰 결함을 안고 있다. 많은 나라들이 단일한 행동 경로에 합의하기가 너무 어렵다는 얘기를 살펴보자. 물론 어려운 일이다. 하지만 그런 합의는 과거에도 여러 번 이루어졌다. UN은 정부들이 마주 앉아 오존 파괴 문제와 핵 확산 문제 등 까다로운 국가 간 분쟁 사안을 논의할 수 있도록 도와 왔다. 도출된 합의안은 완벽하진 않았어도 실질적인 진전을 보였다. 협력을 이루기엔 너무나 강고한 난관이 있다는 구실을 내세워 온실가스 감축에 필수적인 강력하고 구속력 있는 법률적 조치 채택을 무산시키던 바로 그 기간 동안에도, 우리 정부들은 기어코 세계 무역 기구WTO를 꾸리는 데 성공했다. 상품과 서비스의 세계적인 교역을 통제하는 매우 복잡한 시스템을 마련하고 명료한 규칙들을 부과하며, 규칙 위반에 대해 엄중한 처벌을 시행하는 바로 그 기구 말이다.

기술적인 해법을 찾지 못하기 때문에 집단적인 대응에 나설 수 없다는 주장 역시 설득력이 떨어진다. 풍력과 수력처럼 재생 가능한 원천에서 에너지를 얻는 방식은 화석 연료가 출현하기 전부터 존재했을 뿐 아니라, 심지어 갈수록 생산 비용이 떨어지는 반면 효율성은 높아지고 저장도 점점 쉬워지고 있다. 최근 20년 동안 우리는 녹색 도시 계획은 물론, 기발한 자원 순환형 디자인의 폭발적인 성장을 목격해 왔다. 우리는 화석 연료에서 벗어날 수 있는 기술적인 도구를 이미 확보하고 있으며, 이런 저탄소 생활 방식으로 막대한 성과를 거둔 소규모 지역의 사례 또한 셀 수 없이 많다. 그런데도 우리는 재앙을 예방하기 위한 집단적 대응의 기회 앞에서 대대적인 전환에는 손을 대지 못한다고 주장하는 것이다.

그렇다면 이 망설임의 이유는 결국 인간의 본성 때문일까? 그러나 우리는 위협에 직면했을 때 인류가 감수해 왔던 집단적인 희생을 여러 사례를 통해 알고 있다. 두 차례 세계 대전 기간의 배급 제도와 가정 텃밭 활동, 즉 〈승리의 텃밭 가꾸기〉와 승전을 위해 국채 매입 운동을 기꺼이 수용했던 것을 떠올려 보라. 제2차 세계 대전 중 영국에서는 연료 절감 캠페인을 지원하는 뜻에서 단순히 기분 전환을 위해 자동차를 운전하는 일이 거의 사라졌고, 1938년부터 1944년 사이 미국과 캐나다에서는 대중교통 이용량이 각각 87퍼센트, 95퍼센트나 늘어났다. 1943년 미국에서는 2천만 가구(미국 인구의 5분의 3)가 승리의 텃밭을 가꾸었으며, 그해 미국에서 소비된 채소의 42퍼센트가 이 텃밭에서 수확된 것이었다. 이러한 활동이 서로 결합되면 탄소 배출량을 대대적으로 감축하는 효과를 낳는다는 점 또한 주목할 만한 사실이다.[22]

당시 사람들은 전쟁을 긴박하고 구체적인 위협이라 여겼다. 그런 점에서 보면 기후 위기에 따른 위협 역시 긴박하고 구체적이다. 기후 위기는 이미 세계적으로 손꼽히는 몇몇 대도시들에 엄청난 재해를 안기는 중요한 요인으로 부상하고 있다. 그렇다면, 기꺼이 희생을 감수하던 전쟁이 끝난 뒤 우리가 너무 안이해진 것일까? 물론 요즘 사람들이 지나치게 자기중심적이고 욕구 실현에 중독되어 있으며, 어떤 변덕스러운 욕구도 충족할 수 있을 만큼 완전한 자유가 보장되지 않으면 살아갈 수 없다고 생각하는 것은 사실이다(우리 문화 역시 항상 우리에게 그렇게 생각하라고 권한다). 하지만 사실 우리는 늘 추상적인 대의를 위해 집단적인 희생을 감수한다. 우리는 연금 손실을 감수하고, 힘들게 따낸 노동자의 권리가 약화되는 것을 감수하고, 예술 활동과 방과 후 프로그램이 사라지는 것을 감수한다. 우리는 갈수록 학생 수가 늘어나는 학급에, 갈수록 교사 업무가 늘어나는 학교에 아이들을 보내기를 감수한다. 우리는 자동차를 타거나 일상생활에서 유해한 에너지를 사용하는 대가로 지불하는 에너지 요금의 대폭 상승도 감수한다. 우리는 요금만 치솟을 뿐 서비스는 개선되지 않거나 오히려 퇴보하는 버스와 지하철을 이용하는 희생도 감수한다. 한 세대 전에는 듣도 보도 못한 일이지만, 우리는 공립 대학 교육을 받은 뒤 학자금 대출 상환에 반평생을 바쳐야 하는 희생을 감수한다. 캐나다 사람들은 더 이상 우편물이 집까지 배달되지 않는 상황을 감수하고 있다.

공공 부문의 축소는 최근 30년 동안 꾸준히 진행되어 왔다. 이제는 긴축 논리가 이처럼 집단적인 희생에 대한 끊임없는 요구들을 정당화하는 구실로 쓰이고 있고, 공공 부문의 축소 역시 긴축의 명목하에 전면 옹호되고 있다. 과거에도 긴축과 마찬가지로 일상생활과는 동떨어진 단어들과 문구가 이와 똑같은 목적을 위해 동원되곤 했다. 이를테면 〈균형 예산〉이나 〈효율성 향상〉, 〈경제 성장 촉진〉 등이 그렇다.

많은 사람들에게 불안정한 삶을 강요하고 훨씬 많은 비용을 부담시키는 경제 시스템을 위해 이처럼 큰 집단적 혜택을 양보할 여지가 있다면, 모든 생명체가 의존하고 있는 물리적 시스템의 안정을 위해 생활방식의 일부를 바꿀 여지 또한 분명히 있을 거라고 나는 생각한다. 온실가스의 급격한 감축에 요구되는 여러 가지 변화들은 지구인 절대다수의 삶의 질을 실질적으로 향상시킨다는 사실 —— 예컨대 베이징의 어린이들이 방진 마스크를 쓰지 않고도 야외에서 뛰놀 수 있다든가, 청정에너지 부문에 수백만 개의 좋은 일자리가 창출된다든가 —— 또한 유념해야 한다. 기후에 유익한 활동을 할 때 우리에게 돌아오는 중·단기적인 혜택은 무수히 많다.

물론 시간이 촉박하다. 하지만 화석 연료 소비를 대폭 줄이고 재생 에너지 기술을 이용하여 탄소 배출이 전무한 청정에너지로 전환하려는 일에 지금 당장 총력을 기울인다면, 전환 과정은 10년 안에 본격적인 단계에 접어들 것이다. 이런 활동을 진행하기 위해 필요한 도구는 이미 우리의 손에 쥐여져 있다. 지금 당장 행동을 개시한다면, 해수면 상승과 폭풍의 기습을 완전히 막지는 못할지언정 재앙과 같은 온난화를 막을 가능성은 훨씬 높아진다. 모든 나라가 온난화의 파도에 휩쓸리는 결과를 막을 수 있을 것이다. 볼리비아 출신의 전직 UN 대사 파블로 솔론은 이렇게 말한다. 〈만일 내가 실수로 당신 집을 홀라당 태웠다면, 당신을 내 집에 들이는 일쯤은 당연히 감수할 것이다. 내가 불을 다루다 실수를 해서 당신 집에 불이 번지고 있는 상황이라면, 나는 당장 불을 끄는 데 전력을 기울여야 한다.〉[23]

하지만 우리는 번져 가는 불을 끄는 일에 나서지 않고 있다. 오히려 불에 기름을 끼얹고 있다. 2009년 금융 위기 때문에 잠깐 줄어들었던 전 세계의 온실가스 배출량은 2010년에 자그마치 5.9퍼센트나 급증했다. 산업 혁명 이후로 가장 높은 상승률이다.[24]

내 머릿속에서는 늘 그 질문이 맴돈다. 대체 왜 이러는 걸까? 우리 모두가 살고 있는 집이 홀라당 타버릴지도 모르는데, 왜 우리는 불을 끄려

하지 않는 걸까?

많은 사람들이 복잡한 설명을 내놓고 있지만 내가 보기에 그 답은 아주 간단하다. 우리가 온실가스 감축을 위해 요구되는 행동들에 나서지 않는 이유는, 그것이 근본적으로 탈규제 자본주의와 충돌하는 행동이기 때문이다. 우리가 위기에서 벗어날 길을 찾으려고 안간힘을 쓰는 내내 이러한 지배 이데올로기가 우리 목을 조이고 있었다. 파멸적인 재앙을 피할 최선의 기회를 열어 줄(또한 지구인 절대 다수에게 혜택을 안겨 줄) 행동이 우리 경제와 정치 과정, 대다수 주요 매체 위에 군림하고 있는 소수 엘리트에게 심각한 위협이 되기 때문에 모두가 옴짝달싹 못 하고 있는 것이다. 만일 이런 문제가 역사의 다른 시점에 불거졌다면 우리는 이 문제를 거뜬히 극복할 수 있었을지도 모른다. 하지만 과학계가 기후 위기의 심각성에 대해 결정적인 진단을 내린 것은, 엘리트들이 정치와 문화와 학문 분야에서 1920년대 이후로 가장 강력하고 무제한적인 권력을 누리던 바로 그 순간이었다. 하필이면 이런 때. 이것이야말로 우리가 직면한 가혹하기 짝이 없는 집단적 불운이다. 사실 정부와 과학자들이 온실가스의 급격한 감축을 위한 진지한 논의를 시작한 것은 1988년의 일이다. 그런데 바로 그해, 캐나다와 미국 사이에 세계 최대의 쌍무 무역 협정이 조인되었다(이는 나중에 멕시코까지 참여하는 북미 자유 무역 협정NAFTA으로 확장되었다).[25]

최근 25년간 이루어진 국제 협상의 역사를 돌아보면 두 가지 중요한 과정이 눈에 띈다. 난항에 난항을 거듭하다가 목적했던 바를 전혀 이루지 못한 기후 협상 과정과, 빠른 속도로 승리에 승리를 거듭하는 경제의 세계화 과정. 최초의 자유 무역 협정부터 시작해서 세계 무역 기구의 창립, 소비에트 연방에 속했던 경제의 대규모 민영화, 아시아 지역에서의 자유 무역 지대 확대와 아프리카의 〈구조 조정〉까지, 이 모두가 경제의 세계화를 통해 이루어졌다. 물론 이 과정에 무역 협상과 자유 무역 협정에 반대하는 대중 운동이라는 난관이 있었지만 세계화 협상 과정을 뒷받침하는 이데올로기적 토대는 변함없이 강력한 힘을 유지했다. 사실 세계화 협상은 국가 간 상품 교역 문제(예컨대 프랑스산 와인을 브라질에 팔거나 미국산 소프트웨어를 중국에 파는 행위 등)에 대해서는 전혀 다루지 않았다. 이 협상은 포괄적인 협정과 그 밖의 다양한 도구를 동원해서 다국적 기업들이 최대한 싼 값에 상품을 생산하고 거의 아무 규제도 없는 조건에서 상품을 팔 수 있도록(그러면서도 세금은 최대한 적게 낼 수 있도록) 최대한의 자유를 허용하는 세계적인 범위의 정책 기조를 마련했다. 협상의 주역들은 기업의 이러한 요구를 승인해야만 경제 성장이 가속화되고, 언젠가는 다른 경제 주체들에게도 낙수 효과가 발생할 거라는 주장을 펼쳤다. 그들이 어떤 의제를 비중 있게 다뤘던 것은 이처럼 원대한 목표를 달성하는 데 도움이 되는 경우뿐이었다.

누구나 알듯이, 새로운 시대의 3대 정책 기조는 공공 부문의 민영화, 민영 부문의 규제 완화, 그리고 법인세 인하 및 공공 지출 삭감이다. 이 정책들을 유지할 때 발생하는 현실적인 문제, 예컨대 금융 시장의 불안정과 갑부들의 방종, 갈수록 소모품으로 전락하는 저소득층의 절망적인 상황, 공공 기간 시설과 서비스의 노후화 문제 등은 많은 연구서들을 통해 다루어진 바 있다. 하지만 심각한 위협으로 부상한 기후 변화 문제에 집단적으로 대응하려고 시도했던 바로 그 시점에 전성기에 도달한 시장 근본주의가 처음부터 기후 대응을 계획적으로 방해해 왔다는 사실을 다루는 연구서는 매우 드물다.

여기서 핵심적인 문제는, 시장 논리가 전권을 장악하고 대중의 생활을 좌지우지하게 되면서 무엇보다 직접적이고 명료한 기후 대응 방안이 정치적인 이단처럼 여겨지게 되었다는 점이다. 예를 들어 보자. 공공 부문의 해체와 민영화가 체계적으로 진행되는 마당에, 과연 탄소 제로형 공공 서비스와 기간 시설에 대대적인 투자가 시행될 수 있을까? 그런 방안들이 〈지휘와 통제〉에 의존하는 공산주의의 유물로 치부되는 마당에, 과연 정부들이 화석 연료 사용과 관련하여 혹독한 규제와 처벌, 세금 부과 등의 정책을 시행할 수 있을까? 〈보호 무역주의〉가 금기어로 취급되는 마당에, 과연 재생 에너지 분야가 화석 연료를 대체하기 위해 반드시 확보해야 하는 지원과 보호를 받을 수 있을까?

기후 운동은 다른 분야와 합세하여 이처럼 합리적인 대응을 봉쇄하는 극단적인 이데올로기에 반격을 전개하고, 일체의 구속을 벗어던진 기업 권력이 지구 생태계에 막중한 위협을 안기고 있음을 폭로하고자 노력했어야 했다. 하지만 오히려 기후 운동에 몸담은 대부분의 단체들은 기후 위기라는 네모난 못을 탈규제 자본주의라는 동그란 구멍에 쏙 들어가도록 깎아 내느라, 또 시장 그 자체로 이 문제를 해결하는 방안을 적극 옹호하느라 귀중한 세월을 허비했다(이 일이 여러 해 동안 진행된 뒤에야 나는 대형 오염 기업들과 대규모 환경 단체들 간의 긴밀한 공모 관계를 확인했다).

한편 시장 근본주의는 강력한 기후 행동을 봉쇄하는 것 말고도 또 다른 경로를 통해 기후 위기를 심화시켜 왔다. 훨씬 더 직접적인 방법이 있었다. 다국적 기업을 거의 모든 규제로부터 해방시켜 준 적극적인 정책 역시 지구 온난화 심화에 결정타로 작용하는 온실가스 배출량을 크게 부추겼다. 온실가스의 급격한 상승은 수치로도 확인할 수 있다. 시장 세계화가 급속히 진전되던 1990년대 세계 온실가스 배출량은 연평균 1퍼센트씩 상승했다. 중국 등의 〈신흥 시장〉이 세계 경제에 완전히 통합된 2000년대에는 배출량 상승률이 재난 수준으로 치솟아 연간 3.4퍼센트에 이르렀다. 배출량의 급격한 상승은 세계 금융 위기가 발생했던 2009년에만 잠시 주춤했을 뿐 지금까지 이어지고 있다.[26]

돌이켜 생각해 봐도, 당시 다른 상황이 전개되었을 가능성은 떠올리기 힘들다. 이 시대의 두 가지 특징은 원거리 수송(엄청난 양의 탄소를 태우는)을 통한 상품의 대량 수출과, 더 이상 소모적일 수 없는 생산, 소비, 그리고 화석 연료를 대량으로 연소하는 농업 모델의 세계적인 확산이다. 말하자면 세계 시장의 자유화는 지하에서 해방된 유례없는 양의 화석 연료를 동력 삼아 온난화를 대대적으로 심화시키며, 이를 통해 북극을 지키던 빙하에게까지 모습을 바꿀 자유를 선사하는 셈이다.

그 덕분에 우리는 지금 매우 어렵고 약간 모순적이기까지 한 입장에 서게 되었다. 온실가스를 급격히 감축해야 하는 시기임에도 수십 년 동안 끈질기게 온실가스를 배출해 왔기 때문에, 이 재앙과도 같은 온난화를 막기 위한 기후 행동은 이미 1980년대에 승리를 거둔 탈규제 자본주의라는 특이한 변종과 충돌하는 차원을 넘어서 버렸다. 이제 기후 행동은 우리 경제 모델의 핵심을 이루는 근원적인 명제, 즉 성장 지상주의와 싸워야 한다.

일단 배출된 탄소는 수백 년 동안(간혹 더 오래) 대기 중에 머무르며 열을 흡수한다. 온실 효과는 누적되기 때문에 시간이 지남에 따라 훨씬 강력해진다. 틴들 연구소의 케빈 앤더슨 등 온실가스 전문가들에 따르면 지난 20년 동안 대량의 탄소가 대기 중에 축적되었기 때문에, 국제적으로 합의한 목표인 섭씨 2도 이하로 온도 상승을 억제하기 위해 우리가 기댈 수 있는 유일한 희망은 부유한 국가에서 온실가스를 연간 8~10퍼센트씩 감축하는 방법밖에 없다.[27] 하지만 〈자유로운〉 시장에 의존해서는 이 과업을 달성할 수 없다. 이러한 수준의 온실가스 감축이 나타난 사례는 경제 붕괴나 심각한 침체가 발생했을 때 뿐이다.

더 자세한 내용은 2장에서 다룰 것이니 여기선 핵심만 짚고 넘어가자. 지금 우리의 경제 시스템은 지구 시스템과 전쟁을 벌이고 있다. 더 정확히 말하자면, 우리 경제는 인간을 비롯한 지구 상의 수많은 생명체들과 전쟁을 벌이는 중이다. 지구 기후의 파멸을 피하기 위한 대원칙은 인류의 자원 이용 억제이며, 경제 모델의 파멸을 피하기 위한 대원칙은 규제

없는 성장이다. 이 두 가지 원칙 가운데 인간의 힘으로 바꿀 수 있는 것은 오직 하나, 경제의 무한한 팽창이다. 게다가 그것은 자연법칙에도 위배되는 원칙이다.

다행스럽게도 자원을 절약하는 방향으로, 또한 가장 취약한 사람들을 보호하고 가장 책임이 큰 사람들에게 부담을 많이 지우는 공정한 방법으로 우리 경제를 변화시키는 건 확실히 가능하다. 우리 경제의 고탄소 분야를 제한하는 정책을 추진하되, 저탄소 분야는 더욱 팽창시켜 일자리를 창출하도록 장려해야 한다. 하지만 문제는 이처럼 거대한 규모의 경제 계획 및 관리가 지배 이데올로기와 전면적으로 충돌한다는 점이다. 현재의 시스템이 용납할 수 있는 유일한 제약은 극심한 경기 침체뿐인데, 이로 인한 고통은 대부분 가장 취약한 사람들의 몫이다.

따라서 우리는 지금 엄중한 선택의 갈림길에 서 있다. 기후 혼란이 세계의 모든 것을 변화시키도록 지켜만 볼 것인가, 아니면 기후 재앙을 피하기 위해 우리 경제의 모든 것을 변화시킬 것인가? 그전에 분명히 명심해야 할 것이 있다. 집단적인 외면으로 수십 년을 허송해 온 탓에, 이제 우리는 점진적이고 단계적인 접근법을 선택할 수 있는 입장이 아니다. 1990년대에 〈아메리칸 드림〉을 최대로 키우고 전 세계에 확산시킨 바로 그 순간, 기후 해법으로 현상 유지를 위한 온건한 조정 방식을 선택할 여지는 완전히 사라졌다. 급진적인 변화가 필요하다는 시각은 더 이상 급진주의자의 전유물이 아니다. 명망 있는 블루 플래닛상Blue Planet Prize을 수상한 스물한 명의 수상자가 2012년에 내놓은 획기적인 보고서(여기에는 NASA 고다드 우주 연구소의 전직 소장 제임스 핸슨, 노르웨이의 전직 수상 그로 할렘 브룬틀란도 참여했다)의 일부를 인용해 보자. 〈유례없는 비상사태가 닥친 만큼, 우리 앞에는 문명의 붕괴를 막기 위한 적극적인 행동에 돌입하는 것 외에 다른 대안이 있을 수 없다. 우리는 이제껏 걸어온 경로를 바꾸어 완전히 새로운 지구 공동체를 구

축해야 한다. 이 대안을 따르지 않으면 우리의 경로는 제멋대로 바뀌고 말 것이다.〉[28]

　중요한 위치에 있는 많은 사람들은 이를 받아들이기 어려울 것이다. 이 주장이 자본주의보다 훨씬 강력한 힘을 발휘하는 맹목적인 중도주의 (적당함, 진지함, 절충, 무엇에든 과도하게 흥분하지 않는 태도)에 도전하는 것이기 때문이다. 이는 우리 시대의 지배적인 사고방식이며, 위기 자체를 부정하는 보수주의자들보다 기후 정책에 관심이 많은 자유주의자들 사이에서 훨씬 두드러진다. 기후 변화는 이처럼 신중한 중도주의에 대해 강력한 도전을 제기한다. 어중간한 절충으로는 아무런 성과를 거둘 수 없기 때문이다. 미국의 오바마 대통령은 자신의 방식을 〈총동원 에너지〉 프로그램*이라고 표현했지만, 이 프로그램으로 성과를 거둘 확률은 총동원 다이어트가 성공할 확률만큼이나 희박하다. 게다가 과학계에서 제시한 확실한 마감 시한을 고려하면 우리는 당연히 초조한 마음으로 임해야 한다.

　나는 기후 변화를 자본주의와 지구의 전쟁이라 말하지만, 이는 우리가 몰랐던 사실이 아니다. 이 전쟁은 벌써부터 진행되어 왔고, 지금 당장은 자본주의가 아주 쉽게 승리를 거두고 있다. 매번 경제 성장의 필요성을 내세워 기후 행동을 미루고 이미 합의한 온실가스 감축 약속을 깨뜨리면, 자본주의는 이긴다. 위험성 높은 석유와 가스 채취 산업에 아름다운 바다를 내주는 것만이 경제 위기에서 벗어날 유일한 방법이라고 그리스 사람들을 설득하면, 자본주의는 이긴다. 아름다운 보릴 숲을 뭉개고 앨버타 타르 샌드에서 반고체 상태의 역청을 채취해야만 그리스꼴이 안 날 거라고 캐나다 사람들을 설득하면, 자본주의는 이긴다. 대형 쇼핑몰을 유치하기 위해 이스탄불의 공원을 철거하자고 주장하면, 자본주의

---

* 미국의 모든 에너지원을 개발하겠다며 제시한 전략을 말한다. 오바마는 이 전략에 대해서, 천연가스가 탄소 제로 시대로 가는 징검다리 역할을 할 수 있다고 설명했다 ─ 옮긴이주.

는 이긴다. 베이징에서 숨이 차 쌕쌕거리는 어린 자녀에게 귀여운 만화 주인공이 그려진 방진 마스크를 씌워 학교에 보내는 수고쯤은 당연히 감수해야 경제 성장이 이루어진다고 주장하면, 자본주의는 이긴다. 어차피 우리 앞에는 채취냐 내핍이냐, 오염이냐 가난이냐 하는 암울한 대안만 남아 있다고 자포자기할 때마다, 자본주의는 이긴다.

따라서 우리 앞에 놓인 도전은 단순히 막대한 자금을 투입해 수많은 정책을 바꾸는 것이 아니다. 미약하나마 변화의 가능성을 열어 놓기 위해서 우리는 다른 방식으로, 완전히 다른 방식으로 생각해야 한다. 오늘날 시장 논리는 지배의 정신과 맹렬한 경쟁을 부추기며 개가를 올리고 기후 변화에 대응하기 위한 거의 모든 진지한 시도들을 마비시키고 있다. 국가들 사이의 극심한 경쟁 때문에 UN 기후 협상은 수십 년째 교착 상태에 빠져 있다. 부유한 나라들은 온실가스 감축을 이행하길 완강하게 거부하며 세계 위계 서열의 최고 지위를 상실할 위험을 무릅쓰지 않겠다고 선언한다. 한편 가난한 나라들은 결국 자신들에게 가장 큰 피해를 안길 재앙을 부채질하는 행위임을 알면서도, 부자 나라들이 풍요로운 성장을 이루는 과정에서 그랬듯이 대량의 온실가스를 배출할 권리를 포기하지 않겠다고 선언한다. 이런 상황을 변화시키기 위해서는 자연과 이웃 나라들을 적으로 여기는 대신, 공동의 재도약이라는 원대한 프로젝트 안에서 긴밀히 협조하는 동반자로 보는 세계관이 힘을 얻어야 한다.

그야말로 까다로운 도전이다. 게다가 갈수록 까다로워지는 도전이기도 하다. 지금껏 줄곧 지체를 거듭해 왔기에, 이제 우리는 이런 대대적인 전환을 거침없이 밀어붙여야 하는 상황에 놓였다. 국제 에너지 기구가 경고한 바에 따르면, 2017년까지 온실가스 감축을 이루지 못할 경우 화석 연료를 기반으로 한 우리 경제는 극도로 위험한 온난화의 소용돌이에 〈꼼짝없이 갇히게〉 된다. 〈2017년에는 이미 구축된 에너지 관련 기간 시설들이 섭씨 2도의 온난화를 겨냥하여 산정된 이산화탄소 배출 허용치를 완전히 채울 것이고, 따라서 탄소 무배출 방식을 채용하지 않는 이상 발전소와 공장, 기타 기간 시설의 추가 건설은 완전히 봉쇄되며 탄소 무배출 방식을 채용하는 시설을 건설하려면 엄청난 비용이 소요될 것이다〉. 이 보고서가 예측하는 바에 따르면, 각국 정부는 아직은 높은 수익을 올리고 있는 발전소와 공장의 강제 폐쇄를 주저할 것이 틀림없다. 국제 에너지 기구의 수석 경제학자 파티 비롤의 직설적인 표현을 인용하자면, 〈섭씨 2도 목표로 통하는 문은 이제 곧 닫힐 것이다. 2017년이 되면 그 문은 영원히 봉쇄된다〉. 한마디로, 우리는 일부 기후 활동가들이 이름 붙인 기후 위기의 〈결정적 10년〉에 이미 발을 들여놓았다. 지금 당장 변화를 시작하지 않으면 영원히 기회를 잃게 된다는 이야기다.[29]

이런 상황을 고려하면, 자유 시장이 흔히 내놓는 호언장담 ─ 기술적 해법이 곧 출현할 것이다! 19세기 런던을 보라! 더러운 발전은 깨끗한 환경으로 이어지는 과정의 하나다 ─ 은 그저 허풍일 뿐이다. 중국과 인도에게 디킨스의 소설에 나오는 더러운 발전 단계를 밟으라고 1백 년의 시간 여유를 줄 수는 없다. 우리는 이미 수십 년의 세월을 허송했고, 따라서 지금 당장 방향을 전환해야 한다. 그게 가능할까? 물론 가능하다. 탈규제 자본주의의 근본 논리에 도전하지 않고서도 그게 가능할까? 어림도 없다.

나는 취재 과정에서 여러 사람들을 만났고, 그들을 이 책에서 소개할 것이다. 헨리 레드 클라우드도 그중 하나다. 라코타 출신의 그는 원주민 젊은이들에게 태양열 기술을 전수하는 교육자이자 사업가로 활동한다. 그는 학생들에게 이야기하곤 한다. 어떤 때는 한 걸음 한 걸음 차근차근 걸어가야 하지만, 어떤 때는 〈물소처럼 맹렬히 돌진해야 한다〉고.[30] 지금 이 바로 전력으로 질주해야 할 때다.

핵심은 에너지가 아니라 힘이다

얼마 전 나는 잡지 『사이언티픽 아메리칸Scientific American』의 편집장 개리 스틱스가 쓴 일종의 참회문을 읽고 깊은 감명을 받았다. 2006년에 그는 기후 변화 대응을 주제로 특집호를 제작했다. 비슷한 시도들이 대부분 그렇듯, 이 기사들 역시 기발한 저탄소 기술들을 소개하는 데 그쳤다. 2012년 스틱스는 자신이 훨씬 포괄적이고 중요한 내용을 간과했노라고 밝혔다. 즉, 이 기술적 해법들을 이용해서 수익성만 중시하는 현재 상황을 변화시킬 수 있는 사회적·정치적 환경을 조성해야 한다는 점 말이다. 〈기후 변화에 근본적으로 대응하기 위해서는 사회적인 측면에서 급진적인 해법에 초점을 맞추어야 한다. 이에 비하면 차세대 태양 전지가 상대적으로 효율적이라는 건 지극히 사소한 내용일 뿐이다.〉[31]

이 책은 사회적인 측면은 물론 정치적·경제적·문화적 측면에 필요한 급진적인 변화를 다룬다. 전환의 물리적인 측면, 즉 더러운 에너지에서 청정에너지로의 전환, 승용차에서 대중교통으로의 전환, 무질서하게 뻗어 나가는 교외의 전원주택에서 도보 생활이 가능한 밀집형 도시로의 전환 과정은 나의 주된 관심사가 아니다. 그보다는 이미 오래전에 제시된 이런 해법들이 대대적으로 시행되지 못하도록 봉쇄해 온 권력과 이데올로기의 장벽을 집중적으로 조명하고자 한다.

지금 우리가 해결해야 할 핵심 문제는 태양의 힘의 메커니즘이 아니라, 인간의 힘을 둘러싼 정치적 역학 관계, 즉 권력을 쥔 주체를 바꿀 수 있느냐 없느냐와 깊이 관련되어 있다. 말하자면 권력 주체가 기업에서 공동체로 전환되어야 하고, 이런 방향으로 권력 전환이 이루어지려면 현행 시스템에서 부당한 취급을 받고 있는 수많은 사람들이 힘의 저울추를 변화시킬 수 있을 만큼 확고하고 다양한 사회 운동을 구축해야만 한다. 취재 과정에서, 나는 인간이 지닌 힘의 속성에 관한 기존의 사고 (인간은 그 결과에 신경 쓰지 않고 더 많은 것을 채취할 권리와, 복잡한 자연의 시스템을 원하는 대로 변조할 능력을 가지고 있다)의 일대 전환이 이루어져야 한다는 걸 깨닫게 되었다. 이러한 전환은 자본주의에 대한 도전이자 현대 자본주의가 출현하기 전부터 존재해 온 물질 만능주의의 기본 토대, 이른바 〈채취주의〉 사고방식에 대한 도전이다.

채취주의 사고방식에서 벗어나면 우리가 줄곧 외면해 온 진실이 드러난다. 기후 변화는 우리가 걱정해야 할 문제 리스트에서 의료와 세금 다음 항목에 추가하면 되는 〈단순한 사안〉이 아니다. 기후 변화는 문명의 경종이며 산불과 홍수와 가뭄, 그리고 생물 종의 멸종을 통해서 선포되는 강력한 메시지다. 우리에게 완전히 새로운 경제 모델을 구축하고 새로운 방식으로 지구를 공유할 것을 요구하는 메시지, 우리 인류가 진화를 이루어야 한다고 역설하는 메시지다.

부정에서 벗어나기

어떤 사람들은 이러한 변화를 달성할 만한 시간적 여유가 없다고 주장한다. 위기가 코앞에 임박해 있고 시간이 얼마 남지 않았다고 이야기한다. 물론 경제를 변혁하고 세계관을 원천적으로 개조하는 것만이 위기를 해결할 유일한 방법이라는 주장은 무모하게 들릴 수 있다. 온실가스를 급격하게 감축할 수 있는 방법은 이미 여러 가지가 있고, 우리는 이 방법들을 지금 당장 시행할 수 있으며 시행해야 한다. 하지만 우리는 이런 방법들을 전혀 시행하지 않고 있다. 현재 상황에서, 더구나 경제 위기까지 겹친 상황에서는(이제 경제 위기는 만성 질환이다) 기후 변화에 대한 강력한 대응 같은 건 정치적으로 전혀 실행 가능성이 없는 듯 보인다. 이는 우리가 우리 사회의 이데올로기적 지향과 사회 내부의 권력 균형을 변화시키고자 했던 큰 전투에서 승리를 거두지 못했기 때문이다.

따라서 나는 이 책에서 새로운 전략을 제시한다. 우리는 넓게 생각하고 깊게 파고들어, 지구 생태계의 건강을 위협하는 최대의 적으로 등장한 억압적인 시장 근본주의에서 완전히 벗어나야 한다. 지금의 문화적 환경을 조금이라도 바꾼다면, 대기 중의 탄소 수치를 바람직한 방향으로 관리하는 합리적인 개혁 정책들이 숨 쉴 만한 최소한의 공간이 열릴 것이다. 승리는 전염 효과가 크다. 이 책에서 역설하는 일부 아이디어들, 예컨대 전 국민 기본 소득 보장이나 무역 법률 개정, 세계의 광범위한 지역을 채취 활동으로부터 보호하고자 하는 원주민 권리의 인정도 지금은 터무니없이 급진적인 것으로 취급되고 있지만, 어쩌면 몇 년 뒤에는 합리적인 아이디어, 심지어는 지구를 살리기 위한 필수적인 아이디어로 평가받게 될지도 모른다.

최근 25년 동안, 우리는 온건하고 점진적인 방식으로 변화를 추구해 왔다. 말하자면 우리 경제 모델이 원하는 대로 끊임없는 성장과 새로운 이윤 확보 기회를 손에 넣기 위해 지구의 물리적 요구를 묵살해 온 것이다. 그 결과 참혹한 재난이 이어지고 있다. 이제 우리는 처음 이 실험이 시작되었던 때보다 훨씬 커다란 위험에 직면해 있다.

물론 훨씬 급진적인 방식을 택한다고 해서 더 성공적인 결과가 나오리라는 보장은 없다(나중에 다루겠지만, 그나마 역사적인 선례들이 있으니 희망을 접긴 이르다). 솔직히 고백하자면, 나는 지금껏 내가 써온 책들 가운데 이 책을 쓰는 것이 가장 힘들었다. 취재와 조사를 진행한 끝에 결국 마주친 해결책이 이처럼 급진적인 대응 방법들이었으니 말이다. 물론 반드시 필요한 것들이라고 나는 확신한다. 하지만, 기후 변화가 흥정의 여지 없는 엄중한 마감 시한을 경고하는 상황에서 과연 이런 방법들이 정치적으로 실현될 수 있을지는 의문이다.

이 책을 쓰기 힘들었다고 한 데는 개인적인 사정도 있었다.

나를 가장 힘들게 하는 건 내가 한때 외면하고 살았던 빙하 용융에 관한 과학 논문들이 아니라, 두 살배기 아들에게 읽어 주는 책들이다. 아들이 좋아하는 그림책『큰사슴 본 적 있니?』는 큰사슴을 간절히 보고 싶어 하는 아이들에 대한 이야기다. 아이들은 〈긴 다리에 불룩한 코, 가지처럼 굽은 뿔을 가진 큰사슴〉을 찾아 숲도 지나고, 늪지대도 건너고, 가시덤불도 헤치고, 산도 넘으면서 사방팔방으로 다닌다. 이 책의 묘미는 페이지마다 잘 안 보이는 곳에 숨어 있는 큰사슴이다. 결말에선 숨어 있던 사슴들이 죄다 모습을 드러내고, 아이들은 기쁨에 겨워 〈이렇게 많은 큰사슴들은 처음 보네!〉라고 외친다.

아들에게 이 책을 일흔 하고도 다섯 번째 읽어 줄 때쯤, 내 머리에 불현듯 떠오르는 생각이 있었다. 〈어쩌면 우리 애는 큰사슴을 보지 못할지도 몰라!〉 그 생각을 놓치지 않으려고 신경을 곤두세웠다. 컴퓨터를 켜고 타르 샌드의 고장인 앨버타 북부에서 겪었던 일을 쓰기 시작했다. 그곳에서 만난 비버 레이크 크리 원주민들에게서 큰사슴들이 예전과 달라졌다는 말을 들은 기억이 있었다. 어떤 여성은 사냥을 나가서 큰사슴 한 마리를 잡았는데 속살이 녹색이더라고 했다. 큰사슴의 몸에 돋은 특이한 종양 이야기도 자주 들었다. 그곳 주민들은 큰사슴들이 타르 샌드의 독소에 오염된 물을 마셔서 그럴 거라고 추측했다. 하지만 가장 많이 들은 이야기는 이제는 큰사슴이 보이지 않는다는 것이었다.

이런 일은 앨버타에 그치지 않는다. 잡지『사이언티픽 아메리칸』은 2012년 5월호에 〈급속한 기후 변화로 큰사슴 묘지가 된 노스우즈〉라는 표제를 달았다. 1년 반이 흐른 뒤「뉴욕 타임스」에는 미네소타에 서식하는 큰사슴 두 개 종 가운데 한 종의 개체 수가 1990년대에 4천 마리였는데 지금은 1백 마리로 급감했다는 기사가 실렸다.[32]

과연 우리 아이가 큰사슴을 볼 수 있을까?

어느 날 나는 『스너글 워글Snuggle Wuggle』이라는 작은 그림책을 읽다가 또 한 번 충격을 받았다. 이 그림책은 여러 동물들이 새끼를 품은 모습을 보여 주고 그 모습에 각각 엉뚱하고 재미난 이름을 달아 놓았다. 예를 들면 이런 식이다. 〈박쥐는 어떻게 껴안을까?〉〈거꾸로 거꾸로.〉 왠지 모르지만 아이는 이 페이지만 나오면 웃음을 터뜨렸다. 나는 아이에게 이 말은 위와 아래가 뒤집혔다는 뜻이고, 박쥐는 거꾸로 매달려 잠을 잔다고 설명했다.

하지만 그때 내 머리에 떠오른 것은, 호주 퀸즐랜드의 일부 지역에서 기록적인 폭염 때문에 박쥐 약 10만 마리가 죽거나 병든 채로 하늘에서 떨어지고 있다는 보도였다. 이 지역의 박쥐 군집이 전부 폐사했다.[33]

과연 우리 아이가 박쥐를 볼 수 있을까?

불가사리가 사라질 위기에 처해 있다는 소식에 마음 졸일 날이 오리라는 상상도 해보았다. 캐나다 브리티시컬럼비아의 암석 해안은 붉은색과 자주색 불가사리들로 거의 뒤덮여 있다. 내 부모님이 이곳에 사시고, 내 아들이 이곳에서 태어났으며, 나 역시 성년의 삶 가운데 절반을 이곳에서 보냈다. 불가사리는 아이를 즐겁게 하는 데 그만이다. 가만히 집어 올리기만 하면 녀석은 그 멋진 모습을 고스란히 보여 준다. 시카고에서 온 일곱 살 난 조카 미리엄은 이곳 바닷가 웅덩이에서 한나절을 보내고 난 뒤 탄성을 질렀다. 「내 인생의 최고의 날이에요!」

아니나 다를까, 2013년 가을 태평양 연안에 기묘한 소모성 질환이 발생해서 불가사리 수만 마리가 폐사했다는 소식이 들리기 시작했다. 〈불가사리 소모 증후군sea star wasting syndrome〉이라는 질환으로 수많은 종이 숨이 붙은 채 뭉그러지거나, 신체 복원력을 잃어버려 다리가 떨어져 나가거나, 몸이 안으로 꺼져 일그러진 형체가 되었다. 과학자들은 원인조차 찾지 못하고 있었다.[34]

솔직히 이 기사를 접했을 때 나는 이 무척추동물이 1년만 더 버텨 주었으면 하는 마음이 간절했다. 내 아들이 그걸 보며 즐거워하는 모습을 보고 싶었으니까. 그러다가 문득 머리가 혼란스러워졌다. 이렇게 병들어 일그러진 불가사리라면 아예 안 보는 게 낫지 않을까?

전에는 이런 공포감이 마음을 두텁게 덮은 기후 변화에 대한 부정의 갑옷을 뚫고 스멀스멀 스며들 때마다 나는 그걸 떨쳐 버리려고 안간힘을 썼다. 텔레비전 채널을 돌리거나, 컴퓨터 화면에서 다른 페이지로 넘어갔다. 하지만 이제는 공포감을 그대로 받아들이려고 노력한다. 아들을 생각한다면, 나는 마땅히 공포감을 가져야 한다. 우리 모두는 자기 자신은 물론이고 다른 사람까지 생각한다면, 마땅히 공포감을 가져야 한다.

우리가 사는 이 행성이 하루하루 활력을 잃어 가면서 파멸을 향해 치닫고 있다는 공포감. 이 감정을 가지고 우리는 과연 무엇을 해야 할까? 우선, 이러한 공포감이 결코 사라지지 않으리라는 것을 인정해야 한다. 공포감이야말로 세계가 파멸로 치닫고 있다는 참혹한 현실에 직면해서 우리가 취할 수 있는 가장 합리적인 반응이라는 것을 인정해야 한다. 차를 끓이는 일, 자동차를 몰고 식료품점에 가는 일, 심지어 아기를 낳는 일까지, 대다수 지구인이 하는 여러 가지 활동들이 지구의 파멸을 부추기고 있다는 참혹한 현실에 대해서 우리는 마땅히 공포감을 품어야 한다.

그다음엔, 이 감정을 이용해야 한다. 공포감은 생존을 위한 자연스러운 반응이다. 공포감에 휩싸이면 달아날 힘이 생기고 높은 곳으로 뛰어오를 힘이 생기며, 때로는 초인적인 힘이 나오기도 한다. 물론 그보다 먼저 해야 할 일은 어디로 달려갈지 목표를 정하는 것이다. 목표가 정해져 있지 않으면 공포감에 휩싸여도 우리는 옴짝달싹도 하지 못한다. 우리의 묘책, 우리의 유일한 희망은 많은 이들이 생각하는 것보다 훨씬 나은 세계를 건설할 수 있다는 전망을 단단히 다지는 것이다. 그리하여 미래에 대한 공포감을 상쇄하고 누그러뜨리는 것이다.

물론 많은 것을 잃을 것이다. 누군가는 호화로운 생활을 포기해야 할 것이고 몇몇 산업은 완전히 자취를 감출 것이다. 게다가 이미 때를 놓친 탓에 기후 변화를 완전히 막아 낼 방법이 없다. 기후 변화는 이미 진행 중이고, 아무리 기를 써도 우리 앞에는 갈수록 심해지는 참혹한 재난이 펼쳐질 것이다. 하지만 최악의 상황을 막아 낼 시간적 여유가 아직은 남아 있다. 더 늦기 전에 우리 스스로를 변화시켜야만 재난의 순간에 벌어질, 인간을 상대로 한 인간의 잔혹한 행동을 최대한 막아 낼 수 있다. 내가 보기엔, 그것만으로도 충분한 가치가 있다.

　이 위기는 모든 것을 아우르는 전면적인 위기이며, 따라서 모든 것을 변화시키는 위기이기도 하다. 이 위기는 우리가 할 수 있는 행동과 우리가 기대할 수 있는 행동, 우리가 우리 자신과 우리 지도자들에게 요구할 수 있는 행동까지 변화시킨다. 필연이라고 귀에 못이 박이도록 들어 왔던 숱한 일들 역시 순식간에 무너뜨릴 수 있다. 우리가 절대로 일어날 수 없는 일이라고 귀에 못이 박이도록 들어 왔던 숱한 일들이 이미 눈앞에서 펼쳐지고 있지 않은가.

　과연 우리 힘으로 이 위기를 막을 수 있을까? 분명히 말하건대, 기후 변화는 모든 것을 바꾸어 놓는다. 그것 말고는 그 어떤 것도 필연이 아니다. 시간이 촉박하긴 하지만, 변화의 칼자루는 아직까지 우리 손에 놓여 있다.

1부
하필 이런 때

석탄은 다른 모든 상품들과 나란한 위치가 아니라 상위에 놓여 있다. 석탄은 나라를 지탱하는 중요한 에너지이자 보편적인 보조물이며, 우리가 하는 모든 활동을 빚어 내는 인자다.

— 윌리엄 스탠리 제번스, 경제학자, 1965년[1]

자연이 말을 하는데 인간이 귀를 기울이지 않고 있다는 걸 생각하면 애석할 따름이다.

— 빅토르 위고, 1840년[2]

1장

우파가 옳다

기후 변화의 혁명적인 영향력

THIS CHANGES
EVERYTHING

기후 과학자들은 기후 변화가 현재 진행형이라고 입을 모은다. 기후 과학자 가운데 97퍼센트가 확고한 증거에 입각하여, 인간 활동으로 인한 기후 변화가 진행되고 있다는 결론에 도달했다. 이런 합의는 하나의 논문만이 아니라 과학자들이 20년간의 조사를 통해 수집한 증거, 그리고 이 분야의 거의 모든 전문가 협회가 동료들의 심사를 거쳐 내놓은 논문의 내용 분석과 공식 성명에 밝혀져 있다.

— 미국 과학 진흥회의 보고서, 2014년[1]

미국인의 생활 방식을 근본적으로 변화시키고, 경제 발전을 억제하고, 우리 경제의 광범위한 부분을 파산으로 몰아넣지 않고는 이런 목표를 달성할 방법이 없다.

— 토머스 J. 도너휴, 미국 상공 회의소 의장, 대규모 탄소 감축에 대해[2]

네 번째 줄에 앉아 있던 남자가 질문을 했다.

그는 리처드 로스차일드라고 이름을 밝힌 뒤, 자신은 기후 온난화 방지 정책이 〈미국 중산층 자본주의에 대한 기습〉이라는 판단하에 메릴랜드 주 캐럴 카운티의 의원 후보로 나섰다고 말했다. 그는 토론자들에게 물었다. 「기후 온난화 반대 운동은 겉으론 환경을 내세우지만 뱃속에는 새빨간 마르크스 사회 경제 이론을 가득 품은 녹색 트로이 목마가 아닐까요?」[3]

2011년 6월 말, 허틀랜드 연구소가 워싱턴 D.C. 메리어트 호텔에서 주최한 제6차 기후 변화 국제 콘퍼런스 석상이었다. 인간의 활동이 지구 온난화를 불러온다는 학계의 이론에 반대하는 연구자들의 대표적인 모임에서, 이 질문자는 은유적인 표현을 썼다. 독일 중앙은행 대표자 회의에서 그리스 사람들을 믿을 수 있겠느냐고 묻는 것과 마찬가지로, 본질적으로 질문이 아니라 가치 판단을 품은 수사적인 표현이었다. 하지만 토론자들은 기회를 놓치지 않고 질문자의 판단이 옳다며 맞장구를 쳤다.

제일 먼저 응수한 것은 기후 온난화를 부인하는 뉴스 사이트 〈클라이머트 데포Climate Depot〉의 편집자 마르크 모라노였다. 「요즘 미국에서는 샤워기 꼭지와 전구, 세탁기까지 규제하고 있습니다. 우리는 눈앞에서 미국의 SUV 자동차 산업이 무너지는 걸 보고만 있지요.」 그러고서

모라노는 경고하기를, 환경주의자들의 활동을 방치한다면 〈국제 기구의 감시하에 지구 상의 모든 사람들에게 탄소 예산*이 적용되는 상황을 보게 될 것〉이라고 했다.[4]

다음 발언자는 〈경쟁 기업 연구소〉의 수석 연구원이자 성가신 소송과 정보 자유법을 이용한 〈낚시질〉로 기후 과학자들을 괴롭히는 일을 주특기로 삼은 크리스 호너였다. 그는 마이크의 각도를 조정한 뒤 침울한 어조로 말했다. 「여러분은 이게 기후 문제라고 생각하실 겁니다. 그렇게 생각하는 사람들이 많지요. 하지만 그건 합리적인 생각이 아닙니다.」 젊은 나이에 어울리지 않게 은발을 한 호너는 1960년대 좌파의 우상이었던 사회학자 솔 알린스키를 암시하는 말을 들먹였다. 「이건 기후 문제가 아닙니다. 자유로운 사회에서는 지구 온난화 반대 운동이 요구하는 바를 실현할 수 없어요……. 따라서 그들은 방해가 되는 성가신 자유를 제거하는 것을 첫 번째 단계로 놓습니다.」[5]

기후 변화가 미국의 자유를 훔치기 위해 동원된 술책이라는 주장도 허틀랜드의 기준에 비추어 보면 온건한 편에 속한다. 이틀간의 콘퍼런스에서 나는 현대의 환경주의를 가톨릭의 이단 탄압, 독일의 나치주의, 러시아의 스탈린주의에 이르기까지 인간 역사에 존재했던 거의 모든 대량 학살 논리에 비유하는 이야기를 들었다. 지자체별로 식물 연료 정제소를 지원하겠다는 버락 오바마의 선거 공약을 일컬어 〈모든 집 뒷마당에 무쇠 용광로를〉 놓자는 마오쩌둥의 계획에 비유하는 사람(케이토 연구소의 패트릭 마이클스)도 있었고, 기후 변화가 〈국가 사회주의의 앞잡이〉라 주장하는 사람(전 공화당 상원 의원이자 은퇴한 우주 비행사 해리슨 슈미트)도 있었으며, 환경주의자들을 가리켜 날씨를 바꾸어 보겠다고 수많은 사람들을 희생 제물 삼아 기우제를 지내던 아스테카의

* *carbon budget*. 온난화 방지책의 하나로 특정 기간 동안 한 국가 혹은 기업이 배출할 수 있는 온실가스의 양을 할당하는 제도 — 옮긴이주.

사제에 비유하는 사람(또 마르크 모라노)도 있었다.[6]

하지만 대부분은 네 번째 줄에 앉은 캐럴 카운티 의원의 발언 내용처럼 온건했다. 한마디로 기후 변화는 자본주의를 폐기하고 〈녹색 공산 사회주의〉를 도입할 목적으로 고안해 낸 트로이 목마라는 것이었다. 요컨대, 대회 의장 래리 벨이 자신의 저서 『변조된 기후Climate of Corruption』에서 요약한 내용이 그대로 되풀이되고 있었다. 〈기후 변화는 환경과는 별 관계가 없으며, 세계적인 규모의 부의 재분배를 도모하기 위해 자본주의에 족쇄를 채우고 미국인의 생활 방식을 변화시키려는 의도에서 나온 것이다.〉[7]

이 콘퍼런스의 참석자들은 기후 과학에 대한 자신들의 부정이 데이터를 해석하는 관점의 현격한 차이에서 비롯된 것인 양 위장하고 있었다. 모임을 조직한 사람들은 권위 있는 콘퍼런스라는 인상을 주기 위해 이 모임을 〈과학적 방법론의 복원을 위한 모임〉이라 명명하고 〈기후 변화 국제 콘퍼런스International Conference on Climate Change〉라는 명칭까지 끌어다 붙였다. 약자로 표기하면 ICCC인데, 기후 변화와 관련하여 수천 명의 과학자들과 195개국 정부가 협력하여 움직이는 세계적인 조직이자 UN 산하 기구인 〈기후 변화에 관한 정부 간 협의체 Intergovernmental Panel on Climate Change, IPCC〉의 약자와 비교하면 철자 하나만 다르다. 그러나 허틀랜드 콘퍼런스에서 나오는 각종 반박론들은 이미 오래전에 부당하다고 결론이 난 낡은 이야기들이다. 발언자 대부분은 과학자가 아닌 로비스트들이다. 그중에는 공학자, 경제학자, 법률가뿐 아니라 기상대 직원이나 우주 비행사도 있고, 〈공간 건축가〉도 있다. 그런데도 이들은 기후 변화를 확신하는 세계 전역의 기후 과학자 97퍼센트가 자신들보다 지적 수준이 떨어진다고 믿고 있었다.[8]

호주의 지질학자 밥 카터는 온난화가 실제로 진행되는 게 확실하냐는 질문을 던졌고, 천체 물리학자 윌리 순은 온난화가 진행되고 있는 것은 사실이지만 이는 온실가스 배출과는 무관하게 태양 활동이 빚어내는 자연적인 변화일 뿐이라고 말했다. 케이토 연구소의 패트릭 마이클스 역시, 이산화탄소가 실제로 기온을 상승시키는 것은 사실이지만 그 영향이 극히 미미하기 때문에 인간이 대응할 필요는 전혀 없다고 주장했다. 물론 갑론을박은 학술 회의의 원동력이다. 하지만 허틀랜드 콘퍼런스에서는 상반된 근거들을 둘러싼 토론자들 간의 논쟁이 전개되는 게 아니었다. 어떤 주장이 더 신빙성이 있다고 반박하는 사람도, 누구의 주장이 옳은지 가리려는 사람도 없었다. 기온 그래프가 제시되었지만, 거의 중년층으로 이루어진 방청객 대부분은 지루하다는 표정을 감추지 못했다.[9]

인기 스타(C급 참가자들이 아니라, 모라노와 호너 같은 A급 이데올로기 전사들)가 무대에 나서는 순간에만 회의실에는 생기가 감돌았다. 이 모임의 본질적인 목적은 강경한 기후 변화 부정론자들에게 환경주의자들과 기후 과학자들을 공격할 때 써먹을 만한 수사학적 무기들을 수집할 기회를 주는 데 있었다. 이곳에서 등장한 발언들은 〈기후 변화〉 또는 〈지구 온난화〉라는 문구가 포함된 기사와 유튜브 영상에 달리는 댓글을 빽빽이 채우고, 수백 명의 우익 평론가들과 정치인들(공화당 대통령 후보에서부터 리처드 로스차일드 같은 카운티 의원에 이르기까지)의 입을 통해 퍼져 나간다. 토론회 막간에 진행된 어느 인터뷰에서 허틀랜드 연구소장 조지프 바스트는 〈이 콘퍼런스에 참석하는 사람들이 제공하는 정보와 기획을 토대로 수천 개의 기사와 특집, 연설이 퍼져 나간다〉며 스스로 공치사를 했다.[10]

공개 석상의 발언에는 등장하지 않지만, 훨씬 강력한 영향을 미치는 것은 지면이나 어느 방송에서도 다루어지지 않은 소문이다. 이 모임이 시작되기 몇 년 전부터 극단적인 기상 이변이 빈발하는데도 기후 변화에 대한 언론 보도는 급격히 줄어들었다. 미국의 3대 방송사 CBS, NBC, ABC에서 기후 변화를 다룬 보도는 2007년 147건에서 2011년

14건으로 줄어들었다. 부정론자들은 단순히 의구심을 퍼뜨리는 데 그치지 않고 공포심을 퍼뜨리는 술책을 동원했으며, 이 술책은 기후 변화를 입에 올렸다가는 자신들의 이메일 수신함과 댓글에 신랄한 독설이 가득 채워질 거라는 불안감을 조성했다.[11]

〈자유 시장주의 해결책을 장려한다〉는 목적하에 시카고에서 창립된 허틀랜드 연구소는 2008년 이후로 해마다 한두 차례씩 콘퍼런스를 열고 있다. 그리고 이 모임들에서 그들의 전략은 작동하는 듯 보였다. 모라노(그는 존 케리의 2004년 대선 캠페인을 무력화하는 데 한몫했던, 〈스위프트 보트 참전 용사회Swift Boat Veterans for Truth〉 이야기*를 특종 보도하면서 유명해졌다)는 청중들에게 여러 가지 성과를 소개했다. 「미국 상원에서 기후 변화 법안, 폐기되었죠! 코펜하겐에서 열린 UN 기후 변화 정상 회담, 실패로 끝났죠! 기후 변화 운동, 자멸했습니다!」 스스로 자멸을 재촉했던 기후 변화 활동가들의 발언을 스크린에 내보내며, 그는 청중을 향해 외쳤다. 「경축할 일이죠!」[12]

풍선과 색종이 조각이 쏟아져 내리진 않았지만, 영락없는 경축의 자리였다.

중대한 사회적 쟁점과 정치적 쟁점에 관한 여론의 변화는 대부분 아주 더디게 진행된다. 급격한 변화가 일어나는 것은 극적인 계기가 있을 때뿐이다. 기후 변화에 대한 여론은 최근 들어 크게 달라졌다. 해리스 여론 조사소의 조사 결과에 따르면, 화석 연료의 지속적인 사용이 기후

* 2004년 대통령 선거에서 보수 진영의 스위프트 보트 참전 용사회가 1분짜리 TV 광고에 베트남 전쟁 참전 용사들을 등장시켜 베트남전 영웅으로 알려져 있던 케리 후보의 전과가 모두 거짓이라고 폭로한 사건. 이후 광고 내용은 대부분 사실이 아닌 것으로 드러났다 — 옮긴이주.

에 영향을 미칠 거라고 믿는 미국인들의 비율은 2007년 71퍼센트에서 2009년 51퍼센트로 감소했고, 2011년 6월에는 44퍼센트(절반에도 못 미치는 수준이다)로 나타났다. 영국과 호주에서도 비슷한 추세였다. 신문과 언론을 위한 퓨 연구 센터의 여론 조사 책임자 스콧 키터에 따르면, 미국에서 확인된 이러한 결과는 〈최근 이루어진 여론 조사 가운데 손꼽을 만큼 급격한 변화다〉.[13]

미국에서는 기후 변화에 대한 여론이 2010년과 2011년을 최저점으로 약간 반등하고 있다(일부 평론가들에 따르면 이러한 변화는 극단적인 기상 사건을 경험한 데서 비롯되었을 수 있다지만, 기후 변화 정책을 연구하는 오클라호마 주립 대학의 사회학자 라일리 던랩은 〈지금으로선 이를 입증할 만한 증거가 충분치 않다〉고 논평한다). 그럼에도 우파 정치권에서는 기후 변화에 대한 여론이 여전히 감소 추세를 보이고 있다는 연구 결과를 내놓는다.[14]

요즘 같은 분위기에선 믿기지 않지만, 2008년까지만 해도 미국 양당은 겉으로나마 기후 변화 문제를 현안으로 삼았다. 2008년 공화당의 핵심 인물 뉴트 깅리치는 하원 의장을 맡았던 민주당의 낸시 펠로시와 함께 특별 프로그램을 진행하면서 기후 변화 문제에 공동 대처하겠다고 공언했다. 2007년 루퍼트 머독(그는 기후 변화 부정 운동을 열성적으로 전파하는 뉴스 채널 폭스사의 최고 경영자다)은 자사 직원들의 하이브리드 자동차 구매를 권장하는 프로그램을 실행하기도 했다. 물론 머독 자신도 하이브리드 자동차를 구입했다.

초당파적 협력의 시대는 끝났다. 현재 자칭 민주당 지지자들과 진보주의자 가운데 인간의 활동이 기후 변화의 원인이라 믿는 비율은 75퍼센트를 웃돈다. 해마다 조금씩 변동하지만 2001년 이후로 약간 상승한 수치다. 이와는 대조적으로, 공화당 지지자 사이에서는 학계의 중론을 인정하지 않는 비율이 압도적으로 높다. 일부 지역의 자칭 공화당 지지자들 중 기후 변화를 인정하는 비율은 고작 20퍼센트 남짓이다. 이런 정파별 입장 차이는 캐나다에서도 확인된다. 2013년 10월 인바이어로닉스에서 실시한 여론 조사에 따르면, 여당인 보수당 지지자들 가운데 기후 변화가 진행 중이며 이는 인간의 활동에서 비롯한다고 믿는 비율은 41퍼센트에 불과했다. 반면에 좌파 정당인 신민주당의 지지자들과 중도 노선의 자유당 지지자들 가운데 기후 변화가 현실적인 문제라고 보는 비율은 각각 76퍼센트, 69퍼센트로 나타났다. 이 같은 여론의 추이는 서유럽뿐 아니라 호주와 영국에서도 비슷하다.[15]

기후 변화를 둘러싼 정파별 입장 차이가 나타난 이후, 최근 그 어느 때보다 많은 사회 과학 연구자들이 정치적 신념이 지구 온난화에 대한 태도에 영향을 미치는 이유를 연구하고 있다. 예일 대학의 문화 인지 프로젝트Cultural Cognition Project에 따르면, 한 사람이 지닌 특성 가운데 지구 온난화에 대한 〈개인적인〉 입장과 가장 큰 연관성을 보이는 것은 〈문화적 세계관〉, 즉 세계를 보는 정치적 성향이나 이데올로기적 견해다.[16] 나이나 인종, 교육, 지지하는 정당보다 개인의 세계관이 더 강한 연관성을 지니는 것이다.

예일 대학 연구원들의 설명에 따르면, 〈평등 의식〉과 〈공동체 의식〉이 강한 사람들(이들은 집단 행동과 사회 정의를 지향하며 불평등에 대한 우려와 기업 권력에 강한 의구심을 갖는다)은 대부분 기후 변화와 관련한 과학자들의 통설을 지지한다. 반면에 〈위계 서열 의식〉과 〈개인주의〉 성향이 강한 사람들(이들은 저소득층과 소수자에 대한 정부 지원에 반대하고 산업을 강력히 옹호하며, 부자의 소득이 많은 것은 사회에 기여한 몫이 크기 때문이라고 믿는다)은 대부분 과학계의 통설을 부정한다.[17] 놀라운 결과다. 〈위계 서열 의식〉이 최고 수준인 미국인 가운데 기후 변화를 〈아주 큰 위험〉이라고 보는 비율은 11퍼센트에 불과한 반면, 〈평등 의식〉이 최고 수준인 미국인 가운데 이러한 견해를 갖는 비율은

69퍼센트에 이른다.[18]

이 연구를 주도한 예일 대학 교수 댄 케이헌은 〈세계관〉과 기후 과학에 관한 견해가 긴밀한 상관관계를 이루는 것은 〈문화적 인식〉의 차이 때문이라고 본다. 문화적 인식이란 새로운 정보를 받아들일 때 정치적 지향과는 무관하게 〈자신이 생각하는 유익한 사회에 대한 전망〉에 보탬이 되는 방향으로 그 정보를 여과하는 과정이다. 만일 새로운 정보가 자신의 전망을 뒷받침한다고 판단하면 선뜻 그것을 받아들여 자기 것으로 만든다. 반대로 새로운 정보가 자신의 신념 체계를 흔들어 놓을 우려가 있으면 두뇌는 불청객을 격퇴하기 위해 지적인 항체를 생산한다.[19]

케이헌이 『네이처Nature』지에 발표한 논문에 따르면, 〈자신이 고결하다고 여기는 행동이 사회에 부정적인 영향을 미치고, 자신이 비열하다고 여기는 행동이 사회에 유익한 영향을 미친다고 판단하는 순간 사람들은 불안감을 느낀다. 어떠한 견해를 받아들임으로써 동료들과 사이가 틀어질 수 있다는 불안감이 생기는 경우, 감정은 그 견해를 부인하려는 쪽으로 크게 기운다.〉[20] 한마디로, 세계관의 갈등을 견디기보다는 현실을 부정하는 편이 훨씬 쉽다는 얘기다. 골수 스탈린주의자들이 숙청의 칼바람 속에서도 목전의 현실을 부정했듯이, 최근 진보주의자들은 기후 변화를 부정하는 입장에 선다. 그렇다, 좌파 역시 마음을 불편하게 만드는 과학적 증거를 부정할 수 있다. 본질적으로 체계를 정당화하는 입장에 선 보수파가 기존 경제 체계의 정당성을 흔드는 증거를 대할 때마다 격분하듯이, 본질적으로 체제를 부정하는 입장에 서 있는 좌파는 기업과 정부가 내놓는 증거들을 불신하기 쉽다. 이런 연관성은 다국적 제약 회사가 아동용 백신과 자폐증의 상관관계를 감추고 있다고 믿는 사람들이 흔히 드러내는 현실 부정과도 연결된다. 이런 주장을 고집하는 운동가들은 자신의 신념을 반박하는 증거를 계속 마주해도 전혀 개의치 않는다. 신념 체계가 스스로를 방어하기 위해 그 증거들을 보이지 않게 감춰 버리기 때문이다.

기후 문제를 둘러싼 사람들의 격렬한 정서적 반응 역시 이러한 방어 시스템에서 비롯된다. 2007년까지만 해도 거의 모든 사람들이 기후 변화가 진행 중임을 인정했다 — 그 문제에 큰 관심을 보이지 않았을 뿐이다. 이제 기후 변화는 미국인들의 정치적 관심사 가운데 맨 마지막에 놓인다.[21]

세계 곳곳에는 기후 변화 문제에 강박이라고 할 만큼 열정적인 관심을 쏟는 유권자 집단이 존재한다. 하지만 이들의 열정은, 기후 변화 문제란 전구를 교체하고 소비에트식 임대 주택에 거주하고 사륜구동 자동차를 포기하라고 자신들을 죄어치기 위해 진보파가 이용하는 〈사기극〉임을 폭로하는 일에 집중되어 있다. 이들 우파의 신념 체계에서 기후 변화 부정은 세금 인하, 총기 소유, 낙태 반대만큼이나 핵심적인 지위를 차지한다. 최근 일부 기후 과학자들은 과거 낙태 시술을 하는 의사들이 받았던 것과 비슷한 공격에 시달리고 있다고 밝힌다. 예컨대 캘리포니아 만안 지역에서는 우파 활동가들이 주민 회의장을 기습하여 지속 가능한 성장 전략에 대한 소소한 토론을 무산시키고, 이를 UN의 후원을 받아 세계 정부를 꾸리려는 술책이라고 주장했다. 이스트베이 티 파티East Bay Tea Party의 일원인 헤더 개스는 이 회의에 보내는 공개서한에서 이렇게 밝혔다. 〈2035년이 되면 당신들은 정부가 마련해 준 집에서 깨어나, 정부가 내준 음식을 먹고, 정부가 내준 버스에 아이들을 실어 주입식 교육을 하는 학교에 보내고, 연로한 부모님은 어디 계신지도 모르는 채 도심지 인근 마을에서 최하층을 이루어 살면서, 자동차도 없이, 정부가 나눠 준 일을 하게 될 것이다. 그때 가서 후회해 봐야 아무 소용 없지! 정신 바짝 차리라고!〉[22]

그렇다. 기후 변화에는 분명 일부 사람들로 하여금 불안감을 품게 하는 요소가 있다.

진실을 외면하다

허틀랜드 콘퍼런스 지지자들이 길거리에 줄줄이 늘어 놓은 홍보 탁자 앞을 지나다 보면, 앞일을 예상하기가 어렵지 않다. 헤리티지 재단Heritage Foundation은 이런저런 소식을 물어 나른다. 케이토 연구소와 아인 랜드 연구소Ayn Rand Institute도 마찬가지다. 기후 변화 부정 운동(과학적 의심을 품은 전문가들이 꾸린 조직적 운동과는 거리가 멀다)은 여기에 전시된 이데올로기 네트워크가 창안한 산물이며, 최근 40년 동안 전 세계적인 이데올로기 지도의 선을 옮기는 데 톡톡히 한몫을 하고 있다. 라일리 던랩과 정치학자 피터 자크의 2013년 연구 결과에 따르면, 기후 변화 부정 서적 대다수는 1990년대 이후에 출간되었고, 그중 무려 72퍼센트(자비 출판을 제외하면 87퍼센트)가 우파 성향의 연구소들과 관련되어 있다.[23]

우파 연구소들은 대부분 1960년대 말과 1970년대 초에 설립되었다. 미국 산업계의 엘리트들은 여론이 자본주의에 등을 보이고 사회주의 혹은 공격적인 케인스주의로 돌아서는 상황에 겁을 먹고 이에 대응해 반혁명을 시작했다. 이렇게 해서 등장한 것이 바로 풍부한 재원을 확보한 지식인 운동이었다. 이들은 탐욕과 무한한 이윤 추구욕은 비난받을 일이 아니며, 오히려 인간 해방을 위한 가장 큰 기회를 제공한다고 주장했다. 이처럼 인간 해방의 기치를 내세워 세금 인하, 자유 무역 협정 등의 정책을 입안하고 통신, 에너지, 수자원에 이르는 국가의 핵심 자산을 헐값으로 민간에 넘길 것을 요구하는 등, 이들은 〈신자유주의〉 종합 선물 세트를 옹호하기 위한 투쟁에 나섰다.

영국에서는 대처, 미국에서는 레이건이 집권하고 10년이 지나 공산주의가 무너지던 1980년대 말에, 이들 이데올로기 전사들은 갈등의 역사가 끝났으며, 자주 인용되던 대처의 말을 빌리자면 〈시장 근본주의의 대안은 존재하지 않는다〉며 승리를 선언할 준비를 갖추었다. 그러고는 자신감에 차서 기업 활동의 자유를 쟁취하기 위한 다음 과업에 착수했다. 과거 시장 근본주의를 거부했던 모든 국가를 대상으로 정치적 격동과 심각한 경제 위기를 기회 삼아 최상의 성과를 거두었고, 자유 무역 협정과 세계 무역 기구 회원국 가입 유도를 통해 확고한 기반을 다졌다.

모든 게 잘 풀려 가고 있었다. 시장 근본주의는 성가신 규제와 정부 감독에서 벗어난 금융권의 무분별한 이윤 추구가 빚어낸 2008년 경제 위기까지 견디고 살아남았다. 하지만 허틀랜드 콘퍼런스를 조직한 사람들은 기후 변화를 또 다른 위협으로 인지했다. 이것은 단순히 공화당 지지자와 민주당 지지자의 대립 구도가 아니었다. 이것은 대기와 해양의 물리적 경계선에 관한 문제였다. 이들은 기후 변화에 관한 정부 간 협의체에서 나온 무서운 예측들이 아무런 도전 없이 방치되고, 정말로 우리 문명이 붕괴의 임계점을 향해 떠밀려 가게 되면, 허틀랜드, 케이토, 헤리티지 같은 싱크탱크들이 구축해 온 이데올로기 십자군 원정의 수레바퀴는 끽 하며 멈출 수밖에 없으리라 판단했다. 이 맹신자들은 시장 논리와 양립 가능한 온건한 기후 행동을 촉진하려는 다양한 시도(탄소 거래, 탄소 상쇄, 자연 〈서비스〉의 화폐 전환)조차 인정하지 않는다. 세계화 경제는 화석 연료의 사용을 통해 구축되었으며 앞으로도 화석 연료에 의존할 수밖에 없음을 이들은 알고 있다. 또한 화석 연료 의존도를 낮추기 위해서는 몇 가지 유연한 시장 메커니즘의 도입으로는 아무런 성과를 낼 수 없으며 강력한 개입이 불가피하다는 사실 역시 분명히 알고 있다. 오염 활동에 대한 강력한 규제 법률, 친환경적 대안에 대한 적극적인 보조금 지원, 위반 행위에 대한 엄중한 처벌, 오염을 규제할 세금 신설, 새로운 공공 토목 공사, 민영화의 역전 등, 이들이 도저히 용납할 수 없는 개입의 목록은 끝없이 이어진다. 한마디로, 이들 싱크탱크들 — 항상 기업 이익의 대폭 강화를 옹호하며 기업의 공적 대리인 노릇을 해온 — 이 수십 년 전부터 분주히 공격해 왔던 모든 일이 이 목록에 포함된다.

또한 기후 협상 과정에는 〈지구적 차원의 형평성〉 문제가 꾸준히 제기된다. 기후 정의론은 지구 온난화가 2백 년 넘는 세월 동안 대기 중에 쌓인 온실가스로 인한 것이라는 과학적 사실에 근거한다. 산업화에 연류이 깊은 일부 국가들이 배출해 온 온실가스양은 다른 국가들과는 비교도 되지 않을 정도로 많다. 그러나 기후 변화의 충격을 가장 먼저, 가장 심하게 겪고 있는 곳은 그동안 온실가스를 거의 배출하지 않은 많은 나라들이다. 이 나라들은 지리적으로 불리한 위치에 있을 뿐 아니라 빈곤 때문에 피해를 입을 가능성이 특히 높다. 이런 구조적인 불공정을 바로잡기 위해서는 지구의 기후 시스템을 동요시키지 않도록 중국과 인도 등 급속한 경제 성장을 이루고 있는 국가들을 설득하는 한편, 북미 대륙과 유럽 등 오랜 연류을 지닌 온실가스 배출 국가들이 솔선해서 온실가스 규제의 부담을 더 많이 짊어지도록 유도해야 한다. 또한 빈곤 국가들에는 저탄소 경로를 이용하여 빈곤을 극복할 수 있도록 자원과 기술의 대대적인 이전 작업이 필요하다. 이것이 바로 〈지구를 위한 마셜 플랜〉을 주창한 볼리비아의 기후 협상 대표, 앙헬리카 나바로 야노스가 의도했던 바다. 하지만 허틀랜드 연구소 같은 곳에서, 부의 재분배를 주창하는 이런 논리는 가장 끔찍한 사상 범죄로 취급받는다.

이들은 국가적인 차원의 기후 행동조차 사회주의라며 도끼눈을 뜨고 비판한다. 합리적인 가격의 고밀도 주택과 새로운 대중교통 수단을 공급하자는 주장에 대해서도, 혜택을 누릴 자격이 없는 빈곤층에게 보조금을 주는 비공식적인 방법이라고 비판한다. 이들은 지금의 탄소 전쟁이 세계적인 자유 무역에 어떤 영향을 미치는지에 대해서는 입을 다문 채, 물리적인 거리는 월마트Walmart의 디젤 트럭과 세계적인 해운 기업 머스크Maersk의 화물 운송선에 의해서 이미 무너져 버린 허구일 뿐이라는 주장만 되풀이한다.

그러나 이들에게도 두려움은 있다. 자유 시장 시스템이 많은 사람들에게 위험을 안기는 물리적·화학적 경로를 채택하고 그것이 아무런 규제 없이 계속 시행된다면, 도덕 논리로 자본주의를 옹호하는 십자군 원정 자체가 수포로 돌아가리라는 근본적인 두려움 말이다. 강경한 보수파 사이에서 기후 변화 부정 운동이 급속히 퍼져 나가고 있는 현실은 바로 이런 두려움을 반영한다. 이들은 기후 변화를 현실로 인정하는 순간 이 시대의 핵심적인 이데올로기 투쟁, 즉 공공의 목적과 가치관에 맞게 사회를 계획적으로 관리할 필요가 있다는 입장과 시장의 마법만으로도 이러한 과제를 충분히 달성할 수 있다는 입장이 대결하는 이데올로기 투쟁에서 패배할 수밖에 없다는 사실을 분명히 파악하고 있다.

잠시 상상의 나래를 펼쳐 보자. 허틀랜드 연구소 소장 조지프 바스트 같은 사람의 눈에는 지금 이 모든 상황이 어떻게 비칠까? 시카고 대학에서 경제학을 전공하고 점잖은 용모에 턱수염을 기른 바스트는 인터뷰를 통해서 내게 〈인간을 다른 인간의 압제로부터 해방시키는 것〉이야말로 자신의 소명이라고 말했다.[24] 바스트에게 기후 변화 예방 조치는 곧 세계의 종말이다. 물론 그것은 실제로는 세계의 종말이 아니지만, 어떤 목적과 취지에서 진행되는 것이든 과학적 사실에 입각한 확고한 온실가스 감축 활동은 〈그의〉 세계의 종말을 뜻한다. 기후 변화 이론은 보수파가 의지하는 이데올로기의 기반을 무너뜨리는 폭약이다. 집단 행동을 비방하고 일체의 기업 규제 조치와 일체의 공적 조치를 향해 전면전을 선포하는 신념 체계를 가진 사람들의 입장에서 보자면, 유례를 찾을 수 없을 만큼 대대적인 규모의 집단 행동과 위기의 씨앗을 심고 그것을 심화시켜 온 시장의 힘에 대한 철두철미한 규제를 통해서만 해결할 수 있는 기후 변화를 결코 인정할 수 없다.

많은 보수주의자들, 특히 완고한 보수주의자의 입장에서 이 도전은 갈수록 거세어져 자유 시장주의에 대한 신뢰뿐 아니라 지구에서 인간이 차지하는 위상에 대한 문화적 서사의 핵심까지 흔들어 놓는다. 인간은 만물을 개척하고 지배하는 영장인가? 아니면 인간이 개발한 가장 강력한 컴퓨터로도 흉내 낼 수 없는 복잡하고 예측 불가능한 자연의 힘에 속수무책으로 휘둘릴 수밖에 없는 생물 종의 하나일 뿐인가? 호주 라트로브 대학 정치학 교수인 로버트 맨의 말을 빌리자면, 많은 보수주의자들에게 있어서 기후 과학은 〈그들이 지닌 가장 근본적이고 가장 중요한 근본 신념, 즉《인류》가 지구와 지구의 모든 결실을 정복하고 자연에 대한《지배력》을 구축할 능력과 권리를 지니고 있다는 신념에 오물을 끼얹는 행위〉다. 이들 보수주의자들에게 〈이러한 생각은 단순한 판단 착오가 아니라 도저히 용납할 수 없고 몹시 모욕적인 것이다. 따라서 이런 논리를 전파하는 사람들에 맞서서 반박하고 공격해야 한다〉.[25]

공격 중에서도 가장 효과적인 것이 인신공격이다. 전직 부통령 앨 고어가 호화판 저택에서 산다고 공격하고, 유명한 기후 과학자 제임스 핸슨이 거액의 강연비를 받는다고 공격하는 식이다. 허틀랜드와 그 연합 세력이 기후 과학자들의 이메일을 해킹하고 내용을 왜곡하여 의도적으로 스캔들을 조작한 〈온난화 음모Climategate〉 방식도 있다. 이들은 과학자들이 데이터를 조작했다고 주장했다(조작이 없었다는 건 여러 차례에 걸쳐 입증되었다). 2012년에 허틀랜드 연구소는 기후 변화 인정론자들 (부정론자들은 이들을 〈온난화주의자warmist〉라고 부른다)을 연쇄 살인마 찰스 맨슨과 연쇄 소포 폭탄 테러범 테드 카진스키에 비유하는 광고 캠페인을 전개하는 등 도끼로 제 발을 찍는 행동까지 불사했다. 광고 속 테드 카진스키의 사진 밑에는 굵직한 붉은색 글씨로 〈나는 지구 온난화를 믿어. 너도 그렇지?〉라는 문구가 달려 있었다. 허틀랜드 지지자들은 기후 과학 부정을 전쟁의 일환으로 보았고, 실제로도 그렇게 행동했다.[26]

많은 부정론자들은 자신이 기후 과학을 불신하게 된 이유와 관련하여, 기후 변화가 사실이라면 정치적 파급력이 어마어마하리라는 극단적인 불안감이 한몫을 했다고 솔직하게 인정한다. 영국의 블로거이자 허틀랜드의 단골 강연자인 제임스 델링폴은 이렇게 밝히기도 했다. 〈현대의 환경주의는 좌파들이 선호하는 여러 가지 대의(부의 재분배, 세금 인상, 정부 개입의 확대, 규제)를 진전시키는 데 효과적이다.〉 허틀랜드 연구소장 바스트의 표현은 훨씬 노골적이다. 〈좌파에게 기후 변화는 완벽한 도구다. (……) 기후 변화를 인정할 경우 우리는 좌파가 원하는 모든 것을 무조건 시행해야 한다.〉[27]

많은 부정론자들과 달리 바스트는 허풍이 세지 않으며, 자신과 동료들이 기후 문제를 물고 늘어지는 건 과학적 사실에 오류가 있어서가 아니라는 점도 솔직히 인정한다. 사실 그들은 기후 변화라는 과학적 사실이 경제적·정치적인 측면에서 엄청난 함의를 품고 있다는 것에 두려움을 느끼고 이에 대한 반박에 착수한 것이다. 나와의 인터뷰에서 바스트는 이렇게 말했다. 「이 문제와 마주칠 때마다 우리는 이런 말을 합니다. 〈이건 그야말로 정부 개입의 대폭 확대를 요구하는 처방전이군.〉 우리는 행동에 돌입하기에 앞서 기후 과학을 다시 한 번 살펴봐야 합니다. 내가 보기엔 보수주의 그룹도 진보주의 그룹도 이미 행동을 멈추고 이렇게 선언했습니다. 〈이걸 단순히 신념의 문제로 봐서는 안 되겠군. 우리가 직접 연구를 해보자고.〉」[28]

〈초록은 새로운 빨강이다〉라고 선언했던 영국 대처 정부의 재무 장관 나이절 로슨 역시 이와 비슷한 지적인 경로를 따라갔다. 로슨은 국가 주요 자산의 민영화와 부유층 세금 인하, 대형 노조의 결집력 파괴 등을 진행한 자신의 업적에 대해 대단한 자부심을 가지고 있다. 그의 말을 빌리자면, 기후 변화는 〈국가의 개입과 간섭, 규제를 허용하는 새로운 허가증〉이다. 그는 기후 변화를 틀림없는 음모라고 본다. 하지만 이 주장은 원인과 결과를 뒤집는 고전적인 목적론일 뿐이다.[29]

이와 비슷한 지적 태도로 입맛에 따라 왜곡하는 인물들이 기후 변화 부정 운동에는 부지기수다. 냉전 시대에 미국 국방부에서 로켓 기술을 개발했던 물리학자 프레드 싱어는 온실가스 배출 규제가 목소리를 약간 바꾼 공산주의라고 주장한다(이에 대해서는 나오미 오레스키와 에릭 콘웨이의 저서 『의혹을 파는 상인들*Merchants of Doubt*』에 생생하게 기록되어 있다). 전 체코 대통령 바츨라프 클라우스는 대통령 재직 시절 허틀랜드 기후 콘퍼런스에서 연설을 했다. 공산주의 통치하에서 정치 경력을 시작한 그는 기후 변화가 곧 강력한 냉전 상황을 몰고 올 것처럼 보였는지, 지구 온난화를 막으려는 시도를 〈사회 전체를 통제하려는 공산주의 중앙 정책 기획자들의 야심〉에 비교하며, 〈그《고결한》공산주의 치하에서 인생의 대부분을 보낸 나로서는 그런 일을 결코 받아들일 수 없다〉라고 말했다.[30]

충분히 이해할 수 있다. 그들의 시각에서 기후 변화라는 과학적 사실은 몹시 불공정해 보일 것이다. 허틀랜드 콘퍼런스 참석자들은 이데올로기 투쟁에서 지금껏 자신들이 이겨 왔다고, 비록 공정한 수단을 쓰지는 않았지만 이긴 건 분명히 이긴 거라고 생각한다. 하지만 이제 기후 과학은 모든 상황을 바꾸어 놓고 있다. 지구에 사는 인류의 생존에 온실가스 규제가 필수 조건이라면, 그들은 정부 개입과 관련한 찬반 논쟁에서 이기기 위해 어떤 방법을 써야 할까? 단기적으로는, 정부 개입을 허용할 경우 기후 변화 이론을 방치한 지난 수십 년보다 훨씬 큰 경제적 대가를 치르게 될 거라고 주장하면 그만이다. 일부 신자유주의 경제학자들은 비용 효과 분석과 미래 〈할인〉을 적용하여 이런 주장을 뒷받침한다. 그러나 대부분의 사람들은 자기 아이들의 삶이 누군가의 엑셀 시트에서 〈할인〉되는 걸 달가워하지 않으며, 사라질 위기에 놓인 일부 국가를 구제하려면 엄청나게 많은 비용이 들어가니 그 국가들을 그대로 방치하자는 발상에 도덕적 경멸감을 느낀다.

따라서 허틀랜드 콘퍼런스에 모인 이데올로기 전사들은 이처럼 심각한 위협을 물리칠 방법은 딱 하나뿐이라고 판단한다. 바로 수많은 과학자들이 거짓말쟁이이며, 기후 변화는 정교하게 고안된 사기극이라고 주장하는 것이다. 폭풍이 갈수록 강력해진다는 건 그들의 망상일 뿐 사실이 아니라고 주장한다. 만약 사실이더라도 그건 인간의 행동 때문에 나타난 결과가 아니라고, 더 한발 물러나 정말로 그렇다 해도 인간의 행동을 멈출 방법은 없다고 주장한다. 한마디로 현실을 부정하는 것이다. 오로지 그 현실이 암시하는 미래가 너무 끔찍하다는 이유로 말이다.

바로 여기에 내가 생각하는 불편한 진실이 있다. 나는 이 강경한 이데올로그들이 정치 분야에서 활동하는 〈온난화주의자들〉보다 기후 변화의 중요성을 훨씬 정확하게 꿰뚫고 있다고 생각한다. 온난화주의자들은 여전히 기후 변화 대응이 점진적이며 고통을 초래하지 않을 것이라고, 따라서 화석 연료 기업은 물론이고 어느 누구와도 전쟁을 치를 필요는 없다는 생각을 고수한다. 다음 논의로 넘어가기 전에 내 입장을 분명히 밝혀 두겠다. 세계의 기후 과학자들 중 97퍼센트의 의견에 따르면, 기후 과학과 관련한 허틀랜드의 판단은 완전히 엉터리다. 하지만 과학적으로 입증된 사실들이 정치와 경제에 엄청난 파급력을 미친다는 대목, 그리고 인간의 에너지 소비 행태는 물론 이윤 추구를 목적으로 하는 자유주의 경제의 근본 논리에도 급진적인 변화를 요구한다는 대목에서는 이들의 판단이 정확하다. 부정론자들은 여러 가지 세부적인 내용을 왜곡하고 있지만(기후 변화론은 공산주의의 음모가 아니다. 곧 다루겠지만, 권위적인 국가 사회주의 체제는 끔찍한 환경 파괴를 자행하며 극단적인 자원 채취 활동을 강행했다), 재앙을 피하기 위해 요구되는 변화의 범위와 강도에 관해서라면, 이들의 판단은 정확하다.

돈 문제

강력한 영향력을 발휘하는 그들의 이데올로기는 확고한 과학적 증거들로 인해 심각한 도전을 받을지언정 완전히 사라지지는 않는다. 오히려 이들은 광신자 집단을 이용하여 사소한 문제를 건드리는 활동으로 전환한다. 일부 사람들은 변함없는 충심을 유지하면서 이데올로기가 잘못된 게 아니라 원칙을 엄격하게 적용하지 않은 지도자가 문제라고 진단한다(극좌파 신스탈린주의를 지지하는 소그룹들은 비록 소수이긴 해도 여전히 남아 있을지 모른다). 2008년 경제 위기로 월스트리트가 타격을 입고 생태계의 위기가 중첩적으로 발생하자, 자유 시장 근본주의자들은 터무니없는 진단으로 위안을 삼으며 밀턴 프리드먼의 『선택할 자유*Free to Choose*』와 아인 랜드의 『움츠린 아틀라스*Atlas Shrugged*』에 의지해 조심스레 활로를 모색해야 했고, 그럼으로써 결국은 수치스러운 운명의 덫에서 벗어날 탈출구를 찾아냈다. 기업 활동의 자유를 주창하는 이들의 의견이 현실과 심각한 충돌을 빚기는 하지만 세계적인 갑부들에게 여전히 높은 수익을 안겨 주기 때문이다. 이들은 찰스 코크와 데이비드 코크(다국적 에너지 대기업 코크 인더스트리Koch Industry의 소유주) 등의 갑부들과 엑슨모빌ExxonMobil이 후원하는 싱크탱크에 의지해 의식주를 해결한다.

최근의 연구에 따르면 부정론을 후원하는 싱크탱크들, 그리고 사회학자 로버트 브루엘이 〈기후 변화 부정 운동〉이라고 명명한 여러 그룹들이 우파의 각종 대의를 옹호하는 활동을 통해 올리는 수입은 연간 9억 달러를 넘어서는데, 그중 대부분은 보수 재단에서 제공된, 자금 추적이 불가능한 〈검은 돈〉이다.[31]

이런 상황에서 문화 인지학 등 개인 심리에만 초점을 맞추는 이론은 한계에 부딪칠 수밖에 없다. 부정론자들은 개인의 세계관 방어를 넘어, 기후 논쟁에 흙탕물을 끼얹는 허틀랜드를 비롯한 단체들과 그 뒤에서 막대한 소득을 올리는 정치적·경제적 이익 집단을 보호한다. 부정론자들과 이들 이익 집단 간의 긴밀한 연대는 널리 알려져 있을 뿐만 아니라 기록으로도 뚜렷이 남아 있다. 허틀랜드는 코크 형제 및 보수파의 자금줄에 기대다가 최근 타계한 리처드 멜런 스카이프 재단, 그리고 엑슨모빌로부터 1백만 달러 이상을 받았다. 그들은 〈고결한 우리의 입장〉에 누가 될 수 있다면서 화석 연료 산업과 관계된 기업 및 재단, 개인들로부터 받는 자금의 액수를 공개하지 않지만, 허틀랜드 내부에서 유출된 문서에 따르면 이름이 밝혀지지 않은 어느 후원자는 기후 과학을 공격하는 활동에만 860만 달러가 넘는 자금을 지원했다.[32]

허틀랜드 기후 콘퍼런스에 참석하는 과학자들 역시 화석 연료 기업으로부터 넉넉하게 자금 지원을 받아, 그들 가까이에 가면 석유 냄새가 날 정도다. 2011년 콘퍼런스에서 기조 연설을 맡았던 케이토 연구소의 패트릭 마이클스는 언젠가 CNN 기자에게 자신이 운영하는 컨설팅 회사의 매출 가운데 40퍼센트가 석유 회사들이 지급한 것이라고 밝혔다 (케이토는 엑슨모빌과 코크 형제 재단의 후원을 받고 있다). 그린피스의 조사에 따르면, 콘퍼런스에서 연설을 했던 천체 물리학자 윌리 순은 2002년부터 2010년 사이에 화석 연료 기업들로부터 연구 자금 전액을 지원받았다.[33]

블로그, 칼럼, 방송 출연 등을 통해 이들 과학자들의 견해를 전파하는 일에 종사하는 사람들 역시 동일한 자금원을 통해 보수를 받는다. 〈건설적인 미래를 위한 위원회〉의 웹 사이트에 둥지를 튼 마르크 모라노의 웹 사이트와 크리스 호너의 지적 기반인 〈경쟁 기업 연구소〉 역시 대규모 석유 기업들의 자금 지원을 받는다. 2013년 2월 발표된 『가디언 *The Guardian*』의 보고서에 따르면, 2002년부터 2010년 사이에 익명의 미국인 갑부 그룹이 기후 변화 과학에 의혹을 제기하는 집단에 연간 1억 2천만 달러를 기부했고, 〈보수파는 이 풍부한 자원을 기반으로 버락 오바마의 환경 정책을 공격하고 기후 변화 대응책을 강구하는 의회 활동을 차단하는 작업을 개시했다〉.[34]

이 돈이 그걸 받는 사람의 견해에 실제로 영향을 미치는지, 어떤 영향을 미치는지를 알아낼 방법은 없다. 우리가 짐작할 수 있는 사실은, 화석 연료 산업과 경제적 이해관계가 있는 경우에는 정치적 지향과는 무관하게 기후 변화의 현실을 부정하기가 쉬우리라는 것뿐이다. 예컨대 미국 내에서 기후 변화에 대한 견해가 정치적 성향에 큰 영향을 미치지 않는 지역은 애팔래치아 산맥의 석탄 산지와 걸프 해안 등, 화석 연료 채취 활동에 크게 의존하는 지역들뿐이다. 이곳의 공화당 지지자는 다른 지역의 공화당 지지자와 마찬가지로 기후 변화를 부정하고, 많은 민주당 지지자 역시 기후 변화를 부정한다(애팔래치아의 민주당 지지자 가운데 인간의 활동이 기후 변화를 야기한다고 생각하는 비율은 49퍼센트에 불과하다. 다른 지역에서 이 비율은 72~77퍼센트에 이른다). 캐나다에서도 비슷한 지역적 편차가 나타난다. 타르 샌드 덕분에 높은 소득을 올리고 있는 앨버타 주에서는 설문 응답자 가운데 41퍼센트만이 인간의 행동이 기후 변화의 원인이라고 대답했다. 화석 연료 채취 산업의 혜택을 그다지 받지 않는 대서양 연안 지역에서는 응답자의 68퍼센트가 인간이 지구 온난화의 원인이라고 대답했다.[35]

과학자들 사이에서도 비슷한 편향이 확인된다. 현역 기후 과학자들의 경우 인간이 기후 변화의 주원인이라고 보는 비율이 97퍼센트인 반면에, 경제 지질학자들(화석 연료 채취 산업의 상업적 이용을 옹호하는 지질 연구에 종사하는 과학자들) 사이에서는 47퍼센트에 불과하다. 한마디로, 진실이 지나치게 높은 정서적, 지적, 금전적 대가를 요구할 때 사람들은 부정론으로 기울기 쉽다. 〈어떤 사실을 이해하지 못한다는 사실 덕분에 봉급을 받고 있는 사람에게 그 사실을 이해시키기란 어렵다.〉 업튼 싱클레어의 유명한 말이다.[36]

플랜 B: 지구 온난화로 부자 되기

최근 들어 많은 연구자들이 기후 변화 인식과 관련하여 흥미로운 사실들을 밝혀내고 있다. 그중 하나가 기후 변화의 과학적 근거를 부정하는 태도와 사회·경제적 특권 사이에 분명한 상관관계가 존재한다는 것이다. 기후 변화를 부정하는 사람들 중에는 보수주의자, 백인, 남성 그리고 평균 소득이 높은 사람들이 압도적으로 많다. 이들의 특징은, 아무리 근거가 희박하다 해도 자신의 견해에 대한 자신감이 다른 사람들보다 훨씬 크다는 점이다. 이와 관련하여 자주 언급되는 한 논문에서, 사회학자 애런 맥라이트와 라일리 던랩은 조사 응답자 중 지구 온난화와 관련한 자신의 인식에 대해 강한 자신감을 표현하는 보수적인 백인 남성 그룹이 기후 변화가 〈일어나지 않을 것〉이라고 믿는 비율이, 다른 그룹에 비해 여섯 배나 높다고 밝히고 있다. 맥라이트와 던랩은 이런 편차의 원인을 간단히 설명한다. 〈보수적인 백인 남성 그룹의 경우, 자신이 속한 경제 시스템 내에서 권력을 행사하는 위치를 차지하는 비율이 다른 그룹에 비해 아주 높다. 기후 변화가 산업 자본주의 경제 시스템에 강력한 도전장을 던지고 있는 상황에서, 시스템의 정당성을 확신하는 보수적인 백인 남성들이 기후 변화를 부인하는 것은 지극히 당연하다.〉[37]

급격한 사회적·경제적 변화가 일어날 경우, 사회적·경제적 특권을 지닌 사람들은 많은 것을 잃게 된다. 따라서 이들은 자신의 견해가 옳지 않다는 게 입증된다 해도 기후 변화의 위험성을 훨씬 낮잡는다. 허틀랜드 콘퍼런스에서 나는 기후 변화로 피해를 입은 사람들의 심정을 도저히 이해하지 못하는 한 강연자의 발언을 들었다. 공간 건축가 래리 벨이 약간 높은 기온은 큰 문제가 아니라면서 〈저는 일부러 휴스턴으로 이사를 했습니다!〉라고 말하자, 청중들은 폭소를 터뜨렸다(당시 휴스턴은 심각한 가뭄을 겪고 있었고, 나중에 확인된 바에 따르면 텍사스 주를 덮친 가뭄은 기록적인 수준이었다). 호주의 지질학자 밥 카터는 〈인간의 관점에서 보면 기온이 높아질 때 세계는 더 윤택해진다〉라고 주장했다. 패트릭 마이클스는 기후 변화 때문에 불안한 사람들은 유럽에 이상 고온 현상이 나타나 프랑스에서 약 1만 5천 명이 사망했던 2003년에 프랑스 사람들이 했던 일을 그대로 따라하면 된다고 말했다. 〈그들은 월마트와 에어컨이 있는 곳을 찾아다녔죠.〉[38]

이처럼 저마다 재치 넘치는 말솜씨를 뽐내고 있을 때, 아프리카의 뿔(아프리카 북동부 지역)에서는 극심한 가뭄으로 약 1,300만 명이 아사 위기에 놓여 있었다. 이처럼 부정론자들이 무감각하게 구는 것은 믿는 구석이 있기 때문이다. 그들은 기후 과학에 대한 자신들의 판단이 틀렸다 하더라도, 선진 공업 국가에 사는 부유한 사람이라면 기온이 섭씨 2~3도쯤 상승하는 것 따위에 크게 신경 쓸 필요가 없다는 생각이 확고하다.* 〈비가 오면 우리는 비를 그을 곳을 찾아내고, 햇살이 따가우면 그늘진 곳을 찾아냅니다.〉 텍사스 하원 의원 조 바턴이 에너지 환경 소위원회 공청회에서 한 말이다.[39]

부정론자들의 관점에서 보면, 부유하지 않은 사람들은 남이 자선을 베푸는 걸 기다릴 것이 아니라 열심히 일을 해서 돈을 벌어야 한다(하지만 2012년 세계은행 보고서는 빈곤국에 폭풍, 가뭄, 홍수 피해가 급증하면서 〈수십 년에 걸쳐서 이뤄 왔던 지속 가능한 발전〉이 물거품으로 돌아갈 위험에 처해 있다〉고 밝히고 있다). 빈곤국들이 이상 고온에 대응할 수 있도록 도와야 할 책임은 부유한 국가에 있는 것 아니냐고 패트릭 마이클스에게 묻자, 그는 내게 〈어차피 빈곤국의 정치 시스템은 그걸 감당할 능력이 없으니〉 굳이 그런 나라들에 자원을 제공할 필요가 없으며, 진정한 해결책은 자유 무역을 강화하는 것뿐이라고 주장했다.[40]

* 이런 자신감은 상당 부분 환상에서 비롯한 것이다. 억만장자들이라면 잠시나마 돈을 주고 보호 수단을 구할 수 있겠지만, 지구 상에서 가장 부유한 나라도 허리케인 카트리나 때 보았듯이 막대한 규모의 충격이 급습하면 흔들릴 수밖에 없다. 아무리 재원이 풍족하고 철저한 관리가 이루어지는 사회라 해도 대규모 자연재해의 맹렬한 급습이 연달아 이어지면 대처할 도리가 없다.

마이클스는 차츰 물속에 잠겨 드는 섬나라들에게는 자유 무역이 아무 도움도 되지 못하고, 신용 카드로 최신형 에어컨을 구입하는 방식으로는 이상 고온과 가뭄의 직격탄을 맞은 사람들이 재난을 피할 수는 없다는 사실을 분명히 알고 있다. 극단적인 이데올로기와 기후 부정론이 맞물릴 때 이처럼 몹시 위험한 상황이 벌어진다. 이들이 기후 과학을 부인하는 이유는 우월주의에 기반한 자신들의 세계관을 무너뜨릴 위험 때문만이 아니다. 이들의 세계관은 지구 도처의 사람들을 외면하고 빙하 융해 덕분에 수익을 올리는 것을 합리화할 수 있는 지적인 도구를 제공하기 때문이다.

무엇보다 우리는 이처럼 공감이 결여된 사고방식(문화 이론가들은 이를 〈위계적〉, 〈개인주의적〉이라고 표현한다)의 위험성을 인식해야 한다. 기후 변화는 오래지 않아 우리의 도덕성을 실험할 것이다. 미국 상공회의소는 미국 환경 보호청의 탄소 배출 규제 시행에 반대하는 청원서에서 〈사람들은 다양한 방식의 행동적·심리적·기술적 적응을 통해 기후 온난화에 대처할 수 있다〉고 주장했다.[41]

내가 가장 걱정하는 것이 바로 이런 적응이다. 우리의 문화가 이와 같은 지배적인 가치관에서 근본적으로 변화하지 않더라도, 과연 우리가 갈수록 빈번해지고 강력해질 자연재해로 집과 직업을 잃어버린 사람들에 〈적응〉할 거라고 장담할 수 있을까? 기후 난민이 물이 새는 보트를 타고 우리의 해안에 도착한다면 우리는 과연 이들을 어떻게 대할까? 신선한 물과 음식이 갈수록 희귀해져 갈 때 우리는 과연 어떻게 행동할까?

이런 일은 이미 진행 중이고, 따라서 그 답도 뻔히 나와 있다. 기업들은 자연 자원을 손에 넣기 위해 갈수록 탐욕을 부리고 난폭한 행동을 일삼을 것이다. 부유한 국가는 식품과 연료를 확보하기 위해 경작이 가능한 아프리카의 땅을 차지할 것이고, 이미 극심한 수탈에 시달려 온 세계 전역의 땅들은 신식민주의적 수탈에 또다시 유린당할 것이다(언론인 크리스천 패런티의 저서 『혼돈의 땅 열대*Tropic of Chaos*』를 한번 살펴보라). 이상 고온과 맹렬한 폭풍이 소규모 농장과 어촌을 폐허로 만들면, 대규모 개발업자들은 이 땅을 차지해 대규모 항구와 호화판 휴양지, 대규모 농장을 건설하려 할 것이다. 한때 자립적인 경제를 유지했던 농촌 지역의 주민들은 땅을 잃고 갈수록 인구 밀도가 높아지는 도시 빈민 지역으로 밀려나게 될 것이다. 가뭄과 기근은 유전자 조작 종자를 권장하는 구실로 이용될 것이고, 농민들은 이 종자를 구입하느라 빚에 허덕이게 될 것이다.[42]

부유한 국가의 대도시 인근 해안에는 거액이 투입되어 호안(護岸) 시설과 해일 방파제가 세워지겠지만, 가난한 토착민들이 사는 드넓은 해안 지역은 아무런 방비책이 마련되지 않아 맹렬한 폭풍과 해일의 먹이가 된다. 전 지구적인 차원에서 비슷한 과정이 진행될 것이다. 지구의 기온을 낮추기 위한 공학적 방법이 도입되면 열대 지역에 사는 사람들은 북미와 서유럽, 공업화된 동아시아 지역에 사는 사람보다 훨씬 더 큰 위험에 노출된다(이에 대해서는 뒤에서 자세히 다루겠다). 정부는 우리의 대응(혹은 무대응) 때문에 땅을 버리고 떠나야 하는 기후 난민들에게 도덕적 채무가 있음을 인정하지 않은 채, 최첨단 기술을 동원하여 더욱 견고한 요새를 구축하고 더욱 가혹한 이민자 규제 법률을 채택할 것이다. 또한 〈국가 안보〉를 내세워 수자원, 석유, 경작지를 둘러싸고 벌어지는 타국의 분쟁에 개입하거나 직접 분쟁을 일으킬 것이다. 요컨대, 우리 문화는 이미 해오고 있는 일을 전보다 훨씬 잔인하고 난폭하게 진행할 것이다. 우리 시스템은 바로 이런 일을 하기 위해 구축되어 있기 때문이다.

몇 년 전부터 많은 다국적 기업들은 기후 변화가 자신들의 사업에 미칠 영향에 대해 공개적인 발언을 내놓고 있고, 보험 회사들은 대규모 재해의 발생 빈도가 갈수록 높아지는 현상을 추적하며 구체적인 논의를 진행하고 있다. 예컨대 스위스 리 아메리카Swiss Re Americas의 최고 경영자는 〈우리는 밤늦도록 기후 변화 문제로 고심하고 있다〉라고 인정한다. 스타벅스와 맥도널드 같은 기업들도 심각한 기후 문제가 주요 원료의 확보에 미칠 파급 효과에 대해 경계를 늦추지 않고 있다. 2014년 6월, 억만장자이자 전직 뉴욕 시장인 마이클 블룸버그와 미국 재무 장관 헨리 폴슨, 그리고 환경 문제와 관련하여 막대한 금액을 기부하고 있는 헤지 펀드 설립자 톰 스타이어는 〈위기의 사업Risky Business〉 프로젝트를 주도하면서, 기후 변화에 따른 해수면 상승으로 해안 지역이 입게 될 피해만 따져도 미국 경제는 수조 달러의 손실을 보게 될 것이며, 따라서 기업계는 해수면 상승을 비롯한 기후 재해 문제를 진지하게 검토해야 한다고 경고했다.[43]

사람들은 흔히 이러한 발언을 지구 온난화에 대한 강력한 대응을 지지하는 입장과 동일시한다. 하지만 그것은 사실이 아니다. 기후 변화로 예상되는 파급 효과를 인정하는 기업들이라고 해서 기온 상승을 섭씨 2도 이하로 유지하기 위한 적극적인 대책을 지지하는 것은 아니다. 예컨대 미국의 보험업계가 갈수록 심각해지는 기후 변화의 영향에 대해 목청을 높이고, 대형 보험사들이 기후 과학자들을 고용하여 재해 대비책을 마련하고 있는 것은 사실이다. 그러나 산업계는 적극적인 기후 정책을 지지하는 데는 별다른 관심을 보이지 않는다. 오히려 많은 기업들과 상공인 단체들이 기후 변화 부정 운동을 전개하는 싱크탱크에 막대한 자금을 지원하고 있다.[44]

얼마 전까지만 해도 허틀랜드 연구소의 여러 부서에서는 서로 어긋나는 듯 보이는 활동이 동시에 진행되었다. 기후 변화 부정론의 세계적인 거점인 허틀랜드 연구소는 〈금융, 보험, 부동산 연구 센터〉에 업무 공간을 제공했다. 워싱턴 정계의 보수파 소식통 엘리 레러는 2012년 5월까지 이 연구 센터의 보험업계 대변인 역할을 했다. 하지만 레러는 허틀랜드 연구소의 다른 동료들과는 달리 〈기후 변화는 실제로 존재하며, 그 주된 원인은 인간이다. 이 두 가지 사실을 놓고 심각한 논쟁을 벌일 필요는 없다고 생각한다〉라고 공공연히 이야기했다.[45]

다른 부서들이 국제 콘퍼런스를 조직하며 진지한 학문적 논의의 가면을 쓰는 동안에도, 레러가 지휘하는 부서는 기후 재해에 대비하고 보험 업계의 수익성을 보호하기 위한 활동에 몰두했다. 레러의 말을 빌리자면, 그의 업무와 기후 변화 부정 활동에 종사하는 동료들 사이에 〈큰 갈등이 빚어지는 일은 거의 없었다〉.[46] 많은 보험 회사들이 허틀랜드 연구소와의 공조에서 기대했던 것은 기후 재앙에 대한 대응 방안을 마련하는 것이 아니라, 어떤 상황이 닥치더라도 자신들의 이익을 보호하고, 더나아가 증대시킬 방안을 마련하는 것이었다. 다시 말해 그들이 원하는 것은 정부를 압박하여 〈자유 시장〉을 강화하는 데 필요한 기본적인 정책 외에도 보험 산업에 대한 지원을 받아 내는 것, 보험료를 올리고 위험도가 높은 지역 주민들의 보험 가입을 임의로 제한하는 방향으로 폭넓은 자유를 확보하는 것이었다.

허틀랜드 연구소가 기후 변화를 인정하는 사람들을 대량 학살자에 비유하는 광고 캠페인을 채택하자, 레러는 연구소를 떠났다. 허틀랜드 연구소에 풍족한 자금을 지원하는 보험사들이 기후 변화를 부정하는 대열에 속해 있으니 그들과의 공생 관계가 순조로울 수 없었던 것이다. 하지만 어느 인터뷰에서 엘리 레러는 결별의 원인이 정책에 대한 의견 차이 때문이 아니라 광고에 대한 의견 차이였다고 강조하며 이렇게 말했다. 〈나는 아직도 허틀랜드가 지지하는 공공 정책 전반을 지지하는 입장입니다.〉[47]

사실 레러의 활동과 허틀랜드 연구소의 활동이 양립할 여지는 충분했다. 부정 운동을 주도하던 부서는 기후 과학에 대해 깊은 의혹을 제기하는 활동에 전념하면서 온실가스 배출을 규제하려는 주요한 시도들을 무력화하는 데 기여했고, 레러가 지휘하는 보험 부서는 온실가스 배출이 초래하는 현실적인 결과와는 무관하게 보험사들의 수익성을 보장하는 정책을 채택하도록 정부에 압력을 행사하고 있었다.

이것이 바로 기후 변화를 건성으로 취급하는 태도(이른바 재난 부정론이나 재난 자본주의 등)의 참모습이다. 이들은 자신이나 자신의 소유물이 적어도 한두 세대 동안은 기후 변화의 피해를 겪지 않고 보호받을 수 있으리라 생각하기 때문에 이처럼 큰 판돈을 노린 도박 행위에 거리낌 없이 가담한다.

수많은 지역을 분석한 기후 모델의 예측에 따르면, 약간의 온난화로 인해 부자 나라들(이 나라들은 대부분 지리적으로 위도가 높은 곳에 위치한다)은 경작 기간이 늘어나고 북극해 빙하의 융해로 통상로가 단축되기 때문에 얼마간의 경제적 이득을 보게 된다. 또한 이 지역에 거주하는 부자들은 앞으로 다가올 기후 재앙으로부터 자신을 보호하기 위해 그 어느 때보다 정교한 수단을 찾아내고 있다. 초대형 폭풍 샌디와 같은 강력한 재앙들을 계기로, 비상등부터 천연가스를 동력원으로 하는 양수기와 발전기(맨해튼의 최신식 콘도에 설치된 것 같은), 그리고 〈잠수함 방식〉으로 물이 새지 않게 만든 방 등을 구비한 고급 개인 재난 방어 시설의 판매를 노리는 신종 부동산 개발업이 활기를 띠기 시작했다. 할스테드 프로퍼티사의 개발 마케팅 이사 스티븐 G. 클리거만은 「뉴욕 타임스」와의 인터뷰에서 〈고객들은 자연재해 발생 시에도 편안한 생활을 보장한다는 약속에 기꺼이 돈을 지불할 것〉이라고 말했다.[48]

많은 대기업들 역시 대규모 정전 사태에 대비해 자체 예비 발전기를 확보하고(폭풍 샌디가 닥쳤을 때 골드만 삭스도 자체 발전기를 갖고 있었다. 비록 그것을 사용할 일은 없었지만), 홍수 피해를 줄이기 위해 모래주머니를 준비하는가 하면(골드만 삭스는 샌디 급습 직전에 모래주머니 방어를 실행했다), 기상학 전문 팀까지 확보하고 있다(페텍스사가 그러하다). 미국의 보험사들은 AIG의 〈재난 방어 대행업〉 서비스를 모델 삼아, 캘리포니아와 콜로라도에서 산불 피해에 노출된 최상위 고객들에

게 사설 소방대원을 급파하는 활동을 시행했다.[49]

그러나 공공 부문은 여전히 궁색을 면치 못하고 있다. 그 배경에는 허틀랜드 콘퍼런스에 참석한 투사들의 맹렬한 활동이 한몫을 하고 있다. 이들은 국가의 폐지를 맹렬히 주창하고 있으며 이들의 이데올로기는 재해 대비를 비롯한 공공 부문의 각종 분야를 잠식하고 있다. 이들은 연방 예산의 위기를 각 주와 지방 자치체로 떠넘기자는 의견을 지지하고, 각 주와 지방 자치체는 예산 절감이라는 명목하에 다리를 보수하거나 낡은 소방차를 교체하는 등의 필수적인 활동조차 등한시하고 있다. 이들은 과학적 증거에도 불구하고 〈자유 시장주의〉가 흔들리는 걸 막기 위해 필사적인 노력을 기울이고 있다. 결국 이것은 사회의 재해 대비 능력을 약화시키는 요인으로 작용한다.

환경주의자들은 오래전부터 기후 변화가 빈부를 가리지 않고 모두에게 영향을 미치는 거대한 평형 장치로 기능하면서 모든 사람을 단합시키는 계기가 될 거라고 주장해 왔다. 그러나 작금의 상황을 종합해 보면, 기후 변화는 정반대의 기능을 하고 있다. 시간이 갈수록 우리 사회는 가진 자와 못 가진 자로 양분된다. 결국 부자들은 풍족한 돈을 이용해서 횡포한 날씨로부터 당분간 자신을 보호할 결코 소소하지 않은 대비책을 마련해 가겠지만, 가난한 사람들은 갈수록 재해 대비 능력을 잃어 가는 국가의 처분만 기다려야 할 것이다.

부정론의 비열한 주장

기후 변화의 영향이 무시할 수 없을 만큼 확실해지면, 부정론자들은 이때까지는 암시적인 방식으로 진행해 온 비열한 활동을 노골적으로 개시할 것이다. 이들의 활동은 이미 시작되었다. 세계가 기록적인 고온 현상에 시달리던 2011년 8월 말, 보수적인 블로거 짐 게라티는 「필라델피아 인콰이어러「The Philadelphia Inquirer」의 한 기사에서 기후 변화가 〈여러 가지 측면에서 미국 경제에 도움이 될 것이며, 미국의 지정학적 패권을 감소시키는 게 아니라 오히려 강화시킬 것〉이라고 주장했다. 또한 기후 변화가 개발 도상국들에 극심한 피해를 입힐 것이고 〈많은 나라들이 현재보다 훨씬 끔찍한 상황에 처하게 될 것〉이라고 설명하면서, 이는 바람직한 일이며 〈기후 변화는 우리에게 불운이 아니라, 오히려 미국의 새로운 전성기를 보장하는 핵심 요인이 될 것〉임을 강조했다. 대체 무슨 뜻일까? 미국인들을 성가시게 하는 사람들은 가난하고 뜨거운 곳에서 살고 있으니, 기후 변화가 닥치면 그들은 곤경에 허덕이겠지만 미국은 온난화의 불길을 피해 불사조처럼 날아오를 거라는 얘기다.*50

부정론의 비열함은 더 거세질 것이다. 지구 온난화가 진행되어 기후 과학의 도전이 점점 강력해지면 지배 이데올로기는 자신만을 돌아보라고, 피해자들은 스스로 파멸을 자초한 거라고, 인간은 자연을 길들일 수 있다고 꼬드기며 우리의 가슴을 차디찬 얼음으로 만들 것이다. 이제껏 기후 변화 부정 운동 뒤에 은신해 있던 인종 우월주의까지 표면에 등장하여 광포하게 맹위를 떨치면, 우리의 가슴은 더 단단한 얼음이 될 것이다.**51 이 지배 이데올로기 덕분에 더욱 강화되고 지속되어 온 극심한 불평등의 세계에선 부정론과 인종 우월주의가 필연적인 경로다. 글로벌

* 2011년 초 몬태나 의회의 초선 의원 조 리드는 기후 변화의 유익성을 공식적으로 천명하는 최초의 법안을 발의했다. 이 법안에는 〈지구 온난화는 몬태나의 복지와 사업계의 풍조에 유익한 영향을 준다〉라는 문구가 포함되어 있다. 리드는 〈기온이 올라가면 경작 기간이 길어질 겁니다. 몬태나 주로서는 바람직한 일입니다. 그런데 무엇 때문에 이런 과정을 막으려 합니까?〉라고 설명했다. 이 법안은 통과되지 않았다.

** 미국 자유 연맹American Freedom Alliance은 2011년 6월 로스앤젤레스에서 기후 변화를 부정하는 내용의 콘퍼런스를 열었다. 이 단체는 〈서구 문명을 위협하는 문제들을 밝혀내자〉라는 목표하에 이슬람 문화의 유럽과 미국 침투에 대한 공포감을 조성하는 활동에 주력하고 있다. 허틀랜드 콘퍼런스의 판매대에는 이슬람 테러리스트와 공모하여 미국의 송전선망을 파괴하려는 기후 활동가들의 활동을 그린 크리스 스케이츠의 공포 소설 『녹색 전략Going Green』이 놓여 있었다.

사우스*에서 기후 변화의 무고한 희생양이 되는 나라들, 그리고 글로벌 노스**에서도 아프리카계 미국인들의 비율이 높으며 가장 취약한 환경에 놓인 도시들(예컨대 뉴올리언스)에 대한 냉혹한 태도를 정당화하려면 우리는 이런 이론에 의지할 수밖에 없을 것이다.

전 미국 중앙 정보국장 R. 제임스 울지는 2007년 기후 변화와 국가 안보 문제를 다룬 국제 전략 연구소의 보고서에서, 지구 온난화가 심화되면 〈이타주의와 관용이 둔감해질 것〉이라고 예견했다.[52] 우리는 이미 애리조나 주와 이탈리아 등지에서 이런 사례를 확인한 바 있다. 기후 변화는 벌써 우리를 변화시키고, 우리 마음을 차갑게 만들기 시작했다. 대규모 재해가 거듭됨에 따라 공포감은 점점 무뎌져 가고, 자선기금 마련 행사 역시 차츰 줄어든다. 언론인들은 동정심이 마치 유한 자원인 양 〈동정심 피로증〉이라는 말을 입에 올린다.

이 주장을 확증하기라도 하듯, 초대형 폭풍 샌디가 뉴욕과 뉴저지의 여러 지역을 강타한 뒤 코크 형제가 후원하는 〈번영을 위한 미국인들 American for Prosperity〉은 이 주들에 대한 연방 지원에 반대하는 캠페인을 시작했다. 당시 이 단체의 뉴저지 지부장 스티브 론건은 〈마음을 단단히 먹어야 한다. 자기 문제는 스스로 해결하게 놔둬야 한다〉라고 말했다.[53]

2014년 겨울 극심한 홍수 피해가 발생했을 때, 영국 일간지 「데일리 메일Daily Mail」은 〈홍수 피해를 입은 영국인들의 곤경을 덜어 주기 위해 연간 110억 파운드에 달하는 해외 원조금 중 일부를 전용하여 쓸 것〉을 청원하는 서명 운동에 동참하자는 기사를 신문 1면에 실었다.[54] 며칠 만에 20만 명이 넘는 사람이 이 청원서에 서명했다. 영국은 석탄을 이용한 증기 엔진을 발명했고 지구 상에서 가장 오랫동안 탄소 배출을 해온 나

* Global South. 아시아, 아프리카, 남미 등지의 개발 도상국을 이른다 — 옮긴이주.
** Global North. 북미, 서유럽, 동아시아의 일부 선진 공업국을 이른다 — 옮긴이주.

라이니만큼, 해외 원조를 오히려 늘려야 마땅하다. 하지만 이들의 입장은 다르다. 〈그따위엔 신경 쓸 필요 없다. 가난한 사람들을 쥐어짜면 그만이다. 마음을 단단히 먹자. 자기 문제는 스스로 해결하게 놔두자.〉

지금까지 이런 가치관은 자기 이익에만 눈이 어두운 보수주의자들 사이에서만 활기를 띠었지만, 기후 재앙이 펼쳐질 미래에는 지금보다 훨씬 강력한 힘을 발휘하게 될 것이다.

보수주의 달래기

일부 기후 활동가들은 부정론자들의 완강한 태도를 누그러뜨리려는 의도에서, 지금 당장 기후 행동에 돌입하지 않으면 정부 개입이 훨씬 극단적인 형태로 전개될 수밖에 없다는 주장을 펼치고 있다. 유명한 기후 블로거 조 롬은 이렇게 말한다. 〈정부가 우리 삶에 개입하는 게 싫다면, 더더욱 지구 온난화의 재앙을 막는 일에 나서야 한다. 정부의 적극적인 개입을 초래하는 가장 큰 원인은 바로 기근과 궁핍이다. (……) 보수파는 큰 정부에 반대하지만, 수백만 명의 이주와 대규모 제방 건설, 수자원 및 경작지의 배분, 에너지의 엄격하고 급격한 감축을 실시하려면 큰 정부가 출현할 수밖에 없다. 우리가 당장 행동에 나서지 않으면 이 모든 일은 불가피한 현실이 될 것이다.〉[55]

옳은 이야기다. 기후 변화로 인한 재해는 좌파든 우파든 대부분의 분별 있는 사람들의 마음을 불안하게 할 만큼 정부의 역할을 대대적으로 강화할 것이다. 환경 위기가 심각해지면 정상 기후를 복원한다는 명목하에 권위주의 세력이 권력을 장악할지 모른다는, 이른바 〈그린 파시즘green fascism〉에 대한 공포감이 부상하고 있다. 그러나 우파 이데올로그들이 도저히 수용할 수 없을 만큼 강력한 정부 개입이 시행되지 않고서는 급속한 온실가스 감축이 이루어질 수 없고, 따라서 재앙의 시나리오는 현실화될 것이다.

물론 우리에겐 이미 재앙의 시나리오를 피할 수 있는 기회가 있었다. 미국 과학계가 지구 온난화에 대해 일치된 의견을 내놓았던 초기에 미국을 비롯한 여러 나라 정부들이 온실가스 감축 정책을 시행했다면, 재앙적인 수준의 온난화를 막기 위한 대비책이 주류 경제 모델과 심각한 마찰을 빚지 않았을 것이다. 구체적인 온실가스 감축 방안을 설정하기 위해 이루어진 최초의 국제 회의는 1988년 캐나다 토론토에서 열린 〈변화하는 대기 세계 회의World Conference on the Changing Atmosphere〉였다. 3백 명이 넘는 과학자들과 46개국에서 온 정책 결정자들이 참석한 이 회의는, 2005년까지 1988년 배출량의 20퍼센트를 감축하자는 권장안을 내놓으며 리우 지구 정상 회의Rio Earth Summit 출범의 밑거름이 되었다. 이 자리에 참석한 어느 과학자는 이렇게 말했다. 〈지금의 도전에 적극 대응하는 쪽을 선택한다면, 우리는 변화의 속도를 크게 늦추고 사회적인 비용과 생태계 파괴를 최소화할 수 있는 메커니즘을 충분히 개발할 수 있을 겁니다. 하지만 이 도전을 무시한 채 낙관적으로만 바라보고 있다가는 파국을 맞은 뒤 값비싼 대가를 치를 겁니다.〉[56]

그의 충고를 진지하게 받아들여 1992년 UN 기후 변화 협약이 체결된 직후에 이 목표를 달성하기 위한 정책을 제대로 수행했다면, 세계적인 온실가스 배출량은 2005년까지 연간 약 2퍼센트씩 감축되었을 것이다. 이런 속도라면 부유한 국가들은 자국의 온실가스 배출량 감축과 동시에 훨씬 더 편안하게 화석 연료 대체 기술 개발을 진행하여 세계 각지에서 야심 찬 청정에너지 전환 사업이 시행되도록 도울 수 있었을 것이다. 세계화 경제가 본격적인 단계에 이르기 전이었던 만큼, 만일 이 정책이 채택되었다면 중국, 인도 등 급속히 부상하는 신흥국 역시 저탄소 경로를 통해 빈곤을 극복할 기회를 맞이할 수 있었을 것이다. 바로 이것이 리우 협약에서 목표로 제시한 〈지속 가능한 발전〉의 내용이었다.[57]

만일 그랬다면, 이 목표는 1990년대 중반에 구축된 세계 무역 시스템 안에 녹아들 수 있었을 것이다. 온실가스 감축 정책을 그 속도대로(혹은 그보다 조금 느리게) 유지했다면, 지금쯤은 21세기 중반까지 탈탄소 세계화 경제를 구축한다는 목표를 향해 나아가고 있었을 것이다.

그러나 우리는 그 어떤 것도 이루지 못했다. 유명한 기후 과학자이자 펜실베이니아 주립 대학 지구 시스템 과학 센터 소장인 마이클 만의 말에 따르면, 〈온실가스 감축을 지연함으로써 엄청난 재앙을 맞게 될 것이다〉. 뒤로 미루면 미룰수록 탄소는 더 많이 쌓일 것이고, 결국은 파국적인 온난화의 위험을 줄이기 위해 더 거대한 변화를 시행해야 한다. 틴들 기후 변화 연구소 부소장 케빈 앤더슨은 〈1992년 지구 정상 회의 당시나 세기 전환기였다면, 정치 및 경제 주도 세력 내부의 점진적인 변화를 통해서 지구 온난화를 섭씨 2도 이내로 완화한다는 목표를 실현하는 게 가능했을 것이다. 하지만 기후 변화는 누적 효과를 낳는다. 시간이 흘러 2013년이 되었으니, 탄소 배출량이 높은 공업 국가와 탈공업 국가에 사는 우리 앞에는 전혀 다른 예상 경로가 놓여 있다. 섭씨 2도를 목표로 더 일찍(그리고 더 많이) 탄소 배출을 규제했다면 《점진적인 변화》의 가능성을 확보할 수 있었겠지만, 지속적이고 집단적으로 방탕하게 탄소를 소비해 온 탓에 이제 그 가능성은 물거품이 되었다. 허풍과 거짓말에 넘어가 20년을 허송했으니, 이제는 섭씨 2도라는 목표를 달성하기 위해서는 정치 및 경제적 패권의 급진적인 변화를 이루는 수밖에 없다.〉[58]

한마디로, 우리는 20년이 넘는 시간 동안 눈에 거슬리는 골칫거리 깡통, 즉 탄소 문제를 발로 차서 도로로 밀어냈다. 심지어 탄소를 토해 내는 2차선 도로를 6차선 고속도로로 확장하기까지 했다. 이 위업을 이루어 낸 주역은 단일한 세계화 경제의 구축을 요구하는 급진적이고 공격적인 관점이었고, 이 관점의 근간을 이루는 자유 시장주의 원칙을 배양해 온 우파 싱크탱크는 지금 기후 변화 부인의 최전선에 서 있다. 여기서 우리는 역사의 아이러니를 확인할 수 있다. 기후 재앙을 막을 수 있는 최상의 가능성을 현실화하기 위해 시장 시스템에 혁명적인 수준의 변화가 요구되는 지금의 상황은 바로 자유 시장주의가 혁명적 발전에 성공한 덕분이다.

———————

　일각에서는 우파를 기후 행동에 끌어들이기 위해 색다른 전략을 채택하자고 주장한다. 기후 행동을 계속 미루면 극단적인 정부 개입이 시작되리라는 주장으로 우파를 위협하는 대신에, 보수적인 가치관을 위협하지 않는 방향으로 온실가스 감축 전략을 채택하자는 것이다.
　예일 대학 교수 댄 케이헌의 주장에 따르면, 여론 조사에서 몹시 〈권위적〉이고 〈개인주의적〉인 관점을 드러낸 사람들은 대체로 규제 이야기만 나오면 격분하지만, 인간이 자연을 지배할 수 있다는 가치관에 부합하기만 한다면 강력한 중앙 집권적인 기술에 대해 호감을 보인다. 케이헌과 동료들은 사람들에게 거짓 뉴스 몇 편을 보여 준 뒤 기후 변화에 대한 의견을 물었다. 한 그룹에는 〈오염 규제책〉을 통해 지구 온난화 문제를 해결할 수 있다는 뉴스를, 다른 그룹에는 원자력이 해결책이 될 수 있다는 뉴스를 보여 주고, 또 다른 그룹에는 아무런 뉴스도 보여 주지 않았다. 지구 온난화에 대한 과학적 사실은 세 그룹에 동일하게 알려 주었다. 원자력 해법에 대한 뉴스를 들은 강경한 보수주의자들은 인간이 기후 변화의 원인임을 입증하는 과학적 사실을 다른 그룹의 보수주의자들보다 비교적 쉽게 받아들인 반면, 오염 규제책에 관한 뉴스를 들은 보수주의자들은 〈과학적 사실에 대해 아무런 뉴스도 듣지 못한 대조군의 권위주의자들과 개인주의자들보다 훨씬 회의적인 태도를 보였다〉.[59]
　이처럼 다른 반응이 나오는 이유를 추론하기란 어렵지 않다. 원자력은 채취 방식에 기반을 두고 기업 자본주의 방식으로 운영되는 강력한 공업 기술이며, 오랫동안 군사-산업 복합체와 긴밀한 연관을 유지해 왔다. 유명한 정신과 의사이자 저술가인 로버트 제이 리프턴의 말을 빌리자면, 원자를 분해하는 능력은 인간이 자연을 길들여 왔음을 확증하는 가장 유력한 기술이다.[60]

케이헌과 동료들은 이 연구를 근거 삼아, 환경주의자들은 국가 안보에 대한 불안감을 강조하고 원자력 기술과 〈지구 공학〉, 즉 급속히 진행되는 온난화를 세계적인 규모의 기술 개입을 동원해 역전시키려는 시도 등을 강조하는 방식으로 기후 행동을 촉진해야 한다고 주장한다. 지구 공학 기술 중에는 태양광의 일부를 차단하거나 더 많은 탄소를 흡수하도록 해양에 비료를 공급하는 방식 등 아직 검증되지 않았을 뿐 아니라 위험성이 아주 높은 계획들이 포함된다. 하지만 우파에 속한 많은 사람들이 기후 변화를 끔찍한 반공업 정책으로 이행하는 수단이라고 보는 상황에서는 이런 해법을 써야만 〈기후 변화에 대한 부정적인 관점을 해체할 수 있다〉는 것이 케이헌의 주장이다. 뉴욕 대학에서 비슷한 연구를 하고 있는 이리나 페이지나와 존 T. 조스트는 환경 보호 활동이 〈우리의 생활 방식〉을 보호하는 활동이자 애국적 활동이며, 〈시스템이 허락하는 변화〉라는 점을 부각시키라고 정책 입안자들에게 조언한다.[61]

이런 조언은 대단한 위력을 발휘하고 있다. 이를테면 스스로를 중도 노선을 개척하고 있는 기관으로 내세우는 〈혁신 연구소Breakthrough Institute〉(이 연구소는 〈현대성〉이 부족하다며 풀뿌리 환경 운동을 공격하는 활동에 주력한다)는 재생 에너지 프로그램들을 비판하는 한편, 원자력과 프래킹(수압 파쇄) 천연가스, 유전자 조작 곡물이 기후 해법이라고 주장한다. 나중에 다루겠지만, 환경주의자 중에서도 지구 공학에 호감을 갖는 사람들이 있다.[62] 뿐만 아니라, 대규모 환경 단체들은 초당파적인 호소력을 발휘할 수 있다는 명목하에 기후 행동의 의미를 끊임없이 〈재구성〉하는 활동에 매진하고 있다. 기후 행동에는 기후 재앙을 예방하여 지구 상의 생명을 보호하는 것 이상의 의미가 있다고, 기후 행동은 본질적으로 보수파의 주요 관심사(아랍권 국가들과의 무역량을 줄이고 중국에 대한 미국 경제의 패권을 강화하는 것에 이르기까지)와 깊이 연관되어 있다고 말이다.

이 전략이 안고 있는 첫 번째 문제는, 결국 이것이 아무런 성과를 내지 못하고 있다는 점이다. 이 전략은 지난 5년간 미국의 수많은 대규모 환경 단체들이 전파해 온 핵심적인 메시지였다(미네소타 대학 환경 연구소 소장 조너선 폴리는 〈기후 변화 문제는 잊어라. 우리는 미국을 사랑하지 않는가!〉라고 말하기도 했다).[63] 앞서 확인한 바와 같이, 그사이에 보수파의 기후 행동 반대 활동은 더욱 강력해졌을 뿐이다.

이 전략이 안고 있는 더 심각한 문제는, 재난 부정론과 재난 자본주의를 뒷받침하는 왜곡된 가치관을 오히려 적극 강화하고 있다는 점이다. 원자력 기술과 지구 공학은 생태계 위기를 해결할 수 있는 해법이 못 된다. 우리를 이런 곤경으로 몰아넣은 원인을 그대로 방치한 채 눈앞의 현실에만 몰두하게 하는 무분별한 사고방식을 더욱 강화할 뿐이다. 이제껏 미래를 염두에 두지 않고 뿜어낸 온실가스가 그랬듯이, 엄청난 위험을 안고 있는 이 두 가지 기술은 훨씬 더 위험한 폐기물을 만들어 낼 것이다. 이 두 기술에는 확실한 출구 전략이 존재하지 않는다(이에 대해서는 뒤에서 자세히 다루겠다). 극단적인 애국주의 역시 각국의 협력을 권장하기보다는 대립을 부추긴다는 점에서 기후 문제에 대한 세계적인 합의를 가로막는 현실적인 장벽이다. 소비 지상주의로 치닫는 미국식 〈생활 방식〉의 보호 수단으로 기후 행동을 내세우는 것 또한 문제가 있다. 이런 주장은 거짓 혹은 기만이다. 무한한 경제 성장을 전제로 하는 생활 방식을 보호한다는 것은 불가능하며, 이런 생활 방식을 세계 각지로 수출할 수도 없는 일이기 때문이다.

세계관의 충돌

물론 내 주장에 대해, 자신의 세계관을 위협한다는 이유만으로 실현 가능한 해법을 부인한다는 점에서 부정론자들과 다를 바가 없지 않냐고 지적하는 사람도 있을 것이다. 앞서 밝혔듯이 나는 오래전부터 지구 온난화 문제에 깊은 관심을 가지고 있었다. 내가 이 문제에 더욱 깊이 빠져들게 된 것은, 이미 오래전에 나의 가치관으로 자리 잡은 사회 정의와 경제 정의를 실현할 수 있는 촉매가 될 수 있음을 깨달으면서부터였다.[64]

하지만 부정론자들의 대응과 나의 대응 사이에는 몇 가지 중요한 차이점이 있다. 무엇보다 나는 어느 누구에게도 지구 온난화에 대한 내 의견을 강요할 마음이 없다. 다만 기후 과학자들의 97퍼센트와 수많은 과학자들의 상호 심사를 거친 논문들, 세계 각국의 과학 학회와 세계은행, 국제 에너지 기구 등 공식 기관들이 하나같이 입을 모아 이대로 가면 지구 온난화가 재앙의 수준에 이를 것이라 경고하고 있으니, 모든 사람이 지구 온난화라는 과학적 현실을 받아들여야 한다고 생각한다. 물론 내가 지지하는 것, 즉 공정성에 입각한 기후 변화 대응책만이 기후 과학이 내놓은 필연적인 결론이라고 주장하려는 것은 아니다.

나는 과학적 사실이 엄연히 존재하고 있으니 더 이상 대응을 피할 수 없다는 이야기를 하고 싶을 뿐이다. 이제껏 걸어온 경로를 그대로 따라간다면, 우리 손에는 거대한 기업의 힘과 군사력, 그리고 거대한 공학에 의지하는 기후 대응책만이 남게 될 것이고, 결국 세계는 「매드 맥스Mad Max」부터 「칠드런 오브 맨The Children of Men」, 「헝거 게임The Hunger Games」, 「엘리시움Elysium」에 이르기까지, 지옥 같은 미래를 묘사하는 영화와 소설에서처럼 거대한 권력을 거머쥔 소수의 승자와 무수히 많은 패자의 무리로 양분되고 말 것이다. 또 다른 길은 기후 변화에 따라 지구가 보내는 경고음과 변화를 신중히 받아들여, 치명적인 수준의 온실가스 축적을 방치한 채 우리를 파멸로 몰아가는 논리를 무력화하는 것이다. 기후 행동을 온건한 내용으로 재구성하기 위해 부단히 노력하는 〈중도파〉가 추구하는 것은, 결국 무수히 많은 기후 변화의 증거들에 겁을 먹고 피해망상에 빠져 있는 지배 계층에게 그들이 우주의 지배자라는 사실엔 변함이 없노라고 안심시킬 수 있는 변화의 경로다.

하지만 그런 경로는 존재하지 않는다. 참된 풀뿌리 운동은 좌우 정파를 초월해 대중의 힘을 결집한다는 점을 인식하고, 최대한 많은 사람들을 끌어들여 권력의 균형점을 바꾸며 책임이 있는 사람들과 맞대결해야 한다. 파멸을 불러올 세계관에 매달리는 집단에 자신을 욱여넣을 것이 아니라, 자연법칙에 의해 정당성이 입증되는 가치(앞서 언급한 문화 인지학 연구서들은 이를 〈평등주의〉, 〈공동체주의〉라 부른다)를 의식적으로 강화하는 일에 뛰어들어야 한다.

문화는 유동체다. 문화는 지금까지 숱한 변화를 거쳐 왔고, 앞으로도 그럴 것이다. 허틀랜드 콘퍼런스 참가자들은 이 점을 분명히 이해하고 있다. 그렇기 때문에 자신들의 세계관이 지구 생태계를 위협한다는 것을 입증하는 무수한 증거들이 전파되지 않도록 애를 쓰는 것이다. 우리가 해야 할 일은 바로 이런 증거들을 토대로 삼아 이와는 전혀 다른 종류의 세계관으로 무장하는 것만이 우리의 살 길이라는 믿음을 가지는 것이다.

허틀랜드 지지자들은 문화를 신속하게 바꿀 수 있다는 점을 잘 알고 있다. 그들 자신이 문화를 바꾸어 온 세력의 일부이기 때문이다. 마거릿 대처는 〈경제학은 수단이다. 경제학의 목적은 이성과 감성을 바꾸어 놓는 데 있다〉고 말했다. 1966년 미국 대학 신입생의 의식 조사 결과, 약 44퍼센트가 큰돈을 버는 것이 〈아주 중요하다〉 혹은 〈가장 중요하다〉라고 응답했다. 2013년에는 이 비율이 82퍼센트로 급증했다.[65]

충격적인 사례를 들어 보자. 1998년 지구 온난화에 대한 태도를 측정하기 위해 표적 집단 연구를 실시한 미국 지구 물리 학회American Geophysical Union 연구자들은 이런 결론을 내렸다. 〈표적 집단에 속하는 많은 응답자들이 환경 문제(오염과 유독성 폐기물 등)를 야기한 주원인이 맹렬한 이기주의와 탐욕이 만연한 사회 분위기에 있다고 진단한다. 이들은 이런 도덕적 타락을 역전시킬 방법이 없으므로 환경 문제 역시 해결할 수 없다고 생각한다.〉[66]

응답자들의 인식이 정확하다는 것은 숱하게 진행된 심리학 및 사회학 연구에서도 확인되었다. 이 연구들은 번창하는 자본주의와 긴밀한 연관을 지닌 가치관의 우세와 반환경주의적인 관점과 행동 사이에 직접적이고 강력한 상관관계가 있다는 결론을 내렸다. 그리고 정치적 보수주의와 〈권위주의〉적 관점, 산업 친화적인 관점을 가진 사람일수록 기후 변화를 부인하는 성향이 높다는 사실을 수많은 연구들이 확인했으며, 물질 만능주의(또한 자유 시장주의 이데올로기) 가치관이 기후 변화와 환경 문제에 대한 무관심과 연관되어 있음을 밝혔다. 이 분야의 주도적인 연구자인 일리노이 주 녹스 대학의 심리학 교수 팀 캐서와 영국의 환경학자 톰 크럼프턴은 2009년 출간된 『환경 문제에 대한 대응에서 인간 인식의 역할 Meeting Environmental Challenges: The Role of Human Identity』에서 이렇게 밝힌다. 〈업적과 돈, 권력, 지위, 이미지 등의 가치와 목표를 우선시하는 사람일수록 환경 문제를 부정하는 태도가 확고하고, 환경 친화적인 활동에 참여하는 비율이 낮으며, 지속 가능성을 전혀 고려하지 않은 채 자연 자원을 사용하는 비율이 높다.〉[67]

요컨대, 기업의 시대에 우위를 점한 오늘날의 문화는 인류를 자연계에 맞서게 만든다. 이런 사실 때문에 우리는 절망감에 빠지기 쉽다. 하지만 사회 운동이 존재해야 할 이유가 있다면, 그것은 지배적인 가치관을 고정불변의 것으로 받아들이는 대신 삶의 다른 방식을 제공하고, 문화적 세계관을 놓고 벌이는 결전에서 승리를 일궈 나가기 위해서다. 이런 운동들은 허틀랜드 콘퍼런스와 우리 문화의 여러 분야에서 사악한 모습을 드러낸 세계관에 직접 대항하는 세계관을 제시한다. 또한 대다수 지구인들이 공감하는 세계관, 〈인간은 자연과 동떨어진 존재가 아니라 자연의 일부〉임을 드러내는 세계관, 더 바람직한 사회를 이루기 위한 집단 행동은 사악한 것이 아니며 상호 협동을 통한 공동 대응은 인간이 이룩한 최고의 성과임을 증명하는 세계관, 탐욕은 원칙과 사례를 통해서 길들여져야 한다고 주장하는 세계관, 풍요 속의 빈곤은 불합리하다고 이야기하는 세계관을 제시하고 있다.

이런 사회 운동은 집단행동을 통해 자본주의적 가치를 넘어서는 가치들을 표방해 온 우리 사회의 여러 부문들을 방어한다. 도서관과 공원을 지키는 운동, 대학 무상 교육을 요구하는 학생 운동, 존엄성 보장과 국경 개방을 요구하는 이민자 권리 운동이 이에 포함된다. 무엇보다 이러한 사회 운동은 공통점이 전혀 없는 듯 보이는 투쟁들 사이의 연관성을 밝혀내려는 지속적인 활동을 벌이고 있다. 예컨대 부유층에 대한 세금을 인상하기 전에 먼저 연금과 식료품 보조금과 건강 보험을 삭감하자는 논리와, 재생 에너지로의 전환 정책을 채택하기 전에 먼저 땅속에 묻힌 석유와 가스를 남김없이 채취하자는 논리가 결국은 동일한 맥락임을 확증해 냈다.

많은 사람들이 이런 연관성을 밝혀내고 대안적인 가치관들을 표현하기 위해 여러 경로를 통해 노력을 기울인다. 하지만 기후 위기에 대응하고자 하는 확고한 운동은 아직까지 본격적으로 출현하지 못했다. 왜 그럴까? 왜 우리는 중차대한 역사적 순간에 결집을 이루지 못하는 걸까? 왜 우리는 〈결정적 10년〉이 손아귀에서 빠져나가는 걸 보고만 있는 걸까?

우파 이데올로기를 전파하는 이들의 입장에서 기후 변화 부정은 합리적이다. 기후 변화를 인정하는 것은 이들에게 지적인 격변이나 다름없으니까. 하지만 이 이데올로기를 거부하는 수많은 사람들은 어째서 허틀랜드 지지자들이 두려워하는 강력한 대책을 요구하고 나서지 못하는 걸까? 세계 전역의 좌파와 진보 세력이 극단적인 에너지 채취의 중단과 재생 에너지를 기반으로 하는 경제로의 전면적 전환을 요구하지 않는 까닭은 무엇일까? 진보의 핵심인 기후 변화가 걸핏하면 잊히는 부차적인 사안으로 취급되며, 확고하고 혁신적인 집단행동을 이룰 수 있는 기반이 되지 못하는 이유는 무엇일까? 진보 매체들이 여전히 빙하 융해 관련 기사를 〈환경〉 섹션 —— 반려동물 섹션 바로 옆에 배치된 —— 에서만 다루는 이유는 무엇일까? 왜 많은 사람들은 재앙적인 수준으로 치닫는 온난화를 막기 위해 마땅히 해야 할 일들을 하지 않는 걸까?

대답은 간단하다. 부정론자들이 승리를 거두었기 때문이다. 물론 그들은 첫 번째 전투에서 승리했을 뿐, 기후 과학을 둘러싼 전쟁에서 이긴 것은 아니다. 기후 과학 분야에서 그들의 영향력이 시들해진 지도 이미 오래다. 그럼에도 부정론자들과 이들을 뒷받침하는 이데올로기 운동은 우리 사회의 지배적인 가치관의 자리를 놓고 전개되는 전투에서 승리를 가져갔다. 이들의 세계관(탐욕이 우리 세계를 인도하는 가치라 여기고, 밀턴 프리드먼의 말마따나 〈남의 돈을 가지고 좋은 일을 할 수 있다고 믿는 건 심각한 오판〉이라고 보는 세계관)은 최근 40년 동안 우리 세계를 대폭 개조하여 거의 모든 대항 세력을 압살해 왔다.[68] 극단적인 자유 시장 이데올로기는 세계은행과 국제 통화 기금이 까다로운 조건을 달아 제공해 온 융자금 정책 속에 각인되었고, 수출 주도 발전 모델을 개발하여 개발 도상국들을 자유 무역 지대로 이끌었으며, 수많은 무역 협약서에 성문화되었다. 모든 사람이 이런 논리에 넘어간 것은 아니지만, 많은 사람들이 다른 대안이 없다는 대처의 명언을 묵묵히 받아들였다.

또한 집단행동을 비난하고 이윤 추구를 칭송하는 태도는 지구 상의 거의 모든 정부와 주요 언론과 대학, 그리고 우리 마음속 깊은 곳까지 침투해 있다. 미국 지구 물리학회의 설문 조사에서 보았듯이, 우리 마음속에는 그들이 쏟아 내는 핵심적인 거짓말(〈우리는 이기적이고, 탐욕적이고, 자기만족에 몰두하는 기계일 뿐이다〉)에 대한 믿음이 깃들어 있다. 만일 우리가 그런 기계라면, 파국이 닥치기 전에 인류를 구원하기 위해 어려움을 무릅쓰고 숭고한 집단행동을 전개할 가능성은 없지 않을까? 바로 이것이 신자유주의의 가장 몹쓸 폐해다. 신자유주의의 비관주의는 우리를 고립시켰고, 우리는 스스로를 구제할 능력이 없을 뿐 아니라 본질적으로 〈구제할 가치도 없는〉 존재라는 믿음을 심어 놓았다.

하지만 많은 사람들이 간파하고 있듯, 그들이 우리 앞에 내놓은 거울은 심하게 일그러져 있다. 실제로 우리 인간은 자기만족에 대한 욕구와 탐욕뿐 아니라 깊은 공감과 동정심과 연대감을 지닌 모순덩어리의 존재다. 2009년 리베카 솔닛이 『지옥 속의 낙원 A Paradise Built in Hell』에 생생하게 기록했듯이, 인류애를 자극하는 위기가 닥칠 때 이제껏 줄곧 무시되어 왔던 가치들은 지배적인 가치관을 뛰어넘는다. 대규모 지진이나 쓰나미가 발생할 때마다 국경을 초월한 자선 활동이 대대적으로 펼쳐졌고, 9·11 사건이 일어난 뒤 뉴욕 시민은 자발적으로 모임을 꾸려 서로를 위로했다. 허틀랜드 지지자들의 우려대로, 기후 변화와 같은 생존을 위협하는 위기는 이처럼 억눌려 왔던 가치들을 세계적인 규모로, 그리고 지속적으로 해방시키는 힘을 발휘한다. 이로써 우리는 그들의 이데올로기가 만들어 놓은 감옥에서 집단적으로 탈출할 기회를 맞는다. 더구나 이 감옥에서는 이미 큰 균열과 부식이 발견되고 있다.[69]

하지만 이런 날이 오기만을 기다리고 있을 것이 아니라, 지금 당장 시장 근본주의의 논리와 이를 뒷받침하는 강력한 문화적 서사가 인류를 구원할 결정적인 기후 행동을 거의 모든 전선에서 봉쇄하고 있다는 사실을 정확히 꿰뚫어 보아야 한다. 기후 변화는 좌우를 가르는 문제가 아니라 〈옳고 그름〉을 가르는 문제라는 식의 논리는 이미 효력을 잃었다. 전통적인 좌파는 이런 위기에 대응할 해법을 내놓지 못하고 있다. 반면 지금 기후 행동의 진전을 가로막는 가장 강고한 장벽이 바로 우파와 이들이 옹호하는 지배 이데올로기라는 건 의심의 여지가 없는 사실이다.

앞으로 네 개의 장에 걸쳐 살펴보겠지만, 우리가 기후 운동에 결집하지 못하는 핵심적인 이유는 기후 행동에 나서려면 우리 사회의 지배적인 경제 패러다임(탈규제 자본주의와 공적 개입의 축소)과 서구 문화가 근간으로 삼고 있는 주장(우리는 자연으로부터 독립된 별개의 존재이고 자연의 한계를 뛰어넘을 수 있다는 주장), 그리고 무엇보다 우리 정체성을 형성하고 공동체를 규정짓는 다양한 활동(물건 사기, 생활하기, 더 많은 물건 사기)에 직접 맞서야 하기 때문이다. 기후 행동은 또한 세계적인 부와 권력을 거머쥔 산업의 붕괴를 주도한다. 인간이 스스로의 멸종을 막고자 한다면, 석유 및 가스 산업은 지금과 같은 형태로 살아남을 수 없을 것이다. 요컨대 우리가 이러한 도전에 대응하지 못하는 것은 정치적·심리적·문화적 족쇄에 매여 있기 때문이다. 이 족쇄를 부술 힘을 가지려면 우리는 우선 이 족쇄의 정체를 정확히 꿰뚫어 보아야 한다.

2장

세계화 경제와 온난화
지구 온난화를 부채질하는 자유 시장 근본주의

우리는 항상 희망을 품었다. 내년에는 상황이 좋아지겠지. 어쩌면 올해 괜찮아질지 몰라. 우리는 당장 깨닫지 못했다. 무슨 일에서 성과가 나지 않으면 다음엔 더 힘껏 밀어붙였다. 다른 건 시도조차 하지 않았다. 그저 성과를 보지 못했던 그 일을 더 힘껏 밀어붙였을 뿐이다.

— 웨인 루이스, 1930년대 모래 폭풍의 생존자, 2012년[1]

우리는 지도자로서 국민이 처한 위험 상황을 정확히 알릴 의무가 있다. 정치계가 진실을 밝히기를 꺼린다면, 정치계를 바꾸는 데 더 많은 힘을 기울일 수밖에 없다.

— 마를린 모지스, 나우루 UN 대사, 2012년[2]

세계화 전쟁이 한창이던 1990년대 말과 2000년대 초, 나는 국제 무역 법률에 관심을 기울이고 있었다. 하지만 기후 변화의 과학과 정치에 깊이 빠져들면서 무역 문제에 대한 관심을 접었다. 그리고 한 인간이 관료계 내부의 추상적인 전문 용어를 흡수할 수 있는 용량에는 한계가 있는 법이라고 스스로를 위로했다. 탄소 배출 저감 목표, 고정 가격 지원 제도, 이름도 외우기 어려운 UN 산하의 기후 변화 협약UNFCCC과 기후 변화에 관한 정부 간 협의체IPCC 등으로 내 두뇌는 한계에 다다랐다.

그러다가 3년 전쯤, 나는 신속한 온실가스 감축에 필수적인 청정에너지 프로그램들이 국제 무역 협정, 특히 세계 무역 기구의 규정 때문에 크게 위축되고 있음을 알게 되었다.

이를테면, 2010년에 미국은 자국 산업을 지원하는 보호 무역주의 정책이 포함되어 있다는 이유로 중국의 풍력 발전 지원 프로그램을 비난했다. 2012년, 이번에는 중국이 유럽 연합에서 진행하는 다양한 재생 에너지 프로그램을 비난하며 이탈리아와 그리스를 상대로 소송을 제기했다(중국은 또한 미국의 다섯 개 주에서 진행하는 재생 에너지 지원 사업에 대해서도 소송을 제기하겠다고 위협하고 있다). 한편 워싱턴은 인도가 세계 무역 기구를 내세워 야심차게 착수한 〈자와할랄 네루 국가 태양광 사업〉에 대해, 자국 산업을 장려하는 조항이 포함된 보호 무역 정책이라고 비난했다. 결국 태양 전지판 생산을 위해 신축된 인도의 공장들은 가동 중단 상태에 놓이게 되었다. 인도 역시 이에 대한 앙갚음으로 미국의 각 주에서 진행하는 재생 에너지 프로그램들을 공격하겠다는 의사를 밝혔다.[3]

기후 문제가 심각한 상황에서 그야말로 기괴한 행동들이 아닐 수 없다. 이들은 UN 기후 정상 회의에서 서로를 격렬히 비난한다. 온실가스 감축을 제대로 하지 않는다고 힐난하는가 하면, 상대가 배출량 감축 의지를 보이지 않기 때문에 자국 역시 배출량 감축을 완수할 수 없다며 책임을 떠넘기기도 한다. 엄청난 탄소 배출량을 기록하는 나라들이 가장 바람직하고 효과적인 청정에너지 지원책을 확보하기 위해 경쟁해도 모자랄 판에, 상대 국가의 풍력 발전소를 멈춰 세우기 위해 세계 무역 기구로 몰려드는 것이다.

이런 일이 반복되는 것을 지켜보면서, 나는 다시금 무역 전쟁을 파헤치는 일에 뛰어들기로 마음먹었다. 그리고 이 문제를 연구하던 중 〈자유 무역〉을 내세워 기후 행동을 차단하는 대표적인 사건이 캐나다 온타리오(내 집 뒷마당이다)에서 진행되고 있음을 알게 되었다. 그러고 나니, 이제껏 어렵게만 보이던 무역 법률이 머리에 쏙쏙 들어왔다.

———

토론토로 이주해 태양광 공장을 차린 점잖은 이탈리아인 사업가 파올로 마카리오Paolo Maccario는 긴 회의 탁자에 앉아 공장 바닥을 내려다보고 있었다. 그의 표정은 침몰하는 배와 함께 수장되겠다고 마음먹은 선장처럼 결연하면서도 비장했다. 그는 짐짓 태연한 태도를 보이려 애쓰며 내게 말했다. 「온타리오 시장은 공급 과잉입니다.」 그는 유럽이나 미국에서는 태양광 전지판의 판로를 찾을 수 있을 거라고 장담했다.

그의 공장에서 생산하는 태양광 전지판은 1등급 품질에, 〈가격 경쟁력도 있다〉는 얘기였다.[4]

실파브 온타리오Silfab Ontario의 공장장 마카리오는 여기까지만 이야기해야 했다. 그 이상으로 넘어가면 회사의 신의 성실의 의무를 위반하게 될 터였다. 하지만 그는 최근 몇 달이 그야말로 지옥이었다고 솔직하게 털어놓았다. 공장이 곧 폐업할 거라는 소문이 돌자 단골 고객들은 태양광 전지판의 품질을 25년간 보장한다는 약속을 믿지 않았다. 새로운 고객 역시 똑같은 우려 때문에 이 공장에 주문을 넣지 못하고, 싼 가격에 품질이 떨어지는 전지판을 파는 중국 회사로 발길을 돌리고 있었다.* 운송 비용을 절감하기 위해 인근에 직접 공장을 차리려고 계획했던 공급자들도 더 이상 찾아오지 않았다.

고국인 이탈리아에서 운영하던 공장(실파브 SpA. 이 회사의 설립자는 이탈리아 태양광 발전기 제조업의 선두 주자였다) 역시 침몰이 멀지 않아 보였다. 마카리오에 따르면 모기업은 〈중국과 서구권의 제조업자들이 따라올 수 없을 만큼 효율성이 높은〉 태양광 모듈을 생산하는 기계의 주문과 제작에만 약 7백만 달러를 투자했다. 하지만 연구와 기계 디자인이 완료되었을 때, 〈그 기술의 도입에 자금을 투입할 수 없다는 최종 결정을 내릴 수밖에 없었다〉. 나는 머리에 쓰는 망과 실험복 차림으로 그의 안내에 따라 공장 바닥 한가운데 마련된 정방형 공간을 살펴보았다. 애초에 들여놓을 예정이었던 기계 설비가 들어오지 않은 탓에 그곳은 텅 비어 있었다.

나는 그에게 물었다. 「이런 상황이 올 줄 알았다면 이곳에 공장을 열었을 확률이 얼마나 될까요?」 이제 그에게서는 사업을 홍보할 때의 의

---

* 중국이 값싼 모듈 생산 지역으로 부상하면서 세계적으로 태양광 에너지 가격의 대폭 인하를 야기했다. 게다가 몇 년 전부터는 세계 태양광 시장에 값싼 전지판을 무더기로 밀어냄으로써 공급 과잉까지 초래하고 있다.

욕적인 태도가 보이지 않았다. 「0퍼센트도 안 되죠.」

고급 맞춤 정장에 반백의 턱수염이 돋보이는 마카리오는 마치 이탈리아 토리노 광장 카페에 앉아 에스프레소를 마시는 피아트 자동차 회사의 고위 직원 같아 보였다. 임페리얼 냉장 주스 공장과 AMC 멀티플렉스가 건너다보이는 정방형 콘크리트 건물에 갇힌 채 책상 위에 뜯지 않은 요구르트를 올려놓고 앉아 있는 지금의 모습은 그에게 영 어울리지 않았다.

2010년까지만 해도 온타리오에 북미 최초의 태양광 모듈 제조 공장을 세우겠다는 계획은 대단히 유망해 보였다. 당시 온타리오에서 재생에너지 사업의 전망은 무척 밝았다. 월스트리트 금융 위기가 절정으로 치닫던 2009년에 온타리오는 기후 행동 사업 계획을 발표하고, 2014년까지 캐나다에서 가장 인구 밀도가 높은 온타리오를 석탄 연료 사용 금지 구역으로 만들겠다고 선언하며 친환경 에너지 및 친환경 경제 법률을 제정했다.[5]

세계 전역의 에너지 전문가들이 온타리오의 계획을 칭찬했다. 이런 사업 계획에는 손도 대지 못하고 있던 미국의 전문가들이 특히 극찬을 아끼지 않았다. 앨 고어는 토론토를 방문했을 때 이 사업이 〈북미 대륙에서 가장 유망한 친환경 에너지 사업으로 널리 인식되고 있다〉면서 최고의 찬사를 늘어놓았다. 당시 미국 재생 에너지 위원회 의장이었던 마이클 T. 엑하트 역시 이 사업을 〈지구상에서 가장 종합적인 재생 에너지 정책〉이라고 치켜세웠다.[6]

이 법률에는 발전 차액 지원 정책이 명시되어 있었다. 즉, 재생 에너지 개발 사업자들이 생산한 전력을 전기 판매업자에게 되팔 수 있도록 해줄 뿐 아니라, 발전 전력의 실제 가격과 기준 가격의 차액을 보전해 주는 장기 계약을 보장했다. 또한 재생 에너지 개발 사업을 대기업에만 맡기는 대신, 지방 자치 단체, 협동조합, 토착 공동체 또한 재생 에너지 시장에 뛰어들어 차액 지원 제도의 혜택을 볼 수 있도록 보장하는 다양한 조항을 두고 있었다. 특히 눈에 띄는 조항은, 차액 지원 제도의 수혜 자격을 얻으려는 기업의 경우 인력과 원료의 일정 비율 이상을 온타리오 내에서 동원해야 한다는 내용이었다. 이 조항이 설정한 기준은 상당히 높아서, 태양광 에너지 사업자들이 온타리오 내에서 동원해야 하는 인력과 원료의 비율은 무려 40~60퍼센트에 이르렀다.[7]

이것은 온타리오의 정체된 제조업 부문을 되살리기 위해 마련된 조항이었다. 오래전부터 미국의 3대 자동차 회사(크라이슬러, 포드, 제너럴 모터스)의 하청 제조 부문에 집중되어 있었던 온타리오의 제조업은, 당시 제너럴 모터스와 크라이슬러가 부도 위기에 몰리면서 크게 휘청거리고 있었다. 설상가상으로 앨버타 주에서 타르 샌드 개발 붐이 일어나는 바람에 캐나다달러 가치가 크게 상승하고, 온타리오의 공장 설립 비용 역시 대폭 상승했다.[8]

이 법률이 제정되고 몇 년 동안 석탄 연료 사용을 중단하려는 온타리오의 노력은 거듭되는 정치적 실패로 인해 커다란 장벽에 부딪쳤다. 대규모 천연가스 및 풍력 발전 사업자들이 온타리오 지역 사회를 짓밟았고, 온타리오 주 당국은 무익한 혼란을 바로잡느라 수억 달러를 탕진했다. 그러나 이러한 혼란 속에서도 프로그램의 핵심 사업은 큰 성공을 거두었다. 2012년 무렵 온타리오는 캐나다 최대의 태양광 생산지로 성장했고, 2013년에 이르자 온타리오에 석탄 발전소는 단 한 곳만이 남아 있었다. 현지 조달 요건(〈원료 현지 구입〉과 〈인력 현지 고용〉) 역시 휘청이던 제조업 부문을 부양하는 데 크게 기여했다. 2014년까지 일자리 3만 1천 개가 창출되었고, 수많은 태양광 및 풍력 발전 사업자들이 공장을 세웠다.[9]

실파브는 이 법률의 영향력을 입증하는 대표적인 사례다. 이탈리아의 실파브는 예전부터 북미에 태양광 전지판 공장을 설립할 계획을 갖고 있었다. 처음에는 공장을 세울 곳으로 멕시코를 검토하다가 미국으로 기울었다. 마카리오의 말에 따르면, 최종 명단에 오른 곳은 캘리포니아, 하와이, 텍사스였다. 모두 일조량이 풍부하고 기업 활동에 대한 우대책이 많으며, 전력 생산 시장이 점점 확대되고 있는 곳이었다. 온타리오는 흐리고 추운 날이 많아 〈후보지〉에 들지 않았다고 그는 설명했다. 하지만 온타리오가 현지 조달 조항이 포함된 친환경 에너지 계획을 도입하면서부터 상황이 달라졌다. 마카리오는 이 조항을 〈아주 대담하고 훌륭한 정책 의도를 가진 프로그램〉이라고 평가했다. 실파브는 재생 에너지로 전환 중인 지역에 진입하면 값싼 중국산 태양광 전지판과 경쟁하지 않고 안정적인 판로를 확보할 수 있으리라 판단하여 북미 최초의 태양광 공장을 토론토에 세우기로 했다.

온타리오의 정치인들도 실파브의 진출을 환영했다. 실파브는 버려져 있던 자동차 부품 공장을 전지판 생산 공장 부지로 선택하고, 자동차 부문에서 일했던 사람들(실파브의 최첨단 전지판을 이용한 로봇 공정을 오랫동안 운영해 온 크라이슬러와 자동차 부품업계의 대기업 마그나Magna에서 일했던 사람들)을 대거 채용했다. 자동차 회사에서 해고되었다가 실파브에 생산직으로 채용된 웨인 라이트는 공장 운영이 시작되었을 때 열일곱 살 난 아들로부터 〈아버지가 얻은 새 일자리가 모든 어린이들에게 밝은 미래를 열어 줄 것〉이라는 말을 들었다.[10]

그러나 모든 일이 뒤틀리기 시작했다. 미국이 중국과 인도의 재생 에너지 지원 정책에 반발하기 시작하더니, 곧이어 일본과 유럽 연합이 온타리오의 현지 조달 요건은 세계 무역 기구의 규정에 위배된다는 입장을 밝혔다. 재생 에너지 설비의 일정 비율을 온타리오에서 현지 조달하도록 한 규정이 〈온타리오 밖에서 생산된 재생 에너지 설비를 차별 대우한다〉는 주장이었다.[11]

현지 조달 요건이 위법이라고 판단한 세계 무역 기구가 캐나다를 질책하자, 온타리오는 당장에 환경 에너지 정책의 핵심을 이루는 이 조항을 무효화했다.[12] 이때부터 외국인 투자자들이 공장 확장에 대한 투자금을 회수하기 시작했다고 마카리오는 말했다. 「우대 조건도 없고 정책 취지도 확고하지 않은 것으로 드러난 게…… 결정적인 타격이었죠.」

많은 재생 에너지 사업자들이 공장 문을 닫았고, 공장 설립 계획도 연달아 취소되었다.

기후를 깔아뭉갠 무역

국제적인 합의로 채택된 〈섭씨 2도〉 목표를 달성하려면, 캐나다를 비롯한 부국들은 화석 연료 사용 금지를 최우선 과제로 두어야 한다. 캐나다 정부가 1997년 기후 변화 협약에 대한 교토 의정서에 서명하면서 약속했던 도덕적 의무다. 온타리오는 그 약속을 존중하여 구체적인 정책을 실행에 옮기고 있었다(하지만 캐나다 정부는 온실가스 팽창을 허용함으로써 국제 사회의 검열을 거부하고 교토 의정서에서 발을 뺐다). 무엇보다 중요한 사실은 그 프로그램이 이미 시행 중이었다는 점이다. 그런데 세계 무역 기구가 프로그램의 성공을 훼방 놓았으니 얼마나 어처구니없는 일인가. 그야말로 무역이 지구를 쥐고 흔드는 꼴이었다.

하지만 법률적 관점을 엄격히 적용하자면, 일본과 유럽 연합이 온타리오의 관련 조항을 걸고넘어진 것은 지극히 정당하다. 거의 모든 자유 무역 협정들이 〈자국민 대우*national treatment*〉라는 원칙을 핵심 조항에 넣고 있기 때문이다. 이 원칙은 각국 정부가 자국에서 생산되는 상품과 외국의 회사가 생산한 상품 사이에 차별을 두지 않도록 규정하는 내용이다. 사실 국내 산업에 특혜를 주는 것은 위법적인 〈차별〉 행위이며, 이러한 근거는 1990년대의 자유 무역 전쟁에 불을 붙인 기폭제이기도 하다. 이런 조항 때문에 각국 정부는 온타리오가 시도했던 것처럼 현지 조달을 정부 지원 요건으로 내세워 일자리를 창출하는 프로그램을 채택하지 못하는 것이다. 이것은 1990년대에 진보주의자들이 패배한 수많은 운명적 전투 중 하나다.

이런 무역 협정을 옹호하는 사람들은 온타리오의 현지 조달 조항으로 대표되는 보호 무역주의가 자유 시장을 왜곡하고 있고, 따라서 마땅히 근절되어야 한다고 주장한다. 친환경 에너지 사업가들 중에도 비슷한 주장을 하는 사람들이 있다(이들은 대개 중국산 부품을 사용한다). 이들은 태양광 전지판과 풍력 터빈의 생산지가 어디인가는 중요치 않으며, 친환경 에너지 프로그램의 목표는 최대한 빨리 에너지 전환이 이루어지도록 소비자들에게 값싼 상품을 공급하는 것이라고 주장한다.

이런 주장이 안고 있는 가장 큰 문제는, 에너지 분야에서도 자유 시장을 보호해야 한다는 인식이다. 화석 연료 기업들은 적게는 연간 7,750억 달러에서 많게는 1조 달러에 이르는 보조금을 받으면서, 모든 지구인이 공유하는 대기를 무상 쓰레기 처리장으로 이용하는 특권을 누리고 있다. 「기후 변화의 경제학에 대한 스턴 보고서Stern Review on the Economics of Climate Change」는 이러한 현실을 〈역사상 최대의 시장 실패〉라고 표현했다. 대기의 무상 사용이야말로 진짜 시장 왜곡이다. 대기를 훔쳐 쓰는 행위야말로 진짜 보조금이다.[13]

이 왜곡을 바로잡기 위해 각국 정부는(세계 무역 기구는 이를 바로잡으려는 시도를 전혀 하지 않는다) 친환경 에너지가 공정한 조건에서 경쟁할 수 있도록 다양한 내용의 적극적 정책 — 발전 차액 지원, 직접적인 보조금 등 — 을 채택해야 한다. 덴마크는 이런 정책으로 성공을 거둔 대표적인 나라다. 오늘날 덴마크는 재생 에너지, 특히 풍력 발전 에너지로 전체 필요 전력의 40퍼센트를 충당하고 있다.

하지만 덴마크가 이 프로그램을 도입한 것은 자유 무역 시대가 시작되기 전인 1980년대였다. 당시에는 지역 사회 단위에서 풍력 터빈을 설치하고 관리하는 풍력 에너지 프로그램에 후한 보조금을 지원하는(풍력 터빈을 새로 가설하면 많게는 30퍼센트까지 비용을 지원받았다) 이러한 정책을 어느 누구도 문제 삼지 않았다.[14]

캐나다 대안 정책 연구소의 스콧 싱클레어의 말을 빌리자면, 〈지금 같으면 재생 에너지 산업 육성 초기에 사용했던 덴마크의 정책들 중 상당수가 국제 무역 및 투자 협정과 마찰을 빚었을 것이다. 지역 사회가 소유한 협동조합을 지원하는 정책은 외국 기업들을 국내 기업과 공평하게 대우해야 한다는 차별 금지 원칙에 위배되기 때문이다〉.[15]

발전 경제학자이자 무역 및 기후 전문가로 세계 무역 기구를 지지하는 에런 코스비는 국내 고용을 창출한다는 약속이 재생 에너지 프로그램의 정치적 성공에 긴요한 열쇠가 된다고 지적한다. 〈각국 정부가 친환경 사업을 지원할 때는 대개 고용 창출 측면을 강조한다. 하지만 친환경 사업에 보조금이나 투자 혜택을 제공한다는 요건은 세계 무역 기구가 제정한 의무 규정에 위배된다.〉[16]

이와 같이 중국, 인도, 온타리오, 유럽 연합 등 각국 정부는 역사적으로 그 효과가 입증된 정책들을 채택했다는 이유로 국제 무역 재판소에 제소되고 있다.

더욱 곤혹스러운 일은 이런 반격이 재생 에너지에 대한 적극적인 지원 정책에만 국한되지 않는다는 점이다. 특별히 유해한 화석 연료의 채취 및 판매 활동을 규제하려는 정책 역시 비슷한 분쟁에 휩싸이기 십상이다. 예컨대 유럽 연합은 앨버타 주의 타르 샌드처럼 심각한 탄소 배출원에서 채취한 원유의 판매를 효과적으로 규제하기 위해 연료 품질 기준 정책을 도입하려 한다. 훌륭한 기후 정책이며, 이런 종류의 정책은 대거 도입하는 것이 바람직하다. 그러나 이 시도는 캐나다의 노골적인 무역 보복 위협으로 주춤거리고 있다. 다른 한편으로 유럽 연합은 오래전부터 시행해 온 미국의 석유와 가스 수출 제재 조치(10년째 계속되어 온 미국의 원유 수출 금지 조치도 포함된다)를 회피하기 위해 쌍무 무역 회담을 이용한다. 2014년 7월에 어느 협상 문서가 누설되면서 밝혀진 바에 따르면, 유럽은 미국 노스다코타 주의 바켄 유전에서 프래킹 방식으로 생산되는 가스와 원유의 수입을 보장하는 〈법적 구속력이 있는 협약〉을 체결하고자 노력 중이다.[17]

10년 전쯤, 세계 무역 기구의 한 직원은 세계 무역 기구가 〈온실가스 감축을 목표로 한 거의 모든 정책〉에 이의를 제기할 수 있다고 주장했다. 당시에는 대중의 반응이 거의 없었지만, 지금 같으면 대단한 반발이 일어났을 것이다. 무역 분야에서 전투에 사용할 수 있는 무기는 세계 무역 기구만이 아니다. 무수히 많은 쌍무적, 지역별 자유 무역과 투자 협정 역시 이런 무기로 쓰일 수 있다.[18]

나중에 다루겠지만, 다국적 기업들은 프래킹 방식의 천연가스 채취를 비롯하여 큰 물의를 빚는 채취 활동에 반대하는 대중 운동과 이 운동이 거둔 중요한 승리를 무력화시키기 위해 무역 협정들을 이용하기도 한다. 2012년에 한 석유 기업은 북미 자유 무역 협정을 이용해, 퀘벡 주가 어렵게 따낸 프래킹 금지 조치를 돌파하는 작전을 진행했다. 퀘벡 주가 자사의 가스 채취권을 박탈했다고 주장한 것이다.[19] (소송은 아직도 진행 중이다.) 기후 활동가들이 따내는 결실이 늘어날수록, 이와 비슷한 법적 소송은 더욱 빈번해질 것이다.

때로는 정부가 국제 무역 재판소를 통해 자국의 온실가스 감축 활동의 정당성을 인정받기도 하지만, 일반적으로 정부는 자유 무역에 반대한다는 낙인을 모면하기 위해 일찌감치 항복하는 쪽을 선택한다. 온타리오가 친환경 에너지 계획에 제동을 건 세계 무역 기구의 결정을 순순히 수용한 것 역시 같은 우려 때문이었을 것이다. 이런 공격이 재생 에너지 개발 활동을 완전히 압살하고 있는 것은 아니어서, 예컨대 미국과 중국의 경우만 봐도 태양광 시장이 꾸준히 성장하고 있다. 하지만 그 성장 속도는 바람직한 수준을 크게 밑돈다. 획기적인 약진이 필요하다는 과학자들의 역설에도 불구하고, 불확실한 법률적 환경 때문에 적극적인 친환경 에너지 프로그램들의 시행을 주저하고 있는 것이다. 난해한 무역 관련 법률이 인류의 미래를 좌우할 결정적인 사안을 난폭하게 짓밟는 현실을 방치하는 것은 그야말로 어불성설이다. 노벨 경제학상을 수상한 조지프 스티글리츠는 이렇게 표현한다. 〈미련한 법률가들이 기후 문제를 제대로 파악할 생각은 않은 채 이것저것 끌어모아 만든 법률로 지구를 구하기 위한 활동의 발목을 잡도록 그냥 내버려 둘 것인가?〉[20]

단연코 그래서는 안 된다. 국제 무역 및 공익 옹호 법률가인 스티븐 슈리브먼은 다양한 시민 단체와 연대하여 이런 국제 무역 체제의 공격에 맞서고 있다. 그는 이 문제가 구조적인 것이라고 말한다. 〈국제 무역 규정이 기후 변화 문제를 해결하기 위한 중요한 정책들을 죄다 가로막고 나선다면, 우리는 마땅히 그 규정을 바로잡아야 한다. 이런 규정이 유지되는 한 지속 가능한 경제를 구축할 수 있는 방법은 지구 어디에도 존재하지 않는다. 단연코 그래서는 안 된다.〉[21]

이것이 합리적인 결론임을 알기 때문에, 허틀랜드 지지자들은 기후 변화 이야기만 나오면 질색을 하는 것이다. 정부들이 중요한 기후 변화 대응 활동을 위법으로 규정하는 수많은 협정으로 우리 발목에 족쇄를 채우고 있다는 사실을 깨닫게 되면, 사람들은 지구의 생명체 거주 가능성과 관련한 문제가 만족스럽게 해결될 때까지 이런 협정을 강력히 반대하고 나설 테니 말이다.

자유 시장 이론 역시 우리를 위협하여 이 위기에 단호하게 대응할 수 없도록 만든다. 이들은 긴축 논리와 수익성을 내세우며 저탄소 기간 시설에 반드시 필요한 공공 투자를 가로막는다(소방 활동과 홍수 대응 활동은 말할 것도 없다). 심지어 재생 에너지 전환을 거부하는 민간 기업에 전력 시설을 넘겨야 한다는 주장을 펼치기도 한다.

탄소 배출량을 안전한 수준으로 낮추기 위해 적극 추진해야 할 여러 가지 기후 행동은 신자유주의 시대의 세 가지 버팀목인 공공 부문의 민영화, 기업에 대한 규제 완화, 소득세 및 법인세 인하와 공공 지출의 삭감과 결코 양립할 수 없다. 이 세 가지 버팀목으로 이루어진 이데올로기 장벽은 수십 년째 기후 변화에 대한 모든 대응을 봉쇄해 오고 있다. 우리는 이 장벽의 해체가 기후 위기 대응에 있어 얼마나 중요한 과제인지 진지하게 검토해야 한다. 그러기에 앞서, 먼저 지금과 같은 위기를 초래한 부적절한 대응 사례들을 자세히 살펴보도록 하자.

냉전 종식과 온실가스 급증

기후 운동이 탄생한 날을 굳이 꼽아야 한다면, 암흑 속에 묻혀 있던 기후 문제가 대중의 의식에 깊이 각인된 1988년 6월 23일을 들지 않을 수 없다. 하지만 그보다 한참 전에 지구 온난화는 정치계와 과학계의 쟁점으로 등장한 바 있다. 지금 우리의 기후 인식에 결정적인 영향을 미친 기초적인 시각이 형성된 것은 19세기 후반부에 들어서면서부터다. 이어 1950년대 말에 과학계는 화석 연료 연소 시 발생하는 탄소가 지구 온난화를 초래할 수 있음을 처음으로 확인했고, 1965년 무렵에는 이 생각이 전문가들 사이에서 널리 인정되고 있었다. 당시 미국 과학 자문 위원회는 린든 존슨 대통령 앞으로 제출한 보고서에서 〈인류는 전 세계로 확산된 공업 문명을 통해 자신도 모르는 사이에 거대한 지구 물리학 실험을 진행하고 있다. (……) 이산화탄소 배출량 급증으로 초래된 기후 변화는 인간에게 해악을 미칠 수 있다〉라고 경고했다.[22]

지구 온난화 문제가 토크 쇼와 정치인들의 연설에 본격적으로 등장한 것은 1988년 6월 23일, NASA 소속 고다드 우주 연구소장 제임스 핸슨이 의회 청문회에서 지구 온난화 문제를 거론하면서부터였다. 그날 워싱턴 D.C.의 온도는 무려 섭씨 36.6도에 이르렀는데, 마침 의사당 냉방 시설이 고장 나는 바람에 의원들은 땀을 뻘뻘 흘리며 청문회장에 앉아 있어야 했다. 청문회에서 핸슨은 인간의 활동과 관련한 〈온난화가 실제로 진행되고 있음을 99퍼센트 확신〉한다고 밝혔다. 「뉴욕 타임스」 기자에게 〈더 늦기 전에 온난화 문제를 애매하게 얼버무리는 일을 그만두어야 한다〉고 말하기도 했다. 그달 말 수백 명의 과학자들과 정책 입안자들이 토론토에서 〈변화하는 대기에 관한 세계 회의〉를 개최하고 탄소 배출량 감축에 관해 토론했다. 그해 11월에는 UN 기후 변화 정부 간 협의체가 첫 모임을 가졌다. 1년 뒤 실시된 여론 조사에서 미국인 79퍼센트가 〈온실 효과〉라는 단어를 들어 본 적이 있다고 응답했다. 1981년의 38퍼센트에 비하면 엄청난 변화였다.[23]

이 문제에 대한 뜨거운 여론을 반영하듯 『타임Time』지 편집자들은 1988년 〈올해의 인물〉을 선정하며 이례적인 선택을 했다. 불길한 분위기의 노을 배경 속에서 노끈으로 칭칭 묶여 있는 지구의 모습이 잡지 표지로 올라갔고, 〈올해의 행성: 위기에 처한 지구〉라는 문구가 삽입되었다. 언론인 토머스 샌턴은 〈올해 사람들의 상상력을 사로잡고 뉴스 1면 기사로 오른 것은 그 어떤 인물도 사건도 활동도 아닌, 인류의 보금자리인 지구의 바위와 흙과 물과 공기가 고통에 허덕이는 모습이었다〉고 설명했다.[24]

이 이미지보다 훨씬 깊은 충격을 준 것은 샌턴이 『타임』에 기고한 기사였다. 〈올해, 지구가 입을 열었다. 노아에게 대홍수가 닥칠 거라고 일깨워 준 신처럼, 지구가 보내는 경고음은 우렁차고 선명하다. 사람들은 화들짝 놀라 경고음에 귀를 기울였고, 그 경고음이 어떤 불길한 징조를 품고 있을까 곰곰이 생각하기 시작했다.〉 이 심오하고도 엄중한 경고를 들은 사람들은 현대 서구 문명을 일구어 낸 신화들에 의문을 품기 시작했다. 이러한 위기가 빚어진 근본 원인에 대해 샌턴은 이렇게 설명했다.

많은 원시 공동체들은 땅을 어머니로, 즉 다산과 풍작을 통해 인간에게 생명을 주는 기증자로 여겼다. 그들은 자연(흙과 숲, 바다)을 신이라 여겼고, 인간은 자연에 종속된 존재라고 생각했다. 그러나 유대교와 기독교 전통은 근본적으로 이질적인 개념을 도입했다. 땅은 유일신의 창조물이었다. 신은 땅을 만들고 나서 땅에 거주하는 사람들에게 〈자식을 낳고 번성하라. 온 땅에 퍼져서 땅을 정복하라. 바다의 고기와 공중의 새와 땅 위를 돌아다니는 모든 짐승을 지배하라!〉고 명령했다. 〈지배〉라는 개념은 자연을 편리한 도구로 사용하라는 권유로 해석될 수 있었다.[25]

물론 이런 진단이 나온 것이 처음은 아니었다. 오히려 이미 등장했던 생태학적 사고의 기본 원칙들을 종합한 것에 불과했다고도 할 수 있다. 하지만 그 내용이 미국 잡지에 실린다는 것은 아주 특별한 일이었다. 환경 운동에 참여하는 많은 사람들은 1989년 초를 중대한 전기로 삼았다. 그들은 냉전의 완화와 지구 온난화가 지배 관계보다 협력 관계를, 과학 기술의 오만함보다 자연 앞에서의 겸허한 태도를 중시하는 새로운 사고의 탄생을 앞당길 것이라 믿었다.

기후 변화 대응책을 논의하는 정부 간 협의체가 구축되자, 개발 도상국들은 서구 사회에 만연한 소비 지상주의 생활 방식이 문제의 핵심이라고 목청을 높였다. 이를테면 당시 인도의 대통령 벤카타라만은 1989년 어느 연설에서, 지구 환경의 위기는 〈모든 물질을 과도하게 소비하는 선진 공업국의 생활 방식과 이를 지탱하기 위해 진행해 온 대규모 공업화의 결과〉라고 주장했다.[26] 그는 부유한 국가들이 소비를 줄이면 모든 인간이 더 안전해질 거라고 보았다.

하지만 1989년 말에 이르자 상황이 완전히 달라졌다. 그해 상반기에 대중적인 소요가 폴란드, 헝가리, 동독 등 소련 치하의 동구권 전역을 휩쓸었고, 마침내 1989년 11월에 베를린 장벽이 무너졌다. 워싱턴의 우파 이데올로그들은 〈역사의 종말〉이라는 기치를 내걸고 세계적인 격변의 순간을 이용해 사회주의, 케인스주의, 공생을 지향하는 생태주의 등 모든 경쟁 세력을 압살하려는 활동에 착수했다. 이들은 탈규제 자본주의 이외에도 현실성 있는 사회 조직 방법이 존재한다는 이론과 이에 입각한 모든 정치적 실험을 겨냥하여 전면 공격을 개시했다.

그로부터 10년이 채 못 되어, 이들이 지지하는 극단적인 친기업 이데올로기를 제외한 모든 정치적 경쟁 세력이 무너졌다. 서구의 소비 지상주의 생활 방식은 전혀 위축되지 않았고, 오히려 크게 융성했다. 예컨대 미국 가구당 신용 카드 채무액은 1980년부터 2010년 사이에 네 배나 늘어났다.[27] 뿐만 아니라 사치스러운 생활 방식은 세계 각지의 중상류층으로 확산되었으며, 한때 서구의 생활 양식을 비판했던 인도마저 대대적인 환경 파괴에 돌입했다. 새 시대와 함께 승자들의 행보는 누구도 예상치 못한 규모와 속도로 뻗어 나갔고, 무수히 많은 패자들은 메탄을 뿜어내는 폐기물 산을 뒤적이는 신세가 되었다.

무역과 기후: 두 개의 외딴 섬

이처럼 급속한 변화가 진행되는 동안, 기후 협상과 무역 협상은 마치 평행선을 그리듯 비슷한 속도로 진행되어 2~3년 사이에 각 분야에서 중요한 협의에 도달했다. 1992년 각국 정부는 리우에서 열린 제1차 UN 지구 정상 회의에 참석하여 향후 기후 협상의 토대가 될 〈UN 기후 변화 협약UNFCCC〉에 서명했다. 같은 해 북미 자유 무역 협정이 체결되어 2년 뒤부터 효력이 발생했다. 1994년에는 세계 무역을 관장하게 될 기구 설립에 대한 협상이 타결되었고, 그 이듬해 세계 무역 기구가 탄생했다. 1997년, 최초로 온실가스 감축 목표를 설정한 〈교토 의정서〉가 채택되었다. 2001년에는 중국이 세계 무역 기구의 정회원으로 가입하면서

1980년대에 시작된 무역 및 투자 자유화의 흐름은 최고조를 맞았다.

무역과 기후 협상이 이처럼 병렬적으로 전개되었지만, 놀랍게도 두 협상은 서로 아무 연관성도 없이 동떨어져 있었다. 두 협상은 서로의 존재를 모르는 체하며, 서로가 서로에게 어떤 영향을 미칠 것인가 하는 가장 중요한 의문을 돌아보지 않았다. 생필품이 지구 구석구석까지 운송되면(탄소를 내뿜는 대형 화물선과 대형 제트기, 디젤 화물 트럭을 통해서), 온실가스 감축이라는 기후 협상의 목표는 어떤 영향을 받을까? 국내 기업 우대를 금지하는 무역 조항이 채택되면, 온실가스를 줄이기 위해 상품 공급 경로를 단축하려는 시도는 어떤 영향을 받을까? 세계 무역 기구가 기술 특허의 보호 규정을 마련하면, 친환경 기술을 무상 이전하여 저탄소 경로 개발을 도와 달라는 개발 도상국들의 요구는 어떤 영향을 받을까? 무엇보다도, 민간 기업들이 자신들의 수익 확보를 가로막는 각국 정부의 법률을 무역 재판소에 제소할 수 있도록 보장하는 규정이 마련되면, 정부들은 소송에 휘말릴지 모른다는 불안감 때문에 강력한 오염 방지 규제책의 채택을 단념하지 않을까?

협상에 나선 정부 대표들은 이런 문제들을 결코 논의하지 않았고, 당연히 빚어질 수밖에 없는 모순을 해결하기 위한 어떤 시도도 하지 않았다. 온실가스 감축과 무역 장벽 철폐라는 두 가지 약속이 정면 충돌할 경우 어느 쪽을 우선시할 것인지에 대해서조차 논의하지 않았다. 기후 협상에서 각국 정부가 도달한 일체의 약속은 사실상 전적으로 자율 시행 제도에 의지하는 것이었다. 이 메커니즘은 약속을 이행하지 않은 국가에 제재를 가하기에는 너무나 무력했다. 반면, 무역 협정을 통해 채택된 약속은 모두 강력한 제재와 분쟁 해결 제도에 의해 강제되었으며, 이를 이행하지 않는 정부들은 소송에 휘말릴 수밖에 없었다.

이런 위계질서가 너무나 견고하기 때문에 각국의 기후 협상 대표들은 처음부터 무역 시스템에 절대적으로 순응하겠다는 뜻을 공식적으로 표명했다. 1992년 리우 지구 정상 회의에서 채택된 UN 기후 변화 협약은 〈기후 변화를 저지하는 방안으로 채택된 모든 수단은 (……) 국제 무역에 대한 제약 조건이 되어서는 안 된다〉라고 분명히 못 박았다(교토 의정서에도 비슷한 표현이 들어가 있다). 호주의 정치학자 로빈 에커슬리는 이렇게 말했다. 〈(이 시점은) 기후 관련 규정과 무역 관련 규정의 상관관계를 결정하는 중요한 순간이었다. (……) 기후 협상 대표들은 기후 보호를 위한 규정에 순응하는 방향으로 국제 무역 규정을 재조정할 것을 촉구하기는커녕 (……) 무역 자유화와 세계화 경제의 팽창, 무역 활동을 기후 정책으로부터 보호하는 일에 발 벗고 나서고 있었다.〉 이런 제약이 존재하는 한, 기후 협상 과정에서 현지 조달 원칙에 근거한 재생 에너지 프로그램이나 고탄소 경로로 생산된 상품에 대한 무역 제재 조치 등 국제적인 조정이 필수적으로 요구되는 과감한 〈무역 제한〉 정책들은 고려 대상에서 빠질 수밖에 없다.[28]

〈지속 가능한 발전〉을 위한 협상 과정에서 채택된 사소한 성과들조차 새롭게 탄생한 무역 및 투자 시스템에 의해 곧 무력화되리라는 점을 분명히 인식했던 사람들은 극소수였고, 게다가 고립되어 있었다. 〈제3세계 네트워크Third World Network〉의 대표자로서 무역과 기후 협상에서 개발 도상국 정부 쪽에 중요한 조언을 제공해 온 마틴 코어도 그중 한 사람이다. 1992년 리우 정상 회의가 끝날 무렵, 코어는 이렇게 경고했다. 〈글로벌 사우스 국가 대표들 사이에서는 (……) 정상 회의 과정 밖에서 진행되는 사건들이 자신들을 더욱 약화시키고 리우 의제에 포함된 긍정적인 시도를 궁지로 몰아넣고 있다는 불안감이 팽배하다.〉 이와 같은 사례로 그는 당시 세계은행과 국제 통화 기금이 추진하고 있던 긴축 정책과 얼마 후 세계 무역 기구의 창설로 이어진 무역 협상들을 들었다.[29]

스티븐 슈리브먼 역시 일찍부터 이런 위험을 경고했다. 지금으로부터 16년 전, 그는 산업형 농업의 세계적인 확산이 온실가스 감축 과정에 큰 충격을 입혔다고 말한 바 있다. 2000년에 발표한 논문에서 〈최근 수십 년 사이에 이루어진 농업 시스템의 세계화야말로 온실가스 배출량을 전반적으로 증가시킨 주원인이다〉라고 주장하기도 했다.[30]

산업형 농업이 확산되면서, 수입 농산물과 국산 농산물의 이동 거리를 비교하여 환경에 미치는 영향을 따지는 〈푸드 마일 *food miles*〉 논의는 위축되었고, 탄소 배출량이 높은 에너지 집약적 산업형 농업 모델을 세계 각지로 전파하는 무역 시스템이 확립되었다. 이 시스템 덕분에 몬산토, 카길Cargill 등 농산물 기업들은 입맛에 맞는 정책(규제받지 않는 시장 진입, 공격적인 특허 보호, 막대한 정부 보조금의 유지 등)을 보장받을 수 있었고, 이는 결국 세계 온실가스 배출량 가운데 19~29퍼센트가 세계적인 식품 생산 및 공급 시스템에서 비롯하는 현실로 이어졌다. 한 인터뷰에서 슈리브먼은 〈무역 정책과 무역 규정은 식품 생산 및 공급 시스템의 구조에 영향을 미쳐 오히려 기후 변화를 부채질하고 있다〉고 역설했다.[31]

기후 논의를 무역 협상에서 의도적으로 배제하는 관행은 지금까지도 이어진다. 예컨대 2014년 초, 〈환태평양 경제 동반자 협정Trans-Pacific Partnership〉의 협상 문서 몇 건이 위키리크스와 페루 인권 단체 레드GE를 통해 공개되었다. 이 가운데 환경 관련 분야의 초안에는 〈각국은 기후 변화가 집단행동을 통해 대처해야 하는 세계적인 관심사라는 사실을, 또한 UN 기후 변화 협약 사항을 이행하는 것이 매우 중요하다는 점을 인식해야 한다〉는 내용이 들어가 있었다. 모호할 뿐 아니라 의무 규정이 아닌 탓에 구속력도 없었지만, 이 정도 내용만 남아 있었어도 정부 차원에서 채택한 기후 정책이 무역 재판소에 제소될 경우(온타리오의 경우처럼) 해당 정부는 이를 근거로 자국의 정책을 지킬 수 있었을 것이다. 하지만 나중에 작성된 문서에 따르면, 미국의 협상 대표들은 기후 변화와 UN 기후 협약과 관련한 내용을 모두 삭제하자고 주장했다. 요컨대, 무역이 기후보다 위에 놓이는 일은 몇 번이고 허용되었지만, 기후가 무역보다 위에 놓이는 건 단 한 번도 허용되지 않았다.[32]

기후 대응을 가로막은 것은 온실가스 급증을 야기하고 수많은 기후 대응책을 위법화하는 협정을 체결하는 무역 협상 대표들만이 아니었다. 기후 협상 대표들 역시 나름의 방식으로 부정론적 관점을 드러냈다. 1990년대 초반과 중반에 기후 변화에 관한 정부 간 협의체와 함께 최초의 기후 협약 초안을 작성하던 기후 협상자들은, 각국의 탄소 배출량 측정과 감시 방안을 구체화하는 일에 아무런 관심을 두지 않았다(각국 정부가 최초의 감축 목표를 제시한 이후엔 반드시 이 과정을 거쳐야 했고, 이 과정에 대한 보고와 감시 시스템 또한 반드시 마련되어야 했다).

이들이 마련한 온실가스 측정 시스템은 자유 무역 시대 이전에 만들어진 것으로, 세계 시장에서 유통되는 상품들의 생산 방식과 생산지와 관련한 혁명적인 변화가 전혀 고려되지 않은 낡은 유물이나 다름없었다. 예컨대 국경을 넘어가는 상품의 운송 과정(최근 20년 사이에 화물선 통행량이 약 4백 퍼센트나 늘어났다)에서 배출되는 탄소는 공식적으로 어느 나라의 배출량으로도 산정되지 않으며, 따라서 어느 나라도 이 오염원에 대해 책임을 지지 않는다. 2050년까지 화물선 운행에 따른 탄소 배출량이 두 배, 아니 세 배 가까이 늘어날 것으로 예상되는데도 UN은 측정 방식을 바꿀 생각을 하지 않고 있다.[33]

결국 각국은 자국 내에서 생산하는 오염에 대해서만 책임질 뿐 화물선에 실려 수입되는 상품의 제조 과정에서 발생하는 오염에 대해서는 아무런 의무도 없었고, 책임은 상품을 생산하는 국가들에 떠넘겨졌다.[34] 예컨대, 캐나다의 어느 집 거실에 놓인 중국산 텔레비전을 생산할 때 배출되는 탄소는 캐나다가 아니라 생산지인 중국의 몫으로 계산된다는 얘기다. 화물선이 이 텔레비전을 실어 나를 때(그리고 되돌아갈 때) 해상에서 배출하는 탄소가 어느 국가의 몫으로도 계산되지 않는 것은 물론이다.

이런 치명적인 결함은 세계적인 탄소 배출의 주원인에 대한 평가 과정에서 심각한 왜곡을 빚어낸다. 급속한 탈산업화 과정을 밟는 부자 나라들은 이 왜곡된 시스템을 근거 삼아 자신들의 배출량에는 거의 변동이 없다고, 오히려 줄어들고 있다고 주장한다. 하지만 실제로는 자유 무역 시대 이후 이 부자 나라들의 상품 소비로 인한 탄소 배출량은 급증하고 있다. 가령 2011년 『미국 국립 과학원 회보Proceedings of the National Academy of Sciences』는 교토 의정서에 서명한 선진 공업국들에서 발생하는 탄소 배출량에 대한 연구 결과를 발표했는데, 이들 국가의 탄소 배출량이 증가 추세에서 벗어난 것은 사실이지만 이는 국제 무역 자유화를 맞아 오염 물질을 내뿜는 상품 생산을 해외로 이전할 수 있게 된 것이 주된 요인이라는 내용이었다. 또한 연구자들은 개발 도상국에서 생산되어 선진국에서 소비되는 상품이 발생시킨 탄소의 증가량이 선진국의 탄소 감축량의 여섯 배에 이른다는 것도 밝혀냈다.[35]

종합 선물 세트: 값싼 노동력과 더러운 에너지

자유 무역 시스템이 확립되고 역외 생산이 일반화되면서, 탄소 배출원의 이동과 함께 탄소 배출량이 폭발적으로 증가했다. 앞서 보았듯이, 신자유주의 시대 이전에는 배출량 증가 속도가 완만했다. 예컨대 1960년대에 연간 4.5퍼센트였던 탄소 배출량 증가율은 1990년대 들어 연간 약 1퍼센트를 기록했다. 그런데 새 천년이 시작되며 증가율이 급격하게 치솟았다. 2000년부터 2008년 사이 탄소 배출량 증가율은 연간 3.4퍼센트로 기후 변화에 관한 정부 간 협의체의 최고 예상치를 훌쩍 뛰어넘었다. 2009년 금융 위기 때 잠시 주춤했지만 2010년에는 전년도 감소량을 상쇄하는 5.9퍼센트라는 기록적인 증가율로 기후 관측자들을 놀라게 했다. 세계 무역 기구가 설립된 지 20년 만인 2014년 중반, 기후 변화에 관한 정부 간 협의체는 세계화라는 현실을 수용하여 그해 발표한 제5차 평가 보고서에서 〈인간 활동으로 비롯된 이산화탄소 배출량 가운데, 국제적으로 거래되는 상품의 제조 과정이 야기하는 비율이 급증하고 있다〉고 지적했다.[36]

석탄의 역사를 연구하는 스웨덴 학자 안드레아스 말름의 표현에 따르면 〈21세기 초에 나타난 폭발적인 배출량〉의 원인은 불 보듯 뻔하다. 바로 〈세계의 공장〉으로 등극함과 동시에 석탄 연료 오염 물질을 내뿜는 〈세계의 굴뚝〉이 된 중국이다. 2007년 중국의 탄소 배출량은 전 세계 증가량의 3분의 2를 차지했다. 중국의 자체 발전 과정(농촌 지역의 전기 보급과 도로 건설 등)에서도 일부 발생했지만 대부분은 해외 무역과 직접 연관된 것이었다. 한 연구에 따르면 2002년에서 2008년 사이 중국의 총 이산화탄소 배출량 가운데 45퍼센트가 수출용 상품 생산에서 비롯한 것으로 나타났다.[37]

워싱턴을 근거지로 자유 무역 반대 활동에 앞장서 온 정책 연구소 〈퍼블릭 시티즌Public Citizen〉 소장 마거릿 스트랜드 랑그네스는 이렇게 말한다. 〈이런 세계화 모델이야말로 우리를 기후 위기로 몰아넣은 주역 중 하나다. (……) 이 문제에 제대로 대응하고자 한다면 경제의 근본적인 개혁이 필수적이다.〉[38]

국제 무역 협상은 여러 정부가 탄소를 대량으로 배출하는 수출 주도의 신속한 발전 모델을 채택하도록 부추기는 몇 가지 요인 중 하나에 불과했고, 각국은 저마다 특수성을 안고 있었다. 많은 경우, 국제 통화 기금과 세계은행이 제공하는 개발 금융의 단서 조항, 그리고 하버드 대학과 시카고 대학 등에서 유학했던 학생들이 전수받은 정통 경제 이론이 중요한 역할을 했다(중국은 예외였지만). 개발 도상국들은 흔히 〈워싱턴 컨센서스〉*라 불리는 경제 체제를 채택했다. 이런 정책의 이면에는 무한 경제 성장을 이루려는 강력한 동기가 있다. 나중에 다루겠지만, 이

동기는 최근 수십 년간 전개되어 온 무역의 역사를 뛰어넘어 훨씬 깊은 연원을 지닌다. 하지만 무역 시스템과 늘 여기에 따라붙는 경제 이데올로기가 탄소 배출량 급증을 초래한 주역이라는 사실만은 의심의 여지가 없다.

1980년대와 1990년대에 확립된 무역 시스템의 핵심 동력 덕분에 다국적 기업은 가장 값싸고 가장 쉽게 착취할 수 있는 노동력을 찾아 지구 구석구석을 자유롭게 돌아다닐 수 있었다. 다국적 기업의 노동력 착취는 멕시코와 중남미의 착취 공장들을 거쳐 한국에서 오랫동안 맹위를 떨쳤다. 그러나 1990년대 말이 되자, 거의 모든 길이 중국으로 이어졌다. 중국은 인건비가 대단히 낮은 데다 노동조합 활동이 철저하게 봉쇄된 나라였다. 중국 정부는 공장 연속 가동을 위해 상시 조명을 공급했으며, 조립 생산 라인에서 생산된 상품이 정확한 시간에 화물선에 도착하도록 대규모 기간 시설(현대식 항구, 고속도로, 무수히 많은 화력 발전소와 대규모 댐 등) 건설에 막대한 재정을 투자했다. 중국은 자유 무역주의자의 꿈과 기후 활동가의 악몽이 공존하는 곳이 되었다.

그야말로 끔찍한 악몽이다. 저임금과 높은 배출량 사이에는 긴밀한 상관관계가 있다. 안드레아스 말름의 말을 빌리자면, 〈값싸고 숙련된 노동력에 대한 수요 급증과 이산화탄소 배출량 급증 사이에는 인과관계가 존재한다〉. 하루 1달러의 낮은 임금으로 노동자들을 녹초가 될 때까지 혹사시키는 행위와, 오염 물질 관리 시설에는 아무런 투자도 없이 탄소 대량 배출원인 석탄을 마구 태워 대는 행위의 이면에는 똑같은 논리가 숨어 있다는 것이다. 바로 비용 최소화 논리다. 따라서 중국으로 옮겨 간 공장들은 본국에서보다 훨씬 많은 탄소를 뿜어냈다. 안드레아스

* Washington Consensus. 1990년 미국 국제 경제 연구소가 남미 국가들의 경제 위기 해법으로 제시한 시장 경제 체제로 세제 개혁과 무역 및 투자 자유화, 탈규제화 등 열 가지 정책을 골자로 한다 — 옮긴이주.

말름에 따르면, 중국의 석탄 사용량은 1995년부터 2000년 사이에 조금씩 줄어들었지만 제조업 부문이 폭발적으로 팽창하면서 다시 급증하기 시작했다. 물론 중국으로 생산 공장을 옮긴 기업들이 의도적으로 탄소 배출량을 끌어올린 것은 아니다. 값싼 노동력을 찾아 공장을 이전했을 뿐이다. 하지만 노동자 착취는 반드시 지구 착취를 수반한다. 불안정한 기후는 탈규제를 지향하는 세계화 자본주의가 지구에 떠넘긴 비용이다. 아무런 의도를 품지 않더라도 세계화 자본주의는 필연적으로 이런 결과를 낳게 되어 있다.[39]

산업 혁명 초기부터 오염과 노동력 착취는 정비례 관계를 유지해 왔다. 그러나 노동자들이 단결하여 임금 인상을 요구하고 도시 거주민들이 단합하여 깨끗한 공기를 요구했을 때, 기업은 마지못해 근로 기준과 환경 기준을 향상시켰다. 그러다가 자유 무역이 출현하면서 상황이 바뀌었다. 자본의 자유로운 이동을 가로막는 대부분의 장벽이 제거된 덕분에 기업들은 인건비가 상승할 사소한 조짐만 보여도 당장 그곳을 떠날 수 있게 되었다. 1990년대 말 수많은 대규모 공장들이 인건비가 상승하는 한국을 떠나 중국으로 향했고, 지금 또다시 중국을 떠나 값싼 노동력이 풍부한 방글라데시로 향하고 있다. 우리가 사용하는 의류, 가전, 가구의 생산지는 중국이지만, 이러한 경제 모델의 생산지는 미국이다.

그런데도 부유한 선진국의 많은 사람들은 기후 변화가 쟁점이 될 때마다 모든 것을 중국(혹은 인도, 혹은 브라질) 탓으로 돌리곤 한다. 자국 내 화력 발전소를 점진적으로 폐쇄하더라도 급속한 발전 전략을 채택한 국가들에 훨씬 더 많은 화력 발전소가 세워질 거라는 것이 이들의 주장이다. 문제를 야기하는 나라는 따로 있는데 선진국들끼리 모여서 배출량을 줄이자고 논의해 봐야 무슨 소용이냐는 식이다.[40] 게다가 이와 같은 오염을 초래하는 무분별한 발전 모델의 확산을 자신들은 그저 구경만 했을 뿐이라고, 선진국 정부들과 다국적 기업들이 수출 주도형 발전 모델을 권장한 것은 사실이지만 이런 상황을 의도한 것은 아니었다고 시치미를 뗀다. 또한 중국에서 생산된 상품이 곧장 화물선에 실려 선진국 전역의 매장에 놓이는데도, 중국 주장 강 삼각주 특별 경제 구역의 탄소 배출이 심각한 상황에 이른 것은 자국 기업들의 탓이 아니라고 주장한다. 이 모든 게 세계 모든 나라들이 경제 성장과 소비 지상주의라는 종교를 만족시키기 위해서 벌이는 일이라며 발을 뺀다.

　결국 피해는 보통 사람들에게 돌아간다. 멕시코의 공업 도시 후아레스와 캐나다 윈저의 공장에서 해고된 노동자들, 중국의 선전과 방글라데시 다카의 공장에서 해고된 노동자들이다. 이런 곳에서는 노동자들의 투신자살을 방지하기 위해 공장 지붕 주위에 그물망을 설치해야 할 정도로 노동 조건이 열악하며, 건축 허가를 통과했다는 공장이 무너져 내려 노동자 수백 명을 죽음으로 몰아넣기도 한다. 납 성분이 든 장난감을 입에 물고 노는 아기들도, 몇 푼 안 되는 일당 때문에 추수 감사절 휴가를 반납하고 세일 행사 때마다 넘쳐 나는 고객들에게 떠밀리는 고생을 감수해야 하는 월마트 직원들도 역시 피해자다. 우리는 우리 탓이 아니라고 시치미를 떼지만, 석탄 화력 발전소 때문에 오염된 물을 먹어야 하는 중국 농민들도, 오염된 공기 탓에 실내에서만 뛰어놀아야 하는 베이징과 상하이의 중산층 자녀들도 마찬가지다.[41]

제 무덤을 파는 환경 운동

　무엇보다 큰 비극은, 이런 모든 상황들 대부분을 분명 피할 수 있었다는 점이다. 새로운 무역 시스템의 구축을 위해 각종 규정이 수립되던 당시에 우리는 기후 위기에 대해서 잘 알고 있었다. 미국을 포함한 많은 나라 정부들이 리우에서 열린 UN 기후 변화 협약에 서명한 지 1년 만에 북미 자유 무역 협정이 체결되었다. 분명히 강조하지만, 이 협정의 체결을 피할 기회는 충분히 있었다. 당시 북미 노동자 조직과 환경 조직은 노동 조건과 환경 조건을 악화시키리라는 판단에서 강력한 연대를 이루어 북미 자유 무역 협정 반대 운동을 벌였고, 한동안은 반대 운동의 승세가 뚜렷했다.

그러나 미국, 캐나다, 멕시코, 세 나라의 여론에 깊은 균열이 생겼다. 1992년에 대통령 후보로 나선 빌 클린턴은 이와 같은 우려 사항들이 적극적으로 반영되지 않으면 북미 자유 무역 협정에 서명하지 않겠다고 약속했다. 1993년에 캐나다 총리 후보로 나선 장 크레티앙 또한 이 협정에 반대한다는 입장을 밝혔다. 하지만 두 사람 모두 당선된 뒤 협정에 전혀 손을 대지 않았고, 노동과 환경 기준에 별다른 효과가 없는 두 개의 부속 협정만이 여기에 추가되었을 뿐이다. 노동 운동계와 미국의 많은 민주당 지지자들은 이 술책에 넘어가지 않고 계속해서 강력한 반대 운동을 전개했다. 그러나 정치적 중도주의와 〈협력자〉 혹은 후원자로 나선 재계의 강력한 영향력 등, 여러 가지 이유가 복합적으로 결합하면서(이에 대해서는 나중에 다룬다) 수많은 대규모 환경 조직 지도자들이 협조적인 태도로 돌아섰다. 언론인 마크 도위는 미국 환경 운동의 역사를 다룬 저서 『잃어버린 땅Losing Ground』에서 〈북미 자유 무역 협정에 반대하거나 회의적인 태도를 보이던 사람들이 열광적인 지지자로 변신해 협정 지지 의사를 공개적으로 밝혔다〉라고 기록했다. 3대 대규모 환경 단체가 모여 북미 자유 무역 협정을 옹호하는 조직(북미 자유 무역 협정을 위한 환경 연합Environmental Coalition for NAFTA)을 구성했다. 국립 야생 동식물 연맹National Wildlife Federation, 환경 보호 기금Environmental Defense Fund, 국제 보존 협회Conservation International, 국립 오듀본 협회National Audubon Society, 천연자원 보호 협의회Natural Resources Defense Council, 세계 야생 동물 기금World Wildlife Fund도 여기에 가세했다. 도위에 따르면 이들은 〈무역 협정을 공개적으로 지지했다〉. 국립 야생 동식물 연맹 대표 제이 헤어는 공식적인 무역 특사 자격으로 멕시코에 가서 환경 조직 대표들을 회유하는 한편, 〈환경을 걱정하는 마음보다 보호 무역주의를 우선시한다〉라며 비판자들을 공격했다.[42]

물론 모든 환경 운동 세력이 무역을 옹호하는 시류에 편승한 것은 아니다. 그린피스, 지구의 벗Friends of the Earth, 시에라 클럽Sierra Club을 비롯한 여러 소규모 단체들은 북미 자유 무역 협정에 반대하는 입장을 견지했다. 하지만 클린턴 행정부는 이런 움직임을 무시하고, 동요하는 대중들에게 〈미국 내 환경 단체의 80퍼센트가 북미 자유 무역 협정을 지지한다〉라고 선언했다. 많은 민주당 의원들이 북미 자유 무역 협정의 의회 통과를 반대하는 상황에서, 클린턴으로서는 더없이 유용하고도 중요한 구실이었다. 천연자원 보호 협의회 대표 존 애덤스는 협정을 지지하는 환경 단체들이 기여한 바가 매우 컸다고 말했다. 〈우리는 북미 자유 무역 협정에 반대하는 환경 운동의 뒷덜미를 잡았다. 우리가 협정 지지 입장을 표명한 덕에 클린턴 앞에는 노동 운동을 제압하는 과제만 남았다. 우리가 큰 짐을 덜어 준 것이다.〉[43]

1993년 클린턴은 북미 자유 무역 협정에 서명하는 자리에서, 〈이 일에 도움을 준 환경 운동계의 사람들에게 감사한다. 많은 사람들이 환경 운동 내부에서 혹독한 비난을 감수하고 이 일에 나서 주었다〉라고 밝히며, 이 일의 성사는 단순한 협정의 타결 이상의 의미를 지닌다고 못 박았다. 〈덕분에 우리는 부모 세대들이 이루었던 업적을 다시 전개할 기회를 손에 쥐었다. 우리 앞에는 새로운 세계를 만들어 낼 기회가 열렸다. (……) 우리는 곧 세계적인 규모의 경제 팽창을 보게 될 것이다. (……) 북미 자유 무역 협정을 비준하는 과정에서 우리가 보여 준 자신감은 곧 결실을 맺을 것이다. 우리는 세계적인 규모의 무역 협정을 향한 실질적인 진전 과정에 올랐다. 세계 무역 협정으로 미국은 이제 북미 자유 무역 협정과는 비교할 수 없는 실질적인 이득을 얻게 될 것이다.〉 물론 그가 겨냥했던 것은 세계 무역 기구였다. 환경 파괴에 대한 불안감에서 벗어나지 못한 사람들을 향해 클린턴은 다시 한 번 장담했다. 〈우리는 예전보다 더 깨끗한 세상을 만드는 데 기여할 수 있도록 새로운 제도를 마련할 것이다.〉[44]

당시 클린턴 대통령 옆자리를 지키던 앨 고어 부통령 역시 대규모 환경 단체들을 협정 지지로 돌아서게 만든 주역이었다. 그 뒤로 주류 환경 운동이 자유 무역 시대가 기후에 미칠 파멸적인 영향을 막기 위한 활동에 전념하지 않은 것은 이러한 업보 때문이다. 활동에 뛰어들었다가는 〈새로운 세계를 만들어 내는〉 미국 정부를 적극적으로 도왔던 자신들의 과거가 다시 부각되리라는 것을 분명히 알았기 때문에, 이들은 차라리 전구나 연료의 효율 따위나 붙잡고 있는 게 상책이라 생각한 것이다.

따라서 북미 자유 무역 협정 체결은 역사적으로 중요한 의미를 지닌다. 물론 비극적인 의미에서다. 환경 운동이 그처럼 협조적으로 나서지 않았더라면 북미 자유 무역 협정은 아예 봉쇄되었거나, 재협상을 거쳐 과거 무역 관행을 재조정한 협정으로 대체되었을 것이다. 새싹으로 움터 오르던 기후 변화에 대한 세계 여론을 그처럼 무참히 짓밟지 않고도, 1992년 리우 지구 정상 회의에서 약속한 대로 빈곤 극복과 온실가스 감축이라는 긴급한 요구를 동시에 수용하는 새로운 무역 시스템이 확립될 수 있었을 것이다. 이를테면 개발 도상국이 포함된 무역 협정에는, 핵심적인 전력 및 운송용 기간 시설을 처음부터 저탄소형으로 건설할 수 있도록 이들 국가에 자원과 친환경 기술을 이전할 것을 의무화하는 규정이 포함되었을 것이다. 재생 에너지 지원 정책을 제재하는 대신, 오히려 장려할 것을 보장하는 규정이 포함될 수도 있었을 것이다. 만일 그랬다면 세계 경제가 지금처럼 급속한 팽창을 이루지는 못했을지 몰라도, 분명 기후 재앙을 향해 치달아 가지는 않았을 것이다.

과거의 실책을 되돌릴 방법은 없으니, 이제라도 자유 무역에 맞서는 투쟁을 전개하고 절실히 필요한 체계를 수립하는 새로운 기후 운동을 서둘러 펼쳐 가야 한다. 국경을 넘나드는 경제 교류를 종식시키자는 뜻은 아니다. 하지만 새로운 기후 운동은 우리가 무엇 때문에 경제 교류를 하는지, 경제 교류가 누구에게 혜택을 주는지 더 깊이 있고 신중하게 고찰해야 한다. 우리 경제는 일회용품의 무분별하고 과도한 소비를 장려할 것이 아니라, 모든 상품을 지속적으로 사용할 수 있도록 만들어야 한다. 에너지를 대량 소비하는 장거리 운송 수단의 이용 역시 규제해야 한다. 현지 생산이 불가능하거나 현지 생산 시 훨씬 많은 탄소가 배출되는 상품에 대해서만 장거리 운송 수단을 허용해야 한다(예컨대 추운 지역에서 온실을 이용한 작물 재배 방식은 따뜻한 지역에서 재배한 작물을 경전철로 운송하는 방식보다 훨씬 많은 에너지를 소모한다).[45]

시에라 클럽을 지원하는 무역 전문가 일라나 솔로몬이 밝히듯이, 기후 운동은 단연코 이런 투쟁을 외면해서는 안 된다. 〈기후 변화에 대응하기 위해서 절실히 필요한 것은 현지 생산 경제를 재구축하고, 어떤 방식으로 제조된 상품이 어떤 방식으로 유통되고 있는가를 신중히 검토하는 것이다. 무역 법률의 근본 원칙은 국산 상품을 외국산 상품보다 우대하는 것을 허용치 않는다. 현지 생산 경제에 대한 장려책을 도입하고 청정에너지 정책과 친환경적인 현지 고용 장려책을 연계시키는 것이 무역 정책에서는 엄격히 금지되는 일인데, 대체 우리가 어떻게 이런 활동을 추진할 수 있겠는가? (……) 경제 구조에 눈길을 돌리지 않는 한, 문제의 근본 원인에 다가갈 방법은 없다.〉[46]

이런 경제 개혁이 이루어진다면 실직한 노동자들, 값싼 수입 작물과 경쟁해야 하는 농민들, 그리고 현지인이 운영하는 사업들을 몰아내고 들어선 창고형 대형 할인점과 현지 공장의 해외 이전 때문에 생활에 타격을 입은 지역 주민들은 활로를 찾을 것이다. 따라서 이들은 합심하여, 대기업 권력을 제한할 수 있는 거의 모든 가능성을 차단해 온 30년 세월을 거꾸로 되돌리는 투쟁에 뛰어들어야 한다.

성장 일변도에서 지속 가능한 경제로

　지금의 정치 문화에서 자유 무역주의에 맞선다는 것은 몹시 힘겨운 일이다. 자유 무역주의는 아주 오랜 세월에 걸쳐 무엇으로도 대체할 수 없는 불가피한 것이라는 인상을 심어 주며 확립되어 온 것이기 때문이다. 하지만 적절한 시기를 놓치지 않고 온실가스를 감축하려면, 앞서 말한 급진적인 변화만으로는 충분치 않다. 우리는 자유 무역주의보다 훨씬 견고한 논리, 즉 성장 지상주의와 맞서 싸워야만 한다. 성장 주도 경제 모델에 친환경이라는 외피를 씌우는 진보 성향의 기후론자들은 당연히 이런 아이디어에 큰 반감을 느낀다. 따라서 우리는 이 아이디어를 뒷받침하는 수치들을 검토해야만 한다.

　성장 주도의 경제 논리가 대기 규제 정책과 근본적으로 대립한다는 사실을 강력하게 주장하는 사람으로 영국의 유력한 기후 과학자이자 틴들 기후 변화 연구소에서 활동하는 케빈 앤더슨을 들 수 있다. 그는 10여 년이 넘는 세월 동안 국제 발전부에서부터 멘체스터 시 의회에 이르기까지 정치인, 경제학자, 기후 활동가들을 상대로 최근 기후 과학계가 합의한 내용을 꾸준히 설명해 왔다. 기계 공학자 출신(과거 석유 화학 분야에서 근무했다)인 그는 명쾌하고 이해하기 쉬운 용어를 써서, 기온 상승을 섭씨 2도 이내로 제한한다는 목표 아래 온실가스 배출량을 감축해야 한다는 엄격한 지침을 제시했다.

　최근 들어 앤더슨은 예전보다 훨씬 걱정스러운 내용을 담은 논문과 슬라이드를 내놓기 시작했다. 그는 〈위험 수준을 넘은 기후 변화 (……) 무서운 수치와 희박한 희망〉 같은 제목과 함께, 안전한 수준의 기온이 유지될 확률이 급감하고 있다고 주장한다. 대기 물리학자이자 틴들 연구소의 기후 변화 완화 전문가인 앨리스 보우스라킨과 앤더슨의 말에 의하면 우리는 정치계의 지연술과 미약한 기후 정책 때문에 이미 많은 시간을 허비했고, 따라서 이제는 우리 경제 시스템의 근간인 골수 팽창

주의 논리의 반대를 무릅쓰고라도 급격한 온실가스 감축을 시행해야 한다.[47]

국제적으로 합의된 섭씨 2도 목표의 절반이라도 달성하기를 원한다면, 그리고 부유 국가와 빈곤국 사이의 공정성 원칙을 존중하려면, 선진국 정부에서는 지금 당장 연간 8~10퍼센트의 감축을 목표로 하는 정책을 실시해야 한다는 것이 바로 그들의 주장이다. 급격한 감축의 최종 시한을 비교적 가까운 미래(예컨대, 2050년까지 80퍼센트 감축)로 잡고 있는 주류 기후 관련 기구 내에서도 이들의 주장은 큰 논쟁을 불러일으켰다. 그러나 배출량이 늘어나고 임계점이 가까워짐에 따라 목표 감축량은 급격하게 높아질 수밖에 없다. 2009년까지 UN 기후 관련 기구에서 고위 임무를 맡았던 이보 드 보어의 최근 발언에 따르면 〈기후 협상에 참여한 나라들이 섭씨 2도 목표를 달성할 수 있는 방안은 오직 하나, 세계화 경제를 완전히 무너뜨리는 것뿐이다〉.[48]

과장이 심하긴 하지만, 보어의 발언은 대규모 환경 단체들이 지지해 온 온건한 탄소 가격 제도나 친환경 기술을 가지고는 연간 8~10퍼센트 감축 목표를 달성할 수 없다는 앤더슨과 보우스라킨의 지적과 맥을 같이한다. 온건한 수단 역시 효과가 없는 것은 아니나, 그것만으로는 충분치 않다. 석탄 연료에 의지한 경제 시스템이 출범한 이후로 우리는 여러 해에 걸쳐 꾸준히 8~10퍼센트 감축을 달성한 일이 없다. 경제학자 니콜라스 스턴은 2006년 영국 정부에 제출한 보고서에서 〈역사적으로 살펴보면 경제 침체나 경제 격변과 관련해서만〉 연간 1퍼센트를 넘어서는 감축이 이루어졌다고 언급했다.[49]

소련이 무너진 뒤에도 대규모 감축이 여러 해에 걸쳐 이루어진 적은 없었다(과거 소련에 속했던 나라들은 총 10년에 걸쳐 약 5퍼센트의 감축을 경험했다). 2008년 월스트리트가 무너진 뒤에도 대규모 감축은 1년 이상 이어지지 않았다. 1929년 대공황 직후 미국이 몇 년간 연속해서 연간 10퍼센트가 넘는 탄소 배출량 감축을 겪었으나, 대공황은 현대에 발생한 최악의 경제 위기였다.[50]

이런 재앙을 겪지 않고 과학에 근거한 배출량 목표를 달성하려면, 앤더슨과 보우스라킨이 설명한 대로 〈미국, 유럽 연합 등 여러 부국들이 급격하고도 즉각적인 역성장 전략〉을 채택하여 탄소 감축을 신중하게 관리해야 한다.[*][51]

이쯤에서 어떤 이들은 의문을 품을지 모른다. 수많은 사람들을 고통으로 몰아넣는 경제 위기가 전제되어야 감축 목표를 달성할 수 있다는 얘기냐고, 어째 종말론 같다고 말이다. 하지만 이런 생각이 든다는 것은, 결국 우리 경제 시스템이 인간과 생태계에 미칠 파급력을 고려하지 않은 채 소득 성장을 최우선시하고 열광적으로 숭배하는 한편 다른 많은 사람들이 소중히 여기는 가치(적정한 생활 수준, 안전한 미래 보장, 타인과의 관계)를 외면하고 있다는 뜻이다. 앤더슨과 보우스라킨이 말하고자 하는 것은, 아직 시간적 여유가 남아 있긴 하지만 적어도 이 순간 자본주의를 움직이고 있는 규칙하에서는 결코 재앙적 온난화를 모면할 수 없다는 것이다. 그렇다면 이 규칙을 바꾸는 데 도움이 될 만한 가장 합리적인 주장은 무얼까?[52]

앤더슨과 보우스라킨은 경제라는 이름의 배를 흔들어 대지 않고도 기후 위기를 해결할 능력이 있는 듯 가장하는 태도에서 벗어나 진실을 말해야 할 때가 왔다고, 〈경제, 금융, 점성학으로부터 과학을 해방시키고, 불편을 감수하더라도 결정된 내용을 고수할 때〉가 왔다고 주장한다. 〈우리는 용단을 내려 생각을 바꾸고 향후 대안을 구상해야 한다.〉[53]

그런데 흥미로운 사실은, 앤더슨이 기후학계에서 자신이 발견한 근본

---

* 물론 중국, 인도 등 개발 도상국들 역시 빼놓고 넘어가지 않는다. 이들의 계획에 따르면, 빈곤 탈출을 위한 독자적인 노력을 돕기 위해 개발 도상국들의 탄소 배출량 확대 정책을 향후 10년 동안만 허용하고 그 뒤로는 친환경 에너지원으로 전환하게 해서 2025년에는 연간 〈무려 7퍼센트〉의 배출량 감축을 감당하게 하자는 것이다.

적인 사실들을 제시했을 때 그 핵심 내용에 대해 이의가 제기되는 일은 거의 없었다는 점이다. 그가 동료들로부터 가장 많이 들었던 이야기는 섭씨 2도 목표에 도달하려면 경제 성장에 대한 엄청난 도전이 전제되어야 하기 때문에 희망을 접었다는 고백이다. 앤더슨은 〈이런 입장은 정부 자문으로 활동하는 유력한 과학자들과 경제학자들 사이에서 흔히 볼 수 있다〉고 말한다.[54]

다시 말해 혼돈과 재앙을 몰고 오는 수준으로 기후가 변화하리라는 전망을 받아들이는 사람조차, 성장과 이윤 추구라는 자본주의의 근본 논리가 달라질 거라는 전망을 쉽게 받아들이지 못한다는 이야기다. 그렇기 때문에 일부 기후 과학자들은 자신의 결론이 품은 급진적인 함의에 스스로 겁을 집어먹는다. 대부분의 기후 과학자들은 묵묵히 빙하 핵의 부피를 측정하고 전 지구적 차원의 기후 모델을 가동하며 해양 산성화를 연구하다가도, 집단적인 기후 대응책의 수립이 큰 장벽에 부딪쳤다는 소식을 들을 때마다 〈자신이 의도치 않게 정치적·사회적 질서를 흔들어 대고 있다〉는 사실을 깨닫는다.[55]

하지만 정치적·사회적 질서는 이미 흔들리고 있다. 따라서 우리는 〈관리된 역성장 managed degrowth〉을 대공황과 비슷한 상황이 아니라, 혁신적인 경제 사상가들이 즐겨 쓰는 말마따나 〈대전환 Great Transition〉과 비슷한 상황으로 전환시킬 방안을 한시바삐 탐색해야 한다.[56]

최근 10년 사이 많은 녹색 자본주의 지지자들은 시장 논리와 생태계의 충돌을 극복할 수 있을 것처럼 얼버무리기 위해, 환경에 미치는 충격을 〈탈동조화〉*할 수 있는 경이로운 친환경 기술과 경제 활동을 극구 선전해 왔다. 이들은 세계가 앞으로도 지금처럼 원활하게 돌아갈 수 있다

고 선전하며, 재생 에너지에서 전력을 얻고 모든 설비와 운송 수단의 에너지 효율을 높여 환경 걱정 없이 마음껏 소비할 수 있는 세상을 그린다.

인간과 자연 자원의 관계가 그처럼 간단하다면 얼마나 좋겠는가. 재생 에너지 기술이 배출량을 낮추는 데 큰 효과가 있는 것은 사실이지만, 필요한 만큼의 재생 에너지를 확보하기 위해서는 무엇보다 먼저 기존의 전력과 운송 시스템을 완전히 갈아엎고 새로운 전력과 운송 시스템을 건설해야 한다. 내일 당장 시작한다고 해도 실제로 새로운 시스템이 완성되어 운영되기까지는 여러 해, 어쩌면 수십 년이 걸릴 것이다. 더구나 지금 우리 경제에는 청정에너지 기반이 마련되어 있지 않기 때문에, 녹색 시스템을 건설하기 위해 막대한 화석 연료를 사용해야 하는 과도기를 거쳐야 한다. 이 과정은 필연적이므로 탄소 배출량을 곧바로 급격하게 줄이기란 불가능하다. 부유 국가들이 앞장서서 지금 당장 대대적인 배출량 감축을 개시하지 않으면 안 된다. 보우스라킨의 표현대로 〈획기적인 기술〉이 보급될 때까지 손을 놓고 기다린다면 〈결국 때를 놓치고 말 것이다〉.[57]

그렇다면 우리는 이제 무얼 해야 하는가? 할 수 있는 일을 하면 된다. 우리가 할 수 있는 일, 혁신적인 기술과 기간 시설의 출현을 기다리지 않고도 할 수 있는 일은 당장 소비를 줄이는 것이다. 현재 정치 세력의 입장에서, 사람들에게 소비를 줄이라고 권장하는 정책은 친환경 소비를 하라는 말보다 훨씬 받아들이기 어렵다. 친환경 소비란 전력의 원천을 바꾸거나 에너지 효율이 높은 모델을 골라 소비하는 것을 말한다. 우리가 가진 모든 달걀을 친환경 기술과 친환경 효율성의 바구니에 옮겨 넣는 이유는, 그것이 그나마 시장 논리 내에서 이루어지는 안전한 변화이기 때문이다. 시장 논리는 우리에게 효율이 높은 친환경 자동차와 세탁

* *decoupling*. 〈동조화*coupling*〉의 반대 개념으로, 한 나라 또는 일정 지역의 경제가 인접한 다른 국가나 보편적인 세계 경제의 흐름과는 달리 독자적인 흐름을 보이는 현상을 말한다 — 옮긴이주.

기를 더 많이 구입하라고 권장한다.

하지만 소비를 줄인다는 것은 실제로 사용하는 에너지양을 줄이고, 자동차와 비행기를 이용하는 횟수를 줄이고, 원격 운송 수단을 통해 수입된 식품의 구매를 줄이고, 오랫동안 사용할 수 있거나 2년 이상의 주기로 교체할 수 있는 상품을 구입하고, 주택의 크기를 줄이는 것을 의미한다. 이제껏 이런 정책들은 완전히 무시되어 왔다. 예컨대 리베카 윌리스와 닉 에어는 영국 녹색 연합Green Alliance에 제출한 보고서에서, 영국 온실가스 배출량의 약 12퍼센트가 식품 생산 과정에서 발생하는데도 〈정부는 작물 생산 방식을 바꾸거나, 저에너지 경작법을 장려하거나, 소비 방식을 바꾸거나, 현지 생산 작물과 계절 작물의 소비를 장려하는 정책을 거의 실시하지 않는다〉고 주장한다. 또한 〈효율이 높은 자동차를 사용하도록 장려하는 정책은 실시되고 있지만 자동차 의존적인 주거 방식을 바꾸는 정책은 거의 실시되지 않는다〉고도 말한다.[58]

많은 사람들이 일상생활에서 소비를 줄이기 위해 노력하고 있다. 하지만 수요의 측면에서 대대적인 배출량 감축을 달성하려면, 토요일 오후에 농민 직영점을 찾거나 재활용 의류를 입겠다는 적극적인 도시민들의 일상적인 결정에 의존하는 것만으로는 부족하다. 종합적인 정책과 프로그램을 통해 누구나 쉽고 편리하게 저탄소 생활 양식을 선택할 수 있도록 독려해야 한다. 무엇보다도 이런 정책들에는 공정성이 요구된다. 부자들의 과도한 소비를 상쇄하겠다고 기본적인 필요를 충족하는 것조차 힘겨운 사람들에게 더 큰 희생을 떠안겨서는 안 된다. 누구나 저렴한 대중교통과 깨끗한 경전철을 이용할 수 있게 하고, 대중교통 수단과 인접한 곳에 적당한 비용으로 거주할 수 있도록 에너지 효율이 높은 주택들을 공급하고, 도시마다 고밀도 주택 단지를 공급하고, 자전거 이용자들이 위험에 노출되지 않도록 안전한 통행로를 마련하고, 토지 관리를 통해 도시 개발의 무계획적인 확산을 예방하고, 저에너지 현지 생산 방식의 농업을 장려하고, 도시 계획을 통해 학교와 의료 단지 등 필수적인 기반 시설을 대중교통 인접지와 보행자 친화적인 지역에 집중 배치하고, 제조업체들에게 전자 제품 폐기물에 대한 책임을 부과하며 여유 설계와 조기 단종을 크게 줄이도록 유도하는 프로그램을 실시해야 한다.[*][59]

개발 도상국의 수억 인구가 현대적인 에너지를 처음 이용하는 시기에는 필수적인 용도를 넘어서는 에너지 소비를 대폭 줄여야 한다. 얼마나 줄여야 할까? 기후 변화 부정론자들은, 그러면 이제부터 석기 시대로 돌아가라는 이야기냐고 반박하곤 한다. 생태계 위기를 야기하지 않는 한도 내에서 살아가길 원한다면 우리는 소비 수준이 폭등했던 1980년대 이전, 즉 1970년대 생활 수준으로 복귀해야 한다. 그렇다고 허틀랜드 콘퍼런스에서 논의되었던 것처럼 갖은 곤궁과 궁핍을 감수해야 한다는 이야기는 아니다. 케빈 앤더슨은 이렇게 말한다. 〈우리는 세계 전역의 신흥 공업국이 개발을 이루고 국민의 후생 복지를 향상시킬 기회를 열어 주어야 한다. 그러기 위해서는 선진국에서 먼저 에너지 소비를 대폭 줄여야 한다. 이런 생활 방식의 변화로 가장 큰 타격을 입게 되는 것은 부유한 국가들이다. (……) 우리는 과거에 이미 이런 생활을 경험했다. 1960년대와 1970년대에는 건전하고 간소한 생활 방식에 만족하며 살았다. 이제 탄소 배출량을 억제하기 위해 이러한 방식으로 복귀해야 한다. 소득 상위 20퍼센트의 인구가 소비를 가장 많이 줄여야 한다. 탄소를 덜 배출하여 지속 가능성이 확대·정착되면 소득 불균형이 최소화된 사회가 만들어지는 성과가 나타날 수 있다.〉[60]

단언컨대, 이런 정책을 실시하면 배출량 감축 이외에도 수많은 이득이 생겨난다. 대기질과 수질이 개선될 뿐 아니라 공용 공간, 신체 활동,

* 유럽 의회가 휴대 전화 제조업체들에게 기종과 상관없이 공통으로 사용할 수 있는 배터리 충전기를 공급할 것을 의무화하는 법률을 제정한 것은 작지만 바람직한 진전이다. 나아가 전자 제품 제조업체들에게 구리 등 금속의 재활용을 의무화하면 세계 전역의 수많은 공동체가 유독성 금속 채굴 작업의 위험성으로부터 보호받게 될 것이다.

공동체 건물이 늘어나며, 소득 불평등 감소 효과도 대단히 크다. 공공 주택과 대중교통 수단이 개선될 때 가장 큰 혜택을 받는 것은 저소득층 과 유색 인종이다. 에너지 전환 계획에 생활 임금과 현지인 고용을 강력 히 권장하는 규정이 삽입되면, 공공 서비스를 확대 건설하고 운영하는 과정에서 일자리가 늘어날 뿐 아니라 탄소를 대량으로 배출하는 산업의 일자리에 의존하는 유색 인종과 저소득층의 비율도 줄어들 것이다.

환경 정의 단체 〈만인을 위한 환경Green for All〉에서 활동하는 페드 라 엘리스람킨스의 말이다. 〈기후 변화에 대응하기 위해 사용하는 도구 들은 미국의 저소득층과 유색 인종에게 유리한 방향으로 게임의 규칙을 바꾸는 도구가 될 수 있다. (……) 우리 의회는 공공 투자를 통해 취약한 기간 시설을 개량하고 보수(해안 지역을 보호하는 안벽의 건설 및 홍수 예방 시스템 정비)해야 한다. 이런 투자가 시행되면 현지 고용이 늘어나 해당 지역의 노동자들은 가족을 부양할 기회를 얻을 수 있다. 미국에선 홍수 예방 시설을 개량하는 사업만으로도 2백만 명의 고용이 창출된다. 유색 인종이 새로운 시설의 건설과 관련한 사업과 노동에 참여할 수 있 도록 보장해야 한다.〉[61]

또 한 가지 절실히 필요한 것은 국내 총생산GDP의 구성 요소와 관 련한 관점의 근본적인 전환이다. 전통적으로 GDP의 구성 요소는 소비 와 투자, 정부 지출, 순수출이라고 여겨져 왔다. 지난 30년 동안 자유 시 장 자본주의가 소비와 무역을 특별히 강조했기 때문이다. 하지만 지구 의 탄소 허용 총량을 넘어서지 않는 방식으로 지금의 경제를 재편하려 면, 소비를 줄이고(저소득층은 예외다) 무역을 줄이며(현지 생산 경제로 복귀하는 방식으로) 과도한 소비를 조장하는 민간 투자를 줄여야 한다. 소비와 투자와 무역의 축소분은 정부 투자의 확대, 그리고 탄소 제로를 달성하는 데 필요한 대안 상품과 기간 시설에 대한 민간 및 공공 투자의 확대를 통해 상쇄될 것이다. 이런 과정에서 대대적인 소득 재분배가 이루어지고, 따라서 지구의 탄소 허용 총량 안에서 편안하게 살아가는 사람들의 수는 훨씬 더 늘어날 것이다.

　기후 변화 부정론자들은 지구 온난화 주장이 부의 재분배를 노리는 책략이라고 주장하는데, 이들이 피해망상에 빠져 있어서 그런 주장을 하는 것은 아니다. 실제로 지구 온난화 주장은 그들로서는 신경이 쓰일 만한 일이다.

배려하는 경제는 촉진하고, 무심한 경제는 규제하고

　최근 들어 만인의 삶의 질을 향상시키는 방향으로 물자 사용을 줄이고자 하는 정책(프랑스 학자들의 표현에 따르면 〈선택적 역성장selective degrowth〉)*을 찾기 위해 많은 연구가 이루어지고 있다. 사치품에 대한 과세도 불필요한 소비를 막기 위해 동원할 수 있는 정책 중 하나다. 이렇게 확보된 재원을 통해 이미 저탄소 방식을 이용하고 있기 때문에 굳이 줄일 필요가 없는 부문을 지원할 수 있다. 친환경 전환에 도움이 되는 부문(대중교통, 재생 에너지, 주택 단열 사업, 생태계 복원)의 지원이 늘어나면 당연히 이 부문에서 많은 고용이 창출되고, 수익 증대라는 목표에 쫓기지 않는 분야들(공공 부문, 협동조합, 현지 사업, 비영리 사업)이 전체 경제 활동에서 차지하는 비중이 점점 커진다. 생태계에 거의 영향을 미치지 않는 부문(예컨대 여성과 유색 인종이 저임금을 받으며 종사하는 돌봄 서비스) 역시 마찬가지다. 서리 대학 경제학 교수이자 『성장 없는 번영Prosperity without Growth』의 저자 팀 잭슨은 이렇게 말한다. 〈경제가 이런 방향으로 성장하면 여러 가지 이점이 따른다. 이러한 직업

---

　* 프랑스어 〈decroissance〉는 〈성장croissance〉과 〈믿음croire〉에 도전한다는 이중의 뜻을 지닌다. 다시 말해, 한정된 자원을 가진 지구에서 영속적인 성장이 가능하다는 가설을 믿지 않는 쪽을 택하자는 의미다.

에 투입되는 시간은 우리 삶의 질을 직접적으로 개선한다. 이런 직업 부문에서는 일정 수준 이상으로 효율을 계속 높여 가는 게 결코 바람직하지 않다. 교사 한 명당 학생 수를 늘리는 게 과연 합리적일까? 의사들이 1시간 동안 진료하는 환자 수를 늘리는 게 과연 합리적일까?〉[62]

이 밖에도 여러 가지 이점이 있다. 고용 창출을 위한 노동 시간 단축 역시 소비 축소에 효과적이다. 장시간 노동에 지친 사람들은 정원 가꾸기나 요리 등의 저소비 활동에 많은 시간을 투자할 수 없다. 실제로 많은 연구자들이 노동 시간 단축이 기후 변화에 미치는 구체적인 효과들을 분석하고 있다. 보스턴에 소재한 텔루스 연구소Tellus Institute의 선임 연구원 존 스터츠는 〈세계적으로 유급 노동 시간과 소득 활동 시간은 오늘날 선진국에서 관측되는 것보다 훨씬 낮은 수준으로 수렴할 수 있다〉라고 전망한다. 그는 각국이 주 3일, 혹은 주 4일 근무를 목표로 수십 년에 걸쳐 점진적으로 노동 시간을 단축한다면, 삶의 질이 향상될 뿐 아니라 2030년까지 예상되는 탄소 배출량의 상당 부분을 상쇄할 수 있을 거라고 주장한다.[63]

역성장과 경제 정의를 지지하는 많은 사상가들은 소득과 무관하게 모든 사람에게 일정한 연금을 지급하는 기본 소득 제도를 도입하자고 주장한다. 우리 경제 시스템은 모든 사람에게 일자리를 제공할 수 없으며, 생계비를 벌기 위해 소비를 부추기는 직업을 마지못해 선택해야 하는 상황은 기후 변화에 부정적인 효과를 미친다는 판단에서다. 잡지 『자코뱅Jacobin』의 편집자 앨리사 바티스토니는 이렇게 말한다. 〈생계비를 벌려는 사람들을 형편없는 일터로 떠미는 것은 어느 시대에나 비열한 행위였다. 그리고 이제는 자살 행위나 다름없다.〉[64]

이 제도는 기본 소득이 형편없는 직업(그리고 헤픈 소비)에 뛰어드는 것을 예방할 뿐 아니라, 건강의 위험을 무릅쓰고 석유 기업의 타르 샌드 오일 정제 작업이나 가스 기업의 프래킹 작업을 선택해야 했던 저소득층에게 최소한의 경제적 안정성을 제공한다. 오염된 물을 먹거나 자녀들을 천식의 위험에 노출시키길 원하는 사람은 아무도 없다. 하지만 극단적인 상황에 몰린 사람들은 극단적인 직업을 선택할 수밖에 없다. 이처럼 불편한 선택에 직면하는 사람들을 줄이기 위해서라도 저소득층을 배려하는 정책으로 관심을 돌려야 한다. 사회 안전망을 구축하여 모든 사람들이 기본적인 욕구(의료, 교육, 식품, 깨끗한 물)를 충족할 수 있도록 보장하자는 이야기다. 모든 전선에서 다양한 수단을 동원하여 불평등 철폐를 위해 노력하는 것이야말로 기후 변화 대응 투쟁의 핵심 전략이라는 걸 명심해야 한다.

이처럼 신중히 계획된 경제는 대다수 사람들이 현재의 경제 시스템에서 겪고 있는 것보다 훨씬 더 인도적이며, 훨씬 더 만족스러운 생활을 실현할 수 있는 수단을 제공하며, 이러한 요구 아래 강력한 연합을 이룬 대중 사회 운동이 출범할 수 있는 기반을 제공한다. 물론 이 정책들은 정치적으로 커다란 도전에 직면할 것이다.

에너지 효율 향상 정책과 달리, 공정하고 공평하며 적극적인 방식으로 에너지 전환을 이루기 위해 사용해야 하는 수단들은 주류 경제와 정면으로 충돌한다. 앞으로 다루겠지만, 이러한 전환을 위해 반드시 시행해야 할 과제들, 즉 통찰력 있는 장기 계획과 기업에 대한 강력한 규제, 부유층에 대한 세금 인상, 공공 부문 지출 확대 그리고 공동체가 원하는 방향으로 변화를 추진할 기반이 확보되도록 민영화된 핵심 사업들을 다시 공영화하는 정책 등은 주류 경제 이론의 모든 원칙을 거스른다. 다시 말해, 우리의 오염 활동이 우리가 사는 물리적 세상의 모든 것을 바꾸지 못하게 하려면, 우리는 경제와 관련한 모든 것을 빠짐없이 바꾸어야 한다.

3장

공공 부문의 재건과 오염자 부담 원칙

새로운 경제를 가로막는 이데올로기 장벽을 넘어서

이동 방식 개혁만이 유일한 대안이다. (……) 지금도 인도 사람들은 대부분 걷거나 버스나 자전거를 이용해 이동한다. 인도 내 많은 도시의 자전거 인구는 무려 20퍼센트에 이른다. 물론 우리가 이런 이동 방식을 이용하는 것은 가난하기 때문이다. 이제 우리의 과제는, 부자가 되어서도 이런 이동 방식을 이용할 수 있도록 획기적인 도시 계획을 세우는 것이다.

— 수니타 나라인, 인도 과학 환경 센터 사무총장, 2013년 [1]

사기를 떨어뜨리는 덴 나치 독일의 공군 폭격기 편대보다 롤스로이스 자동차에 탄 여성이 훨씬 효과적이다.

— 조지 오웰, 『사자와 유니콘』, 1941년 [2]

2013년 9월 22일, 독일에서 두 번째로 큰 도시 함부르크의 주민들은 아슬아슬한 표차로 권력을 되찾았다. 유권자의 50.9퍼센트가 전기, 가스, 난방 시설망에 대한 관리를 시 정부에 맡기자는 데 찬성표를 던졌다. 10년 전에 진행되었던 민영화 흐름을 되돌려 놓은 선택이었다.[3]

요즘에는 이런 과정을 〈재공공화〉, 〈재시영화〉라는 기이한 이름으로 부르기도 한다. 하지만 이 과정에 참여한 주민들의 열망을 반영하자면 〈지역 사회의 세력화〉라는 말이 더 합당할 것이다.

〈우리 함부르크, 우리 시설망Our Hamburg, Our Grid〉 연합은 다양하고 설득력 있는 주장을 통해 공익 시설의 재공공화를 옹호한다. 지역 사회가 관리하는 에너지 시스템은 이윤이 아니라 공익을 우선에 놓는다. 주민들은 자신에게 영향을 미치는 사안과 관련하여 멀리 떨어진 중역 회의실에서 내린 결정을 마지못해 받아들이는 대신, 에너지 시스템에 대한 민주적 의사 결정에 참여할 기회를 갖는다. 다국적 기업이 시설망 통제권을 가지면 에너지 판매 수익이 그 주주들에게 돌아가지만, 재공공화가 이루어지면 수익이 시로 귀속된다. 〈사람들은 모두에게 필요한 재화는 공공 소유로 두어야 한다는 이야기를 굳이 설명이 필요치 않은 당연한 명제로 받아들인다.〉 이 운동을 조직한 활동가 비프케 한젠이 인터뷰에서 한 말이다.[4]

또 하나의 원동력이 이 운동을 뒷받침하고 있었다. 많은 함부르크 주민들이 〈에너지 전환 정책*Energiewende*〉에 참여하기를 원한 것이다. 당시 독일에서는 친환경 전환이 빠르게 확산되고 재생 에너지가 전국적으로 퍼져 나가면서 풍력, 태양광, 바이오 가스, 수력 등 재생 가능한 자원으로부터 총 전력량의 약 25퍼센트를 얻고 있었다(2000년에 비하면 약 6퍼센트 상승한 규모다). 2013년에 미국에서 생산된 풍력과 태양광 발전량은 총 전력량의 4퍼센트에 지나지 않았다. 애초에 에너지 공익 시설을 민영화하지 않았던 프랑크푸르트와 뮌헨은 이미 에너지 전환 정책을 개시하여 각각 2050년, 2025년까지 재생 에너지로의 완전 전환을 이룩하겠다는 목표를 내건 터였으나, 함부르크와 베를린은 민영화 과정을 거치면서 에너지 전환에 뒤처져 있었다. 함부르크 공익 시설을 다시 공공화하자는 주장의 핵심은 이 길만이 석탄과 원자력에서 벗어나 친환경으로 전환할 수 있는 방안이라는 데 있었다.[5]

독일 재생 에너지 전환 정책, 특히 에너지 전환의 속도와 야심 찬 목표 설정(2035년까지 재생 에너지 비율 50~60퍼센트 달성)과 관련해서 많은 연구들이 진행되고 있다.[6] 문제점에 대한 논쟁도 뜨겁다. 가장 큰 논쟁거리는, 원자력 발전을 단계적으로 폐지할 경우 석탄 의존도가 높아질 우려가 있다는 점이다(자세한 내용은 다음 장에서 다룬다).

하지만 이런 연구들은 세계에서 가장 빠른 속도로 풍력과 태양광 발전으로의 전환을 가능하게 한 핵심 요인에 대해서는 거의 관심을 기울이지 않는다. 독일 전역의 대도시와 소도시 수백 곳이 주민 투표를 거쳐 1990년대부터 에너지 시설망을 사들인 민영 기업들을 재공공화하고 있다는 현실을 외면하는 것이다. 함부르크의 주민 투표 결과가 확정된 뒤, 〈세계 미래 위원회World Future Council〉의 기후 활동가 아나 라이트라이터는 이렇게 말했다. 〈1990년대 독일의 수많은 지방 자치 단체가 시 예산을 확보하기 위해 공익 시설을 대기업에 매각한 바 있다. 이번 투표는

이러한 신자유주의 정책을 완전히 뒤집는 것이다.〉[7]

이것은 국지적인 현상이 아니다. 〈2007년 이후로 70개가 넘는 신설 공익 시설이 지방 자치 단체의 관리하에 운영되기 시작했고, 공공 사업자들이 민영 기업으로부터 에너지 시설망 운영권을 넘겨받은 경우도 2백 건이 넘는다.〉 블룸버그 그룹에서 조사한 내용이다. 전국적인 통계는 발표되지 않았으나 독일 지역 공익 시설 연합회의 주장에 따르면, 이보다 훨씬 많은 대도시와 소도시들이 외부 기업으로부터 에너지 시설망에 대한 감독권을 넘겨받았다고 한다.[8]

무엇보다 놀라운 것은 독일 국민의 대다수가 에너지 민영화 정책을 강력히 반대한다는 점이다. 2013년에 베를린에서는 투표에 참여한 유권자의 83퍼센트가 재생 에너지로의 완전 전환을 겨냥한 전력망의 공공화에 찬성표를 던졌다. 득표수가 부족해 당장 현실화되진 않았으나, 이주민 투표로 나타난 여론에 힘입어 활동가들은 현재의 계약이 완료되는 시점에 전력망의 소유권을 넘겨받을 비영리 협동조합을 설립하자는 운동을 추진 중이다.[9]

민영화된 에너지 시설망을 재공공화하는 움직임은 최근 들어 미국을 비롯한 독일 이외의 지역으로 확산되고 있다. 예컨대 2000년대 중반 콜로라도 주의 진보적인 도시 볼더에서는, 주민과 공무원들이 민영화된 전력 시설을 석탄 의존에서 벗어나 재생 에너지로 전환하라고 압력을 넣기 시작했다. 미니애폴리스를 기반으로 한 전력 회사 엑셀 에너지Xcel Energy가 별 관심을 기울이지 않자, 환경주의자들과 〈콜로라도의 새 시대New Era Colorado〉라는 이름의 열정적인 청년 그룹이 연대를 이루어 독일의 유권자들과 같은 방식으로 전력 시설망을 되찾자는 동일한 결론을 내렸다. 〈콜로라도의 새 시대〉 소속 활동가 스티브 펜버그는 이렇게 설명한다. 〈볼더에는 전국에서 탄소 발생량이 가장 높은 에너지 기업들이 있다. 한편 볼더는 환경 의식이 높은 지역 사회이기도 하다. 우리는 에너지 산업에 변화가 생기길 원했다. 그리고 에너지 산업을 직접 장악하지 않으면 그 어떤 변화도 이룰 수 없음을 깨달았다.〉[10]

2011년에 볼더의 전력 시스템 재공공화와 관련한 두 차례의 투표에서, 재생 에너지를 지지하는 연합 세력은 엑셀이 투입한 자금의 10분의 1만으로 승리를 거두었다.[11] 곧바로 전력 시설망이 공공화된 것은 아니지만, 볼더 시는 그 대안을 진지하게 검토할 권한과 재원을 확보할 수 있었다. 2013년, 재생 에너지 지지 연합 세력은 엑셀의 후원을 받은 재공공화 반대 움직임에 반대하는 투표에서 다시금 압도적인 다수의 지지를 받아 승리를 거뒀다.

볼더의 투표는 역사적 의미를 지닌다. 다른 도시들에서는 초기에 이루어진 민영화 결과 서비스의 질이나 민영 사업자의 가격 책정에 문제가 있다고 판단하여 민영화를 취소한 경우였지만, 볼더에서 울린 승전보는 환경 공학자 팀 힐먼의 말마따나 〈오로지 지구에 미칠 부정적인 파급력을 막으려는 목적만으로〉 달성된 미국 최초의 성과였다. 실제로 공공화를 지지하는 세력은 캠페인에서 기후 변화 방지를 핵심 사안으로 내세웠고, 긴급한 기후 행동을 가로막는 화석 연료 기업이라며 엑셀 에너지를 공격했다. 펜버그에 따르면 그들이 내건 이슈는 볼더 시 이외의 지역으로 확산되었다. 그는 이렇게 회상한다. 〈우리는 주민들이 큰 희생을 치루지 않고도 시에 확실하게 권한을 부여할 수 있음을 세상 사람들에게 보여 주고 싶었다. 이 활동이 우리 지역 사회 안에서 바람직한 성과를 내는데 그치지 않고 다른 지역들도 따라올 수 있는 모델이 되기를 원했다.〉[12]

볼더 사례의 가장 두드러진 특징은, 이것이 독일의 일부 사례와는 달리 민영화에 대한 반감에서 비롯한 것이 아니라는 점이다. 볼더의 지역 운동은 에너지 사업의 주체가 공공이든 민간이든 관계없이 청정에너지로의 전환을 이루고자 하는 열망에서 출발했다. 이 목표를 이루기 위해 노력하는 과정에서 이곳 주민들은, 민간이 운영하는 서비스가 공공 서비스보다 우수하다는 자유 시장 이데올로기의 핵심 논리를 무너뜨려야 한다는 것을 깨달았다. 오래전에 체결된 자유 무역 협정이 친환경 에너지로의 전환을 가로막는다는 사실을 깨닫게 된 온타리오 주민들의 사례와 비슷한 과정이었다.

기후 정책 토론의 장에서는 거의 언급된 일이 없지만, 더러운 에너지에서 탈피할 수 있는 지역 사회의 능력과 공공 소유의 기간 시설 사이에는 강력한 상관관계가 있다. 네덜란드와 오스트리아, 노르웨이 등 재생 에너지에 대한 확고한 신념을 표명하는 많은 국가들은 어려운 상황을 무릅쓰고 전력 부문의 대부분을 공공(대개는 지역 사회) 소유로 유지한다. 적극적인 친환경 에너지 목표를 설정한 미국 도시들 역시 공익 시설 망의 공영화를 유지하고 있다. 예를 들어 텍사스 주 오스틴 시는 2020년까지 전력의 35퍼센트를 재생 에너지로 전환하려는 계획을 추진 중이고, 캘리포니아 주 새크라멘토 시 역시 비슷한 목표를 위해 준비를 다그치는 한편, 금세기 중반까지 탄소 배출량을 90퍼센트 감축하겠다는 야심 찬 목표를 설정했다. 반면 미니애폴리스를 기반으로 한 〈지역 자립을 위한 연구소Institute for Local Self-Reliance〉의 선임 연구원 존 패럴에 따르면, 대부분의 민간 기업들은 〈우리는 화석 연료를 팔아 수익을 올리고, 그 돈으로 강력한 로비를 벌여 우리의 사업 방식을 바꾸려는 일체의 변화에 저항한다〉는 태도를 고수하고 있다.[13]

물론 민간 독점 기업들이 화석 연료 전력과 혼합하는 방식으로 고객들에게 재생 에너지 전력 사용 선택권을 제공하는 경우도 있다. 많은 기업들이 그런 대안을 내놓지만, 대개는 아주 높은 가격을 매긴다. 재생 에너지만을 공급하는 기업의 경우에는 거의 예외 없이 대규모 수력 발전을 이용한다. 또한 전력 사업이 공공화된다고 해서 반드시 친환경 에너지만을 공급하는 건 아니다. 공영 전력 시설 중에도 여전히 석탄 발전에 의존하면서 변화에 강력하게 저항하는 사례가 나타난다.

이러한 과정을 거치며 대부분의 지역 사회는 에너지 공영 기업에 대해서도 탄소 배출량 감축을 우선순위로 놓도록 강력한 압력을 행사해야 한다는 인식(이를 위해서는 공영 기업들이 주민들의 요구에 민주적이고 책임감 있게 대응하도록 근본적인 개혁이 선행되어야 한다), 그리고 민간 에너지 독점 기업은 그런 요구를 절대로 받아들이지 않는다는 인식을 가지게 된다. 민간 기업은 주로 주주들의 이익을 우선시하고 분기별 수익을 최대화하려는 욕심에만 매달리기 때문에, 법률적 강제 규정에 쫓길 때나 수익이 낮아지지 않을 거라는 판단이 설 때에만 재생 에너지 생산 방식을 적극적으로 수용한다. 일시적으로라도 수익성이 떨어지리라 판단되면 이들 실리적인 기업들은 재생 에너지로의 전환을 절대로 수용하지 않는다. 독일의 원자력 반대 활동가 랄프 가우거의 말이다. 〈에너지 공급과 환경 문제를 이윤 추구에만 관심을 두는 민간 기업들의 손에 맡겨 둬서는 안 된다.〉[14]

그렇다고 재생 에너지 전환 과정에서 민간 부문을 완전히 배제할 수는 없다. 태양광 기업과 풍력 기업은 세계 전역의 수백만 소비자들에게 친환경 에너지를 공급하며, 비싼 돈을 들여 구입하지 않고도 태양광 패널을 이용할 수 있도록 고객들에게 혁신적인 임대 설비를 제공하고 있다. 최근 몇몇 성과가 나타나긴 했지만 이 시장은 변동성이 상당히 높은 것으로 보인다. 국제 에너지 기구의 추정에 따르면, 섭씨 2도 목표를 달성하기 위해서는 2030년까지 친환경 에너지 부문의 투자 규모를 네 배로 늘려야 한다.[15]

민간이 주도하는 친환경 에너지 시장의 성장을 보며, 우리는 이것이 신뢰할 수 있는 기후 행동 계획이라고 착각하기 쉽다. 물론 관련성이 있긴 하지만 이 둘을 동일시해서는 안 된다.

새로운 세대의 태양광 기업과 풍력 기업이 높은 수익을 올리고 재생 에너지 시장이 크게 성장하더라도, 각국 정부들은 얼마 남지 않은 짧은 기간 안에 과학계가 제안하는 감축 목표를 채우지 못할 가능성이 높다. 이처럼 높은 목표를 달성하기 위해서는 일시적으로 팽창한 민간 시장보다 더 믿을 만한 시스템을 확립해야 한다. 2013년 그리니치 대학 연구 팀의 보고서는 이렇게 지적했다. 〈역사적으로 민간 부문은 재생 에너지 산업 투자에서 큰 몫을 담당하지 않았다. 재생 에너지 투자는 전적으로 각국 정부에 의해서 이루어졌다. 지금 유럽 시장을 포함한 세계 전역의 진행 사례를 보아도, 민간 기업과 전력 시장은 재생 에너지 투자를 필요한 규모만큼 시행할 수 없다는 걸 알 수 있다.〉[16]

그리니치 대학 연구 팀은 정부가 재생 에너지 전환 과정을 공공 부문에 맡겨 추진했던 여러 사례와 대규모 민간 기업이 주도한 재생 에너지 사업이 투자자들의 반대에 부딪쳐 중도에 폐지된 사례들을 인용한 뒤 다음과 같은 결론을 내렸다. 〈시장이나 민간 투자자들에게 공공 보조금을 지원하는 고비용의 시스템보다 정부와 공공 부문 사업의 적극적인 역할이 에너지 산업 발전에 훨씬 주효하다.〉[17]

우리는 하루빨리 막대한 중요성을 안고 있는 에너지 전환을 성사시킬 최상의 메커니즘을 찾아야 한다. 에너지 시스템을 1백 퍼센트 재생 에너지 시스템으로 신속하게 전환하는 것은 충분히 가능하며(적어도 기술적인 면에서는), 이 사실에 반박의 여지란 없다. 2009년 스탠퍼드 대학의 토목 환경 공학 교수 마크 Z. 제이콥슨과 캘리포니아 대학 데이비스 캠퍼스의 운송학 교수 마크 A. 델루치는 〈2030년까지 세계 에너지의 1백 퍼센트를 공급할 수 있는 방안〉에 대한 획기적이고 자세한 로드 맵을 제시했다. 이 계획은 전력 생산뿐 아니라 운송 설비, 냉난방 설비까지 아우른다. 부유한 나라와 지역에서 20~40년 안에 에너지 기간 시설을 재생 에너지로 전면, 혹은 대부분 전환할 수 있는 방안을 밝힌 이 논문은 후일 정기 간행물 『에너지 정책Energy Policy』에 실렸고, 이 논문을 비롯하여 최근 발표된 신뢰도 높은 연구 논문들 역시 신속한 진전을 이룰 수 있는

가능성을 제시하고 있다.[18]

- 호주 멜버른 대학 에너지 연구소와 비영리 단체 〈배출량 제로를 넘어서Beyond Zero Emissions〉는 10년 안에 태양광 발전 60퍼센트와 풍력 발전 40퍼센트로 국내 전력 수요를 충당할 수 있는 청사진을 발표했다.[19]
- 2013년 미국 해양 대기 관리처는 기후 패턴을 장기간 연구한 결과, 2030년까지 국내 전력 수요의 70퍼센트를 풍력과 태양광으로 충당할 수 있다고 결론지었다.[20]
- 비교적 보수적인 연구 결과로, 미국 에너지부 산하 재생 에너지 연구소가 2012년에 발표한 연구 논문은 2050년까지 풍력과 태양광, 그리고 기타 활용 가능한 친환경 기술로 미국 전력 수요의 80퍼센트를 충당할 수 있다고 주장했다.[21]

가장 최근의 연구 논문은 특히 유망한 전망을 제시한다. 2013년 3월, 마크 제이콥슨이 주도하는 스탠퍼드 대학 공과 대학 연구 팀은 『에너지 정책』에 2030년까지 뉴욕의 모든 전력 수요를 재생 에너지로 충당할 수 있다는 논문을 발표했다. 제이콥슨과 그의 동료들은 미국 전역에 대한 계획안을 이미 발표했고, 각 주에 대해서도 비슷한 계획안을 준비 중이다. 제이콥슨은 「뉴욕 타임스」를 통해 〈천연가스나 석탄, 석유가 반드시 필요하다는 주장은 결코 사실이 아니다. 그것은 신화일 뿐이다〉라고 말했다.[22]

〈물론 대대적인 전환이 필요하다. 달 탐사선 아폴로 계획이나 주(州)와 주를 잇는 고속도로 시스템을 건설하는 것과 마찬가지로 많은 노력이 투입되어야 한다. 하지만 굳이 신기술을 도입하지 않아도 우리는 이 전환을 충분히 이루어 낼 수 있다. 지금 필요한 것은 오직 하나, 우리 사회가 이 길을 원한다는 걸 집단적으로 결의하는 일이다.〉그는 이 길에 놓인 장벽을 분명히 지적한다. 〈가장 큰 장벽은 사회·정치적 장벽이다. 장벽을 뚫기 위해서는 반드시 이 일을 추진하겠다는 굳은 의지가 필요하다.〉[23]

아니, 의지만으로는 부족하다. 앞서 말했듯이 이데올로기의 근본적인 전환이 요구된다. 우리 정부는 한때 야심 찬 국가적 프로젝트를 구상하고 실행에 옮겼지만, 그 후 태도가 크게 달라졌다. 기후 위기에 대응하기 위한 지상 과제는 수많은 전선에서 지배 논리라는 장벽에 부딪치고 있다.

하지만 유례를 찾아볼 수 없는 기록적인 자연재해가 언론에 보도될 때마다, 우리는 기후 변화 위기를 예방하기 위해선 우리 사회가 수십 년간 방치해 온 탓에 취약해진 공공 기간 시설에 대한 투자가 절실히 필요하다는 걸 뼈저리게 느낀다.

공공 부문의 재건과 재창조

처음 내 눈에 비친 나스타란 모히트의 모습은 이러했다. 그녀는 길고 두툼한 코트 차림에 눈을 반쯤 가릴 정도로 흰 모자를 푹 눌러쓴 채, 난방 설비가 없는 창고 안에서 자원 활동가들에게 큰 소리로 작업 지시를 하고 있었다. 「접착식 패드에 필요 물품을 써넣으세요.」 나이 서른에 말이 아주 빠른 이 여성은 제1팀으로 편성된 그룹을 향해 이렇게 말했다. 「좋아요. 계속하세요. 제2팀은 어디 있죠?」[24]

초대형 허리케인 샌디가 상륙한 지 열흘째 되는 날, 우리는 뉴욕 퀸스의 해안을 따라 형성된 길고 좁은 띠 모양의 반도 라커웨이에서도 특히 극심한 피해를 입은 마을에 와 있었다. 폭풍으로 밀려든 해수는 빠져나간 뒤였지만, 주택 수백 채의 지하실이 침수되고 전력망과 통신망이 마비된 상태였다. 통행금지령이 내려진 상황에서 주 방위군이 군용 차량과 트럭을 타고 순찰을 돌았다. 재해민들이 추위와 어둠 속에 갇혀 있는 동안, 뉴욕 주 당국과 대규모 구호 단체 대부분은 엉뚱한 일을 하고 있었다. 아니, 더 정확히 말하자면 이들은 라커웨이의 부유한 구역에서 맹렬한 활동을 펼치고 있었다.[25]

극심한 피해 속에 재해민들이 방치되어 있다는 소식에, 청년들은 〈샌디를 점령하라Occupy Sandy〉는 기치 아래 자발적으로 조직을 꾸렸다. 이들 중 다수가 〈월스트리트를 점령하라Occupy Wall Street〉 운동에 참여한 사람들이었다. 그들은 방치된 구역의 주민들에게 의류와 담요, 뜨거운 음식을 나눠 주고 있었다. 주민 회관과 교회에 복구 활동 본부를 꾸리고 낡은 고층 아파트 단지(23층짜리 건물도 있었다)에서 가가호호 방문을 진행했다. 그들은 〈청소〉라는 단어를 입에 달고 다녔다. 「지하실 청소를 도와드릴까요?」 거주자의 허락이 떨어지면, 열정적인 20대 청년들이 청소에 필요한 빗자루와 장갑, 삽, 표백제를 들고 문 앞에 늘어섰다.

모히트는 생필품 지급을 돕기 위해 라커웨이를 찾았다가 상황이 예상보다 심각하다는 걸 깨달았다. 의료 인력이 아예 확보되지 않은 지역도 있었다. 엄청난 피해 규모를 확인한 그녀는 덜컥 겁이 났다. 한때 쾌적한 휴양지였던 라커웨이는 1950년대 이후 뉴욕 주 당국이 빈민들과 사회적 기여가 전혀 없다고 판단한 사람들(복지 혜택 수급자, 노인, 시설에서 방면된 정신 질환자들)을 몰아넣는 쓰레기장이 되었다. 이들이 거주하는 밀집형 고층 아파트는 대개 〈퀸스의 바그다드Baghdad of Queens〉로 알려진 구역에 몰려 있었다.[26]

이런 지역들이 대부분 그렇듯이 라커웨이 역시 공공 서비스가 최소한의 수준으로 유지되고 있었는데, 당시에는 그마저도 형편없이 축소된 채였다. 페닌슐라 의료 센터(라커웨이에는 저소득층과 노인들을 돌보는 병원이 딱 두 곳뿐이었다)는 샌디가 닥치기 6개월 전 뉴욕 보건 복지부의 지원 중단으로 문을 닫았고, 그나마 남아 있던 의원과 약국들은 침수

피해를 입어 문을 열지 못했다. 「완전히 사각지대예요.」 모히트는 한숨을 쉬며 말했다.[27]

〈샌디를 점령하라〉 소속 회원들은 연락이 닿는 의사들과 간호사들에게 의약품을 구할 수 있는 대로 가지고 와달라고 부탁했다. 또한 피해를 입은 오래된 모피 공장의 소유주를 설득해 인근 상점가의 점포를 빌려서 임시 진료소를 열었다. 동물 가죽이 주렁주렁 매달린 임시 진료소에서 자원봉사에 나선 의사들과 간호사들이 환자들을 진료하고, 상처를 치료하고, 처방전을 쓰고, 심리 상담을 진행했다.

환자들이 끝없이 몰려들었다. 모히트의 말에 따르면 문을 연 지 2주 만에 수백 명이 진료소를 찾았다고 한다. 내가 찾아갔던 날 모히트가 걱정하고 있던 건 고층 건물에 틀어박혀 있는 사람들이었다. 자원 활동가들은 머리에 랜턴을 착용하고 전기가 끊긴 아파트를 집집마다 돌면서 생필품을 나눠 주다가 그곳에 환자가 많다는 사실을 확인했다. 암 환자와 에이즈 환자가 복용할 약은 동이 나고 산소 탱크는 비어 갔으며 당뇨 환자들은 인슐린 부족으로, 중독자들은 금단 증상으로 허덕이고 있었다. 고통을 참을 수 없어 도움을 받으러 밖으로 나가려면 캄캄한 계단으로 여러 층을 힘겹게 오르내려야 했다. 마땅히 갈 곳도, 그 지역에서 빠져나갈 방법도 없어서(지하철과 버스도 운행되지 않았다) 집 안에만 틀어박혀 지내는 사람도 있었고, 도둑이 들지 모르니 집을 비울 수 없다며 지키는 사람도 있었다. 통신망과 전기가 끊겨 텔레비전도 보지 못하는 터라 대부분의 사람들은 바깥세상이 어떻게 돌아가는지 모르는 채 지내고 있었다.

〈샌디를 점령하라〉 활동가들은 방문 당시 주민들의 이야기에 큰 충격을 받았다. 주민들은 샌디가 지나간 뒤로 자기 집을 찾아온 사람이 아무도 없었다고 말했다. 보건 복지부도, 뉴욕 주택청(이 구역을 관할하는 기관)도, 적십자사 같은 대규모 구호 단체도 찾아온 적이 없었다. 모히트는 내게 말했다. 「말이 됩니까! 의료 행위가 전혀 이루어지지 않은 거예요.」*28 2005년 허리케인 카트리나의 급습으로 침수 피해를 입었던 뉴올리언스에서 빈민 구역 주민들이 방치되었던 일에 빗대어, 그녀는 이렇게 덧붙였다. 「이곳 상황은, 한마디로 카트리나 2.0이죠.」29

자원봉사 의료진들이 환자의 건강 상태를 확인하고 필요한 처방전을 써주었다. 「우리가 약국에 처방전을 보내도 약국에서는 보험 정보가 없다며 반려합니다. 최대한 많은 정보를 모아 다시 처방전을 보내면 〈그런데 사회 보장 번호가 빠져 있네요〉라고 대꾸하고요.」30

2009년 하버드 의과 대학이 발표한 연구 논문에 따르면, 미국에서는 해마다 4만 5천 명이 건강 보험이 없다는 이유로 사망한다. 이 논문의 공동 저자 중 한 사람의 표현대로, 건강 보험이 없어서 12분마다 한 명씩 사망한다는 이야기다. 오바마 대통령이 추진한 2010년 건강 보험법 개혁안이 이 수치를 어떻게 바꾸어 놓을지는 미지수다. 그러나 뉴욕 주 역사상 최악의 허리케인이 닥쳤을 때 인명보다 돈을 중시하던 보험 회사의 행태를 보면, 훨씬 긴급한 상황이 닥친다 해도 이 부당함이 크게 개선될 여지는 없을 듯하다. 모히트는 이렇게 단언했다. 「전 국민 건강 보험이 실시되어야 합니다. 다른 방법은 없습니다. 결단코, 다른 방법은 존재하지 않아요.」 그녀는 반대 의견을 가진 사람이라면 일단 이 지역에 와보길 권한다고 했다. 「이곳에 직접 와서 상황을 살펴보면 지금의 시스템이 얼마나 비합리적이고, 비인간적이고, 야만적인지 확실히 파악할 수 있을 겁니다.」31

〈묵시*apocalypse*〉라는 단어는 그리스어의 아포칼립시스*apokalypsis*에서 온 말이다. 이는 〈가려져 있던 것이 드러난 상태〉를 뜻한다. 그해 10월

---

* 라커웨이에서만 이런 일이 벌어진 것은 아니었다. 샌디가 휩쓸고 간 지역의 공공 임대 주택 단지들이 대개 엇비슷한 상황이었다. 브루클린의 레드 후크에서는 주택청의 가구 방문조차 없어 많은 주민들이 전력이 끊긴 상태로 3주를 지냈다. 윌리 베이즈모어(60세)는 주민 모임에서 격한 말투로 〈우리는 말 그대로 암흑 속에 갇혀 지냈어요. 완전히 암흑이었죠〉라고 말했다.

뉴욕에 밀려든 해수가 빠져나갔을 때, 의료 시스템의 근본적인 개혁 필요성 외에도 여러 가지 사실이 드러났다. 샌디가 몰고 온 재해는 허리케인의 급습 한 번에 만신창이가 되어 버리는 중앙 집중형 에너지 의존 방식의 위험성을 보여 주었고, 동시에 사회의 격리 정책이 인명 희생의 위험을 근본적으로 배태하고 있음을 입증했다. 사회적으로 격리된 이곳 사람들은 이웃을 전혀 알지 못하거나 심지어 두려워하기 때문에 훨씬 큰 위험에 노출되어 있었다. 반면에 긴밀한 유대 관계를 형성하여 서로의 안전을 보살피는 공동체들은 허리케인을 무사히 헤쳐 나갈 수 있었다.

이 재해는 또한 심각한 불평등이 안고 있는 극단적인 위험성을 드러내기도 했다. 가장 큰 고통에 가장 오랫동안 시달리는 사람들은 결국 가장 취약한 상황에 몰려 있는 사람들(미등록 이주 노동자들, 전과자들, 공공 임대 주택 단지의 주민들)이었다. 저소득층 거주 단지의 주택에 밀려든 것은 바닷물만이 아니었다. 농공업 약품들과 합성 세제(유색 인종의 비율이 높은 거주지에 유독 물질을 배출하는 공장의 운영을 허용한 것은 체계적인 환경적 인종주의다)도 함께 밀려들었다. 시 당국이 개발업자들에게 팔아넘길 기회만을 노리며 방치해 둔 낡은 공공 임대 주택 단지는 죽음의 덫으로 둔갑했고, 낡은 수도 시스템과 전력 시스템은 작동을 멈추었다. 라커웨이에서 활동하는 〈교육과 지역 사회 개발을 위한 행동 센터〉 사무국장 아리아 도의 말을 빌리자면, 이곳의 극빈층 주민들은 〈샌디가 급습하기 전에 이미 땅속 깊이 묻혀 있었다. 지금 이들은 더 깊이 묻혀 있다〉.[32]

———————

세계 어디에서나 온난화된 세계의 힘겨운 현실은 정부 예산 긴축의 가혹한 논리와 정면으로 맞부딪치고 있다. 공공 부문이 가장 필요한 순간에 공공 부문으로의 재원 투입을 차단한다니 얼마나 어이없는 일인가. 여기 사례를 들어 보자. 2013년에서 2014년으로 넘어가던 겨울, 영국은 심각한 폭우에 강타당했다. 수천 채의 주택과 일터가 침수되고, 수십 만 채의 주택과 건물들에 전력 공급이 끊기고, 수많은 농지가 침수되고, 여러 개의 철도 노선이 몇 주 동안 운행을 멈추면서 어느 고위 공무원의 표현대로 〈미증유의 자연재해〉라고 할 만한 상황이 전개되었다. 두 달 전에 있었던 강력한 폭풍의 피해에서 미처 헤어 나오기도 전이었다.[33]

홍수 때문에 특별히 곤란한 처지에 놓인 것은 보수당 출신의 데이비드 캐머런 수상이 주도하는 연립 정부였다. 3년 전 연립 정부는 홍수 문제를 관장하는 환경청을 축소했다. 2009년 이후로 환경청 산하 1,150개의 일자리가 사라지고 1,700개의 일자리에 대한 폐지 논의가 전개되면서, 환경청 전체 인력의 4분의 1이 위기를 맞았다. 2012년에 『가디언』지는 〈정부 예산 감축 때문에 영국 전역 3백여 개의 홍수 방지 시스템이 완공되지 못한 채 방치되어 있다〉고 밝혔다. 환경청 장관은 그즈음 인원 감축을 실시하면서 〈홍수 위기 관리 시스템이 타격을 입을 것〉이라고 솔직히 밝히기도 했다.[34]

기후 변화를 부정하는 입장에 서지 않았음에도, 캐머런은 기후 변화의 대표적인 위기인 해수면 상승과 강력한 폭풍으로부터 국민들을 보호할 책임이 있는 환경청을 절름발이로 만들었다. 그의 도끼질을 피해 살아남은 환경청 직원들조차 그 만행을 이해하지 못했다. 환경청 노동조합은 통렬한 성명을 발표했다. 〈정부가 공공 안전과 국민 보호보다 비용 절감을 우선시하고 그 결과에 만족감을 표하는 것은 그야말로 치욕스러운 일이다. (……) 환경청 직원들의 공로를 칭찬하며 생색을 내고 곧바로 돌아서서 추가적인 인원 감축을 공표하는 식의 정부의 양다리 작전은 결코 성공할 수 없다.〉[35]

호시절에 〈큰 정부〉를 비난하고 예산 긴축의 불가피성을 이야기하기란 쉬운 일이다. 하지만 재해가 발생하면, 거의 모든 사람들이 자유 시장에 대한 지지를 접고 정부가 든든한 후원자가 되길 바란다. 초대형 허리케인 샌디, 필리핀의 태풍 하이옌, 영국의 홍수(이런 재해들은 해안선을 알아볼 수 없을 정도로 망가뜨리고, 주택 수백만 채를 파괴하고, 수천 명의 목숨을 빼앗아 갔다) 같은 강도 높은 기후 재해는 앞으로도 계속해서 발생할 것이다.

1970년대 초부터 말까지, 세계 전역에서 가뭄과 홍수, 극단적인 기온 변화, 산불, 폭풍 등 656건의 자연재해가 발생했다. 반면에 2000년에서 2010년까지 10년 사이에 자연재해 건수는 무려 다섯 배나 많은 3,654건으로 급증했다. 30년 사이에 이 정도면 그야말로 폭발적인 증가다. 단언컨대, 이 모든 재해를 〈초래한 원인〉은 지구 온난화다. 기후 과학자 마이클 만은 어느 인터뷰에서 이렇게 말했다. 〈기후 변화 때문에 특정한 형태의 극단적인 자연재해의 발생 빈도가 높아질 것이라는 사실에는 의심의 여지가 없다. 과학계는 가뭄, 강력한 허리케인, 초강력 태풍, 심각한 고온 현상의 빈번한 발생을 비롯해 여러 종류의 극단적인 기상 현상이 닥치리라 예측하고 있다.〉[36]

그런데도 30년 사이에 세계 전역의 거의 모든 정부들은 공공 부문을 꾸준히 훼손시켜 왔다. 정부의 공공 부문 방치 때문에 자연재해는 인재로 전환 중이다. 폭풍은 방치된 제방을 무너뜨리고 들이닥쳤고, 집중 호우는 노후한 배수 시스템을 벗어나 지상으로 범람했다. 산불은 인력과 장비 부족으로 걷잡을 수 없이 맹렬하게 퍼져 나갔다(그리스 소방서는 재원 부족으로 산불을 진화할 소방차에 여분의 타이어를 공급하지 못했다). 대형 허리케인이 닥치자 응급 구조대는 며칠간 기능을 상실했고, 파손된 상태로 방치되어 있던 다리와 터널이 무너져 내렸다.

갈수록 심각해지는 기상 이변에 대처하는 데는 천문학적인 비용이 투입된다. 대규모 재해가 발생할 때마다 납세자들은 수십억 달러가 넘는 손실을 감수해야 한다. 2012년 초대형 허리케인 샌디로 미국이 입은 손실은 650억 달러로 추정된다. 2011년 허리케인 아이린으로 입은 약 1백억 달러의 손실이 발생한 지 만 1년 만이었다. 2011년 각종 재해로 입은 손실은 미국에서만 140억 달러에 이르며, 전 세계적으로는 3,800억 달러로 사상 최고치를 기록했다. 정책 결정자들이 긴축 논리에 얽매여 있는 상황에서 긴급 자금이 지출되면 자연히 일상적인 공공 지출이 줄어들고, 따라서 다시 재해가 발생했을 때 피해 규모는 훨씬 커진다. 그야말로 고전적인 악순환이다.[37]

우리 사회의 근간을 방치하자는 결정은 어떤 상황에서도 바람직하지 않다. 더욱이 기후 변화를 고려하면 이는 자살행위나 다름없다. 최선의 기후 변화 대응책을 찾기 위해 중요한 논쟁이 수없이 전개되고 있다. 해일 방파제를 설치하자, 생태계를 복원하자, 지역 사회별로 재생 에너지를 개발하여 사용하자, 천연가스와 대규모 풍력 발전을 결합하여 사용하자, 원자력을 사용하자, 소규모 유기농을 육성하자, 대규모 식품 생산 시스템을 채택하자……. 만일 재앙 수준의 온난화를 예방하고 앞으로 닥칠 폭풍의 파괴력을 최소화하는 것을 최우선 과제로 놓지 않는다면, 전시 수준 규모의 공공 지출을 피할 수 없을 것이다.

공공 지출을 어디에 투입해야 할까? 이는 결코 어려운 수수께끼가 아니다. 앞서 논의한 대규모 온실가스 감축 프로젝트(지능 전력망*, 경전철, 시 단위의 퇴비 생산 시스템, 구조물 개보수, 미래 지향성 운송 시스템, 교통 정체로 반나절을 허비하는 상황을 예방할 도시 재개발)에 대거 투입되어야 한다. 민간 부문은 이런 대규모 기간 시설에 대대적인 투자를 수행하는 주체가 될 수 없다. 서비스가 바람직한 성과를 내려면 접근성을 높여야 하는데, 접근성을 높이기 위해서는 민간 사업자의 투자를

---

* smart grid. 기존의 전력망에 정보 통신 기술을 접목하여 에너지 효율을 최적화하는 차세대 에너지 기술 — 옮긴이주.

유도할 만큼 높은 이윤을 보장할 수 없기 때문이다.

　운송 시스템을 예로 들어 보자. 2014년 3월, 프랑스 여러 도시의 대기 오염이 위험 수준에 도달하자, 파리의 공무원들은 자동차 이용을 억제하기 위해 사흘간 대중교통 무료 서비스를 제공하기로 결정했다. 당연히 민간 사업자들은 격렬하게 반발했다. 그러나 대기 중 탄소 비율이 위험 수준에 이른 경우라면 이런 비상 대책을 시행하는 것이 마땅하다. 서비스는 후퇴하는데 버스와 지하철의 요금 인상을 허용하는 것은 바람직하지 않다. 요금을 인하하고, 비용과 관계없이 서비스를 개선해야 한다.

　공공 지출은 또한 소방관 고용을 늘리고 해일 방파제를 개량하는 등, 그다지 눈에 띄지는 않지만 앞으로 닥칠 기상 이변 대비에 필수적인 프로젝트와 서비스에 투입되어야 한다. 더하여 허리케인이나 산불로 모든 것을 잃은 사람들이 민간 보험 산업의 술수에 농락당하지 않도록 새로운 비영리 재해 보험을 구상하는 일도 필요하다. 이들 민간 보험은 기후 변화를 구실로 보험금 지급을 회피하는 한편 보험료를 대폭 인상하려 한다. 샌프란시스코의 시민 단체 〈보험 계약자 연합United Policyholders〉의 공동 설립자인 에이미 바크Amy Bach는 이렇게 말한다. 〈재해 보험은 건강 보험과 비슷해질 것이다. 우리는 재해 보험이 효율적이고 효과적으로 운영될 수 있도록 이윤 동기를 제거하는 방향을 추구해야 한다. 보험 회사 경영진의 연봉과 보너스, 주주 배당금이 터무니없이 늘어나도록 놔두어서는 안 된다. 그것은 지속 가능한 모델이 아니다. 기후 변화가 예상되는 상황에서, 공개 상장된 보험 회사는 최종 사용자인 고객의 이익을 대변하는 지속 가능한 사업 모델이 될 수 없다.〉[38] 재해에 대비한 공공 지출과 무질서로 치닫는 재해 자본주의. 우리는 둘 중 하나를 선택해야 한다.

　물론 이런 내용의 개선 정책이 가장 절실한 곳은 이미 심각한 기후 충격에 직면한 필리핀, 케냐, 방글라데시 등 개발 도상국이다. 이 국가들에 방파제 건설과 식량, 음용수, 의약품의 저장소 및 배급망, 그리고 허리케인, 사이클론, 쓰나미에 대한 조기 경보 시스템과 대피소, 말라리아 등 기후 관련 질병의 확산에 대처할 수 있는 공공 의료 시스템을 건설할 수 있도록 수천 억 달러가 신속히 투입되어야 한다.[39] 이 나라들은 정부 부패를 뿌리 뽑을 메커니즘을 구축해야 하며, 의료 및 교육에 투입할 예산을 다국적 기업이 판매하는 값비싼 재해 보험 계획에 탕진해서는 안 된다. 무엇보다 이 나라들의 국민들은 지구 온난화의 책임이 가장 큰 나라들 그리고 기업들로부터 직접 피해 배상을 받아야 한다.

오염자 부담 원칙

이쯤에서 현명한 독자들은 의문을 품을 것이다. 대체 그 많은 돈을 어떻게 마련한단 말인가? 아주 중요한 질문이다. 2011년 UN 경제 사회국은 〈빈곤을 극복하고, 토양과 수자원의 질을 악화시키지 않으면서 식량 생산량을 늘려 기아를 근절하고, 기후 변화로 인한 재앙을 막기 위해〉 인류가 치러야 하는 총 투자 비용이 향후 40년간 연평균 1조 9천 억 달러에 이르며, 〈그중 절반 이상이 개발 도상국에 투입되어야 한다〉는 조사 결과를 내놓았다.[40]

누구나 알다시피, 급속히 성장하는 몇몇 신흥 경제국을 제외한 거의 모든 국가에서는 공공 지출이 정반대 방향으로 이루어진다. 2008년에 시작된 경제 위기는 북미와 유럽에서 해외 원조금을 삭감하고 국내 기후 프로그램을 중단하는 구실로 줄곧 이용되어 왔다. 남부 유럽에서는 환경 정책과 규제 정책이 뒷걸음치고 있다. 가장 안타까운 사례는 스페인이다. 강력한 긴축 예산 압박을 받아 재생 에너지 프로젝트에 대한 보조금을 대폭 삭감하는 통에, 태양광 사업과 풍력 발전 사업이 채무 불이행과 사업 중단의 나락으로 곤두박질치고 있는 것이다. 영국 역시 데이비드 캐머런 수상 집권 이후 재생 에너지에 대한 지원을 축소하고 있다.

정부 예산이 부족하다는 이유로 기후 시스템을 위한 〈양적 완화〉 정책(정부는 은행권을 위해서는 이런 통화 팽창 정책을 자주 사용한다)을 도입할 수 없다고 치자. 그렇다면 대체 그 많은 돈을 어디서 구할 수 있을까? 온실가스 감축 기한이 얼마 남지 않은 상황에서 우리가 기댈 수 있는 합리적인 방법은 서구에서 이미 확립된 법률 원칙을 적극 활용하는 길뿐이다. 바로 오염자 부담 원칙이다.

화석 연료 기업들은 자신들의 주요 생산품이 지구 온난화를 초래한다는 사실을 이미 수십 년 전부터 알고 있었다. 하지만 그들은 이런 현실에 적응하려 하는 대신, 기회가 있을 때마다 기후 행동의 진전을 적극 가로막아 왔다. 석유 및 가스 기업들은 여전히 역사상 최고 수익을 내고 있으며, 특히 상위 5대 석유 기업들은 2001년부터 2010년 사이에 9천 억 달러의 이윤을 올렸다. 엑슨모빌의 경우 2011년에는 410억 달러, 2012년에는 450억 달러의 이윤을 올렸고, 지금도 미국에서 가장 높은 이윤을 올리는 기업으로 이름을 날린다. 이 기업들이 큰 이윤을 남기는 이유는 간단하다. 자신들이 배출한 오염 물질을 청소하는 데 드는 비용을 세계 전역의 보통 사람들에게 전가한 덕분이다. 이 상황을 바꾸어 놓는 것이 무엇보다 중요하다.[41]

강력한 행동이 뒷받침되지 않으면 상황을 변화시킬 수 없다. 10년 전부터 대형 석유 기업들은 이윤의 일부를 재생 에너지 전환 사업에 자발적으로 투자하고 있다고 주장한다. 2000년에 BP사는 〈석유를 넘어서 *Beyond Petroleum*〉라는 기치하에 로고까지 햇살처럼 퍼지는 불꽃 모양으로 바꾸면서 〈그리스 신화의 태양신 헬리오스를 상징한다〉고 설명했다. 당시 BP사의 회장 존 브라운은 〈우리는 석유 회사가 아니다. 전 세계가 탄소 발생량이 적은 연료를 원하고 있다. 우리는 대안을 창조하고 싶다〉라고 말했다. 셰브론Chevron사에서는 〈이제는 석유 회사들이 재생 에너지를 후원해야 할 때다. (……) 우리도 적극 동의한다〉라고 선언하는 인상적인 광고 캠페인을 진행하기도 했다. 그러나 미국 진보 센터의 연구 결과에 따르면, 5대 석유 기업들이 2008년에 올린 총이윤 1천억 달러 가운데 〈재생 에너지와 대안 에너지 사업〉에 투자된 비율은 4퍼센트에 불과했다. 그들은 여전히 이 막대한 이윤을 주주 배당금과 임원진에게 지급하는 터무니없이 높은 보수(엑슨모빌의 회장 렉스 틸러슨은 하루에 10만 달러가 넘는 돈을 번다)와 위험하고 더러운 화석 연료를 채취하기 위한 신기술 개발 자금으로 투입하고 있다.[42]

재생 에너지에 대한 수요가 갈수록 늘어나는데도, 화석 연료 기업들이 재생 에너지에 투입하는 자금의 비율은 점점 줄어든다. 2011년에도 주요 화석 연료 기업들이 대안 에너지에 투입한 금액은 총지출의 1퍼센트 미만이었다. 셰브론과 셸Shell사는 2.5퍼센트를 투자했지만 이 역시 그리 만족스러운 비율은 아니다. 그마저도 셰브론은 2014년 이 비율을 축소했다. 『블룸버그 비즈니스위크』에 따르면, 재생 에너지 부서는 목표보다 두 배 가량 많은 이윤을 올렸는데 이 부서의 직원들은 〈이 시도를 뒷받침할 재원이 고갈될 것〉이니 〈다른 일자리를 찾으라〉는 권고를 받았다. 셰브론은 또한 정부와 교육청의 의뢰를 받아 친환경 프로젝트를 개발하던 사업의 매각을 추진했다. 석유 산업 전문가 안토니아 주하즈는 이렇게 주장한다. 〈그들의 광고만 보고 판단해선 안 된다. 세계적인 석유 기업들은 대안 에너지 사업을 처분하거나 투자금을 대폭 줄이고, 석유와 천연가스 등 훨씬 위험하고 유해한 원료를 적극 후원하고 있다.〉[43]

이러한 행적을 고려하면 분명히 알 수 있다. 만일 화석 연료 기업들이 재생 에너지 전환과 자신들이 배출한 온실가스가 초래한 기후 불안정이 몰고 온 막대한 기후 재해의 피해 복구에 자금을 투입하려 한다면 그 이유는 오직 하나, 법률에 의해 부과된 의무 때문이다. 담배 회사들이 법률에 따라 금연 비용을 충당하고, BP사가 법률에 따라 멕시코만 원유 사고로 발생한 오염 정화 비용의 상당 부분을 충당하듯이, 이제 우리는 화석 연료 기업들이 기후 위기에 대응하는 데 필요한 비용을 분담하도록 법률로써 의무화해야 한다. 여러 증거에 따르면, 산업계는 벌써부터 이런 결과를 예상하고 있었다. 세계 경제 포럼World Economic Forum(다보스에서 열리는 저명인사들의 연례 회동)은 2013년 연례 보고서 「위기의 지구Global Risks」에서 이렇게 밝혔다. 〈기후 변화로《물에 잠겨 사라질》위기에 처한 알래스카의 키발리나 마을은 석유 및 석탄 기업을 상대로 제기한 4억 달러의 손해 배상 소송에서 패소했지만, 앞으로는 이런 식의 소송을 제기한 원고들이 승소할 가능성이 높다. 예컨대 미국 담배 산업은 1997년에 건강 관련 손해 배상금 3,680억 달러를 지급한다는 데 동의했는데, 50년 전만 해도 이런 일이 일어나리라곤 예상치 못했을 것이다.〉 그들이 예상치 못했던 일은 결국 현실이 되었다.[44]

화석 연료 산업에서 발생한 이윤의 대부분이 임원진의 보수와 주주 배당금으로 몰리는 상황을 어떻게 중단시킬 것인가? 새로운 에너지 시스템으로의 전환이 이루어짐에 따라 이 기업들의 이윤이 크게 떨어지기 전에, 혹은 이 기업들이 사업에서 손을 떼기 전에 당장 이를 돌려받을 수 있는 방법은 무엇일까? 「위기의 지구」에 따르면, 기후 변화로 극심한 피해를 입은 지역 사회들이 손해 배상 소송을 시도하고 있긴 하지만 아직까지 이들이 성공한 사례는 없다. 하지만 고율의 탄소세는 탄소 배출 산업으로 확보한 이윤의 일부를 간단히 받아 낼 수 있는 방법 중 하나다. 물론 이 정책에는 저소득층과 중산층 소비자들이 감당해야 하는 연료비와 난방비 상승분을 상쇄할 수 있도록 세금 감면과 소득 공제 등 공정한 재분배 메커니즘이 포함되어야 한다. 캐나다 경제학자 마크 리는 이렇게 지적했다. 〈누진적인 탄소세 제도를 도입하면 온실가스 배출에 따른 비용을 높이는 한편 소득 불평등을 개선할 수 있다.〉[45] 온실가스 배출 행위로 올린 이윤의 일부를 회수할 수 있는 훨씬 직접적인 방법도 있다. 정부가 석유, 가스, 석탄 채취 사업자들과 협상하여 채취 면허 사용료를 대폭 인상하고 그 수익금을 〈공익 신탁 기금〉에 귀속시켜, 화석 연료를 사용하지 않는 사회를 구축하고 지역 사회와 노동자들이 새로운 현실에 적응하도록 돕는 데 이 기금을 투입하는 것이다.

화석 연료 기업들은 자신들의 이윤을 깎아 내리려는 규정 신설에 저항할 것이다. 따라서 우리는 채취 면허 취소 등 강력한 제재 방식들도 검토해야 한다. 기업들은 틀림없이 특정 사업을 폐쇄하겠다고 위협하겠지만, 셸 같은 다국적 기업들의 경우 광산과 시추 시설을 건설하는 데 이미 수십억 달러를 투입했기 때문에 면허 사용료가 인상되어도 이를 단념할리 없다(당연히 이들은 불평을 토로하면서 투자금 손실을 보상하라는 소송을 벌일 것이다).

〈오염자 부담 원칙〉을 부과해야 할 대상은 채취 산업만이 아니다. 미군 역시 단일 조직으로는 세계에서 가장 많은 석유를 소비한다. 2011년 미국 국방부는 5억 6,800만 톤의 탄소를 대기 중에 배출했는데, 이는 엑슨모빌과 셸 두 회사가 미국에서 배출한 것보다 많은 양이다.[46] 무기 제조 기업, 자동차 회사, 화물 운송 기업 그리고 항공 기업에도 오염자 부담 원칙을 부과해야 한다.

또한 부(富)와 탄소 배출량 사이에도 직접적인 상관관계가 있다. 돈이 많은 사람일수록 비행기, 자동차, 선박을 더 많이 이용하고 주택을 여러 채 소유하며 더 많은 전력을 소비한다. 독일의 소비 행태를 연구한 어느 논문은 소득 최상위층이 즐기는 여행은 최하위층이 즐기는 여행보다 기후에 2.5배나 큰 영향을 미친다고 밝히고 있다.[47]

토마 피케티를 비롯한 많은 학자들의 설득력 있는 주장처럼, 엄청난 부가 집중된 경제 피라미드의 최상층에 세금을 매기고 그 세수의 일부를 기후 행동 후원에 공급하는 정책이야말로 오염자 부담 원칙의 효과적인 적용 방법이다. 언론인이자 기후 및 에너지 정책 전문가 가 리포는 이렇게 말한다. 〈부자에게 더 높은 세금을 물려야 한다. 누진 과세는 사회의 대다수 성원들의 삶의 질을 높이고 경제를 더욱 번창하게 할 수 있는 공평한 방법이다. 문명을 구하고 인류 멸종의 위험을 줄이는 활동에 투입할 재원을 마련한다는 것 역시 부유층 누진 과세의 합리적인 이유가 될 수 있다.〉[48] 오염자 부담 원칙의 부과 대상을 최상층에만 국한해서는 안 된다. 프린스턴 환경 연구소 소장이자 프린스턴 탄소 완화 이니셔티브 공동 대표인 스티븐 파칼라의 말을 빌리자면, 약 5억 명의 부자들이 배출하는 온실가스가 지구 상에서 발생하는 온실가스의 절반에 이른다. 중국과 인도를 비롯한 세계 각국의 부자들, 그리고 북미와 유럽의 중산층 가운데 상당수가 여기 포함된다.*

이 모든 것을 고려하면, 파멸적인 온난화를 예방하기 위해 온실가스를 대폭 감축하는 동시에 앞으로의 폭풍에 대비하는 데 필요한 자금을 공정하게 마련할 방법은 결코 부족하지 않다.

그 방법은 다음과 같다. 물론 이게 전부는 아니다.

- 2011년 유럽 의회의 결의안에 따르면, 〈낮은 세율〉의 금융 거래세 (주식, 파생 상품, 기타 금융 상품을 거래할 때 부과하는 세금)를 도입하면 세계적으로 매년 약 6,500억 달러의 세금을 거두어들일 수 있다(투기성 금융 행위를 억제하는 추가 효과도 있다).[49]
- 조세 피난처를 폐쇄하면 또 다른 소득이 발생한다. 영국에 본부를 둔 조세 정의 네트워크Tax Justice Network의 추산에 따르면, 2010년 국세청에 신고하지 않고 세계 전역의 조세 피난처에 은닉해 둔 부유층의 개인 금융 자산은 21조에서 32조 달러에 이른다. 이 돈의

---

* 이 연구 결과에 따르면, 인구 억제가 기후 변화 해결책이라는 끈질긴 주장은 허황할 뿐 아니라 도덕적으로도 문제가 있다. 분명히 밝히고 있듯이, 탄소 배출량이 늘어나는 가장 큰 요인은 저소득층의 2세 생산 활동이 아닌 부유층의 소비 활동이다.

출처가 밝혀지고 30퍼센트의 금융 소득세가 부과되면, 무려 연간 1,900억 달러가 넘는 세수가 발생할 것이다.[50]

- UN이 권고하는 〈10억 달러 자산가에 대한 1퍼센트 과세〉 정책을 실시하면 연간 460억 달러를 확보할 수 있다.[51]

- 군사비 지출 상위 10개국의 군대 예산을 25퍼센트씩 감축하면 3,250억 달러의 여유 재원을 마련할 수 있다. 이것은 스톡홀름 국제 평화 연구소에서 내놓은 2011년 보고서의 수치를 이용하여 계산한 것이다(이 정책은 가장 실행에 옮겨지기 어려울 것이다, 특히 미국에서는).[52]

- 세계은행, 국제 통화 기금, 경제 협력 개발 기구의 2011년 보고서를 비롯한 여러 자료에 따르면, 선진국에서 이산화탄소 배출량 1톤당 50달러의 세금을 매기는 경우 연간 약 4,500억 달러를, 세율을 반으로 낮춰 1톤당 25달러의 탄소세를 매기는 경우에는 연간 2,500억 달러를 확보할 수 있다.[53]

- 2012년 국제 석유 대체 기구Oil Change International와 천연자원 보호 협의회가 추산한 바에 따르면, 화석 연료에 대한 정부 보조를 전 세계에서 단계적으로 폐지할 경우 보수적으로 계산해도 한 해에 7,750억 달러의 정부 재원이 확보된다.[54]

이런 다양한 정책이 모두 동원되면 연간 2조 달러가 넘는 금액을 확보할 수 있다.[55] 이 정도면 〈대전환〉의 재원을 마련하는 동시에 대공황을 피할 수 있는 탄탄한 출발점이다. 게다가 이는 화석 연료 채취와 관련한 특허 사용료 인상분을 제외한 금액이다. 엄격한 세금 집행이 이루어지기 위해서는, 기업들이 숨을 곳을 찾을 수 없도록 주요 국가의 정부들이 협력 활동을 전개해야 한다(불가능한 일은 아니지만 G20 정상 회의에서 종종 격론을 불러일으키곤 하는, 몹시 어려운 일이다).

〈오염자 부담〉이 기후 행동을 위한 재원 확보의 기본 원칙이 되어야 하는 것에는 재원 마련의 목적 외에도 현실적인 정치적 이유가 있다. 이제껏 살펴보았듯이, 기후 위기 대응 정책은 다수의 사람들에게 현실적인 혜택을 제공한다. 그러나 이런 정책이 실제로 집행된다면 가까운 미래에는 희생과 불편이 따를 수밖에 없다. 우리가 과거의 위기 상황에서 희생을 치르며(두 번의 세계 대전 동안 시행된 배급 및 소비 제한 제도와 가격 통제) 깨달은 바와 같이, 정책의 성공은 전적으로 공정성의 원칙을 지키는 데 달려 있다.

　예를 들어, 제2차 세계 대전 당시 영국과 북미에서는 모든 사회 계층이 소비를 줄이도록 요구받았다. 부유층도 예외는 아니었다. 실제로 전쟁 중 영국의 총소비는 16퍼센트 감소했지만, 빈곤층의 열량 섭취량은 오히려 늘어났다. 식량 배급이 실시되면서 저소득층이 평소보다 많은 식량을 확보할 수 있었기 때문이다.[56]

　부정 수급과 암시장 거래라는 폐해가 많이 발생했지만, 배급 및 소비 제한 제도는 그나마 이론상 공정하다는 이유로 광범한 계층의 지지를 받았다. 정부들은 이를 홍보할 때 〈평등〉이라는 주제에 집중했다. 영국에서는 〈만인을 위한 공정한 분배〉가 핵심 구호였고, 미국에서는 〈똑같이 나누자〉, 〈생산도, 절약도, 분배도, 휴식도 공평하게〉라는 구호가 제창되었다.[57] 1942년 미국 물가 관리국이 발행한 팸플릿은 배급 제도가 미국의 전통이라고 주장하기도 했다. 여기에는 〈배급 제도란 무엇인가〉에 대해 다음과 같은 내용이 실려 있었다.

　첫째, 배급 제도란 무엇이 아닌지부터 확실히 해두자. 배급 제도는 기나 빵을 구하려고 길게 늘어선 줄, 혹은 조악한 상품이 아니다. 배급 제도는 공동체가 가진 물자를, 필요한 사람들에게 공정하게 분배하는 계획이다. 둘째, 배급 제도는 〈미국의 전통과는 거리가 먼 것〉이 아니다. 미국의 초기 정착자들은 식량과 의복이 부족하던 시대에 귀중한 물자를 한데 모아 모든 이들이 공평하게 나누었다. 필요하다면 똑같이 나누자. 희생하자. 국민의 복지를 위해 다 같이 희생하자. 이는 당시 미국인들뿐 아니라 오늘날 미국인들의 의견이기도 하다.[58]

정부는 또한 풍족한 부와 연줄을 지닌 개인들의 규정 위반을 엄중히 단속하여 어느 누구도 이 의무를 면할 수 없다는 메시지를 분명히 전달했다. 영국에서는 울워스와 세인스버리 등 기업뿐 아니라 영화배우들도 배급제를 위반하면 엄중한 처벌을 받았다.[59] 미국에서는 일부 대형 기업에 대한 기소까지 이루어졌다. 누구나 아는 일이지만, 많은 대형 제조업체들이 배급 시스템 자체를 혐오했다. 자사의 브랜드 가치를 갉아먹는다는 생각에서 배급제 반대 운동을 전개하기도 했다. 그러나 결국은 그들 역시 배급제를 받아들일 수밖에 없었다.

지금껏 기후 변화에 대한 집단적인 대응에서는 공정성의 원칙(강자와 약자에게 똑같이 적용되는 원칙)이 완전히 배제되어 있었다. 최근 수십 년 동안 보통 사람들은 전기 절약을 위해 전등을 끄고 두툼한 스웨터를 입고 상대적으로 비싼 무독성 세제와 재생 에너지를 사용하라는 요구를 따라야 했지만, 대규모 오염을 배출하는 주체들은 아무런 제재도 받지 않은 채 끊임없이 배출량을 늘려 가기만 했다. 1979년 7월 지미 카터 대통령의 대국민 연설 이후에도 마찬가지였다. 그는 이렇게 말했다. 〈지나치게 많은 사람들이 방탕과 소비에 몰두하고 있다. 요즘엔 어떤 활동을 하는지가 아니라 무엇을 소유하는지가 인간의 정체성을 규정한다. (……) 우리의 행복과 국가의 안녕을 위해 불필요한 자동차 이용을 최대한 줄이고, 카풀 제도와 대중교통을 이용하고, 매주 하루씩은 자동차 없이 외출하고, 속도 제한을 준수하고, 난방 기준 온도를 낮추어 연료를 절약하자. 이런 에너지 절약은 상식을 넘어서는 고귀한 행동, 한마디로

애국이다.〉[60]

　처음에는 좋은 호응을 얻었지만, 이 연설은 곧 〈불안감을 조성하는〉 연설이라고 비웃음을 샀고, 로널드 레이건과 맞붙었던 재선에서의 패배 원인 중 하나로 자주 언급되곤 한다. 그는 기후 변화라기보다 에너지가 부족한 상황에서 널리 퍼져 있는 〈불신〉에 대해서 말했을 뿐이지만, 이 연설은 환경 위기를 해결하기 위해 유권자들에게 희생을 요구하는 것이 정치인의 자살행위라는 증거로 인용되고 있다. 따라서 환경주의자들은 이런 덫을 피하기 위해 기후 활동이 환경과 경제 모두에 득이 된다는 식의 홍보 전략으로 기울게 된다.

　역사학자 크리스토퍼 래시 역시 이 연설을 준비하던 카터에게 날카로운 비판을 서슴치 않았다. 『나르시시즘의 문화*The Culture of Narcissism*』를 집필하기도 한 그는 대통령에게, 공정성의 원칙과 사회 정의에 대한 확신을 추가함으로써 국민들에게 개인적인 검약을 권하는 연설 내용을 완화하라고 권했다. 몇 년 뒤 래시는 어느 인터뷰에서 당시 카터에게 〈미국인의 소비주의를 성토하는 부분에 대중의 마음을 사로잡을 수 있는 내용을 추가하라〉고 말했다고 밝혔다. 〈당시 필요했던 것은 희생을 촉구하는 프로그램이 아니라, 희생의 공평한 배분을 확실히 보장하는 프로그램이었다. 다시 말해서 충분한 여력을 지닌 사람들에게도 희생이 부과된다는 걸 확실히 해야 했다. 그에게 대중의 마음을 사로잡으라고 말한 것은 바로 이런 의미였다.〉[61]

　카터가 이 조언을 받아들여 사치성 소비를 부추기는 사람들과 그 덕분에 가장 많은 이득을 보는 사람들을 상대로 검약을 촉구하는 정책을 우선적으로 시행하고자 했다면 상황이 어떻게 달라졌을는지는 알 수 없다. 하지만 이제 우리는 개별 소비자들에게 모든 희생을 지우는 기후 변화 대응책이 결국 실패할 수밖에 없음을 분명히 안다. 해마다 영국인의 사회 인식을 조사하는 독립 연구 기관 냇센 사회 연구소NatCen Social

Research는 2000년과 2010년에 기후 정책과 관련한 몇 가지 항목을 설문에 포함시켰다. 설문 결과를 인용해 보자. 〈10년 전에는 응답자의 43퍼센트가 환경 보호를 위해 비싼 물자를 구입해 쓸 마음이 있다고 답했는데, 요즘엔 이 비율이 26퍼센트로 줄었다. 세금 인상에 순응하겠다는 응답자의 비율 역시 비슷한 폭으로(31퍼센트에서 22퍼센트로) 감소했다. 그러나 생활 수준의 규모를 줄이겠다는 응답자의 비율은 그다지 큰 감소를 보이지 않았다(26퍼센트에서 20퍼센트로).〉[62]

이러한 결과는 경기가 침체하면 환경에 대한 사람들의 관심이 위축된다는 증거로 흔히 인용된다. 옳지 않은 판단이다. 기후 변화 대응에 필요한 경제적 부담을 감수하겠다는 개인의 자발성이 후퇴한 것은 사실이지만, 그 원인을 경기 침체만으로 볼 수는 없다. 서구 정부들은 경기 침체가 발생하면 최상류층에 만연한 탐욕과 부패가 그 원인인데도 이런 상황을 초래한 책임이 전혀 없는 서민들에게 그 부담을 짊어지라고 요구한다. 위기에 처한 금융계에는 재정적 지원을 아끼지 않으면서 교육, 의료, 사회 안전망에 대한 지출을 축소하는 정부의 정책을 서민들은 이미 여러 번 확인했다. 이런 상황에서 기후 위기의 직접적인 원인을 제공할 뿐 아니라 심지어 악화시키고 있는 화석 연료 기업들을 구해 주려 하지 않는다고 서민들을 탓할 수 있겠는가?

이러한 종류의 설문 조사 대부분은 부유층에 대한 세금 인상이나 화석 연료 기업에 대한 정부 지원의 폐지에 대한 생각을 묻지 않는다. 그것이 대중들이 가장 선호하는 정책인데도 말이다. 미국이 경제 위기로 휘청이던 2010년에 시행된 한 여론 조사의 질문 중 〈석유 및 석탄 기업들에게 오염에 대한 대가를 치르도록 요구하는〉 계획을 지지하느냐는 내용이 포함되었던 것은 그래서 특히 주목할 가치가 있다. 그러한 계획은 풍력, 태양광 그리고 원자력처럼 상대적으로 오염이 적은 에너지 분야에서 새로운 직업과 새로운 기술이 형성될 수 있는 환경을 제공할 것이다.

이 계획은 또한 노동자 가족의 보호를 주된 목적으로 삼고 있으며, 오염자 부담 원칙에 의거하여 거두어들인 재원의 대부분을 세금 환급과 비슷한 방식으로 미국 국민에게 직접 지급하기 때문에 많은 가구들의 경제적 형편이 나아질 것이다. 당시 여론 조사 결과에 따르면 대다수 공화당 지지자를 포함한 유권자의 4분의 3이 이 계획을 대체로 지지했고, 11퍼센트만이 강력히 반대하는 것으로 나타났다. 이 계획은 당시 두 명의 상원 의원이 발의한, 이른바 〈배출 총량 규제 및 환급제〉 제안과 유사한 것이었다. 하지만 미국 상원은 이 제안을 진지하게 검토하지 않았다.[63]

2014년 6월 오바마가 환경 보호청을 이용해 발전소의 온실가스 배출량을 제한하려는 계획을 도입했을 때, 석탄 연료를 사용하는 발전소들은 크게 반발했지만 국민 여론은 강력한 지지를 표명했다. 한 여론 조사에 따르면 다수의 공화당 지지자들을 포함한 미국인의 64퍼센트가 이 정책을 지지했다. 정책이 실시되면 매달 에너지 요금으로 더 많은 돈을 지불해야 할 가능성이 높은데도 말이다.[64]

이 모든 사실에서 우리는 교훈을 얻는다. 기후 위기 앞에서 사람들은 희생하기를 거부하는 것이 아니라, 한쪽으로 치우친 희생의 문화에 진저리를 치는 것이다. 개인들은 더 비싼 가격을 감수하며 친환경적인 것으로 추정되는 선택을 하라고 요구받지만, 대기업들은 규제를 회피할 뿐 스스로의 행동을 바꾸려 하지 않고 심지어 오염을 심화시키는 활동을 밀어붙인다. 이런 상황을 두 눈으로 목격해 온 사람들이 기후 운동의 초창기에 보였던 열정을 상당 부분 잃어버리고, 정부가 상정한 정책이 공정하다는 판단이 서기 전까지는 더 이상 희생하지 않겠다고 결심하는 현실은 충분히 이해할 수 있는 일이다. 중산층이라고 예외는 아니다. 전환 과정의 공정성을 보장하는 사회 프로그램의 재원을 마련하기 위해서는 저소득층을 제외한 모든 사람들이 세금 인상에 직면하게 될 것이다. 하지만 이렇게 조성된 재원이 불평등을 축소하고 생활의 불안정성을 개선하는 사회 프로그램과 서비스에 투입된다면, 세금 부과에 대한 대중의 태도 역시 바뀔 가능성이 높다.

————

물론 전 세계 거의 모든 나라의 정부를 설득하여 앞서 말한 재분배 방식의 기후 대응 메커니즘을 시행하기는 어려울 것이다. 그러나 우리가 직면한 도전의 본질만큼은 분명히 정의해야 한다. 〈우리〉에겐 돈이 부족한 것도 아니고, 대안이 없는 것도 아니다. 돈이 쌓여 있는 곳으로 갈 마음이 전혀 없는 우리 정치계(물론 선거 캠페인 기부금을 따낼 때는 그렇지 않겠지만)가 바로 우리가 맞닥뜨린 도전이다.

이런 관점에서 보면, 뭇 지도자들이 여태 기상 이변 예방책을 시행하지 못하고 있는 것도 그다지 놀라운 일은 아니다. 설혹 공격적인 〈오염자 부담〉 정책이 도입된다 해도, 그 재원을 이용해서 무엇을 해야 하는지 현재의 정치계가 이해하고 있다고 보기는 어렵다. 어쨌든 우리 사회의 구성 요소, 곧 우리 경제를 움직이는 에너지, 우리가 사용하는 운송 방식, 우리가 살고 있는 대도시의 디자인을 바꾸는 일은 수표 몇 장 발행하는 것으로 달성할 수 없다. 정부의 모든 부문에서 장기간에 걸친 과감한 계획을 마련해야 하며, 우리를 위험으로 몰아넣는 오염의 주역들에 적극적으로 맞서야만 한다. 또한 지난 35년 동안 우리 정치 문화를 규정해 온 기업 규제 완화 프로젝트가 영원히 매장되지 않고서는 결코 이 목표를 이룰 수 없을 것이다.

허틀랜드 연구소에서 만났던 기후 변화 부정론자들의 두려움에서 엿볼 수 있듯이, 화석화된 자유 시장주의의 규칙을 허무는 것과 기후 변화와 관련한 신속한 진보 사이에는 직접적인 상관관계가 있다. 따라서 이 위기가 제기하는 엄중한 도전에 집단적으로 맞서기 위해서는 강력한 사회 운동이 정치적 리더십을 요구 또는 창조할 필요가 있다. 그 내용은 바로 이것이다. 오염자 부담 원칙에 의거하여 재원을 확보할 것. 기후 행동에 돌입할 준비를 갖춘 공공 부문의 재정 지원에 전념할 것. 더하여 오래전에 폐기했던 두 가지 기술, 즉 장기적인 공공 계획을 추진하는 기술과 막강한 힘을 가진 기업의 요구에 거부 의사를 표현하는 기술을 부활시킬 것.

4장

과감한 계획과 적극적인 봉쇄
보이지 않는 손을 뿌리치고 운동을 조직하자

포스트모더니즘은 모든 미래에서 현재를 걷어 낸다. 나아가, 일상의 매체는 과거까지 걷어 낸다. 결국 오늘날의 비판적인 견해는 과거뿐 아니라 현재와도 분리된 고아 신세가 되기 십상이다.

— 존 버거, 『랑데부 *Keeping a Rendezvous*』, 1991년[1]

믿을 수 있는 친환경 기업이란, 법률적 의무에 따라 친환경 활동을 하는 기업이다.

— 거스 스페스, 전 예일 대학 임업 환경 연구소 학장, 2008년[2]

자유 시장 이데올로기가 기후 행동의 잠재력을 끊임없이 봉쇄하고 있다는 걸 확실히 이해하기 위해, 최근 미국 내에서 광범위한 변혁이 현실적으로 실현 가능하다고 비춰지던 순간에 어떤 일이 일어났는지 따져 볼 필요가 있다. 그 순간은 세계적 금융 위기가 정점에 달했던 2009년, 오바마 집권 첫해였다.

　지난 일에 대해 이런저런 이야기를 하기란 쉬운 법이다. 그래도 내 말에 귀를 기울여 주기 바란다. 일이 다른 식으로 풀렸다면 어떻게 되었을까 상상해 봄으로써 미래에 닥칠 일들을 좀 더 명확하게 이해할 수 있을 테니 말이다.

　당시는 역사가 빠른 속도로 전개되고 있었고, 나쁜 방향으로든 좋은 방향으로든 거의 모든 것이 가능해 보이던 때였다. 좋은 방향의 시나리오가 강력한 기대감을 끌어모을 수 있었던 주된 이유는 결정적인 민주적 지휘권이 바로 오바마의 손에 쥐어졌기 때문이다. 그는 메인 스트리트 경제*를 재건하고 기후 변화에 대응하겠다는 약속을 내걸어 당선되었다. 〈기후 변화는 기회다. 만일 우리가 새로운 에너지 경제를 창조한다면, 5백만 개의 새로운 일자리가 창출된다. (……) 지난 수십 년 동안

---

　* *Main Street economy*. 주식 및 증권 거래 위주의 금융 시장인 월스트리트에 비교하여 실물 경제를 일컫는 말이다 — 옮긴이주.

컴퓨터가 경제 성장의 원동력이었던 것처럼, 기후 변화 또한 미래로 전진할 수 있는 원동력이 될 수 있다.)[3] 화석 연료 기업들도, 환경 운동계도, 신임 대통령이 집권 초기에 과감한 기후 대응 법제화를 추진하리라 예상했다.

한편 금융 위기는 세계 전역에서 자유방임 경제에 대한 대중적 확신을 산산조각 내버렸다. 미국에서조차 정부의 직접적인 시장 개입을 반대하는 오래된 이데올로기적 금기를 깨뜨리고 일자리 창출을 위한 정부 개입을 옹호하는 광범한 지지 세력이 형성되었다. 이런 지지를 기반으로, 오바마는 경제 재건을 위해 8천 억 달러 규모(이 규모는 더 늘어날 수도 있었다)의 경기 부양책을 구상했다.

또 하나의 특별한 요인은 취약해진 은행권이었다. 2009년 당시 은행권은 수조 달러의 구제 금융에 의존하는 입장이라 아직 순종적인 자세를 취하고 있었다. 납세자들의 세금으로 너그러운 경제적 지원을 해주는 대가로 은행권을 어떻게 개조해야 하는가에 대한 논의 또한 활발하게 전개되고 있었다(심지어 국영화 논의까지 진행되었다). 기억해야 할 또 하나의 요인이 있었으니, 2008년부터 화석 연료 경제의 심장부를 이루는 상위 3대 자동차 회사 가운데 두 곳이 극심한 경영 부실로 구제 금융을 신청했고, 정부는 이 기업들을 파산 위기에서 구해 내는 과업을 떠안고 있었다.

앞서 말한 경제의 세 가지 거대한 원동력(은행권, 자동차 회사들, 경기 부양 자금)이 처한 상황 덕분에 오바마와 민주당은 프랭클린 루스벨트 행정부 이후로 가장 큰 경제적 권한을 확보하게 되었다. 여기서 잠깐 상상의 나래를 펼쳐 보자. 만일 오바마 행정부가 캠페인 과정에서 약속했던 새로운 경제 건설을 위해 민주적인 지휘권을 행사하려는 의지(경기 부양책과 무너진 금융권, 파산한 자동차 회사들을 녹색 미래를 건설하기 위한 주춧돌로 삼고자 하는)가 있었다면 어떻게 되었을까? 만일 강력한 사회 운동(노동조합과 이민자들, 학생들, 환경 활동가들을 비롯하여 몰락하는 경제 모델에 꿈을 짓밟힌 모든 이들의 강력한 연합 세력)이 형성되어 오바마에게 절대로 물러서지 말 것을 촉구했다면 어떻게 되었을까?

아마 경기 부양 자금은 세계에서 가장 효율적인 공공 운송 시스템과 지능 전력망 시스템을 구축하는 데 이용될 수 있었을 것이다. 자동차 산업은 근본적인 개조 과정을 거쳐 청정에너지 전환(명목에 불과한 극소수의 전기차 공급에 그치지 않고 공공 운송 시스템을 마련하지 못한 국가들에게 대규모 운송 및 철도 시스템을 공급하는 방향으로)에 박차를 가하는 새로운 체계를 도입할 수 있었을 것이다. 온타리오의 파산한 자동차 부품 공장이 실파브의 태양광 부품 공장으로 재탄생했듯이, 전국의 폐업 공장과 폐업 위기의 공장들에서 비슷한 전환이 이루어질 수 있었을 것이다. 북미 노동 운동계의 핵심적인 지식인이자 오랫동안 캐나다 자동차 노동조합 연구소장으로 활동해 온 샘 긴딘은 당시 이러한 변화 방안을 제안한 바 있다.

진정으로 환경적 요구를 경제에 통합하고자 한다면, 우리는 생산과 소비 방식은 물론 여행 방식과 생활 방식까지 완전히 바꾸어야 한다. 이와 관련한 잠재적 노동력은 무궁무진하다. 폐업 위기에 몰린 자동차 공구 및 부품 공장들에게는 다양한 부품을 생산할 능력이 있으며, 자동차 부문의 노동 인력은 바람직한 활동에 종사하고자 하는 열망을 품고 있다.

자동차 부문의 설비와 기술은 다른 종류의 자동차와 다른 종류의 부품을 생산하는 활동뿐 아니라, 대중교통 수단을 확대하고 새로운 운송 시스템을 개발하는 활동에도 쓸모가 있다. 또한 이 설비와 기술은 모든 공장의 기계와 모터를 환경적인 요구를 수용하는 방향으로 개조하는 과정에 투입될 수 있으며, 중고 부품과 최종 생산품(자동차 등)을 재활용하는 새로운 생산 시스템에 투입될 수도 있다. 주택 개조와 가전 제품 개조도 시행되어야 한다. 태양광 패널과 풍력 터빈의 사용 확산은 물론, 새로운 전력망 개발, 그리고 운송 방식과 에너지 사용 방식의 변화를 수용할 수 있도록 도시 기간 시설 또한 재정비되어야 한다.

　현재의 경제 위기와 앞으로 닥칠 환경 위기를 동시에 극복해야 하는 지금이야말로 이러한 프로젝트를 시작하기에 가장 좋은 시기가 아니겠는가? 귀중한 시설과 설비를 버려서도 안 되고 기술자들, 숙련된 사무 인력, 생산 인력의 창의성과 지식과 능력을 낭비해서도 안 된다는 주장을 펼치기에 가장 좋은 기회가 아니겠는가?[4]

이처럼 한꺼번에 공장을 개조하려면 틀림없이 많은 비용이 들겠지만, 정부는 구제 금융을 받고 있는 은행들을 동원해 이를 해결할 수 있다. 정부가 새롭게 확보한 권력을 사용하는 것에 두려움을 느끼지 않는다면, 과거 은행권을 대상으로 한 재원 지원 방식(정부는 최근에도 이 방식을 이용해서 금융권을 위기에서 구해 냈다)을 통해 이들이 전환 과정에 참여하도록, 필요하다면 엉덩이를 걷어차거나 고함을 쳐서라도 유도할 수 있다. 금융권 종사자라면 누구나 알겠지만, 채권자는 채무자에 대해 상당한 권한을 지닌다. 어떤 공장이 화석 연료에서 청정 연료로 전환하기 위해 자금을 필요로 하다고 가정해 보자. 그 공장이 믿을 만한 사업 계획, 특히 경기 부양 효과가 있는 사업 계획을 가지고 있다면 정부는 구제 금융을 내주는 대가로 은행에게 이 공장에 대출을 해주라는 명령을 내릴 수 있다. 이를 거부하는 은행은 국영화할 수도 있다. 금융 위기당시 세계 전역에서 대규모 은행 몇 곳이 국영화된 사례가 있다.

　공장 소유주들이 이런 전환 과정에 참여하려 하지 않는 경우도 많을 것이다. 장기적으로는 몰라도 처음에는 수익률이 높지 않을 테니 말이다. 그렇다고 멀쩡한 기계를 고철로 팔아넘기도록 놓아 둘 필요는 없다.

긴딘의 주장에 따르면, 이런 경우에는 노동자들이 협동조합 방식으로 공장을 운영할 기회가 생긴다. 아르헨티나에서는 2001년 경제 위기 직후 소유주가 운영을 포기한 수백 개의 공장이 노동자들의 손으로 넘어갔다. 나는 2년 동안 부에노스아이레스에서 지내며 이 공장들에 관한 기록 영화 「인수The Take」의 제작에 참여했다. 어느 노동자 그룹이 파산한 자동차 부품 공장을 인수하여 왕성하게 성장하는 협동조합 공장으로 전환시킨 과정을 다룬 영화였다. 노동자들이 여러 난관에 부딪치며 자신들에게 없다고 생각했던 새로운 능력을 찾아내는 과정은 실로 감동적이었다. 10여 년이 지난 지금도 이 공장이 순조롭게 돌아가고 있다는 소식을 듣는다. 수백 명의 노동자들이 협동조합 형태로 운영하는 아르헨티나의 〈노동자 자주 관리 공장〉들은 주방용 타일에서부터 남성용 양복에 이르기까지 모든 것을 생산한다.* 이런 분산 소유 모델은 지속 불가능한 부의 불평등 현상을 저지한다는 또 다른 이점을 지닌다. 지금까지 부의 창출은 세계 인구의 절반이 가진 것과 같은 양의 부가 단 85명에게 집중된 시스템에 지탱해 왔지만, 이제 부의 창출 능력이 차츰 노동자들에게까지 확산되면서 양질의 일자리가 늘어나고 지역 공동체 역시 탄탄하게 유지되고 있다.⁵

오바마 집권 초 변화의 시기에 미국에서 이처럼 분명하고 강력한 움직임이 나타났다면, 기후 행동이 경제를 무너뜨린다는 거짓 이론을 펼치던 우파의 시도는 아무런 호응을 얻지 못했을 것이다. 기후 행동이 대규모 고용을 창출하고 공동체를 재건하며 절망의 시점에 희망을 불어넣는 계기가 된다는 사실이 만인에게 각인되었을 것이다. 그러나 안타깝

---

* 최근 미국과 유럽의 노동자들은 파산한 몇몇 공장에서 이 모델을 모방하고자 시도했다. 널리 알려진 사례로, 경제 위기 때 문을 닫았다가 노동자들의 자주 관리로 회생한 시카고의 〈리퍼블릭 윈도우스 앤드 도어스Republic Windows and Doors〉라는 회사가 있다. 노동자들은 이 공장을 〈새 시대 창틀 협동조합New Era Windows Cooperative〉이라는 이름으로 회생시켜 노동자이자 소유주로 일하고 있다.

게도 과감한 장기 경제 계획을 거침없이 시행하는 정부와 광범위한 대중을 이끌어 이런 계획의 실행을 촉구하는 사회 운동은 존재하지 않았다(이 중요한 시기에 미국의 주류 환경 단체들은 대중 운동에 불을 붙이기는커녕 탄소 거래 방식에 근거한 에너지 법제화라는 소극적인 활동에만 전념했고, 결국 이들의 시도는 무위로 끝났다).

이러한 요인이 충족되지 않았기 때문에, 우리는 다시 만나기 어려운 역사적인 순간, 무궁무진한 잠재력을 지닌 그 순간을 놓치고 말았다. 은행권의 총체적 관리 부실이 경제 전체를 위기로 몰아넣은 원인이었음에도 불구하고 오바마는 파산한 은행들이 제멋대로 움직이도록 방치했다. 자동차 산업의 근간에도 전혀 손을 대지 않았고, 기업 규모 축소 이외에는 위기에 대응하려는 노력을 거의 하지 않았다. 2008년에서 2014년 사이 사라진 자동차 산업의 생산직 일자리는 약 11만 5천 개에 달한다.[6]

그나마 경기 부양책을 통해, 에너지 효율을 높이는 건물 개량과 같은 친환경적인 시도와 풍력과 태양광에 대한 막대한 지원이 이루어졌다. 언론인 마이클 그룬왈드가 저서 『새로운 뉴딜*The New New Deal*』에서 밝혔듯이, 이 부문에 투입된 정부의 재정 지원이 〈미국 역사상 최대 규모이자 가장 파격적인 에너지 지원책〉이었다는 점에는 이론의 여지가 없다. 그러나 무슨 이유 때문인지 정부는 대중교통 분야에 대한 지원은 계획조차 하지 않았고, 대규모 기간 시설 가운데 전국 고속도로 시스템에만 모든 재원을 투입했다. 기후 대응의 관점에서 보면 완전히 잘못된 정책이었다. 이를 오바마만의 실패라고 볼 수는 없다. 리즈 대학 생태 경제학 교수 줄리아 스타인버거의 말마따나, 그것은 지구의 실패였다. 〈2008년에 시작된 금융 위기는 21세기를 위해 저탄소 기간 시설에 투자할 수 있는 절호의 기회였다. 하지만 우리는 위기를 배가시키고 말았다. 탄소 배출량이 전례 없는 수준으로 급증했을 뿐 아니라, 실업 급증과 에너지 비용 급증, 소득 격차의 확대가 나타났다.〉[7]

오바마가 경제와 기후를 동시에 안정시킬 역사적인 기회를 장악하지 못한 것은 자원이나 힘이 부족해서가 아니었다. 오바마는 양쪽 모두를 충분히 갖추고 있었다. 그를 가로막은 것은 보이지 않게 작용하는 강력한 이데올로기의 굴레였다. 오바마의 모든 정치적 반대 세력은 물론 오바마 자신도 이 굴레에 얽매여 있었다. 대기업들이 필요 이상으로 광폭하게 사업을 진행하는 순간에도 그들의 사업 방식에 간섭하는 것은 옳지 않다고, 인류 생존의 위기가 임박한 상황에서도 새로운 경제 건설을 위한 계획은 공산주의와 다름없는 사악한 행위라고, 이들은 굳게 믿고 있었다.

이 이데올로기는 자유 시장 반혁명주의가 우리에게 안긴 또 하나의 유산이다. 1970년대 초 공화당 출신의 대통령 리처드 닉슨은 미국 경제를 위기에서 구해 내겠다는 목표 아래 자진해서 임금 및 물가 상승 억제 정책을 시행하며 〈이제는 우리 모두가 케인스주의자다〉라는 명언을 남겼다.[8] 하지만 1980년대 무렵, 오늘날 기후 변화 부인에 주력하는 워싱턴의 싱크탱크들은 사상 투쟁을 전개하며 경제 계획을 추진하겠다는 발상이 스탈린의 경제 5개년 계획과 다를 바 없다는 여론을 형성했다. 이들 이데올로기 전사들의 주장에 따르면 진정한 자본주의자는 경제 계획에 의지하지 않고, 이윤 추구 동기를 촉발시키며, 시장이 무한한 지혜를 발휘하도록 내버려 두고, 만인에게 최상의 기회를 열어 주는 사회를 창조한다는 것이었다.

오바마가 이처럼 극단적인 생각에 동의하지 않는다는 건 분명하다. 오바마는 경제가 올바른 방향으로 나아가도록 정부가 부드럽게 개입하는 것이 마땅하다는 입장에 서서, 의료를 비롯한 각종 사회 정책들을 추진해 왔다. 그러나 경제 계획에 반대하는 입장에서는 여전히 벗어나지 못하고 있다. 그는 은행과 자동차 회사들과 경기 부양책을 좌지우지할 기회를 잡았지만, 이를 새로운 미래 건설에 이용할 수 있는 드문 기회로 여기기보다 가능한 한 빨리 내려놓고 싶은 짐으로 여겼다.

이런 엄청난 기회를 놓치고 우리가 얻은 한 가지 교훈은 바로 이것이다. 기후 행동이 대대적인 규모와 속도로 전개되길 바란다면, 좌파는 우파의 행동을 재빨리 따라 배워야 한다. 경제가 어려울 때마다(그런데 경제는 늘 어렵다) 보수 세력은 경제 성장과 일자리 보호 정책이 절실하다는 여론을 형성함으로써 기후 행동을 지연시키고 그 흐름에 역행해 왔다. 진보 세력 역시 똑같은 일을 하면 된다. 기후 위기의 해결책이야말로 훨씬 안정적이고 공정한 경제 시스템(공공 부문의 강화 및 전환을 추진하고, 품위 있는 일자리를 대량으로 창출하고, 기업의 탐욕을 철저하게 제어하는)을 건설할 수 있는 최선의 방법이라는 여론을 형성해야 하는 것이다.

이런 경제 시스템을 구축하기 위해서는 무엇보다 먼저 새로운 시스템을 선택할 수 있도록 시민의 민주적 권리를 둘러싼 사상 투쟁을 진행해야 한다. 단순히 시장의 힘을 제어하는 방식, 곧 탄소 배출에 대한 과세나 탄소 상한제 설정이라는 최소한의 정책만 실시한 뒤 물러나 있는 것으로는 충분치 않다. 우리 경제의 근본적인 토대를 바꾸기 위해서는 민주주의의 무기고에 들어 있는 정책 도구들을 총동원해야 한다.

일자리 창출을 위한 계획

일부 정책 입안자들은 이 점을 충분히 인식하며 이미 몇몇 시도를 진행하고 있다. 세계 무역 기구에 수많은 기후 관련 분쟁이 제기되어 있다는 사실에서도 알 수 있듯이, 여러 정부(온타리오 주 당국 혹은 인도 정부)는 경제 재편을 위한 계획을 세우고 다양한 정책을 도입하려 시도한다. 이 정부들이 산업계에 요구하는 바는 분명하다〈합리적인 보수로 현지인들을 고용하고, 현지의 자원을 이용해 상품을 생산하라. 이러한 방

식으로 공동체를 지원할 경우에만 그 산업이 공동체로부터 이윤을 얻어 갈 수 있도록 지원할 것이다.〉

정부들이 이런 식의 현지 자원 구매 또는 현지 고용 의무화 정책에 관심을 돌리는 까닭은, 그것이 정치적인 입지에 도움이 되기 때문이다. 사실 실속 있는 기후 위기 대응 정책이 실시되면 득을 보는 사람들도 생기지만 손해를 보는 사람들도 상당히 많아진다. 산업들은 현재와 같은 형태로는 더 이상 존속할 수 없을 것이고 일자리를 잃는 노동자들도 생겨날 것이다. 화석 연료 기업들이 친환경 전환에 순순히 응할 가능성은 거의 없다. 엄청나게 많은 이윤을 놓치게 되기 때문이다. 하지만 지금 화석 연료 채취 및 연소와 관련한 작업으로 보수를 받는 노동자들은 사정이 다르다.

우리는 분명히 알고 있다. 대체 일자리가 마련되지 않으면, 노동조합은 아무리 오염 물질을 배출하는 일이라 해도 그 자리를 지키기 위해 맹렬히 들고일어날 것이다. 반대로 친환경 산업 부문의 좋은 일자리를 선택하고 (토론토 실파브 공장이 자동차 부문 출신 노동자들을 고용한 것처럼) 친환경 전환에 적극 참여할 기회가 마련된다면, 진전은 빛의 속도로 이루어질 수 있다.

고용 창출의 잠재력은 실로 엄청나다. 예컨대 노동조합과 환경 활동가들이 연합한 단체 〈미국 블루그린 연맹U. S. BlueGreen Alliance〉이 발표한 계획안에 따르면, 공공 운송 사업과 고속 철도 사업에 연간 4백 억 달러씩 6년간 투자가 이루어지는 경우 총 370만 개가 넘는 일자리가 생긴다. 공공 운송 시설에 대한 투자가 고용 창출을 확대한다는 것은 주지의 사실이다. 미국의 정책 연구 단체 〈미국의 현명한 성장Smart Growth America〉은 2011년 발표한 보고서에서, 공공 운송 시설의 고용 창출 효과는 비용 대비 고용 인원을 기준으로 삼았을 때 새로운 도로와 교량 건설에 비해 무려 31퍼센트나 높다고 밝혔다. 도로와 교량의 유지 보수 사업 역시 새로운 도로와 교량 건설에 비해 16퍼센트나 높다.[9] 기후와 경제 측면에서도, 기존의 운송 기간 시설을 효율적으로 개량하여 더 많은 사람들이 이용할 수 있도록 하는 것이 더 많은 땅을 아스팔트로 덮는 것보다 훨씬 합리적인 투자 방법이다.

재생 에너지 역시 화석 연료보다 더 많은 일자리를 보장한다. 2012년 국제 노동 기구는 세계적으로 재생 에너지 부문에서 약 5백만 개의 일자리가 창출된 것으로 추정했다. 각국 정부가 배출량 감축을 마구잡이로 부실하게 진행하는 상황에서 이 정도면 대단히 의미심장한 결과다.[10] 산업 정책이 기후 과학계의 제안대로 진행된다면 풍력, 태양광, 지열, 조력 등 재생 에너지를 이용한 에너지 공급 방식은 세계적으로 엄청나게 많은 일자리(제조, 건설, 가설, 유지, 운영 과정 등에서)를 창출할 것이다.

캐나다에서 진행된 비슷한 연구 결과 역시, 재생 에너지와 대중교통 또는 에너지 효율 개선에 13억 달러(캐나다 정부가 석유 및 가스 회사에 지원하는 보조금과 같은 규모)를 투자하면 1만 7천 개에서 2만 개의 일자리가 창출된다는 결과를 내놓았다. 석유 및 가스 부문보다 여섯 배에서 여덟 배나 높은 수치다. 2011년 유럽 운수 노동자 연맹이 발표한 보고서에 따르면, 운송 부문의 배출량을 80퍼센트 감축하는 것을 목표로 종합적인 정책이 진행될 경우 유럽 전역에서 7백만 개의 신규 고용이 창출되며, 유럽 청정에너지 부문에 5백만 개의 일자리가 확보될 경우엔 전력 생산에 따른 탄소 배출량의 90퍼센트를 줄일 수 있다. 〈기후 일자리 1백만 개 창출One Million Climate Jobs〉이라는 기치 아래 활동하는 남아프리카 공화국의 한 단체는 재생 에너지, 대중교통, 생태계 복원, 지속 가능한 소규모 농업 등 다양한 부문에 대규모 고용 창출 프로그램을 도입할 것을 제안하고 있다. 〈기후 변화 대응 전략에서 노동자들과 저소득층의 이익을 최우선에 놓는다면, 우리는 기후 변화에 대응하는 동시에 대량 실업을 막을 수 있다.〉[11]

시장의 자발적인 활동에만 맡겨 두어서는 이러한 종류의 일자리가 만들어지지 않는다. 독일 여러 도시의 주민들이 그랬듯이, 때로는 계획을 추진할 수단을 확보하기 위해 전력 생산에 대한 통제권을 되찾을 필요가 있다. 그래야만 재생 에너지로의 전환을 미루는 일 없이 당장 시행할 수 있으며, 또한 전력 산업에서 확보된 이윤을 주주들에게 넘기는 대신 재원 부족에 허덕이는 공공 서비스를 지원하는 일에 쓸 수 있다.

정책이 전력 산업에만 국한되어서도 안 된다. 비행기 이용을 대체할 저탄소 운송 수단이 절실한 상황에서 국영 철도를 인수한 민간 회사들이 서비스를 폐지하거나 축소하고 있다면, 반드시 이를 공영화해야 한다. 민영화 이후 20년 넘도록 혹독한 경험(요금 인상과 서비스 축소)을 해온 수많은 사람들이 공영화 복귀를 지지하고 있다. 2013년 11월 영국에서 실시된 여론 조사 결과를 인용해 보자. 〈정파를 뛰어넘어 많은 응답자들이 에너지와 철도의 국영화를 원한다. 응답자의 66퍼센트가 에너지 회사가 국영화되어야 한다고 답한 데 반해서 21퍼센트만이 민간의 손에 그대로 맡겨 두어야 한다고 답했다. 응답자의 68퍼센트가 철도 국영화를 지지하고 23퍼센트만이 민간 운영을 지지했다.〉 특히 놀라운 것은 스스로 보수적이라고 생각하는 응답자들 가운데 무려 52퍼센트가 에너지와 철도 회사의 국영화를 지지했다는 사실이다.[12]

권력 분산을 위한 청사진

기후 대응의 측면에서 특히 민영화 재고가 절실한 곳은 천연가스 부문이다. 많은 정부들이 〈징검다리 연료〉라며 천연가스 이용을 권장하고 있다. 탄소를 전혀 배출하지 않는 에너지원으로 전면 전환하기 전에 거쳐야 하는 과도기에는 석탄과 석유 같은 화석 연료 대신 가스를 이용하자는 주장이다. 그러나 독일 등 여러 나라에서 진행되어 온 재생 에너지 전환 속도를 고려해 볼 때, 이러한 징검다리가 반드시 필요한 것은 아니다. 앞으로 다루겠지만, 천연가스가 깨끗하다는 주장은 여러 가지 문제점들을 안고 있다. 장기 계획의 관점에서 징검다리라는 개념이 실효성을 가지려면, 천연가스를 석탄과 석유의 대체 수단으로 사용하되 재생에너지 도입을 미루는 구실이 되지 않도록 보장할 방법을 찾아야 한다. 이것은 아주 중요한 문제다. 프래킹 기술 덕분에 값싼 천연가스가 공급되면서 미국의 풍력 발전 시장은 크게 위축되었다. 2009년만 해도 재생에너지 전력 시장에서 풍력 전력이 차지하는 비율은 42퍼센트였지만, 프래킹 천연가스 채취가 크게 늘어나면서 2010년에 25퍼센트, 2011년에 32퍼센트로 줄어들었다.[13] 또한 재생 에너지를 전면 이용하는 미래로 통하는 〈징검다리〉가 구축된 뒤에는, 역시 온실가스의 주된 배출원이기도 한 가스 채취 산업의 단계적 감축과 이후의 완전 중단을 위한 방안을 마련해야 한다.

이처럼 특수한 목표를 달성할 수 있는 시스템은 여러 가지 방법으로 구축할 수 있다. 예컨대 발전 용량의 증가와 감축을 효율적으로 운영하는 〈복합 사이클〉 발전 설비 운영을 의무화함으로써 풍력과 태양광 발전을 지원할 수도 있고, 퇴출되는 석탄 발전소와 신설되는 가스 발전소를 연계시키는 방식도 있다. 캐나다 대안 정책 연구소 소속으로 프래킹이 환경에 미치는 충격을 전문적으로 연구하는 벤 파핏의 말을 빌리자면, 〈주 정부와 중앙 정부 차원에서 가스 생산 지역과 생산 방식, 그리고 전력 최종 생산 과정의 연계를 의무화하는 규제 정책〉 역시 중요한 역할을 할 것이다. 말하자면 모든 발전소는 생산부터 소비에 이르는 전 과정에서 의무적으로 석탄보다 온실가스 배출량이 낮은 천연가스를 연료로 사용해야 한다는 뜻이다.[14] 프래킹 방식으로 생산된 가스의 사용 금지를 법제화하는 방식도 가능하다. 또한 가스 연료 사용에 아무 제약이 없는 나라들을 상대로 한 프래킹 가스 수출도 규제해야 한다. 이런 수단들을 동원하면 천연가스 사용과 관련한 위험들에 상당 부분 대처할 수 있을 뿐더러, 가스 부문의 수익성을 크게 위축시킬 수 있다.

여기서 한 가지 의문이 제기된다. 탐욕스러운 이윤 추구로 악명 높은 기업들이 과연 에너지 부문의 상당 부분(풍력과 태양광)을 보호하려는 정책에 순응할까? 이들이 과연 자신들을 산업계에서 내쫓겠다는 궁극적인 목표하에 다양한 항목으로 큰 비용 부담을 안기는 규제에 순응할까? 물론 순응하지 않는다. 천연가스를 과도기에 사용하는 임시 연료로 취급한다는 건 이윤 추구를 근본 동력으로 삼고 있는 기업들에게는 일종의 저주나 다름없다. 어떤 기업들이 프래킹 가스를 생산하고 있을까? BP와 셰브론 등, 오랫동안 안전 의무를 위반하고 엄격한 규제에 반대해 온 기업들이다. 이들은 새로운 매장지에서 화석 연료를 채취해 판매하지 않으면 주주들의 반발에 부딪칠 수밖에 없는 사업 모델을 유지하고 있으며, 이러한 성장 주도의 사업 모델을 유지하기 위해서는 에너지 시장을 최대한 장악해야 한다. 결국 석탄과 석유뿐 아니라 취약한 재생 에너지 기업을 비롯해서 에너지 시장에서 활약하고 있는 모든 기업들과 경쟁해야 한다. 현재 대형 가스 회사 카드릴라Cuadrilla의 대표로 있는 존 브라운은 BP사의 최고 경영자 시절에 이렇게 말했다. 〈기업들은 가격 신호에 민감하게 대응해야 한다. 우리는 공공 서비스가 아니다.〉[15] 맞는 말이다. 하지만 우리 에너지 기업들이 늘 그런 경로를 걸었던 건 아니고, 반드시 그런 경로를 거쳐야 하는 것도 아니다.

결론은 간단하다. 사업체 문을 닫고 싶어 하는 민간 기업은 세계 어디에도 없다. 민간 기업의 목표는 시장을 확장하는 것이다. 따라서 과도기의 임시 연료로 천연가스의 역할을 한정하기 위해서는 공공에 의한, 그리고 공공을 위한 엄격한 관리가 필요하다. 다시 말해 우리는 에너지 판매 이윤이 미래의 재생 에너지 기술 개발에 재투자되도록, 그리고 이 부문이 지금 셰일 가스 호황으로 누리고 있는 것과 같은 급격한 성장에 몰

두하지 못하도록 엄격하게 관리해야 한다.[16]

단언컨대, 기존 모델을 유지하면서 에너지 산업을 국영화하는 것은 결코 해법이 될 수 없다. 브라질의 페트로브라스Petrobras, 노르웨이의 스타토일Statoil, 중국의 페트로차이나PetroChina 등 대규모 국영 석유 기업들은 물론 민간 기업들도 위험도가 높은 탄소 매장지를 찾는 데 혈안이 되어 있다.[17] 이윤이 재생 에너지 전환에 투입되도록 보장하는 확실한 에너지 전환 계획 없이 국가가 단순히 이들 기업의 대주주로 참여하는 경우 몹시 부정적인 효과가 일어난다. 쉽게 벌어들일 수 있는 화석 연료 수익에 중독된 정책 결정자들이 수익성에 악영향을 미칠 정책을 도입할 리 없다. 이런 대규모 기업들은 변화에 순응하지 않는, 문자 그대로 강고한 화석이다. 따라서 우리는 공공 소유냐 민간 소유냐를 떠나, 모든 화석들을 작은 조각으로 깨뜨려 단계적으로 제거해야 한다.

저술가이자 활동가인 데이비드 볼리어를 비롯한 여러 사람들 사이에서 논의되고 있는 바와 같이, 훨씬 바람직한 사업 모델은 해당 서비스를 이용하는 지역 사회가 민주적인 방식으로 운영하는 협동조합 혹은 〈공유〉 방식의 새로운 공익 기업이다.[18] 이런 구조가 마련되면 주민들은 지역 사회 소유의 에너지 회사를 상대로 지금보다 훨씬 많은 것을 요구하고 얻어 낼 수 있다. 예컨대 이윤이 화석 연료 매장지 개발이나 터무니없이 높은 중역들의 보수와 주주 배당금으로 돌아가는 것을 차단하고, 당장 우리 경제를 활성화할 잠재력을 지닌 대체 에너지 공급망 구축에 이 재원을 투입할 수 있다.

독일에서 진행되는 재생 에너지의 급격한 팽창은 이러한 모델의 유효성을 입증하는 뚜렷한 사례다. 국가 전역에서 전면적으로 실시되는 발전 차액 지원 제도가 이 전환을 가능하게 만들었다는 사실에 주목하자. 이 제도는 누구나 재생 에너지 생산에 참여하여 간단하고 안정적인 방식으로 수익을 낼 수 있도록 각종 장려책을 제공한다. 전기 생산자들은 전력망에 우선적으로 참여할 수 있는데, 기준 가격을 보장받기 때문에 손실을 볼 위험성이 낮다.

이런 정책들은 소규모 비법인 주체들(농장, 지방 자치 단체, 신설된 수백 개의 협동조합)에 재생 에너지 생산자로 참여할 것을 권장하며, 전력 생산의 분산뿐 아니라 정치적 권력과 소득의 분산에도 기여하고 있다. 독일에서는 재생 에너지 생산 시설의 절반 가량이 농민들, 시민 단체, 9백여 개의 협동조합의 소유로 운영된다. 이들은 전력을 생산할 뿐 아니라 자체 생산한 전력을 전력 회사에 팔아 지역 사회의 수입원으로 삼기도 한다. 현재 독일 전역에는 140만 개의 태양광 발전 설비와 약 2만 5천 개의 풍력 발전 설비가 보급되어 있으며, 새롭게 창출된 일자리는 약 40만 개에 달한다.[19]

이런 정책들은 신자유주의 이론으로부터의 이탈을 상징한다. 독일 정부는 전국적 규모의 장기 계획을 시행하면서 에너지 시장에서 수익을 올리는 업체들을 의도적으로 배제하고(재생 에너지 발전을 우선시하고 원자력 발전소를 단계적으로 폐쇄하는 방식으로), 가격 통제를 실시하며(명백한 시장 개입이다), 잠재적인 재생 에너지 생산자들이 규모에 상관없이 시장에 진입할 수 있도록 공정한 환경을 조성하고 있다. 이런 이데올로기적인 이탈에도 불구하고(혹은 그 덕분에) 독일은 세계에서 가장 빠른 전환을 진행하고 있다. 독일 좌파당의 경제 정책 전문가로 에너지 전환에 열정적으로 몰두하고 있는 한스 티에 따르면, 〈거의 모든 예상치를 뛰어넘는 급격한 전환이 이루어지고 있다. 전환 속도가 예상했던 것보다 훨씬 빠르다〉.[20]

이런 성과를 일시적인 것이라고 단정할 수는 없다. 독일의 프로그램은 1970년대와 1980년대에 덴마크가 시행했던 프로그램을 본뜬 것이다. 덴마크는 이 프로그램 덕분에 전국 전력 생산의 40퍼센트 이상을 풍력 중심의 재생 에너지로 전환할 수 있었다. 2000년 무렵 덴마크 풍력 발전기 중 약 85퍼센트가 농민들과 협동조합 등 소규모 생산자들의 소유였다. 최근 들어 대형 해외 풍력 발전업체들이 시장에 진입하고 있긴 하지만, 이처럼 소규모 생산 비율이 높은 것은 덴마크와 독일에서 동일하게 확인되는 뚜렷한 공통점이다. 이 두 나라에서 재생 에너지 전환을 촉진해 온 주체는 대형 국영 독점 기업이나 대형 법인 소유의 풍력 및 태양광 발전 기업이 아니라, 원대한 목표 아래 세심한 계획으로 전국적인 체계 안에서 활동하고 있는 지역 사회와 협동조합, 그리고 농민들이다.[21] 소규모 분산 방식을 〈작은 것이 아름답다〉고 주장하는 몽상가들의 비현실적인 환상이라고 조롱하는 사람들이 있을지 몰라도, 이 두 나라의 분산 생산은 고도로 발전된 탈산업 국가에서 시도된 그 어떤 모델보다 큰 성과를 올리고 있다.

강력한 사회 민주주의 국가인 덴마크가 이 정책을 도입한 것이 신자유주의를 마지못해 받아들이기 한참 전이었다는 것은 결코 우연의 일치가 아니다. 또한 독일이 그리스와 스페인 등 막대한 채무를 안고 있는 나라들에 대해 엄격한 긴축 정책을 처방하면서도, 정작 국내에서는 이 처방을 엄수하지 않고 있다는 사실 역시 우연의 일치가 아니다. 두 나라의 사례는 정부가 과감한 프로그램을 거침없이 도입하고 이윤 창출 이외의 목표를 정책 결정의 최우선 사항으로 놓을 때 놀라운 속도로 변화가 이루어진다는 점을 분명히 입증한다.

에너지에 대한 통제력을 분산시키는 정책은 실용적인 이유에서도 중요한 의미를 지닌다. 지역 사회 내 주민 참여와 이윤 분배를 배제한 채 외부에서 강제되는 방식으로 실시한 대규모 민간 재생 에너지 사업이 실패로 끝난 사례는 무수히 많다. 지역 사회가 배제되는 경우, 주민들은 소음을 발생시키고 〈경관을 해친다〉는 이유로 풍력 발전소 운영에 반대하거나, 태양광 전지판이 야생 동식물과 생태계에 악영향(이 영향은 현실적인 경우도 있고 추측에 불과한 경우도 있다)을 미친다는 등의 이유를 들어 태양광 발전소 운영에 반대할 가능성이 높다. 이러한 반대는 지역 이기주의로 치부되기도 하며, 이기적이며 근시안적인 인간의 본성을 입증하는 근거로 이용되기도 한다.

하지만 일부 지역에서는 신중한 계획을 통해 이와 같은 반발을 예방한 바 있다. 〈세계 풍력 에너지 협회World Wind Energy Association〉의 대표로 활동했던 프레벤 마에가르드는 이렇게 말한다. 〈주민들이 소유와 이익 분배에 참여한다면, 시설 유치에 반대하는 님비NIMBY(Not In My Back Yard) 현상 대신 시설 유치를 환영하는 풀POOL(Please On Our Land) 현상이 나타날 것이다.〉[22]

공공 예산 삭감이 지속적으로 이루어지는 시기에는 특히 이런 현상이 두드러진다. 그리스의 기후 변화 활동가로 다양한 긴축 반대 운동에 참여하고 있는 디미트라 스파타리두의 말이다. 〈당면한 현실 속에서 생존에 허덕이는 사람들에게 미래란 아무런 의미가 없다. (……) 먹을 것과 주택 난방에 쓸 에너지를 구하는 데만도 안간힘을 써야 하는 상황에서 지속 가능성이란 이해하기 힘든 개념이다. (……) 나는 그리스에 기후 변화가 찾아오면 어떤 상황이 벌어질 것인지에 대해서는 이야기하지 않는다. 그보다는 현재 상황에 대해서, 그리고 우리 경제와 사회를 더 평등하고 더 공정한 상태로 바꾸어 갈 방안에 대해서 이야기한다.〉[23] 스파타리두는 지역 사회가 관리하는 재생 에너지가 더러운 에너지보다 싼 값에 공급될 것이며, 전력 회사에 판매하는 경우에는 이 에너지가 소득원이 될 수도 있다고 역설한다. 또한 지역별 수자원 공급 시설을 민영화하려는 정부 정책에 반대하며, 많은 이들의 지지를 얻고 있는 지역 사회 소유권 확보를 위해 노력할 것을 촉구한다. 그녀의 말에 따르면 전략의 핵심은 현재의 시스템이 제공하지 않는 것, 즉 자신의 삶을 개선시킬 수 있는 수단과 권한을 사람들에게 선사하는 것이다.

권력 분산과 효과적인 기후 행동은 이처럼 밀접하게 연관된다. 따라서 이제 지역 사회가 요구하는 계획은 중앙 집중형으로 고안되었던 과거의 계획과는 완전히 달라야 한다. 어쨌든 우파 세력에게는 국영 기업과 전국적인 계획을 비난하는 데 쉽게 동원할 구실이 있다. 많은 국영 기업들이 형식주의와 복잡한 절차, 나태함 등 관료주의의 폐해에 찌들어 있다는 둥, 국가 사회주의 정부하에서 현지 실정을 전혀 알지 못하는 관료들이 지역 사회의 필요나 경험과는 무관하게 즉흥적으로 급조한 5개년 계획을 현지에 강제로 부과한 바 있다는 둥, 최근 중국 공산당 중앙위원회가 발표하는 계획들 역시 마찬가지라는 둥.

우리가 필요로 하는 기후 계획은 전혀 다르다. 국가적인 계획과 정책이 확실히 담보해야 할 본질적인 역할은, 각국이 탄소 예산의 한도를 벗어나지 않도록 총체적인 배출량 삭감 목표를 설정하고 독일과 온타리오 등지에서와 같이 재생 에너지 가격을 적절히 유지하게끔 그에 걸맞은 정책을 도입하는 것이다. 전국적인 전력망과 효율적인 철도 서비스 같은 일부 프로그램들이 국가적인 차원에서 마련되어야 한다. 그러나 이런 신속한 전환에 광범위한 지역을 참여시키기 위해서는 분권화 방식의 계획을 최대한 폭넓게 시행해야 한다. 자신들에게 가장 적절하고 효과적인 방법을 구상할 수 있도록 각 지역 사회에 도구와 권한을 넘겨주어야 한다. 노동자들이 운영하는 협동조합 방식의 자주 관리 공장들은 산업의 전환 과정에서 막대한 역할을 담당한 바 있다. 분권화는 에너지와 제조업 부문뿐 아니라 사용자들이 감독하는 교통 시스템과 수자원 시스템, 주민들의 민주적인 참여가 보장되는 주민 자치 등 수많은 다른 분야에도 적용될 수 있다.

무엇보다도 중요한 것은 농업의 분권화다. 온실가스 배출의 상당한 비중을 차지하는 농업 부문에서도 자급자족 경제와 빈곤 감소, 탄소 배출 감축 등에 크게 기여하는 분권화 방식의 도입 사례가 급증하고 있다. 현재 농업과 기후 변화에 관한 논의는 대부분 산업형 농업과 소규모 유기농 농업을 둘러싼 찬반 논쟁에 집중된다. 산업형 농업 지지자들은 수확량 증대에 초점을 두고, 소규모 유기농 농업 지지자들은 화학 비료 의존도 축소와 유통 경로의 단축에 초점을 둔다. 이 두 가지 접근 방법의 절충형인 〈농업 생태학〉도 있다. 아직까지는 널리 이해되고 있진 않지만, 소규모 농민들이 현대 과학과 현장 지식의 결합을 통해 지속 가능한 경작법을 사용하는 방식이다.

종의 다양성을 극대화하고 토양 보호와 병충해 통제라는 자연 시스템을 향상시키자는 원칙에 기반한 농업 생태학은, 상황에 따라 여러 형태의 다른 방식으로 나타난다. 『내셔널 지오그래픽』에 실린 한 보고서에는 이런 원칙이 특정한 상황 속에서 어떻게 변형되는지 잘 드러나 있다. 〈농업 생태학은 경작지와 가축 사육장에 나무와 관목을 심는 방식, 태양광을 동력으로 작물 뿌리에 직접 물을 공급하는 점적(點滴) 관개 방식, 두 종 이상의 작물을 인접한 곳에서 재배하여 빛과 물과 양분의 이용을 극대화하는 방식, 친환경 거름, 즉 빠르게 성장하는 식물을 심어 토양의 침식을 막고 양분을 공급하는 방식을 통합적으로 사용할 것을 권장한다.〉[24]

이처럼 다양한 방식을 이용하면 영양분이 풍부한 식품을 생산하고 (산업형 농업에 비해서 단위 면적당 소출량도 많다) 건강한 토양을 유지할 수 있을 뿐 아니라 화학 살충제와 비료, 특허받은 종자 등 값비싼 상품을 구입해야 할 필요도 줄어든다. 이런 방법을 꾸준히 사용해 온 농민들은 이 방식이 기후에 3중의 혜택을 미친다는 것을 깨닫고 있다. 첫째, 탄소를 토양 안에 가두어 버리고, 둘째, 생산 과정에서 화석 연료를 이용하는 비료의 사용을 피할 수 있으며, 셋째, 시장에 가기 위해 운송 수단을 이용하는 빈도가 낮아지면서 탄소 배출을 줄이게 될 뿐 아니라 극단적인 기상 이변에도 더 잘 대처할 수 있다. 식품 생산의 자급자족을 이룬 지역 사회는 세계적인 규모의 식품 공급 시스템에 가격 충격이 발생하는 경우에도 거뜬히 버텨 낸다. 전 세계 소규모 농업민 2백 만 명의 연합체인 〈라 비아 캄페시나La Via Campesina〉는 〈농업 생태학이야말로 기후 위기를 해결할 수 있는 해법이다〉, 〈소규모 농업인이 지구의 온도를 낮춘다〉라는 표현을 자주 사용한다.[25]

최근 몇 년 사이에 수많은 식량 전문가들이 동일한 결론에 도달하고 있다. 2008년부터 2014년까지 UN 식량 특별 보고관으로 활동했던 올리비에 드 셔터의 말이다. 〈농업 생태학이 식량 생산은 물론 빈곤과 기후 변화 완화에 긍정적인 영향을 미친다는 사실이 상당히 많은 과학자 집단에 의해 인정받고 있다. 유한한 자원을 가진 이 세계에 농업 생태학은 반드시 필요하다.〉[26]

대규모 농업 관련 사업을 지지하는 사람들은 지방 분권화 방식으로 생산되는 에너지가 극히 작은 비중을 차지하며, 현지 농민들이 주도하는 유기농 농업으로는 70억을 돌파해 빠르게 급증하는 세계 인구를 먹여 살릴 수 없다고 주장한다. 하지만 이들의 주장은 일반적인 농업 생태학적 접근 방법은 완전히 배제한 채, 유전자 조작 기술에 크게 의존하는 산업형 단작 농작물과 유기농법으로 생산되는 단작 농작물의 수확량을 비교한 결과에 근거한 것이다. 드 셔터는 이렇게 말한다. 〈오늘날 밝혀진 과학적 증거들은, 불리한 환경 때문에 식량 부족에 시달리는 지역의 생산량을 증대시키는 효과 면에서 농업 생태학적 방법이 화학 비료를 사용하는 방법보다 우월하다는 것을 입증한다.〉 또한 그는 최근 농업 생태학적 방법을 채택하여 옥수수 수확량이 두세 배나 급증한 말라위의 사례를 인용한다. 〈농업 생태학적 방법을 채택한 결과, 평균 작물 생산량이 57개 개발 도상국에서는 80퍼센트, 아프리카 전역에서는 평균 116퍼센트나 증가했다. 최근 농업 생태학적 방법을 시행한 아프리카 20개국에서는 3~10년 사이에 작물 생산량이 두 배로 늘었다.〉[27]

빌 게이츠를 비롯한 유력한 자선 사업가들은 종종 개발 도상 지역, 특히 아프리카에 〈새로운 녹색 혁명〉이 필요하다고 주장하지만(여기서의 〈녹색 혁명〉이란 20세기 중반 아시아와 남미에 공장형 농업을 도입하려 했던 자선 사업가들과 정부의 노력을 의미한다), 앞서 살펴본 사례들은 이런 주장들을 반박하는 유력한 근거가 되고 있다. 『포식과 기아Stuffed and Starved』를 펴낸 사회학자 라즈 파텔은 내게 이렇게 말했다. 「녹색 혁명이 세계를 기아로부터 구해 냈다는 주장이 자주 나오는데, 이것은 녹색 혁명의 재도입을 원하는 사람들이 특히 즐겨 하는 주장입니다. 하지만 녹색 혁명 이후에도 기아는 여전히 계속되고 있어요. 녹색 혁명을 고강도로 추진했던 인도에서도 마찬가지고요. 기아가 발생하는 까닭은 식량이 부족해서가 아니라, 식량을 확보하고 통제할 능력이 부족하기 때문입니다. 예컨대, 미국에서는 처치가 곤란할 정도로 농작물이 넘쳐 나는데도 5천 만 명이 식량 부족에 허덕이고 있습니다.」[28]

파텔의 말을 더 들어 보자. 「전 세계적으로 기후 대응형 농업의 성과를 입증하는 수천 건의 실험이 실시되고 있습니다. 세계적인 비료 회사 야라Yara의 값비싼 비료나 세계적인 종자 회사 몬산토의 특허 종자에 의존하는 대신, 농민들이 개발하고 무상으로 공평하게 제공하는 지식에 의존하는 거죠. (……) 농업 생태학이 최고 수준에 도달하면 〈식량 주권〉과 결합하게 됩니다. 우리는 식량 시스템에 대한 민주적인 통제권을 확보하여 더 많은 식량을 생산하는 데 그치지 않고, 만인이 먹을 수 있도록 그 식량을 배분해야 합니다.」[29]

독일의 기적

몇 가지 모델을 검토하면서, 우리는 강력한 분권화 방식의 기후 대응책을 대단히 빠른 속도로 순조롭게 전개하면서 동시에 빈곤과 기아와 실업 또한 극복할 수 있다는 사실을 확인했다. 하지만 분명히 강조할 것은, 꽤 강력하긴 하지만 이런 도구와 장려책들만 가지고는 탄소 배출량 감축 목표를 제때 달성할 수 없다는 사실이다. 이번에는 독일에서 진행된 에너지 전환 사업의 가장 뚜렷한 문제점을 살펴보기로 하자.

재생 에너지 부문이 급격히 팽창했던 2012년, 독일의 탄소 배출량은 이전 연도보다 늘어났다. 기초 자료에 따르면 2013년에도 마찬가지 현상이 나타났다. 현재 독일의 탄소 배출량은 1990년에 비해 24퍼센트 감소했으니, 이 두 해에 걸쳐 나타난 배출량 상승은 단기적인 현상이라고 볼 수 있다. 그러나 재생 에너지 부문의 팽창이 온실가스 배출량의 급격한 감소로 곧장 이어지지 않았다는 사실은 큰 우려를 자아낸다.[30] 이는 또한 장려책과 시장 메커니즘에만 의지하는 경제 계획이 안고 있는 한계를 뚜렷이 보여주는 것이기도 하다.

많은 사람들이 독일의 온실가스 배출량이 상승한 것은 원자력 발전을 단계적으로 감축하기로 결정했기 때문이라고 주장한다. 하지만 현실은 그렇게 단순하지 않다. 2011년에 발생한 후쿠시마 원전 사고 이후, 원자력 반대 운동의 강한 압박에 직면한 앙겔라 메르켈 정부는 원자력 발전을 단계적으로 감축하여 2022년까지 완전 폐지하겠다고 공표하고, 이 정책을 개시하기 위한 적극적인 조치를 마련했다. 반면 독일은 석탄 사용의 단계적 감축을 위한 적극적인 조치에는 전혀 손을 대지 않았고, 석탄을 이용하는 전력 회사들이 다른 나라에 전력을 수출하도록 허용했다. 독일 내에서는 재생 에너지로 전환하는 국민들이 급속히 늘어 가고 있었지만, 석탄을 사용한 발전량 역시 계속해서 늘어나 일부는 원자력 발전 대체용으로, 일부는 가스 발전 대체용으로, 일부는 수출용으로 공급되었다. 독일에서 생산되는 석탄은 대부분 연소 시 많은 탄소를 배출하는 갈탄이다.[31]

앞서 살펴본 마크 제이콥슨 교수의 스탠퍼드 대학 팀의 연구를 비롯해서 최근 발표된 재생 에너지 관련 연구 결과에 따르면, 전 세계 에너지 수요를 재생 에너지인 〈풍력, 수력, 태양광〉으로 1백 퍼센트 공급한다는 목표는 〈빠르면 2050년까지〉 기술적으로도 경제적으로도 달성할 수 있다고 한다. 과학계가 제시하는 목표에 맞추어 온실가스 배출량을 감축하기 위해 굳이 세계 전역에 새로운 원자력 발전소를 건설할 필요가 없다는 이야기다. 원자력 발전소 신설은 오히려 재생 에너지로의 전환 과정을 지연시킬 수 있다. 사안의 긴박함을 고려하면 원자력 에너지보다 재생 에너지를 늘리는 것이 훨씬 빠르고 경제적이다. 제이콥슨은 이렇게 말한다. 〈원자력은 결코 탄소 배출로부터 자유로운 에너지가 아니다. 원자력 지지자들이 무슨 말로 현혹하더라도 이는 틀림없는 사실이다. 우라늄을 채굴하고 운송하고 정련하는 과정, 게다가 원자력 발전소를 건설하는 과정에는 엄청난 양의 화석 연료가 투입된다. 원자력 발전소 한 기를 설계하고 건설하는 데 소요되는 10~19년 동안에는 줄곧 더러운 화석 연료로 생산한 전력이 소모될 것이다(이에 비해 풍력 발전소 건설에는 일반적으로 2~5년이 소요된다).〉 그는 이렇게 결론짓는다. 〈진정한 재생 에너지 시대를 준비한다는 명목으로 원자력에 투자한다면, 우리가 원자력 시대의 도래를 기다리고 또 기다리는 사이 빙하와 극지의 만년설은 계속 녹아내릴 것이다. 게다가 지구의 모든 사람 앞에는 더 위험한 미래가 펼쳐질 것이다.〉 시설 인근에 거주하거나 일하는 사람들의 입장에서 보면, 재생 에너지 시설은 화석 연료나 원자력에 비해 위험성이 훨씬 적다. 코미디언 빌 마어의 말을 빌려 보자. 〈풍력 터빈이 바닷속으로 무너져 내리면 어떤 일이 일어날까요? 이렇게 되겠죠. 텀벙!〉[*32]

현재 전 세계 전력의 12퍼센트를 충당하는 원자력 전력 대부분이 낡고 노후한 반응기에서 생산된다.[33] 기후 대응의 관점에서 보자면, 각국 정부들은 화석 연료와 원자력처럼 위험도가 높은 에너지원의 전면 근절을 목표로 그 사용을 서서히 줄여 나가는 정책을 시행하는 편이 바람직하다. 섭씨 4~6도의 기온 상승을 야기할 것이 뻔한 현재의 경로에서 벗어나기 위해서는 앞으로의 10년이 결정적인 시기이므로, 화석 연료 감축 정책에 우선순위를 두어야 한다. 따라서 새로운 원자력 발전소의 건설 중단과 낡은 원자력 발전소의 운영 중단, 그리고 화석 연료를 재생 가능 에너지원으로 완전히 대체하는 단계에서 원자력의 전면적인 사용 중단 정책이 시행되어야 한다.

분명히 알아 두자. 독일의 재생 에너지 혁명이 출발할 수 있었던 토대는 바로 원자력 반대 운동이며(1980년대에 덴마크에서도 비슷한 상황이 전개되었다), 수많은 위험 요인을 안고 있는 원자력 발전을 폐지하려는 대중적인 열망이 형성되지 않았다면 에너지 전환은 전혀 진척되지 않았을 것이다. 게다가 독일의 수많은 에너지 전문가들이 주장하듯이, 지금까지의 전환 속도로 미루어 보아 원자력과 화석 연료를 동시에 단계적으로 감축하는 것은 충분히 가능하다. 예컨대 2012년 독일 항공 우주 센터가 발표한 보고서에 따르면 2030년까지 유럽 연합이 필요로 하는 전력의 67퍼센트가 재생 에너지로 충당될 수 있고, 2050년까지는 96퍼센트 충당이 가능하다.[34] 물론 이러한 예상은 제대로 된 정책이 실시될 때에만 실현될 수 있을 것이다.

이 목표를 달성하기 위해 독일 정부는 지금껏 원자력 산업에 대해 시행해 온 것과 같은 정책(단계적 감축을 위한 하향식 특별 규제 정책)을

* 원자력 발전이 온난화의 해법이라고 옹호하는 주장은 대부분 〈차세대〉 원자력 기술에 대한 기대감에 근거한다. 차세대 기술은 물 대신 가스를 이용하는 냉각 방식의 원자로 효율 향상 기술에서부터, 연료를 태우는 방식뿐 아니라 연료를 태우는 과정에서 더 많은 연료를 〈증식〉시키는 방식이나 핵분열 방식 대신 핵융합을 이용하는 〈고속 원자로〉 기술까지 다양하다. 이처럼 신기원을 이루는 기술을 열광적으로 지지하는 사람들은 기술이 개발되었으니 이제 원자로 용해나 폐기물 장기 보관, 농축 우라늄의 무기화 등 원자력 에너지와 관련한 수많은 위험 요인이 사라질 거라고 단언한다. 물론 일부 위험 요인이 제거될 가능성은 있다. 그러나 이 기술들이 아직 충분한 검증을 거치지 않았고, 그중 일부는 훨씬 더 큰 위험 요인을 안고 있다는 점에서 원자력 옹호론자들은 안전성을 입증할 책임이 있다. 반면에 재생 에너지 기술이 합리적이고, 민주적이고, 주민들의 참여를 보장하며, 무엇보다 원자력과 같은 위험 요인이 전혀 없는 모델이라는 것은 이미 입증된 사실이다.

석탄 산업에 대해서도 시행해야만 한다. 하지만 메르켈 정부는 독일 석탄 산업 압력 단체의 막강한 정치력을 압도하지 못하고, 유럽 〈탄소 배출권 거래제〉라는 허약한 시장 메커니즘으로 이들을 압박하려 시도해 왔다.[35] 하지만 유럽 탄소 배출권 시장이 무너지고 배출권 가격이 폭락하면서 이 전략은 대실패라는 것이 만천하에 드러났다. 석탄은 값이 쌌고, 게다가 석탄을 연료로 사용하는 일에 대한 현실적인 규제 조치도, 석탄으로 생산한 전력을 수출하는 일에 대한 금지 조치도 전혀 없었다. 결국 배출량을 획기적으로 줄일 수 있었던 중요한 기간이 오히려 그간의 성과를 후퇴시키는 계기가 된 셈이다. 베를린에서 활동하는 기후 전문가 타트치오 뮐러는 이 문제에 대해 내게 이렇게 말했다. 「독일의 탄소 배출량이 증가하는 것은 원자력 발전의 감축 때문이 아니라, 전력 회사들의 석탄 사용을 금지하는 규제 정책이 시행되지 않았기 때문입니다. 독일 내에서 소비되는 대부분의 전력이 재생 에너지라 해도 석탄 회사들이 외국에 전력을 팔아 수익을 챙기는 지금의 구조가 보장되는 한 그들은 계속해서 석탄을 이용해 전력을 생산할 거예요. 우리는 지금 당장 석탄 채취와 소비를 엄격히 규제하는 정책을 실시해야 합니다. 더 이상 미룰 수는 없어요.」[36]

다시 강조하지만, 세계 각지의 지역 사회가 재생 에너지 전환에 필요한 수단을 확보하도록 각국 정부는 독창적인 장려책을 마련해야만 한다. 그러나 독일의 경험에서 알 수 있듯이, 갈수록 포악해지는 화석 연료 산업에 대한 강경한 규제 정책이 병행되지 않는 한, 이런 진보는 결국 물거품이 되고 말 것이다.

시민 불복종 운동의 위력
창밖에는 여전히 연녹색 습지와 무성한 북방림이 펼쳐져 있었지만, 거대한 광산들이 두 눈에 들어오기도 전에 나는 이미 호흡기에 자극이 오는 것을 느낄 수 있었다. 아니나 다를까, 조금 더 올라가자 악명 높은 앨버타 타르 샌드 광산이 눈에 들어왔다. 풀 한 포기 보이지 않는 음산한 사막이 지평선까지 뻗어 있었다. 폐기물이 높은 산을 이룬 터라 그곳 노동자들은 이 지역이 고유의 기상 체계를 가지고 있다는 농담을 하기도 한다. 폐기물을 모아 놓은 인공 호수 역시 우주에서도 보일 정도로 엄청난 규모였다. 독성 폐수를 모아 두기 위해 건설된 이 댐은 세계에서 두 번째로 크다. 지표면은 완전히 맨살을 드러내고 있었다.

공상 과학 소설에는 지구인이 거주하기 위해 우주의 다른 행성을 변형시키는 내용이 곧잘 등장한다. 이를테면 생명이 살지 않는 행성을 찾아낸 다음 각종 기술을 동원해서 그곳 환경을 지구와 비슷하게 만드는 내용이다. 그런데 이와는 완전히 반대로, 캐나다 타르 샌드는 그 지역을 지구인이 살 수 없는 곳으로 바꿔 놓고 있었다. 풍요로운 서식 환경에서 다양한 생물들이 번성하던 생태계를, 달 표면처럼 어떤 생물도 서식하기 어려운 곳으로 뒤바꿔 버리는 것이다. 이런 상황이 계속된다면 이곳에서는 잉글랜드 섬과 비슷한 면적의 대지가 파괴될 것이다. 역청이라는 이름으로 알려진 반고체 형태의 〈비전통적〉 석유를 채취하려면 많은 에너지가 투입되는 까다로운 공정을 거쳐야 하는데, 이 과정에서는 전통적인 석유 채취 공정에 비해 서너 배가량 많은 온실가스가 배출된다.[37]

2011년 6월, 나는 저술가이자 기후 활동가인 빌 맥키번이 초안을 잡은 서한에 공동 서명을 했다. 〈여름 중에서도 가장 덥고 습도 높은 시기에〉 워싱턴 D.C.에서 모여, 체포될 위험을 무릅쓰고 키스톤 XL Keystone XL의 송유관 건설 반대 시위를 벌이자고 사람들을 설득하는 내용이었다. 놀랍게도 무려 1,200명이 넘는 사람들이 이 시위에 참여했다. 북미 기후 운동 역사상 최대 규모의 시민 불복종 운동이었다.[38]

송유관 건설 예정 지역에 살던 농장주들과 원주민들의 연합체가 1년이 넘도록 반대 운동을 펼쳐 오던 터였다. 워싱턴 시위는 이 운동을 전국적인 규모로 확산시켜 미국 기후 운동을 재건하는 일대 전환점이 되었다.

키스톤 XL 송유관 건설을 비판하는 과학적인 근거는 충분했다. 이 송유관은 앨버타 타르 샌드에서 생산된 석유를 운반하는 데 쓰일 예정이었다. 당시 NASA에서 근무하던 제임스 핸슨은 이렇게 밝혔다. 〈타르 샌드에 포함된 역청이 모두 채취되어 연소된다면, 그것으로 기후는 완전히 끝장이다.〉[39] 한편 송유관 건설 반대 운동은 정치적 전략의 일환이기도 했다. 중요한 기후 정책들은 대부분 연방 의회의 승인을 거치거나 주 차원에서 시행되었지만, 키스톤 XL 송유관 건설 승인 여부에 대한 결정권, 그 사업이 〈국가적 이익〉에 부합하는지를 결정하는 권한은 전적으로 국무부, 즉 대통령에게 있었다. 따라서 오바마는 개인적인 답변을 내놓아야 하는 처지였고, 우리로서는 어떤 답변이든 받아 내는 것이 중요했다.

만일 오바마가 송유관 건설을 거부하면, 에너지 관련 법률 제정 실패로 인해 심각한 타격을 입은 채 간절히 승전보를 기다려 온 미국 기후 운동계에는 더할 나위 없이 중요한 승리가 되는 셈이었다. 만약 오바마가 승인하면, 모든 일이 명확해질 터였다. 오바마 당선을 위해 노력해 온 기후 활동가 대부분은, 자신의 당선이 〈대양의 수면 상승이 느려지고 지구가 치유되기 시작하는 순간〉으로 기억되리라 장담했던 이 젊은 상원 의원에게 품어 왔던 기대감을 확실히 내려놓게 될 것이었다.[40] 적어도 기대감이 사라지면 많은 사람들이 환상에서 깨어날 것이고, 기후 운동은 그에 따른 전술 변화를 채택할 터였다. 게다가 대통령이 9월 초까지 결정을 내려야 하는 입장이라 오랜 기간을 기다릴 필요도 없었다. 시민 불복종 운동을 8월 말에 벌이기로 한 것도 바로 그 때문이었다.

맥키번이 공동 설립자로 참여하고 내가 이사진으로 참여한 기후 운동 단체 〈350.org〉가 창립 초기 전략 회의를 가졌을 때, 우리는 3년이 지나서까지 이처럼 대통령의 결정만 기다리는 신세가 되리라고는 전혀 상상하지 못했다. 그 3년 동안 오바마는 얼버무리기와 지연 작전으로 일관했다. 그가 이끄는 내각은 계속해서 환경 문제에 대해 더 많은 검토를 지시하고, 그 결과에 대한 재검토를 지시하고, 다시 또 그 결과에 대한 추가 검토를 지시했다.[41]

키스톤 XL 송유관에 대해 표명한 대통령의 잡다한 신호를 해석하는 일에만 지적인 에너지가 엄청나게 투입되었다. 오바마는 때로는 건설 현장에 투입되기만을 기다리며 쌓여 있는 금속 송유관 앞에서 사진 촬영을 하는 등 송유관 건설을 승인하겠다는 분명한 신호를 보냈고, 때로는 기후 변화와 관련한 연설 석상에서 〈이 사업이 탄소 오염 문제를 심화시키지 않는 경우에만〉 승인하겠다는 감동적인 연설을 하며 송유관 사업을 거부하는 쪽으로 마음이 기울어 있는 듯한 인상을 내비쳤다.[42]

오바마가 어떤 결정을 내릴지는 확실치 않지만(그리고 독자들이 이 글을 읽을 때쯤엔 어떤 식으로든 결판이 나 있겠지만),* 우리는 이 지루한 대서사시를 통해 최소한 한 가지 사실만은 분명히 깨닫게 되었다. 앙겔라 메르켈과 마찬가지로, 오바마는 화석 연료 산업에 반대한다는 의견을 밝히기가 대단히 어려운 입장에 서 있다는 것이다. 그야말로 심각한 문제가 아닐 수 없다. 탄소 배출량을 필요한 만큼 신속하고도 획기적으로 감축하기 위해서는, 아무리 풍부한 양과 높은 수익성이 예상되더라도 탄소 함유물이 땅속에 그대로 묻혀 있게 해야 한다. 하지만 화석 연료 회사들은 이 자원을 채취하자는 데 전적으로 찬성한다.

우리의 정부들은 화석 연료 산업에 대한 엄격한 규제책을 당장 도입해야만 한다. 대량 채취를 위해 계획된 송유관 건설을 금지하고, 탄소 배출 기업을 대상으로 배출량 상한선을 설정하고, 석탄 화력 발전소의 신

* 2015년 11월 6일, 오바마 대통령은 송유관 건설 승인을 거부하기로 최종 결정했다 — 옮긴이주.

설을 금지하고, 앨버타 타르 샌드 같은 화석 연료 에너지 채취 사업을 단계적으로 축소·폐지하고, 아직까지 개척되지 않은 화석 연료 매장지(녹아내리는 북극 빙하 밑에 묻혀 있는 석유 등)의 개발을 금지해야 한다.

———

미국을 비롯한 주요 선진국들이 일련의 환경 관련 법률을 마련했던 1960년대와 1970년대에도 정부가 화석 연료 산업 규제 정책을 내놓는 것이 물론 쉬운 일은 아니었겠지만, 그래도 당시에는 이러한 정책이 갈등 조정 활동의 일환으로 받아들여졌다. 지금은 상황이 다르다. 공화당 지지자들과 많은 민주당 지지자들이 오바마가 키스톤 XL 송유관 건설을 거부할지 모른다는 예측만으로도 길길이 날뛰고 있다. 대통령이 직접 인정했듯이 이 송유관 건설 사업은 규모가 대단치 않아 지속적인 고용 창출 효과도 크지 않고, 〈일시적인 필요에 의한 일시적인 고용 증가〉를 보일 것으로 예상되는데도 말이다.[43] 규제 시행 여부를 결정하는 것조차 이토록 까다로우니, 탄소 함유 물질의 채취량과 배출량을 제한하는 더 광범위하고 강력한 규제책이 여태껏 마련되지 않은 것도 그리 놀라운 일이 아니다.

2014년 오바마가 발전소에 대해 탄소 배출량 감축을 요구한 조치는 분명 의미 있는 진전이었다. 하지만 미국은 이런 소심한 조치에만 의지해서는 국제적으로 제시된 온도 상승 제한 수준을 따라갈 수 없다. 저술가이자 기후 정책 평론가 마크 허츠가드가 당시 했던 말을 빌리자면, 〈오바마는 기후 위기의 심각성을 분명히 파악하고 이 문제의 해결에 필요한 중요한 정책을 채택해 왔다. 하지만 훌륭한 계획과 중요한 정책들이 아직 충분히 무르익지 않은 시기에 대통령으로 취임한 것은 그의 역사적인 숙명이다. (……) 이런 상황은 오바마 대통령에게 떠안겨진 부당한 짐일지도 모른다. 하지만 과학은 공평성을 따지지 않으며, 지도자들은 물려받은 역사를 짊어져야 한다〉. 한편 허츠가드가 인정하듯이, 과학적인 근거가 충분한 정책이라도 〈지금의 정치적·경제적 상황에서는 터무니없는 것으로 여겨질 수 있다〉.[44]

물론 지금의 상황이란 자유 시장 반혁명주의가 만들어 낸 또 하나의 유산이다. 거의 모든 국가의 정치계는 공공의 건강과 복지(또한 인류 공동의 집인 지구에서의 생존 가능성)가 명백한 위기에 처해 있다 해도, 대기업들에 대해 무엇을 하거나 말라고 지시할 권한이 없다는 전제를 수용한다. 느슨한 규제와 적극적인 규제 완화를 지지하는 지배적인 분위기는 금융뿐 아니라 모든 부문에서 막대한 손실을 낳았고, 나아가 기후 위기에 대한 상식적인 대응을 봉쇄해 왔다. 이 봉쇄는 때로 화석 연료 채취를 규제하는 정책을 노골적으로 거부하는 식으로 공공연하게 이루어지기도 하지만, 대개는 규제책들을 아예 발의조차 하지 않거나 확실한 수단이 없는 사안에 대해서는 시장의 해법을 채택하는 식으로 암묵적으로 이루어진다.

물론 시장은 기술적 혁신에 열중하고 있으며, 연구 개발 부문은 시장의 자체 동력만으로도 태양광 모듈과 전자 제품의 효율성을 향상시키는 획기적인 신기술을 개발해 갈 것이다. 그러나 동시에 시장은 단단한 셰일층에 묻혀 있어 쉽게 접근하기 어려운 화석 연료를 채취하기 위한 혁신적인 신기술 개발에도 집중할 것이고, 이처럼 더러운 혁신이 이루어진다면 그 어떤 저탄소 녹색 혁명도 기후 변화 대응에는 전혀 기여하지 못하게 된다.

허틀랜드 콘퍼런스에서 케이토 연구소의 패트릭 마이클스가 무심코 내뱉은 주장이 이 사실을 뚜렷이 입증한다. 마이클스는 기후 변화가 진행되고 있다고 확신하긴 하지만, 진정한 해법은 하늘에서 기적의 기술이 떨어질 때까지 아무런 대응도 하지 않고 기다리는 것뿐이라고 주장했다. 그는 청중들 앞에서 〈무대응이 진짜 대응책이다〉라고 선언하며 결국 〈미래에 개발될 기술〉이 해법이라고 강조했다. 그가 어떤 근거를 제시했을까? 〈두 단어로 충분하다. 바로 셰일 가스. (……) 사람들이 새로운 에너지원을 찾기 위해 지능과 탐구 정신, 추진력을 발휘한다면 이런 기적은 충분히 가능하다.〉 수평 시추를 병용하는 프래킹 방식이라는 획기적인 지적 발견에 대해 허틀랜드 콘퍼런스에 참석한 청중들이 열렬한 환호를 보낸 것은 물론이다. 화석 연료 산업은 바로 이 기술을 동원해 우리를 엉뚱한 곳으로 몰아가고 있다.[45]

이 〈비전통적인〉 채취 방식이야말로 화석 연료에 대해 엄격한 규제가 필요하다는 사실을 입증하는 가장 강력한 근거다. 기후 논의에 등장하는 커다란 오해가 있다면, 우리 사회가 변화를 거부하고 현 상황, 즉 〈늘 변함없는 상황〉을 유지하려고 한다는 생각이다. 하지만 늘 변함없는 상황이란 존재하지 않는다. 에너지 부문은 언제나 급격하게 변하고 있으며, 이러한 변화는 대부분 우리를 기후 대응과는 완전히 반대되는 방향, 즉 전통적인 에너지원보다 훨씬 많은 온실가스를 배출하는 에너지원에 의존하는 방향으로 이끌어 간다.

프래킹 방식을 살펴보자. 천연가스가 석탄과 석유를 대체하는 청정에너지로 알려지게 된 것은 전통적인 방식으로 가스를 채취하는 경우 발생하는 온실가스 배출량이 기존 화석 연료에 비해 상대적으로 작기 때문이다. 그러나 2011년 4월, 코넬 대학의 선도적인 과학자들이 발표한 새로운 보고서에 따르면, 프래킹 방식으로 가스를 채취할 때의 배출량은 확연히 달라진다.[46]

이 연구는 프래킹 방식이 전통적인 방식보다 30퍼센트 이상 많은 메탄을 배출한다는 사실을 확인했다. 프래킹 방식에서는 메탄이 쉽게 누출된다. 생산과 가공, 저장, 유통의 모든 과정에서 그러하다. 기후 변화에 관한 정부 간 협의체의 최근 자료에 따르면, 메탄은 이산화탄소보다 온실 효과가 서너 배나 높다는 점에서 아주 위험한 온실가스다. 코넬 대학 연구 팀은 프래킹 가스가 석유보다 강력한 온실 효과를 낼 뿐 아니라, 에너지원이 개발되고 사용되는 순환 과정 전체를 따져 보면 석탄과 비슷한 수준이라고 밝혔다.[47]

코넬 대학의 생물 지리 화학자로 이 연구 논문에 주저자로 참여한 로버트 하워스 역시 메탄은 공기 중에 배출된 뒤에도 10~15년간은 더 효율적으로 열을 가두며, 사실상 이산화탄소보다 무려 86배나 강력한 온실 효과를 발휘한다고 지적한다. 우리가 〈결정적 10년〉에 이르렀다는 점을 고려하면 더더욱 심각한 상황이다. 호주, 캐나다, 미국에 건설 중이거나 계획 중인 대규모 액화 천연가스 수출 저장설비는 앞으로 10년만이 아니라 50년 가까이 사용할 계획을 가지고 있다. 하워스는 〈우리는 급속한 지구 온난화에 휩쓸릴 위험을 무릅쓰고 이처럼 근시안적인 시스템을 유지하고 있다〉고 설명한다. 단도직입적으로 말하자면, 배출량을 급속히 감축할 방법을 찾아야 할 중요한 이 시점에 세계적인 가스 개발 붐이 대기 온도를 끌어올리는 초강력 오븐들을 세계 곳곳에 건설하고 있는 셈이다.[48]

코넬 대학 팀이 진행한 연구는, 메탄 배출량을 포함해서 셰일 가스 생산이 남기는 온실가스 흔적을 다룬 연구 논문으로서는 처음으로 동료들의 검토를 거쳐 발표된 것이다. 논문의 주저자는 연구에 사용한 데이터가 불충분하다는 사실을 스스럼없이 인정했다(데이터가 불충분한 이유는 이 산업계가 그다지 투명하지 않기 때문이다). 그야말로 폭탄급인 이 논문은 여전히 논란에 휩싸여 있지만, 잇달아 나온 새로운 연구 논문들 역시 프래킹 과정에서 메탄이 대량 누출된다는 사실을 뒷받침한다.[*49]

온실 효과가 훨씬 강력하고 위험도도 높은 방법으로 전환하고 있는 건 가스 산업만이 아니다. 독일을 비롯하여 체코와 폴란드 역시 온실 효과가 대단히 강력한 갈탄의 의존도를 급속히 늘려 가고 있다.[50] 또한 타르 샌드가 전통적인 석유보다 훨씬 많은 탄소 흔적을 남기는데도 불구하고, 석유 회사들은 앨버타 주를 비롯하여 세계 전역의 타르 샌드 매장지로 몰려드는 형편이다. 뿐만 아니라 이들은 해양 굴착에 적합한 곳을 찾아 더 깊고, 더 극지에 가까운 바다를 탐색하고 있다. BP사의 석유 시추 시설 〈딥워터 호라이즌Deepwater Horizon〉 폭발 사고 때 보았듯이, 해양 굴착은 심각한 석유 유출 사고의 위험을 지닌다. 더구나 해양에 유출된 기름은 완전한 제거가 불가능하다. 타르 샌드 매장지에서는 암석층을 깨뜨려 석유와 가스를 채취하는 방식과 타르 성분이 많은 흙에 수증기를 분사해 석유를 채취하는 방식을 병용하는 경우가 점점 늘어나고 있다. 타르 샌드에 포함된 역청을 녹이기 위해 고온의 수증기를 만드는 과정에는 프래킹 천연가스가 연료로 사용된다. 에너지 산업에서 진행되는 〈죽음의 악순환〉의 대표적인 사례다. 산업계가 혁신이라고 부르는 기술을 사용하는 것은 죽음에 이르는 마지막 길인 줄 알면서도 고강도 약물을 복용하는 약물 중독자의 행위와 흡사하다. 우리는 우리가 거주하는 대륙의 암석층을 깨뜨리고, 우리가 사용하는 식수원에 독성 물질을 쏟아붓고, 산을 깎아 내고, 북방림을 깡그리 벌채하고, 심해에 위험 물질을 쏟아 넣고, 녹아내리는 극지를 뒤지고 있다. 마지막 기름 한 방울, 마지막 암석 하나까지 채취하기 위해서 말이다. 일부 선진 기술들이 이런 일을 실제로 가능한 상황으로 만들고 있다. 하지만 이것은 결코 혁

---

* 2007년 이후 미국의 이산화탄소 배출량이 12퍼센트 감소한 게 천연가스 덕분이라는 이야기가 자주 언급되면서, 천연가스가 기후에 미치는 순기능과 관련해 많은 혼란이 일고 있다. 하지만 최근 10년 사이 메탄 배출량이 꾸준히 늘고 있고, 〈포집하기 어려운〉 메탄은 그 배출량을 제대로 측정하기도 어렵기 때문에 상황은 전혀 낙관적이지 않다. 더구나 많은 기후 전문가들과 기후 모델 분석가들은, 셰일 가스 붐이 기후에 미치는 순기능 역시 결국은 고농도 메탄이 배출되는 실정과 풍력이나 태양광 대신에 값이 싼 천연가스를 선호하는 추세로 인해 상쇄될 것이라고 경고한다. 미국의 경우만 보아도 화력 발전 연료가 석탄에서 천연가스로 대체되자 석탄 회사들은 해외 수출을 진행하기 시작했다. 〈이산화탄소 배출량 추적 그룹CO₂ Scorecard Group〉이라는 단체의 분석에 따르면, 수출용 석탄의 온실가스 배출량은 2007년 이후 천연가스 대체로 인한 온실가스 감소량을 〈훨씬 넘어서고〉 있다.

신이 아니다. 이것은 미친 짓이다.

최근 10년간 화석 연료 회사들이 비전통적인 방식의 화석 연료 채취에 뛰어들 수 있었던 것은, 정책 결정자들의 계획적인 결정이 초래한 결과였다. 정책 결정자들은 이 회사들이 대규모 타르 샌드와 석탄 채광지를 개발하도록 허용했고, 규제와 감독 방법을 거의 마련하지 않은 채 미국 내 방대한 지역을 프래킹 천연가스 채광지로 내주는가 하면, 역시 방대한 면적의 영해를 새로운 석유 굴착지로 내주고 해양 석유 채취를 금하던 규정을 완화해 주었다. 재앙적 수준의 지구 온난화 경로에서 벗어날 수 없게 만드는 주원인이 바로 이런 수많은 결정들이다. 더 따지고 들어가자면 이런 결정들은 화석 연료 산업의 강력한 로비 활동의 산물이며, 이처럼 강력한 로비에 몰두하게 만드는 가장 강력한 원동력은 에너지 산업계에서 살아남으려는 굳은 의지다.

비전통적인 방식으로 에너지를 채취하고 정제하는 공정은 전통적인 방식에 비해 훨씬 큰 비용이 들어가며 그 과정도 훨씬 복잡하다. 예컨대 임페리얼 오일Imperial Oil(이 회사의 대주주는 엑슨이다)은 앨버타 타르 샌드 지역에 방대한 면적의 컬Kearl 오일 샌드 노천 채광지를 구축하기 위해 약 130억 달러를 투입했다. 그 면적은 맨해튼의 세 배가 넘는 2백 평방킬로미터로 캐나다 최대 규모의 노천 채광지가 될 것이다. 게다가 이는 타르 샌드 채광지 개발 계획의 일부에 지나지 않는다. 〈캐나다 콘퍼런스 보드Conference Board of Canada〉의 예상에 따르면, 2035년까지 타르 샌드 채광지 개발에 총 3,640억 달러가 투입될 예정이다.[51]

한편 영국의 BG 그룹은 향후 10년 동안 브라질에 3백 억 달러를 투자할 예정인데, 그중 상당 부분이 해심 3천 미터에서 석유를 채취하는 초심해 〈암염 하층〉* 개발 프로젝트에 투입된다. 그러나 화석 연료 분야에

---

* 대륙붕에 있는 지질층으로, 수백 만 년 전 쌓인 소금층으로 덮여 있어 그 아래 많은 석유가 매장되어 있을 것으로 추정된다 — 옮긴이주.

가장 많은 투자를 한 기업은 단연 셰브론이다. 셰브론은 〈A급 자연 보호 구역〉인 호주 북서 해안의 배로 섬 가스 개발에 540만 달러를 투자할 예정이다. 이 사업이 채취하려는 천연가스에는 고르곤Gorgon이라는 이름이 붙었는데, 머리카락이 뱀으로 되어 있는 무시무시한 형상의 그리스 신화 속 여자 괴물의 이름을 딴 것이다. 이 사업에는 셸도 동참한다. 셸은 호주 북서해안의 다른 매장지에서 천연가스를 채취하기 위해 최대 규모의 해상 부유식 설비 건설에 100~120억 달러를 투자한 것으로 알려졌다.[52]

앞으로 수십 년 동안 계속 자원을 채취할 수 있는 조건이 보장되지 않으면 이 회사들은 이처럼 엄청난 투자금을 회수하지 못한다. 막대한 선행 투자 비용이 사업의 지속 기간 동안 회수되는 구조이기 때문이다. 셰브론의 호주 가스 개발 사업은 30년 이상 천연가스 생산을 계속한다는 목표를 잡고 있고, 셸의 해상 부유식 설비는 최대 25년간의 운영을 목표로 건설되었다. 엑슨의 앨버타 타르 샌드 유전, 그리고 BP사와 허스키 에너지Husky Energy가 함께 대규모 타르 샌드 개발에 투자한 〈선라이즈Sunrise〉 사업은 사업 기간을 30년으로 잡고 있다. 이상은 채취가 어려운 곳에 묻힌 석유, 가스, 석탄을 채취하기 위해 전 세계에서 진행되고 있는 대규모 투자 사업의 극히 일부에 지나지 않는다. 이 사업들이 이처럼 장기간 사업을 예정하는 것은, 결국 향후 25~30년 동안은 정부가 강도 높은 배출량 감축 정책을 펴지 않을 것이라 추측하고 있다는 증거다. 심각한 문제다. 기온 상승을 섭씨 2도 이하로 유지하자는 온실가스 전문가들의 주장에 우리가 동의하지 않는 이상, 선진국 경제 주체들로서는 굳이 2010년대 말까지 에너지 전환 정책에 돌입하고 2050년까지 화석 연료 사용 전면 중단이라는 목표를 달성할 필요가 없을 테니 말이다.[53]

만일 이 기업들이 큰 오산을 한 것이고 우리가 땅속에 묻혀 있는 탄소를 그대로 남겨 두자고 강력하게 요구한다면, 이 대규모 사업들은 몽땅

〈좌초 자산stranded assets〉이 될 것이다. 다시 말해 환경 정책 분야에서 급격한 전환이 이루어질 경우, 이 사업들의 투자액은 예상했던 수익을 회수하지 못하는 자산이 된다. 한 기업의 회계 장부에 거액의 좌초 자산이 포함되면 주식 시장이 곧바로 이를 파악하고, 부실한 투자를 한 해당 기업의 주가는 폭락한다.

이 문제는 특정한 자원 개발 사업 몇 건만이 아니라, 유한한 지하 자원을 채취하는 사업에 종사하는 기업들의 시장 가치를 평가하는 방식에도 영향을 미친다. 석유 및 가스 회사들이 안정적인 혹은 성장하는 수익 구조를 유지하려면, 현재 사용 중인 매장지의 자원이 동이 난 뒤에 이용할 새로운 탄소 매장지를 확보하고 있다는 걸 주주들에게 입증할 수 있어야 한다. 이것은 화석 연료 채취 회사들의 입장에서는 매우 중요한 과제이다. 자동차 회사나 의류 회사가 주주들에게 앞으로 생산할 상품에 대한 사전 예약 주문이 확보되어 있음을 보여 주는 것과 마찬가지다. 시장은 에너지 회사라면 아무리 못해도 현재의 매장지와 동일한 규모의 자원이 매장된 새로운 부지를 확보하리라 기대한다. 다시 말해 〈생산량 대비 신규 확보 매장량 비율〉을 1백 퍼센트로 유지할 것을 요구하는 것이다. 유명한 투자 정보 사이트 인베스토피아Investopedia의 설명을 인용해 보자. 〈어떤 회사가 장기간 사업을 지속하기 위해서는 생산량 대비 신규 확보 매장량 비율을 1백 퍼센트 이상으로 유지해야 한다. 그러지 않으면 그 회사의 석유 생산량은 점점 줄어들 테니 말이다.〉[54]

따라서 이 비율이 1백 퍼센트 아래로 떨어지면 투자자들은 경악한다. 예컨대 2009년 셸은 2008년의 생산량 대비 신규 확보 매장량 비율이 95퍼센트로 하락했다고 발표한 직후, 기업의 장래가 위험하다고 판단한 시장을 안심시키기 위해 고투를 벌여야 했다. 결국 셸은 풍력과 태양광에 대한 새로운 투자를 중단하겠다고 선언함으로써 시장의 동요를 잠재웠다. 한편 셰일 가스(프래킹 방식으로만 얻을 수 있는)와 심해 유전과 타르 샌드 매장지를 새로 확보하는 전략에 박차를 가했으며, 결국 그해에 새로운 매장지에서 석유 34억 배럴에 해당하는 생산 계획 (2009년 생산량의 세 배에 이르며, 생산량 대비 신규 확보 매장량 비율로 따지면 288퍼센트라는 수치다)을 추가했다. 이런 대응 덕분에 셸의 주가는 치솟았다.[55]

대형 화석 연료 기업의 입장에서 생산량 대비 신규 확보 매장량 비율을 유지하는 것은 그야말로 지상 과제이며, 이 과제를 이루지 못하는 회사의 앞날은 캄캄절벽이다. 신규 매장지 확보를 위해 계속 움직이지 않으면 현 상황의 유지조차 힘들다. 이 지상 과제를 이루기 위해 화석 연료 산업은 극단적인 형태의 화석 연료 에너지 사업으로 몰려든다. 전통적인 매장지에만 의존해서는 생산량 대비 신규 확보 매장량 비율의 하락을 막을 수 없기 때문이다. 국제 에너지 기구가 해마다 발행하는 세계 에너지 전망 보고서에 따르면, 세계 전역의 〈기존 매장지〉에서 생산되는 전통적인 석유의 양은 2012년의 하루 6,800만 배럴에서 2035년에는 하루 2,700만 배럴로 떨어질 것으로 추정된다.[56]

상황이 이러하니 석유 기업은 알래스카 푸르도 베이Prudhoe Bay 유전이 고갈될 경우 대책이 있다며 주주들을 안심시키기 위해, 더 위험하고 더 많은 온실가스를 뿜어낼 매장지를 찾아낼 수밖에 없다. 예컨대 엑슨이 2011년 새로 확보한 매장량의 절반 이상은 앨버타 타르 샌드에서 개발 중인 엄청난 규모의 컬 광구에 속한다.[57] 이런 사업 모델이 시행되는 한, 어느 해안이나 대수층도 안전할 수 없다. 화석 연료 회사에 대한 개별적인 반대 운동이 아주 힘겹게 승리를 거둔다 해도 그것은 일시적인 성과일 뿐, 얼마 못 가서 〈뚫고 또 뚫어라Drill, Baby, Drill〉*는 함성에 압도되고 말 것이다. 멕시코 만을 걸어서 건널 수 있을 정도로 시추 시설

* 2008년 공화당 전당 대회 때 마이클 스틸 전 메릴랜드 주 부지사가 사용한 슬로건으로, 해저 원유와 천연가스 개발을 지지하는 미국 보수층의 입장을 대변한다 — 옮긴이주.

이 빼곡히 들어차도, 호주의 대산호초가 석탄 운반선들의 정박소가 되어도, 복원할 방법이 없는 원유 유출 사고로 그린란드의 얼음층이 검게 물들어 가도, 이런 사업 모델은 중단되지 않을 것이다. 이 기업들은 신규 확보 매장량 비율을 최고로 유지하기 위해 계속해서 더 많은 매장지를 찾으려 할 것이며 몇 년 뒤에도, 또 몇 년 뒤에도, 다시 몇 년 뒤에도 이런 상황은 바뀌지 않을 것이다.

앞서 언급했듯이, 화석 연료 기업의 입장에서야 이처럼 큰 위험을 안고 있는 탄소 매장지를 찾아다니는 것은 달리 선택의 여지가 없는 지상 과제다. 주주들은 올해 그리고 작년에 확보했던 것과 같은 규모의 막대한 이윤을 내년에도 확보하기를 원하고, 주주들의 이익을 보장하는 것은 수탁자의 의무다. 단언컨대, 이런 식으로 수탁자의 의무를 충족시키다가는 지구 전체가 엉망진창이 될 것이다.

결코 과장이 아니다. 2011년에 〈탄소 추적자 이니셔티브Carbon Tracker Initiative〉라는 싱크탱크는 모든 화석 연료 회사들이 이미 확보한 매장지와 국가 소유의 매장지의 규모를 합산하는 획기적인 조사를 진행했다. 조사 결과 이 참여자들이 이미 확보하고 있는 석유, 가스, 석탄 매장지(이들이 자산으로 확보하고 있는 것과 이미 주주들에게 수익을 제공하고 있는 것)는 2,795기가톤(1기가톤은 10억 톤이다)의 탄소를 품고 있는 것으로 밝혀졌다. 심각한 문제다. 기온 상승을 섭씨 2도 이하로 유지할 확률을 높게(약 80퍼센트로) 유지하고자 할 때 우리가 2011년부터 2049년까지 태울 수 있는 탄소의 최대량이 565기가톤이라는 사실을 고려하면, 2,795기가톤이란 너무나 엄청난 규모다. 빌 맥키번의 말을 인용해 보자. 〈누구나 알겠지만, 2,795는 565의 다섯 곱절이다. 도저히 비교할 수 없는 규모다. (……) 이 수치가 의미하는 바는 간단하다. 이 산업이 증권 거래 위원회와 주주들에게 제출한 사업 계획서에서 밝힌 내용에 따르면, 이들은 지구 대기층이 흡수할 수 있는 양보다 다섯 배나 많은 화

석 연료를 태울 계획이다.〉[58]

이 수치는 무엇을 의미할까? 기업들이 자멸을 원치 않는 한, 기후 재앙을 막기 위해 우리가 반드시 취해야 할 행동(화석 연료 채취 중단)은 꿈도 꿀 수 없다는 뜻이다. 다시 말해 진지한 기후 변화 대응(급격한 온실가스 감축)은 세계에서 가장 수익성이 높은 산업의 존속과 절대로 양립할 수 없다.

게다가 여기 걸린 판돈도 어마어마하다. 매장된 탄소 총량은 약 27조 달러(영국의 연간 국내 총생산의 열 배를 훨씬 넘어선다)에 상응한다. 우리가 기온 상승을 섭씨 2도 이하로 유지하기 위한 정책을 진지하게 실천한다면, 그중 약 80퍼센트가 휴지 조각에 불과한 좌초 자산이 된다. 이러한 규모의 판돈이 걸려 있으니 화석 연료 기업들이 실효성 있는 온실가스 감축에 필요한 일체의 법률 제정을 가로막기 위해 기를 쓰고, 일부 기업들은 직접 기후 변화 부정 운동에 자금까지 대고 있는 것이다.[59]

이처럼 높은 수익이 걸려 있기 때문에 이들은 화석 연료를 태우는 일뿐 아니라 뇌물을 쓰는 데도 엄청난 자금을 쓴다. 뇌물 공여가 합법적인 상황에서는 말할 나위도 없다. 미국만 따져도 석유 및 가스 산업은 2013년 의회와 정부 공직자들을 상대로 한 로비 자금으로 하루 약 40만 달러를 지출했다. 2012년 선거 때는 연방 선거 및 정치 기부금으로 무려 7,300만 달러를 내놓았는데, 이는 2008년 선거 때보다 87퍼센트 증가한 금액이다.[60]

캐나다에서는 기업이 로비 자금으로 얼마를 지출했는지를 공개할 의무가 없지만 공무원과 접촉한 횟수는 공개해야 한다. 2012년에 발표된 어느 보고서에 따르면 〈캐나다 석유 생산자 협회Canadian Association of Petroleum Producers〉는 2008년부터 2012년 사이에 연방 공무원과 무려 536회 접촉했고, 키스톤 XL 송유관 사업에 참여한 회사 트랜스캐나다TransCanada는 279회 접촉했다. 같은 기간 온실가스 배출 감축을 위해 활동하는 캐나다 최대 연합체 〈기후 행동 네트워크The Climate Action Network〉가 연방 공무원과 접촉한 것은 고작 6회에 불과했다. 데이비드 캐머런 정부가 들어선 첫해에 에너지 산업계가 영국의 에너지 기후 변화부와 접촉한 횟수는 환경 단체보다 약 열한 배가량 많았다. 사실 석유 및 가스 산업계와 영국 정부 사이에 경계를 긋는 일은 갈수록 어려워지고 있다. 2011년 『가디언』의 보도에 따르면 〈지난 4년 동안, EDF 에너지EDF Energy, 엔파워npower, 센트리카Centrica 등의 직원 50명 이상이 에너지 문제를 다루는 정부 부처에서 활동해 왔다. (……) 이 직원들은 아무런 보수도 받지 않고 정부 부처에 임시로 파견되어 최대 2년까지 활동한다.〉[61]

이처럼 정부 부처와 화석 연료 산업 사이에 돈과 인력이 오간다는 사실은, 기후 위기가 우리의 집단적인 자기 보호 본능을 일깨울 때마다 화석 연료 산업 역시 산업 내부의 직접적인 자기 보호 본능에 이끌려 엄청난 재력을 활용해 이를 막아선다는 것을 뜻한다. 환경주의자들은 우리 시대의 인류를 속담에 나오는 〈끓는 물 속의 개구리〉에 비유하곤 한다. 물 온도가 서서히 올라가는데도 온도 변화에 익숙해진 나머지 냄비에서 뛰쳐나올 생각을 하지 않는 개구리와 다를 바 없다는 것이다. 하지만 인류는 그 물에서 뛰쳐나오려는 시도를 여러 차례 해왔다. 1992년에는 리우 환경 회의가 있었고, 1997년에는 교토 기후 변화 협약 총회가 있었다. 『불편한 진실An Inconvenient Truth』의 출간 직후인 2006년과 2007년에는 기후 변화에 대한 세계적인 관심이 증폭되었고, 이 책의 저자 앨 고어와 기후 변화에 대한 정부 간 협의체가 노벨 평화상을 공동 수상하기도 했다. 2009년에는 코펜하겐에서 UN 기후 정상 회의가 열렸다. 문제는, 돈이 마치 냄비 뚜껑처럼 이러한 정치적 과정을 왜곡하고 인류의 자기 보호 본능을 가로막아 뜨거운 물에서 뛰쳐나오지 못하도록 틀어막는다는 데 있다.

UN 기후 정상 회의에서 기온 상승을 섭씨 2도 이하로 유지하기로 한 구속력 없는 약속에 대해 화석 연료 산업계가 전혀 관심을 보이지 않는 까닭은, 이들의 로비 활동이 엄청난 위력을 발휘하고 있기 때문이다. 실제로 코펜하겐 정상 회의가 결의안을 발표하던 날에도 일부 대규모 화석 연료 기업들의 주가는 전혀 동요하지 않았다.[62]

현명한 투자자들은 여러 정부가 코펜하겐 정상 회의에서 내놓은 약속에 대해 전혀 우려하지 않았다. 이들은 그 약속보다 실제적 권한을 쥔 자국의 에너지 부처들이 내준 채광과 굴착 면허가 훨씬 중요하다고 여겼다. 실제로 2014년 4월, 정부가 강력한 기후 대응 법률을 제정하여 기온 상승 섭씨 2도 이하 약속을 지키려 할 경우 이미 확보한 매장 자원 가운데 상당 부분이 좌초 자산이 되리라는 보도가 나온 직후에 엑슨모빌의 적극적인 투자자들이 이에 대한 답변을 요구했을 때도 회사는 전혀 흔들림이 없었다. 엑슨모빌은 강경한 기후 정책이 〈시행될 가능성은 거의 없다〉고 확신했으며, 〈우리는 이런 분석에 근거하여, 우리가 확보한 탄화수소 매장지들이 지금이나 앞으로나 《좌초》되지 않는다고 확신한다〉고 설명했다.[63]

정부 공무원들 역시 이런 상황을 분명히 인식하고 있었다. 2006년부터 2012년까지 영국 내각이 세 번 바뀌는 동안 기후 변화 특별 대표단으로 활동했던 존 애슈턴은 에너지 정책을 입안하는 동료 공무원들에게, 화석 연료 개발과 관련한 정책 개발 방향이 〈섭씨 2도 기후 정책을 실시한다〉는 정부의 약속과 배치된다는 점을 지적하곤 했다. 〈동료들은 나의 시도를 그냥 무시하고 예전과 다름없이 행동했다. 그들은 나를 고대 아티카 지방에서 쓰던 그리스 방언으로 이야기하는 사람처럼 대했다. (……) 정부의 두 가지 정책 사이에 미묘한 차이가 존재하는 경우에는 대개 쉽게 조정할 수 있다. 하지만 완전히 상반된 차이는 해결할 방법이 없다. 완전한 모순이 있는 경우에는 이미 권력을 쥔 세력이 훨씬 유리하기

마련이다.$)^{64}$

화석 연료 산업의 영향력(그리고 재력)이 심하게 훼손된 경우에만 이런 상황이 뒤바뀔 수 있고, 그러한 역전을 이루기란 몹시 힘들다. 이들이 경제 전체가 의존하고 있는 자연 자원의 판매 활동(그리고 현실적인 대안 정책의 시행을 효과적으로 차단하는 활동)을 손쉽게 해온 것은, 그 회사를 좋아하든 싫어하든 대부분의 사람들이 그 회사의 상품을 계속해서 구입할 수밖에 없기 때문이다. 당분간은 이들이 막강한 재력을 유지할 것이라 예상되는 상황에서 이 정치적 교착 상태를 돌파할 수 있는 최선의 방법은, 정치인들을 매수하고 협박하는 데 자금을 투입하는 활동을 대폭 제한하는 것이다.

기후 운동이라는 측면에서는 다행스럽게도, 다른 많은 부문들 역시 정치를 좌지우지하는 금권의 위력을 축소하는 일에 적극적인 관심을 쏟고 있다. 특히 이런 횡포가 두드러지는 곳은 기후 대응 진전의 가장 큰 장벽인 미국이다. 금권의 위력은 미국 의회에서 기후 변화 대응 법안의 통과를 저지했고, 2008년 금융 위기 이후에도 금융권의 대대적인 개혁을 봉쇄했으며, 2012년 코네티컷 뉴타운에서 일어난 끔찍한 학교 총기 난사 사고 직후에도 총기 개혁을 봉쇄했을 뿐 아니라, 건강 보험 회사와 제약 회사의 파괴적인 영향력을 제어하려던 오바마의 건강 보험 개혁을 좌초시켰다. 이처럼 시스템의 심각하고 근본적인 결함을 바로잡으려던 시도들이 모두 좌초되는 것은 대기업이 엄청난 정치적 영향력을 휘두르기 때문이다. 대기업들은 대개 은밀하게 진행하는 정치 자금 기부를 통해서, 그리고 압력 단체를 이용해 자유롭게 규제자와 접촉하면서, 산업계와 정부 사이의 악명 높은 회전문 관행을 통해서, 그리고 미국 연방 법원으로부터 승인받은 〈표현의 자유〉를 내세워서 막강한 정치적 영향력을 행사한다. 미국 정치계가 가장 심각한 문제를 안고 있긴 하지만, 다른 서구 민주주의 국가들 역시 정치적 접근권과 영향력 면에서 공평한 경쟁의 기회를 허용하지 않는 것은 마찬가지다.

　이런 왜곡이 오랫동안 고착되어 다양한 유권자 주체들에게 상처를 입히고 있기 때문에, 많은 사람들이 이 시스템의 정화 방안을 찾느라 심혈을 기울이고 있다. 기후 변화 대응과 관련해서 근본적인 문제는 〈해결책〉이 없다는 게 아니다. 이런 왜곡을 바로잡을 수 있는 해결책은 명백하다. 정치인들이 규제 대상인 산업계로부터 기부금 혹은 뇌물에 해당하는 직위를 제공받지 못하도록 하고, 정치 기부에 대한 철저한 공개와 상한선의 엄격한 적용을 실시하고, 모든 정치 세력이 공중파 매체를 이용할 수 있도록 허용하고, 민주주의 유지에 필요한 기초 비용이라는 인식 위에서 선거 공영제를 채택하는 것이다.

　문제는 많은 사람들 사이에 체념이 만연해 있다는 것이다. 여전히 기업의 영향력이 막강한 상황에서 정치인들에게 기업 영향력의 족쇄를 끊어 내기 위한 개혁 정책에 표를 던지라고 설득할 수 있을까? 물론 대단히 어려운 일이다. 그러나 정치인들은 기부금이 끊기는 것보다 선거에서 지는 것을 훨씬 두려워한다. 바로 이 지점에서 기후 변화 운동은 현실적인 힘(정치 세력으로서의 위력을 최대화할 수 있는 가능성)을 발휘할 수 있다. 앞서 살펴보았듯이, 유수의 과학 단체와 현존하는 국제 기구들(미국 과학 진흥회에서 NASA, 영국 왕립 학회, 기후 변화에 관한 정부 간 협의체, 미국 국립 과학원, 세계은행, 국제 에너지 기구에 이르기까지)이 기후 재앙을 피할 수 있는 시간이 얼마 남지 않았다는 과학적 경고를 내놓았다. 전열을 재정비한다면, 기후 운동은 이 경고를 이용해 정치계에 대한 기업의 자금 공여(화석 연료 산업뿐 아니라 미국 총기 협회와 패스트푸드 산업, 민영 교도소 산업 등 진보 운동의 진전을 가로막는 세력들이 제공하는 막대한 규모의 자금 공여)를 차단하자는 여론에 불을 붙일 수 있다. 기업의 정치 자금 공여를 차단하자는 슬로건은 정치를 장악한 기업의 힘이 위축될 경우 혜택을 입을 다양한 유권자들(의료계 종사자들에서부터 학교에 다니는 자녀의 안전을 걱정하는 학부모들에 이르기까지)을 단합시킬 수 있다. 물론 비슷한 개혁을 이루려는 여러 가지 시도들이 장벽에 부딪치는 현실에서 이런 연합 운동이 성공을 거둘 수 있으리라 단언할 수는 없다. 그러나 불완전하다는 걸 알면서도 기후 변화 대응 정책 법제화를 촉구하는 활동에 에너지와 자금을 투입했듯이, 미국 기후 운동은 이 연합의 움직임에도 비슷한 규모의 에너지와 자금을 투입해야 한다(이에 대해서는 나중에 자세히 다뤄 보자).

단순한 이슈를 넘어 하나의 프레임으로

정경 유착의 부패 고리를 끊는 일과 온실가스 배출을 줄이는 일 사이의 긴밀한 연관 관계는, 기후 운동이 이미 막대한 대중적 지지를 받고 있는 정치적 목표에 새로운 숨결을 불어넣을 수 있음을 증명하는 사례 중 하나일 뿐이다. 기후 운동은 부유층 세금 인상이나 각종 폐단을 조장하는 새로운 무역 협상 체결 봉쇄 혹은 공공 부문 투자 확대 등, 지금까지 논의해 온 다른 여러 사안들에도 힘을 보탤 수 있다. 그러나 이를 현실화하기 위해, 기후 운동은 먼저 몇 가지 나쁜 관례들을 바로잡아야만 한다.

오래전부터 환경주의자들이 가장 큰 문제로 삼아 온 것은 〈기후 재앙〉이다. 지구가 몹쓸 행동을 한 인류를 완전히 쓸어 버리기로 결심한다면 다른 문제들에 대한 고민이 순식간에 헛것이 되는 마당에, 무엇 때문에 여성의 권리니 빈곤이니 전쟁 따위 문제에 시간을 허비하는지 모르겠다고 말하는(그것도 꽤나 목청 높여서) 사람들도 있다. 1970년 〈지구의 날Earth Day〉이 처음으로 선포되었을 때, 이 운동을 주도했던 민주당 상원 의원 게일로드 넬슨은 환경 위기와 비교하면 〈베트남 전쟁, 핵전쟁, 기아, 퇴락하는 도시 등 사람들이 흔히 중요하다고 여기는 문제들은 상대도 안 될 만큼 하찮은 것〉이라고 선언했다. 좌파 성향의 유명한 언론인 I. F. 스톤이 지구의 날을 가리켜 〈로큰롤과 이상주의, 그리고 발화성이 전혀 없는 사회 문제를 이용해, 우리 사회의 권력 구조를 흔들어 대는 훨씬 시급한 사안들로부터 젊은이들의 관심을 돌리려는 거대한 사탕발림〉이라고 비난한 데는 이러한 배경이 있다.[65]

둘 다 그릇된 주장이다. 환경 위기를 제대로 인식하기만 한다면 사람들은 가장 긴급한 정치적·경제적 대의에 대한 관심을 거두는 대신, 오히려 생존을 위협하는 위기의 긴박함을 인식하고 각각의 대의에 더더욱 큰 관심을 쏟을 것이다. 뉴욕에서 〈월스트리트를 점령하라〉 운동 조직화에 참여했던 요탐 메럼은 2013년 7월 이런 글을 썼다. 〈기후 투쟁은 별개의 운동이 아니다. 우리가 진행하는 모든 운동에 있어 그것은 도전이자 기회다. 우리는 기후 활동가로 변신할 필요가 없다. 우리는 이미 기후 활동가니까. 우리에게 필요한 것은 독자적인 기후 운동이 아니라, 기후와 관련한 중요한 계기를 포착하는 활동이다.〉[66]

이런 계기는 본질적으로 자주 발생하는 데다 연쇄적이다. 선진 공업 국가들이 지금부터 10년 안에 대대적인 온실가스 감축 경로에 돌입하느냐 마느냐는 중국과 인도 등의 신흥국들이 그 후 10년 안에 동일한 경로에 돌입하느냐 마느냐를 결정하고, 신흥국들의 대응은 다시 인류 전체의 탄소 예산을 초과하느냐 마느냐를 결정한다. 인류 전체의 탄소 예산을 초과하지 않는다면 정부들이 합의하여 결정한 섭씨 2도 목표를 달성할 가능성은 상당히 높아진다. 다시 강조하지만, 이따금 실현되는 성과에 만족하면서 변화에 대해 논의할 시간적 여유는 그리 많지 않다. 우리에겐 앞으로 20~30년도 채 남아 있지 않다. 하지만 전략과 데드라인의 확실한 엄수, 그리고 끈기 있는 집중이 필요한 상황에서, 안타깝게도 가장 진보적인 운동들은 이 모든 과제를 도외시하고 있다.

더하여 훨씬 더 중요한 것이 있다. 기후 변화가 제시하는 원대한 서사 속에서 볼 때는, 노동 조건 개선과 이민자들에 대한 공정한 처우, 노예제와 식민주의 같은 역사적 악행들에 대한 배상 등 거의 모든 사안들이 오염 물질을 배출하지 않고 기후 충격에도 흔들리지 않는 경제를 구축하는 원대한 프로젝트에 포함될 수 있다는 점이다.

지나치기 쉽기 때문에 특별히 명심해야 할 또 한 가지 사항이 있다. 지금의 상황을 무한정 연장하는 것은 이런 프로젝트의 대안이 될 수 없다는 사실이다. 그런 관점은 기후 변화를 이용하려는 재난 자본주의일 뿐이다. 재난 자본주의가 온실가스 감축을 내세워 부당 이득을 취하고, 국경에 민간 군사 기업의 초강력 무기를 배치하며, 위험도가 높은 지구 공학을 실행에 옮기면 걷잡을 수 없는 상황이 펼쳐질 것이다.

기후 위기가 다른 사안들과 운동들을 하나로 통합하는 정치적 전환점 역할을 할 수 있다는 주장은 과연 현실성이 있을까? 극우 보수주의자들이 기후 위기를 부정하느라 기를 쓰고 있는 데는 분명한 이유가 있다. 기후 변화가 처음으로 대중의 의식 속으로 파고들었던 1988년에는 그들이 전파하고자 하는 자유 시장 이데올로기가 몹시 완강했지만, 지금은 다르다. 이 이데올로기는 여전히 엘리트들의 상상력에 족쇄를 채우고 있을지 모르나, 대부분의 일반 대중에게는 설득력을 잃기 시작했다. 최근 30년간 신자유주의 정책이 초래한 파멸적인 결과가 너무나 선명하게 드러나 있기 때문이다. 전 세계를 주무르는 극소수 지배층이 전 세계 부의 절반을 장악하고 있다는 통계 발표를 들을 때마다, 우리는 민영화와 규제 완화 정책이 절도 면허를 인정해 주기 위한 얕은 속임수였음을 깨닫는다. 방글라데시에서 공장 화재가 잇달아 발생하고, 중국에서 오염이 급증하고, 디트로이트 시가 요금 미납자에 대한 수도 공급을 중단한다는 보도를 접할 때마다, 우리는 자유 무역이 많은 사람들이 경고했던 대로 〈기준 완화 경쟁 race to the bottom〉이라는 걸 깨닫는다. 이탈리아나 그리스의 연금 수급자가 긴축 재정 정책에 따른 연금 삭감을 견디지 못하고 자살했다는 보도를 들을 때마다, 우리는 소수 부유층을 위해 많은 사람들이 희생당하고 있는 현실을 실감한다.

2009년 이후로 세계 전역의 공공 광장들이 분노와 소외감에 사로잡힌 사람들의 농성 장소로 둔갑한 까닭도, 근본적인 개혁을 요구하는 목소리가 1960년대 이후 그 어느 때보다 빈번하게 등장하는 까닭도, 부의 집중이 갈수록 심화되는 현재의 구조를 폭로한 토마 피케티의 도전적인 저서 『21세기 자본』이 몇 달째 베스트셀러 목록의 상위를 차지하는 까닭도, 코미디언이자 사회 비평가인 러셀 브랜드가 〈혁명〉이 필요하다고 주장한 BBC 방송 인터뷰 영상이 유튜브 조회 1천만 건을 돌파하고 있는 까닭도 모두 탈규제 자본주의가 스스로 내놓은 약속을 이행하지 못하고 있기 때문이다.[67]

기후 변화는 지구가 안정성을 유지하기 위해 필요로 하는 것과 우리 경제 모델이 스스로를 지탱하기 위해 필요로 하는 것 사이에 충돌을 일으킨다. 제대로 작동하지 않는 이 경제 모델은 다양한 전선에서 지구 상의 대다수 사람들에게 부정적인 충격을 안기고 있지만, 이런 상황이 반드시 막다른 골목인 것만은 아니다. 바꿔 말하자면, 지구는 물론 우리의 고장 난 경제와 짓밟힌 공동체를 치유할 수 있는 계기가 있다면 그것은 오직 하나, 기후 변화뿐이다.

무시하고 싶지만 결코 피할 수 없는 진실이라는 뜻에서, 앨 고어는 기후 변화를 〈불편한 진실〉이라고 불렀다. 그러나 기온 상승이라는 사소한 문제만 제외하면, 기후 변화의 진실을 불편해하는 것은 지금의 상황에 대체로 만족하는 사람들뿐이다. 만일 우리가 기온 상승 문제와 무관하게 변혁이 필요하다고 여긴다면, 지금 우리가 걷고 있는 길이 절벽으로 이어진다는 진실은 오히려 편리한 것이다. 가급적 빨리 근본적인 전환을 시작해야 한다는 사실을 깨우쳐 준다는 점에서 말이다.

놀랄 것도 없는 일이지만, 이 진실을 가장 명료하게 인식하고 있는 이들은 우리 경제 모델이 늘 거리낌 없이 제물로 이용해 왔던 사람들이다.

채취 산업이 내뿜는 유독성 오염 물질의 공격에 가장 직접적으로 노출된 공동체들(예컨대 채취 광물 정제소나 광산 지역 하류 수계에 인접한 공동체)과 함께 활동하는 여러 그룹들은 느슨한 네트워크를 이루어 환경 정의 운동을 전개하고 있다. 환경 정의 운동은 온실가스 감축을 위한 확고한 대응책 시행이 곧 경제 변혁의 토대가 될 수 있다고 주장해 오고 있으며, 오래전부터 〈기후 변화가 아닌 시스템 변화를*System Change, Not Climate Change*〉이라는 슬로건을 주장해 왔다. 이는 우리가 시스템 변화와 기후 변화 사이의 갈림길에 서 있다는 인식의 표현이다.[68]

〈미국과 세계 전역에서 벌어지는 기후 정의 투쟁은 지구 역사상 최대의 생태계 위기에 대응하는 투쟁에만 국한되지 않는다.〉 오클랜드에 본부를 둔 아시아 태평양 환경 네트워크APEN 사무총장 미야 요시타니는 이렇게 설명한다. 〈새로운 경제, 새로운 에너지 시스템, 새로운 민주주의, 지구와의 새로운 관계, 인류와의 새로운 관계를 확보하기 위한 투쟁이요, 토지와 물과 식량 주권을 확보하기 위한 투쟁이며, 원주민의 권리와 만인의 인권과 존엄성을 확보하기 위한 투쟁이다. 기후 정의가 승리하는 순간은 곧 우리가 원하는 세상을 손에 넣는 순간이다. 우리는 결코 방관하고 있을 수 없다. 잃을 것이 너무 많아서가 아니다. 쟁취할 수 있는 것이 엄청나게 많으니 방관해서는 안 된다는 이야기다. (……) 막대한 양의 이산화탄소 가운데 일부를 감축하는 것을 넘어서, 우리 경제를 근본적으로 개혁하고 세계를 우리가 원하는 방향으로 재건하는 것을 목표 삼아 합심하여 투쟁을 전개해야 한다.〉[69]

몇몇 진보주의자들은 아득히 먼 미래의 혜택을 위해 지금의 혜택을 희생하자는 기후 행동으로는 아무런 성과를 거둘 수 없다고 주장한다. 그러나 이들의 생각은 틀렸다. 「옵서버Observer」의 칼럼니스트 닉 코헨은 침통한 어조로 묻는다. 〈현재보다 미래를 우선시하라고 인류를 설득할 방법이 과연 있을까?〉[70] 이 질문에 답을 하자면, 물론 그런 식으로 설득해서는 안 된다. 요시타니가 설명했던 것처럼, 기후 행동이야말로 보다 나은 현재를, 그리고 지금 우리에게 허용된 상황보다 훨씬 활기찬 미래를 선택할 수 있는 최선의 길이라고 설득해야 한다.

요시타니는 샌프란시스코 베이 지역에서 활발한 기후 행동을 전개하고 있다. 이 지역은 오바마 대통령의 자문으로 활동했던 밴 존스가 주도한 것으로 잘 알려진 녹색 일자리 창출 운동의 근거지다. 내가 처음 요시타니를 만났을 때 아시아 태평양 환경 네트워크는 오클랜드 내 아시아 이주민들과 연대하여, 지하철과 버스를 이용하는 사람들을 몰아내는 고급 주택 공급 정책 대신 대중교통 시설 인근에 적절한 비용으로 이용할 수 있는 주택을 공급하는 정책을 촉구하는 활동을 펴고 있었다. 이 단체는 이웃한 리치먼드 태양광 발전 산업 부문에서 노동자 협동조합의 출범을 돕고, 노동자들에게 인근의 셰브론 석유 정제소 취업 이외의 대안을 제공하기도 했다.

기후 행동과 경제 정의가 긴밀하게 연결된 이와 같은 사안들은 갈수록 빈번하게 발생하고 있다. 앞으로 다루겠지만, 위험한 송유관 사업이나 천연가스 프래킹 사업을 중단시키고자 노력하는 공동체들은 이 사업 때문에 위험에 노출된 지역의 토착민과 강력한 연대를 이룬다. 특히 미국의 몇몇 대형 환경 단체들(그린피스, 시에라 클럽, 블루그린 연맹, 350.org 등)은 미국 이민 제도의 전면적인 개혁을 지지한다. 이민과 기후의 연관성 또한 갈수록 깊어지는 데다, 이민자 공동체에 소속된 사람들 대개가 투옥이나 추방이라는 위협 때문에 극심한 환경적 위험으로부터 스스로를 방어할 길이 봉쇄되어 있기 때문이다.[71]

이렇듯 대단히 고무적인 움직임이 다양한 곳에서 비슷하게 일어나고 있으나, 근본적인 개혁 수준에 최대한 가깝게 사회를 변화시킬 만한 대항 권력은 아직 형성되지 않았다. 우파가 기후 변화를 좌파의 음모론으로 몰아붙이고 있는데도, 대부분의 좌파와 진보파가 여전히 기후 변화를 회피하고 있다는 건 참으로 안타까운 일이다. 좌파와 진보파는 기후 과학이야말로, 윌리엄 블레이크의 표현을 빌리자면 〈악마의 맷돌〉이 잉글랜드의 하늘을 검게 물들이던 시대(이것이 바로 기후 변화의 출발점이었다) 이후로 아무런 구속 없이 달려온 자본주의의 전진을 가로막을 수 있는 강력한 이론적 무기임을 깨달아야 하며, 이런 현실을 토대 삼아 진보 운동의 돛에 확신의 바람을 채우고 공정한 경제 모델의 구축이라는 대의에 새로운 자신감을 불어넣어야 한다. 하지만 아테네와 마드리드, 이스탄불, 뉴욕의 시위자들이 여러 면에서 시스템의 실패를 규탄하고 있는 지금도, 최후의 강력한 무기가 될지 모를 기후 변화는 대개 부수적인 사안으로 취급되는 형편이다.[72]

한편 주류 환경 운동은 이런 대중적 좌절감을 표현하는 시위와 거리를 둔 채 기후 행동을 협소하게 정의하여 탄소세 도입을 요구하거나 송유관을 중단시키려는 시도 따위에만 몰두하고 있다. 이런 캠페인도 물론 중요하다. 하지만 온실가스 감축에 반대하는 산업계의 힘과 맞대결할 만큼 강력한 대중 운동을 구축하기 위해서는 연합 세력의 범위를 최대한 확장해야 한다. 여기에는 소방관, 간호사, 교사, 환경미화원 등 공공 부문 노동자들이 포함되어야 한다. 공공 서비스와 공공 부문을 보호하기 위한 싸움이야말로 기후 변화를 막아 낼 최선의 보호책이다. 또한 여기에는 시내 중심부에 적절한 비용의 주거지를 유지시키기 위해 활동하는 빈곤 퇴치 활동가들이 포함되어야 한다. 만일 고급 주택 공급 정책이 도입되면 저소득층은 자동차로 장거리 이동을 해야 하는 시 외곽으로 밀려날 수밖에 없다. 오클랜드에 본부를 둔 〈베이 로컬라이즈Bay Localize〉에서 활동하는 콜린 밀러는 내게 〈주택 문제가 곧 기후 문제다〉라고 말했다. 마지막으로, 여기에는 대중교통 이용자들이 포함되어야 한다. 우리는 누구나 지하철과 버스를 편리하고 저렴하게 이용할 수 있는 환경을 조성하기 위해 총력을 기울여야 한다. 대중교통 요금 인상에 반대하거나 대중교통 무상 이용을 요구하는 거리 시위를 벌이는 사람들이(2013년 6월과 7월, 브라질에서 이런 시위가 있었다) 〈기후 변화〉라는 단어를 입에 올리지 않더라도, 우리는 이것이 기후 위기를 막기 위한 세계적인 노력의 일환이라 생각하고 그들의 행동을 지지해야 한다.[73]

현재의 경제 모델에서 비롯한 여러 가지 실패 중 어느 하나를 지속적으로 규탄하는 대중 운동이 아직까지 출현하지 않은 것은 결코 뜻밖의 일이 아니다. 물론 공공 예산 긴축과 부채, 불평등에 격분한 대중이 거리와 광장으로 몰려나와 여러 주, 혹은 여러 달 동안 시위를 계속하던 때도 있었다. 최근 몇 년 사이 들불처럼 번져 가는 대중 시위들 역시 분명히 의미가 있지만, 이런 운동들은 정부의 진압이나 정치적 포섭으로 단시일 안에 그 불씨가 꺼져 버리고, 이들이 규탄하던 시스템은 자체 재정비를 통해 예전보다 더 무시무시하고 위험한 구조를 갖춘다. 이집트가 그 좋은 사례. 2008년 경제 위기 이후 대기업 구제 및 긴축 정책에 반대하는 시위가 들불처럼 퍼져 나갔지만, 이집트의 불평등은 갈수록 심화되어 가고 있다.

과거 나는 확고한 지도력이나 계획에 따른 요구를 거부하며 무정형 구조를 유지하는 청년 운동을 강력하게 지지한 바 있다. 낡은 정치 구조와 관습은 새로운 현실에 어울리도록 개조되어야 한다. 그러나 기후 과학에 몰입해 지내던 최근 5년 동안, 내 마음은 몹시 조급해졌다. 많은 사람들이 깨닫고 있듯이, 지금의 변혁 운동은 무정형 구조에 대한 집착이나 제도화된 구조 일체에 대한 반발 따위의 사치스러운 활동에 시간을 허비할 여유가 없다.

여기서 다시 문제의 핵심은 피할 수 없는 현실로 귀착된다. 우리는 기후 행동을 가로막고 온실가스 배출을 더욱 가속화하는 현실 속에 살고 있다. 아무리 신자유주의를 비판한다고 해도 우리 또한 분명히 신자유주의가 구축한 세계에서 살아가고 있는 것이다.

끊임없이 불만을 토로하고, 트위터로 메시지를 전파하고, 플래시몹 활동에 참여하고, 농성 시위를 벌이고 있음에도 여전히 우리는 과거의 변혁 운동을 형성하고 유지했던 여러 수단들을 확보하지 못한 채다. 공공 조직은 해체되어 가고, 전통적인 좌익 진보 정당, 강력한 노동조합, 협동조합 등은 조직 유지조차 힘겨운 형편이다.

조직적 수단을 확보하지 못했다는 것보다 더 근본적인 도전은, 우리 자신이 안고 있는 문제다. 지금의 자본주의는 기후 변화를 가속화하는 것을 넘어서 많은 사람들 각각을 변화시킨다. 우리를 몰아대고, 우리의 뿌리를 뽑아내며, 마치 금융 자본처럼 우리의 물리적 위상을 제거함으로써 우리를 그 어디에도 소속되지 않은 존재로 만들고 있다. 이것이야말로 우리 시대의 절망적인 현실이다. 트위터가 우리의 주의력에 무슨 짓을 하고 있는가? 영화와 텔레비전, 컴퓨터가 우리의 대인 관계에 무슨 짓을 하고 있는가? 이들에 대한 몰두가 기후 문제를 받아들이는 우리의 방식에 큰 영향을 미치고 있다.

이것은 느리게 진행되는, 그러나 강력한 장소 연관성을 지닌 위기다. 기후 위기의 초기나 파멸적인 재앙들 사이사이의 막간에는 어떤 꽃이 예전보다 일찍 핀다거나, 호수 표면의 얼음판이 유난히 얇다거나, 어떤 철새가 유난히 늦게 찾아온다는 사실이 기후 문제로 거론된다. 이런 사소한 변화를 알아차릴 때 필요한 것은 일종의 교감 능력이다. 이런 능력은 어떤 장소를 경관이라는 측면뿐 아니라 생계의 터전이라는 측면에서 속속들이 알고 있을 때, 그리고 특정 장소에 대한 지식이 일종의 신성한 신뢰에 기반하여 앞 세대에서 다음 세대로 전달될 때 형성된다. 아직도 이렇게 살아가는 사람이 몇이나 될까? 기후 변화 역시 선조들의 행동이 현 세대뿐 아니라 다음 세대에게도 피할 도리 없는 파급력을 미치는 문제라고 할 수 있다. 그러나 이런 시간적 개념은 이 시대를 사는 많은 사람들에게 이미 낯선 언어가 되어 버렸다. 서구 문화는 오히려, 오래전에 세상을 떠난 선조들과 아직 태어나지 않은 후손들이 늘 함께한다고 여기며 과거와 미래를 기준으로 현재의 행동을 평가하는 토착민들의 우주관을 뿌리뽑기 위해 심혈을 기울여 왔다.

요컨대, 우리는 시기적으로 부적절한 행동을 해온 셈이다. 무언가 심각하게 어긋나 있음을 드러내는 자연계의 미묘한 변화에 주의를 기울이고 이를 늦추고자 뛰어들어야 할 바로 그 시점에, 오히려 변화를 더욱 부채질해 온 것이다. 장기적인 시간적 개념에 입각하여 과거의 행동이 미래의 가능성에 영향을 미친다는 사실을 인식해야 할 바로 그 시점에, 우리는 현재의 항구성을 보장하기 위한 무한대의 원료 공급에 돌입했고, 우리가 지닌 시간 개념을 자디잔 조각으로 쪼개 버렸다.

이처럼 인간과 자연 환경의 심각한 단절이 어디서 비롯되었는가를 이해하고 그 복원에 근거한 정치를 구축할 방안을 찾아내려면, 1988년이 아니라 그보다 훨씬 먼 과거를 돌아보아야 한다. 지금의 초세계화 자본주의가 기후 위기를 악화시키고 있는 것은 사실이지만 그것이 기후 위기를 만들어 낸 주역은 아니다. 우리는 1700년대 말부터 석탄을 상업적으로 이용하기 시작했고, 그 시대가 열리기 한참 전부터도 무모한 생태계 파괴를 자행하면서 대기를 쓰레기장으로 취급했다.

또한 인간은 자본주의 시스템뿐 아니라 사회주의를 자칭하던 시스템(과거의 역사 속에 묻힌 시스템이든 여전히 논의의 주제가 되는 시스템이든) 아래서도 이처럼 근시안적으로 행동해 왔다. 사실 기후 위기의 근원은 계몽주의 시대 이후 서구 문화의 토대를 이룬 핵심 신화, 곧 자연계는 무한할 뿐 아니라 완벽하게 통제할 수 있는 대상이며 인류는 자연계를 지배할 의무를 지고 있다는 환상에서 비롯한다. 기후 위기는 정치적 우파와 미국에 책임을 물어야 할 문제가 아니다. 지리적·이데올로기적 경계를 초월하며 강력한 위력을 떨치는 문화적 서사, 그게 문제인 것이다.

나는 기후 위기의 근원적인 해결책 가운데 상당수가 이미 익숙한 것이라고 역설한 바 있다. 사람들은 아마 익숙한 해법이 있다는 사실에서 큰 위안을 얻을 것이다. 우리는 여러 가지 핵심적 대응책을 실행함에 있어서, 이 엄청난 과업을 맨땅에서 시작하는 것이 아니라 1백년 넘게 진행되어 온 진보적인 활동을 밑거름 삼아 전개해 나갈 것이다. 그러나 기후 위기에서 비롯한 도전, 특히 경제 성장과 관련한 도전에 대응하기 위해서는 먼저 과거를 더 심도 깊게 탐구하고, 아직까지 미개척 상태로 남아 있는 정치 영역으로까지 진출해야만 한다.

5장

채취주의를 넘어서
내부의 기후 부정론자를 경계하라

가장 큰 효용은 어디든 구멍을 파기만 하면 석유와 가스가 나온
다는 점이다.

— 스티브 스톡먼, 미국 공화당 하원 의원, 2013년[1]

중남미 대륙의 벌어진 혈관에서는 지금도 피가 흘러 나오고 있다.

— 닐다 로하스 우앙카, 볼리비아 원주민 지도자, 2014년[2]

우리가 처한 곤경은 유한한 세계에서 살면서 이 세계가 무한한
것처럼 행동한다는 데서 비롯되었다. 오늘날 정책 결정자들이
사용하는 지배적인 개념 모델은 무한정한 자원 소비와 인구 증
가를 떠받치는 지속적이며 기하급수적인 물질적 성장이다. 이런
모델은 현실의 근사치일 뿐이며, 이제는 그 정확성이 무너져 와
해의 단계로 접어들었다.

— 지구 시스템 공학자 로드리고 카스트로 외,
과학 모델링 학회 제출 논문 중에서, 2014년[3]

최근 몇 년째 나우루 섬은 건강 관리에 열심이다. 공공 건물의 벽에는 규칙적인 운동과 건강식을 권장하고 당뇨병의 위험을 경고하는 그림들이 그려져 있다. 젊은이들은 오래전에나 쓰이다가 이제는 잊힌 어업 기술을 조부모에게서 배운다. 하지만 이곳의 문제는 심각하다. 이 섬의 당뇨 센터에서 일하는 네리다앤 스테시아 휴버트의 설명에 따르면, 만연한 당뇨병 때문에 주민들의 수명이 짧아진다는 것이다. 「노인들이 조기에 사망하기 때문에 많은 지식을 전수받기 어려워요. 그들에게서 지식을 얻어 내려고 안간힘을 쓰는 형국이, 마치 시간과의 싸움을 벌이고 있는 것 같습니다.」[4]

　남태평양의 작은 외딴섬 나우루는 21평방킬로미터의 영토에 인구 1만 명이 살고 있다. 수십 년 동안 이 작은 섬은 순조롭게 성장하는 개발도상국의 모델로 세계에 알려져 있었다. 호주 정부는 1914년 독일의 통치하에 있던 나우루에 군대를 보내 통치권을 장악했고, 1960년대 초에는 보호령 나우루를 자랑하기 위해 홍보 동영상을 만들어 공개하기도 했다. 이 동영상에는 순백색의 버뮤다 팬츠를 입은 미크로네시아인들이 영어를 사용하는 학교에서 얌전히 수업을 받고, 영국식 법정에서 분쟁을 해결하며, 상품이 풍족하게 확보된 식품점에서 현대 문명이 제공하는 편리한 물건들을 구입하는 장면이 담겨 있었다.[5]

독립국으로 인정받은 뒤 1970년대와 1980년대에는, 요즘의 두바이처럼 엄청난 부가 흘러넘치는 곳으로 언론에 자주 보도되곤 했다. 1985년 AP 통신의 한 기사에 따르면, 나우루는 〈페르시아 만의 아랍 산유국보다 높은 (……) 세계 최고의 1인당 국민 총생산을 자랑〉했다. 모든 사람들이 무상으로 의료와 주거와 교육을 제공받았고, 주택들은 에어컨 설비를 갖추어 늘 시원했으며, 주민들은 최신식 자가용과 오토바이를 이용해 작은 섬(20분이면 한 바퀴를 돌 수 있다)을 쌩쌩 돌아다녔다. 노란색 람보르기니를 구입하여 유명해진 경찰관도 있었다. 스테시아 휴버트는 이렇게 회고한다. 「제가 어렸을 땐 이랬어요. 파티에 가보면 사람들이 아기들에게 수천 달러씩 주곤 했죠. 첫 번째 생일, 열여덟 살 생일, 스물한 살 생일 그리고 쉰 살 생일엔 특히 호화판 파티를 열었고요. 사람들이 돌쟁이 아기 생일 선물로 자동차나 1백 달러짜리 지폐 여러 장을 넣어둔 베개를 가져왔다니까요!」[6]

나우루의 모든 부(富)는 특이한 지리적 환경에서 비롯한 것이었다. 수십만 년 전 이 섬은 바닷물 위로 불쑥 솟아오른 산호초 군락에 불과했다. 조개류와 연체동물을 잡아먹고 사는 철새들이나 배설을 해결하기 위해 이 섬에 잠깐 머물렀다 떠나갔다. 산호초 사이로 흘러든 새똥은 차츰 굳어 단단한 암석층이 되었는데, 그 위로 표토가 덮이고 울창한 숲이 우거지더니 코코넛 야자나무가 무성하게 자라났고, 열대 오아시스와 평화로운 해변과 풀로 지붕을 이은 집들이 어우러지며 아름다운 경관을 형성했다. 초기에 이곳을 찾았던 유럽인들은 이 섬을 〈쾌적한 섬〉이라 불렀다.[7]

수천 년 동안 나우루 주민들은 물고기와 검은제비갈매기를 잡아먹고 살았다. 주민들의 삶에 변화가 찾아온 것은 식민 본국의 어느 공무원이 집어 간 돌조각에 순도 높은 인산칼슘, 즉 상업적 가치가 있는 농업용 비료가 함유되어 있다는 사실이 밝혀지면서부터였다. 독일인과 영국인이 합작 투자한 회사가 채광에 뛰어들었고, 얼마 뒤에는 영국인과 호주인, 뉴질랜드인이 합작 투자한 회사가 뒤를 이었다.[8] 나우루는 놀라운 속도로 발전하기 시작했다. 하지만 그 발전 과정은 곧 자살행위였다.

1960년대까지만 해도 나우루는 해안에서 바라보면 쾌적해 보였다. 하지만 신기루였다. 해변을 따라 둘러선 코코넛 야자나무 숲 너머에는 만신창이가 된 땅이 숨겨져 있었다. 하늘에서 내려다보면 이 타원형 섬의 숲과 표토는 거침없이 파헤쳐져 있었고, 인산 채취가 끝난 지역은 울퉁불퉁한 섬의 뼈대를 드러낸 채 유령이 나올 듯 흉측한 바위만이 남아 있었다. 섬의 중심부는 인간의 거주에 적합지 않을 뿐 아니라 작은 관목 외에는 식물이 자랄 수 없는 환경이라, 나우루 주민들은 해안을 따라 좁은 띠 모양 지역에 주택과 공공시설을 짓고 생활해야 했다.[9]

번갈아 가며 나우루를 통치한 나라들(이들이 파견한 경제 특사들은 그곳에서 캐낸 인광석을 갈아 분말로 만든 다음 화물선에 실어 호주와 뉴질랜드에 비료로 공급했다)의 계획은 지극히 단순했다. 이 섬이 빈껍데기가 되는 순간까지 인산 채광을 계속하는 것. 호주 정부가 1960년대에 공개한 흑백 영상에서 어느 나우루 의회 의원은 단호한 어조로 이렇게 말한다. 〈전문가들의 예상에 따르면 30~40년 안에 인산이 고갈될 겁니다. 그땐 이 쾌적하고 작은 섬에서 이만한 인구가 살 수 없을 겁니다.〉 그러나 곧 영상의 해설자는 걱정할 필요가 없다고 설명한다. 〈나우루 국민의 미래를 보장하기 위한 대비책이 마련되고 있다. 호주 정부는 이들을 위해 본국 해안 지역에 영구 주거지를 마련해 두었다. (……) 이들의 앞날은 밝고, 이들의 미래는 든든하다.〉[10]

바꿔 말하면, 이 섬의 운명을 틀어쥔 호주 정부와 채취 회사들은 나우루를 쓰고 나면 버릴 수 있는 곳, 개발이 끝나고 나면 사라져 버릴 곳으로 취급했다. 물론 이곳에 대한 반감이나 이 섬사람들을 몰살할 마음은 전혀 없었다. 다만 존재 자체도 거의 알려져 있지 않은 한 망각의 섬을 산업형 농업의 발전을 위해 희생시켜도 되는 제물이라 여겼을 뿐이다.

1968년 독립국으로 인정받았을 때, 나우루 국민들은 이런 계획을 뒤집겠다는 희망을 품었다. 목표를 이루기 위해 이들은 인산 채취 수입의 상당 부분을 신탁 기금에 투입하고, 이 기금을 다시 호주와 하와이에서 안정적인 수익을 올릴 것이라 추정되는 부동산 사업에 투자했다. 거기서 나온 수익으로 인산 채취를 서서히 줄이며 섬의 생태계 복원 사업을 시작할 작정이었다. 생태계를 복원한다는 목표는 많은 비용이 소요되긴 해도 결코 불가능한 것이 아니었다.[11]

그러나 계획은 이루어지지 않았다. 나우루 정부가 받은 부실한 투자 자문이 파멸적인 결과를 낳음으로써, 인산 채취로 이룬 부는 물거품이 되고 말았다. 한편 대규모 인산 채취가 계속되고 지층에서 캐낸 흰색 인산 분말이 화물선에 실려 나가면서 나우루는 소멸을 향해 치달아 갔다. 쉬운 돈벌이에 매달려 왔던 수십 년 세월은 나우루 주민들의 생활과 문화에 충분히 예상 가능한 타격을 주었다. 정치계에는 부패가 만연했고, 음주 운전이 사망 원인 1위였으며, 평균 기대 수명 또한 몹시 낮았다. 게다가 나우루는 〈지구 상에서 비만 인구 비율이 가장 높은 나라〉라는 오명까지 안았다(성인 인구의 절반이 제2형 당뇨병을 앓고 있는데, 이는 수입 가공식품에 의존하는 식습관의 결과다). 스테시아 휴버트는 이렇게 회고한다. 「막대한 광구 사용료가 굴러 들어오던 황금기에는 요리를 하지 않고 식당에서 음식을 사 먹었죠.」 나우루 주민들이 식습관을 바꿀 마음을 먹었다 해도 실행에 옮기기는 어려웠을 것이다. 섬 대부분의 지역에 깊고 어두운 구멍이 숭숭 뚫려 있는 터라 인구를 부양할 만한 신선한 농산물을 재배한다는 건 거의 불가능했다. 농업용 비료가 주요 수출품인 섬에서 농산물이 생산되지 않는다는 사실은 그야말로 씁쓸한 아이러니였다.[12]

1990년대 무렵 극심한 외화 부족에 맞닥뜨린 나우루는 일확천금을 따내려는 부정한 계획에 돌입했다. 당시 들불처럼 치솟던 금융 규제 완화의 열기에 힘입어 자금 세탁이 용이한 1급 도피처로 변신한 것이다. 1990년대 말의 나우루는 추적과 감독, 과세, 규제 등의 장해물이 없는 곳을 찾는 유령 은행 4백여 개가 이용하던 명목상의 〈근거지〉였다. 나우루에 등록된 유령 은행들은 러시아 폭력 조직들 사이에서 특히나 높은 인기를 누렸다. 러시아 폭력 조직은 이 섬나라를 이용해 무려 7백 억 달러의 더러운 자금을 세탁했다고 한다(비교를 위해 최근의 통계를 소개하자면, 나우루의 국내 총생산은 7,200만 달러다). 2000년 『뉴욕 타임스 매거진』의 어느 기사는 나우루가 러시아 경제 붕괴의 부분적인 원인을 제공했다는 관점에서 이렇게 썼다. 〈전문가들은 최근 급격히 늘어난 자금 세탁처를 통해 5조 달러 규모의 그림자 경제가 형성되었다고 추정하는데, 이 세탁처들 중에서도 나우루는 공공의 적 제1호다.〉[13]

그 뒤로도 나우루는 계속해서 이런 계획을 추진해 왔고, 이제는 이중의 파산에 직면해 있다. 그중 하나는 인산 채광으로 인해 자원의 90퍼센트가 고갈된 생태계의 파산이며, 다른 하나는 부채 규모가 8억 달러를 넘어선 재정 파산이다. 하지만 나우루의 곤경은 여기서 그치지 않는다. 이 섬나라는 그 과정에 직접 관여한 적도 없는 위기에마저 고스란히 노출되어 있다. 바로 기후 변화와 가뭄, 해양 산성화, 해수위 상승이다. 나우루 주위의 해수위는 1993년 이후 해마다 약 5밀리미터씩 꾸준히 높아지고 있는데 이대로 지속된다면 문제는 갈수록 심각해질 것이다. 이미 가뭄의 강도가 심해지면서 심각한 물 부족 현상이 나타나고 있다.[14]

10년 전 호주의 철학자이자 지속 가능성 분야의 교수 글렌 알브레히트는, 정 붙이고 위안을 얻던 모국이 채취와 산업화 때문에 크게 달라져 이질감과 생소함을 느낄 때 받는 심리적 고통을 이르는 신조어를 만들어야겠다고 생각했다. 그는 위안과 파괴와 고통의 뜻을 담아 〈솔라스탈지아solastalgia〉라는 단어를 만들고, 이 단어가 〈고향에서 계속 지내는데도 젖어 들게 되는 향수〉를 뜻한다고 정의했다. 그는 이런 상심은 노천 광구나 대규모 벌목 때문에 황폐화된 환경 파괴 지대에 사는 사람들이 흔히 느끼는 감정이지만, 기후 변화로 인해 환경에 〈새로운 이변〉이 일어나면서 인류 보편의 감정으로 빠르게 변신하고 있다고 설명했다. 〈지역 단위에서 극심한 부정적 변형이 일어나고 있는 것과 마찬가지로, 넓게 보면 이제 지구 전체가 공격을 받고 있는 형국이다. 지구가 점점 뜨거워지고 기후 역시 예상 밖의 적대적 변화를 보임에 따라 전 세계적인 공포감이 형성되고 있다.〉[15]

일부 지역의 사람들은 해당 지역의 솔라스탈지아와 지구적인 차원의 솔라스탈지아를 동시에 경험하는 불운을 겪는다. 교토 의정서가 채택되었던 1997년 UN 기후 회의에서, 당시 나우루 대통령 킨자 클로두마르는 자국민을 사로잡은 집단적인 폐소 공포증을 다음과 같이 묘사했다. 〈우리는 꼼짝없이 갇혀 버렸다. 등 뒤로는 불모지, 눈앞으로는 성서에나 나옴 직한 대규모의 끔찍한 해수위 상승에 직면해 있다.〉[16] 오염 물질을 배출하는 채취 산업에 기반한 경제 시스템이 초래하는 자멸적인 결과를 가장 여실하게 보여 주는 셈이다. 나우루는 지난 1백 년 동안 진행되어 온 인산 채취 산업으로 인해 내부적인 파멸의 위기에 직면해 있을 뿐 아니라, 바다 너머에서 진행되는 집단적인 화석 연료 채취 산업으로 외부적인 파멸의 위기에도 직면해 있다.

2007년 위키리크스가 발표한 어느 문서에서, 이름을 밝히지 않은 미국의 한 공직자는 미국 정부가 분석한 나우루의 위기를 다음과 같이 요약했다. 〈나우루는 미래를 전혀 고려하지 않고 흥청망청 돈을 탕진해 왔다.〉[17] 옳은 말이다. 하지만 이 진단이 나우루에만 적용되는 것은 아니다. 지구 상의 모든 문화가 미래를 전혀 고려하지 않고 유한한 자원을 흥청망청 캐내고 있으니 말이다. 지난 2백~3백 년 동안 우리는 땅속 깊숙한 곳에서 다른 생명체들이 남긴 검은 화석을 캐내어 막대한 양의 연료로 사용할 수 있고, 대기로 배출한 부유성 입자와 가스는 결코 부정적인 영향을 미치지 않을 것이며(왜냐하면 눈에 보이지 않으니까), 만에 하나 부정적인 영향이 나타난다 해도 우리 인류는 영리하기 때문에 실수로부터 벗어날 방도를 창안해 낼 거라고 장담해 왔다.

우리는 지구를 아무리 유린해도 나쁜 영향에 노출되지 않을 거라는 식으로, 각양각색의 믿기 어려운 폐해를 부정하는 식으로 스스로를 위로해 왔다. 그러고서 예상하지 못했던 결과에 직면할 때마다 소스라치게 놀란다. 우리는 자원을 채워 넣기는커녕 채취에만 매달리면서, 물고기들이 사라지는 이유가 뭘까, 토양을 비옥하게 하는 데 필요한 비료의 투입량이 점점 늘어나는 이유가 뭘까 궁금해한다. 우리는 여러 나라들을 점령하고 그 나라의 반군에게 무기를 공급하면서, 그들이 우리를 혐오하는 이유가 뭘까 궁금해한다. 우리는 임금을 인하하고 해외 노동력을 사용하고 노동자 보호 규정을 폐지하고 지역 경제에 커다란 구멍을 만들면서, 사람들의 소비 능력이 예전보다 위축된 이유가 뭘까 궁금해한다. 우리는 이처럼 소비 능력이 위축된 사람들에게 안정적인 일자리 대신 비우량 주택 담보 대출을 발행하면서, 부실 채무를 기반으로 한 시스템의 붕괴를 예측하지 못한 이유가 뭘까 궁금해한다.

매 단계에서 우리는 우리가 제어하지 못하는 힘들을 전혀 고려하지 않은 채 행동한다. 다시 말해서 우리는 우리가 쓰레기로 만들고 있는 자연과 우리가 쓰레기처럼 취급하는 사람들이 되돌아와 우리를 괴롭히는 일은 일어나지 않으리라는 확신 또는 기대감을 품고 행동한다. 나우루는 이 모든 것을 분명히 깨달았다. 최근 10여 년 사이, 그곳은 일종의 쓰레기장으로 바뀌어 버렸다. 나우루는 부족한 국고를 채우기 위해 호주 정부에 역외 난민 수용소 부지를 제공하는 데 동의했다. 호주 해군과 세관 소속 선박들이 난민들이 탄 배를 발견하는 즉시 포박하여 3천 킬로미터 떨어진 나우루(그 밖에 태평양에 있는 여러 섬들로)로 끌어갈 수 있는, 소위 〈태평양 해법〉이다. 나우루에 도착한 이 난민(대부분 아프가니스탄, 스리랑카, 이라크, 이란, 파키스탄 출신)들은 철통같은 경비가 이루어지는 수용소에 강제 수용되어, 쥐가 들끓고 숨이 막힐 듯 더운 수용소 막사에서 수많은 사람들과 지내게 된다. 호주 정부가 난민들에게 합법적인 신분을 인정해 주지 않고 이곳 수용소에 최대 5년까지 가둬 두는 것은 난민 발생을 억제하기 위한 전략이다.[18]

호주와 나우루 정부는 온갖 방법을 동원해 수용소 환경에 대한 정보 공개를 차단하고, 난민들의 생활 환경을 확인하기 위해 바다 건너 멀리 외떨어진 섬까지 찾아온 언론인들을 따돌린다. 그러나 진실은 하나씩 밝혀지고 있다. 수감자들이 〈우리는 짐승이 아니다〉라는 구호를 반복하는 동영상, 대규모 단식 농성과 자살 시도가 있었다는 보도, 바늘 모양으로 만든 종이 클립으로 입을 꿰맨 채 단식 농성을 하는 난민들의 참혹한 사진, 자살을 시도하다 목이 흉측하게 변형된 남성의 사진 그리고 쓰레기 더미에서 놀거나 막사 밖 그늘막 아래서 부모 품에 안겨 있는 어린 아이들의 영상(원래 이 수용소는 성인 남성만을 수용했지만, 요즘에는 여성과 아동 수백 명이 함께 수용되어 있다)이 공개되었다. 2013년 6월, 호주 정부는 새로 지은 난민 막사를 홍보할 목적으로 BBC 취재단의 수용소 시찰을 허용했다. 그러나 한 달 뒤에 일어난 난민 폭동으로 새 막사들이 거의 파괴되고 수감자 여러 명이 부상을 입는 사건이 보도되면서 호주 정부의 홍보 노력은 물거품이 되었다.[19]

국제 사면 위원회는 나우루 난민 수용소를 〈참혹하고〉, 〈인간 존엄성을 해치는〉 곳이라 부르고, 2013년 UN 난민 고등 판무관이 발표한 보고서는 〈고문이나 인간 존엄성을 해치는 잔혹하고 비인도적인 처우를 금지하는 국제 인권법에 비추어볼 때, 열악한 환경과 일부 난민들의 구금이 장기화되고 있는 이곳 상황의 문제는 심각하다〉고 지적한 바 있다. 2014년 3월, 전직 구세군 직원으로 이 수용소에서 근무했던 마크 아이작스는 〈달갑지 않은 사람들 *The Undesirables*〉이라는 제목의 폭로성 회고록을 출판했다. 그는 이 책에서 전쟁과 위험한 뱃길을 견디고 살아남은 남성들이 나우루 수용소에 갇혀 삶의 의지를 잃어 가는 모습을 다루었다. 어떤 남성은 세척제를 들이켜는가 하면, 어떤 남성은 실성해서 개처럼 컹컹 짖었다. 아이작스는 이 수용소를 〈죽음의 공장〉에 비유했고, 한 인터뷰에서는 이 수용소가 〈생기 넘치는 사람들을 데려다가 갈아 먼지로 만든다〉고 말하기도 했다. 섬 자체도 체계적으로 파헤쳐져 폐허가 되어 있는 데다, 장차 기후 난민이 될 가능성이 높은 나우루 사람들이 현재의 정치적·경제적 위기 때문에 난민이 된 사람들을 감시하는 데 동원되고 있으니 그야말로 아이러니가 아닐 수 없다.[20]

이 섬의 애달픈 역사를 훑어보면서 나는 나우루가 겪어 온(또한 아직도 겪고 있는) 불행의 상당 부분이, 1921년 『내셔널 지오그래픽』 특파원의 말마따나 〈세상에서 가장 외떨어진 땅〉이자 〈절해고도〉인, 즉 〈어딘지 모르는 곳〉으로 표현되는 이곳의 위치와 연관되어 있다는 것을 깨달았다. 외떨어져 있다는 사실 때문에 이 나라는 편리한 쓰레기통이 되었다. 이곳은 땅을 파헤쳐 쓰레기로 만들 수 있는 곳, 더러운 자금을 세탁하는 곳, 달갑지 않은 사람들을 몰아넣는 곳으로 취급받아 왔고, 지금은 통째로 사라져도 신경 쓸 필요가 없는 곳으로 취급되고 있다.[21]

나우루의 비극은 우리가 쉽게 알아차리지 못하는 중요한 문제들이 우리와 어떻게 연관되어 있는가를 드러내는 전형적인 사례일 뿐 아니라, 탄소 오염을 쉽게 고치기 어려운 고질적인 문제로 둔갑시키고 있는 현재의 시스템이 무엇에 기대고 있는지 보여 주는 한 예이다. 우리는 눈에 보이지 않는다는 이유로 그러한 비극이 존재한다는 사실을 믿지 않는다. 우리의 문화는 부인과 부정의 문화다. 우리는 알지만 동시에 알지 못한다. 먼 곳의 현실을 기반으로 이루어진 가까운 곳의 환상은 화석 연료에 의존하는 세계화 시장의 속임수다. 그래서 우리는 우리가 사용하는 물건들을 누가 만드는지, 우리가 버린 쓰레기를 누가 치우는지, 그 쓰레기(오수나 전자 제품, 혹은 우리가 배출한 탄소)가 어디로 사라지는지 알쏭달쏭해한다.

그러나 나우루의 비극은 어딘지 모르는 곳, 〈고려〉의 대상에서 제외해도 좋은 곳이란 존재하지 않으며, 고려의 대상에서 제외된 곳이 저절로 사라지지는 않는다는 점을 일깨운다. 우리 모두는 우리 자신이 거미줄처럼 밀접하게 연결된 방사형 시스템의 일부라는 것을 알면서도, 정반대의 주장을 펼치는 직선형 이론의 덫에 갇혀 있다. 그 이론은 우리가 무한한 발전을 이룰 수 있다고 주장한다. 우리가 버린 쓰레기를 처리할 수 있는 공간, 우리의 욕망에 연료를 공급할 자원, 우리가 혹사할 수 있는 인력이 앞으로도 계속해서 존재할 거라고 주장한다.

요즘 나우루는 늘 정치적 위기에 휩싸여 있다. 새로운 부패 스캔들이 끊임없이 등장해 정부 실각 사태로 이어지기도 한다. 이 나라의 불행이 외부로부터 왔다는 것을 고려하면, 나우루 정치 지도자들이 비난의 화살을 외부로(식민지 수탈을 자행했던 식민 본국들과 자원을 모조리 파내간 투자자들, 온실가스를 대량 배출하여 나우루를 물에 잠길 위기로 몰아넣은 부자 나라들에) 돌릴 자격은 충분하다. 실제로 그렇게 하는 지도자들도 있긴 하지만, 몇몇 지도자들은 전혀 다른 길을 선택하여 지구 온난화를 경계하라는 경고로 자기 나라의 사례를 제시하기도 한다.

2011년 「뉴욕 타임스」 기사에서 당시 나우루 대통령 마커스 스티븐은 이렇게 말했다. 〈나우루는 엄혹한 생태계의 한계에 직면한 삶과 관련하여 중요한 교훈을 보여 준다. (……) 나우루는 선택권을 잃어버린 나라가 어떤 문제에 직면할 수 있는가를 보여 준다. 세계는 석탄과 석유를 거리낌 없이 태우면서 나우루와 똑같은 길을 걷고 있다. 화석 연료 사용이 지구 기후를 변화시키고 만년설을 녹이고 해양을 산성화시키면서, 우리는 깨끗한 물이나 기름진 땅, 풍부한 농산물이 더 이상 당연하지 않은 상황으로 점점 가까이 다가가고 있다.〉 한마디로, 나우루만이 아니라 우리 모두가 제 무덤을 파고 있다는 이야기다.[22]

하지만 나우루가 우리에게 주는 경고는 화석 연료 사용에 따른 온실가스 배출에만 국한되지 않는다. 우리는 많은 현대인들과 우리의 선조들에게 지구에 이런 폭력을 행사할 수 있다는 믿음을 심어 준 심리 상태 자체를 돌아보아야 한다. 마음 내키는 대로 화석 연료를 채취하고 그렇게 채취된 화석 연료를 연소시키면서, 우리는 화석 연료 채취가 진행되는 땅과 바다에, 혹은 대기 중에 쓰레기를 배출하고 있다는 사실엔 전혀 관심을 두지 않았다. 이런 무관심이야말로 〈채취주의extractivism〉 경제 모델을 지탱하는 기둥이다. 〈채취주의〉라는 용어는 원래 땅에 묻힌 천연자원 채취량을 점점 늘려 가는 경제를 가리키던 일부 정치학자들의 표현이었다. 채취된 천연자원은 대부분 전통적인 식민 강국들로 수출되어, 그곳에서 〈부가 가치〉가 높은 상품으로 재탄생했다. 무한 성장을 전제로 한 경제 모델이 지속될 수 있으리라는 믿음은 이러한 사고방식을 기반으로 형성되었다. 오늘날 정부들은 다양한 이념적 스펙트럼을 지니고 있지만, 한결같이 자본주의를 기반으로 성장을 다그치면서 천연자원을 고갈시키는 발전 모델을 채택하고 있다. 기후 변화론자들은 이 논리 자체에 심각한 의문을 제기한다.

채취주의는 상호 호혜의 관계를 일체 배제한 채 지구를 지배하고 수탈하는 일방적 관계에 기반한다. 단순한 수탈을 넘어서 재생과 후대의 생명이 계속 유지되도록 보살피는 행위를 포함하는 〈보전 책임주의stewardship〉와는 상반되는 개념이다. 채취주의는 산을 깎아 내는 자들과 낡은 성장주의를 추구하며 대규모 벌목을 하는 자들의 심리 구조다. 채취주의는 생명을 다른 목적에 이용되는 대상으로 전락시키고, 생명 그 자체의 통합성이나 가치를 인정하지 않으며, 살아 움직이는 복잡한 생태계를 〈자연 자원〉으로, 산들을 〈짐〉으로 취급한다(광산업계 역시 불도저의 진입을 방해하는 삼림과 바위와 하천을 〈짐burden〉이라고 부른다). 채취주의는 또한 인간을 난폭하게 착취하고 한계를 무시하고 몰아붙여도 되는 노동력으로 취급하거나, 울타리 안에 가둬 놓고 감옥이나 보호 구역에 격리시켜도 되는 사회적 짐 혹은 골칫거리로 취급한다. 채취주의 경제는 이처럼 대상으로 전락한 다양한 생명체 사이의 연관 관계를 무시하고, 이들을 갈라놓을 때 발생하는 결과 따위엔 전혀 관심을 두지 않는다.

채취주의는 또한 〈희생 지대sacrifice zone〉라는 개념과 긴밀히 연관되어 있다. 채취주의자들의 입장에서, 희생 지대는 경제 성장의 원대한 목표를 달성하기 위해 신경 써서 돌볼 필요도 없고 오염물을 투입하거나 고갈시키거나 파괴해도 되는 장소를 말한다. 채취주의는 제국주의와도 밀접히 연관되어 있다. 이들은 주변부를 휘황찬란한 중심부를 먹여 살리기 위해 착취하고 나서 던져 버려도 좋은 곳으로 취급한다. 채취주의는 인종 우월주의와도 관련이 있다. 희생 지대를 확보하려는 사람들은 자신들 입장에서 별로 중요하지 않은, 그래서 희생양으로 삼아도 되는 사람들과 문화를 찾아내려 한다. 채취주의는 제국주의 아래서 횡행했다. 세계를 보금자리가 아니라 정복해야 할 대상으로 취급하는 제국주의가 무책임한 행동을 자행하는 채취주의를 조장한 것이다. 제국주의적 사고는 지금 채취하고 있는 지역의 자원이 고갈되어도 다시 옮겨 가 채취할 수 있는 곳이 분명 남아 있으리라는 믿음을 확산시킨다.

물론 이런 사고는 산업적인 규모의 화석 연료 채취 이전에도 존재했다. 이 위험한 생각을 세계적으로 확산시킨 가장 중요한 계기는 공장을 돌리고 배를 띄우는 데 석탄의 힘을 이용하는 능력이 생기면서부터다. 이와 관련한 역사는 더 깊이 있게 탐구할 필요가 있다. 역사적 탐구를 통해 우리는 기후 위기가 자본주의 그 자체뿐 아니라, 끊임없는 성장과 진보의 가능성을 믿는 자본주의적 사고를 흔드는 도전이 될 수 있음을 확인할 수 있다.

극단적인 채취주의

현대 채취주의 경제의 출현을 뒷받침한 주역은 프랜시스 베이컨이었다. 영국의 철학자이자 과학자이자 정치가인 베이컨은 영국의 엘리트들을 향해, 지구를 생명의 어머니이자 주인으로 여겨 존경심과 경외심을 품는 미개한 사고를 버려야 한다고 역설했다. 1623년의 저서『학문의 진보 De Augmentis Scientiarum』에서 베이컨은 이렇게 말한다. 〈우리는 사냥개처럼 제멋대로 돌아다니는 자연을 인도해야 한다. 그러면 원할 때마다 앞에서 안내하고 뒤에서 재촉하여 처음 출발한 곳으로 되돌려 놓는 것도 가능하다. (……) 진리 탐구를 유일한 목적으로 삼는다면, 인간은 구덩이나 외떨어진 장소에 들어가 파헤치는 일을 망설일 필요가 없다.〉[23] (페미니스트 학자들이 베이컨이 선택한 은유적 표현을 분석하는 내용의 저서를 내놓는 것도 그리 놀라운 일이 아니다.)

지구를 완벽하게 파악하고 통제할 수 있다는 이런 사고는 과학 혁명뿐 아니라 식민지 개척 사업의 출현을 장려했다. 각국의 왕이 파견한 탐험선은 지구를 종횡으로 가로지르며 곳곳을 찌르고 쑤셔서 비밀을 캐다가 주군에게 바쳤다. 〈인간에게 대적할 상대란 없다〉는 이 시대의 사고는 철학자이자 성직인 윌리엄 더햄이 1713년에 쓴『물리 신학 Physico-Theology』에 압축적으로 표현되어 있다. 〈우리는 필요하다면 지구 전체를 뒤집어엎고, 깊은 땅속까지 구멍을 뚫고, 깊디깊은 바닥까지 내려가고, 이 세상 끝까지 여행을 해서라도 부를 확보할 수 있다.〉[24]

이처럼 대단한 허세를 부렸지만, 사실상 식민지 제도와 산업화라는 쌍둥이 프로젝트는 1700년대 말까지 몇 개의 중요한 전선에서 자연의 제약에 발목을 붙들린 채였다. 식민지에서 확보한 노예와 원료를 실어

나르는 배들은 바람에 의지해야 했기에, 기상이 좋지 않으면 운송이 지연되고 공급에 차질이 빚어졌다. 원료를 가공해 상품을 만드는 공장들 역시 대형 물레방아의 힘에 의지해야 했기에, 폭포나 급류 가까이 자리를 잡고 강물의 흐름과 수위가 적당해질 때를 기다려야 했다. 바닷바람이 세거나 약할 때, 그리고 가뭄이 들거나 홍수가 날 때면 직물, 곡물, 설탕 공장들은 자연 상황에 맞추어 가동 시간을 조정해야 했다. 시장이 넓어지고 국제적인 규모로 성장함에 따라 이런 제약은 갈수록 커다란 장애가 되었다.

수력에 의존하는 공장들은 대개 물살이 빠른 하천과 가까운 시골에 자리를 잡았다. 산업 혁명이 전개되고 노동자들이 임금 인상과 노동 조건 개선을 요구하며 파업과 폭동을 벌이기 시작하자, 공장주들에게 공장의 입지는 취약점으로 작용했다. 시골 지역에서는 대체 노동력을 신속하게 구하기가 어려웠기 때문이다.

1776년에 스코틀랜드 기술자 제임스 와트가 개발하여 제품화한 동력원은 이런 취약점을 완전히 해결해 주었다. 법률가이자 역사학자인 바버라 프리스는 와트의 증기 기관을 가리켜 〈현대 세계의 창조물 가운데 가장 중요한 발명품〉이라고 평가한다.[25] 와트는 기존의 모델에 독립형 콘덴서와 공기 펌프, 그리고 로터리 메커니즘을 추가하여 훨씬 강력하고 융통성 높은 증기 기관을 개발했고, 이 기계들은 선박을 비롯하여 다양한 산업 공정의 효율을 높였다.

새 증기 기관도 개발된 직후 20년 동안은 구매자를 찾기 어려웠다. 수력은 석탄에 비해 여러 가지 장점이 있었다. 계속 사들여야 하는 석탄에 비해 수력은 무상으로 얻을 수 있었다. 흔히 증기 기관이 물레방아보다 많은 에너지를 공급한다고 믿기 쉽지만, 이 둘의 효력은 엇비슷했다. 대형 물레방아는 석탄 증기 기관보다 몇 갑절 많은 에너지를 공급하기도 했다. 게다가 물레방아는 흐르는 물만 있으면 순조롭게 작동되었고, 기술적인 고장도 적었다. 스웨덴의 석탄 전문가 안드레아스 말름은 이렇게 말한다. 〈영국 방직 산업의 동원력이 물에서 증기로 이동한 것은 물이 증기에 비해 희소하거나 힘이 약하거나 값이 비쌌기 때문이 아니다. 《물이 더 풍부하고 힘도 비슷하며 훨씬 값싼데도》 증기는 우위를 차지했다.〉[26]

영국에서는 도시 인구가 폭증함에 따라 두 가지 요인이 추가되면서 증기 기관에 긍정적인 상황이 형성되었다. 하나는 새로 등장한 증기 기관이 변덕스러운 자연의 영향을 차단했다는 점이다. 물레방아와 달리, 증기 기관은 석탄 공급이 계속되고 고장만 나지 않으면 늘 똑같은 효율을 냈다. 강물의 유속에 신경을 쓸 필요도 없었다. 또한 증기 기관은 지리적인 위치와 관계없이 어디서든 가동할 수 있었다. 공장주는 멀리 떨어진 시골 지역에서 런던, 맨체스터, 랭커스터 같은 도시들로 공장을 옮기기 시작했다. 이들 도시에는 일자리를 구하는 산업 노동자들로 넘쳐났기 때문에 말썽을 부리는 노동자들을 해고하거나 파업을 진압하기가 훨씬 쉬웠다. 1832년에 영국의 한 경제학자가 쓴 기사를 인용해 보자. 〈증기 기관의 발명 덕분에, 우리는 폭포를 이용할 수 있다는 이유만으로 불편한 곳에 공장을 지어야 하는 상황에서 벗어날 수 있었다.〉 와트의 초년을 다룬 전기를 썼던 어느 작가의 말을 빌리자면, 〈앞으로 (동력원은) 자연적인 요인 중에서도 가장 변덕스러운 대기 상황에 의존해야 할 필요가 사라질 것이다.〉[27]

마찬가지로 와트의 증기 기관을 장착한 선박의 선원들은 바람의 상황에 맞추어 항해 일정을 조정해야 하는 부담에서 벗어날 수 있었다. 이런 발전 덕분에 식민지 사업은 더욱 신속하게 추진되었고, 유럽의 여러 강국들은 멀리 떨어진 지역의 나라들을 쉽게 병합할 수 있었다. 1824년 리버풀의 백작은 제임스 와트를 기리는 대중 집회에서 이렇게 말했다. 〈바람이 좋든 나쁘든 증기 기관의 힘은 모든 난관을 뛰어넘는다. (……) 바람이 어느 방향에서 불어도, 우리 군대가 세계 어느 곳을 목적지로 삼아도, 우리는 사업을 추진할 힘과 수단을 확보하고 있다. 알맞은 시간에 알맞은 방식으로 우리 군대를 보낼 수 있는 증기 기관 덕분이다.〉[28] 그럼에도 전자 상거래가 출현하기 전까지 상업은 지리와 지리적 요인에 따른 제약에서 완전히 벗어날 수 없었다.

수력과는 달리 화석 연료를 이용한 동력은 반드시 희생 지대(이를테면 탄진에 찌든 광부들의 폐나 광산 인근의 오염된 수로)를 필요로 했다. 그러나 이런 희생은 석탄이 내세우는 매력적인 약속, 즉 〈물리적 세계로부터의 자유〉를 얻기 위해서 기꺼이 치러야 할 대가로 여겨졌다. 이 자유 덕분에 산업 자본주의는 모든 제약에서 벗어나 노동자들은 물론 다른 문화까지 제압할 수 있었다. 1800년대의 산업 자본가들과 식민지 개척자들은 이 간편한 동력원을 이용해 노동력을 가장 싼 값에 가장 효과적으로 착취할 수 있었고, 질 좋은 자원이 풍부한 지역으로 진출할 수 있었다. 1830년대 중반 증기 기관 사용 설명서를 기록한 글을 보자. 〈우리는 언제 어느 때든 이 강력한 설비를 자유자재로 부릴 수 있다. 여름이든 겨울이든, 밤이든 낮이든. 이 설비가 알고 있는 것은 우리가 지시하는 계획뿐, 휴식이라는 건 전혀 모른다.〉[29] 한마디로 석탄은 자연과 다른 사람들에 대한 완전한 지배력을 상징했다. 마침내 베이컨의 꿈이 이루어진 것이다. 와트는 〈자연의 약점을 찾아낼 수 있다면 인간은 자연을 정복할 수 있다〉라는 말을 되풀이했다.[30]

와트의 증기 기관이 도입된 시기와 영국의 제조업이 폭발적으로 성장한 시기가 일치하는 것은 우연이 아니다. 1760년부터 1840년까지 80년 사이에 영국의 면화 수출량은 250만 파운드에서 3억 6,600만 파운드로 급증했다. 순전히 국내의 석탄과 해외의 노예 노동력을 강력하고 난폭한 방식으로 결합함으로써 거둔 성과였다.[31]

이런 비법은 단순히 새로운 소비재 상품의 개발을 넘어서는 결실을 낳았다. 허먼 데일리와 조슈아 팔리는 저서 『생태 경제학*Ecological*

Economics』에서, 애덤 스미스가 『국부론』을 출간했던 해와 와트가 최초의 상업용 증기 기관을 제작한 해가 똑같이 1776년이라는 점을 지적한다. 〈시장 경제와 화석 연료 경제가 정확히 같은 시기에 출현한 것은 우연의 일치가 아니다. (……) 새로운 기술과 엄청난 화석 에너지 덕분에 소비재 상품이 전례 없는 규모로 대량 생산되었다. 대량 생산된 소비재를 소화할 새로운 시장과 새로운 원료 공급원에 대한 수요는 식민주의와 식민 제국 구축 과정에서 중요한 역할을 담당했다. 시장 경제는 대량 생산된 소비재를 분배하고 훨씬 더 많은 소비재의 생산을 조장하는 효과적인 방편으로 발전했다.〉[32] 식민주의는 절대적인 지배권 확립의 꿈을 달성하기 위해 석탄을 필요로 했고, 석탄과 식민주의 덕분에 가능해진 상품의 대량 생산은 현대 자본주의의 출현을 필요로 했던 셈이다.

자연의 구속에서 벗어나게 해주겠다던 와트의 약속은 여전히 화석 연료를 지탱하는 강력한 힘이다. 이 힘 덕분에 오늘날 다국적 기업들은 가장 값싸고 가장 착취하기 쉬운 노동력을 찾아 세계 전역을 뒤지고 다닐 수 있다. 옛날에는 장애물로 여겨졌던 자연적 특성과 사건들(넓은 바다, 변화무쌍한 자연 환경, 계절에 따른 기상 변동)이 이제는 사소한 골칫거리로도 여겨지지 않는다. 아니, 한동안은 그럴 것처럼 보였다.

———

자연을 정복하려는 야심이 지나치게 큰 사람들을 비난할 때, 〈어머니 자연은 결국 앙갚음을 한다〉는 신랄한 표현이 흔히 사용되곤 한다. 출처가 의심스럽긴 하지만, 프랜시스 베이컨의 죽음을 둘러싼 이야기를 하나 소개하겠다. 이 철학자는 고기를 얼리면 썩지 않는다는 가설을 세우고 이를 입증하기 위해 추운 날씨에 밖에 나가 닭고기 배 속에 눈을 잔뜩 채워 넣다가 폐렴에 걸려 죽었다.[33] 논란의 여지는 있으나, 이 일화는 인과응보의 사례(자연을 자신의 뜻대로 주무를 수 있다고 생각했던 사람이 추위 때문에 죽었다는)로 오늘날까지 이야기된다.

이와 비슷한 인과응보의 상황이 인류 전체에 닥칠 거라는 의견이 있다. 랄프 왈도 에머슨은 석탄을 〈들고 다닐 수 있는 기후〉라고 불렀다. 석탄은 대단한 성과를 올렸으며, 인간의 수명을 연장하고 수억의 인구를 고된 노동에서 해방시키는 등 무수히 많은 혜택을 제공했다.[34] 이런 석탄이라는 특권을 손에 넣은 사람들은 자신이 개인의 기후만이 아니라 지구 자체의 기후까지 바꾸고 있다는 사실, 즉 실내 온도뿐 아니라 실외 온도까지 끌어 올리고 있다는 사실을 무시했다. 자신의 신체가 지리적 환경에서 효과적으로 차단되어 있기 때문이다. 하지만 우리가 무시한다고 해서 지구 온난화의 현실이 사라지는 것은 아니다.

적어도 2백~3백 년 동안 화석 연료의 힘을 이용하는 활동은, 자연과 끊임없이 대화를 나누면서 자연의 변덕과 지리적 환경에 맞춰 계획과 야심과 일정을 조정해야 하는 번거로움으로부터 꽤 많은 사람들을 해방시켜 주었다. 또한 석탄과 석유는 화석화된 것이기에 개인이 소유할 수 있는 에너지로 여겨졌다. 바람이나 물이나 노동자처럼 독자적인 행동을 하는 법도 없었다. 와트의 증기 기관이 약속했듯이, 석탄과 석유는 주인이 원하는 시간에 원하는 장소에서 동력을 창조했다. 이것은 근본적으로 일방적인 관계였다.

그러나 우리는 대기 과학을 통해서 자연에 존재하는 모든 관계의 핵심인 호혜, 즉 인과응보는 화석 연료를 아무리 동원해도 무력화시킬 수 없다는 교훈을 배웠다. 인과응보는 그저 뒤로 미루어졌을 뿐, 그 힘과 속도는 줄곧 강해지고 있었다. 수백 년간 연소된 탄소의 누적 효과는 이제 가장 맹렬한 자연의 분노를 폭발시키고 있다.

요컨대 와트와 그의 동료들이 한때 사람들에게 선사했던 완벽한 권능과 통제력의 환상은, 허리케인 샌디와 태풍 하이옌 같은 엄청난 자연의 힘과 마주할 때 일어나는 거의 완벽에 가까운 마비와 통제력 상실이라는 현실 앞에 힘없이 무너지고 있다. 그리고 환상을 깨뜨리는 이러한 모습 때문에 우리는 기후 변화를 몹시 두려워한다. 위기의 진실한 얼굴을 대면하는 순간, 우리는 자신의 한계를 대면한다. 선조들이 그랬던 것처럼, 우리는 지구와 우리 신체를 구성하는 요소들 앞에서 스스로 무력한 존재임을 인정할 수밖에 없다. 우리는 우리 자신이 세계의 주인 혹은 운전자가 아니라 이 세계를 구성하는 취약한 일부임을 인정해야 한다. 인간과 자연이 긴밀히 연결되어 있음을 인정하면 상당한 행복과 기쁨을 누릴 수 있다. 그러나 이 문명적 도전의 깊이를 과소평가해서는 안 된다. 호주 정치학자 클리브 해밀턴이 말했듯이, 기후 변화와 관련한 이런 진실에 대면하게 되면 〈인간과 지구 사이의 권력 관계가 우리가 지난 3백 년 동안 생각해 온 것과는 정반대라는 사실을 인정할 수밖에 없다〉.[35]

19세기 웨스트민스터 수도원의 세인트폴 대성당에는 제임스 와트의 거대한 대리석 동상이 세워졌고, 그 옆 기념비에는 〈조국의 재원을 확충하고〉 〈인류의 힘을 강화한〉 인물이라는 글귀가 새겨졌다. 와트는 실제로 그런 공적을 이루었다. 그가 개발한 증기 기관은 산업 혁명을 대대적으로 진척시켰으며, 그의 증기 기관을 장착한 증기선들은 사하라 사막 이남의 아프리카와 인도를 식민 제국의 약탈 대상으로 바꾸어 놓았다. 그는 유럽을 더욱 부강하게 만드는 데 기여했으며, 동시에 유럽을 제외한 세계의 수많은 지역의 사람들이 오늘날까지도 화석 연료가 부채질한 빈곤과 불평등에 유린당하는 현실을 만드는 데 기여했다. 석탄은 현대 자본주의의 역사를 기록하는 검은 잉크였다.

1825년 와트의 공적이 대리석에 기록된 순간에, 이 모든 역사적 사실이 흔적도 없이 증발한 것은 아니었다. 당시 공장과 탄광에서 나온 온실 가스의 누적 효과는 오늘날의 지질학적 기록, 예컨대 대양의 수위와 바닷물의 화학적 구성, 서서히 가라앉는 나우루 같은 섬들, 빙하의 융해,

산의 붕괴, 영구 동토층의 융해, 망가진 토양 사이클 그리고 불에 타 숯이 된 삼림에 뚜렷한 흔적을 남겼다.

아주 오래전에 석탄에 희생된 사람들, 이를테면 진폐증으로 사망한 광부들과 〈악마의 맷돌〉에 짓눌린 노동자들을 진보의 희생양이라고만 여겨서는 안 된다. 그들은 우리가 세계에 독성 물질을 뿌리고 있음을 알리는 최초의 경고음이었다. 에콰도르의 생태학자 에스페란사 마르티네스는 이렇게 말한다. 〈최근 1백 년 사이에 뚜렷이 드러났듯이, 자본주의의 동력원으로 사용되는 화석 연료는 그것이 채취되는 땅을 파괴하고, 그 폐기물을 흡수하는 바다와 대기에서 살아가는 생명을 파괴하고 있다.〉[36]

장 폴 사르트르는 화석 연료를 〈다른 생명체들이 인류에게 남겨 준 자본〉이라 일컬었다. 화석 연료는 문자 그대로 오래전에 죽은 생명체들이 부패하면서 남긴 잔존물이다. 이런 물질들이 본질적으로 유해한 것은 아니다. 그 물질들이 마땅히 있어야 할 곳은 땅속이다. 그곳에서 그것들은 막중한 생태학적 기능을 수행한다. 땅속에 있는 석탄은 오래전 식물이 대기 중에 배출했던 탄소를 비롯하여 각종 독성 물질을 지하에 격리시킨다. 세계적으로 명성 높은 호주의 기후 과학자 팀 플래너리는 이렇게 말한다. 〈석탄은 일종의 천연 스펀지처럼 우라늄, 카드뮴, 수은 등 지하수에 녹아 있는 여러 가지 물질들을 흡수한다.〉[37]

하지만 석탄이 채취되어 연소되는 순간 이 독성 물질들은 지하에서 풀려나 생태계로 진입한다. 바다로 들어가고, 바다에 사는 크릴과 플랑크톤에 흡수되었다가 물고기로, 다시 우리 몸으로 들어온다. 한편 지하에서 벗어난 탄소는 대기 중으로 들어가 지구 온난화를 일으킨다. 석탄이 산업 혁명 이후로 도시 공동체를 괴롭혀 온 스모그와 미세 먼지 오염의 주범이며, 호흡기와 심장 질환 등 각종 질환으로 수많은 사람들을 괴롭혀 왔다는 것은 굳이 거론할 필요가 없을 것이다.

이런 상황을 고려하면, 우리의 임무는 막중하긴 하지만 의외로 간단하다. 우리는 무덤을 파헤치는 도굴꾼이 되기보다는, 생명이 존속하도록 부양하는 요소들로부터 직접 에너지를 끌어내는 생명의 증폭자가 되어야 한다. 이제는 죽은 것들이 쉴 수 있도록 놔두어야 할 때다.

채취주의 좌파

불공평한 시장 시스템에 도전하기로 마음먹은 사람들마저 흔히 기후 변화 문제를 외면하는 이유는 뭘까? 우리는 식민주의와 석탄, 자본주의가 정교하게 결합하여 만들어 낸 역사의 실타래에서 중요한 실마리를 찾을 수 있다. 현대 세계를 구축한 주역은 화석 연료와 그것이 대변하는 극단적인 채취주의 사고방식이다. 산업 사회, 혹은 탈산업 사회의 일원인 우리는 여전히 석탄이 구축한 환경 안에서 살아가고 있다.

프랑스 대혁명 이후로 이 환경의 경계 안에서는 강력한 이데올로기 투쟁이 전개되어 왔다. 공산주의자와 사회주의자와 노동조합은 빈민과 노동 계층을 대변하며 채취주의가 거둔 전리품을 공정하게 분배할 것을 요구했고, 또한 여러 차례 의미심장한 승리를 거두기도 했다. 인권 운동과 노예 해방 운동도 마찬가지였다. 원자재의 권리를 인정하지 않듯 인간의 권리를 인정하지 않고 인간을 희생 지대로 취급하는 산업 자본주의에 맞서서 용감한 투쟁을 전개했고, 지배와 복종의 패러다임에 저항하는 투쟁에서 중요한 성과, 즉 노예 제도 폐지나 보편 선거권과 법률상의 평등권 확보라는 성과를 거두었다. 채취주의 경제 모델이 자연계를 혹사하는 활동과 인간을 희생양으로 이용하는 활동 사이에 유사점이 있음을 지적하는 사람들도 있다. 예컨대 카를 마르크스는 자본주의와 〈생명의 자연법칙〉 사이에 〈도저히 메꿀 수 없는 균열〉이 있다고 지적했고, 페미니스트 학자들은 이미 오래전부터 여성의 육체와 지구의 육체를 상대로 펼치는 가부장제의 이중 전쟁이 인간의 정신과 육체의 극단적인 분리, 그리고 인간의 육체와 지구의 분리와 관련되어 있으며 이런 분리로부터 과학 혁명과 산업 혁명이 유래했음을 간파하고 있었다.[38]

하지만 이런 도전은 주로 지적인 영역에서만 나타났다. 베이컨이 성서에 착안하여 만든 관점, 즉 인간이 자신을 부양하는 생태계보다 우월하며, 생명 없는 기계를 다루듯 지구를 혹사하는 것은 인간의 타고난 권리라는 관점에 도전하려는 시도는 거의 나타나지 않았다. 이런 세계관에 대한 강력한 도전은 항상 이 세계관의 영역 밖에서 시작되었다. 이런 도전은 지구와 관계를 맺는 전혀 이질적이며 훨씬 오래된 방식이 채취주의 활동과 직접 충돌해 강력하게 반격하는 역사적인 전환점에 나타났다. 산업화 초기에 영국과 아일랜드 농민들은 공유지를 봉쇄하여 목장으로 만들려는 최초의 시도에 맞서 폭동을 일으켰고, 식민지 원주민들은 수세기 전부터 식민 본국에 맞서 항거해 왔다. 앞으로 살펴보겠지만 이제는 원주민이 주도하는 극단적인 화석 연료 채취 반대 운동이 점점 기세를 올리고 있다.

이 시스템을 지탱하는 핵심 논리의 치명적인 결함을 뻔히 알면서도, 이 시스템 안에서 태어나 자란 우리로서는 탈출구를 찾기가 어렵다. 과연 어떤 대안이 있단 말인가? 탈계몽주의 시대의 서구 문화는 비상호적이며 채취주의적인 자연과의 관계에서 벗어나 살아갈 수 있는 지침을 전혀 제공하지 않고 있다.

우파 기후 부정론자들은 좌파가 지구 온난화를 획기적인 기회로 이용하고 있다는 음모론을 떠벌린다. 물론 많은 기후 대응책이 정부의 시장 개입, 평등의 강화, 공공 영역의 강화를 지지하는 진보적인 움직임에 힘을 실어 주는 것은 사실이다. 그러나 생태계 위기가 우리에게 제시하는 핵심적인 메시지, 즉 인류는 자신을 부양하는 생명 시스템을 채취주의 방식 대신 재생을 독려하는 방식으로 훨씬 더 자상하게 보살펴야 한다는 메시지는 우파뿐 아니라 대부분의 좌파에게도 강력한 도전이다. 마땅히 누려야 할 깨끗하고 안정적인 일자리를 확보하기 위해 싸우기보다는, 온실가스 파급력이 높은 일자리를 놓치지 않으려 애쓰는 노동조합들에게도 기후 위기는 강력한 도전이다. 경제 성장의 동력이 횡포한 자원 채취라는 점을 무시한 채 국내 총생산 성장이라는 전통적인 관점에서 경제 성공을 정의하는 대부분의 중도 좌파 케인스주의자들(케인스 본인은 존 스튜어트 밀과 마찬가지로 탈성장 경제로의 이행을 옹호했는데도 이들이 이런 주장을 하는 현실은 더더욱 이해하기 어렵다)에게도 기후 위기는 강력한 도전이다.

소련과 그 위성 국가의 독재 정치와 사회주의를 동일시하는 일부 좌파(단, 무정부주의자들은 스탈린의 계획을 사회 정의의 핵심 원칙에 반하는 혐오스러운 정책이라고 보았다)에게도 기후 위기는 강력한 도전이다. 실제로 사회주의 국가를 자칭하는 국가들은 자본주의 국가만큼이나 맹렬하게 자원을 투입하고 무분별하게 폐기물을 배출하고 있다. 베를린 장벽이 붕괴되기 전까지 체코와 러시아의 1인당 탄소 발자국*수치는 캐나다와 호주보다 훨씬 높았다. 선진 공업국에서 온실가스 배출량 급감 현상이 나타났던 사례도 1990년대 초 소련의 경제 붕괴 직후를 제외하고는 찾아보기 힘들다. 〈인간이 자연을 정복해야 한다〉는 마오쩌둥의 공언은 자연계에 대한 맹렬한 착취의 길을 열어 놓았고, 이런 관행 덕분에 중국은 공산주의 체제의 대량 벌채에서 자본주의 체제의 대형 댐 건설로 아무런 걸림돌 없이 이행할 수 있었다. 국가 사회주의 체제하에서 무분별하고 맹목적으로 사업을 벌였던 러시아의 석유 및 가스 회사들은 신흥 재벌과 러시아 조합주의 국가의 수중에 넘어간 오늘날까지도 여전히 그 관행을 유지하고 있다.[39]

대체 왜 그럴까? 독재적 사회주의와 자본주의는 똑같이 강력한 권력

---

* *carbon footprint*. 원료 채취에서부터 생산·유통·사용·폐기 등 제품의 생산과 소비 전 과정에서 발생하는 이산화탄소의 총량 ── 옮긴이주.

집중 성향을 보인다. 전자는 국가의 수중에, 후자는 재계의 수중에 권력이 집중되어 있다. 이 둘은 똑같이 맹목적인 성장에 의지해 시스템을 유지한다(소비에트 시대의 사회주의는 생산을 위한 생산을, 소비 자본주의는 소비를 위한 소비를 부추기며 성장을 유지한다).

그나마 희망이 보이는 곳은 스칸디나비아의 사회 민주주의 국가들이다. 이들은 세계적으로 아주 중대한 녹색 돌파구를 마련해 가고 있다. 통찰력 있는 도시 디자인을 채택한 스톡홀름에서는 시민들의 74퍼센트가 자전거나 대중교통 수단을 이용해 일터에 가고, 덴마크에서는 공동체가 운영하는 풍력 발전을 권장한다. 하지만 노르웨이의 경우는, 국가가 대량의 지분을 소유한 기업 스타토일을 통해 앨버타 타르 샌드를 채취하며, 북극의 대규모 유전 개발에도 박차를 가하고 있다. 이 국가들은 후발 주자로 대규모 산유국 대열에 진입했다는 점에서, 채취주의에서 완전히 탈피한 경로를 주도하고 있다고 단언하기 어렵다.[40]

중남미와 아프리카에서는 천연자원 채취 및 수출에 편중된 정책에서 벗어나 경제 다각화를 이루는 것이 식민지 잔재를 걷어 내기 위한 정책의 핵심 목표다. 하지만 최근 10여 년 사이에 좌파와 중도 좌파 정부들이 집권한 일부 국가들은 이와 정반대 방향으로 나아가고 있다. 그럼에도 중남미 대륙 밖에서 이런 경향을 비판하는 목소리가 나오지 않는 것은 그리 놀라운 일이 아니다. 세계 전역의 진보주의는 불평등 축소, 빈곤 극복, 채취주의 산업에 대한 국가의 통제권 복구 등의 공약을 내세운 정당들이 선거를 통해 집권하는 중남미의 〈핑크 타이드pink tide〉 현상에 갈채를 보내고 있다. 일부 국가들이 빈곤 극복이라는 측면에서 놀라운 성과를 올리는 것도 사실이다.

브라질에서는 루이스 이나시우 룰라 다 시우바가 대통령에 당선되고부터 그의 참모였던 지우마 호세프가 집권한 지금까지, 정부 발표에 따르면 10년 만에 3천만 명이 넘는 인구가 빈곤에서 벗어나 빈곤율이 89퍼센트나 줄었다. 베네수엘라에서는 우고 차베스가 당선된 뒤 극빈 상황에 몰려 있던 인구가 1999년 16.6퍼센트에서 2011년 7퍼센트로 절반 넘게 줄었다는 정부 통계가 발표됐다. 대학 진학률은 2004년 이후 두 배로 늘어났다. 세계은행에 의하면, 에콰도르에서는 라파엘 코레아 집권 이후 빈곤율이 32퍼센트나 줄었다. UN이 수집한 정부 통계에 따르면 아르헨티나의 도시 빈곤율은 2003년 54.7퍼센트에서 2011년 6.5퍼센트로 큰 감소를 보였다.[41]

볼리비아 역시 에보 모랄레스 집권 뒤 놀라운 성과를 올렸다. 정부 발표에 따르면, 극빈 상황에 몰려 있던 인구의 비율이 2005년 38퍼센트에서 2012년 21.6퍼센트로 줄었고[42] 실업률은 절반이 되었다. 성장 위주 정책으로 빈부 격차가 심화되는 다른 개발 도상국들과 달리, 볼리비아는 평등한 사회를 향한 진전에 성공을 거두고 있다. UN 산하 〈중남미 카리브 경제 위원회〉 사무총장 알리시아 바르세나 이바라는 〈(볼리비아에서는) 빈부 격차가 크게 줄어들고 있다〉고 보고했다.[43]

부의 태반이 소수 엘리트층에 집중되었던 이 대륙의 과거와 비교하면, 그야말로 놀라운 진전이다. 하지만 이들 좌파 및 중도 좌파 정부들도 유한한 자원의 대규모 채취 방식에 의존해 생태계와 인간에게 막대한 희생을 안기는 경제 모델에서 여전히 탈피하지 못하고 있다. 에콰도르는 아마존 유전을 포함해서 석유 산업에 대한 의존도가 점점 높아지고 있고, 볼리비아는 천연가스 산업에 대한 의존도가 높으며, 아르헨티나는 노천 탄광 사업 및 콩을 비롯한 곡물의 유전자를 조작하는 〈녹색 사막〉 정책을 계속해서 지원하고 있고, 브라질은 큰 논란을 불러일으키는 초대형 댐과 위험성이 높은 해양 시추 시설 건설을 밀어붙이고 있다. 석유 수출 의존도가 높은 베네수엘라 역시 마찬가지다. 이 정부들 대부분이 천연자원 수출에서 벗어나 경제를 다각화한다는 오랜 목표를 거의 진전시키지 못하고 있다. 2004년부터 2011년 사이에는 아르헨티나를 제외한 모든 나라들의 총수출 가운데 천연자원의 비율이 증가했다(그 일부는 가격 상승에서 비롯한 것이다). 중국은 중남미 대륙 전역에서 까다롭지 않은 융자 정책을 실시하며 석유로 상환할 것을 요구하고 있는데, 이 역시 중남미 국가의 천연자원 수출 의존도 감축에 전혀 도움이 되지 않는다.[44]

위험도가 높고 생태학적으로 유해한 채취 산업에 의존하는 이런 현실은 특히 볼리비아의 에보 모랄레스 정부와 에콰도르의 라파엘 코레아 정부와 관련해서 큰 실망을 불러일으켰다. 이 두 대통령은 첫 번째 임기 때 채취에 의존하지 않는 새로운 시대의 출범을 선언한 바 있으며, 수백 년 동안 억압과 주변부 취급을 견디고 살아남아 강력한 정치적 지지 집단을 형성한 원주민 문화에 대해 존경심을 표하기도 했다. 〈자연 친화적인 사회를 구축하자〉는 뜻의 토착 개념인 〈수막 카우사이*sumak kawsay*〉와 〈부엔 비비르*buen vivir*〉를 정치적 담화에 인용하고 법률에 명시하기까지 했다. 하지만 이들이 내세웠던 약속은 산업 발전과 채취 산업의 가속화 과정에서 그늘로 밀려나고 있다. 에콰도르의 에스페란사 마르티네스에 따르면, 〈2007년 이후로 코레아 정부는 석유 및 석탄 분야에서 에콰도르 역사상 가장 강력한 채취주의 정책을 펴고 있다〉. 중남미의 지식인들은 현재의 상황을 묘사하기 위해 〈진보적인 채취주의〉라는 신조어를 쓰고 있다.[45]

이 정부들은 달리 대안이 없다고, 빈곤 완화 정책을 뒷받침할 재원을 마련하려면 채취주의 정책을 추구할 수밖에 없다고 주장한다. 이런 주장은 여러 측면에서 기후 부채 문제로 환원된다. 볼리비아와 에콰도르는, 더러운 화석 에너지 의존에서 벗어나 저탄소 발전으로 이행하는 데 필요한 글로벌 사우스 국가들의 재원을 오랫동안 대량의 온실가스를 배출해 온 국가들에서 부담하도록 요구하는 정부 연합의 선두에 서서 이를 이끌고 있다. 하지만 이들의 요구는 번번히 거부되거나 무시된다. 또한 빈곤과 오염, 둘 중 하나를 선택해야 하는 상황에서 이 정부들은 주저 없이 오염을 선택한다. 하지만 이 두 가지로 선택의 폭을 좁혀선 안 된다.

화석 연료 채취 산업에 대한 과도한 의존에서 벗어나지 못하는 것은 개발 도상 세계에 속한 진보적인 정부들만이 아니다. 2013년 5월, 그리스 좌파 정당 시리자Syriza당(유럽 대륙의 정치적 대안으로 유럽의 진보 세력 사이에서 큰 기대를 모았던 당시 그리스의 여당)은 집권당의 석유 및 가스 유전 신개발 정책 추진에 반대하지 않았다. 이들은 유전 개발로 거둬들인 재원을 채무 상환에 충당하는 대신 연금 재원으로 투입해야 한다고 주장했다. 다시 말해, 채취주의의 대안을 내놓기는커녕 전리품의 유리한 분배 방식만을 제시한 것이다.

보수적인 기후 변화 부정론자들은 기후 변화가 사회주의의 이상을 펼칠 기회를 열어 놓을까 우려했지만, 시리자당은 그런 입장에 설 생각은커녕 지구 온난화에 대해서는 일체 입을 다물었다.

시리자당 대표 알렉시스 치프라스는 인터뷰에서 내게 이 사실을 솔직히 시인했다. 「환경과 기후 변화는 우리 당의 주요 관심사였습니다. 하지만 경기 불황으로 몇 년째 고통을 겪은 뒤 우리는 기후 변화를 잊고 말았습니다.」[46] 그나마 솔직한 고백이었다.

한 가지 중요한 희소식은, 이 국가들에서 채취와 재분배가 빈곤과 경제 위기에서 벗어날 수 있는 유일한 길이라는 사고에 정면으로 도전하는 대규모 사회 운동이 점차 강력해지고 있다는 사실이다. 그리스에서는 대규모 금광 반대 운동이 전개되면서 시리자당 역시 압력에 밀려 강경한 금광 반대에 나서고 있다. 중남미의 진보 정부들은 자신들에게 권력을 쥐여 준 많은 유권자들이 이제는 우고 차베스가 〈21세기 사회주의〉라고 명명했던 새로운 모델에 대해 전혀 새롭지 않다고 비난하며 등을 돌리고 있다는 사실을 차츰 깨닫기 시작했다. 브라질에 들어선 우고 수력 발전 댐과 볼리비아의 민감한 지역을 관통하는 고속도로, 에콰도르 아마존 지역의 석유 시추 시설은 모두 국내 갈등의 원인이 되고 있다. 부의 분배가 도시 빈민들에게 유리한 방향으로 개선되어 가는 것은 사실이다. 하지만 도시 밖의 원주민들과 농민들은 여전히 자신들이 동의하지 않은 사업 때문에 삶의 위기에 직면해 있고, 생태계 파괴 때문에 땅을 잃는다. 볼리비아 환경 운동가 파트리시아 몰리나의 말을 빌리자면, 지금 필요한 것은 발전에 대한 새로운 정의다. 〈빈민의 제거가 아닌 빈곤의 제거가 발전의 목표가 되어야 한다.〉[47]

이 비판은 정치적 역학 관계를 넘어서 훨씬 큰 함의를 품는다. 즉, 경제 활동의 목표와 발전의 의미를 대하는 유권자의 관점에 근본적인 변화가 생겼으며, 그들의 규모와 목소리가 갈수록 커진다는 사실을 암시한다. 원주민들의 견해 또한 곳곳에서 형성되는 새로운 통로를 통해 새로운 행동주의자들에게 강력한 영향을 미치고 있다. 원주민 토지 권리 운동은 1994년 멕시코 자파티스타 봉기를 시발점으로 북미와 남미, 호주, 뉴질랜드의 핵심적인 채취 반대 투쟁에서 중추적인 역할을 담당하고 있다(이에 대해서는 뒤에서 다룰 것이다). 이런 투쟁들은 다른 진보적인 운동들에도 채취주의와는 정반대의 시각, 즉 인간과 자연이 상호 연결 및 상호 호혜 관계에 있다는 인식에 기반한 세계관을 접할 기회를 열어 놓고 있다. 진보 운동들은 기후 변화가 던지는 메시지를 충실하게 새겨듣는 동시에, 지하에 묻힌 막대한 양의 탄소를 그대로 놓아두기 위한 다양한 투쟁에서 성과를 올리고 있다.

무시되는 경고음

자연을 무한한 자원을 공급하는 자동판매기쯤으로 취급하는 서구 문화의 위험한 세계관에 도전해야 마땅함에도 그렇게 하지 못하는 집단이 있다. 바로 환경 운동이다. 환경 운동은 자연 생태계가 인간 활동에 희생되지 않도록 보호할 목적을 가진 조직들로 이루어져 있지만, 그 역할을 지속적이고 일관성 있게 수행하지 못하거나 아예 감당조차 못 하고 있는 것이 현실이다.

이는 엘리트 중심으로 진행되어 온 환경 운동의 특이한 역사와도 관련이 있다. 19세기 말에서 20세기 초 자연 보호 운동이 강력한 세력으로 부상했을 때, 그 주역은 낚시와 사냥, 캠핑, 하이킹을 즐기던 특권층 남성들이었다. 이들은 급속한 산업화 때문에 자신들이 아끼는 야생 공간이 사라질 위기에 놓였음을 깨달았다. 이들이 문제 삼은 것은 대륙 전역에서 자연 경관을 파괴하는 맹렬한 경제 활동이 아니었다. 다만 여흥과 심미적 감상을 즐길 수 있도록 자신들의 특별한 지역들이 보호되기를 원했을 뿐이다. 상인들과 병사들을 대동하고 다녔던 기독교 선교사들이 그랬던 것처럼 초기의 자연 보호주의자들은 대부분 자신의 임무를 식민 사업과 산업 활동에 수반되는 교화 활동으로만 여겼을 뿐, 산업화에 도전하는 활동에는 관심을 두지 않았다. 1914년 브롱크스 동물원장 윌리엄 템플 호너데이는 이런 풍조를 요약한 뒤, 미국의 교육자들에게 〈백인의 의무로서 주어진 몫을 감당하고〉 〈우리 나라 야생 생명을 보존〉하는 일을 도우라고 촉구했다.[48]

이 임무의 수행도 파괴적인 저항 방식으로는 진행되지 않았다. 파괴적인 저항은 사회의 상류층에 뿌리 내리기에 적절한 방식이 아니었다. 이들은 조용한 로비를 통해 임무를 수행했다. 자신과 같은 계급의 사람들에게 〈노블레스 오블리주〉에 호소하여 보존이 필요한 소중한 지역을 국립 공원, 또는 사유지 보전 지역으로 지정한 것이다. 따라서 이 지역을 낚시터와 사냥터로 이용하던 원주민들이 직접적인 피해를 입기도 했다.

하지만 이 운동에 참여했던 이들 가운데는, 자기 나라의 아름다운 지역들이 위협받는 현실을 보며 심각한 문화적 위기의 조짐을 읽는 사람들도 있었다. 예컨대 1892년에 시에라 클럽 창립에 참여했던 자연주의 작가 존 뮤어John Muir는 천연의 강에 댐을 세워 아름다운 계곡에 물을 채워 넣는 실업가들을 통렬히 비난했다. 그는 이런 실업가들을 〈약탈적인 영리주의의 열성적인 추종자〉이며, 〈눈을 들어 산을 창조한 신을 보며 경외심을 품는 것이 아니라, 전지전능한 돈을 보며 경외심을 품는〉이교도로 여겼다.[49]

이런 이단적인 사고를 했던 사람은 뮤어만이 아니었다. 서구 생태주의의 초기 사상가들 가운데 일부는 외떨어진 경관을 보호하는 활동보다 훨씬 강력한 행동을 전개해야 한다는 급진적인 주장을 펼쳤다. 대개는 묵살되었지만, 이들은 모든 생명이 긴밀히 연결되어 있다는 동양적 사고와 모든 생명체를 우리의 〈친척〉으로 보는 아메리카 원주민의 우주 철학을 강력히 지지하기도 했다.

1800년대 중반에 헨리 데이비드 소로는 이렇게 썼다. 〈내가 발을 딛고 있는 대지는 죽어 있는 무력한 흙덩어리가 아니다. 대지는 육체이자 영혼을 지닌 유기체이며, 그 영혼의 작용은 물론 내 안에 깃든 영혼의 미세한 움직임에도 민감하게 반응한다.〉* 그는 대지를 무력한 기계라 여기며 인간의 정신 작용으로 대지의 수수께끼를 풀 수 있다고 한 베이컨의 관점을 정면으로 부인한다. 그리고 1백여 년이 흐른 뒤, 알도 레오폴드가 쓴 『샌드 카운티 연감 A Sand County Almanac』이 환경주의의 두 번째 전범으로 자리 잡았다. 레오폴드 역시 〈공동체에 흙과 물, 식물, 동물을 포함시키는 방향으로 공동체의 경계를 넓힐 것〉과, 〈인간이 상호 의존성을 지닌 부분들이 모여 만든 공동체의 일원〉임을 인정하는 윤리를 가지자고 주장했다. 〈대지의 윤리는 호모 사피엔스의 역할을 대지 공동체

---

* 소로는 저서 『월든 Walden』에서 유명한 인도 경전을 거론했다. 〈아침마다 나는 『바가바드 기타』의 경이로운 우주 생성적인 철학에 나의 지성을 목욕시킨다. (……) 나는 책을 내려놓고 물을 길으러 우물에 갔다가 브라마와 비슈누와 인드라를 섬기는 사제 브라만의 시중을 드는 하인을 만났다. 그 브라만은 갠지스 강가 사원에 앉아 베다경을 읽거나 굳은 빵과 물병만 가지고 나무 밑에서 산다. (……) 깨끗한 월든 호수의 물은 갠지스 강의 신성한 강물과 섞여 있다.〉

의 정복자에서 대지 공동체의 일원이자 시민으로 변화시킨다. 여기에는 공동체에 속한 동료들을 존중하고, 공동체 자체를 존중하는 것도 포함된다.〉[50]

이런 사상들은 생태학적 사고의 발전에 큰 영향을 미치긴 했지만, 대중적인 운동과 결부되지 않았기 때문에 급속히 진행되는 산업화에 대해서는 거의 위협이 되지 못했다. 인간이 자연 생태계를 정벌하고 기계 부리듯 사용하는 정복군이라 자처하는 세계관은 변함없이 유지되었다. 세계 곳곳에서 사회주의가 부상했던 1930년대 무렵, 성장 일로를 달리던 환경 운동권의 보수적인 분파들은 자연이 인간에게 제공하는 효용을 넘어서서 고유한 가치를 지닌다는 레오폴드의 〈급진적인〉 주장과 거리를 두기 시작했다. 레오폴드는 하천과 오래된 삼림들이 〈존속할 권리〉를 지닌다고 주장했는데(이 주장은 몇십 년 뒤 부상하는 〈자연의 권리〉 논쟁에 불을 붙이는 계기가 되었다), 이런 인식이 주인의 입장에서 대지를 마음대로 이용할 인간의 권리와 충돌할 우려가 있다는 이유에서였다. 1935년에 제이 노우드 딩 달링(그는 후일 국립 야생 동식물 연맹의 창립에 참여했다)은 레오폴드에게 경고성 편지를 보냈다. 〈나는 당신이 야생 환경에 대해 새롭게 정립한 철학이 우리를 깊은 물속으로 끌어들이고 있다는 생각을 지울 수가 없습니다. 그 길은 결국 사유 재산의 사회화로 이어질 것입니다.〉[51]

1962년에는 레이첼 카슨이 『침묵의 봄』을 출간했다. 자연을 미국 산업 시스템이라는 기계의 톱니바퀴로 만들려는 시도가 몹시 공격적이고 선동적으로 발전하던 시기였다. 외떨어진 자연 공간 몇 곳을 보호하면 자본주의와 자연 보호를 결합할 수 있다는 듯 가장하는 태도는 더 이상 통하지 않았다. 카슨의 책은 무분별하게 공중에 투하된 살충제가 인간과 동물의 생명을 위협하고 있다며 화학 산업 규탄 운동에 불을 붙였다. 해양 생물학자 출신의 사회 비평가 카슨은 〈근사한 새 장난감〉에 매혹되어 〈생명의 근간을 위협하는〉 독을 뿜어 대는 오만한 〈통제자 인간들〉의 모습을 생생하게 묘사했다.[52]

카슨의 주공격 대상은 살충제 DDT였다. 하지만 그녀가 정말로 문제 삼은 것은 특정한 화학 제품이라기보다 특정한 논리였다. 카슨은 이렇게 썼다. 〈《자연 지배》라는 말은 오만함에서 나온 표현이다. 그 연원은 네안데르탈인 시기의 생물학과 철학, 즉 자연이 인간의 편리한 삶을 위해 존재한다는 사고다. (……) 그처럼 원시적인 과학이 가장 현대적이고 끔찍한 무기로 무장하여 곤충을, 그리고 동시에 지구를 공격하고 있으니 너무나 끔찍한 일이다.〉[53]

카슨의 책을 계기로 급진적인 환경주의자들이 등장하고 생태 경제학이 태동했다. 이들은 인간이 생태계를 주무르는 공학자나 기술자가 아니라 섬세한 지구 생태계의 일부라고 보았다. 인간이 아무리 소모해도 지구에는 늘 충분한 자원이 남아 있다는 채취주의의 근간 논리는 주류 사회 내에서 강력한 도전을 받기 시작했다. 이 논쟁은 1972년 로마 클럽Club of Rome이 출간한 『성장의 한계The Limits to Growth』가 날개 돋힌 듯 팔려 나가며 절정으로 치달았다. 이 책은 초기 컴퓨터 모델을 이용해, 인류가 지금과 같은 속도로 자원 소모를 이어갈 경우 21세기 중반에는 지구의 부양 능력을 넘어설 것이라고 예측했다. 아름다운 산맥 몇 개를 보호하는 것만으로는 이런 궁지에서 벗어날 수 없으며, 성장 논리 자체를 검토해야 한다는 주장이었다.

작가 크리스천 패런티는 최근 이 책의 유효한 영향력에 대해 언급한 바 있다. 〈『성장의 한계』는 거대 과학의 매력(MIT의 강력한 컴퓨터와 스미소니언 연구소의 지원)과 사물의 상호 연관성에 대한 주목을 결합시켰다. 이런 특징은 새로운 대항 문화 정신과 어울리는 완벽한 조건이다.〉 시간이 흐르며 이들의 예측이 들어맞지 않는 경우가 생기기도 했지만(예컨대 저자들은 유한한 자원의 새로운 저장소를 찾아내는 이윤 동기와 혁신 기술의 능력을 얕잡아 보았다)『성장의 한계』는 무엇보다 중요한 한계를 정확하게 지적했다. 패런티는 〈자연 흡수 장치의 한계, 즉 오염을 흡수하는 지구의 능력〉에 대해서 이렇게 쓴다. 〈『성장의 한계』가 제시한 파멸적이고 암울한 예측은 흠잡을 데 없이 옳았다. 우리는 새로운 투입물(더 많은 석유와 크로뮴)을 찾아내거나 대체물을 발명해 낼지도 모른다. 하지만 자연의 새로운 흡수 장치는 만들어 내지도, 찾아내지도 못한다. 세계화 자본주의의 탐욕스러운 활동이 생산한 더러운 부산물을 흡수하는 지구의 능력은 곧 한계에 도달할 것이다. 이 경고야말로 『성장의 한계』가 지적한 가장 강력한 내용이다.〉[54]

하지만 기후 변화의 위협이 계속되던 결정적인 시기, 환경 운동의 가장 영향력 있는 사람들은 이런 경고에 귀를 기울이지 않았다. 이들은 이윤 극대화 논리를 근간으로 한 경제 시스템의 한계를 무시한 채, 지구를 구하면 엄청난 규모의 경제 활동 기회가 생긴다는 사실을 증명하는 데만 노력을 기울였다.

환경 운동이 이처럼 정치적 소심함을 보이는 이유는 앞서 논의한 주제와 깊이 연관되어 있다. 1980년대 말부터 1990년대까지, 강력하고 매력적인 자유 시장 논리가 환경 보호 운동의 거의 모든 영역에서 그 지적인 생명력을 깔아뭉갰기 때문이다. 한편으로 과학계가 도출해 낸 결론을 받아들이지 않으려는 완강한 고집 역시, 인간이 지구의 손아귀에 있는 게 아니라 지구가 인간의 손아귀에 있다는 문화적 담론의 위력을 키워 준다. 바로 이 담론 때문에 우리는 상황이 아무리 악화된다 해도 최후의 순간 우리를 구해 줄 동아줄(시장과 억만장자 사업가와 천재적인 과학자가 동시에 활약하는 최고의 조합)이 나타나리라 확신하고, 그걸 기대하면서 화석 연료를 찾아 점점 더 깊은 곳까지 지구를 파헤치는 것이다.

채취주의에서 벗어나 주어진 한계 안에서 우리가 원하는 사회, 그 어

떤 희생 지대도, 또 다른 나우루 섬도 필요치 않는 세계를 건설하는 경로
로 접어들기 위해서는 다양한 형태로 나타나는 이러한 주술적 사고에서
탈피해야만 한다.

2부

주술적 사고

알코올 중독 치료제나 마약 중독 치료제의 개발에 따른 막대한 경제적 보상을 노리고 엉터리 약들이 활개를 친다. 하지만 약물 중독은 사라지지 않는다. 현대 문명이 값싼 에너지에 중독되어 있는 현실에서, 과학 기술의 발전이 화석 연료라는 모자 속에서 기후라는 토끼를 꺼낼 거라고 믿는 사람들로서는 이 비유가 마뜩지 않을 것이다. (……) 환경 문제를 걱정하는 많은 사람들이 기술적 해법의 출현에 거는 기대감은 과학과 기술의 무한한 힘을 신봉하는 하이모더니즘의 표현이다.

— 정치학자 윌리엄 반스, 지성사가 닐스 길먼, 2011년[1]

이 나라에서 손꼽히는 대형 환경 단체의 지도자들은 자신들이 엄선한 기업의 중역들과 어울리며 상류층 행세를 하는 데 익숙해졌다. 이들이 이런 생활을 할 수 있는 건 바로 그 기업 중역들 덕분이다. 다음번 기부가 이어지길 바라는 마음에 늘 몸이 달아 있는 이 지도자들은 후원자들에게 제대로 된 행동을 요구하기는커녕 기업들이 미봉책을 내놓을 때마다, 그리고 특별한 사진 촬영이 있을 때마다 격찬을 아끼지 않는다.

— 크리스틴 맥도널드, 전 국제 보존 협회 직원, 2008년[2]

6장

뿌리는 캐내지 않고 열매만 따 먹기

대기업과 대형 환경 단체의 불길한 결합

THIS CHANGES
EVERYTHING

산업계를 고려해서, 우리의 주장은 이윤과 배당금, 생산성, 경제적 유인으로 번역되어야 한다.

— 제이 헤어, 전 국립 야생 동식물 연맹 대표, 1987년[1]

나는 이 전략이 완전히 거꾸로 가는 것처럼 보인다는 걸 알고 있다. 하지만 여기서 핵심은 새로운 석탄 화력 발전소를 건설하느냐 마느냐가 아니다. (……) 새로운 석탄 화력 발전소들이 온실가스 감축을 위해 도입된 배출 상한제를 준수하면서 가동된다면, 석탄 발전소 신설은 세계 최악의 불행이 아니다. 우리의 적은 석탄이 아니다. 우리의 적은 탄소 배출이다.

— 프레드 크룹, 환경 보호 기금 회장, 2009년[2]

20세기 전에는 텍사스와 루이지애나 해안 풀숲에 무려 1백여 만 마리의 애트워터 초원뇌조가 보금자리를 틀었다.[3] 짝짓기 철이면 이 새들은 특이한 습성을 보인다. 수컷은 암컷을 유혹하기 위해 스타카토 연주를 하듯 두 발을 빠른 속도로 종종거리고 웅웅거리는 구애의 소리를 내면서 목 양쪽에 있는 밝은 노란색 공기주머니를 부풀리는데, 마치 황금색 달걀 두 개를 목에 걸고 있는 듯한 모습이다.

그러나 석유 및 가스 유전 개발이 진행되자 이곳의 천연 초원이 조각조각 잘려 나가면서 애트워터 초원뇌조의 개체 수가 급감하기 시작했다. 조류학자들은 이런 현실을 한탄했고, 1965년 국제 자연 보호 협회 The Nature Conservancy는 텍사스에 지부를 설치했다(이 단체는 생태학적으로 중요한 의미를 지닌 땅을 사들여 보호 지역으로 지정하는 활동으로 유명하다). 초기에 이들의 주력 사업은 애트워터 초원뇌조를 멸종위기로부터 보호하는 것이었다.[4]

세계 최대의 재원을 확보한 환경 단체에게도 이 사업은 만만치 않았다. 당시 남아 있던 뇌조들의 서식지 중 한곳이 텍사스 남동부 갤버스턴 만 해안의 2,302에이커에 걸쳐 펼쳐져 있었는데, 이곳은 모빌(지금의 엑슨모빌)의 사유지였다. 화석 연료 대기업 모빌은 아직 이곳에 석유 및 가스 채취 시설을 설치하지 않은 상태였지만 남쪽 경계에는 가동 중인 유전이 있어 멸종 위기에 처한 뇌조의 서식지를 압박하고 있었다. 1995년에 깜짝 놀랄 만한 희소식이 날아들었다. 모빌이 〈세계적으로 멸종 위기에 놓인 생물을 보호할 수 있는 마지막 희망〉이라며 갤버스턴 만의 사유지를 국제 자연 보호 협회에 기증하겠다고 나선 것이다. 협회는 이 지역을 텍사스시티 초원 보호 구역으로 지정하고 〈애트워터 초원뇌조의 서식지 복원〉을 최우선 과제로 놓겠다고 밝혔다. 대치 관계가 아닌 협력 관계를 통한 접근법으로도 환경 운동이 가시적인 성과를 낼 수 있음을 입증하는, 환경 보전의 훌륭한 성공 사례였다.[5]

그로부터 3년 뒤, 이상한 일이 일어났다. 국제 자연 보호 협회가 보호 구역에서 화석 연료를 채취하기 시작한 것이다. 화석 연료 채취 활동으로부터 보호 구역을 지켜 줄 거라는 후원자들의 믿음을 저버리는 행위였다. 1999년 이 단체는 석유 및 가스 사업자를 선정하여 새로운 가스 유전을 뚫는 일을 위탁했다. 유전이 가동되면 해마다 수백만 달러의 수입이 이 단체의 금고로 직접 흘러들게 될 터였다. 조류 보호 구역으로 지정되기 전에 설치되었던 석유 및 가스 유전들은 대부분 애트워트 초원뇌조의 보금자리에서 멀리 떨어진 곳에 모여 있었는데, 새로운 유전은 그렇지 않았다. 국제 자연 보호 협회가 시추 면허를 받은 지점은 위기에 처한 뇌조들의 서식지 인근으로, 현재 이 보호 구역의 관리 책임자로 일하는 에런 첼밀랜드에 따르면 뇌조들이 독특한 짝짓기 습성을 보이는 지역에서 매우 가까운 곳이었다. 그는 이곳의 시추 시설이 전체 유전 중에서도 〈초원뇌조들이 일상적으로 드나들고 짝짓기 행동을 자주 하는 지역에서 가장 가까운 곳〉에 지어졌다고 말했다.[6]

처음 3년간은 국제 자연 보호 협회의 화석 연료 산업 진출에 대한 사회적 논란이 크게 불거지지 않았다. 그러다가 2002년 「로스앤젤레스 타임스」가 이 사실을 폭로하는 기사를 올리면서 상황은 급변했다. 전통적인 자연 보호주의자들의 입장에서 보면, 이것은 국제 사면 위원회가 관타나모에 자체 수감 시설을 설치했다는 소식과 다를 바가 없었다. 초원 뇌조 전문가로 당시 야생 동물 협회Wildlife Society 의장을 맡았던 클레이트 E. 브라운은 격분하여 〈애트워터 초원뇌조를 이용해서 돈을 벌고 있는 것〉이라고 말했다. 그 후 2003년 5월, 이 단체의 토지 거래 의혹을 파헤치던 「워싱턴 포스트The Washington Post」는 미국에서 가장 저명한 환경 단체가 텍사스시티 초원 보호 구역에서 여론의 눈을 피해 가스 시추 시설을 가동하고 있다는 놀라운 사실을 깊이 있게 다루었다.[7]

국제 자연 보호 협회는 〈우리는 초원뇌조와 그 서식지에 전혀 피해를 주지 않고 시추할 수 있다〉라며, 석유 및 가스 산업계 사람들과 똑같은 주장을 폈다.[8] 하지만 보호 구역에 관한 실태 조사에 따르면 이들의 주장은 사실이 아니다. 시추 공정 과정에서 발생한 차량 증가와 조명, 소음 때문에 가스 시추와 야생 동물 보호가 명백한 상충 관계에 놓이는 상황이 여러 차례 나타났다.

예컨대, 애트워터 초원뇌조는 멸종 위기종이기 때문에 포획 상태에서 양육시킨 뒤 야생 환경에 풀어 놓는 민관 프로그램에 의해 보호받는다. 국제 자연 보호 협회는 텍사스시티 초원 보호 구역에서 이 프로그램에 주도적으로 참여하고 있었다. 하지만 가스 시추 사업에 진출한 초기에 가스 송유관 건설이 지체되자 포획하여 양육 중인 어린 뇌조들의 자연 방사를 3개월이나 미뤘다. 그땐 이미 맹금류 철새를 비롯해 다른 포식자들이 진을 치고 있는 시기였으므로 대단히 위험한 조치였다.[9]

그해 뇌조 자연 방사 활동은 실패로 끝났다. 협회 내부 문건에 따르면, 어린 뇌조 열일곱 마리가 〈자연 방사 직후에 죽었다〉. 텍사스 지부 연구 책임자는 자연 방사가 몇 개월씩이나 늦어지는 바람에 뇌조들이 〈맹금류에 잡아먹혀 죽을 가능성이 높아졌다〉고 기록했다. 「워싱턴 포스트」의 기사에 따르면, 2003년 무렵 국제 자연 보호 협회가 보호 구역 안에 서식 중인 것으로 파악한 애트워터 초원뇌조는 열여섯 마리로, 시추가 시작되기 전 서른여섯 마리에서 절반 이상 줄어 있었다. 협회 고위 간부들은 산업 활동이 새들에게 부정적인 영향을 미친 것은 아니라고 주장했지만, 참담한 실적이었다.[10]

10년 전쯤 이런 일이 있었다는 이야기를 처음 들었을 때, 나는 이 사실이 들통 난 뒤로 국제 자연 보호 협회가 가스 채취 활동을 중단했으리라고 예상했다. 폭로 기사는 뜨거운 논란을 불러일으켰고, 협회는 이런 식의 재원 확보 방법을 되풀이하지 않겠다고 맹세한 바 있었다. 비난의 여론이 거세지자 당시 협회 회장은 이렇게 밝혔다. 〈우리는 앞으로 우리 소유의 보호 구역 안에서 새로운 석유나 가스 시추 사업, 혹은 광석 채광 사업을 시작하지 않겠다. 협회 설립 후 지금까지 52년 동안 이런 경우는 딱 두 번뿐이었다. 하지만 세상 이목이 있으니 다시는 이런 일을 하지 않겠다.〉[11]

하지만 내 예상은 완전히 빗나갔다. 이 책을 쓰고 있는 현재, 국제 자연 보호 협회는 1995년 모빌로부터 기증받은 텍사스시티 보호 구역에서 여전히 탄화수소를 채취하고 있다. 몇 차례 연락을 주고받는 과정에서, 협회 대변인은 애초에 설정된 시추 계약 기간 동안에는 화석 연료 채취를 계속할 수밖에 없다고 주장했다. 2003년 회장이 내놓은 약속은 신중한 단어 선택을 통해 〈새로운〉 시추 활동을 시작하지 않겠으며 〈기존 계약〉의 유효성은 인정하겠다는 내용을 분명히 밝히고 있었다.[12]

하지만 자연 보호 협회는 여기서 한발 더 나아갔다. 2010년 국제 자연 보호 협회 소속 직원 두 명이 공동 저술하여 〈석유 공학 협회Society of Petroleum Engineers〉 콘퍼런스에 제출한 보고서에 따르면, 최초의 유전은 〈지하수의 과도한 유입으로 가스 채취가 불가능하여 2003년 5월에 폐쇄되었고〉, 협회는 2007년 말 같은 지역에 대체 유전을 건설했다. 최초의 유전은 가스 채취를 위한 것이었지만, 새로 건설된 유전에서는 석유만 채취하고 있다는 것도 확인되었다.[13]

국제 자연 보호 협회가 설치한 최초의 유전이 폐쇄된 시점과 대체 유전이 건설된 시점 사이에 약 5년의 공백이 있다는 점으로 미루어 보건대, 이 협회는 의지만 확고했다면 최초의 채취 계약에서 벗어날 수 있는 법적인 근거를 가지고 있었다. 내가 확인한 계약서에는 특정한 〈유전 지역〉에서 석유 및 가스 생산이 중단되는 경우 운영자는 180일 안에 그 유전을 〈재가동〉하거나 새로운 유전 건설을 시작할 수 있음을 분명히 밝힌 규정이 포함되어 있었다. 만일 이 기간을 지키지 못하면 해당 지역에 대한 채취 계약은 자동적으로 종료된다. 자연 보호 협회가 운영 업무를 지연하면 지연된 기간만큼 유예 기간이 늘어난다. 하지만 협회는, 애트워터 초원뇌조 서식지에 인접해 있기에 2007년 유전 신설 계획에 대해 〈우려를 품었던〉 것은 사실이나 〈기존 계약을 유지하면서 대체 유전의 건설 허가를 받아야 한다〉고 판단했다고 주장한다. 협회가 어떻게 해서 이런 결론을 내리게 되었는지, 왜 〈조류 보호와 양립할 수 있는 토지 활용 정책〉을 선택하지 않았는지 구체적인 설명을 해달라는 요구에 대해서는 묵살했다. 하지만 〈텍사스시티 상황〉이라는 제목의 내부 문건은 협회가 보호 구역에서 할 수 있는 활동과 할 수 없는 활동을 강조하고 있다. 이 문건에는 〈초원뇌조가 멸종 위기에 있다는 점을 고려하여, 이 종에 피해를 줄 가능성이 있는 활동은 허용하지 않는다〉라고 쓰여 있다.[14]

　협회가 텍사스에서 석유 시추를 재개한 것이 다른 대안이 없어서인지, 아니면 처음 제기되었던 논란이 가라앉았으니 다시 화석 연료 개발 수익을 올리자는 판단 때문이었는지는 차치하더라도, 최근 이 문제는 새로운 전기를 맞았다. 2012년 11월, 애트워터 초원뇌조가 텍사스시티 보호 구역에서 조용히 자취를 감춘 것이다. 보호 구역 관리 책임자 에린 첼밀랜드는 초원뇌조에 대해 〈우리가 아는 바로는 단 한 마리도 없다〉라고 말했다. 이 상황을 구체적으로 살펴보자. 『뉴요커 *The New Yorker*』의 표현대로 〈세계 최대의 비정부 환경 기구〉(이들은 1백만이 넘는 회원과 약

60억 달러의 재원을 확보하고 35개국에서 활동한다고 홍보한다)가 관리하는 몇 안 되는 멸종 위기종 보호 지역 가운데 한곳에서 멸종 위기종이 완전히 사라졌고, 협회는 그 보호 지역에서 석유와 가스 채취로 수백만 달러를 벌어들였다는 이야기다. 놀랍게도, 텍사스시티 초원 보호 구역의 웹 사이트에서는 아직도 〈협회는 이 보호 구역에서 가장 탁월한 토지 관리 기법을 사용하며, 해당 기법을 다른 보호 구역들에 전파하고 있다〉고 홍보한다. 게다가 애트워터 초원뇌조가 한 마리도 남아 있지 않다는 이야기를 대수롭지 않게 흘리면서도 이곳에서 부차적인 사업으로 진행하고 있는 석유 및 가스 사업에 대해서는 완전히 함구하고 있다.[15]

물론 초원뇌조가 사라진 것은 여러 가지 요인이 결합하여 빚어진 결과일 것이다. 외래 생물이 유입해 왔고, 적은 수의 뇌조만 포획되어 양육되었고, 가뭄(이것은 기후 변화와 연관성이 있을 것이다)이 있었고, 보호 구역의 면적이 상대적으로 좁았다는 것(이것은 협회가 선호하는 해명이다)도 영향을 미쳤을 것이다. 어쩌면 석유와 가스 채취와는 아무 상관이 없는 것인지도 모른다.

일단 초원뇌조 문제는 접어 두고 생각해 보자. 용케 살아남은 뇌조 몇 마리가 돌아온다 하더라도, 국제 자연 보호 협회가 15년 동안 석유 및 가스 사업을 진행해 왔다는 사실은 바뀌지 않는다. 기후 변화 문제가 심각한 시대에 이런 일이 일어난 것은 온실가스 배출량 상승의 주원인인 경제적 이권에 맞서서 효과적인 투쟁을 전개하지 않고 있는 환경 운동의 뼈아픈 현실을 반영한다. 환경 운동 단체 가운데 상당수가 이런 이권과의 맞대결에 전혀 나서지 않고 도리어 그들과 융합을 이루어 가고 있다.

내가 아는 한, 국제 자연 보호 협회는 직접 석유 및 가스 유전을 뚫은 유일한 환경 단체다. 하지만 화석 연료 부문 및 다른 대형 오염 기업들과 강력한 유대 관계를 맺고 있는 환경 단체들은 이곳 말고도 많다. 예를 들면 국제 보존 협회, 국제 자연 보호 협회, 환경 보호 기금은 모두 셸과 BP사로부터 돈을 받고 있고, 더러운 석탄을 사용하는 전통적인 사업체 아메리칸 일렉트릭 파워American Electric Power도 보전 기금Conservation Fund과 국제 자연 보호 협회에 기부금을 내고 있다. 세계 야생 동물 기금 또한 셸과 오랜 유대 관계를 맺고 있으며, 세계 자원 연구소World Resources Institute도 셸 재단과 자칭 〈장기간의 긴밀한 전략적 관계〉를 맺고 있다. 국제 보존 협회는 월마트와 몬산토, 그리고 호주에 본사를 둔 채광 및 석유 대기업 BHP 빌리턴BHP Billiton, 셸, 셰브론, 엑슨모빌, 도요타, 맥도널드, BP(『워싱턴 포스트』의 보도에 따르면 BP가 여러 해에 걸쳐 국제 보존 협회에 제공한 액수는 무려 2백만 달러에 이른다)와 협력 관계를 맺고 있다.* 여기서 밝힌 내용은 현실의 극히 일부분일 뿐이다.[16]

이들의 관계는 단순히 기부금을 주고받으며 협력하는 이상으로 긴밀하다. 국제 자연 보호 협회의 사업 자문단에는 BP 아메리카, 셰브론, 셸이 포함되어 있고, 미국 최대의 석탄 화력 발전 시설인 듀크 에너지Duke Energy의 이사장이자 전직 대표 이사인 짐 로저스가 이사로 활동하고 있다(과거 이사회에는 제너럴 모터스와 아메리칸 일렉트릭 파워의 전직 대표 이사들이 포함되어 있었다).[17]

일부 환경 단체들은 또 다른 방식으로 기후 위기의 주범인 기업들과 긴밀하게 얽혀 있다. 다름 아닌, 재원을 해당 기업에 투자하는 방식이다. 예컨대 나는 국제 자연 보호 협회의 석유 및 가스 시추 산업 진출 과정을 조사하는 과정에서 2012년 재정 결산서에 실린 한 줄의 글을 읽고 소스

---

* 2010년 무렵 기상천외한 사건으로 국제 보존 협회는 짓궂은 장난에 시달려야 했다. 활동가와 언론인 서너 명이 대형 무기 산업체 록히드 마틴Lockheed Martin의 임원인 듯 꾸미고 국제 보존 협회의 기업 관계 담당자를 만나 기업 이미지를 환경 친화적으로 쇄신할 방안을 찾고 있다고 밝혔다. 온실가스 배출을 줄이겠다는 제안이 아니라, 멸종 위기종 보호에 필요한 재원을 부담하는 방안을 고려 중이라고 말이다. 국제 보존 협회 직원은 조금의 주저함도 없이 맹금류 한 종을 제시하면서 〈비행과의 연관성〉을 강조하는 게 어떻겠느냐고 말했다고 한다(나중에 국제 보존 협회는 〈우리는 기업의 이미지 쇄신을 돕지 않는다〉라고 밝히며, 록히드가 〈적절한 실사 절차〉를 거쳤어야 했다고 강조했다).

라치게 놀랐다. 이 협회가 받는 기부금의 액수는 미국 최대 규모인데, 이들은 기부금으로 조성된 재산 가운데 2,280만 달러를 〈에너지〉 기업들에 투자하고 있었다(이 수치는 이후 2,650만 달러로 늘어났다). 물론 여기서 에너지란 석유, 가스, 석탄 등을 뜻한다.* 희한하게도 그 직후에 살펴본 바에 따르면, 대부분의 대형 자연 보호 단체들은 기부금으로 조성된 재원을 화석 연료 기업에 투자하는 것을 금지하는 내규조차 마련해 두지 않았다. 얼마나 위선적인 행태인가. 이들은 매년 엄청난 규모의 기부금을 야생 동식물을 보호하고 파멸적인 지구 온난화를 막기 위한 사업에 쓰겠다는 약속을 내세워 끌어모은다. 하지만 그중 일부는 약속을 저버리고, 광산이나 유전을 통해 대기가 안전하게 흡수할 수 있는 양을 몇 곱절 뛰어넘는 양의 탄소를 채취하고자 계획하는 기업들에게 그 돈을 투자하고 있다.[18] 이런 결정들은 해당 단체의 지도층이 독단적으로 내린다. 오염된 강을 정화하거나, 귀중한 야생 동식물을 보호하거나, 재생 가능한 에너지 법제화를 지원하는 활동에 참여하거나, 이를 돕기 위해 기부금을 내는 수백만 회원들의 소망과 참뜻이 전혀 대변되지 않는 것이다. 실제로 많은 사람들이 오염 기업들에 맞서 대항하고 있으리라 믿었던 그 단체들이 기업들과 사업상 제휴 관계를 맺고 있다는 사실을 알고 큰 충격을 받았다.

물론 환경 운동 단체 가운데 상당수는 이런 식의 일탈에 전혀 가담하지 않는다. 기업에 투자할 만큼 막대한 기부금을 받지 못하는 단체도 있고, 화석 연료 기업에 대한 투자를 단호히 금지하는 단체도 있다. 일부 단체는 오염 기업으로부터는 기부를 받지 않는다는 확고한 정강을 채택하고 있다. 이들은 대체로 대형 석유 및 석탄 기업과의 정면 대결에서 뚜

* 이 주제에 관해 쓴 글이 『네이션 The Nation』지에 실리자, 국제 자연 보호 협회는 〈탄소 함유량이 높은 화석 연료에서 수익을 얻는 기업들에 대한 투자를 철회하고, 장기적으로 탄소를 배출하지 않는 에너지에 대한 투자로 전환하겠다〉는 정강을 채택했다.

렷한 실적을 보이고 있다. 지구의 벗과 그린피스는 1990년대 초부터 나이지리아 니제르 델타에서 잔혹한 인권 침해에 가담한 것으로 추정되는 셸과 셰브론에 대한 투쟁을 전개해 왔다(셸은 이들이 항의하는 한 사건에 대해 1,550만 달러의 합의금을 지급하기로 했지만 인권 침해에 가담한 사실만큼은 여전히 부인하고 있으며, 이는 셰브론도 마찬가지다). 열대 우림 행동 네크워크는 에콰도르 아마존 지역에 오염 물질을 내버리는 바람에 주민들에게 재앙을 안긴 셰브론에 맞서 국제적인 운동을 지휘하고 있으며, 식량과 물 지킴이Food & Water Watch는 셰일 가스 채취 금지령을 이끌어 내는 데 일조했다. 한편 350.org는 화석 연료 기업 투자 회수 운동을 시작하는 데 기여하는 한편, 키스톤 XL 송유관에 반대하는 전국적인 운동에도 앞장서고 있다. 시에라 클럽의 경우는 꽤 복잡하다. 이 단체 역시 이런 운동들에 참여하며 미국 석탄 산업계의 골칫거리로 여겨졌는데, 2007년부터 2010년까지 한 천연가스 회사로부터 뒷돈 수백만 달러를 받았다는 사실이 드러났다. 그 후 지도부가 교체되고 나서야(그리고 대중적인 압력에 직면해서야) 이들은 화석 연료 부문과의 협력 관계를 단절했다.[19]

그렇지만 그 어떤 단체도 완전히 결백하다고 할 수는 없다. 수많은 환경 운동 단체들을 재정적으로 후원하는 대형 재단들이 록펠러 가문처럼 화석 연료 산업과 관련을 맺고 있는 갑부들의 재산으로 형성된 것이기 때문이다. 대형 오염 기업들에 맞서는 운동을 지원하는 이들 중 대부분은, 기부금으로 조성된 재원을 석탄 및 석유 산업에 투자하는 것을 금지하지 않는다. 예컨대 포드 재단은 보전 기금과 천연자원 보호 협의회를 지원하지만(또한 본서 출간 후에 공개될 예정인 기록 영화 제작을 후원했지만), 셸과 BP 주식만 따져도 약 1,400만 달러 치(또한 수백만 달러 규모의 스타토일 주식)를 보유하고 있다.[20] 주 정부나 기업이나 개인 자선가가 후원하는 돈을 받지 않고서는 규모가 크건 작건 공익 활동(학계, 언론계, 시민 운동계의 활동)을 한다는 것이 북미와 유럽에서 거의 불가능하다. 물론 풀뿌리 대중 운동의 재원을 더욱 책임성 있는 방식으로 마련하는 모델을 시급히 정립해야 할 필요가 있는 것은 사실이나(크라우드 펀딩은 유망한 출발이다), 이런 재정적 후원을 받는 지금의 상황은 특별히 주목해야 할 사안도 극악무도한 부패를 입증하는 증거도 아니다.

자금 제공이 이미 진행 중인 연구 내용이나 이미 논의 중인 정책, 혹은 이미 제기된 질문의 내용에 영향을 미친다고 믿을 만한 뚜렷한 이유가 있을 땐 자금 제공자와 공익 활동 사이의 재정적 제휴 관계를 추적하는 것이 당연하다. 화석 연료 산업계의 돈과 보수적인 재단들이 기후 변화 부정 운동에 영향력을 미치고 있다는 것이 일반적인 인식이니, 우리는 화석 연료 산업계의 돈과 중도파 재단들의 가치관이 기후 해법을 제시하기 위해 분주한 환경 운동계의 일부에 어떤 영향을 미치고 있는가를 마땅히 추적해야 한다. 새삼스러울 것도 없이 재정적 제휴 관계가 결정적인 영향력을 행사하고 있음을 입증하는 증거는 무궁무진하다.

기업과 제휴 관계를 맺은 대규모 환경 단체라고 해서 기후 변화의 현실을 부정하지는 않는다. 이들 중 대부분은 기후 변화의 위급함을 알리기 위해 부지런히 뛰고 있다. 하지만 이들 중 일부가 확신을 가지고 적극적으로 펼치는 기후 변화 대응책은 온실가스를 대량 배출하는 유수 기업들의 부담을 최소화시키는 것이거나, 그 기업들이 반가워할 만한 것들이다. 때로는 화석 연료를 땅속에 그대로 두기 위해 투쟁하는 공동체를 직접적인 희생양으로 삼는다. 온실가스를 위험한 오염 물질로 취급하는 정책을 제안하고, 배출량 제한과 재생 가능 에너지로의 전환에 필요한 조건을 조성할 규제책을 요구해야 마땅한 이 단체들이 오히려 온실가스를 화폐나 비우량 채무처럼 거래할 수 있고, 꾸러미로 만들 수 있고, 투기할 수 있고, 세계 전역에 퍼뜨릴 수 있는 후기 자본주의의 상품으로 취급하는 등 시장 중심의 복잡한 방식을 추진하고 있는 것이다.

또한 많은 단체들이 주요한 화석 연료 중 하나인 천연가스를 기후 변화 해법이라며 옹호한다. 천연가스 채취 과정에서 발생하는 메탄이 향후 몇 년간 재앙적인 수준의 온난화를 몰고 갈 것이라는 압도적인 증거를 무시한 채 말이다(이에 대해서는 4장에서 다루었다). 어떤 경우에는 대형 재단들이 협력하여 미국의 환경 운동으로 하여금 이런 정책을 지지하도록 몰아가기도 한다. 환경 운동계 내부에서 가장 악명을 떨친 것은 2007년에 발표된 〈승리를 위한 계획: 지구 온난화 방지 투쟁에서 자선 단체의 역할〉이라는 지침(이 지침은 여섯 개 대형 재단의 공동 후원을 받아 작성되었다)으로, 탄소 거래제를 기후 변화 대응책으로 사용할 것을 옹호하고 천연가스와 원자력 발전 확대를 지지하는 내용이었다. 이 정책이 정치적 활동으로 전환될 무렵 환경 단체들에게 전달된 메시지의 핵심은 다음과 같다. 〈줄에서 벗어나지 마라. 안 그러면 네 몫의 돈은 날아간다.〉 전 그린피스 미국 지부 이사이자 친환경 산업에 역점을 둔 〈카본 워 룸Carbon War Room〉의 국장으로 활동했던 지가 샤가 후일 회고하며 쓴 표현이다.[21]

많은 대형 재단들이 환영하고 많은 환경 단체들이 채택한 시장 중심의 해법은 화석 연료 부문 전체에 대단히 귀중한 도움을 준다. 이들은 화석 연료에서 벗어나자는 간단한 논의로 시작된 사안을 가져다가 복잡하기 짝이 없는 전문 용어 생성기에 집어넣어 기후 문제 자체를 비전문가들은 도저히 이해할 수 없는 복잡한 것으로 둔갑시키는 데 성공했고, 강력한 오염 기업들에 대결할 힘을 지닌 대중 운동의 구축 가능성을 심각하게 짓밟아 놓았다. 드렉셀 대학 사회학 교수 로버트 브루엘은 이렇게 말한다. 〈기술적이고 시장 중심적인 분석을 근간으로 삼는 환경 개량주의는 (환경 운동이 한때 지녔던) 진보적인 통찰력을 모조리 제거해 버렸다. (……) 환경 개량주의는 더 많은 대중들을 끌어들이는 방식 대신에 과학계, 법조계, 경제학계 전문가들 간의 논의에 초점을 맞춘다. 이런 방식은 특정 문제에 대한 기술적인 해법은 내놓을 수 있을지 몰라도, 보다 광범위한 사회적 역동성을 무시한다는 점에서 환경 운동을 퇴보시키는 토대가 된다.〉[22]

이 정책들은 또한 재생 가능 에너지로의 전면 전환이 기술적으로 불가능하다는 그릇된 인식을 조성하고 있다. 예컨대 사람들은 그 일이 가능하다면 좋은 의도를 가지고 활동하는 환경 단체들이 죄다 탄소 거래제를 추진할 리가 없다고, 또 생태계를 파괴하는 프래킹 공법으로 채취되는 천연가스의 효용성을 칭송하는 일에 그토록 많은 시간을 투입할 리가 없다고 생각하기 마련이다.

이런 절충안을 정당화하는 구실로 자주 인용되는 것이 〈낮은 곳에 달린 열매*lower-hanging fruit*〉 이론이다. 요컨대 세계에서 손꼽히는 강력한 기업들을 규제하고 통제하도록 정치인들을 설득하기란 몹시 어렵고 시간이 많이 드니, 힘겨운 투쟁보다는 쉬운 일부터 시작하는 편이 훨씬 효과적이고 지혜로운 선택이라고 강조하는 것이다. 소비자들에게는 값은 더 비싸지만 유해성이 덜한 세제를 사서 쓰라고 권하고, 자동차 회사에게는 연료 효율이 높은 자동차를 만들라고 요구하고, 더 깨끗하다고 소문난 화석 연료로 에너지원을 전환하자고 주장하고, 오하이오의 석탄 화력 발전소가 배출하는 온실가스를 상쇄하기 위해 파푸아뉴기니 원주민들에게 돈을 주어 삼림 벌채 관행을 버리도록 유도하는 식으로 말이다.

1992년 UN 기후 변화 협약이 체결된 이후에도 온실가스가 약 57퍼센트나 늘어났으니 이 점잖은 정책이 아무런 효과도 발휘하지 못한다는 점에 대해선 논할 가치도 없다. 하지만 아직도 기후 운동의 지휘부는 온실가스 배출량이 크게 늘어나는 것은 화석 연료 기업들 탓이 아니라고 (이 기업들은 배출량을 규제하려는 진지한 시도들을 봉쇄하기 위해 맹렬히 활동하고 있는데도 말이다), 또 모든 생명이 의존하고 있는 자연 생태계의 건강보다 이윤을 우선시하라고 요구하는 경제 모델 탓이 아니라고 주장한다. 늘 온실가스의 원흉으로 거론되는 것은 그 실체조차 불명확하며 아무런 위협도 되지 않는 것들(〈정치적 의지〉의 부족, 〈의욕〉 결핍)이고, 화석 연료 기업의 중역들은 〈기후 해법〉을 모색하는 UN 기후 변화 회담에서 핵심 〈파트너〉로 환영을 받는다.[23]

이처럼 거꾸로 된 세계는 2013년 11월 폴란드 바르샤바에서 열린 연례 UN 기후 변화 회담에서 불합리의 새로운 수준에 도달했다. 대규모 갈탄 채광 기업을 비롯한 여러 화석 연료 기업들이 이 회담을 후원했을 뿐 아니라, 폴란드 정부는 같은 시기에 〈석탄 기후 정상 회의Coal and Climate Summit〉를 주최하기까지 했다. 이는 온실가스 배출이 유독 심한 화석 연료 기업들이 모여 지구 온난화 방지책을 세우고 있음을 과시하는 자리였다. UN 기후 변화 회담의 최고위 책임자인 크리스티아나 피게레스는 참가를 거부하라는 활동가들의 요구를 무시한 채 이 회담에서 기조 연설을 하겠다고 동의했다. 이로써 UN 기후 변화 회담은 석탄 산업계가 주최하는 정상 회의를 묵인한 셈이 되었다. 〈참여 과학자 모임 Union of Concerned Scientists〉의 올던 메이어는 이렇게 말했다. 〈석탄 의존도가 여전히 높다는 것을 강조하는 이 회담은 UN 기후 변화 회담의 원래 목적, 즉 기후 변화로 인한 최악의 충격을 피하기 위해 열을 잡아 두는 가스의 배출을 대폭 줄이자는 목적에 정면으로 위배된다.〉[24]

수많은 진보적 환경 운동가들은 논의 참여를 취소했는데, 부분적으로는 넉넉한 기부금을 손에 쥔 대형 환경 단체들이 이 문제를 충분히 다뤘다고 생각했기 때문이었다. 지금 돌이켜 보면 엄청난 실수였다. 그것이 왜 실수였는가를 이해하기 위해서는 1980년대 말 이후로 이 위기를 악화시켜 온 역사적 사건들을 다시 한 번 살펴볼 필요가 있다.

환경 법제화의 황금기

I. F. 스톤은 환경 운동으로 인해 1960년대와 1970년대 초의 젊은이들이 훨씬 긴급한 투쟁들에 등을 돌리게 되었다고 생각한다. 하지만 요즘 기준으로 보면, 당시 환경 운동가들은 입에서 불을 뿜는 급진주의자나 마찬가지였다. 1962년에 출간된 『침묵의 봄』과 1969년에 일어난 산타바바라 석유 유출 사고(딥워터 호라이즌 유출 사고에 준하는 대형 사고였다)에 자극을 받은 북미 지역 환경 운동가들은 과거 신사들의 보수적인 운동과는 달리 저항적인 성격이 강한 새로운 유형의 환경 운동을 개척했다.

지구의 벗(1969년 창립)과 그린피스(1971년 창립)가 출현했고, 환경 보호 기금 역시 이 운동에 가담했다. 환경 보호 기금은 적극적인 과학자들과 법률가들이 레이철 카슨의 경고를 받아들여 이를 실천에 옮기기로 결심하고 꾸린 이상주의적인 조직이었다. 〈나쁜 놈들을 고소하자Sue the bastards〉가 이 단체의 비공식적인 슬로건이었고, 이들은 실제로 그렇게 했다. 환경 보호 기금은 최초로 DDT 관련 소송을 제기하여 미국 내 DDT 사용 금지 조치를 따냈고, 그 결과 멸종 위기에 처했던 흰머리독수리를 비롯한 수많은 종의 새들이 생존의 활로를 찾았다.[25]

당시만 해도 환경 오염을 방지하기 위해 시장에 직접 개입하는 것이 실제적인 방법으로 통하던 때였다. 집단적으로 부과된 이 막중한 문제와 관련하여 반박할 수 없는 증거를 확인한 정치인들은 정파와 무관하게 〈어떻게 해야 이 환경 오염을 막을 수 있을까?〉를 고민했다(〈어떻게 해야 시장이 환경 오염 해결에 앞장서도록 유도하는 복잡한 재정 메커니즘을 개발할 수 있을까?〉 따위는 고민거리도 아니었다).

덕분에 오늘날 반정부 세력의 처지로서는 도저히 상상할 수 없는 환경 운동의 승전보가 연달아 울려 퍼졌다. 당시 미국에서 이루어진 환경 법제화의 성과는 놀라울 정도였다. 깨끗한 공기법Clean Air Act(1963년), 야생

지 보호법Wilderness Act(1964년), 수질 보호법Water Quality Act(1965년), 대기질 보호법Air Quality Act(1967년), 자연 경관 수계법Wild and Scenic Rivers Act(1968년), 국가 환경 정책법National Environmental Policy Act(1970년), 깨끗한 공기법 개정(1970년), 직업 안전 보건법Occupational Safety and Health Act(1970년), 깨끗한 물법Clean Water Act(1972년), 해양 포유류 보호법 Marine Mammal Protection Act(1972년), 위기종 보호법Endangered Species Act(1973년), 안전한 식수법Safe Drinking Water Act(1974년), 유해 물질 규제법Toxic Substances Control Act(1976년), 자원 보전 회복법Resource Conservation and Recovery Act(1976년) 그리고 1980년에 제정된 슈퍼펀드법*을 포함해서 1970년대에만 총 스물세 개의 연방 환경 법률이 제정되었다.

성과는 환경 운동이 치열하게 전개되고 있던 캐나다에까지 번져 갔다. 캐나다 연방 정부는 수질 보호법(1970년), 깨끗한 공기법(1971년)을 제정하고 몇 년 뒤에는 19세기에 제정된 수산업법Fisheries Act을 개정하여 해양 오염 방지와 생물 서식지 보호를 위한 강력한 정책을 마련했다. 한편 1972년, 유럽 공동체는 환경 보호를 최우선 순위에 둔다고 선언하고 향후 몇십 년 동안 환경 법률 분야를 이끌어 갈 기반을 닦았다. 같은 해 스톡홀름에서 UN 인간 환경 회의가 열린 뒤로, 1970년대에는 폐기물 및 그 밖의 물질의 투기에 의한 해양 오염 방지에 관한 협약(1972년), 멸종 위기에 처한 야생 동식물의 국제 거래에 관한 협약(1973년), 대기 오염 물질의 장거리 이동에 관한 협약(1979년) 등 획기적인 국제 환경 법률이 태동했다.

대부분의 개발 도상 지역에서는 강력한 환경 법률이 출현하지 않았지만 농민, 어민, 원주민 공동체 사이에 직접적인 환경 보호 활동이 강화되

* *Superfund Act.* 산업계에 소액의 부담금을 내게 해서 독성 물질로 오염된 지역을 정화하는 비용을 마련하는 법이다 — 옮긴이주.

어, 경제학자 후안 마르티네스 알리에르를 비롯한 여러 사람들의 표현대로 〈가난한 사람들의 환경주의〉의 밑거름을 이루었던 것도 1970년대였다. 인도와 케냐에서는 여성들의 주도하에 독창적인 삼림 파괴 반대 운동이 진행되었고, 브라질과 콜롬비아와 멕시코에서는 원자력 발전소와 수력 발전 댐을 비롯해 다양한 형태의 산업 개발 활동에 대해 대중적인 저항 운동이 펼쳐졌다.[26]

이처럼 황금기를 맞은 환경 법제화를 관통하는 기본 원칙은 간단했다. 한마디로 환경을 오염시키는 활동이나 물질에 대한 전면 금지 혹은 강력한 규제를 실시하고, 가능하면 오염 정화 비용을 오염원 배출자에게 부담시킨다는 것이었다. 언론인 마크 도위는 미국 환경 운동의 역사를 추적한 저서 『잃어버린 땅』에서, 이런 접근법 덕분에 명확하고 측정 가능하며 현실적인 성과가 나왔다고 밝혔다. 〈수천만 에이커의 땅이 연방 야생 지역 보호 시스템에 추가되고 대규모 개발 사업에 대한 환경 영향 평가가 의무화된 덕분에, 일부 지역에서는 말라붙었던 호수가 다시 되살아나고 있다. (……) 대기 중에 포함된 납 미립자의 양도 크게 줄어들고 있다. 미국인의 체내 지방에서는 이제 DDT가 발견되지 않고 있고 폴리염화바이페닐PCBs의 잔류량도 예전에 비해 크게 줄었다. 오대호 퇴적층에서는 수은이 거의 발견되지 않고, 우유나 모유에서 스트론튬 90이 발견되는 일도 사라졌다. (……) 이 모든 성과는 문제되는 물질의 생산이나 사용을 전면 금지하는 정책에서 비롯되었다.〉*[27]

이 강력한 무기 덕분에 환경 운동은 여러 가지 커다란 성과를 올릴 수 있었다. 그러나 이러한 성과로 중대한 변화가 일어났다. 많은 환경 단체들이 항의 시위와 토론회 조직을 중단한 채 법률안을 입안하고, 법률을

---

* 오염된 환경의 개선이 자본주의 발전에 따른 자연스러운 단계라는 자유 시장 이론가들의 주장 앞에서, 우리는 이런 역사를 반드시 기억해야 한다. 여기서 보듯이, 오염된 환경의 개선은 각종 구체적인 규제책이 시행됨으로써 얻어진 결과다. 물론 이 규제책은 극우파의 이념과 정면으로 충돌한다.

위반한 기업들을 고소하고, 법률을 시행하지 않는 정부를 상대로 이의를 제기하는 활동에 주안점을 두기 시작한 것이다. 대중적인 저항 운동이었던 환경 운동이 급속하게 법률가와 로비스트, UN 정상 회담 참가자들의 운동으로 전환되었다. 결국 새로운 전문성을 갖춘 환경주의자들 가운데 많은 수가 스스로 중요한 내부자임을 과시하듯 여러 정파를 누비면서 수완을 부리게 되었다. 승리가 이어지는 동안에는 이들의 내부자 전략도 효과적으로 작동하는 듯 보였다.

그러나 1980년대가 되면서 상황이 달라졌다. 벌채권에 대한 반대 투쟁이 맹렬히 진행되던 중, 로널드 레이건은 〈나무는 나무다. 바라보기만 하는 처지에 그곳에 나무 몇 그루가 더 있어야 할 필요가 있는가?〉라는 유명한 말을 남겼다. 레이건이 백악관에 입성하고 수많은 싱크탱크 이론가들이 행정부 요직을 차지하자, 골대는 우파에 이로운 방향으로 기울었다. 레이건은 산업계에 우호적인 태도를 보이며 산성비와 기후 변화 등 각종 환경 문제들에 둘러싸인 현실을 부정하는 과학자들을 측근에 배치했다. 그리고 환경에 유해한 산업계의 관행들을 전면 금지 또는 엄격히 규제하는 방식은 초당파적인 정치적 관행이라고 여겨지던 데서 하루 아침에 〈지시와 통제의 환경 보호주의〉를 나타내는 징후로 인식되었다. 레이건 정부의 내무 장관 제임스 와트는 30년 뒤 허틀랜드 콘퍼런스에나 어울릴 법한 표현을 사용해서, 환경 운동가들이 환경 문제에 대한 공포감을 이용해 〈사회를 중앙 집권적으로 계획하고 통제하려는 원대한 목표를 이루려 한다〉고 비난했다. 와트는 또한 향후 예상되는 상황에 대해서도 끔찍한 경고를 내놓았다. 〈1930년대 독일에서 어떤 일이 벌어졌는지 돌이켜 보라. 나치즘의 권력은 인간의 존엄성을 짓밟았다. 러시아에서도 마찬가지였다. 지금 이걸 내버려 두면 그처럼 엄청난 세력으로 자라날 것이다.〉[28]

대형 환경 단체들의 입장에서는 이 모든 상황이 예상치 못한 충격이었다. 그들은 순식간에 밖으로 밀려난 채 과거의 호시절을 그리워하는 외부자가 되었고, 함께 술잔을 기울이던 사람들로부터 빨갱이 취급을 받는 처지가 되었다. 설상가상으로, 환경 문제에 대응하기 위해 기업을 강력히 규제해야 한다는 환경 운동의 핵심 신념은 역사의 쓰레기통으로 던져졌다. 그렇다면 내부자로 활동하던 환경주의자들이 해야 할 일은 무엇이었을까?

1980년대 환경 운동의 극단적인 변모

늘 그렇듯이, 선택할 수 있는 대안은 여러 가지가 있었다. 환경주의자들은 노동조합, 시민 운동 단체 그리고 어렵게 벌어들인 소득을 빼앗길 위기에 처한 연금 수급자들과 손을 잡고 모두에게 피해를 안기는 공공 부문 축소와 규제 완화에 반대하는 연합 전선을 꾸릴 수 있었다. 또한 법원을 통해 나쁜 놈들을 고소하는 활동을 계속해서 맹렬히 전개할 수도 있었다. 1980년대 내내, 레이건의 환경 정책 후퇴에 대한 대중적 불안감은 공화당 지지자들 사이에서도 점점 커져 갔다(1989년 초 『타임』지의 표지에 행성 지구가 오를 정도였으니 말이다).[*29]

결국 일부 환경주의자들이 실제로 싸움에 뛰어들었다. 레이건이 환경 규제 정책들에 대해 연속적으로 공격을 가하자 지역 단위로 저항이 일어나기 시작했다. 특히 강력한 저항에 나선 것은 공격적인 유해 물질 대량 투기에 직면해 있던 아프리카계 미국인 공동체들이었다. 건강과 관련한 절박한 투쟁들은 마침내 환경 정의 운동으로 통합되었다. 1991년 10월에 제1차 전국 유색인 환경 지도자 정상 회의National People of Color

---

* 1980년대 말 무렵의 여론 조사 결과, 자칭 공화당 지지자들 가운데 대다수는 환경 보호에 투입되는 비용이 〈지나치게 적다〉고 생각한다고 말했다. 1990년에 이 진술에 동의하는 공화당 지지자의 비율은 무려 70퍼센트에 이르렀다.

Environmental Leadership Summit에서 채택한 원칙들은 지금까지 이 운동의 좌표 역할을 하고 있다.[30] 그린피스 같은 환경 단체들도 1980년대 내내 국가적·국제적인 차원에서 직접적인 행동을 벌여 왔지만, 이들 활동의 주안점은 원자력 에너지와 원자력 무기의 위험성을 알리는 데 그쳤다.

그러나 많은 환경 단체들은 이제 전혀 다른 전략을 택했다. 1980년대는 극단적인 자유 시장 이데올로기가 맹렬한 기세를 올리며 엘리트들 사이에서 회자되던 시기였다. 물론 대다수 일반 대중은 이 이데올로기를 수긍하지 못했으나, 그럼에도 이러한 상황에서 정부의 시장 지상주의와 정면으로 충돌한다는 것은 결국 주변부로 밀려나기를 자청하는 것이나 마찬가지였다. 막대한 재원을 지닌 많은 환경 단체들로서는 그 길을 걸을 마음이 전혀 없었다(이들은 권력에 쉽게 접근할 수 있는 위치와 대형 엘리트 재단의 후원금 덕분에 호사를 누리고 있었다). 천연자원 보호 협의회의 공동 창립자이자 지미 카터 대통령 정부의 수석 환경 자문을 담당했던 거스 스페스는 이 문제에 대해서 이렇게 말한다. 〈우리가 레이건의 뜻을 따른 건 아니었다. 다만 체제 내부에서의 활동을 고수했을 뿐이다. 이제 와 돌이켜 보면, 그때 우리는 체제 자체와 근본적인 원인을 바꾸기 위해 노력했어야 했다.〉[31] (오랫동안 UN 내부 고위직과 예일 대학 임업 환경 학과장을 역임했던 스페스는 최근 키스톤 XL 송유관 반대 시위 중 체포되는가 하면, 경제 성장 논리를 반박하는 조직의 공동 창립에 참여하는 등 급진적인 환경 운동 대열에 합류하고 있다.)

1980년대에 이념적 순응에 대한 압박이 심해진 것은, 한정된 기부금을 놓고 경쟁하는 새로운 단체들이 환경 운동계에 출현했기 때문이기도 하다. 이 단체들은 자신들이 산업계에 우호적이고, 대립 방식에 의존하지 않으며, 아무리 손상된 기업 이미지라도 거뜬히 회복시킬 수완을 지녔다는 점에서 레이건 시대에 필요한 현대적 환경주의자라고 홍보했다. 1985년에 창립된 보전 기금은 〈우리의 접근법은 대립이 아니라 협력이다. 우리는 독창적이고 진취적이며 동반자 관계를 주축으로 삼는다. 우리는 법정 싸움도 하지 않는다〉라고 설명했다. 국제 보존 협회는 〈자연 보호를 사업 모델의 일부로 삼고 있는 크고 작은 기업들과〉 협력한다는 철학을 견지함으로써 〈단독으로 보전의 정의를 재정립하는 성과를 올렸다〉고 주장한다.[32]

산업계에 우호적인 이러한 접근법은 거액의 기부자들이나 엘리트층과의 접촉 기회를 쉽게 늘릴 수 있는 방법이었다. 결국 오랜 연륜과 든든한 조직을 지닌 많은 환경 단체들이 〈이길 수 없으면 한편이 되라〉는 격언을 후안무치라 할 만큼 극성스럽게 받아들이고 이 우호적인 프로그램에 합세하기 위해 달려들었다. 바로 이즈음에 국제 자연 보호 협회는 〈보호〉의 정의를 멋대로 해석하여 보호 구역의 땅을 주택 건설과 석유 시추 등 엉뚱한 활동에 제공하기 시작했다(이렇게 해서 이 협회는 직접 석유 시추 사업에 뛰어들 수 있는 토대를 조성할 수 있었다). 생물 다양성 센터Center for Biological Diversity의 키에란 서클링은 이렇게 말했다. 〈나는 자연 보호 구역에서 허용되지 않는 것은 채광과 노예제뿐이라고 말하곤 했다. 노예제 문제에 대해선 긴가민가했지만, 이제는 전자도 취소해야 할 것 같다.〉[33]

1980년대에 많은 환경 단체들이 기업에 우호적인 성향으로 바뀌면서 환경 운동 내부에는 깊은 분열이 생겼다. 대형 환경 단체들이 오염원 배출자들과 서슴없이 협력하는 모습에 크게 실망한 일부 열성 활동가들은 주류 운동과 완전히 절연했고, 그중 일부는 훨씬 투쟁적이고 대립 지향성이 강한 단체들을 꾸렸다. 예컨대, 〈어스 퍼스트!Earth First!〉는 삼림 벌채 현장에서 작업을 막기 위해 사보타주와 직접 행동을 벌이기도 했다.

환경 운동 내부의 논쟁은 대부분 막후에서 진행되었지만, 1990년 4월 23일에는 이 논쟁이 언론에 대서특필되었다. 〈지구의 날〉 바로 다음 날이었다. 당시 대기업들은 매년 친환경 이미지를 홍보하기 위한 수단으로 지구의 날을 이용하고 있었다. 1천여 명의 시위대가 〈지구를 파괴하는 생태계 파괴의 주범〉이 누구인지 알리기 위해 뉴욕 도심의 퍼시픽 증권 거래소로 몰려들었다. 〈러브 커널 주택 소유자 연합Love Canal Homeowners Association〉, 〈보팔 행동 자원 그룹Bhopal Action Resource Group〉, 〈독성 물질 반대 캠페인National Toxics Campaign〉 등 풀뿌리 환경 단체 소속 회원들이 나눠 준 팸플릿에는 이렇게 쓰여 있었다. 〈지구를 파괴하는 주범은 누구인가? 우리 모두가 주범인가? 아니다. 이제 주범에게로 가자. 월스트리트로!〉〈오염 배출자들은 우리 또한 지구라는 우주선에 탑승한 똑같은 여행자임을 명심하라. 소수에 불과한 그들이 우주선을 조종하고, 우리는 그들이 내뿜는 배기가스에 숨막혀 죽어 간다.〉[34]

이처럼 시위대는 대립각을 세운 표현들로 환경 운동에 침투한 산업계의 입김을 노골적으로 비판했다. 20년 뒤 〈월스트리트를 점령하라〉 운동과 화석 연료 기업에 대한 투자 회수 운동의 전조가 엿보이는 표현들이다. 반기업 시위의 대변인으로 활동하는 대니얼 핀켄솔은 〈진정한 환경 단체들은 기업들이 지구의 날을 장악한 현실에 역겨움을 느낀다〉고 토로했으며, 어느 언론인에게는 〈지구의 날 행사를 후원하는 기업들이 실질적인 기업 개혁과 환경 분야보다 지구의 날 홍보 행사에 훨씬 많은 돈을 투입하고 있다〉고 비난하기도 했다.[35]

기후 정책과 굴복의 대가

1980년대에 친기업 방침으로 선회한 대형 환경 단체들 중에서도 대중에게 가장 큰 배신감과 실망을 안겨 준 것은 바로 환경 보호 기금이다. 이 단체도 설립 초기에는 레이철 카슨의 사상을 행동으로 옮기는 투쟁적인 활동에 주력했다. 그러다가 1980년대 중반, 프레드 크룹이라는 젊은 법률가가 이곳의 지휘권을 장악했다. 그는 〈나쁜 놈들을 고소하자〉

는 이 단체의 좌우명이 시대에 뒤처졌으니, 따라서 책 귀퉁이가 너덜너덜해진 『성장의 한계』와 한 묶음으로 고물상에나 들여놓아야 한다고 생각했다. 크룹의 지휘 아래 이 단체는 새로운 목표를 추구하기 시작했다. 같이 활동한 에릭 풀리가 훗날 표현한 바에 따르면, 이 단체의 새로운 목표는 바로 〈나쁜 놈들을 위해 시장을 만들어 바치자〉였다.[36] 이렇게 재탄생한 주류 기후 운동은 석탄 및 석유 기업들로 하여금 주류 기후 단체들을 후원하게 만드는 한편, 단체의 재원을 일부 기업들에게 투자하는 기발한 전략을 고안해 냈다.

크룹이 「월스트리트 저널」에 야심 찬 논설을 발표했던 1986년 11월 20일, 새로운 시대의 개막이 공식적으로 선언되었다. 이 기사에서 그는 새로운 세대의 친기업 환경주의자들이 출현하여 〈환경 운동의 새로운 전략〉을 제시하고 있다고 선언한다. 또한 자기 세대는 〈한쪽이 득을 보면 다른 쪽은 실을 보는 산업 경제와 환경의 맞대결〉이라는 해묵은 발상을 거부하며, 〈새로운 환경주의는 《맞대결》이 불가피하다는 주장을 받아들이지 않는다. 수많은 결정적인 계기들 속에서 그것이 궤변임이 입증되고 있다〉고 설명했다. 환경 보호 기금은 과거 DDT 문제에 대처하던 것처럼 환경에 유해한 활동을 차단하기 위해 노력하는 대신 오염 배출자들과 협력 관계(어제의 적들과의 연합 관계)를 맺고, 그들에게 친환경 전략을 채택하면 비용이 절감될 뿐 아니라 새로운 시장이 열린다고 귀띔한다. 월마트, 맥도널드, 페덱스, AT&T는 환경 운동의 선구자로 널리 알려진 이 단체와 협력 관계를 맺고 친환경적인 이미지를 과시하고 있다.[37]

이 단체는 이데올로기보다 〈결과〉를 중시한다고 홍보했지만, 사실은 이데올로기를 몹시 중시했다. 그 이데올로기란, 시장에 기반을 둔 민간의 해결책이 결국에는 단순한 규제책을 능가한다고 보는 친기업적인 집단 사고에 지나지 않았다. 조지 부시George H. W. Bush가 산성비 문제에 대한 강력 대처를 내세워 집권했던 1988년이 일대 전환점이 되었다. 산성비 문제에 대한 전통적인 대처 방식은 단순했다. 이산화황 배출이 산성비의 주원인이므로 해결책은 산업 전반에 걸쳐 배출량 축소를 의무화하는 것이었다. 그런데 환경 보호 기금이 여기서 처음으로 완벽한 배출권 거래제 도입을 강력히 촉구했다. 이 제도는 오염 배출자들에게 이산화황 배출을 줄이라고 지시하는 것이 아니라, 전국 이산화황 최대 배출량을 지정하는 방식이다. 이 제도하에서, 석탄 화력 발전소 같은 대규모 배출자들은 자신들을 대신해서 배출량을 줄이는 다른 기업들에게 대가를 지불하거나 배출권을 구입하여 예전과 다름없이 많은 이산화황을 배출할 수 있다. 심지어 자신이 사용하지 않는 배출권을 팔아 이윤을 얻을 수도 있다.[38]

이런 새로운 접근법은 재단과 개인 기부자들 사이에서 큰 환영을 받았다. 특히 월스트리트의 금융업자들은 이윤 동기를 이용해 환경 문제를 해결한다는 아이디어에 깊은 관심을 보였다. 크룹의 지휘하에 환경 보호 기금의 연간 예산은 3백만 달러에서 약 1억 2천만 달러로 껑충 뛰었다. 헤지 펀드 타이거 매니지먼트Tiger Management의 설립자 줄리언 로버트슨은 환경 보호 기금에 단독으로 무려 4천만 달러를 기부했다.[*39]

환경 보호 기금은 협력 관계를 맺은 기업들로부터 기부금을 받지 않는다고 늘 주장한다. 이 단체의 전략 및 커뮤니케이션 분야 부사장 에릭 풀리는 이런 협력 관계에 대해 〈우리 단체의 독립성과 청렴성을 훼손하지 않는다〉고 밝히기도 했다. 그러나 이 정책에는 꺼림칙한 면이 많다. 예컨대 환경 보호 기금은 대표적인 협력 기업인 월마트를 〈친환경 기업으로 만들기 위해〉 협력하고 있다고 공언한다. 실제로 월마트는 환경 보호 기금에 기부금을 내지 않는다. 하지만 환경 보호 기금은 월마트 창립자들이 전권을 휘두르고 있는 월튼 패밀리 재단Walton Family Foundation

---

* 금융계와 대형 환경 단체들은 그 후 몇 년간 깊이 얽혀 있었고, 국제 자연 보호 협회는 2008년 회장을 새로 세울 때 비영리 분야 인사 대신 골드만 삭스 출신 인사를 영입했다. 악명 높은 투자 은행 골드만 삭스에서 약 25년간 근무했던 마크 터섹은 국제 자연 보호 협회장으로 취임한 뒤, 자연 보호 사업을 환경 분야의 시장화를 확대하는 방향으로 추진하고 있다.

으로부터 2009년부터 2013년까지 무려 6,500만 달러의 기부금을 받았다. 2011년에는 이 재단의 기부액만으로도 그해 이 단체가 모은 총 기부금의 약 15퍼센트를 차지했다. 게다가 월마트 창립자 샘 월튼의 손자 샘 롤링스 월튼은 환경 보호 기금의 이사로 있다(이 단체의 웹 사이트는 그를 〈뱃사람이자 자선 활동가, 기업가〉로만 소개하고 있다).[40]

환경 보호 기금은 〈우리는 월마트를 다른 기업과 동일한 기준으로 대한다〉고 주장한다. 하지만 환경 보호 기금과 협력 관계를 맺은 이후로 월마트가 진행해 온 심각한 환경 파괴 이력(도시 난개발을 부채질하는 한편 온실가스 배출량을 꾸준히 늘려 가고 있다는 점)을 생각해 보면, 환경 보호 기금의 기준이란 게 그리 높진 않아 보인다.[41]

월튼 패밀리의 기부금으로 큰 덕을 보는 환경 단체는 환경 보호 기금만이 아니다. 월튼 패밀리 재단은 여러 환경 단체들에 거액을 기부하고 있다. 이 재단에서 2011년 환경 관련 기부금으로 내놓은 금액은 무려 7,100만 달러가 넘는데, 그중 절반가량이 환경 보호 기금, 국제 보존 협회와 해양 보존 협회Marine Stewardship Council에 투입됐다. 이 세 단체는 모두 월마트와 협력 관계를 맺고, 탄소 배출량 감축 사업이나 월마트가 판매하는 일부 해산물에 대한 저탄소 친환경 제품 인증 사업, 〈광산에서 시장까지〉 친환경 공급망을 이용한 보석 사업 등을 진행하고 있다. 〈지역 자립을 위한 연구소〉의 연구원 스테이시 미첼의 주장에 따르면, 초대형 유통업체를 운영하며 해당 부문을 독식하고 세계 전역에 이러한 유통 모델을 확산시키고 있는 기업 상속인들의 기부금에 대형 환경 단체들이 크게 의존하는 현실은 정치적으로 엄청난 문제점을 야기한다. 〈월마트의 돈은 환경 관련 목표를 설정하고, 문제를 정의하며, 특정한 접근법들을 끌어올리는 일에 막대한 영향을 미친다. 특히 이렇게 설정된 접근법들은 대기업들이 우리 경제와 사회에 행사하는 영향력에 도전하기보다 오히려 그것을 강화한다.〉[42]

바로 이것이 문제의 핵심이다. 월튼 패밀리 재단의 기부금으로 예산의 상당 부분을 충당하는 환경 단체가 월마트를 강하게 비판할 수 없다는 건 부차적인 문제다. 1990년대는 기후 투쟁이 기후 문제에 대응하기 위한 집단적인 전략을 개발하고 각종 해법을 처음으로 대중 앞에 제시하던 중요한 시기였다. 한편 대형 환경 단체들이 친기업 성향을 보이며 모든 분야에서 〈윈-윈〉이 이루어지도록 마찰을 줄이는 사회 변화 모델을 적극적으로 추구하던 시기이기도 했다. 바로 이 시기에 환경 보호 기금과 국제 보존 협회 같은 환경 단체들과 협력 관계를 맺은 많은 기업들(월마트, 페덱스, 제너럴 모터스)은 탄소 배출량 급증과 관련이 깊은 세계적인 탈규제 시스템을 만드는 일에 몰두하고 있었다.

이런 경제적 이해관계는(거기다 친시장 방침을 따르는 태도와 〈신중한 태도〉가 동일시되는 분야에서 〈신중하다〉는 평가를 받고자 하는 강력한 욕구까지 더해져서) 처음부터 이 단체들의 기후 변화 인식에 커다란 영향을 미쳤다. 이들은 과소비나 고탄소 산업형 농업, 자동차 문화 혹은 지리적 거리를 뛰어넘을 수 있다고 주장하는 무역 시스템 때문에 지구 온난화가 심화되고 있다고 보지 않았다(사실 이것들이야말로 사람들이 생활하고 일하고 먹고 장을 보는 방식에 변화를 몰고 온 주된 요인이다). 오히려 이들은 기후 변화를 시장 시스템 내부에 유익한 해법이 무궁무진하게 존재하는 협소하고 기술적인 문제라고 부각시키며, 월마트 매장에 가면 쉽게 구할 수 있는 수많은 친환경 상품 역시 그런 해법 중 일부라고 그것의 중대성을 폄하했다.*

* 환경주의자를 사회주의자나 다름없다고 보는 허틀랜드 지지자들이 품고 있는 수많은 아이러니 중 하나다. 만일 그들의 주장이 맞는다면 환경주의자들은 죄다 골방 깊숙이 틀어박혀 있는 게 분명하다. 주류 환경주의자들은 대부분 좌파 취급을 받을 때마다 벌컥 화를 내고, 그런 낙인이 찍혔다가는 재단이나 기업 기부자들과의 관계가 틀어질 거라고 걱정한다. 많은 대형 환경 단체들은 기후 변화를 계기로 미국인들의 생활 방식을 바꿔 놓으려 하지 않는다. 오히려 자신에게 허용된 모든 힘을 동원하여 대대적인 생활 방식의 변화가 필요하다는 과학계의 목소리를 직접 공격하고 기존의 생활 방식을 방어하는 일에만 매달리고 있다.

스코틀랜드 출신의 저술가이자 환경 운동가인 앨러스테어 매킨토시의 말을 빌리자면, 이처럼 〈제한된 범위의 논의〉는 미국의 몇몇 환경 단체들을 넘어 국제적으로까지 그 효과가 확산되었다. 매킨토시는 이렇게 말한다. 〈내가 겪은 바로는, 국제 기후 변화 무대에서 활동하는 인력들 대부분은 소비주의 억제 이야기가 나올 때 《그건 우리가 건드릴 수 없는 거야》라는 식의 태도를 보인다. (……) 지속적으로 엉뚱한 대상을 공격한다는 점에서 사실상 시장에 대한 비판주의를 은폐하는 셈이다. 결국 현실 회피다. 희망의 지푸라기라도 잡고자 한다면, 우리는 인간이 처한 상황을 근본적인 관점에서 평가해야만 한다.〉[43] 요컨대 많은 환경주의자들이 경제적 현상 유지를 깨뜨릴 기후 위기 대응책의 구상을 기피하고, 결국 희망 사항(기적의 상품이나 탄소 시장, 또는 〈징검다리가 되어 줄 연료〉)을 해법으로 제시한다. 하지만 몹시 취약하거나 위험성 높은 이러한 해법들에 우리의 집단적인 안전을 맡기는 태도는, 바라기만 하면 이루어지리라 생각하는 일종의 주술적 사고다.

자칭 실용주의자들 역시 지구를 파멸적인 온난화에서 구하고자 하는 진심 어린 마음을 가지고 있다는 것을 나는 의심하지 않는다. 그러나 기후 변화가 지금의 경제와 사회 시스템에 심각한 위협으로 작용한다는 사실을 간과하고 기후 변화의 과학적 현실을 부정하는 허틀랜드 지지자들과, 기후 변화의 현실을 인정하면서도 산업계를 약간 수정하는 것만으로도 충분히 이에 대처할 수 있다고 주장하는 사람들 가운데 어느 쪽이 더 큰 망상에 빠져 있는지는, 나로서는 가려내기 어렵다.

소비 방식을 바꿔서 온난화를 막자고?

앨 고어의 저서 『불편한 진실』이 출간된 2006년 전후 몇 년간은 기후 변화가 우리 시대의 변혁 운동을 고무시키는 원동력이 될 것만 같았다.

이에 대한 대중적 각성도는 매우 높았고, 기후 변화는 어딜 가나 관심거리였다. 지금 돌이켜 보면 꽤나 기묘한 일이지만, 그 원동력은 다름 아닌 사회 최상층에서 비롯하는 듯 보였다. 2000년대로 접어들고 첫 10년 동안, 기후 담론은 엘리트층의 뜨거운 관심사였다. 세계 경제 포럼의 패널과 테드TED 강연, 『배니티 페어*Vanity Fair*』의 환경 특집, 하이브리드 자동차를 타고 아카데미 시상식장에 등장한 유명 인사들도 기후 문제를 화제로 삼았다. 그러나 이처럼 화려한 외관 뒤에는 딱히 눈에 띄는 운동이 존재하지 않았다. 시민권 운동이나 반전 운동, 여권 운동에 참여한 사람들이 알아보고 반색할 만한 움직임조차 나타나지 않았다. 대중 행진도 거의 없었고, 직접적인 행동이나 격분한 지도자들(전직 미국 부통령을 제외하고는)도 전혀 나타나지 않았다. 언론 매체가 좋아할 만한 특이한 행동이나 이따금씩 눈에 띄는 정도였다.

얼핏 보기에, 이 시기는 신사들이 클럽 하우스에서 자연 보호 운동을 시작했던 시절로 완전 복귀한 모양새였다. 시에라 클럽의 공동 창립자 존 뮤어가 루스벨트 대통령과 함께 캠핑장 모닥불가에 앉아 요세미티 지역의 대부분을 보호해야 한다고 설득하던 시절 말이다. 국제 자연 보호 협회 회장이 조지 W. 부시에게 기후 변화의 현실을 느끼게 해주고자 함께 녹아내리는 빙하 위 야영지에 가는 일은 일어나지 않았지만, 현대판 엘리트 행사들은 꽤나 다양하게 이어졌다. 『포춘*Fortune*』지가 선정한 5백 개 기업의 대표 이사들이 유명 인사들과 함께 위기에 처한 산호초를 시찰하기 위해 나섰던 생태 유람선 여행도 그중 하나였다.

그렇다고 이 시기에 대중이 아무런 역할도 하지 않았던 건 아니다. 이따금 편지 보내기, 청원서에 서명하기, 1시간 동안 전등 끄기, 공중 촬영을 위해 대형 인간 띠로 모래시계 만들기 등의 각종 행사에 대중이 동원되었다. 물론 기후 변화 해결책을 모색하리라는 기대와 함께 대형 환경 단체들에 기부금을 보내는 일도 늘 대중의 몫이었다. 하지만 유명 인사가 아닌 평범한 서민들은 늘 소비자의 힘을 발휘하라(물건을 덜 사라는 게 아니라, 더 새롭고 재미있는 방식으로 더 많은 소비를 하라)는 당부를 들어야 했다.[*] 그래도 영 죄책감이 들면 여러 환경 단체 사이트 중 한 곳에 들어가 간편한 탄소 계산기를 클릭하여 면죄부를 구입하는 것만으로 당장에 모든 죄를 씻을 수 있었다.[44]

이런 다양한 접근법은 실질적으로 탄소 배출을 줄이기는커녕, 오히려 기후 행동을 가로막는 가장 큰 심리적 장벽으로 작용하는 〈비본질적〉 가치관(이를테면 부와 명성 그 자체를 숭배하는 태도, 또한 기후는 우리 스스로 나서서 요구해야 하는 것이 아니라 우리보다 높은 곳에 있는 뛰어난 사람들이 하사하는 것이라는 사고)을 강화하는 데 기여했다. 그뿐 아니라 인간이 원인이 되어 일어나는 기후 변화 현실에 대한 대중적 인식을 약화시키는 데도 기여했다. 최근 일부 커뮤니케이션 전문가들은 이 시기 많은 환경 단체들이 너무나 시시한 기후 변화 〈해법〉들을 내놓았기 때문에 많은 사람들이 기후 변화가 심각하다는 환경 단체들의 주장이 과장이라고 결론지었다고 주장하기도 한다. 만일 앨 고어가 『불편한 진실』에서 지적한 것만큼 기후 변화가 심각하다면, 환경 운동은 대중에게 세척제를 바꾸라거나 가끔 걸어서 출퇴근을 하라거나 기부금을 내라는 따위의 시시한 요구가 아니라, 그보다 훨씬 중요한 요구를 하지 않겠는가? 화석 연료 기업들이 문을 닫게 만들 방도를 찾지 않겠는가?

영국의 기후 운동가이자 저술가인 조지 마셜은 이렇게 썼다. 〈누군가

* 국제 자연 보호 협회는 마케팅 책임자로 월드 레슬링 엔터테인먼트World Wrestling Entertainment 출신 인사를 고용하고, 유니버설 픽처스의 영화 「로렉스The Lorax」(작가 닥터 수스의 반소비주의 명작 만화를 이용해서 아이호프IHOP사의 팬케이크와 마쯔다Mazda의 SUV를 선전한다)의 개봉에 이어진 마케팅 열풍에 합세했다. 2012년 자연 보호 협회는 온라인 명품 판매업체 길트Gilt와 제휴를 맺고 『스포츠 일러스트레이티드Sports Illustrated』지의 수영복 판촉을 도움으로써 협회 내 많은 여성 활동가들을 격분케 했다. 이 잡지는 〈비키니를 사든, 파도타기 널을 사든, 파티 입장권을 사든, 당신이 쓰는 돈은 (……) 우리가 향후 50년간 해변에서 수영복 촬영을 할 수 있도록 자연을 보존하는 자연 보호 협회를 돕는다〉라고 설명했다.

근사한 금연 캠페인을 새로 구상해서, 폐암으로 죽어 가는 사람들을 묘사하는 그래픽 이미지에 《건강을 지키는 건 쉽다. 한 달에 한 개비씩만 담배를 줄이라》는 문구를 달아 놓았다고 치자. 이 캠페인이 대중의 호응을 얻지 못하리라는 건 대번에 알 수 있다. (……) 캠페인이 제시하는 목표가 너무나 우스꽝스럽고 이미지와 문구 사이의 간극이 너무나 크기 때문이다. 대부분의 흡연자들은 이 광고를 가당찮다며 비웃어 넘길 것이다.〉[45]

시민들 각자가 자진해서 일상의 세세한 부분들을 〈친환경〉으로 운영하라고 요구받는 상황에서 대형 환경 단체들이 오염 배출 기업들의 꽁무니를 쫓아다니면서 시민들이 실천하는 수준에 맞추어 산업계 전반에서도 대규모 온실가스 감축 활동을 전개하라고 요구하는 것 역시 마찬가지 결과를 낳는다. 이런 요구가 대중에게 먹혀들 리 없다. 일부 개인들은 탄소 절감에 참여했지만 강력한 위상을 지닌 많은 환경 단체들은 정반대로 움직였다. 그들은 대기업들에게 탄소 배출을 계속할 기회를 열어 주는 복잡한 경제 메커니즘의 개발을 도왔을 뿐 아니라, 세 종류의 화석 연료 중 하나(천연가스)의 사용을 늘리자는 캠페인을 적극적으로 진행했다.

프래킹과 불타는 다리

1980년대 초 가스 산업은, 가스야말로 미래의 청정에너지로 넘어가는 〈징검다리〉라는 홍보 문구를 내놓았다. 그리고 기후 변화 인식이 여론의 중심에 진입했던 1988년에 미국 가스 연합American Gas Association은 자신들의 생산품이 〈온실 효과〉를 막을 수 있는 하나의 해법이라는 구체적인 명제를 내걸고 홍보 작전에 돌입했다.[46]

1992년 진보적인 환경 단체들(천연자원 보호 협의회, 지구의 벗, 환경 행동Environmental Action, 퍼블릭 시티즌 등)이 꾸린 연합체는 공식적으로 이 명제를 옹호하면서, 천연가스의 중요성을 강조하는 내용의 〈지속 가능한 에너지 청사진〉을 집권을 앞둔 빌 클린턴 행정부에 제출했다. 특히 강력한 옹호자로 나선 천연자원 보호 협의회가 천연가스를 〈더 깨끗한 재생 가능 에너지로의 전면적인 전환을 위한 징검다리〉라고 표현하기 시작했다.[47]

당시 이런 주장은 상당히 설득력 있어 보였다. 당시엔 재생 가능 에너지 기술이 지금보다 미숙했고, 가스는 전통적인 드릴 공법으로 채취되었다. 지금 이 두 분야의 상황은 완전히 달라졌다. 재생 가능 에너지 기술은 효율성과 비용 면에서 크게 개선되었고, 기술적·경제적으로 보아 향후 10~20년 안에는 재생 가능 에너지로의 전면 전환이 가능해질 것이다. 또 하나의 중요한 상황 변화는 북미에 새로 개발된 가스 유전 중 태반이 프래킹 방식을 쓰고 있으며, 세계 전역에서 프래킹 방식에 의한 탐사와 생산이 급속히 늘어나고 있다는 점이다.[48]

기술의 발전은 기후 대응책으로서의 천연가스, 특히 프래킹 방식 천연가스 옹호론의 근거를 크게 약화시킨다. 이제 우리는 프래킹 방식이 가까운 미래에 석탄과 엇비슷한 온난화 효과를 지닌 메탄을 대량으로 방출하리라는 것을 알고 있다. 코넬 대학에서 진행된 메탄 누출에 관한 획기적인 논문의 공저자 앤서니 인그라피어는 「뉴욕 타임스」를 통해 자신을 〈오랫동안 에너지부의 셰일 암석층 프래킹 공법 개발을 지원했던 석유 및 가스 공학자〉라고 소개하며 이렇게 밝혔다. 〈셰일층 유전에서 채취된 가스는 재생 가능 에너지로 넘어가는 징검다리가 아니다. 그것은 온난화를 더욱 심화시키고 청정에너지 투자를 가로막는 장벽이다.〉[49]

또한 이제 우리는 미국의 경험을 통해, 값싸고 풍부한 천연가스가 단순히 석탄뿐 아니라 재생 가능 자원이 지닌 잠재력까지 대체하고 있다는 걸 알고 있다. 틴들 연구소의 케빈 앤더슨은 〈위험한 기후 변화 예방을 진심으로 원한다면, 셰일 가스가 있어야 할 가장 안전한 곳은 땅속이다〉라고 결론 내렸다. 〈프래킹에 반대하는 뉴욕 시민들New Yorkers Against Fracking〉에서 활동하는 생물학자 샌드라 스타인그래버는 이 확고한 결론을 이렇게 표현한다. 〈우리는 에너지의 갈림길에 서 있다. 한쪽 이정표는 땅속에서 캐낸 화석 연료를 동력으로 삼는 미래를 가리키고, 다른쪽 이정표는 재생 가능 에너지를 가리킨다. 두 길을 동시에 갈 수는 없다. 어느 한쪽을 위한 기간 시설에 보조금을 주면 다른 쪽의 성장이 차단된다.〉[50]

무엇보다 중요한 사실은, 재생 가능 에너지로의 전면 전환을 이루는데 프래킹 가스 같은 비전통적인 연료는 필요치 않다고 많은 전문가들이 장담한다는 점이다. 2030년까지 재생 가능 에너지로의 전면 전환을 이루기 위한 지침 마련에 참여했던 스탠퍼드 공과 대학 교수 마크 Z. 제이콥슨은 전통적인 화석 연료만으로도 에너지 전환이 가능하며, 과도기의 전기 공급 또한 보장된다고 말한다. 어느 인터뷰에서 그는 이렇게 말했다. 〈깨끗하고 재생 가능한 풍력, 수력, 태양열로의 전면 전환에 필요한 기간 시설을 만들기 위해서 비전통적인 연료에 의존할 필요는 없다. 기존의 기간 시설과 새로 건설된 (재생 가능 에너지 발전용) 시설만으로도 향후 계획된 청정에너지 기간 시설 건설에 필요한 동력을 공급할 수있다. (……) 전통적인 석유와 석탄만으로도 충분하다.〉[51]

대형 환경 단체들은 이 새로운 정보에 어떤 반응을 보였을까? 천연자원 보호 협의회를 비롯한 일부 단체들은 강경했던 초기의 입장에서 한발 물러났다. 그들은 천연가스의 위험성을 인정하고 강력한 규제를 실시할 것을 촉구하면서도, 한편으론 그것이 석탄을 비롯한 더러운 연료를 대체할 수 있는 방안이라고 여전히 지지하고 있다. 그러나 다른 단체들은 그 우물을 더 깊이 파고들었다. 천연가스가 안고 있는 막대한 위험성이 널리 알려지자 환경 보호 기금과 국제 자연 보호 협회는 프래킹이 곧 깨끗하고 안전한 방법이 되리라는 확고한 이미지를 퍼뜨리기 위해 여러 활동을 주도하기 시작했다. 물론 늘 그렇듯이, 이 활동을 뒷받침하는 재원은 대부분 화석 연료 기업과 긴밀히 연관되어 있다.

국제 자연 보호 협회는 JP 모건사로부터 수십 만 달러를 받고 프래킹에 대한 자율적인 규제 원칙을 고안해 냈다. JP 모건의 환경 분야 수석 이사 매슈 아널드에 따르면, 이 회사는 해당 산업계의 핵심 투자 은행으로 1백 개 이상의 프래킹 기업들에 투자하고 있다(2013년 『가디언』지에서 아널드는 〈우리는 세계 석유와 가스 산업계에서 1, 2위를 놓친 적이 없다〉라고 말했다). 국제 자연 보호 협회는 또한 와이오밍 주 조나 필드에서 대규모 프래킹 가스 채취 활동으로 야생 생태계에 큰 충격을 주고 있는 BP사와 특별한 협력 관계를 맺었다. 이곳에서 협회가 맡은 임무는 서식지 보호 및 보전 사업을 통해 〈석유와 가스의 채굴 설비와 기간 시설이 주는 충격을 상쇄하는 것〉이다.[52] 기후 변화의 관점에서 보면 그야말로 언어도단이다. 이런 사업들이 프래킹 방식의 가장 심각한 폐해, 즉 온실가스의 대기 중 배출을 상쇄할 가능성은 전혀 없다. 모든 환경 단체가 할 수 있는 가장 중요한 자연 보전 활동은 탄소를 원래 있었던 곳에, 그러니까 땅속에 그대로 보전하는 것이다(국제 자연 보호 협회가 텍사스 자연 보호 구역 한가운데서도 직접 석유 채취 시설을 운영했다는 사실을 상기하자).

환경 보호 기금 역시 대형 프래킹 가스 회사 여러 곳과 제휴하여 〈지속 가능한 셰일 가스 개발 센터CSSD〉를 설립했다. 많은 이들이 지적하듯이, 센터의 이름만 들어도 우리는 이 조직이 기후 변화 시대에 셰일층의 화석 연료를 〈지속 가능한〉 방식으로 채취하는 것이 가능한가를 파헤치지는 않으리라는 걸 단박에 알 수 있다. 이 센터는 산업계의 자율적인 기준을 개발하고 있으며 그 기준에 의거하여 프래킹이 안전성을 확보하게 될 거라 자부하지만, 공공 정책 연구 기관 데모스Demos의 수석 연구원 J. 미진 차는 이렇게 지적한다. 〈이 센터가 세운 새로운 기준은 (……) 강제성이 없다. 오히려 재생 가능 에너지를 동력원으로 하는 깨끗한 경제로의 전환 과정을 가로막으려는 석유와 가스 사업자들의 이윤 추구욕을 가려 줄 뿐이다.〉[53]

이들의 주요 재원 공급처 중 하나인 하인츠 기부 재단Heinz Endowments 역시 사심 없는 조직은 아니다. 정부 및 기업 감시 단체 〈공적 책임 이니셔티브Public Accountability Initiative〉는 2013년 6월의 조사 보고서에서 이렇게 밝혔다. 〈하인츠 기부 재단은 천연가스 산업과 비밀스러우면서도 긴밀한 관계를 맺고 있다. (……) 이 재단의 회장 로버트 F. 바그트는 현재 천연가스 송유관 회사 킨더 모건Kinder Morgan의 이사로 120만 달러가 넘는 주식을 소유하고 있다. 하지만 이 재단의 웹 사이트나 바그트가 이사로 있는 CSSD의 웹 사이트에는 이러한 사실이 공개되어 있지 않다. 킨더 모건은 프래킹 규제 강화를 최근 기업 활동에서 매우 중대한 위험 요인으로 꼽고 있다.〉 논란이 일자, 하인츠 기부 재단은 가스 산업을 옹호하던 초기 입장에서 발을 빼는 듯한 태도를 취하면서 대대적인 직원 교체를 시행했고, 바그트는 2014년 초에 재단 회장직에서 물러났다.[54]

환경 보호 기금은 또한 프래킹의 안전성을 확보하는 방향으로 규제책을 개발하고 시행하는 대가로 전직 뉴욕 시장이자 억만장자인 마이클 블룸버그(그는 프래킹을 적극 옹호한다)의 재단으로부터 6백만 달러의 보조금을 받았다. 이때도 환경 보호 기금은 프래킹의 안전성 확보가 실현 가능한지 객관적으로 평가하는 일에는 관심을 두지 않았다. 여기서 블룸버그는 객관적인 관찰자의 입장이 아니다. 전직 뉴욕 시장의 개인 재산과 자선 재단의 재산(자산 가치가 3백 억 달러가 넘는다)은 블룸버그와 동료들이 설립한 투자 회사 윌렛 어드바이저스가 관리하고 있다. 『블룸버그 비즈니스위크』가 보도하고 블룸버그 자선 재단(이 재단은 윌렛과 같은 건물을 쓴다)이 확인해 준 내용에 따르면, 윌렛은 〈석유와 천연가스 생산 지역을 중심으로 부동산 투자를 하고 있다〉. 이 보도에 대해 해명해 달라는 거듭된 요청이 있었지만 마이클 블룸버그는 어떤 대꾸도 하지 않았다.[55]

프래킹 가스 산업이 환경 문제에 깊은 관심을 가진 것처럼 보이도록 지원하는 일 말고도, 환경 보호 기금은 많은 일을 한다. 이 기금은 메탄을 대량 누출한다는 점에서 프래킹 천연가스가 기후 해법으로 부적격이라는 주장을 반박하기 위한 연구를 진행하는가 하면, 메탄 누출에 관한 일련의 연구와 관련하여 셸, 셰브론 등 주요 에너지 기업들과 협력 관계를 맺고 있다. 환경 보호 기금의 어느 임원에 따르면, 〈천연가스가 에너지 안전성을 개선하고 청정에너지라는 미래로 이동하는 과정에 기여하는 전략으로 인정받도록〉 돕는 것이 연구의 뚜렷한 목표였다. 2013년 9월 첫 연구 보고서가 『미국 국립 과학원 회보』에 발표되었을 때, 이 보고서는 가스 채취 과정에서 발생하는 메탄 누출 비율을 대부분의 다른 보고서들보다 10~20배나 적게 잡아서 언론의 관심을 끌었다.[56]

이 연구는 심각한 문제점을 안고 있었다. 가장 눈에 띄는 것은, 조사 대상이 되는 채취정을 가스 기업들이 직접 선택할 수 있게 했다는 점이다. 2011년 같은 주제로 획기적인 연구를 진행한 코넬 대학 연구 팀의 대표 저자 로버트 하워스는, 환경 보호 기금의 조사 결과가 〈기업이 선택한 시간대와 장소에서 측정한 결과만을 토대로 한 것〉이며 그 보고서는 〈최상의 시나리오일 뿐〉 프래킹 가스 산업계 전체의 운영 상황을 반영한 것이 아니라고 지적하며 이렇게 덧붙였다. 〈가스 산업은 온실가스를 상대적으로 적게 배출하고도 가스를 생산할 수 있다. 하지만 이들은 대개 그런 방식을 택하지 않는다. 주도면밀한 감독이 예상될 때만 이들은 운영 방식을 개선한다.〉 그러나 언론사들은 환경 보호 기금이 발표한 보고서를 그대로 받아 적어 어이없는 기사들을 내보냈다. 〈연구 결과, 천연가스 채취정 누출은 생각보다 적다〉(『타임』지), 〈가스 채취 시 메탄 누출량은 많지 않다〉(AP 통신), 〈프래킹 메탄 공포는 과장되었다〉(「오스트레일리언The Australian」) 등등.[57] 결국 학계의 진지한 우려는 완전히 묻히고 말았다.

이런 상황은 대중 사이에 극심한 혼란을 야기했다. 그렇다면 프래킹이 안전하단 말인가, 곧 안전해질 거라는 말인가? 깨끗하단 말인가, 더럽단 말인가? 기후 변화 과학에 의문을 제기하는 전략과 마찬가지로, 이런 혼란은 화석 연료에서 탈피하여 재생 가능 에너지로 나아가는 발전의 원동력을 무너뜨리는 효과를 낳는다. 아카데미상을 수상한 프래킹 관련 기록 영화 「가스랜드Gasland」의 감독 조시 폭스는 이렇게 말한다. 〈화석 연료에서 벗어나고자 하는 우리의 정치적 의지가 가장 강력하게 결집되자마자, 그것을 무너뜨리는 일이 지금 이곳에서 벌어지고 있다.〉[58]

환경 단체들이 연구와 자발적인 규제에 매달리는 사이에 가스 회사들은 계속해서 채광정을 뚫고, 메탄을 누출하고, 향후 수십 년간 추가적인 채취 활동을 진행할 기간 시설 건설에 수십억 달러를 투자하고 있다.

오염 물질 거래 제도

교토 의정서를 탄생시킨 국제 기후 협상이 막 시작되었을 때만 해도, 이 협상이 거두어야 할 결실에 대한 여론은 광범위하게 형성되어 있었다. 부유한 공업 국가들은 그동안 가장 많은 온실가스를 배출해 온 만큼 자국의 배출 상한선을 정하고 조직적으로 배출량을 감축하는 일에 앞장서야 했고, 유럽 연합과 개발 도상국들은 탄소세 신설, 재생 가능 에너지로의 전환 정책 실시 등 강력한 국내 정책을 도입하여 배출량을 감축해야 했다.

그러나 이 협상에 참석한 클린턴 행정부는 전혀 다른 경로를 제시했다. 그것은 바로 산성비 대책으로 이용되었던 배출권 거래제를 모델로

하는 국제 탄소 거래제였다(환경 보호 기금은 교토 의정서 체결 직전까지 앨 고어의 집무실과 긴밀한 협력하에 이 계획을 입안했다).[59] 모든 공업국에 온실가스 배출을 일정량까지 감축할 것을 직접적으로 요구하는 대신 탄소 배출권을 발행하여 남거나 모자라는 경우 배출권을 사거나 팔아서 쓸 수 있게 하고, 각 국가별로 총 탄소 배출량 상한선을 넘지 않도록 기업들 간의 배출권 거래 제도를 운영하자는 내용이었다. 또한 탄소의 대기 중 유입을 막는 방법으로 흔히 알려진 프로젝트(탄소를 흡수하는 나무를 심는 활동이나, 저탄소 에너지를 생산하는 활동, 탄소 배출이 심한 공장의 시설을 개량하여 배출량을 줄이는 활동)에 대해서는 〈탄소 저감 실적권〉이 인정되며, 오염 배출자들은 이 실적권을 구입하여 자신이 내뿜은 탄소 배출량을 상쇄할 수 있었다.

탄소 거래제의 채택 여부에 의해 교토 회담이 무산 위기에 몰릴 정도로, 미국 정부는 이 접근법에 엄청난 열의를 보였다. 프랑스의 전직 환경부 장관 도미니크 부아네의 표현에 의하면 이 일로 미국과 유럽 사이에는 〈몹시 적대적인〉 갈등이 빚어졌고, 결국 기후 위기를 〈정글의 법칙〉에 맡기는 것이나 다름없는 세계 탄소 시장이 형성되었다. 당시 독일 환경부 장관이었던 앙겔라 메르켈은 이렇게 주장했다. 〈선진 공업 국가들이 배출권 거래와 수익만으로 자신들의 의무 감축량을 채우는 것은 이 회담의 목표가 될 수 없다.〉[60]

환경 운동 역사의 엄청난 아이러니는 미국이 회담 석상에서 벌어진 대격전에서 승리한 뒤 교토 의정서 비준을 거부했다는 것, 그리고 애초에 탄소 배출권 거래제를 반대했던 유럽에서 가장 커다란 탄소 배출권 시장이 현실화되었다는 것이다. 유럽 연합의 탄소 배출권 거래제는 2005년에 출범하여 교토 의정서에 포함된 UN 청정 개발 체제와 긴밀한 통합을 이루는 방향으로 나아갔다. 적어도 처음에는 전도유망해 보이는 시장이었다. 세계은행의 평가에 따르면, 2005년부터 2010년까지 탄소 시장에서 5천 억 달러가 넘는 탄소 거래가 이루어졌다(이 수치가 과장되었다고 보는 전문가들도 있다). 한편 세계 전역에서는 탄소 저감 실적권을 창출하는 수많은 프로젝트들이 진행되고 있다. 2014년 초 현재 등록된 프로젝트들만 7천 건이 넘는다.[61]

그러나 이 계획은 얼마 지나지 않아 결함을 드러냈다. UN 청정 개발 체제에서는 온갖 종류의 산업들이 교묘한 프로젝트를 이용해 높은 탄소 저감 실적을 올릴 수 있다. 예컨대 니제르 델타에서 〈플레어링flaring〉(석유 채취 과정에서 배출되는 천연가스를 불태워 없애는 방식)을 이용하는 석유 회사들은 이를 중단하는 대가로 보상을 받아야 한다고 주장한다. 나이지리아에서는 이미 1984년부터 플레어링이 불법화되었는데도 (이 법에는 미비한 점이 많지만 대부분 무시되고 있다), 일부 회사들은 오히려 플레어링 중단 대가로 탄소 저감 실적권을 인정받는 것이다.[62] UN 청정 개발 체제에서는 굉장히 많은 탄소를 배출하는 공장도 온실가스 저감 장치를 설치하면 〈녹색 성장〉 실적을 인정받을 수 있고, 이 실적은 다른 공장에서 배출하는 더 많은 탄소량을 상쇄하는 데 이용된다.

이 모델을 옹호하는 사람들에게 가장 큰 골칫거리는 온실 효과가 매우 강력한 HFC-23 가스를 부산물로 배출하는 인도와 중국의 냉각제 제조 공장들이다. 에어컨이나 냉장고에 쓰이는 냉각 가스를 주로 생산하는 공장들은 비교적 값싼 설비, 이를테면 플라스마 토치를 설치해서 부산물 가스를 없애는 방식으로 매년 수천 만 달러의 탄소 저감 실적을 인정받는다. 이 사업은 수익성이 꽤 높기 때문에 뒤바뀐 인센티브를 부추기는 촉매제가 되고 말았다. 탄소 배출량이 높은 제품을 생산하는 일부 기업들은 제품 생산 과정에서 발생하는 부산물을 파괴함으로써 주요 제품 판매 수익의 두 배에 이르는 보상을 받기도 한다. 가장 극단적인 사례로 어느 인도 회사의 경우를 보면, 2012년의 총수익 가운데 무려 93.4퍼센트가 탄소 저감 실적권을 팔아서 올린 수익이었다.[63]

UN의 HFC-23 저감 프로젝트와 관련하여 정책 수정을 요구하는 한 단체의 주장을 인용해 보자. 〈제품 생산의 부산물로 온실 효과가 높은 가스를 배출하는 제조업자들이 가스를 파괴할 때 생기는 수익을 노리고 배출량을 늘렸다가 파괴하는 식으로 제도의 허점을 이용하고 있다는 확고한 증거들이 있다.〉[64] 더구나 이런 공장에서 생산되는 냉각제류는 오존층 보존을 위한 몬트리올 의정서에서 오존층에 심각한 영향을 미친다는 판단하에 단계적으로 금지하기로 한 물질이다.

이런 상황은 세계 탄소 배출권 시장의 변두리에서만 일어나는 일이 아니다. 2012년 UN 청정 개발 체제는 실질적으로 탄소 저감에 기여한 청정에너지 프로젝트보다 냉각제 제조업자들에게 훨씬 많은 탄소 저감 실적권을 인정해 주었다.[65] 그 뒤에야 부분적인 개혁을 시행했고, 유럽 연합은 이런 공장들로부터 탄소 저감 실적권을 구입하는 것을 금지하기 시작했다.

탄소 시장에서 이처럼 논란의 여지가 많은 상쇄 프로젝트들이 득세하게 된 것은 결코 놀라운 일이 아니다. 보이지 않는 물질을 얼마나 저감했는지를 기준 삼아 현금을 지급한다는 계획은 일종의 사기를 부추기기 쉽다. 탄소 시장이 끌어들인 특이한 사기꾼 집단들은 파푸아뉴기니, 에콰도르, 콩고 등 풍부한 생물학 자원을 지녔으나 경제적으로 가난한 나라들을 뒤지고 다니며 탄소 저감 상쇄로 분류되는 삼림 지역에서 고립적으로 생활하는 원주민들을 희생양으로 삼는다. 이 〈탄소 카우보이〉들은 공짜로 돈을 벌게 해주겠다는 약속으로 그들을 현혹한다. 환경 보호 단체에 상당히 넓은 지역을 넘겨준다는 내용의 공격적인 계약서(이 계약서들은 대개 현지어 번역문도 없이 영어로만 되어 있다)를 들고 원주민들을 찾아가는 것이다. 파푸아뉴기니의 삼림에서 탄소 거래는 〈하늘에서 떨어진 돈〉으로 알려져 있으며, 마다가스카르의 베치미사라카 부족은 이렇게 얻어진 부가 눈 깜짝할 사이에 휴지 조각이 된다고 해서 탄

소 거래상들을 〈바람을 파는 사람들〉이라고 부른다.[66]

호주 출신의 데이비드 닐손은 야간 비행기를 타고 다니며 탄소 사냥을 하는 것으로 악명 높은 탄소 카우보이다. 최근 사례를 살펴보면, 그의 탄소 사냥 활동은 전화 자동 응답 서비스와 웹 사이트를 운영하는 것이 전부다. 닐손이 페루의 마트세스Matsés 부족을 상대로 수십 억 달러의 수익을 약속하며 토지 이용권을 넘겨받으려 시도하자, 반대 모임을 꾸린 아마존 유역의 원주민들은 닐손의 추방을 요청하는 청원 운동을 벌였다. 그들은 닐손의 활동이 1백여 개에 이르는 다른 탄소 프로젝트들과 마찬가지로 〈백만장자라는 몽상을 이용해 주민들을 분열시키고 있다〉고 주장했다.* 일부 원주민 지도자들은 대형 석유 기업이나 채광 기업들과 거래하는 편이 훨씬 낫다는 말을 입에 올리기도 한다. 이 기업들의 경우 적어도 어떤 회사이고 무엇을 원하는지 정도는 알 수 있지만, 사뭇 고결한 체 하면서 볼 수도 만질 수도 없는 걸 사겠다고 나서는 비정부 기구와는 거래를 하기가 꺼려지기 때문이다.[67]

이런 사례로 미루어 짐작할 수 있겠지만, 공식적인 탄소 거래 시스템을 넘어서 오염 기업들의 탄소 배출량을 비공식적으로 〈상쇄〉할 목적으로 대형 환경 보호 단체들이 제도의 그물망 안에서 자발적으로 진행하는 탄소 상쇄는 더 큰 문제를 안고 있다. 특히 상쇄 제도가 도입되고 삼림 보존 프로젝트들이 출현한 직후인 1980년대 말과 1990년대 초에 가장 큰 논란의 주제가 되었던 것은, 살아 있는 나무들에 대한 화폐 가치를 확정하기 위해 삼림의 탄소 수용량을 측정하고 숲을 통제하는 과정에서 인근 주민들을 마치 짐짝처럼, 예전의 생활 방식과는 완전히 절연된 상태로 보호 구역에 몰아넣는 일이었다.[68] 심지어 해당 구역에 울타리

---

* 흥미로운 사실을 소개하자면, 이곳에서 탄소 사냥을 시작하기 전에 닐손은 실제로는 있지도 않은 호주의 부동산을 퀸슬랜드의 어느 의원으로부터 운 나쁜 나우루 사람에게 팔아넘긴 혐의로 조사를 받았다.

를 설치하고 무장 경비원까지 두어 〈침입자〉의 접근을 막는 경우도 있었다. 비정부 기구들은 담당 구역의 자원과 탄소를 보호하기 위한 조치일 뿐이라고 주장했지만, 이 모든 행위는 일종의 토지 수탈로 여겨질 수밖에 없었다.

예컨대 브라질 파라나 주에서는 셰브론, 제너럴 모터스, 아메리칸 일렉트릭 파워에 공급하기 위한 탄소 상쇄 프로젝트를 자연 보호 협회와 브라질의 한 비정부 기구가 관리하고 있었다. 그런데 이 조직은 과라니족 원주민들이 조상 대대로 터전 삼아 온 지역에서 사냥을 하거나 땔감을 구하는 것은 물론 인근 수로에서 낚시를 하는 것조차 허용하지 않았다. 어느 현지인은 〈그들이 우리 터전을 빼앗으려고 한다〉고 말했다. 야생 동식물 보호 협회Wildlife Conservation Society는 마다가스카르에서 탄소 상쇄 프로그램을 운영하고 있는데, 이곳에서 활동하는 주민 조직 대표 크레상트 라코토망가 역시 비슷한 감정을 표현했다. 〈사람들의 원성이 높았다. 이 프로젝트가 시행되기 전에는 누구나 그곳에서 자유롭게 사냥하고 낚시하고 나무를 벨 수 있었다.〉[69]

실제로 탄소 상쇄 시장은 〈환경 보호를 명목으로 내세운〉 새로운 종류의 인권 침해를 낳는다. 식량을 수확하거나 땔감을 구하거나 낚시를 하기 위해 조상에게서 물려받은 땅(탄소 흡수 지대로 분류된 지역)에 드나드는 농민들과 원주민들이 심한 박해에 시달리는 것이다. 이런 인권 침해와 관련한 종합적인 데이터는 축적되어 있지 않지만, 소문으로 들려오는 사건들은 갈수록 늘어만 간다. 브라질 구아라케사바 근처, 자연 보호 협회가 관리하는 파라나 탄소 상쇄 프로젝트 지역에서는 현지 주민들이 식량과 식물을 구하려고 숲에 들어갔다가 경비원의 총에 맞았다는 소식이 전해졌다. 어느 농민은 탐사 언론인 마크 샤피로에게 이렇게 전했다. 〈그들은 사람들이 숲에 있는 꼴을 못 봐요.〉 우간다 엘곤 산 국립 공원과 키발레 국립 공원의 탄소 상쇄용 나무 식재 프로젝트 지역에

서도, 총에 맞거나 애써 기른 농작물을 잃는 등 비슷한 곤경을 겪었다고 증언하는 주민들이 속출한다.[70]

이런 소식들이 퍼져 나가자 탄소 상쇄 활동에 참여하는 일부 환경 단체들은 원주민의 권리를 지키기 위해 노력하고 있음을 강조하기 시작했다. 그러나 원주민들의 불만은 여전하고, 논쟁도 끊임없이 이어지고 있다. 예컨대 온두라스의 바조 아구안 지역에서는 야자유 생산 농장 소유주들 가운데 일부가 메탄을 포획하겠다며 탄소 상쇄 프로젝트를 신청하고 있다. 메탄 포획의 수익성에 현혹된 토지 소유주들이 주민들의 생활 터전인 농경지를 밀어 버리고 거대한 야자수 농장 조성에 나서고 있다. 이 과정에서 토지 점유와 강제 퇴거의 폭력의 악순환이 일어나 2013년에는 현지 농민들과 이들을 지지하던 사람들 수백 명이 사망하는 사태까지 벌어졌다. 〈아구안 농민 운동 연합Unified Campesino Movement of Aguán〉에서 활동하는 에리베르토 로드리게스는 〈우리가 보기엔, 이곳에선 농민이라는 것 자체가 범죄다〉라고 말하며, 탄소 시장이 농민들을 죽음으로 몰고 간다고 주장한다. 〈이 회사들에 투자하는 사람들 역시 이들을 죽음으로 몰아넣는 공범자다. 이들이 투자를 줄인다면, 토지 소유주들도 어느 정도 압박감을 느끼고 다른 방법을 찾을 것이다.〉[71]

탄소 상쇄 프로젝트는 〈누이 좋고 매부 좋은〉 대표적인 기후 해법으로 꼽히지만, 이런 농장과 삼림에 기대어 살아가는 사람들로서는 아무런 이득도 없다. 오히려 대기를 오염시키는 다국적 기업들의 자유를 보호하기 위해 평화롭게 생활 터전을 이용해야 할 이곳 농민들과 소작농들, 원주민들의 자유가 짓밟히는 셈이다. 대형 환경 단체들은 탄소 상쇄 프로젝트를 〈낮은 곳에 달린 열매〉를 따는 기후 행동이라고 부른다. 하지만 이는 정치적 권력을 휘두르는 부자 나라의 기업에서 배출하는 탄소를 저지하는 것보다 정치적 약자인 가난한 나라 국민들을 그들의 터전에서 내쫓는 것이 훨씬 쉽다는 엉터리 비용 편익 분석을 토대로 한 판단일 뿐이다. 한마디로 문제의 뿌리를 캐내는 것보다는 낮은 곳에 달린 열매나 따는 편이 훨씬 쉽다는 계산이다.

또 하나의 아이러니는 지속 가능한 저탄소 생활 방식을 가장 충실히 따르는 많은 사람들이 탄소 시장의 주요 희생양이 되고 있다는 점이다. 자연과 긴밀한 상호 호혜 관계를 맺는 이 사람들은 지역 생태계로부터 소량의 혜택을 얻어 가는 대가로, 자신들과 후손들이 계속해서 혜택을 볼 수 있도록 그곳을 보살피며 되살리고자 한다. 올바른 기후 해법에 전념하는 환경 운동이라면 이런 생활 방식을 지원하고자 노력해야 마땅하다. 보전 책임주의의 오랜 전통을 거세하고 더 많은 사람들을 자연에서 분리된 도시로 몰아내 소비자로 전락시키는 것은 올바른 해법이 아니다.

자카르타에서 〈레드모니터REDD-Monitor〉라는 웹 사이트를 운영하며 탄소 상쇄 프로젝트를 감시하는 영국의 환경 운동가 크리스 랑은, 자신의 사명은 환경 운동의 결점을 파헤치는 것이 아니라고 강조한 뒤 이렇게 말한다. 〈내가 질색하는 것은 환경 운동이 석유 회사들과 맞붙을 생각은 하지 않고 내부에서 분열된 채 서로 싸운다는 인식이다. 심지어 석유 회사들과 맞붙을 마음 자체가 아예 없는 듯 보이는 단체들도 있다. 내 생각에, 그들은 결코 환경 운동 단체가 아니다.〉[72]

———————

물론 탄소 저감 실적권을 인정받는 모든 프로젝트가 부정한 의도를 품고 있거나 현지 주민의 생활 방식을 파괴하는 데 적극적으로 앞장서고 있다는 이야기는 아니다. 일부 프로젝트를 통해 풍력 발전소와 태양열 발전소의 건설이 이어지며, 몇몇 삼림들은 탄소 상쇄 지역으로 분류되어 보존되고 있다. 문제는 아무리 좋은 환경 프로젝트라 해도 탄소 배출권 거래 방식을 채택해서는 기후 대응의 성과를 거의 내지 못한다는 사실이다. 이 사업이 이산화탄소 1톤을 포획한다고 해도, 공업 국가권의 한 기업이 이산화탄소 1톤을 배출한 뒤 탄소 상쇄권을 이용해 자신이 배출한 이산화탄소가 상쇄되었다고 주장하면 말짱 헛일이 되기 때문이다. 한마디로 제자리걸음을 면치 못한다는 얘기다. 게다가 앞으로 다루겠지만, 친환경 사업의 발전에 필요한 재원을 마련하고자 한다면 국제 탄소 시장보다 훨씬 효과적인 방법들이 있다.

지리학자 브람 뷔스허르는 탄소 시장 메커니즘이 자연 생태계에 미치는 영향을 표현하기 위해 〈유동성 자연liquid nature〉이라는 용어*를 사용했다. 그의 설명에 따르면, 나무와 초원과 산은 국제 탄소 거래 시스템에 들어오는 순간 그 고유의 의미를 상실하고 땅에서 뿌리 뽑힌 일종의 상품이 된다. 마치 자동차 연료 탱크에 들어가는 석유처럼 오염 산업으로 콸콸 쏟아져 들어가는 순간, 생태계가 지닌 탄소 격리 잠재력은 온실가스 배출을 돕는 연료가 된다. 일단 이 시스템에 빨려 들어간 원시림은 겉보기에는 예전과 똑같이 무성함과 활력을 유지하는 것 같아도, 실제로는 무형의 경제적 거래 행위에 부착되어 지구 반대편에 있는 더러운 화력 발전소의 연장물로 둔갑한다. 삼림 속 나무 꼭대기에서 대기를 오염시키는 연기가 나오지는 않지만 사실상 그와 다를 바 없는 효과가 나타난다. 이곳의 나무들이 탄소 상쇄 삼림으로 지정되는 순간, 다른 곳에서 그런 오염을 배출하는 것이 가능해지기 때문이다.[73]

옛 생태주의자들이 늘 읊조리는 주문이 있다. 〈모든 것은 연결되어 있다. 나무 한 그루도 복잡한 생명의 그물망을 이루는 일부다.〉 기업과 손을 잡은 환경 보호주의자들이 늘 읊조리는 주문은 이와 정반대다. 〈모든 것은 동떨어져 있다.〉 이들은 나무를 나무가 아니라 탄소 흡수원으로 취급하는 새로운 경제를 건설하는 데 성공했고, 수천 킬로미터 떨어진

* 유동성 자산liquid asset에 빗댄 표현이다 — 옮긴이주.

곳에 사는 사람들이 이를 이용해 양심의 부담을 덜고 경제 성장을 원하는 수준으로 유지할 수 있도록 돕고 있다.

그러나 탄소 시장 접근법의 가장 큰 문제점은, 시장 자체의 관점에서 보아도 이 제도가 온전한 기능을 하지 못하고 있다는 데 있다. 값싼 탄소 배출권을 대량으로 방출하여 기업과 국가들을 탄소 시장에 참여시키자는 결정을 내린 시점부터 유럽에서는 문제가 시작되었다. 몇 년 뒤 경제 위기가 닥쳐 생산과 소비가 위축되면서 자연스럽게 탄소 배출량이 줄어들자 갓 탄생한 탄소 시장에는 배출권 공급 과잉 현상이 나타나 탄소 가격이 폭락했다. 2013년 탄소 1톤의 목표 가격은 20유로였지만 실제 거래 가격은 4유로에도 미치지 못했다. 결국 더러운 에너지에서 탈피하거나 탄소 저감 실적권을 구입하려는 의욕이 얼어붙고 말았다. 이로 인해 2012년 영국의 전력에서 석탄 발전이 차지하는 비중이 30퍼센트 넘게 상승했고, 독일에서는 앞서 살펴보았듯 재생 가능 에너지 도입을 급속하게 추진하는 상황에서도 석탄 사용에 따른 탄소 배출량이 급증했다. UN 청정 개발 체제는 갈수록 궁지에 몰리고 있다. UN에서 직접 위촉하여 발간한 보고서의 표현을 빌리자면, 이 체제는 〈근본적으로 붕괴했다〉. 미국 정책 연구소에서 기후 금융 전문가로 활동하는 오스카 레예스는 〈2008년부터 2013년 사이, 부국들의 미약한 탄소 저감 목표 설정과 경제 침체로 탄소 저감 실적권 가격이 99퍼센트 하락했다〉고 설명한다.[74]

이것은 본질적으로 변덕스럽고 위험성 높은 시장에서 호황과 불황이 주기적으로 반복되는 가운데 나타나는 극단적인 사례이며, 이 해법이 안고 있는 핵심적인 결함이다. 시간이 촉박한 터에 이처럼 변덕스럽고 신뢰할 수 없는 힘에 우리 모두의 운명을 맡기는 것은 대단히 위험하다. 존 케리는 기후 변화의 위험을 〈대량 살상 무기〉에 빗댔는데, 참으로 적절한 비유가 아닐 수 없다.[75] 기후 변화가 핵전쟁과 같은 수준의 위험을 안고 있다면, 대체 무엇 때문에 우리는 이 비유가 암시하는 것만큼 진지한 대응을 하지 않는 걸까? 대체 무엇 때문에 우리는 우리 미래를 위협하는 기업들에게 채취를 멈추라고 요구하기는커녕 달콤한 열매만 쥐어 주는 걸까? 대체 무엇 때문에 우리는 도박을 하는 걸까?

2013년 2월, 130개가 넘는 환경 정의 단체와 경제 정의 단체는 이와 같은 시간 낭비를 참을 수 없다며 〈기후 해법이 제대로 기능할 수 있도록〉 세계 최대의 탄소 거래 시스템인 유럽 연합 배출권 거래 시스템ETS의 철폐를 요구했다. 실험이 시작된 지 7년이 지난 시점에 나온 평가였다. 〈ETS는 온실가스 배출을 줄이지 못하고 있다. (……) 오염 배출량이 매우 높은 기업들에 대해서도 원천적인 배출량 감소 의무를 거의 부과하지 않는다. 탄소 상쇄 프로젝트는 오히려 전 세계적인 배출량 증대에 기여할 뿐이다. 보수적인 정보원들조차, 이 시스템이 구매한 탄소 저감 실적권의 3분의 1에서 3분의 2는 《실질적인 탄소 저감과 상관없는 것》이라고 평가했다.〉[76]

게다가 이 시스템은 전력 회사들을 비롯한 많은 기업들의 의무 이행 비용을 소비자들에게 전가하도록 허용한다. 시장 설립 초기에는 특히 이런 현상이 심각했다. 2008년 〈포인트 카본Point Carbon〉이 평가한 자료에 따르면 영국, 독일, 스페인, 이탈리아, 폴란드의 전력 공급 기업들은 만 5년 사이에 적게는 320억 달러에서 많게는 990억 달러의 추가 이윤을 냈다. 다른 보고서에 따르면 항공 회사들은 이 시장에 진입한 첫해인 2012년에 18억 달러의 추가 이윤을 올렸다. 한마디로 오염 기업들에게 대가를 물리는(이것이 환경 정의의 기본 원칙이다) 대신, 오히려 납세자들과 이용자들이 그 기업들과 제대로 작동하지도 않는 시스템에 거액의 현금을 안겨 준 셈이다.[77]

_____

유럽의 파국에 비추어 보면, 미국 상원이 2009년 기후 법안을 통과시키지 못했다는 사실은 기후 운동의 대참패라기보다 오히려 가까스로 총알을 피해 간 상황이라고 평가해야 마땅하다. 오바마 첫 임기 때 미국 상하원에 제출된 배출권 상한제 법안은 유럽과 UN의 배출권 거래 제도의 모든 결함과 더불어 미국 고유의 결함까지 안고 있었기 때문이다.

이 두 법률은 환경 보호 기금의 프레드 크룹 주도하에 대형 오염 배출 기업들(제너럴 일렉트릭, 다우 케미컬, 알코아, 코노코필립스, BP, 셸, 듀크 에너지, 듀폰을 비롯한 여러 기업들)과 몇몇 대형 환경 단체들(국제 자연 보호 협회, 국립 야생 동식물 연맹, 천연자원 보호 협의회, 세계 자원 연구소, 퓨 지구 기후 변화 센터)이 함께 꾸린 연합체가 발의한 초안을 기초로 하고 있었다. 〈미국 기후 행동 파트너십USCAP〉이라는 이름을 내건 이 연합체는 대형 오염 배출 기업들과 직접 대결하는 것은 아무 의미가 없으며, 지원책과 빠져나갈 구멍이 잔뜩 포함된 계획을 마련하여 그들의 지지를 받는 편이 훨씬 낫다는, 너무나 익숙한 패배주의 논리를 근간으로 삼았다.[78]

USCAP이 최종적으로 내놓은 합의안(환경계와 산업계의 역사적인 타협이라고 홍보되었다)은 석탄 발전소 등 전력 공급 기업들에게 배출 탄소의 90퍼센트에 해당하는 무상 허용치를 제시했다. 기업들이 아무런 비용 부담 없이 그만큼의 탄소를 계속 배출할 수 있게 하자는 뜻이었다. 당시 듀크 에너지 대표 이사였던 짐 로저스는 〈이보다 좋은 합의안이 나올 순 없을 것이다. 90퍼센트면 대단한 거다〉라고 자평했다. 석탄 산업이 밀집한 버지니아 남서부 출신의 민주당 하원 의원 릭 바우처는 수많은 양보 방침이 포함된 이 법안이 〈석탄의 새로운 황금기를 열었다〉고 치켜세우기도 했다.[79]

탄소를 태우거나 거래할 수 있는 〈무상 허용치〉는 실질적으로 뇌물이나 다름없다. 태양광 기업인 지가 샤의 말을 인용해 보자. 〈USCAP에 포함된 기업들은 탄소 규제에 아무런 관심이 없었다. 그들이 관심을 쏟은 건 오직 기후 변화에 관한 표결에 참여하는 대가로 향후 자신에게 돌아올 거액의 부였다.〉[80] 두말할 필요도 없이, 화석 연료 관련 기업들에 이처럼 만족감을 안겨 준 합의안은 과학자들이 기온 상승을 섭씨 2도 이내로 유지하기 위해 반드시 이행되어야 한다고 주장하는 온실가스 배출량의 급격한 감축과는 전혀 동떨어진 것이었다. 하지만 USCAP에 참여한 환경 단체들은 적극적인 기후 대응에서 몸을 빼기만 한 것이 아니라, 기후 대응에 직접적인 이해관계가 얽혀 있는 기업들을 열심히 끌어 모아 이 법안을 미국 정부의 기후 정책으로 입안시키기까지 했다.

이 야합 작전에서 가장 안타까운 아이러니는 오염 배출 기업들이 여기서 만족하지 않았다는 점이다. 기후 법안 기초를 돕는 것은 USCAP에 참여한 대기업들 대다수에게 일종의 대비책이었다. 2008년 연합체가 꾸려졌을 당시에는 기후 법제화 가능성이 상당히 높았다. 해당 기업들은 의회에서 통과되는 법률에 빠져나갈 구멍이 있는지, 그리하여 법을 사실상 무용지물로 만들 수 있는지 확인하고 싶어 했다. 이들은 또한 새로 당선된 대통령이 환경 보호청을 이용해 기업 배출 탄소량에 상한선을 설정할지도 모른다고 우려했고, 따라서 배출권 거래 제도를 지지하는 것이 이것을 막는 최선의 방책이라고 판단했다. 실제로 USCAP의 청사진을 토대로 한 기후 법률 가운데 핵심을 이루는 〈왁스먼-마키Waxman-Markey 법안〉은 석탄 화력 발전소를 비롯한 수많은 주요 오염 배출 기업들에 대한 탄소 배출량 규제를 엄격하게 금지한다. 듀폰에서 대정부 부서 선임 관리자로 근무하는 마이클 파는 기업들의 전략을 〈내가 요리되지 않으려면 식탁에 앉아야 한다〉라고 간결하게 요약한 바 있다.[81]

프레드 크룹과 동료들의 골칫거리는 바로 이런 기업들이 다른 식탁에도 동시에 앉아 있다는 점이었다. 많은 기업들이 미국 석유 협회, 전미 제조업 협회, 미국 상공 회의소의 회원이었고, 이 단체들은 모두 기후 법 제정에 거세게 반대하고 있었다. 2009년 1월 버락 오바마가 집권하면서 기업계의 강경파가 패배를 앞두고 있다는 전망이 돌았다. 그러나 USCAP가 미국 상원에 대해 배출권 거래 제도를 밀어붙이던 2009년 여름, 정치 판도가 갑자기 급전환했다. 경제 불황이 계속되고 오바마의 인기가 급락하는 상황에서 중앙 무대에 새로운 정치 세력이 등장한 것이다. 미국 최고의 석유 재벌 코크 형제의 두둑한 후원금과 〈폭스 뉴스〉의 지지로 기세를 모은 티 파티 세력이 미국 전역의 주민 회의장을 기습했다. 이들은 오바마의 건강 보험 개혁안이 미국을 이슬람주의자, 나치주의자, 사회주의자의 이상향으로 바꾸어 놓으려는 사악한 음모의 일환이라고 규탄했다. 그러자 오바마는 곧장 다른 주요 법제화 싸움에 대해 주저하는 듯한 제스처를 취하기 시작했다.[82]

이 일을 계기로 USCAP에 참여한 많은 기업들은 기후 법 제정을 무산시킬 절호의 기회가 찾아왔음을 깨달았다. 캐터필러와 BP는 연합체에서 빠져나왔고, 코노코필립스 역시 〈역사적으로 낮은 이윤율을 감수하며 사업을 해온 기업으로서는 (……) 도저히 만회할 수 없는 비용〉이라며 불만을 토로한 뒤 탈퇴했다(코노코필립스가 USCAP을 탈퇴한 이듬해에 올린 총매출 660억 달러 가운데 순수익은 무려 124억 달러였다). 그중 일부 기업들은 〈과거의 적들〉로 이루어진 크룹의 연합체에서 빠져나오는 데 그치지 않고 자신들이 초안 작성을 도왔던 법안을 정조준하여, 이 법안에 적대감을 품어 왔음을 가공할 화력으로 여실히 드러냈다. 코노코필립스는 전용 웹 사이트를 개설하여, 기후 법안을 얼마나 강력히 반대하는지 입법 의원들에게 알리라고 방문자들을 독려했다. 이 웹 사이트는 이렇게 경고했다. 〈기후 법이 제정되면 미국의 서민 가정은 당장 더 많은 에너지 비용을 물어야 한다. (……) 미국은 연간 2백만 개의 일자리가 사라지는 것보다 훨씬 큰 타격을 입을 것이다.〉 역시 연합체를 탈퇴한 BP의 대변인 로니 채펠은 〈가장 낮은 비용으로 배출량을 줄이

는 길은 천연가스 사용을 늘리는 것〉이라고 설명했다.[83]

　결국 대형 환경 단체들은 자신들에게 유리한 게임을 하고 있다고 생각했지만, 실제로는 대규모 사기극에 말려든 셈이었다. USCAP에 참여한 환경주의자들은 정치적 상황을 처참하리만큼 잘못 읽었다. 그들은 훨씬 효과적인 기후 대응 전략 시행을 가로막는 몹시 복잡한 접근법을 선택했다. 대형 오염 배출 기업들이 어떤 접근법을 더 선호하느냐를 선택의 기준으로 삼은 것이다. 하지만 결국은 이들도 깨닫게 되었다. 오염 배출 기업들이 가장 선호하는 기후 정책이라는 건 있을 수 없다. 게다가 한때 협력 관계에 있던 옛 친구들을 공격하기엔 화력이 부족했다. 그들은 기후 법안이 허탕이고(이것은 사실이다), 지원금과 보조금 조항만 잔뜩 붙어 있으며(이것 역시 정확한 지적이다), 경제적으로 쪼들리는 소비자들에게 훨씬 높은 에너지 비용을 부과할 것(그럴 수 있다)이라고 주장했다.* 그중 으뜸은 석유 산업에 우호적인 공화당 하원 의원 조 바튼의 발언이었다. 〈이 법안이 환경에 미치는 혜택은 전혀 없다〉(바로 좌파 환경 운동계에서 줄곧 주장해 온 얘기다).[84]

　전형적인 뒤통수치기 전술은 성공을 거두었다. 2010년 1월, USCAP의 발의안을 모델로 한 기후 법안은 상원에서 부결되었다. 그런 대접을 받아 마땅한 법안이긴 했지만, 안타깝게도 이 사건이 많은 사람들의 마음에 기후 행동에 대한 불신을 새겨 놓았다.[85]

　환경 단체들이 배출권 거래제 투쟁 과정에서 어떤 실책을 범했는가를 놓고 수많은 사후 분석 보고서가 나오고 있다. 그중에서도 가장 혹독한 비난을 퍼부은 것은 하버드 대학 사회학자 테다 스코치폴이 쓴 통렬한 보고서다. 그녀는 아래로부터 일어난 대중 운동의 결여를 주요한 패인으로 꼽았다. 〈변혁 운동이 격렬한 반격을 무찌르기 위해서는 전국적인

* 허틀랜드의 고정 주자 크리스 호너는 엔론Enron 사태를 빗대어 이 법안을 〈정실 자본주의〉라고 불렀다.

규모의 조직적 연결망을 꾸려야 한다. 또한 우호적인 하원 의원 사무실, 편안한 중역 회의실, 호화로운 휴양지를 넘어 훨씬 폭넓은 영역까지 넘나들며 지속적인 정치적 시도들을 조화시켜야 한다.〉[86] 앞으로 살펴보겠지만, 이제야 간신히 시작된 풀뿌리 기후 운동이 바로 이런 일들을 진행하며, 그 결과 화석 연료 부문과의 투쟁에서 놀라운 승리를 잇달아 쟁취하고 있다.

하지만 오랜 습관은 쉽사리 고쳐지지 않는다. 이미 약 5억 달러나 되는 거금이 배출권 거래 정책에 투입된 상황에서 법안이 부결되자 결국 그 돈은 하수구로 흘러 들어간 꼴이 되었다. 환경 단체 출신으로 기업에 우호적인 변혁을 주도했던 장본인은 이 패배를 자기 나름으로 분석했다. 25년 동안 환경 보호 기금 회장으로 일하면서 백발이 된 머리를 세련되게 빗어 넘기고 최신 유행의 회색 정장을 입고 다니는 프레드 크룹은, 기후 법제화가 실패한 것은 환경 단체들이 지나친 강경 노선을 추구하며 〈날카로운 소리〉를 질러 댔기 때문이라면서 훨씬 더 〈겸손하고〉 초당파적인 활동을 펼쳤어야 했다고 설명했다.[87] 그의 주장을 다른 말로 바꿔 보자. 우리는 더 타협하고, 더 목소리를 낮추고, 확신이 있어도 없는 듯 의견을 내놓고, 적들의 비위를 맞추기 위해 훨씬 더 많은 노력을 기울였어야 했지만, 레이건 정부 이후로 환경 보호 기금을 비롯한 환경 단체들은 정반대로 움직여 왔다는 얘기다.

자신의 주장을 제대로 실천에 옮기려 했던 것인지, 크룹이 이 주옥같은 지혜를 공유할 장소로 선택한 곳은 부자들의 업적을 칭찬하는 일에 전력하는 잡지 『포춘』이 주최하고 셸 오일사를 비롯한 여러 기업들이 후원한 연례 콘퍼런스 〈브레인스톰 그린Brainstorm Green〉이었다.[88]

7장

구세주는 없다

환경 해법을 떠벌리는 억만장자들

나는 법규를 위반하고도 늘 무사히 빠져나왔다. 그래서 이번에
도 똑같을 거라고 생각했다. 만일 과욕을 부리지 않았다면 분명
거뜬히 빠져나왔을 것이다.

— 리처드 브랜슨, 1970년대 초에 자신이 수입 관세를
탈루하다 적발된 일에 관해 한 말[1]

우리가 적극적으로 앞장서야 한다. 서민들에게 의지해서는 어느
누구도 일을 진척시킬 수 없다.

— 마이클 블룸버그, 전 뉴욕 시장, 2013년[2]

버진 그룹의 괴짜 창립자 리처드 브랜슨은 새 시대 사업 선언을 겸해 발표한 자서전 『까짓 것, 해보자고 Screw It, Let's Do It』* 중 기후 변화 해법 모색 과정을 빗댄 〈다메섹으로 가는 길 Road to Damascus〉**의 뒷이야기를 공개했다. 2006년, 앨 고어는 〈불편한 진실〉 순회 강연 도중에 이 억만장자의 집을 방문해 기후 온난화의 위험성을 인상적으로 설명하고 버진 항공을 변화의 기폭제로 사용하라고 설득했다.[3]

브랜슨은 이렇게 밝힌다. 〈뛰어난 화술을 가진 앨 고어는 파워포인트까지 동원해 설명해 주었다. (……) 내 인생을 통틀어 최고의 설명회였을 뿐 아니라, 머지않아 세계의 종말을 맞이할 가능성이 높다는 사실을 깨우쳐 준 당혹스러운 경험이었다. (……) 고어의 설명을 들을 때, 내 눈앞에는 아마겟돈의 광경이 어른거렸다.〉[4]

말마따나 그 무시무시한 깨달음을 얻은 뒤 브랜슨이 가장 먼저 한 행동은 버진 그룹의 기업 브랜드 개발 이사 윌 화이트혼을 부른 것이었다. 〈우리는 이 문제를 신중히 논의하고 버진의 운영 방식에 기업적·지구적 차원의 변화를 주기로 결정했다. 제임스 러브록과 그의 혁명적인 과학

---

* 한국어판은 〈내가 상상하면 현실이 된다〉라는 제목으로 출간되었다 ── 옮긴이주.
** 성서에 따르면, 기독교인들을 박해하던 바울은 다메섹으로 가는 길에 부활한 예수를 만나 회심하고 기독교 선교에 헌신한다. 브랜슨은 기후 변화를 부정하던 자신이 기후 변화에 대한 확신으로 돌아서서 그 해법을 찾고 있다는 뜻으로 이러한 표현을 쓴 듯하다 ── 옮긴이주.

적 견해(지구는 살아 움직이는 하나의 거대한 유기체이며 생태계를 이루는 부분들은 어느 것 하나 빠짐없이 서로에게 영향을 미친다는 견해)를 기린다는 뜻에서 이 새로운 버진 사업 방식을 《가이아 자본주의Gaia Capitalism》라고 부르기로 했다. (……) 가이아 자본주의는 버진이 향후 10년간 실질적인 변화를 이루면서 동시에 부끄럽지 않은 돈벌이를 할 수 있도록 도울 것이다.〉그는 또한 이것이 〈세계적으로 뻗어 나갈 새로운 사업 방식〉이 될 잠재력을 안고 있다고 믿었다.[5]

그해가 가기 전에 브랜슨은 기후 변화 대응 분야로 화려하게 입성할 준비를 마쳤다. 낙하산, 열기구, 제트 스키 그리고 알몸 모델과의 카이트 세일링까지, 그는 화려한 입성에 대해선 일가견이 있는 사람이다. 2006년 뉴욕에서 열린 〈클린턴 글로벌 이니셔티브Clinton Global Initiative〉 연례 회의(자선 재단 역사상 가장 강력한 행사였다)에서 브랜슨은 석유와 가스를 대체할 생물 연료 및 기타 기술 개발에 향후 10년간 약 30억 달러를 투자하겠다고 약속했다. 엄청난 액수도 액수이거니와, 가장 눈길을 끈 것은 그 돈의 출처였다. 브랜슨은 화석 연료를 이용하는 버진의 교통수단에서 거둬들인 수익으로 그 금액을 감당하겠다고 말했다. 그는 어느 인터뷰에서 이렇게 밝혔다. 〈우리 항공 사업과 철도 사업에서 나오는 배당금이나 주식 매각 수익 등을 지구 온난화 대응책과 새로운 청정 연료 개발 및 제트 엔진 연료 개발 사업에 투자하여, 현 상황을 그대로 방치할 경우 불가피하게 맞이하게 될 세계 파멸을 낙관적인 방향으로 되돌리겠다.〉[6]

한마디로, 브랜슨은 우리 정부가 법제화를 주저하고 있는 바로 그 대응책(지구 온도를 상승시키는 연료를 사용해서 얻는 수익을 이 위험한 에너지원으로부터 벗어나는 데 필요한 값비싼 전환 과정에 투입하는)을 마련하겠다고 나선 것이다. 천연자원 보호 협의회의 〈석유 없는 미국 만들기Move America Beyond Oil〉 캠페인 대표는 버진의 재생 에너지 주도 사업에 대해 〈바로 이것이 모든 산업이 지향해야 하는 바〉라고 말했다. 게다가 브랜슨은 만일 버진의 교통수단 부문이 30억 달러 목표를 충당할 만큼 높은 수익을 올리지 못하는 경우에는 〈기존 사업체들의 수익으로 충당하겠다〉고 약속했고, 지구 온난화를 막지 못하면 〈결국 모든 사업이 무너질 텐데, 그때 가서는 되돌릴 방도가 없지 않느냐〉면서 〈어떤 경로를 택하더라도〉 이 약속을 이행하겠다고 장담했다.[7]

브랜슨이 내놓은 30억 달러 약속에 깊은 감명을 받은 빌 클린턴은 이렇게 밝혔다. 〈획기적인 사건이다. 그가 약속한 금액(실로 경이로운 액수)뿐 아니라, 그가 내놓은 진술 역시 획기적이다.〉『뉴요커』는 이를 〈이제껏 지구 온난화 대응책으로 제시된 것 가운데 가장 규모가 큰 약속〉이라고 평가했다.[8]

그러나 브랜슨은 거기서 멈추지 않았다. 1년 뒤, 그는 다시 언론의 집중 조명을 받았다. 〈버진 어스 챌린지Virgin Earth Challenge〉라는 캠페인을 제시하며, 〈역효과를 전혀 발생시키지 않으며〉 연간 10억 톤의 탄소를 대기 중에서 회수할 방법을 찾아내는 최초의 발명가에게 2,500만 달러를 주겠다고 약속한 것이다. 그는 이를 〈과학과 기술 분야 사상 최고의 상금〉이라고 표현하며 이것이야말로 공식적인 〈기후 문제에 대처할 해법을 찾을 수 있는 최선의 방법〉이라고 선언했고, 어느 공개 성명서에서는 이렇게 말하기도 했다. 〈버진 어스 챌린지가 내놓은 상금을 타기 위해 전 세계의 천재들이 경합을 벌인다면, 틀림없이 이산화탄소 문제의 해법, 즉 우리 행성은 물론 우리 자식들과 후대의 모든 자손들을 구할 수 있는 해법이 나오리라 확신한다.〉[9]

그의 주장 중에서도 압권은 다음 대목이었다. 〈이 경합에 나선 천재들이 탄소의 암호를 해독한다면 지구 종말의 《암울한》 시나리오는 사라질 것이고, 우리는 여느 때와 똑같이 살아갈 수 있다. 자동차를 타고 비행기를 이용하면서 정상적인 생활을 영위할 것이다.〉[10] 우리 생활 방식을 전혀 바꾸지 않고도(즉, 버진 비행기 이용을 줄이지 않고도) 기후 위기를 해결할 수 있다는 아이디어는 브랜슨이 주도하는 다양한 기후 활동들을 뒷받침하는 기본 가설이었다.

브랜슨은 약속한 30억 달러를 이용해 자사의 모든 비행기를 온전히 가동시킬 저탄소 연료 개발에 박차를 가할 수 있을 터였다. 만일 이 시도가 실패로 돌아가 탄소를 배출하는 항공 연료를 계속해서 사용해야 한다 해도, 브랜슨이 내건 상금이 있으니 너무 늦기 전에 대기 중의 온실가스를 빨아들일 방법을 개발할 수 있을 것이었다. 도전의 토대를 더욱 다지기 위해, 브랜슨은 산업계의 다양한 부문에서 자발적으로 온실가스 배출량을 줄일 방법을 찾자는 목표로 또 돈도 절약할 목적으로 〈카본 워 룸〉 재단을 설립했다. 〈탄소는 적이다. 모든 수단을 동원해서 적을 공격하자. 그러지 않으면 진짜 전쟁처럼 많은 사람들이 목숨을 잃을 것이다〉라고 그는 단언했다.[11]

억만장자들에게 짓밟힌 꿈

주류 환경 단체에 소속된 수많은 사람들에게 브랜슨은 오랜 소원을 이뤄 준 구세주 같았다. 돌출 행동을 즐기는 탓에 언론에 자주 오르내리는 이 억만장자는 화석 연료를 대량 사용하는 기업들의 가장 강력한 무기인 이윤을 이용하여 녹색 미래로 향한 길을 닦아 나갈 수 있음을 만천하에 선언했다. 그리고 이 일에 엄청난 액수의 재산을 내놓겠다는 발언으로 약속의 진정성을 뒷받침했다. 『타임』지에서 브랜슨은 이렇게 말했다. 〈정부가 이 일을 감당하지 못한다면 산업계가 스스로 감당해야 한다. 우리는 모든 이해 당사자들에게 이득이 되는 해결책을 찾아내야 한다.〉[12] 환경 보호 기금 같은 단체들 역시 1980년대 이후로 자신들이 대형 오염 배출 기업들과 제휴 관계를 맺는 까닭이 무엇인지, 또 자신들이 탄소 시장을 통해서 입증하고자 하는 바가 무엇인지 설명할 때 이런 말을 동원하곤 했다. 하지만 억만금으로 이뤄진 자신의 제국을 시범 사례로 이용하겠다고 자발적으로 나선 인물은 브랜슨이 처음이었다. 고어의 파워포인트를 보고 충격을 받았다는 브랜슨의 설명 역시 많은 환경 단체들이 신봉하는 관념, 즉 부와 권력을 쥔 자들과 대립하기보다는 사실과 수치를 동원해 충분히 설득하고 인간적인 감정에 호소하는 방식이 화석 연료에서 벗어나는 방향으로 경제를 전환하는 데 적절하다는 관념을 입증하는 듯했다.

브랜슨 이전에도 환경 분야에 큰 기부를 해온 사람들이 있었다. 금융 업자 제러미 그랜섬은 공동 창립한 투자 운용사 그랜섬 마요 반 오털루의 기부금을 통해 미국과 영국의 수많은 환경 단체와 환경 관련 연구소를 지원했다.* 그러나 그동안 이런 기부자들은 대체로 무대 뒤에 머물러 있었다. 브랜슨과 달리, 그랜섬은 자신의 금융사를 단기적인 이윤 추구와 생태계 파괴에 대한 개인적인 우려가 조화를 이룰 수 있는가를 따져 보기 위한 시범 케이스로 삼으려 하지 않았다. 오히려 분기별로 발표하는 서한을 통해 우리 경제 모델의 경로가 지구와의 충돌 지점을 향해 달려가고 있다는 암울한 관념을 표현한 것으로 유명하다. 2012년 그랜섬은 〈자본주의는 자원의 유한성을 무시하고 지구의 장기적인 안녕과 생물 다양성의 중요도를 경시함으로써 우리의 생존을 위협하고 있다〉라는 글을 썼다. 하지만 화석 연료를 차지하기 위한 마지막 쟁탈전과 재난 자본가로서 수익을 얻는 사업 기회에 편승하면 큰 부를 얻을 수 있다는 사실을 뻔히 아는 약삭빠른 투자자들이 손을 떼고 물러앉아 있을 리는 없다.[13]

워런 버핏을 예로 들어 보자. 잠깐이긴 하지만, 그 역시 〈지구 환경을

* 환경 보호를 위한 그랜섬 재단은 자연 보호 협회, 그린피스, 환경 보호 기금, 350.org 등 여러 대형 환경 단체들에 자금을 지원했다.

위한 거대한 꿈나무〉의 후보였던 시절이 있다. 2007년 그는 〈지구 온난화가 심각해질 가능성이 높다〉고 말하면서, 설사 그럴 가능성이 낮더라도 〈비가 오기 전에 미리 방주를 만들어야 한다. 실수를 하더라도 지구에게 유리한 방향으로 실수하는 게 낫다. 우리가 가진 유일한 행성 지구의 안전을 위해서 충분한 여유를 두어야 한다〉고 덧붙였다.[14] 그러나 얼마 후 분명히 드러났듯이, 버핏은 이 논리를 자기 기업의 자산에 적용할 생각이 전혀 없었다. 오히려 그의 버크셔 해서웨이는 그로부터 몇 년간 전력을 다해 그 비를 맹렬한 폭우로 만들고자 했다.

버핏은 석탄 연료를 사용하는 여러 개의 대형 공익 사업체들을 소유하고 있으며, 엑슨모빌과 타르 샌드 산업계의 거물 선코 에너지에 대주주로 참여한다. 특히 2009년에는 버크셔 해서웨이에서 260억 달러를 투자하여 철도 회사 벌링턴 노던 산타페의 나머지 주식을 사들이겠다고 공표했다. 그는 버크셔 해서웨이 역사상 최대 투자액을 기록한 이 거래를 〈미국에 대한 투자〉라고 불렀다.[15] 사실 이것은 석탄에 대한 투자이기도 했다. 버링턴 노던 산타페는 미국에서 손꼽히는 석탄 운송업체이자, 석탄의 중국 수출을 급속히 늘리고자 하는 목표를 뒷받침할 주요 동력원 중 하나다.

이런 투자는 파멸적인 온난화를 향한 내리막길로 우리의 등을 떠밀고 있다. 또한 버핏은 기후 재난을 주 수익원으로 삼는 재보험 사업계의 거물로 이 분야에서도 역시 최대 규모의 수익을 올릴 것으로 예상된다. 논란을 불러일으킨 광고 캠페인 때문에 허틀랜드 연구소에서 이탈한 보험 산업 옹호자 엘리 레러는 이렇게 설명한다. 〈워런 버핏의 버크셔 해서웨이 같은 대형 재보험 회사는 일본의 산업 사고와 영국의 홍수, 플로리다의 허리케인, 호주의 사이클론에 대비한 재보험 상품을 판매하고 있다. 이런 사건들이 모두 동시에 발생할 가능성은 거의 없기 때문에, 이 재보험 회사는 어느 한 계약으로 거액의 보험금을 지급하더라도 다른 계약과 관련해서 벌어들인 보험료를 통해 큰 수익을 챙길 수 있다.〉 여기서 우리는 노아의 방주가 몇몇 운 좋은 사람들만 태우려는 용도로 만들어졌다는 점을 명심해야 한다.[16]

최근 기후 위기의 국면에서 큰 희망을 불러일으킨 또 다른 억만장자로는 톰 스타이어를 들 수 있다. 스타이어는 민주당뿐 아니라 다양한 기후 캠페인과 타르 샌드 반대 캠페인에 거액을 기부했다. 화석 연료에 집중하는 헤지 펀드 파랄론 캐피털 매니지먼트를 통해 큰돈을 모은 그 역시 사업 활동에 기후 위기에 대한 개인적인 우려를 반영하려는 진지한 시도를 하기 시작했다. 그러나 브랜슨과 달리, 스타이어는 이 과정에서 자신의 사업을 접었다. 「글로브 앤드 메일」에 보도된 내용에 따르면, 그가 사업을 접은 이유는 〈탄소 발자국 문제를 등한시한 채 회사의 순이익만 중시하게 되기〉 때문이었다. 그는 이렇게 설명했다. 〈나는 어떤 일이 옳다고 판단을 내리면 그 일을 열정적으로 추진한다. 옳다고 판단하는 일에 직접 뛰어들지 않으면, 아무리 높은 수익이 생긴다고 해도 양심에 걸려서 다른 일을 할 수 없다.〉* 이런 측면에서 스타이어의 관점은, 화석 연료에 역점을 둔 사업체로도 옳은 일을 할 수 있고 깨끗한 경제로의 전환 과정을 주도할 수 있음을 입증하기 위해 다양한 시도를 진행하는 브랜슨과 완전히 상반된다.[17]

브랜슨은 마이클 블룸버그와 빌 게이츠와 같은 범주에도 넣을 수 없다. 이 두 사람은 이미 제시된 기후 해법들에 적극적으로 개입하기 위해 자신의 자선 재단을 이용한다. 예컨대 블룸버그는 시에라 클럽과 환경 보호 기금 같은 환경 단체에 거액을 기부하는 한편, 뉴욕 시장 재직 당시 중요한 의미를 지닌 기후 정책들을 도입한 영웅적인 인물이라는 평가를

---

* 한 가지 짚고 넘어가자. 스타이어는 개인 자산과 파랄론 자산을 분리하고 있긴 하지만 유한 책임 투자자 지위를 유지하고 있으며, 프래킹에 우호적인 연구를 진행하는 환경 보호 기금의 연구 재원을 공급하는가 하면 「월스트리트 저널」을 통해 열정적인 지지 발언을 하는 등 천연가스 사용을 권장하고 있다.

받는다.[*18]

그러나 블룸버그는 탄소 버블carbon bubble이나 좌초 자산과 관련해 그럴싸한 의견을 내놓으면서도(그의 회사는 고객들에게 다양한 기후 행동이 화석 연료 주식에 미치는 영향에 대한 데이터와 분석을 제공하기 위해 〈블룸버그 탄소 리스크 평가 툴Bloomberg Carbon Risk Valuation Tool〉을 도입할 예정이다), 이런 우려를 반영하여 자신의 막대한 부를 운용하려는 뚜렷한 시도를 한 바가 없다. 앞서 언급했듯이, 오히려 그는 개인 자산과 자선 재단 자산에 포함된 석유와 가스 자산을 전문적으로 관리하기 위해 윌렛 어드바이저스를 설립했다. 윌렛의 부동산 부문 이사인 브래드 브리너는 투자를 앞두고 있는 새로운 천연가스 사업과 관련해서 〈우리는 천연가스 주식에 역점을 둔다. 석유는 이미 적당한 평가를 받고 있다는 게 우리 판단이다〉라고 말했다.[19]

블룸버그는 기후 변화가 〈위기의 사업〉을 부추긴다고 경고하는 내용의 연구에 재정 지원을 하면서도 한편으로는 화석 연료 자산을 적극적으로 끌어모으고 있다. 게다가 블룸버그의 환경 기부(환경 보호 기금은 석탄 대체 원료로 천연가스를 지지하고, 시에라 클럽은 블룸버그에게서 받은 수천만 달러를 석탄 화력 발전소 폐지 활동에 투입하고 있다) 덕분에 이런 가스 자산들은 가치가 상승했다. 그가 석탄과의 전쟁에 재원을 공급한 것은 가스 자산의 주가에 약간이라도 영향을 미치려는 의도가 아니었을까? 그런 주가 상승이 과연 전혀 예상치 못했던 보너스였을까? 물론 그가 역점을 두었던 자선 활동과 개인 자산의 상당 부분을 석유 및 가스 부문에 투자하겠다는 결정 사이에는 아무 관련이 없을지도 모른다. 하지만 그러한 투자 결정은, 기후계의 영웅으로서 2014년 UN 도시

* 한편 이 정책들은 취약한 공동체들보다 대형 개발업체들의 편에 선 채, 환경 보호에 도움이 되는지 확실치도 않은 대규모 부동산 개발 프로젝트들에 환경이라는 포장을 씌워 밀어붙인다는 비판을 받기도 했다.

기후 변화 특사에 임명된 블룸버그의 위상과 관련하여 불편한 의문을 제기한다(블룸버그는 이에 대한 거듭되는 해명 요구를 무시한 채 아무런 답변도 내놓지 않고 있다). 기후 변화가 금융 시장의 장기적 위험 요인임을 깨닫는 것만으로는 단기적 수익을 얻으려는 유혹을 단호히 물리치기 어렵다.[20]

빌 게이츠 역시 말과 돈 사이에 비슷한 방어벽을 친다. 그는 기후 변화에 대해 깊은 우려를 품고 있다고 주장하면서도, 2013년 게이츠 재단을 통해 대형 석유 기업인 BP와 엑슨모빌 두 회사에만 12억 달러 이상을 투자했다. 그리고 이것은 화석 연료 투자의 시작에 불과하다.[21]

기후 위기에 대한 접근 방식에 있어서 게이츠와 브랜슨은 상당한 유사점을 보인다. 기후 변화 문제를 인식했을 당시, 게이츠 역시 경제적 부담을 무릅쓰고 당장의 현실적인 대응책을 구상하는 데 시간을 투자하기보다는 미래의 기술적인 묘책에 기대를 걸어야 한다는 전망을 내놓았다. 게이츠는 테드 강연회와 기명 기사, 인터뷰 그리고 대중적 관심을 불러일으키는 연례 서한을 통해 정부가 〈에너지 기적〉을 위해 연구 개발 지출을 대폭 늘려야 한다는 말을 되풀이한다. 게이츠가 말하는 기적이란 아직까지 개발되지 않은 원자로(그는 원자력 신생 기업인 테라파워TerraPower의 회장이자 주요 투자자다)와 대기 중에서 탄소를 흡수하는 기계(그는 이런 기계 개발 분야의 주요 투자자다), 그리고 직접적인 기후 조절(그는 태양열 차단을 연구하는 다양한 연구 사업에 수백만 달러를 투입하고 있으며, 허리케인을 통제하는 몇 가지 특허에도 이름을 올려 두었다)을 뜻한다. 그는 기존의 재생 가능 에너지 기술이 가진 잠재력을 등한시한다. 게이츠는 〈우리는 이미 확보한 기술의 배치에 지나치게 역점을 두고 있다〉고 주장하면서 태양광 패널 같은 에너지 해법을 〈귀엽지만 비경제적〉이라고 비판한다. 그러나 이 귀여운 기술은 독일 전력의 25퍼센트를 공급하고 있다.[22]

두 사람의 결정적인 차이점이 있다. 브랜슨은 여전히 버진 그룹에서 지휘권을 장악하고 있는 반면, 게이트는 몇 년 전 마이크로소프트 최고 경영진 자리를 떠났다는 것이다. 기후 전쟁에 발을 들여놓을 때, 다국적 기업을 이끌던 브랜슨은 화석 연료를 미래 경제 건설을 위한 동력으로 삼겠다는 약속을 내놓으며 자기 자리를 굳건히 지켰다. 브랜슨과 비슷한 희망을 내세운 또 다른 인물이 있으니, 텍사스 석유 거물 분 피킨스다. 2008년 그는 〈피킨스 플랜The Pickens Plan〉을 내놓았다. 지면과 텔레비전에 거액의 광고 예산을 쏟아부으면서, 풍력과 태양열 발전을 전면적으로 후원하고 운송 연료를 천연가스로 전환함으로써 해외 석유에 의존하는 현재 미국의 상황을 종식시키겠다고 약속한 것이다. 광고에서 그는 비음이 심하게 섞인 텍사스 억양으로 이렇게 말했다. 〈나는 평생 석유 기업가로 살아왔다. (……) 하지만 이제는 석유에 의존해서는 도저히 빠져나올 길이 없는 비상 상황에 이르렀다.〉[23]

그가 얘기하는 정책과 지원금은 이 억만장자가 운영하는 에너지 헤지 펀드 BP 캐피털의 수익으로부터 나오는 것이었지만, 그에게 지지를 표하는 환경 단체들은 이를 문제 삼지 않았다. 당시 시에라 클럽 회장 칼 포프는 언론의 관심을 끌려는 이 억만장자를 돕기 위해 그의 전용기 걸프스트림Gulfstream에 동승하여, 〈딱 잘라 말하면, 피킨스는 미국을 구하려고 노력하고 있다〉고 장담했다.[24]

과연 그럴까? 피킨스 계획이 발표된 직후 프래킹 가스 열풍이 시작되면서, BP 캐피털은 풍력 발전보다 비전통적 방식으로 채취한 천연가스 발전을 선호하는 입장으로 돌아섰고, 2~3년 만에 피킨스 플랜은 급격한 방향 전환을 감행했다. 재생 가능 에너지에 대한 관심을 접더니 비용 문제에 개의치 않고 더 많은 천연가스를 생산하는 데 전력을 쏟기 시작한 것이다. 2011년 4월 기자들 앞에 선 피킨스는 인간이 유발하는 지구 온난화의 심각성에 대해 의문을 제기하며 〈모두들 온실가스에만 목을 메고 있군요. 제발 정신 좀 차립시다〉라고 말했다. 2012년 무렵에는 타르 샌드와 키스톤 XL 송유관이 여러 가지 장점을 지니고 있다며 극찬하기도 했다. 당시 참여한 과학자 모임에서 청정 운송 연료 프로그램을 담당했던 연구 책임자 데이비드 프리드먼은 이렇게 말했다. 〈피킨스는 이것이 개인적인 이익이 아닌 국가와 세계의 이익을 고려한 판단이라고 줄곧 주장했다. 하지만 실제로는 지구 온난화와 오염 물질 발생을 저지하고 미국의 새로운 일자리 창출에 기여할 수 있는 최고의 잠재력을 가진 재생 가능 에너지를 던져 버린 채, 자신에게 가장 큰 이익이 되는 부문을 지지함으로써 엄청난 실망을 안겨 주었다.〉[25]

───────

　희망찬 약속과 막대한 포상금, 그리고 자본주의를 〈가이아〉 법칙과 조화시키겠다는 원대한 전망을 내놓았지만, 브랜슨 역시 우리에게 실망을 안겨 주고 있다. 브랜슨이 파워포인트를 보고 깨달음을 얻은 지도 거의 10년이 되었으니, 이제 지구와 자본주의를 동시에 살리겠다고 시작한 그의 개혁 운동 상황을 점검해 볼 때가 되었다. 10년에 약간 못 미치는 시간 동안 사업 방식을 완전히 바꾸었으리라 기대하긴 어려울 테지만, 강력한 정부 개입 없이도 산업이 스스로 기후 해법을 찾아갈 수 있음을 입증하려는 그의 시도가 어떻게 진행되어 왔는지는 마땅히 점검해야 한다. 과장이 있을 수 있다는 점을 감안하더라도 말이다. 기후 대응에 관여하겠다고 나선 동료 억만장자들의 남루한 성적표는 이미 공개되었으니, 브랜슨이 해내지 못한다면 어느 누구도 그 일을 해낼 수 없다고 결론 내려도 좋을 것이다.

생색내기에 그쳐 버린 약속

기적의 연료를 개발하는 자금으로 10년간 30억 달러를 쓰겠다는 브랜슨의 〈확고한 약속〉부터 확인해 보자. 언론계는 〈선물〉이라고 보도했지만, 애초에 이 계획은 수직적 통합에 가까웠다. 게다가 통합은 브랜슨의 특기다. 버진의 첫 사업은 음반 판매였는데, 그 후 음반 판매점은 물론 녹음 작업을 했던 스튜디오와 라벨까지 소유하는 방식으로 세계적인 그룹을 구축했다. 다음으로 그는 버진 항공사에 같은 논리를 적용하기로 결심했다. 독자적으로 운송 연료를 개발할 수 있다면, 구태여 버진 그룹의 비행기와 기차를 움직이기 위해 셸과 엑슨에게 돈을 줄 필요가 없지 않겠는가. 이 책략이 맞아떨어질 경우, 브랜슨은 환경계의 영웅이 될 뿐 아니라 훨씬 큰 갑부가 될 수 있을 터였다.

브랜슨이 운송 부문 수입에서 전용한 첫 자금은 새로운 버진 사업 설립에 투입되었다. 이 사업은 처음에는 〈버진 연료Virgin Fuels〉라고 명명되었다가, 그 후 사모 투자 회사 〈버진 그린 펀드Virgin Green Fund〉로 전환되었다. 브랜슨은 약속을 지키기 위해 다양한 농업 연료 사업에 약 1억 3천만 달러를 투자하는 일부터 시작했는데, 그중 대부분이 옥수수 에탄올 사업에 들어갔다.* 또한 여러 가지 생물 연료 개발 프로젝트(유칼립투스 나무에서 항공기 연료를 뽑아내는 프로젝트와 발효된 가스 폐기물에서 항공기 연료를 뽑아내는 프로젝트 등)에도 이름을 걸었으나, 직접 투자를 하진 않았다. 버진은 주로 홍보 비용을 조달하고 생물 연료가 실용화되면 그것을 구입하겠다는 약속만 하고 있다. 그러나 브랜슨이 직접 시인했듯이, 그가 기대하는 기적의 연료는 〈아직 개발되지 않았고〉, 프래킹 석유와 가스가 대량 유입되면서 생물 연료 부문은 교착 상태에 빠져 있다. 서면 인터뷰에서 브랜슨은 이렇게 밝혔다. 〈갈수

---

* 미국 국립 과학원의 조사에 따르면, 2007년에서 2008년 사이에 일어난 식료품 가격 급등의 20~40퍼센트는 이런 투자가 불을 당긴 에탄올 붐에서 비롯했다.

록 분명해지듯이, 관건은 재생 연료 생산자들과 공급자들과 소비자들로 구성된 다양한 포트폴리오가 전통적인 연료 공급망과 똑같은 방식으로 작동할 수 있는 시장 조건을 마련하는 것이다. 카본 워 룸의 재생 항공 연료 개발 사업이 해결해야 할 문제 중 하나가 바로 이것이다.〉[26]

브랜슨의 친환경 투자 활동 가운데 대안 연료에 쏟았던 초기의 열정이 크게 후퇴한 듯 보이는 배경에는 어쩌면 이러한 요인이 도사리고 있는지도 모른다. 현재 버진 그린 펀드는 생물 연료 회사에 지속적으로 투자하는 한편, 나머지 투자금은 친환경 효과가 그리 크지 않은 해수 담수화, 에너지 고효율 조명, 자동차 운전자용 연료 효율 모니터 시스템 등에 투입하고 있다. 버진 그린 펀드에 투자자로 참여한 에번 로벨은 한 인터뷰를 통해, 획기적인 대체 연료를 찾으려는 시도가 〈훨씬 더 점진적인〉 접근법, 즉 위험성을 줄이고 단기적인 수익성을 높여 주는 접근법으로 기울고 있음을 인정했다.[27]

물론 친환경 시장의 일부를 확보하려는 방향으로 투자를 다각화하는 것은 브랜슨의 재량이다. 하지만 이는 대형 투자 은행은 물론 수백 명의 벤처 투자자들이 하는 것과 똑같은 방식이다. 그 투자 내역이 그다지 독특하지 않다는 점을 고려하면, 그가 처음 이 약속을 공표했을 때 받았던 칭송에 어울리는 활동을 하고 있다고 보기는 어렵다. 브랜슨을 지지하며 카본 워 룸의 회장으로 활동하는 지가 샤 역시 이 점을 솔직히 인정한다. 〈내가 보기에도 그는 기후 변화 부문에 거액의 투자를 하지 않는다. 물론 기후 변화에 대해 열정을 품고 있다는 점은 칭찬해 마땅하다.〉[28]

그런데 그가 투자한 액수에 약간 문제가 있다. 처음 약속할 당시, 그는 〈버진 그룹이 운송 사업에서 올리는 향후 수익 전액을 투입하여 앞으로 10년 동안 30억 달러를 지구 온난화 예방 사업에 투자하겠다〉라고 말했다.[29] 그때가 2006년이었으니, 2016년까지 30억 달러를 투자할 작정이라면 지금쯤은 최소 20억 달러 이상이 투자되었어야 하지만 실제

액수는 이에 한참 못 미친다.

약속한 때로부터 4년이 지난 2010년, 브랜슨은 『이코노미스트 *The Economist*』지에 항공 부문 수익이 형편없었기 때문에 그때까지 〈청정에너지 사업에 2~3억 달러〉만 투자했다고 밝혔다. 2014년 2월 『옵서버』지에서는, 〈청정 기술 프로젝트에 몇 억 달러를 투자하고 있다〉고 말했다. 한마디로 투자에 별 진전이 없었다는 얘기다. 심지어 어쩌면 더 적은 액수인지도 모른다. 버진 그린 펀드에 함께 투자한 로벨의 말에 따르면, 버진의 투자금은 약 1억 달러에 불과하며(버진과 무관한 투자자들도 그 정도는 투자했다), 2013년 에탄올 사업에 투자한 금액을 합한 총 투자금도 2억 3천만 달러 정도에 그친다(로벨은 버진 그린 펀드가 브랜슨의 약속을 달성하기 위한 〈핵심 매개체〉라고 인정한 바 있다). 공개적으로 발표하지는 않았지만 그가 솔라자임Solazyme이라는 해조류 회사에 개인적으로 투자한 금액을 합쳐도 총 금액은 3억 달러에도 미치지 않는다. 약속했던 10년 가운데 2013년까지 7년간 투자한 금액이 3억 달러 정도라는 이야기다.[30]

브랜슨은 지금까지 투자한 금액이 얼마냐는 질문에 정확한 답변을 할 생각은 하지 않고 〈우리 그룹 전체가 기후 변화 부문에 투자한 총액수를 계량하는 건 몹시 어렵다〉고만 밝혔다. 그의 투자는 미로처럼 복잡하기 때문에 독립 변수로 계산하기가 어렵다는 것이다. 버진 제국 중에서도 안개에 휩싸여 있는 특정 부문을 거론하며 그는 〈나는 셈이 밝지 않다. (……) 초등학교 때도 수학 성적이 엉망이었다〉라고 말했다. 이런 혼란은 애초에 약속했던 30억 달러의 사용처에 무엇 무엇이 포함되는지 분명하지 않았다는 데서 비롯한다. 원래의 사용처는 기적의 청정연료 개발이었지만 이는 곧 청정 기술 개발 전반으로, 그다음에는 환경과 관련이 있어 보이는 사업으로 확대되었다. 브랜슨은 이제 〈버진 그룹에 소속된 개별 회사들이 지속 가능성 관련 분야에 투자한 금액, 이를테면 항공 연료 효율 향상에 투자한 금액〉도 포함시킨다고 말한다. 최근 브랜슨의 지구 온난화 투쟁은 카리브 해에 있는 자기 소유의 섬 두 곳의 〈환경을 보호〉하기 위한 다양한 시도에 집중되고 있다. 그중 한 섬을 그는 가족들을 위한 호화판 휴양지로 쓰고, 또 다른 섬에는 하루 숙박비가 6만 달러에 이르는 호텔을 지어 운영 중이다. 브랜슨은 이 섬에서 진행하는 사업을 통해 카리브 해 인근 국가들이 자발적으로 재생 가능 에너지로 전환하게 될 거라고 주장한다. 물론 가능할 수도 있다. 그러나 이것은 그가 자본주의를 탈바꿈시키는 데 기여하겠다며 내놓았던 2006년의 약속과는 완전히 동떨어진 것이다.[31]

이제 버진의 총수는 자신이 내놓았던 약속을 거론할 때 〈서약〉이 아니라 〈제스처〉라는 단어를 쓰면서 그 의미를 축소시키고 있다. 2009년 『와이어드Wired』지와의 인터뷰에서는 〈어찌 보면, 20억이냐 30억이냐 40억이냐는 그리 중요치 않다〉고 말했다. 약속했던 시점이 가까워졌을 때, 그는 내게 이렇게 말했다. 〈지금으로선 10억 달러에도 미치지 못할 거라는 생각도 든다.〉 하지만 이조차도 과장일 수 있다. 공개된 정보가 사실이라면, 그는 여태껏 청정에너지에 투자한 금액의 세 배가 넘는 액수를 투자해야 한다. 이에 대한 답변을 요청하자 브랜슨은 높은 유가에서부터 세계 금융 위기까지, 온갖 구실을 댔다. 〈2006년 상황은 요즘 같지 않았다. (……) 최근 8년 사이에 우리 항공사는 수억 달러의 손실을 입었다.〉[32]

그가 이처럼 다양한 변명을 내놓고 있으니, 리처드 브랜슨과 버진 그룹이 이 시기에 그처럼 힘들게 수익을 올렸던 일부 부문의 상황을 자세히 살펴보도록 하자. 예컨대, 동체 꼬리에 멋진 서체로 〈V〉 자를 새겨 넣은 채 탄소를 대량으로 배출하면서 하늘을 나는 비행기의 수를 늘리기 위해 세계 전역에 걸쳐 전개하고 있는 대약진 운동 같은 것 말이다.

앨 고어와 만난 자리에서 브랜슨은, 기후 변화에 관한 사실에 몹시 놀라긴 했지만 두바이행 노선 신설 계획을 폐지하지는 않을 거라고 통보했다. 물론 그의 계획은 거기서 끝나지 않았다. 기후의 계시를 보고 〈탄소 배출량을 줄이는 일에 힘쓰는 것이 내 인생의 새로운 목표다〉라고 선언하고부터 1년 뒤, 그는 일생일대의 야심작을 내놓았다. 미국 국내 시장을 겨냥하여 저가 항공사 〈버진 아메리카Virgin America〉를 설립한 것이다. 5년 사이에 버진 아메리카는 신설 항공사답지 않게 놀라운 규모로 성장했다. 첫해에는 하루 40편이 다섯 개 운항지를 오갔지만, 2013년에는 하루 177편이 23개 운항지를 오갔다. 더하여 향후 5년 안에 40대의 비행기를 증편할 계획이다. 2010년 캐나다의 일간지 「글로브 앤드 메일」은 버진 아메리카가 〈대부분의 국내 항공사들이 사업을 축소하고 있는 가운데 가장 급격한 성장세〉를 보이고 있다고 보도했다.[33]

이 항공사가 이처럼 성장할 수 있었던 것은 60달러짜리를 포함한 최저가 탑승 요금 전략 덕분이었다.[34] 이러한 저가 요금 전략으로 브랜슨은 유나이티드 항공과 아메리칸 항공을 이용하던 승객들을 가로챘을 뿐 아니라, 항공편 이용 인원을 대폭 늘릴 수 있었다. 그러나 이 신설 항공사는 엄청난 비용 부담을 감수하며 수억 달러의 적자를 냈다. 버진의 운송 사업이 흑자를 내야만 넉넉한 예산이 확보되는 버진 그린 펀드로서는 난감한 일이었다.

한편 브랜슨은 운송 사업을 아메리카 대륙을 넘어서까지 확장하기 시작했다. 그가 기후 서약을 한 뒤 버진의 이름이 붙은 호주의 여러 항공사를 이용하는 승객은 2007년 1,500만 명에서 2012년 1,900만 명으로, 5년 사이에 17퍼센트나 늘어났다. 2009년에 그는 전혀 새로운 분야인 장거리 노선에 뛰어들어 〈V 오스트레일리아〉를 설립했다. 2013년 4월에는 또 다른 야심작으로, 영국 국내 노선을 하루 26편 운행하는 항공사 〈리틀 레드Little Red〉를 내놓았다. 돌출 행동을 즐기는 브랜슨은 에든버러에서 열린 새 항공사의 출항식에서 전통 의상 킬트를 입고 나타나 기자들 앞에서 스커트를 걷어 올렸다. 그가 입은 속옷에는 〈치열한 경쟁 *stiff competition*〉이라는 문구가 새겨져 있었다.* 그러나 버진 아메리카가 그랬듯이, 리틀 레드는 기존 항공사와 수익 경쟁을 할 생각이 아예 없었다. 일부 항공편의 경우 운임은 한 푼도 없이 세금만 받는 기념 좌석(이 좌석의 비용은 러시아워에 런던에서 히드로까지 가는 택시 요금의 절반쯤 된다)을 운영하는 방식으로, 운송 수단 가운데 탄소 배출량이 가장 높은 항공편의 이용객을 늘리는 데 집중했다.[35]

기후 변화 해법을 모색하는 〈다메섹으로 가는 길〉에서 브랜슨은 바로 이런 식의 비행기 늘리기 사업을 진행했다. 앨 고어와의 만남을 통해 깨달음을 얻고 다방면으로 비행기 늘리기에 주력한 결과, 쉴 새 없이 움직이는 비행기 약 160대가 지구 비행대에 추가되었다(어쩌면 그보다 훨씬 많을지도 모른다). 이런 변화가 대기에 어떤 영향을 미칠 것인지는 불을 보듯 뻔하다. 그가 기후 서약을 내놓은 뒤로 몇 년 만에 버진 소속 항공사들이 내뿜는 온실가스 배출량은 40퍼센트 넘게 늘어났다. 버진 오스트레일리아의 배출량은 2006년부터 2013년 사이에 81퍼센트 급증했고, 버진 아메리카의 배출량은 2008년부터 2012년 사이에 무려 177퍼센트나 급증했다. 2007년부터 2010년 사이에 버진 애틀랜틱Virgin Atlantic 항공의 온실가스 배출량 기록이 개선되었다는 것이 브랜슨의 유일한 실적이다. 하지만 이것은 몽상에 불과한 그의 기후 정책 덕분이 아

---

* 이런 식의 유치한 유머는 브랜슨이 진행하는 광고 전략에 되풀이하여 등장하는 주제이기도 하다. 이 회사는 한때 신형 에어버스 A340~600의 옆면에 〈내 것이 네 것보다 더 크다*Mine's Bigger than Yours*〉라는 문구를 새겨 넣었고, 비즈니스 클래스 좌석의 홍보 문구로는 〈클수록 좋다*Size does matter*〉를 사용했다. 런던 상공에 〈BA(브리티시 에어웨이British Airways)와는 비교할 수 없는 크기〉라는 슬로건이 새겨진 비행선을 띄우기도 했다.

니라, 세계적인 경기 침체와 아이슬란드 화산 폭발로 인한 승객 감소 때문이다.[36]

버진의 배출량 급증을 야기한 주요인은 버진 항공사들의 급속한 성장이다. 하지만 그것이 유일한 요인은 아니었다. 국제 청정 운송 위원회International Council on Clean Transportation가 2010년 미국 국내선 항공사 열다섯 곳의 연료 효율성을 비교한 결과 버진 아메리카는 9위를 차지했다.[37] 오래된 항공사들과는 달리 운항 첫날부터 최상의 연료 효율 시스템 구축이 가능한 신설 항공사였다는 점을 고려하면, 실로 대단한 솜씨다. 물론 버진은 이런 시스템을 채택하지 않았다.

브랜슨이 비행기에만 매달린 것은 아니다. 탄소와 공식적으로 전쟁을 벌이는 동안 그는 포뮬러 원*에 내보낼 작정으로 〈버진 레이싱Virgin Racing〉을 만들었다(그는 자동차 경주 대회를 친환경적으로 만들기 위해 이 일을 시작했다가 곧 관심을 잃었다고 주장했다). 또한 승객 1인당 24만 달러를 받고 최초의 민영 우주 여행 사업을 시작하겠다는 계획을 세우고 〈버진 은하Virgin Galactic〉 사업에 막대한 투자를 하기도 했다. 부자들의 우주 유람 여행은 쓸데없는(지구 온도를 상승시키는) 에너지 낭비일 뿐 아니라, 무한정으로 돈이 들어가는 밑 빠진 독에 다름 아니다. 『포춘』지에 따르면 2013년 초까지 브랜슨은 이 허무맹랑한 사업에 〈2억 달러 이상〉을 투입했고, 준비 과정에서는 훨씬 더 많은 돈을 투입했다. 이 정도면 그가 자신이 소유한 비행기들의 연료로 쓸 청정 연료 개발에 투입했다고 주장하는 금액보다 훨씬 큰 액수다.[38]

30억 달러 기후 서약이 얼마나 이행되었는지 물을 때마다 브랜슨은 운송 사업에서 손실을 보았다며 하소연을 늘어놓는다.[39] 하지만 이 부문의 엄청난 성장세를 고려하면 속이 뻔히 보이는 변명이다. 철도 사업에서

---

* Formula One. 세계 최고의 자동차 경주 대회 — 옮긴이주.

발생하는 높은 수익과 항로 및 항공사의 대대적인 신설 상황으로 미루어 볼 때, 여유 자금이 부족하다는 건 말이 안 된다. 버진 그룹은 자본의 기본 논리를 따르겠다고 결정한 것뿐이다. 〈성장하지 않으면 죽는다.〉

또 한 가지 짚고 넘어가자. 서약을 발표할 당시 브랜슨은 운송 사업 부문에서 목표 금액을 충당할 수 있을 만큼 높은 수익이 나지 않을 경우 버진 제국의 다른 부문에서 재원을 융통하겠다고 분명히 밝힌 바 있다. 여기서 우리는 또 다른 문제에 부딪친다. 브랜슨은 전통적인 방식과는 약간 다르게 사업을 운용한다. 그는 수익이 비교적 크지 않더라도(심지어 손실까지 감수하더라도), 버진 브랜드가 붙은 호화로운 확장 사업을 구축하는 데 엄청나게 많은 돈(자신의 돈과 동업자들의 돈과 납세자들의 돈)을 쓴다. 그렇게 신규 회사가 설립되면 거액을 받고 지분의 전부 혹은 일부를 팔아넘기는 것이다. 그야말로 수익이 짭짤한 브랜드 장사다. 게다가 이 돈은 해당 회사가 올린 수익으로 계산되지 않는다. 앨고어를 만난 이듬해인 2006년 28억 달러로 추산되던 브랜슨의 순자산이 2014년 51억 달러로 껑충 뛰어오른 배경에는 이런 요인이 있다. 그는 『옵서버』의 기자 존 비달에게 환경주의에 대한 자신의 열정을 이렇게 설명했다. 〈돈을 좀 더 많이 버는 것보다, 내게는 그 일이 훨씬 재미있고 보람도 크다.〉 하지만 그는 분명히 돈을 좀 더 많이 벌었다.[40]

어쨌든 약속했던 10년이 코앞인데도 그의 비행기에 동력을 공급할 기적의 연료 개발은 여전히 요원하며, 그의 비행기들은 서약 당시와는 비교도 할 수 없을 만큼 많은 탄소를 태우고 있다. 하지만 걱정할 것 없다. 브랜슨의 말을 빌리자면, 그는 〈만일의 경우에 대비한 보험 증권〉을 가지고 있으니 말이다. 대체 어떤 보험일까?[41]

마술처럼 증발한 어스 챌린지

브랜슨이 상금 2,500만 달러를 내걸며 한바탕 소동을 일으킨 뒤로, 버진 어스 챌린지 사업은 한동안 수면 아래로 가라앉아 있었다. 얼마 후 언론인들이 대기 중에서 대량의 탄소를 흡수하는 기적의 기술을 찾는 사업에 대해 질문을 던졌을 때, 버진의 총수는 청정 연료 개발에 대한 기대치와 마찬가지로 이 사업에 대한 기대치 역시 상당히 낮춘 듯한 기색이 역력했다. 그는 수상자가 선정되지 않을 가능성도 있다는 둥 줄곧 신중한 태도를 유지했다. 2010년 11월, 브랜슨은 이 사업에 2,500개 이상의 출품작이 도착했다고 발표했다. 그러나 그의 대변인 닉 폭스는 출품작 가운데 많은 아이디어들이 너무 위험하고, 안전해 보이는 아이디어도 〈당장 상용화할 수 있을 만큼 개발된 상태〉가 아니라는 판단하에 수상 대상에서 제외했다고 설명했다. 브랜슨의 입장은 〈아직은 강력한 수상 후보자〉가 없다는 것이었다.[42]

또한 폭스는 일부 아이디어의 경우 대규모 상용화를 위해 2,500만 달러보다 훨씬 많은 금액이 투입되어야 하며, 심지어 25억 달러 이상이 필요한 것도 있다고 말했다.[43]

브랜슨은 〈시간이 얼마가 걸리든 수상자가 나오길 바란다〉면서 수상자 선정을 단념하지 않겠다는 뜻을 밝히고 있다. 그러나 그의 태도는 헌신적인 후원자를 자처하던 처음의 모습과 상당히 다르다. 이제 그는 마치 텔레비전 리얼리티 쇼의 유명 심사위원처럼 가장 실용 가능성이 높은 아이디어를 골라내고, 참가자들에게 버진 브랜드 관련 사업체의 수준 높은 조언과 투자 및 다양한 기회를 제공한다.[44]

버진 어스 챌린지의 변신은 2011년 11월, 앨버타 주 캘거리에서 열린 에너지 콘퍼런스에서 공개적으로 드러났다. 브랜슨은 동영상 화면에 등장해서 실용 가능성이 높은 후보작 열한 개를 발표했다. 그중 넷은 대기 중에서 탄소를 직접 흡수하는 기계였고, 셋은 바이오 숯 공정을 이용하는 회사였다. 탄소 저장 효과가 있는 식물이나 거름을 숯으로 만들어 땅에 묻는 이 공정은 대규모 탄소 저장 가능성과 관련해서 논란의 여지가 있었다. 다방면에 걸친 아이디어들 중에는 높은 기술력을 동원하지 않고 가축 목초지를 개조하는 것으로 토양의 탄소 저장 능력을 향상시키는 방식도 있었다.[45]

후보작들이 아직 2,500만 달러 상금을 받을 만한 수준에 도달하지 않았는데도 에너지 콘퍼런스에서 그 일부를 공개한 이유에 대해 브랜슨은 이렇게 밝혔다. 〈최고의 공학자들, 투자자들, 여론 형성자들, 정책 결정자들이 협력하여 이 도전에 기여하기를 바라는 뜻에서다. 이런 협력이 이루어질 때에만 이 아이디어들의 잠재력이 실현될 수 있다. 나는 캘거리야말로 이 일을 시작하기에 적합한 도시라고 본다.〉[46]

그야말로 탁월한 선택이었다. 캘거리는 캐나다 타르 샌드 붐의 경제적 중심지다. 타르 샌드 광산에서 나오는 석유 덕분에 캘거리는 세계에서 손꼽히는 부자 도시가 되었다. 하지만 이 도시의 번영을 보장하려면 생산된 석유를 원하는 고객을 지속적으로 확보해야만 한다. 또한 키스톤 XL의 경우와 마찬가지로 반대 여론이 높아 가는 지역을 관통해 송유관을 건설해야 하며, 생산 과정에서 대량의 탄소를 배출하는 앨버타의 고탄소 연료를 제재하는 법률이 제정되지 않도록 외국 정부들을 막아야 한다.

리처드 브랜슨이 지속 가능성 분야 자문이자 버진 어스 챌린지 책임자로 임명한 앨런 나이트에 주목해 보자. 나이트는 자신이 브랜슨의 환경 문제 자문이라는 사실을 대단히 자랑스럽게 여겼고, 두 사람 사이에 마찰이라고는 전혀 빚어지지 않았다. 나이트에게 자문을 구하는 고객 중에는 셸과 스타토일(타르 샌드 분야의 두 거물 기업)이 있었다. 나이트는 캘거리 시와 앨버타 주의 오일 샌드 산업의 자문도 맡고 있다고 밝혔는데, 그 실체는 〈오일 샌드 리더십 이니셔티브Oil Sands Leadership

Initiative〉라는 이름의 산업 협회이며 여기에는 코노코필립스, 넥센 Nexen, 셸, 스타토일, 선코 에너지, 토털 에너지Total Energy가 소속되어 있다. 나이트는 자신이 〈이들의 회의에 참석할 자격〉을 갖고 있으며, 회의 석상에서 앨버타 주 오일 산업 부문의 사람들에게 타르 샌드 채취 과정에서 일어나는 막대한 환경 파괴에 대한 여론을 잠재울 방안을 제시했다고 밝혔다. 이 산업은 채취 과정에서 전통적인 화석 연료에 비해 서너 배나 많은 온실가스를 배출하는데도 말이다.[47]

과연 나이트는 어떤 조언을 했을까? 그는 그 산업이 사용하는 〈멋진〉 기술이 더러운 석유를 채취하는 수단을 넘어서 미래의 환경 문제를 해결하는 해법이 될 수 있다고 〈설명〉했다. 나이트의 말에 따르면, 이 새로운 단계로 넘어간 버진 어스 챌린지를 진행할 장소로 캘거리가 선택된 것은 〈우연이 아니었다〉. 그것이야말로 자신에게 자문을 구한 거물 의뢰인들(대형 타르 샌드 기업들과 리처드 브랜슨)에게 봉사할 수 있는 좋은 기회라고 보았던 것이다. 어느 인터뷰에서 나이트는 〈수많은 훌륭한 공학자들과 넉넉한 재원을 지닌 수많은 기업들이 이 기술을 눈여겨볼 것이다〉라고 설명했다.[48]

그들은 대체 무엇 때문에 이 기술을 눈여겨볼까? 자신들이 대기 중에 배출한 탄소를 흡수하겠다는 것은 표면적인 눈속임일 뿐, 그 이면에는 훨씬 더 많은 탄소를 배출하려는 목적이 숨어 있었다. 나이트의 말을 빌리자면, 캘거리에서 버진 어스 챌린지는 완전히 〈개조〉되었다. 애초에 내세운 목적은 대량의 탄소를 흡수하고 안전하게 저장하는 기술을 찾는 것이었지만, 나이트는 이 거액의 상금이 걸린 공모를 〈대기 중의 이산화탄소를 곧바로 재활용하여 상품화하는 기술을 개발하기 위한 선도적인 노력〉이라고 부르기 시작했다.[49]

그럴듯한 논리였다. 대기 중의 탄소를 흡수하는 것은 오래전부터 기술적으로 가능한 일이었다. 하지만 늘 문제가 되는 것은 비용이라는 측면에서 현실적인 흡수 방법과 그 규모의 확보, 그리고 저장 방법을 찾는 일이다. 그리고 흡수한 대량의 탄소를 구입할 고객까지 찾아야 했다. 캘거리에서 열한 개 후보작을 공개하기로 결정한 것에는 이런 배경이 있었다. 2000년대 중반부터 석유 산업계에서는 기존 유전으로부터 더 많은 원유를 채취하기 위해 고압 가스나 증기를 이용하는 〈원유 회수 증진법〉 사용이 꾸준히 늘어났다. 유전에 주입하는 고압 가스 대부분은 이산화탄소다. 연구자들은 이런 방식으로 석유 채취에 이산화탄소를 사용할 경우 미국 원유 매장량이 두 배로 늘어나고, 〈차세대〉 기술까지 사용하면 네 배로 늘어날 것이라고 전망한다. 그러나 여기엔 문제가 있다(지구 온도를 상승시킨다는 문제 말고도). 텍사스의 석유 가스 기업 덴버리 리소시스Denbury Resources의 회장으로 활동했던 트레이시 에번스에 따르면, 〈원유 회수 증진법으로 석유 생산량을 늘리는 데 있어 심각한 방해 요인은 오직 하나, 대량의 이산화탄소를 저렴하게 구할 안정적인 방법이 없다는 점이다.〉[50]

이를 염두에 두고, 브랜슨은 열한 개 후보작 가운데 몇몇은 원유의 지속적인 채취에 필요한 이산화탄소를 지속적으로 투입할 수 있는 최상의 기술임을 강조했다. 그중 한 후보를 내놓은 킬리만자로 에너지 Kilimanjaro Energy의 회장 네드 데이비드는 자신이 개발한 기계가 천연가스 프래킹 기술과 마찬가지로 과거에는 손댈 수 없다고 판단되던 대량의 원유를 뽑아낼 잠재력을 지니고 있다고 주장하며, 이 기술이 〈돈을 뽑아내는 유정〉이 될 수 있다고 말했다. 『포춘』지에서는 이렇게 밝히기도 했다. 〈대기 중의 이산화탄소를 경제적인 방식으로 흡수할 수 있다면 미국은 약 1천 억 배럴의 원유를 얻을 수 있다. 금전으로 환산하면 약 10조 달러.〉[51]

25년째 지구 공학을 연구하면서 브랜슨의 후보작으로 선정된 탄소 흡수 기계를 개발한 데이비드 키스는 비교적 신중한 태도를 취했다. 그는 대기 중에서 포집한 탄소를 원유 채취에 사용하면 〈탄소 배출의 주기가 아주 짧은 탄화수소 연료를 만들 수 있다〉고 설명했다. 미국 에너지부 국립 에너지 기술 연구소의 연구 결과에 따르면, 원유 회수 증진 기술은 전통적인 채취 기술에 비해 세 배 가까이 많은 온실가스를 배출할 뿐 아니라, 원유의 지속적인 채취와 연소의 진행으로 기후 변화를 촉진하게 된다. 원유 회수 증진 기술의 도입에 따른 탄소 발자국의 총계에 대해서는 더 많은 연구가 이루어져야 하지만, 대기 중의 이산화탄소 대신 석탄 화력 발전 과정에서 직접 흡수한 이산화탄소의 이용 방안을 검토한 한 모델링 연구 결과, 이산화탄소 흡수 공정에 따라 감소된 배출량은 결국 이 기술에 의해 추가 생산된 원유의 탄소 배출량으로 상쇄된다는 사실이 확인되었다. 원유 생산 시스템 전체가 이 공정을 채택하면 대기 중 탄소 흡수로 감소된 것보다 네 배나 많은 탄소가 배출될 것이다.[52]

이 새로운 기술이 도입되면 현재로서는 채취가 불가능하여 매장량에 포함되지 않은 원유의 상당량이 추가 생산될 것이다. 앞서 언급했듯이, 현재 매장량만 따져도 우리가 기후에 영향을 미치지 않고 안전하게 태울 수 있는 원유량의 다섯 배에 이른다. 미국에만 국한시켜 보아도, 기존 매장량보다 네 배나 많은 원유를 채취할 수 있는 기술은 기후 해법이 아니라 기후 위협이다. 천연자원 보호 협의회의 데이비드 호킨스의 말마따나, 대기 중 이산화탄소 포집 기술은 〈이산화탄소를 제거하려는 기술에서 이산화탄소를 생산하는 기술로 급속히 변화하고 있다〉.[53] 리처드 브랜슨은 석유에서 벗어날 방법을 찾겠다는 애초의 약속을 저버린 채 석유를 더 많이 채취하고 더 많이 태울 수 있는 기술을 후원하는 쪽으로 이미 방향을 틀었다. 상금까지 내걸어 가면서 말이다.

규제 회피 전략?

또 한 가지, 브랜슨이 어스 챌린지와 앨버타 오일 산업을 연계시킨 것과 관련해서 반드시 짚고 넘어가야 할 사항이 있다. 캘거리 콘퍼런스가 열린 때는 바로 샌프란시스코에 근거를 둔 환경 단체 〈포리스트 에틱스Forest Ethics〉가 대기업들을 상대로 다량의 탄소 발자국을 남기는 앨버타 타르 샌드 석유 불매 운동에 참여하라는 압박을 강화하던 시점이었다. 유럽에서도 새로 마련된 연료 표준이 타르 샌드 석유의 유럽 시장 진입을 효과적으로 막을 수 있는가를 둘러싸고 뜨거운 논쟁이 진행되고 있었다. 2008년 초 천연자원 보호 협의회는 미국과 캐나다의 항공사 열다섯 곳에 공개서한을 보내 〈저탄소 연료 표준을 채택할 것〉, 〈타르 샌드 등 비전통적인 방식으로 생산되는 연료의 급격한 증산에 공식적인 반대 입장을 표명할 것〉 그리고 〈자사 항공기에 이 연료를 사용하지 말 것〉을 요구했다. 이 협회는 또한 브랜슨에게 〈지구 온난화에 맞선 투쟁과 대안 연료 개발〉에 있어 주도적인 역할을 맡아 달라고 특별 청원을 했다.[54]

그야말로 정당한 요구였다. 버진 총수 브랜슨은 공개적인 기후 변화 서약 덕분에 높은 명성을 얻었으나 약속한 사항들 가운데 어떤 것도 큰 성과를 내지 못한 상황이었다. 하다못해 해조류에서 추출한 항공기 연료가 실용화되거나 어스 챌린지 수상자가 나올 때까지는, 자신이 급격히 늘린 비행기들에 탄소 배출량이 높은 연료를 쓰지 않겠다는 사소한 양보쯤이야 감수할 수도 있었다.

하지만 브랜슨은 양보하지 않았다. 앨런 나이트는 〈불매 운동 지지는 정당하지 않다고 생각한다〉며, 〈항공사의 입장에서 오일 샌드 연료 불매 운동에 참여하는 것은 불가능하다〉고 주장했다(하지만 이것은 많은 전문가들의 견해와 상반된다).*[55] 불매 운동 참여를 거부한 것도 모자라, 브랜슨은 한발 더 나아갔다. 거창한(하지만 대개는 오래가지 않았던) 제스처를 통해 버진의 이익을 도모해 왔던 것과 마찬가지 방식으로, 캘거리에 어스 챌린지 관련 행사를 유치함으로써, 그는 타르 샌드의 이익을 도모했다. 한마디로, 성가신 규제에 시달리지 않고 계속해서 배출량을 늘리기 위해 탄소 오염 물질을 없앨 기적의 기술이 곧 탄생할 거라는 전망을 내세우며 시간을 벌고 있었던 셈이다. 일각에서는 브랜슨의 파격적인 친환경주의 전향 선언과 구원자 행세가 영국과 유럽에서 곧 구체화될 강력한 규제를 피하기 위한 정교한 시도였다고 주장하기도 한다.

어쨌든, 2006년은 기후 변화 논쟁에 있어서 결정적인 국면이었다. 대중의 관심이 크게 높아지던 시기였으며, 특히 영국에서는 화석 연료 경제의 팽창을 저지하겠다고 결심한 젊은 활동가들의 주도하에 급진적인 풀뿌리 운동이 전개되고 있었다. 이들은 공항 증설 반대는 물론, 운항편을 50퍼센트 이상 늘리겠다는 발표로 큰 논란을 불러일으킨 히드로 공항의 활주로 증설안에 저항하여 과감한 직접 행동을 벌이기도 했다.[56]

게다가 영국 정부는 항공 부문에 큰 영향을 미칠 수 있는 대규모 기후 변화 법안을 준비하던 중이었다. 당시 영국 총리 고든 브라운은 항공 이용을 줄이기 위해 공항세 인상을 계획했고, 유럽 연합은 항공 산업의 부가 가치세 납부 면제 조치를 폐지하고 항공기 연료에 대한 추가 과세를 도입하는 안을 검토하고 있었다. 이런 모든 조치들은 브랜슨이 아끼는 산업의 수익에 큰 위협으로 작용할 수 있었다.[57]

브랜슨은 입으로는 정부 규제를 지지한다고 그럴듯한 말을 한다(예컨대, 그는 포괄적인 탄소세를 지지한다고 말한다). 그러나 강력한 기후 규제가 구체적으로 논의될 때마다 그는 늘 반대 의견을 내놓는다. 히드로 공항 활주로 증설을 비롯한 영국 공항 확장에 대해서는, 과장은 물론

* 로버츠브리지 그룹을 설립하고 지속 가능성 컨설팅을 진행하는 브랜던 메이도 그중 하나다. 〈당연히 우리는 어떤 방식으로 개발된 것이냐에 따라 연료를 차별할 수 있다. 의지가 있는 곳에 길이 있다. (……) 지금으로선 그런 의지를 전혀 찾아볼 수 없다.〉

이고 엄포까지 동원해 가며 강력히 지지한다. 그는 여러 자리에서 공항 확장을 열광적으로 환영하면서, 공항 확장이 이루어지지 않으면 〈우리는 제3세계 국가로 전락할 것〉이고 〈세계적인 기업들이 런던에서 등을 돌려 항공편 연결이 훨씬 용이한 도시들을 찾아갈 것〉이며 〈히드로 공항은 쇠퇴하는 영국의 상징이 될 것〉이라는 주장을 펼쳐 왔다.**58

탄소와의 전쟁에 나서겠다는 브랜슨의 주장과 냉철한 사업 본능이 충돌을 일으킨 것은 이때만이 아니다. 그는 호주의 기후세 신설안에 반대 의견을 내놓았고, 항공사에 대한 포괄적인 과세안에 대해서도 〈그 세금이 신설되면 항공 산업은 망한다〉면서 호되게 질타했다.***59

지구의 벗 영국 지부의 마이크 차일즈는, 이런 행태로 미루어 볼 때 브랜슨이 지구 파괴의 죄를 회개하고 탄소를 배출하는 사업의 수익을 기후 위기를 해결하기 위해 쓰겠다고 약속한 것은 결국 사리를 추구하는 술책에 지나지 않았다고 주장했다. 차일즈는 브랜슨의 30억 달러 서약에 대해서 이렇게 말했다. 〈얼핏 그건 자선 행위처럼 보인다. 하지만 내가 보기에 그의 속셈은 항공 사업이 안고 있는 정치적 위험을 더는 데 있다. 운송 사업을 하는 사람이라면, 기후 변화가 사업에 큰 골칫거리가 되리라는 게 눈에 훤히 보일 테니까.〉60

과연 이 말이 사실일까? 브랜슨 서약의 직접적인 효과가 있다면, 그것은 사람들이 다시 편안한 마음으로 항공편을 이용할 수 있게 되었다는 점이다. 말하자면 자신이 바베이도스행 비행기를 탈 때 내는 요금이 기

** 2012년 그는 영국 정부가 히드로 공항 활주로 증설을 승인하면 히드로 공항을 이용하는 버진 애틀랜틱 항공편 증설에 약 80억 달러를 투자하겠다는 제안까지 내놓았다. 항공 사업 손실이 커서 30억 달러 기후 서약을 지킬 수 없다는 그의 주장이 의문스러워지는 대목이다.

*** 브랜슨은 모든 명목의 세금 납부에 소극적인 태도를 보인다. 이는 역외 지주 회사들을 채널 제도와 영국 버진 아일랜드에 미로처럼 복잡한 구조로 배치한 것에서도 드러난다. 1971년 첫 회사를 경영할 때 그는 국경세를 회피하고자 불법 행위를 저지르다 체포되어 하룻밤 철창신세를 지고 거액의 벌금형을 선고받았다. 이후 자서전에서 투옥 경험을 밝히며 〈나는 범죄자였다〉라고 쓰기도 했다.

적의 청정 연료를 찾겠다는 브랜슨의 원대한 계획에 일조하리라고 생각하게 된 것이다. 이것은 탄소 상쇄 기금보다 훨씬 효과가 강력한 양심 세척제다(하기야 버진은 탄소 상쇄 기금 장사도 했다). 징벌적인 규제나 세금과 관련해서도, 대체 누가 그처럼 좋은 목적에 수익을 쓰겠다는 항공사의 앞길을 가로막을 마음을 먹겠는가? 브랜슨은 늘 이런 논리를 폈다. 〈내가 규제에 얽매이지 않고 쑥쑥 성장할 수 있도록 내버려 두라. 그러면 이 성장을 이용해 우리 사회를 청정에너지로 전환시키는 데 필요한 재정적 동력을 공급하겠다. 산업 활동을 방해하면 우리는 절실히 필요한 새로운 청정에너지 해법을 지원할 자원을 확보할 수가 없다. (……) 산업은 경제 위기와 환경 위기를 해결하는 열쇠다.〉[61]

안타깝게도, 브랜슨의 서약을 회의적으로 바라보는 시각이 옳은 듯하다. 기후와 관련한 브랜슨의 다양한 시도는 버진 프로덕션이 만든 호화판 쇼로 끝날 것이다. 모든 사람들이 인정하는 수염 난 억만장자가 지구를 구원하는 영웅 역할을 맡아 자기 브랜드를 부각시키고, 늦은 밤 TV 토크 쇼에 등장하고, 규제의 칼끝을 피하고, 당당하게 나쁜 짓을 해치우는 쇼. 확실히 짚어 두자면, 이 쇼가 그 대단한 입담을 과시하기 시작한 것은 영국 보수당이 주도하는 데이비드 캐머런 정부가 들어서고 브랜슨과 그의 동료들이 정부의 기후 규제라는 심각한 위협에서 완전히 벗어나고부터였다.

기후와 관련한 브랜슨의 활동 목표가 끊임없이 바뀌었다는 점을 훨씬 관대하게 해석하는 관점도 존재한다. 이러한 관점은 브랜슨의 유난한 자연 사랑(그는 자기 소유의 섬에서 열대의 새들을 관찰하는가 하면 열기구를 타고 히말라야 산맥을 넘기도 한다)에 주목하고, 그가 탄소 집약적인 사업체의 운영과 개인적인 열정(멸종 위기종을 보호하고 기후 재앙을 막으려는)을 조화시키기 위해 여러 가지 방법을 모색한다고 믿는다. 또한 그가 지구 온도를 상승시키는 활동에서 발생한 수익을 지구 온도 하강에 도움이 되는 프로젝트들(서약과 상금과 카본 워 룸 등)로 이동시키는 독창적인 메커니즘을 창안하고 있다고 해석한다.

하지만 브랜슨이 이처럼 훌륭한 뜻을 품고 있다고 인정한다 해도, 중요한 것은 이 모든 프로젝트들이 아무런 성과를 내지 못하고 있다는 사실이다. 이윤 동기를 이용해 기후 위기를 해결하겠다고 자원했지만, 기후 위기를 가속화하는 관행으로 수익을 얻을 수 있다는 사실은 그에게 물리치기 힘든 유혹이었다. 번창하는 기업 제국을 구축하고자 하는 욕구가 기후의 지상 명령을 거뜬히 제압하여, 그는 필수적인 규제책의 시행을 막기 위한 로비 활동과 항공편 증설 조치, 기적의 기술을 이용해 더 많은 석유를 채취하도록 석유 회사들을 종용하는 활동에 가담했다.

자본주의만이 자본주의가 만들어 낸 위기에서 세계를 구할 수 있다는 생각은 추상적인 이론 수준을 넘어 하나의 가설이 되었고, 현실 세계에서 끊임없이 검증과 재검증이 이루어지고 있다. 덕분에 우리는 이론 자체는 접어 두고 그 결과를 꼼꼼히 분석할 수 있는 입장에 서게 되었다. 세련된 친환경 생활 양식의 대표 주자로 나서리라 기대했던 유명 인사들과 미디어 복합 기업들은 이미 다음 유행으로 이동한 지 오래고, 친환경 상품들은 경기 침체의 조짐이 보이자마자 진열대 뒤편 깊숙한 곳으로 밀려났다. 각종 혁신 사업에 투자하리라 기대했던 벤처 자본가들은 그 기대를 무참히 저버렸으며, 사기가 판을 치고 과열과 파열이 교차하는 탄소 시장은 배출량 감소에 전혀 기여하지 못하고 있다. 재생 가능 에너지로 전환하는 징검다리가 될 것 같았던 천연가스 부문은 오히려 재생 가능 에너지 시장을 크게 잠식했다. 무엇보다, 새로운 형식의 계몽 자본주의를 창안하겠다고 호언하던 수많은 억만장자들은 태도를 바꾸어 훨씬 많은 수익을 내는 본래의 자본주의를 포기할 수 없다는 결론을 내렸다.

우리는 브랜슨의 방식을 이미 시도해 보았다(버핏, 블룸버그, 게이츠,

피킨스의 방식도 마찬가지다). 배출량이 급증하고 있다는 사실만으로도 더 긴 설명은 필요치 않다. 틀림없이 더 많은 억만장자들이 화려한 조명을 받으며 등장해서는 자본주의 쇄신 계획을 수없이 쏟아 낼 것이다. 문제는 두 번 다시 이런 촌극에 기대를 품은 채 10년의 세월을 허비할 여유가 우리에게 없다는 것이다. 탄소 제로 경제에서도 이윤을 올릴 여지는 충분하다. 하지만 이윤 동기가 탄소 제로 경제를 향한 대대적인 변혁을 이끄는 산파 노릇을 할 수는 없다.

브랜슨은 어떤 이득을 얻을 속셈으로 서약을 내놓았다. 기후 위기 악화의 주역을 담당하는 사업체에서 얻은 이윤과 수익을 이용해 더 안전하고 깨끗한 미래를 위한 전환 과정에 투자하겠다는 이야기는 실로 그럴싸하다. 브랜슨이 애초에 구상했던 (자신의 철도와 항공 회사에서 얻은 수익 전액을 화석 연료에서 벗어날 방도를 모색하는 활동에 투입하겠다는) 아이디어는, 단순히 이론적으로만 따져도 엄청난 규모로 시행될 때에만 성과를 낼 수 있는 방식이다. 하지만 발생한 수익 가운데 주주가 한 조각을 떼어 가고, 경영진이 또 한 조각을 떼어 가고, 리처드 브랜슨이 또 한 조각을 떼어다가 세계를 제패하기 위한 새로운 프로젝트를 시작하거나 다른 섬을 사들이는 데 써버리는 현재의 비즈니스 모델 안에서는 이 약속을 완수하기에 턱없이 부족한 자투리만 남는다.

앨런 나이트도 마찬가지다. 기술력을 이용해 저탄소 재생 가능 에너지원을 개발하라며 타르 샌드 기업들을 종용한 그의 태도에도 속셈이 있었다. 그는 〈이론상 그 기술력은 완벽한 가능성을 안고 있다〉라고 말했다.[62] 하지만 그러한 가능성이 교묘한 방식으로 사적 이익을 추구하는 석유 회사와 항공사 중역들의 손에만 맡겨진다면, 이론은 영원히 이론으로만, 아니 동화로만 남게 될 것이다. 산업계는 땅속 깊이 묻힌 화석 연료를 채취하는 기발하면서도 수익성 높은 신기술 개발에 기술과 자원을 투입하고 정부 보조금을 적극 옹호하는 한편, 세금과 면허 사용료의 미미한 인상에는 격렬히 저항할 것이다. 세금과 면허 사용료야말로 정부로 하여금 독립적인 재원을 확보해 청정에너지로의 전환을 가능하게 해줄 방편인데도 말이다.

이런 면에서도 버진은 뻔뻔스럽기 짝이 없다. 영국 해양 철도 운수 노동조합의 조사에 따르면, 영국에서 철도 민영화가 이루어진 1990년대 말 이후로 버진 철도 회사가 받은 정부 보조금 액수는 30억 파운드(미화로 50억 달러)가 넘는다. 브랜슨이 그린 펀드에 넣겠다고 약속한 것보다 훨씬 많은 금액이다. 2010년에만 브랜슨과 버진 그룹은 버진 철도에서 배당금 1,800만 파운드를 받았다. 자신을 무임승차자로 보는 시각에 대해 브랜슨은 〈쓰레기〉라고 대응한다. 버진 철도 이용자의 급격한 증가를 내세우며 〈우리는 보조금을 받는 게 아니라 오히려 연간 1억 파운드가 넘는 세금을 내고 있다〉고 주장하는 것이다. 하지만 납세는 기업 활동의 일부이며 의무다. 브랜슨이 그린 펀드에 내놓는 돈은 과연 어디서 나오는 걸까? 그의 주머니일까, 납세자들의 주머니일까? 그 돈 가운데 상당 부분이 납세자들의 주머니에서 나온 것이라면, 애초에 철도 민영화를 하지 않는 편이 훨씬 현명한 선택 아니었을까?[63]

그랬다면 벌써 오래전에 영국 국민들은 기후 위기를 우려하여 철도 수익을 대중교통 시스템 개선에 재투자하자는 결정을 내렸을 것이다. 브랜슨의 회사처럼 납세자들이 부담하는 보조금을 받는 민영 철도 회사의 주주들이 수억 달러의 배당금을 챙겨 가는 사이 기차는 노후하고 요금은 대폭 인상되는 상황을 두고 보지만은 않았을 것이다. 영국 국민들은 기적의 연료 개발에 거액의 판돈을 걸거나 지금처럼 디젤을 연료의 일부로 쓰도록 내버려 두는 대신, 전 철도 시스템의 전동화를 우선적인 정치적 과제로 두자고 결정했을 것이다. 한 설문 조사에서 영국 거주자 가운데 66퍼센트가 철도 재국영화를 지지한다고 응답한 것도 전혀 놀랍지 않다.[64]

그나마 리처드 브랜슨이 기여한 것이 하나 있었다. 그는 촉박한 상황에서도 성공 가능성이 있는 대담한 계획을 제시했다. 바로 더러운 산업에서 얻은 수익을 그 산업이 내버린 오염 물질을 정화하는 바람직하고 유망한 프로젝트에 투입하자는 계획이다. 하지만 브랜슨이 몸소 입증하듯이, 자율적인 방식으로는 이 계획의 실현이 불가능하다. 성과를 내기 위해서는 이 계획이 산업 부문이 줄곧 저항해 온 고율의 세금과 면허 사용료 등 강력한 규제 수단을 갖춘 법률의 형태를 갖추어야 한다.

물론 브랜슨이 추진하는 기술적 계획이 성과를 낼 가능성은 아직 남아 있다. 그가 탄소 제로 항공 연료, 혹은 안전하면서도 낮은 비용으로 대기 중의 탄소를 흡수하는 마법의 기계를 발견할 수도 있다. 하지만 시간은 우리 편이 아니다. 빌 게이츠가 핵심 투자자로 참여한 개발 과정을 통해 탄소 포집 기계를 발명해 낸 데이비드 키스는, 이 기술을 본격적으로 시행될 수 있는 수준으로 구현하려면 수십 년이 걸릴 거라고 추정했다. 〈20년, 30년, 어쩌면 50년 안에는 상당한 양의 이산화탄소를 제거하는 기술이 탄생할 가능성이 전혀 없다.〉[65] 기후 변화의 모든 문제들과 관련해서, 우리는 째깍째깍 움직이는 시계로부터 눈을 떼지 말아야 한다. 시계는 우리에게 이렇게 말하고 있다. 앞으로 50년 뒤에 재앙적인 온난화를 맞이하지 않으려면 지금부터 화석 연료의 사용을 최소화해야 한다고. 50년이라는 그 귀중한 시간 동안 배출량을 대대적으로 늘려 간다면(브랜슨의 항공사들이나 타르 샌드 산업들이 하는 것처럼), 그야말로 기적의 해법이라는 막연한 희망에만 매달려 인류의 생존 가능성을 걸고 위험한 모험을 하게 되는 셈이다.

하지만 브랜슨(열기구 불시착 모험을 즐기는 모험 중독자) 혼자서 큰 판돈이 걸린 도박판에 우리의 집단적인 미래를 서슴없이 내던지고 있는 것은 아니다. 그가 내놓은 터무니없는 계획들이 몇 년째 진지하게 취급되는 것은, 우리 문화에서 가장 중독성 강한 서사의 힘, 즉 기술이 우리 행동의 결과로부터 우리를 지켜 줄 거라는 믿음 때문이다. 〈기적의〉에너지를 찾겠다며 신비주의에 가까운 사업을 추진하는 빌 게이츠도 마찬가지다. 시장 붕괴와 갈수록 심해지는 불평등을 경험한 많은 사람들은 이미 알고 있다. 탈규제와 대대적인 민영화의 시대에 번창한 신흥 재벌들은 세계를 구하는 일에 엄청난 자산을 내놓지 않는다. 하지만 그럼에도, 마법의 기술이 탄생하리라는 믿음은 여전히 건재하다. 이는 최후의 순간 선량한 천재가 나타나 우리를 재앙으로부터 지켜 주리라는, 슈퍼히어로 이야기 속에 늘 등장하는 믿음과 다를 바가 없다.

이것이 바로 지구 공학이 내놓은 원대한 약속이며, 지금도 여전히 우리 문화에서 강력한 힘을 발휘하는 주술적 사고다.

8장

햇빛을 차단하라

오염 해결책이 오염이라니

THIS CHANGES
EVERYTHING

지구 공학은 1년에 몇십 억 달러만으로 지구 온난화 문제를 해
결하겠다고 공언하고 있다.

— 뉴트 깅리치, 전 미국 하원 대변인, 2008년[1]

우리의 과학은 무지의 바다에 떨어진 물 한 방울에 불과하다.

— 윌리엄 제임스, 1895년[2]

2011년 3월, 나는 런던에서 북서쪽으로 1시간 30분을 달려 버킹엄셔 시골 마을에 도착했다. 아이작 뉴턴, 찰스 다윈, 스티븐 호킹 등이 회원으로 지명되었던 영국의 전설적인 과학 학회인 왕립 학회가 주최하는 지구 공학 세미나가 그곳에서 사흘 일정으로 진행될 예정이었다.

영국 왕립 학회는 온실가스 감축에 큰 진전이 없으니 이제는 정부들이 나서서 기술적인 플랜 B를 준비할 때라고 주장하면서 과학자 단체 중에서도 근래 단연 돋보이는 활동을 펴고 있다. 2009년의 보고서에서는 가장 큰 효과를 낼 수 있는 지구 공학적 방법을 연구하는 데 많은 재원을 투입하라고 영국 정부에 촉구하기도 했다. 2년 뒤, 이 학회는 태양광을 부분적으로 차단하는 전 지구적 차원의 공학적 개입이 〈기후 위기가 현실화된 상황에서 지구 온도를 신속하게 떨어뜨릴 수 있는 유일한 방법이 될 수 있다〉고 단언했다.[3]

버킹엄셔에서 열린 세미나는 상당히 좁은 주제에 국한되어 있었다. 지구 공학적 방법 연구와 최종 실행의 관리 주체를 어떻게 꾸릴 것인가? 연구자들은 어떤 원칙을 따라야 하는가? 어떤 조직이 이 실험을 감독할 것인가? 정부인가, UN인가? 지구 공학적 방법의 〈성공적인 관리〉 주체를 어떻게 꾸릴 것인가? 이탈리아에 거점을 두고 개발 도상국의 과학적 기반을 다지는 일에 몰두하는 세계 과학 학술원과 지구 공학을 가리켜

〈징검다리 역할을 할 도구〉라고 표현하는 환경 보호 기금(이 단체는 천연가스도 그렇게 표현한다)이 이 세미나를 공동으로 후원했다.[4] 당시로서는 최대 규모의 국제 회의였고, 유명한 환경 단체가 지구 기후 시스템에 근본적으로 개입하여 온난화 대응책을 탐구하는 일을 공식적으로 후원한 최초의 사례였다.

미래를 의논하는 이 회의가 열린 치첼리 홀Chicheley Hall은 왕립 학회가 그즈음 세미나 센터로 확보한 곳으로, BBC 드라마 「오만과 편견」의 세트장으로 쓰인 터라 조지아 양식의 벽돌 건물로 말끔하게 복원된 상태였다. 이곳에선 실로 현격한 시대적 부조화가 펼쳐지고 있었다. 넓게 툭 트인 초록빛 잔디밭과 정교한 조각으로 장식된 건물은 코르셋 위에 실크 드레스를 입고 파라솔을 든 여성들이 모여 구혼자들 이야기로 꽃을 피우기에나 좋을 곳이지, 단정치 못한 차림새의 과학자들이 모여 지구에 쏟아지는 햇빛을 막기 위한 파라솔에 관해 토론하는 장소로는 영 어울리지 않았다. 하기야 지구 공학은 늘 복고적인 경향을 보여 왔다. 지금도 여전히 기상 조절이 지구 온난화로부터 인류를 구원하기 위한 최후의 시도가 아닌 과학적 혁신의 차세대 주자로 여겨지던 시대를 절대적으로 동경하니까 말이다.

참가자들은 살집이 붙은 얼굴에 은빛 가발을 쓴 남자들의 초대형 인물화 아래서 저녁을 먹은 뒤, 목재로 장식된 도서관에 모여 사전 행사를 가졌다. 과학자, 법률가, 환경론자, 정책 전문가 30여 명이 현재 검토되고 있는 여러 가지 지구 공학 계획에 대한 〈기술적인 브리핑〉을 경청했다. 왕립 학회의 한 과학자가 슬라이드를 통해 대기의 탄소 흡수를 원활히 하기 위해 바다에 철을 투입하는 방안, 햇빛을 반사시켜 우주로 돌려보내기 위해 드넓은 사막을 흰 천으로 덮는 방안, 그리고 리처드 브랜슨의 어스 챌린지에 제출되었던 것과 비슷한 기계들을 무수히 배치하는 방안 등을 보여 주었다.

이 과학자는 이런 계획들이 너무 많아 하나하나 구체적으로 평가하지는 못하지만, 각각의 계획이 저마다 문제점을 하나씩 안고 있다고 설명했다. 다음 날부터 사흘간, 행사에 참여한 과학자들이 판단하기에 가장 실행 가능성이 높고 유망한 지구 공학적 방법들에 초점을 맞추어 논의가 진행될 예정이었다. 이렇게 선정된 방법들 중 하나가 지구에 도달하는 태양열을 줄이기 위해 햇빛을 반사시켜 우주로 돌려보내는 방안이었다. 지구에 도달하는 햇빛의 양을 문자 그대로 〈관리〉하자는 이 방안을, 지구 공학계의 전문 용어로는 〈태양 복사 관리〉라고 부른다.

햇빛을 가리는 방법은 여러 가지가 있다. 흥미롭긴 하지만 공상 과학 소설에나 어울리는 〈거울 방안〉은 실효성이 낮아 가장 먼저 배제되었다. 다음으로는 바닷물을 하늘로 분사해 구름을 더 많이 만들거나 구름의 반사력을 강화하고 오래 지속시키는 〈구름 반사력 강화〉 방안이 있다. 특수 제작된 비행기나 헬륨 풍선에 긴 호스를 매달아 성층권에 황산 에어로졸을 분사하는 방안도 자주 논의된다(대포를 이용하자는 주장도 있다).

해양 철 투입 실험이 몇몇 지역에서 진행되었다는 점(특히 2012년 브리티시컬럼비아 해안에서 진행된 철 투입 실험은 대대적으로 보도된 바 있다)을 고려하면, 태양 복사 관리에 특별히 초점을 맞추자는 것은 다소 즉흥적인 결정이었다. 하기야 태양 복사 관리가 과학계에서 가장 큰 주목을 받는 것은 사실이다. 햇빛 차단 방법은 동료 학자의 검토를 거쳐 발표된 1백 개가 넘는 논문들의 주제이기도 하다. 또한 매우 수준 높은 일부 연구 팀에서는 선박과 비행기, 긴 호스를 이용한 야외 실험 진행을 준비하고 있다. 하루 빨리 규칙과 지침이 개발되지 않으면, 서부 개척 시대에 벌어졌던 것 같은 무질서하고 치열한 연구 경쟁이 벌어질지도 모른다(몇몇은 야외 실험의 전면 금지를 요구하기도 한다).[5]

성층권에 황산 에어로졸을 분사하는 방안은 흔히 1991년에 폭발한 필리핀 피나투보 화산의 이름을 따 〈피나투보 옵션Pinatubo option〉이라 불린다. 화산 폭발이 일어나면 대개는 화산재와 가스가 대기층 하단에 유입되고, 이 대기층에서 형성된 황산 입자가 지구 표면으로 떨어진다. 예컨대 유럽에서 많은 비행기들의 운행 중단을 야기했던 2010년 아이슬란드 화산 폭발 때도 그랬다. 하지만 아주 드물게, 화산 폭발 과정에서 많은 양의 이산화황이 성층권에 곧장 유입되는 경우도 있다. 피나투보 화산 폭발이 바로 이런 경우다.

이때는 황산 입자가 지구 표면으로 떨어지는 것이 아니라 몇 주 동안 성층권에 머물며 지구 주위를 순환하는데, 그러면서 작은 거울처럼 빛을 반사하여 태양열이 지표면에 닿는 것을 차단한다. 열대 지방에서 이런 종류의 화산 폭발이 훨씬 큰 규모로 일어난다면 황산 에어로졸은 성층권에 1~2년 동안 머물게 되고, 따라서 지구 온도를 떨어뜨리는 효과도 훨씬 오래 지속될 것이다.

피나투보 화산이 폭발한 뒤에 이런 효과가 나타났다. 폭발이 있고 1년 뒤 지구 온도가 섭씨 0.5도나 내려간 것이다. 올리버 모턴은 『네이처』지에서 이렇게 밝혔다. 〈같은 시기에 엘니뇨가 발생하지 않았다면 1992년 지구 온도는 1991년에 비해 0.7도나 떨어졌을 것이다.〉[6] 특이하게도 이 수치는 그때까지 인간이 배출한 온실가스로 인해 상승한 온도와 엇비슷하다. 이를 단초로 일부 과학자들은 대규모 화산 폭발과 흡사하게 태양열 차단 효과를 유도하는 인공적인 방법을 찾으면 그동안의 상승분을 상쇄할 만큼 지구 온도를 떨어뜨릴 수 있으리라는 확신을 가지게 되었다.

브리핑을 진행한 과학자는 이 방안의 장점을 먼저 설명했다. 그의 말에 따르면, 아직 실험을 통해 검증되지는 않았지만 이 효과를 낼 수 있는 기술은 이미 존재하고 있다. 그는 이 방안은 비교적 비용이 적게 들 뿐 아니라 일단 성공하면 온도 하락 효과가 즉각적으로 나타난다는 말도 덧붙였다. 단점으로 언급된 것은, 차단 방법 중 어떤 것을 채택해서 얼마나 집중적으로 시행하느냐에 따라 다르긴 하지만 지구 위에 연무가 지속적으로 머물게 되기 때문에 전처럼 맑고 푸른 하늘을 보기 힘들다는 점이었다.[7] 이 연무 때문에 천문학자들은 별과 행성을 똑똑히 관측하기 어려워질 것이고, 햇빛이 약해져 태양광 발전량이 줄어들 가능성(아뿔싸!)도 있었다.

하지만 피나투보 옵션의 가장 큰 문제는 따로 있었다. 바로 기후 변화의 근본 원인인 온실가스 생성을 해결하는 효과는 전혀 없이, 온도 상승이라는 기후 변화의 가장 뚜렷한 징후만을 다룬다는 점이다. 빙하 융해 등의 현상을 억제하는 데는 도움이 될지 모르지만 대기 중 탄소량을 억제하는 효과는 전혀 없기 때문에 바다가 탄소를 흡수하여 발생하는 급속한 해양 산성화를 막을 수 없다. 해양 산성화는 산호초와 굴 등 단단한 껍질을 가진 해양 생물에게 심각한 타격을 입혀, 결과적으로 해양 먹이 사슬 전체에 막대한 영향을 미칠 수 있다. 한편 이 방안은 인공적으로 온도를 낮추는 동시에 대기 중 이산화탄소의 양을 증가시키는 효과를 낳는다는 점에서 몇 가지 장점을 지니기도 한다. 식물들은 이산화탄소를 좋아하고(단, 지나치게 뜨거운 햇빛과 가뭄이 수반되지 않는다는 조건하에서), 따라서 인위적인 온실 효과가 형성되면 생장이 훨씬 활발해진다.

그러나 또 하나의 문제점이 있었다. 햇빛을 차단하기 위해 성층권에 에어로졸을 주입하는 방안을 일단 시작하면, 중단하는 것이 거의 불가능하다. 만에 하나 중단했다가는 일종의 차양막을 쳐서 인위적으로 억제해 놓았던 온도 상승 효과가 한꺼번에 걷잡을 수 없이 터져 나와, 인간이 점진적으로 적응할 시간적 여유도 없이 강렬한 햇빛이 지표면을 습격할 것이다. 동화에 나오는 마녀 이야기를 떠올려 보라. 부당한 방법으로 얻은 마법의 묘약을 마시면서 젊음을 유지하던 마녀가 묘약의 공급이 끊기는 순간 젊음을 잃고 쭈그렁 할머니로 변하는 꼴이다.

이 영국 과학자의 점잖은 설명에 따르면, 이런 〈종결 반응〉을 예방하는 한 가지 해결책은 이 차양막이 성층권에 머물러 있는 동안 대기 중에서 막대한 양의 탄소를 흡수하는 것이다. 황산 입자가 사라져 햇빛이 거침없이 쏟아지더라도 대기 중에 탄소량이 적으면 온실 효과를 줄일 수 있으니까. 아직 그만큼 많은 탄소를 흡수할 방법을 찾지 못했다는 점(리처든 브랜슨이 이미 확인했듯이)만 빼면, 그야말로 완벽한 해결책이라는 얘기였다.

이 모든 이야기를 듣고 나면 머릿속에 암울한 그림이 펼쳐진다. 지구상의 모든 것이, 실패 가능성을 안고 있는 인위적인 기계들의 영향권에서 단 한 발자국도 벗어나지 못할 것이다. 우리는 머리 위에 하늘이 아니라 지붕을 이고 살게 될 것이다. 위로는 지구 공학이 만들어 낸 뿌연 천장을 올려다보고, 아래로는 산성화되어 죽어 가는 바다를 굽어보게 될 것이다.

하지만 더 큰 문제가 기다리고 있다. 과학자는 최악의 단점을 맨 마지막에야 밝혔다. 슬라이드를 통해 제시된 세계 지도에는 성층권 이산화황 주입이 지역별 강우량에 미치는 영향이 여러 가지 색상으로 표시되어 있었다. 유럽과 북미 지역의 강우량에는 큰 변화가 없는 반면, 아프리카 적도 지역은 심각한 가뭄을 뜻하는 빨간색으로 칠해져 있었다. 경계 표시가 흐릿하긴 하지만 아시아의 여러 지역 역시 극심한 영향을 받는 것으로 나타나 있었다. 햇빛이 약해져 지표면 온도가 하락하면 이 지역의 주요 강우량을 담당하는 여름철 몬순이 약화된다는 뜻이었다.

조용히 경청하던 청중은 이 이야기를 듣자마자 웅성대기 시작했다. 발표가 이어지던 중 한 참가자가 끼어들었다. 「과학 이야긴 잠깐 제쳐 놓고 윤리 문제를 따져 봅시다.」 그는 분개한 표정이었다. 「저는 아프리카 사람이라 그런지 강우량 그림을 보니 마음이 불편하군요.」*사실 지구 공학과 관련하여 왕립 학회가 발표한 어느 보고서 역시, 태양 복사 관리가 〈다른 방법을 사용하는 경우보다 기후 변화에 훨씬 큰 악영향을 미칠 수 있다〉고 시인한다.[8]

아프리카 대표는 고개를 저으며 이렇게 말했다. 「오늘밤에 몇 사람이나 발을 뻗고 잠을 잘지 궁금해지는군요.」

섬뜩한 미래

기후 시스템에 인위적으로 개입하여 지구 온난화를 상쇄하려는 계획이 거론되기 시작한 것은 50년 전부터였다. 1965년 대통령 직속 과학 자문 위원회가 린든 B. 존슨 대통령에게 기후 변화의 위험성을 경고하는 보고서를 제출했을 때만 해도 온실가스 감축 방안 따윈 들어 있지 않았다. 그때 제시된 유일한 해법은, 구름의 양을 조정하고 바다에 반사 입자를 뿌리는 식의 기술적인 방안이었다.[9]

지구 온난화를 막을 수 있는 잠재적 도구로 대두되기 전에도 기상 조정이 무기로 취급받던 시대가 있었다. 냉전 시대에 미국 물리학자들은, 베트남 전쟁 당시 시도되었듯이 비밀리에 강우 패턴을 조정하여 가뭄을 일으키거나 특정한 곳에 폭풍우를 집중시켜 중요한 보급로를 침수시킴으로써 적을 약화시키는 방안을 구상했다.[10]

주류 기후 과학자들이 지구 공학적 방법에 대한 논의를 꺼렸던 것은 그리 이상한 일이 아니다. 당시에는 「닥터 스트레인지러브」**가 전하는 메시지와 함께, 기후와 관련한 도덕적 해이가 발생할 수 있다는 대중적 불안감이 널리 퍼져 있었다. 다시 말해 정부의 구제책이 있을 때 은행들이

---

* 이 세미나는 채텀 하우스 규칙 아래 진행되었다. 이 규칙에 따르면, 참가자들은 회의 중에 거론된 내용을 자유롭게 공개할 수 있지만 발언자의 신분은 공개할 수 없다.

** Dr. Strangelove. 냉전 시대를 배경으로 테크놀로지의 위험성을 경고하는 영화 — 옮긴이주.

더 큰 위험을 감수하는 것과 마찬가지로, 위급한 상황을 해결할 테크놀로지 해법이 있다는 암시만으로도(그 성과가 아무리 의심스럽고 개발이 아무리 요원하다 해도) 향후 20~30년은 온실가스 배출량을 늘려도 괜찮을 거라는 위험한 여론이 조성될지도 모른다는 우려가 있었던 것이다.

확신보다는 절박함에서 비롯한 것이겠지만, 이런 지구 공학계의 금기는 최근 10년 사이에 서서히 무너져 내렸다. 분위기를 역전시킨 계기는 2006년 오존층 파괴에 대한 획기적인 연구로 노벨 화학상을 받은 폴 크루첸이 마련했다. 심각한 지구 온난화에서 벗어날 수 있는 긴급 해법으로 성층권에 황산 에어로졸을 주입하는 방안을 고려할 때가 되었다는 글을 발표한 것이다. 그는 이렇게 썼다. 〈온실가스 배출량의 대폭 감축이 이루어지지 않고 온도가 급속히 상승하는 경우, 상승한 온도를 신속하게 낮추고 여러 가지 기후 변화를 저지하기 위해 이용할 수 있는 유일한 대안은 (……) 기후 공학이다.〉[11]

크루첸이 예비 연구 진행의 토대를 마련한 뒤, 코펜하겐 UN 기후 변화 정상 회의가 개최되고 미국 상원에서 기후 법제화가 부결되었던 2009년부터 지구 공학계의 급진전이 시작되었다. 기후 관련 회의와 법제화 논의가 기대감만 크게 끌어올릴 뿐 아무런 성과를 거두지 못하자, 지구를 주물러 보겠다고 마음먹은 사람들이 실험실을 박차고 나와 인류에게 남은 유일한 현실적인 대안이라며 기이한 아이디어들을 내놓기 시작한 것이다. 때마침 밀어닥친 세계적인 경제 위기에 힘입어 많은 비용이 소요되는 청정에너지로의 전환은 정치적으로 설득력이 떨어진다는 여론도 한몫을 했다.

피나투보 옵션에 언론의 집중적인 조명을 끌어모은 주역은 당시 마이크로소프트의 테크놀로지 부문 최고 책임자였던 다혈질의 네이선 미어볼드였다.[12] 현재 그는 흔히 〈특허 사냥꾼〉이라 불리는 광범위한 하이테크 발명 특허 전문 회사 인텔렉추얼 벤처스Intellectual Ventures를 운영하고 있다. 천재 신동에서 물리학자로, 다시 테크놀로지계의 스타로 변신한 화려한 이력에다 공룡 뼈 수집광이자 야생 동식물 사진작가로도 유명하다. 또한 수백만 달러를 들여 공식적인 요리 훈련을 받고 분자 요리법을 연구하여 여섯 권가량의 관련 저서를 공동 집필한 요리 애호가이기도 하다.

2009년에 미어볼드는 〈성층권 방패StratoShield〉라는 이름을 가진 장치의 세부적인 내용을 공개했다. 헬륨 풍선을 이용해 30킬로미터 길이의 호스를 하늘에 띄우고, 이 호스로 황산 에어로졸을 분사하는 장치였다. 그는 이것이야말로 정부의 기후 행동을 대신할 수 있는 해법이라고 치켜세웠다. 코펜하겐 정상 회의가 끝나고 이틀 만에 미어볼드는 CNN에 출연하여 자신이 개발한 장치(그의 표현에 따르면 〈주문만 하면 당장 피나투보 화산을 배달해 줄 수 있는〉)가 〈지금과 같은 지구 온난화를 무력화〉할 수 있는 위력을 가지고 있다고 홍보했다.[13]

이 일이 있기 두 달 전에는 스티븐 레빗과 스티븐 더브너가 공동 집필한 『슈퍼 괴짜 경제학』이 출간되어 세계적인 베스트셀러가 되었는데, 이 책은 미어볼드가 제안한 그 호스가 얼마나 경이로운지를 소개하는 데한 챕터를 할애했다. 연구에 참가한 과학자들 대부분은 햇빛 차단 방식을 최악의 상황에서나 쓸 수 있는 시나리오(배출량 감축 정책, 즉 플랜 A의 성과가 불충분하다고 판명되는 경우에만 쓸 수 있는 플랜 B)라고 소개했지만, 레빗과 더브너는 피나투보 옵션이 화석 연료에서 청정에너지로 전환하는 방식보다 훨씬 바람직하다고 주장했다. 〈비용이 적게 들고 간단한 해법을 선호하는 사람에게는 더할 나위 없이 좋은 선택이다.〉[14]

지구 공학 연구를 더욱 강화하자고 주장하는 사람들도 이 방법에 대해서는 대개 미온적인 태도를 보인다. 2010년 9월, 뉴 아메리카 재단New America Foundation과 『슬레이트*Slate*』지는 워싱턴 D.C.에서 〈지구 공학: 소름 끼치는 아이디어의 시대가 도래했는가?〉라는 주제로 1일 포럼을 열기도 했다.[15] 이 한 문장에는 지구 공학을 서서히 정치적인 주류에 편입시켜 온 각종 콘퍼런스들과 정부 보고서들에서 뚜렷이 드러나는 음울한 체념의 분위기가 압축되어 있다.

치첼리 홀에서의 모임은 이러한 점진적인 과정에 가세된 또 하나의 중대한 사건이었다. 이 콘퍼런스는 지구 공학 연구를 실행에 옮길 것인가 말 것인가를 논의하는 자리(이 세미나 이전까지 열린 회의들에서는 대부분 이런 논의를 했다)가 아니라, 특정한 지구 공학적 방법을 이미 기본 전제로 삼고 있는 자리 같았다. 그렇지 않다면 굳이 이 자리에서 이 활동을 〈관리하는 주체〉를 따질 필요가 있겠는가? 세미나 주최자들은 이 관리 과정을 〈태양 복사 관리 거버넌스 이니셔티브SRMGI〉라는 투박한 약자로 표기함으로써 이 방법의 실행이 불가피할 뿐 아니라 이미 보편적인 상식이라는 인상을 강화하고 있었다.

일반적으로 지구 공학 논의는 상당히 좁고 긴밀한 관계로 얽힌 세계 안에서 이루어진다. 과학자, 발명가, 재원 조달자들로 이루어진 그룹은 서로의 활동을 도우며 이 주제와 관련한 거의 모든 논의를 섭렵한다. 지구 공학 관련 저서를 출간한 과학 저널리스트 엘리 킨티시는 이 집단을 〈지구 공학 패거리〉라고 부른다. 이 집단에 속한 많은 사람들이 세미나에 참석했는데, 그중 한 사람이 바로 미치광이 물리학자 데이비드 키스다. 당시 캘거리 대학에 있던(지금은 하버드 대학에 있다) 그는 태양 복사 관리를 집중적으로 연구하는 한편, 탄소 흡수 기계를 발명하여 리처드 브랜슨과 빌 게이츠의 극찬을 받기도 했다. 만일 이 아이디어가 실행에 옮겨진다면 그는 돈방석에 앉게 될 것이다. 이런 집단적인 이해관계는 자주 거론되는 주제다. 지구 공학 연구를 열성적으로 지지하는 사람들 중에는 지구를 주무르는 신규 사업에 깊이 연관되어 있거나 다양한 특허를 확보하고 있는 이들이 부지기수다. 콜비 칼리지의 과학사 교수 제임스 플레밍의 말마따나, 이 과학자들은 〈자신들이 개발한 기법이 채

택되면 엄청난 갑부가 될 수 있다〉는 점에서 〈직접적인 이해관계〉를 지닌다.[16]

켄 칼데이라도 참석했다. 그는 카네기 과학 연구소 출신의 유명한 대기 과학자이자 컴퓨터 모델을 이용해 인위적인 햇빛 차단의 영향을 조사했던 최초의 기후 과학자들 중 한 명이었다. 칼데이라는 연구 활동 외에도 네이선 미어볼드의 인텔렉추얼 벤처스에서 〈선임 발명가〉라는 직책을 맡아 일하고 있다.[17] 워싱턴의 퍼시픽 노스웨스트 국립 연구소 소속 기후 과학자로 구름의 반사력 강화 방법을 적용한 최초의 야외 실험을 준비해 온 필 래쉬도 참석자 중 하나였다.

직접 참석하진 않았지만, 빌 게이츠 또한 키스와 칼데이라에게 후원금의 일부를 배당하여 상당한 액수의 재원을 제공했다. 게이츠는 이 과학자들의 기후 관련 연구 자금으로만 최소 460만 달러의 거액을 지급하고 있는데, 그 대부분은 지구 공학 연구로 들어가며 그중에서도 상당한 몫이 키스, 칼데이라, 래쉬에게 돌아간다. 게이츠는 키스의 탄소 포집 기술 회사와 인텔렉추얼 벤처스에 투자자로 참여하고 있으며, 인텔렉추얼 벤처스가 따낸 기후 공학 관련 특허 몇 개에는 그의 이름이 칼데이라의 이름과 나란히 올라가 있다. 한편 네이선 미어볼드는 게이츠의 핵에너지 개발 회사인 테라파워의 부사장이다. 브랜슨의 카본 워 룸 역시 이모임에 지구 공학자를 파견했고, 다양한 경로를 통해 이들을 돕는다.[18] 높은 위험성이 돋보이는 세계적인 사업이 이런 식으로 얽혀 있다는 이야기에 고개가 갸우뚱해지고 어쩐지 패거리 작당 같아 마음이 불편해지는 건 당연한 이치다. 〈지구 공학 패거리〉라는 별명이 잘 어울리는 이유이기도 하다.

단순히 지구 공학적 방법을 실험하고자 하는 것이 아니라 관리 주체를 꾸리는 것이 핵심 목적이었기에 이 모임의 규모는 임시적으로 확대되었다. 아프리카와 아시아의 기후 과학자 몇 사람과 법률 윤리학자, 국제 조약과 협정 전문가, 그린피스와 야생 동물 기금을 비롯한 몇몇 비정부 환경 단체의 활동가가 포함되었다(그린피스는 지구 공학적 방법을 지지하지 않지만, 야생 동물 기금 영국 지부는 〈가능한 해법을 모색하기 위한 지구 공학적 방법의 연구〉에 대해 조심스러운 지지를 표명하고 있다).[19]

모임의 주최자들은 강력한 비판자 몇 사람도 초대했다. 퉁명스러운 말투와 흰 수염으로 널리 알려진 러트거스 대학의 기후학자 앨런 로벅도 참석했다. 최근 나는 〈지구 공학이 위험한 아이디어가 될 수밖에 없는 20가지 이유〉라는 제목의 슬라이드 발표를 통해 〈하늘에 연무 생성〉(이유 7번)에서부터 〈분사가 중단될 경우 일어나는 급격한 온도 상승〉(이유 10번) 등 여러 가지 문제점을 지적하는 그의 모습을 보았다. 하지만 가장 격렬한 비판자는 호주의 정치학자 클리브 해밀턴이었다. 그는 〈무모하게 태양을 통제하려 하는 지구 공학자들은 지구 파괴를 막으려는 제우스의 손에 쓰러지는 현대판 파에톤〉이 될 거라고 목청을 높였다.[20]

결국 이 콘퍼런스는 실질적인 합의 사항을 내놓지 못했다. 소규모 야외 실험의 필요성에 대한 합의조차 이루어지지 않았다. 하지만 이 사흘간, 전원의 대저택에 모여 있던 패거리들은 또 하나의 흥미로운 지적 불꽃놀이를 준비하고 있었다.

대체 무슨 문제가 생긴다는 거야?

다음 날 아침, 치첼리 홀에 초대받은 손님들은 토론 준비가 한창이었다. 주최자들은, 과거 마차 보관소 자리에 점판암과 유리를 써서 지은 세련된 강의실에 모인 참석자들을 여러 개의 토론 그룹으로 나누었다. 참석자 전원에게 삼각형이 그려진 종이 한 장이 주어졌는데, 삼각형의 세 꼭짓점에는 〈장려〉, 〈금지〉, 〈규제〉라는 단어가 표시되어 있었다. 지시문은 이러했다. 〈삼각형에서 현재 당신의 입장과 가장 어울리는 곳에 표시하시오.〉 태양 차단 연구 진행을 금지하길 원하는가, 혹은 적극적으로 장려하길 원하는가, 혹은 장려하되 일부 규제를 원하는가?

그날 오전 내내 다른 토론 그룹들을 기웃거린 끝에 나는 하나의 패턴을 발견했다. 지구 공학에 이미 관여하고 있는 과학자들은 대개 〈규제〉와 〈장려〉 사이 중간 지점에 표시했고, 나머지 사람들은 대부분 〈금지〉와 〈규제〉 쪽으로 기울어 있었다. 연구가 더욱 장려되길 원하긴 하지만 지구 공학은 온난화를 막는 현실적인 방법이 아니라고 주장하는 사람도 몇몇 눈에 띄었다. 어느 환경 단체의 활동가는 자신이 속한 토론 그룹의 과학자들에게 하소연했다. 「이게 성과가 있는지 없는지 분명히 알아야 합니다. 지금 우리는 암흑 속에서 전투를 하고 있는 셈이에요.」

그러던 중 예상치 못한 일이 일어났다. 한 참석자가 삼각형에 입장을 표시하는 것을 단호히 거부하고 직접 대형 용지를 구해 오더니, 거기에 푸른색 펠트펜으로 세 가지 질문을 적어 넣었다.

- 기후 변화를 야기한 인간이 태양 복사 관리를 적절하고 안전하게 규제할 수 있을까?
- 태양 복사 관리 규제와 관련해서, 지구가 우리의 이익에 맞추어 조종될 수 있다는 관점을 지속적으로 견지하게 될 위험이 있지 않을까?
- 우리 입장을 삼각형에 표시하기에 앞서 이런 질문들에 대해 고민하는 것이 먼저가 아닐까?

그룹별로 흩어졌던 참가자들이 각자 표시한 삼각형 마인드맵에 대해 토론하기 위해 다시 모일 때까지, 이 질문에 대한 답변은커녕 언급조차 이루어지지 않았다. 질문은 무언의 질책처럼 강의실 벽에 그저 걸려만 있었다. 실로 유감스러운 일이었다. 왕립 학회는 오랜 전통과 유명한 역사를 자랑할 뿐 아니라 과학 혁명과 화석 연료 시대의 출범을 돕는 등, 이런 문제들을 심사숙고해야 할 특별한 위치에 자리한 조직이었으니 말이다.

왕립 학회는 1660년에 프랜시스 베이컨의 이상을 따르자는 뜻에서 설립되었다. 베이컨의 주장을 따라 〈어떤 말도 곧이곧대로 받아들이지 말라 *nullius in verba*〉라는 금언을 좌우명으로 삼았지만, 그럼에도 불구하고 이 학회의 기본 구조는 대부분 과학적 이상 사회를 그린 베이컨의 소설 『뉴 아틀란티스 *New Atlantis*』에 등장하는 과학 학회를 모델로 삼고 있었다. 이 학회는 영국 식민지 정책의 선두에 섰고, 제임스 쿡 선장이 진행한 여러 차례의 항해(여기에는 그가 뉴질랜드에 대한 소유권을 주장했던 탐험 항해도 포함된다)를 후원했다. 제임스 쿡과 함께 탐험했던 부유한 식물학자 조지프 뱅크스가 40년 넘게 왕립 학회의 지휘권을 잡았는데, 한 식민지의 공무원은 그를 가리켜 〈당대에 가장 충실한 제국주의자〉라고 묘사했다.[21] 뱅크스가 학회장으로 있는 동안 증기 기관을 발명한 제임스 와트와 그의 동업자였던 매슈 볼턴, 즉 석탄 시대의 출범에 가장 큰 기여를 한 두 사람이 왕립 학회 회원으로 활동하기도 했다.

벽에 붙어 있던 질문들이 암시하듯이, 석탄을 태우는 공장들과 식민지 개척에 나선 증기선들, 지구를 변덕스러운 여성으로 보았던 베이컨의 왜곡된 관점과 지구의 〈약점〉을 찾았다는 와트의 우월감이야말로 지구 공학이 해결하고자 하는 위기를 창조해 낸 도구이자 논리였다. 산업화 이후 인간이 자연계를 지배할 수 있다고(땅을 파헤치고 댐을 짓고 자원을 채취하고 제방을 쌓는 방식으로) 상상해 왔던 것과 마찬가지로, 큰 두뇌 용량과 강력한 컴퓨터를 이용하면 기후 위기를 충분히 제어할 수 있으리라 확신하는 것이 과연 온당할까? 햇빛을 차단하는 방식이 인간이 자연을 길들이기 위해 만든 무기고에 새로운 무기를 추가하는 정도로 정말 간단한 일일까?

여기 지구 공학적 방법이 안고 있는 기이한 역설이 있다. 이 방법은 인간이 지금껏 시도한 것 가운데 가장 규모가 크고 가장 위험한 공학 프로젝트다. 최근 5백 년간 진행되어 온 인간 역사가 이처럼 피할 길 없는 곤경으로 우리를 몰아넣고 있듯이, 이 방법 역시 판에 박은 듯 똑같은 결과를 낳을 것이다. 과학계가 합의하여 제시한 방침을 따르자면 우리는 배출량을 줄여야 하지만, 지구 공학의 논리를 따른다면 그럴 필요가 전혀 없다. 수백 년 동안 해왔던 일을 접을 필요 없이, 오히려 훨씬 더 많이 하면 그만이다.

막대 사탕 조각상처럼 서 있는 나무들과 단검 모양으로 반듯하게 깎인 산울타리로 완벽하게 단장된 치첼리 홀의 정원을 이리저리 거닐던 나는 문득 깨달았다. 가장 걱정스러운 일은 〈인간의 설계에 따라 손질된 지구〉(예전에 참석했던 지구 공학 콘퍼런스에서 나온 표현이다)에서 살게 될지도 모른다는 사실이 아니었다. 이 방법이 실행되면 이 정원만도 못한 결과, 지구 공학적 방안들을 소개한 자리에서 확인한 그 어떤 것에도 미치지 못하는, 아니 훨씬 더 나쁜 결과가 나올 거라는 두려움이 엄습했다. 오염 물질의 배출로 야기된 지구의 위기에 대처하기 위해 더 많은 오염 물질을 투입한다면(즉, 대기의 오염 물질 문제를 해결하기 위해서 성층권에 다른 오염 물질을 쏟아 넣는다면), 지구 공학적 방법은 최후의 보루를 지키고 있는 〈야생의〉 자연을 길들이는 것보다 훨씬 위험한 결과를 빚어낼 것이다. 지구는 우리가 상상할 수 없을 만큼 격노할 것이고, 지구 공학적 방법은 왕립 학회의 벽에 기록될 새로운 승리가 아닌, 수백 년 동안 계속되어 온 통제의 환상을 마감하는 최후의 비극이 될 것이다.

총명한 과학자들 대부분은 과거 지구 공학이 빚은 실패, 그중에서도 특히 기후 변화로 웅변되는 미래 예측 실패의 교훈을 가슴 깊이 새기고 있다. 생물학자들과 기후 과학자들이 지구 공학적 방법에 대해 크게 반발하는 이유다. 세계적으로 유명한 MIT 해양 미생물학자 샐리 치스홀름의 말을 인용해 보자. 〈지구 공학 연구를 지지하는 사람들은 생태계가 우리의 모든 행동에 영향을 미치는 참가자(단순한 반응자가 아니라)이며 우리는 그 행동 경로를 예측할 수 없다는 사실을 무시한다. 생태계는 살아 움직이는 유기체(대개는 미생물)들의 집합체이자,《자기 구조화 능력과 적응력을 가지고 시시각각 진화해 가는 복잡한 시스템》이다. 이런 유형의 시스템은 예측할 수 없는 창발성*을 지니며, 이는 누구나 분명히 알고 있는 사실이다! 하지만 지구 공학 연구를 지지하는 사람들은 이 점을 전혀 거론하지 않는다.〉[22]

지구 공학을 실행에 옮기길 원하는 사람들 사이에 섞여 지내는 동안 내 머릿속을 줄곧 스쳐 간 생각이 있다. 카오스 이론과 복잡계 이론 분야를 비롯한 현대 과학의 판도를 바꿔 놓은 뼈아픈 교훈, 즉 〈자연 앞에 겸손해야 한다〉는 사실도, 거품으로 가득한 지구 공학계에는 통하지 않는다는 사실이다. 오히려 지구 공학 패거리에는 서로의 막강한 두뇌를 치하하는 오만한 사람들이 잔뜩 모여 있다. 그리고 그 한쪽 끝에, 이 운동의 자상한 후원가 노릇을 하는 빌 게이츠가 있다. 과거 그는 자신이 관여하는 컴퓨터 소프트웨어 사업과 백신 사업에 대해, 양쪽 모두 〈인쇄기와 불의 발명에 버금갈 정도로 중요한 것이기 때문에〉 둘 중 어느 쪽이 더 중요한지 판단하기가 어렵다고 말한 적이 있다. 한편 패거리의 다른 쪽 끝에는 미국의 사업가 러스 조지가 있다. 2012년 브리티시컬럼비아 해안에 1백 톤 분량의 황산철을 쏟아부은 경력 때문에 〈지구 공학계의 악당〉이라는 별명의 주인공이 된 인물이다. 이 실험을 한 사실이 드러나자 그는 〈바다를 구하기 위해 자진해서 나설 만한〉 배짱을 지닌 사람은 자신밖에 없다면서 〈나는 지구 공학 분야의 투사다〉라고 주장했

* emergent properties. 각 구성 요소로서는 할 수 없는 기능이나 현상이 전체적인 구조를 통해 출현하는 현상 — 옮긴이주.

다. 마지막으로, 이 패거리의 중앙에는 데이비드 키스 같은 과학자들이 있다. 〈판도라의 상자를 여는 문제〉로 깊이 갈등하는 듯한 모습을 자주 보이긴 하지만, 그 역시 태양 복사 관리 시행 시 발생하는 몬순 약화 문제에 대해 〈그런 수문학(水文學)적 문제〉는 〈약간의 관개 작업으로〉 해결이 가능하다고 말한 바 있다.[23]

옛 사람들은 이런 태도를 오만함이라고 불렀다. 미국의 위대한 철학자이자 농민이며 시인인 웬들 베리는 〈오만한 무지〉라는 표현을 썼다. 〈지나친 규모로 일을 벌이고 지나친 위험을 감수하는 배짱을 우리는 오만한 무지라고 부른다.〉**[24]

치첼리 홀 모임이 열리기 2주 전, 강력한 쓰나미에 급습당한 후쿠시마 원전에서 원자로의 노심이 녹아내렸는데도 이들 사이에서 신중론은 찾아볼 수 없었다. 모임이 진행되는 동안에도 뉴스 첫머리에는 후쿠시마 소식이 나오고 있었다. 하지만 그들이 보인 반응은, 핵에너지 반대론자들이 이 위기를 이용해 원전 신규 건설을 반대하고 나서면 어쩌냐는 우려 정도였다. 그들 사이에선 후쿠시마 사고를 계기 삼아 자신들이 추진하려는 위험성 높은 공학적 계획을 신중히 검토해야 한다는 생각이 전혀 보이지 않았다.

여기서 우리는 첫날 저녁 큰 동요를 불러일으켰던 슬라이드 속에 붉게 표시된 아프리카 이야기를 떠올릴 수밖에 없다. 지구 공학적 방법이 신속하게 위기를 해결하기는커녕 기후 변화의 충격을 강화하여 수많은 사람들을 더 큰 곤경으로 몰아넣지는 않을까? 만일 그렇다면, 가장 큰

** 특히 문제가 되는 것은, 지구 공학 논의를 주도하는 과학자와 공학자와 발명가의 소규모 패거리들이 공개적인 대실책을 빚은 사례가 압도적으로 많다는 점이다. 미어볼드와 함께 성층권 방패를 공동 개발한 로웰 우드를 예로 들어 보자. 피나투보 옵션의 강력한 지지자로 나서기 전에 이미 우드는 엄청난 비용이 들어가는 무모한 사업이라고 세간의 혹평을 받았던 로널드 레이건의 〈스타 워즈 미사일 방어 프로그램〉 중에서도 가장 터무니없는 요소를 구상한 사람으로 이름을 날린 전례가 있다.

위험을 떠안을 사람은 누구이며, 이 위험을 감수하자는 결정을 내릴 사람은 누구인가?

기후 변화와 화산 충격의 지역별 편차

태양 복사 관리를 지지하는 사람들은 성층권에 이산화황을 투입하는 행동이 야기할 〈분배 효과〉와 그 충격의 〈공간적 불균형〉에 대해서 에둘러 말하는 경향이 있다. 펜 주립 대학의 지리학자 페트라 챠케르트는 이 전문 용어를 〈일부 나라들이 바가지를 쓰게 될 거라는 뜻을 미화하여 표현한 말〉이라고 설명한다.[25] 그런데 과연 어떤 나라들이, 어떤 식으로 바가지를 쓰게 되는 걸까?

이 중요한 질문에 대해 믿을 만한 대답을 찾는 것이야말로 세계를 뒤바꿔 놓을 공학 기술의 실행을 논의하기에 앞서 반드시 선행되어야 할 일이다. 하지만 지금으로선 그런 대답을 얻는 것이 과연 가능한지조차 분명치 않다. 키스와 미어볼드는 성층권에 이산화황을 투입하는 최선의 방법을 찾기 위해 호스와 비행기를 동원해서 실험해 볼 수 있다. 또 다른 사람들도 선박이나 거대한 탑을 이용해 바닷물을 분사하고 구름이 생성되는지를 확인할 수 있다. 하지만 북극이나 열대 지방에 이산화황을 분사하여 사하라나 인도 남부의 강우량에 파급 효과가 미치는지를 확인하기 위해서는, 지구 전체의 기후 시스템에 영향을 미칠 정도의 대규모 실험을 진행해야만 한다. 단순한 실험이 아니라 사실상 지구 공학의 수행이나 다름없다.[26]

단기간의 지구 공학 시행(예컨대 1년 동안 황을 투입하는 일) 역시 실질적인 해법은 아니다. 지구의 기후 패턴은 해마다 큰 편차를 보일 뿐만 아니라(가령 어떤 해에는 다른 해보다 몬순이 유난히 약한 경우가 있다) 이미 지구 온난화 때문에 심각한 혼란을 빚고 있기 때문에, 폭풍우나 가뭄이 일어날 경우 그것을 지구 공학 시행과 확실히 연관 지을 수 없다. 자연 자체의 동요와 점점 심해지는 온실가스의 영향을 확실히 구분하여 패턴을 확인하려면 황 투입을 장기적으로 시행해야 한다. 어쩌면 이 프로젝트의 시행 기간을 10년 이상으로 잡아야 할지도 모를 일이다.*[27]

러트거스 대학의 철학자이자 기후 변화 전문가인 마틴 번즐에 따르면, 지구 공학은 결코 무시할 수 없는 커다란 윤리적 문제를 안고 있다. 그는 이렇게 말했다. 〈의학계에서 백신을 개발할 때는 한 사람만을 대상으로 실험할 수 있다. 즉 그 한 사람은 위험을 떠안지만 나머지 모든 사람은 위험을 떠안을 필요가 없다. (……) 하지만 지구 공학의 경우에는 대기권과 같은 크기의 모델을 만들거나 대기권의 일부를 격리시키는 게 불가능하다. 작은 모델 하나로 실험을 해보고 곧바로 지구 전체를 대상으로 이 방법을 실행하는 건 미친 짓이다.〉 한마디로 이 테크놀로지를 실험하여 의미 있는 결과를 얻으려면 수십억 인구를 실험용 쥐로(그것도 여러 해 동안) 삼아야 한다는 이야기다. 바로 이런 점에서 과학사를 연구하는 제임스 플레밍은 지구 공학 계획을 〈검증되지 않았고, 검증할 수 없으며, 상상할 수도 없을 만큼 위험한 것〉이라고 표현한다.[28]

컴퓨터 모델링의 도움을 받을 수도 있다. 우리는 온실가스 배출이 지구 시스템에 어떤 영향을 미치는가를 최대한 정확히 추정하기 위해서 컴퓨터 모델링에 의지한다. 따라서 이 모델에 다른 종류의 배출 물질(성층권에 황을 투입하는 경우)을 추가하고 그 결과가 어떻게 달라지는지 확인하기만 하면 된다. 몇몇 연구 팀은 이미 이런 시도를 거쳐서 몹시 충격적인 결과를 확인했다. 예컨대 앨런 로벅은 슈퍼컴퓨터를 이용해 여러 종류의 태양 복사 관리 시나리오를 운영해 왔다. 그가 공저자로 참

* 아무리 작은 규모라도 지구 공학이 시행되면 그와 동시에 기상과 관련하여 지정학적 비난과 피해망상, 심지어는 보복의 새로운 시대가 시작되리라고 예상할 수밖에 없다. 이후에 발생하는 모든 자연재해의 책임은 멀리 떨어진 실험실에 앉아 신 행세를 한 사람들에게로 돌아갈 테니 말이다.

여하여 2008년『지구 물리학회 저널*Journal of Geophysical Research*』에 발표한 논문의 결론은 직설적이었다. 〈이산화황 투입은 아시아와 아프리카의 여름철 몬순에 영향을 주어 강우량 감소와 수십억 인구의 식량 문제를 야기할 것이다.〉 몬순은 세계 인구의 3분의 1 이상이 거주하는 지역에 귀중한 담수를 공급하는 원천이다. 인도의 경우 연간 강수량의 70~90퍼센트가 6월부터 9월에 이르는 몬순철에 집중되어 있다.[29]

이런 충격적인 예측을 내놓은 것은 로벅과 동료 연구자들만이 아니다. 다른 몇몇 연구 팀 또한 태양 복사 관리를 비롯하여 태양광을 반사시키는 지구 공학적 방법들이 강우량을 크게 감소시키리라 예측한다. 2012년에 발표된 어느 논문은 극단적인 태양 복사 관리가 시행될 경우 아마존 일부 지역의 강우량이 20퍼센트 줄어든다는 결과를 내놓았다. 2013년 또 다른 팀이 발표한 논문에 의하면, 북반구의 여러 지점에서 황을 주입하는 컴퓨터 모델링 진행 결과 아프리카 사하라 사막 남쪽 사헬 지대의 몇몇 나라(부르키나파소, 차드, 말리, 니제르, 세네갈, 수단)의 주요 작물 생산량이 자그마치 60퍼센트에서 최악의 경우 1백 퍼센트 감소할 것으로 예측된다. 그러니까 일부 지역에서는 작물 생산 시스템이 완전히 붕괴할 수도 있다는 이야기다.[30]

이러한 것들을 사소한 부작용, 혹은 〈의도치 않은 결과〉라고 표현할 수는 없다. 이 예측들 가운데 하나라도 현실화된다면, 파멸적인 기후 변화에서 벗어나기 위한 비상 대응책이 대량 학살 행위로 둔갑하는 것이다.

이처럼 충격적인 연구 결과가 피나투보 옵션을 둘러싼 낙관주의의 기세를 크게 꺾어 놓았으리라 생각하는 사람이 있을지도 모르겠다. 문제는 기후 변화의 주요한 패턴을 제아무리 정확히 예측하려 해도 컴퓨터 모델링에 한 치의 오차도 없다고는 확신하지 못한다는 데 있다. 최근 수십 년간 여름철 북극해 빙하의 용융이나 세계적인 해수면 상승의 심각성을 예측하지 못했다는 사실에서 볼 수 있듯이 컴퓨터 모델링은 위험을 과소평가하기도 하고, 어떤 경우에는 과대평가하기도 한다.[31] 특히나 기후 모델은 구체적인 지역별 충격, 예컨대 수단 남부의 기온이 미국 중부에 비해 얼마나 많이 상승하는지, 혹은 가뭄이 인도나 호주의 작물 생산량에 얼마나 큰 충격을 주는지 등을 예측할 때 가장 취약하다. 이런 불확실성을 근거로 지구 공학을 실행에 옮기고자 하는 사람들은 지역적 차원의 모델을 본질적으로 신뢰할 수 없다고 주장한다. 또 한편으로는 낙관적인 결과를 훨씬 많이 제시하는 다른 모델들이 존재한다는 사실을 강조하면서, 태양 복사 관리가 인도주의적 문제를 야기할 것이라고 보는 연구 결과들을 일축한다. 이것이 컴퓨터 모델링들 사이의 공방일 뿐이라면 이 논쟁은 무승부로 볼 수도 있다. 하지만 사실은 그게 다가 아니다.

역사의 교훈과 경고

모델이나 현장 실험에 의지할 수 없는 상황에서, 태양광 차단의 위험성을 예측하는 데 도움이 될 만한 도구가 하나 남아 있다. 게다가 기술 수준과도 거의 상관없는 도구다. 바로 역사, 구체적으로는 대규모 화산 폭발 이후 나타난 기상 패턴을 기록한 역사적 자료다. 역사적 자료의 유의미성에 대해서는 이 논쟁에 참여한 양측 모두가 인정한다. 켄 칼데이라는 1991년 피나투보 화산 폭발이 대량의 이산화황을 성층권에 유입시켰다는 점에서 〈태양 복사 관리의 토대가 되는 일부 개념을 실증하는 자연적인 실험〉이라고 표현한다. 데이비드 키스 또한 확신에 찬 말투로 이렇게 말했다. 〈분명히 말하지만 성층권에 대량의 황을 투입하는 것만으로는 큰 문제가 되지 않는다. 화산이 폭발할 때 늘 일어나는 일이니 말이다.〉 미어볼드의 동업자로 성층권 방패 개발에 참여한 로웰 우드 역시, 호스를 통해 하늘에 황을 투입하는 방식은 자연 화산을 모방하려는 시

도이므로 당연히 〈무해성을 입증하는 증거〉가 존재한다고 주장한다.[32]

레빗과 더브너는 역사적 선례의 의미를 몹시 열정적으로 강조한다. 그들이 『슈퍼 괴짜 경제학』에서 언급한 내용을 빌리자면, 피나투보 화산 폭발 이후 지구 온도가 내려갔을 뿐 아니라 〈세계 전역의 숲들이 예전보다 왕성하게 성장했다. 나무는 약간 분산된 햇빛을 더 좋아하기 때문이다. 게다가 성층권에 유입된 이산화황 덕분에 사람들은 전보다 훨씬 아름다운 석양을 볼 수 있게 되었다〉. 그러나 그들의 눈에 이 역사에 담겨 있는 경고성 교훈은 보이지 않았던 모양이다. 피나투보 폭발 직후 화산 폭풍과 이류(泥流)로 인해 〈비교적 적은 수〉의 사망자가 발생했다는 내용을 제외하면, 이 책에서 그들은 화산 폭발이 끼친 부정적인 영향에 대해 한마디도 언급하지 않는다.[33]

태양광 차단을 비판하는 사람들 역시 자신들의 주장을 뒷받침하기 위해 역사적 자료에 의지한다. 과거의 사례를 통해 이들은 아름다운 석양과 〈무해성을 입증하는 증거〉보다 훨씬 많은 것을 찾아낸다. 실제로 설득력 있는 수많은 연구들이 밝혀낸 바에 의하면, 대규모 화산 폭발과 가뭄(태양 복사 관리가 야기할 것이라 예상되는) 사이에는 분명한 상관관계가 존재한다. 1991년 피나투보 화산 폭발 당시, 아프리카의 수많은 지역들은 이미 자연적인 기후 변화로 인해 가뭄을 겪고 있었다. 하지만 피나투보가 폭발한 뒤에 상황은 더욱 악화되었다. 이듬해 아프리카 남부의 강수량은 20퍼센트 감소했고, 아시아 남부의 강수량은 10~15퍼센트 감소했다. UN 환경 프로그램은 이 가뭄을 1억 2천만 명에게 곤경을 안긴 〈20세기 최악의 가뭄〉이라고 묘사했으며, 「로스앤젤레스 타임스」는 짐바브웨의 작물 생산량이 50~90퍼센트 감소하여 인구 절반이 식량 원조를 필요로 한다고 보도했다.[34]

당시 이런 재앙과 피나투보 폭발을 연관시키는 사람은 극히 드물었다. 기후가 보내는 신호로 연결 짓기까지는 어느 정도 시일이 소요되기 때문이다. 1950년에서 2004년 사이의 강우량과 하천 유량을 연구한 결과에 따르면, 피나투보 폭발 때 성층권에 유입된 이산화황이 화산 폭발 이후에 일어난 강우량의 대폭 감소의 원인이 될 수 있는 것으로 드러났다. 뉴욕 주립 대학 앨버니 캠퍼스에서 전 세계의 가뭄을 연구하는 전문가 아이구오 다이는, 다른 원인도 있긴 하지만 〈당시 일어난 가뭄은 피나투보가 중요한 원인이었다〉고 강조한다. 2007년 다이는 콜로라도에 근거를 둔 미국 국립 대기 연구 센터의 기후 분석국 국장 케빈 트렌버스와 함께 공저자로 참여한 연구 논문에서 〈피나투보 폭발은 1992년 지표면 강수량 및 유량의 기록적인 감소와 그로 인한 가뭄에 중요한 영향을 미쳤다〉고 결론 내렸다.[35]

대규모 분화로 인해 생명을 위협하는 심각한 가뭄이 잇달아 발생한 사례가 오직 피나투보뿐이라면 확실한 결론을 내리기에는 부족함이 있다. 하지만 이 사례는 보다 근본적인 패턴과 완전히 부합한다. 화산 분화가 기후에 미치는 영향을 연구하는 선도적인 전문가 앨런 로벅은 1783년 아이슬란드 라키 산과 1912년 알래스카 카트마이 산의 분화를 그 예로 제시한다. 이 두 화산의 분화는 대량의 이산화황을 성층권으로 뿜어낼 만큼 강력했고, 피나투보와 마찬가지로 분화 뒤에 지역별로 심각한 가뭄이 찾아왔다.

강우량과 관련한 믿을 만한 기록은 약 1백 년 전부터 시작되었지만, 로벅의 조사에 따르면 〈1500년 전부터 측정되어 온 기록이 딱 하나 남아 있다. 바로 나일 강의 유량 기록이다. 1784년과 1785년(아이슬란드 라키 화산의 분화 이후 2년) 나일 강의 유량은 어느 때보다 훨씬 적었다〉. 일반적으로 나일 강의 범람은 농경지에 물과 귀중한 영양분을 옮겨 주는 역할을 했는데, 당시 유량 변화의 엄청난 영향력이 18세기 프랑스 역사가 콩스탕탱프랑수아 볼네의 여행기에 기록되어 있다. 〈11월 말부터 카이로에서는 기근 현상이 나타나 전염병이 돌 때와 비슷한 상황이 되었다. 거리에 들끓던 걸인들이 자취를 감추었다. 목숨을 부지하지 못했거나 도시를 떠나면서 나타난 현상이었다.〉 볼네는 2년간 이집트 인구 6분의 1이 사망하거나 이집트를 떠났다고 추정했다.[36]

라키 화산 분화와의 연관성에 대해 의견이 분분하긴 하지만, 학자들은 폭발이 있었던 해에 일본과 인도에 가뭄과 기근이 들어 수백만 명이 목숨을 잃은 사실을 지적한다. 유럽 서부와 중부에서는 겨울철 혹한이 홍수로 이어지며 많은 사망자가 발생했다. 전문가들은 라키 화산 분화와 이에 따른 극단적인 기상 이변으로 전 세계에서 5백 만에서 6백 만 명이 사망한 것으로 추정한다. 세계 인구가 10억에 못 미치는 시기였음을 고려하면 놀라운 규모다. 한마디로 라키 화산 분화는 역사상 최대의 사망자를 낳은 셈이다.[37]

로벅은 1912년 알래스카 카트마이 화산 분화 이후의 상황을 연구하며 비슷한 결과를 확인했다. 연구 팀은 역사적 기록을 분석하여 카트마이 화산 분화 이듬해의 나일 강 유량이 〈20세기를 통틀어 가장 낮은 수치〉였음을 확인했다. 로벅과 동료들은 또한 〈1912년 알래스카 카트마이 화산 분화 이후 인도의 몬순이 크게 약화되었는데, 이는 아시아와 인도양 사이의 급격한 기온 하강으로 인한 것임을 확인했다.〉 하지만 대규모 분화로 가장 큰 인명 피해를 입은 지역은 아프리카였다. 나이지리아에서는 경작 중인 수수와 기장과 쌀이 말라붙었고, 살아남은 곡물은 몽땅 투기꾼들의 손으로 들어갔다. 결과적으로 1913년과 1914년에 걸쳐 대규모 기근이 발생하여 아프리카 서부에서만 최소 12만 5천 명이 사망했다.[38]

대규모 분화의 결과로 추정되는 심각한 가뭄 사례는 여기에 그치지 않는다. 로벅은 대규모 화산 분화가 2천 년 동안 〈아프리카 사헬 지대와 북부 지역의 물 공급〉에 어떤 영향을 미쳐 왔는지도 연구했다. 그는 이렇게 말한다. 〈대규모 분화가 일어날 때마다 똑같은 상황이 벌어진다. 자주 일어나는 일은 아니지만, 분화는 예외 없이 똑같은 결과를 빚어낸다. (……) 전 세계적으로 평균 강수량이 줄어든다. 최근 50년간 전 세계 평균 강수량을 실제로 검토하여 강수량이 가장 적었던 세 해를 꼽아 보면 규모가 가장 컸던 세 차례의 화산 분화, 즉 1963년 아궁 화산 분화, 1982년 엘치촌 화산 분화, 1991년 피나투보 화산 분화 직후로 확인된다.〉 로벅이 두 명의 공저자와 함께 발표한 논문은 〈향후 고위도 지역에서 대규모 화산 분화가 발생하는 경우〉 정책 입안자들은 이처럼 긴밀한 연관 관계를 고려해 즉시 식량 원조 준비에 돌입하여 〈대비책을 마련하고 충격을 완화할 수 있는 시간적 여유를 제공해야 한다〉고 경고하고 있다.[39]

이러한 확실한 자료들을 눈앞에 두고도, 어째서 지구 공학 지지자들은 역사적 기록을 들먹이며 〈무해성을 입증하는 증거〉가 있다고 주장하는 걸까? 실상은 그들의 주장과 정반대인데 말이다. 지구가 간헐적으로 빚어내고 인간은 속수무책으로 당할 수밖에 없는 극단적인 사건들(지진, 쓰나미, 허리케인, 홍수, 분화) 가운데 생명에 가장 큰 위협을 떠안기는 것은 바로 강력한 화산 분화일 것이다. 생명의 위협에 노출되는 것은 화산 분출물이 이동하는 경로에 있는 사람들만이 아니다. 분화 직후에 찾아오는 가뭄으로 인한 식량과 식수 부족이 세계 전역에 흩어져 살아가는 수십억 인구의 목숨을 앗아 갈지도 모른다. 대규모 화산 분화에 비견할 만큼 세계적인 파급력을 가진 자연재해는 소행성 충돌뿐이다.

이처럼 암울한 역사적 기록을 고려하면 피나투보 옵션을 옹호하는 낙관적인 주장은 너무나 터무니없다. 아니, 사악한 주장이다. 화산 분화로 인한 온도 하강 효과를 한 번도 아니고 〈수십 년에 걸쳐서〉 꾸준히, 일부러 만들어 내겠다니. 그렇게 되면 간헐적인 분화 이후에 찾아왔던 끔찍한 위험들이 훨씬 증폭될 것이 뻔한데도 말이다.

물론 이런 위험들에 대해서도 이론의 여지는 있을 수 있다. 가장 흔히 제기되는 반론은 그 부작용의 파급이 기후 변화 자체의 충격만큼 크지는 않을 것이라는 주장이다. 심지어 데이비드 키스는 여기서 한발 더 나아가, 인간에게는 이 위험들을 최소화할 수 있는 능력이 있다고 주장한다. 그는 〈온실가스 감축 목표와 온도 상승 둔화(완전히 억제하진 못하더라도)의 목표를 결합하여〉 태양 복사 관리 프로그램을 점진적으로 늘려 간 다음 다시 점진적으로 줄이는 방식으로 운영하자고 주장한다. 2013년에 출간한 저서 『기후 공학을 지지한다 A Case for Climate Engineering』에서 그는 이렇게 밝혔다. 〈기후 변화의 충격 중에서도 빈곤에 시달리는 사람들에게 가장 극심한 영향을 미치리라 예상되는 것은 작물 감소, 혹서, 홍수다. 적절한 규모의 지구 공학을 점진적으로 확대해 가면 향후 50년간은 이와 같은 충격이 완화될 가능성이 높고, 따라서 급속한 환경 변화에 가장 취약한 가난한 사람들과 정치적 약자들에게도 이득이 될 것이다. 내가 지구 공학을 진지하게 고려하는 까닭은, 이와 같이 기후 위험을 줄일 잠재력이 내재되어 있기 때문이다.〉[40]

그러나 기후 모델들과 역사적인 기록이 이 방법에 대해 부정적인 근거를 내놓는다는 사실은 그 자체만으로 현실적인 위험에 관심을 기울여야 할 충분한 이유가 된다(물론 공학 기술을 어떻게 사용하느냐를 결정하는 주역은 과학자들이 아니라 정치인들이지만). 피나투보 분화가 야기한 엄청난 충격에 대해 연구했던 트렌버스와 다이는 직설적으로 말한다. 〈지구 온난화를 막기 위한 지구 공학적 방법에서 가장 우려되는 바는, 소위 그 치료법이 질병 자체보다 훨씬 나쁜 결과를 빚어낼 수 있다는 것이다. (……) 광범한 지역의 가뭄과 담수 자원 감소의 위기를 일으킨다는 점에서 이것은 지구 온난화를 완화하기 위한 해법으로 적합지 않은 것으로 판단된다.〉[41]

이런 위험의 규모를 얼버무리고 아예 무시하기까지 하는 수많은 지구 공학 지지자들의 태도는 결국 누가 이 위험에 가장 취약한 위치에 놓여 있느냐와 관계가 있다. 다시 말해, 만일 역사적 기록과 수많은 모델들이 성층권에 황을 투입할 경우 사헬과 인도가 아닌 북미와 독일에 광범위한 가뭄과 기근을 일으킨다는 결론을 내놓는다면, 과연 이런 식의 플랜 B를 지금처럼 진지하게 취급할까? 사실, 위험 요소들을 좀 더 공평하게 분산하는 방식으로 지구 공학을 시행하는 것도 기술적으로 충분히 가능하다. 예컨대 북반구(황 투입 후보지로 가장 흔하게 거론되는 곳이다)에서 태양 복사 관리가 시행될 경우 아프리카 사헬이 황폐화될 수 있다고 지적했던 2013년 논문은, 이어서 남반구에서 황 투입이 시행된다면 사헬 지역의 강우량이 늘어나리라 예측한다. 하지만 이 시나리오에 따르면 미국과 카리브 해의 허리케인 발생 빈도가 20퍼센트 증가하고, 브라질 북동부의 강우량은 대폭 감소할 것이다. 말하자면 공학 기술의 일부를 지구 상에서 가장 취약한 사람들과 기후 위기의 형성에 대한 책임이 가장 적은 사람들에게 유리한 방향으로 조정하는 것도 충분히 가능하다는 이야기다. 물론 이렇게 되면 가장 부유하고 가장 영향력 있는 지역 가운데 일부가 위험에 노출될 수밖에 없다. 결론적으로 우리가 직면한 문제의 핵심은 기술이 아니라 정치다. 북미 정치인 중 자국이 극단적인 기상의 위험에 노출되는데도 불구하고 지구 공학이 아프리카에게 유리한 방향으로 시행되어야 한다고 생각할 사람이 있을까?[42]

반면에, 수단 남부의 강우량이 감소할 가능성이 높아지더라도 미국 다코타 주 남부의 옥수수 경작에 피해가 가지 않는 시행 방향을 고려하는 건 너무나 쉬운 일이다. 이런 시나리오를 충분히 상상할 수 있는 것은, 이미 부국 정부들이 소극적인 방식으로나마 이런 일을 진행하고 있기 때문이다. 이들은 자국의 단기적인 수익 실현에 방해가 되는 정책의 도입은 외면하면서, 세계 최극빈 지역에 거주하는 수억 인구에게 위험을 안길 수 있는 수준으로 기온이 상승하는 상황을 방관하고 있다. 아프리카 대표자들이 UN 기후 정상 회의 석상에서 집단적 노력을 통해 온실가스를 감축하지 못하는 현실을 비꼬며 〈대량 학살〉 등의 단어를 입에 올리는 것은 바로 이러한 배경 때문이다. 2013년 폴란드 바르샤바에서 열린 기후 변화 정상 회의에서 필리핀 대표 메리 앤 루실 세링은 〈누구를 살리고 누구를 죽일 것인가를 놓고 협상을 벌이는 기분이다〉라고 말했다. 저술가이자 위스콘신 대학 영어 교수인 롭 닉슨 또한 기후 변화의 잔인무도함을 〈서서히 조여드는 폭력〉이라고 훌륭하게 묘사하면서, 지구 공학이 그 폭력을 극도로 가속화하는 도구가 될 수 있음을 강조했다.[43]

지구 공학의 쇼크 독트린

이 모든 위험이 다소 추상적인 듯 여겨질는지도 모른다. 하지만, 지금은 이런 끔찍한 일들을 신중히 고려해야 할 중요한 시기다. 일단 지구 공학적 방법이 시행되면 차분히 따져 볼 만한 시간적 여유라고는 없다. 집단적인 공황 분위기가 형성될 테니 말이다. 물론 지지자들은 지구 공학적 방법을 적극 환영한다. 빌 게이츠는 지구 공학을 〈보험 증권〉, 즉 〈상황이 급속하게 전개될 경우를 대비해 뒷주머니에 챙겨 둔 것〉이라고 표현한다. 미어볼드는 태양 복사 관리를 〈화재에 대비해 비치해 둔 스프링클러〉에 비유하며, 꺼내 써야 할 상황이 벌어지지 않는 것이 가장 좋겠지만 〈화재가 발생할 경우에는 무엇이든 의지할 것이 필요하다〉고 주장한다.[44]

위기가 현실화되면 누구나 이런 논리에 넘어가지 않을까? 나도 예외는 아니리라. 당장은 성층권에 황산을 투입하여 일종의 우주 방패를 만들자는 구상이 터무니없는 것이라고 생각하지만, 내가 사는 도시의 온도가 급상승해서 수천 명이 목숨을 잃는 와중에 누군가 신속히 오염 물질을 투입하여 온도를 떨어뜨리자고 부추긴다면? 푹푹 찌는 더운 날, 결과적으로 상황을 더 악화시키는 짓이라는 걸 잘 알면서도 에어컨을 씽씽 돌려 대는 사람처럼 나 역시 이런 식의 해법에 의지하지 않을까?

쇼크 독트린은 이런 식으로 승기를 잡는다. 위기가 현실화되어 자포자기의 심정이 되면 분별력 있는 저항 활동이 모두 힘을 잃고, 온갖 위험한 행동들이 용인된다. 지구 공학적 방법의 시행 이후 발생할 윤리적 문제와 위험을 합리적으로 평가할 수 있는 것은 위기가 목전에 닥치지 않았을 때뿐이다. 눈앞에 위험이 닥치면, 우리는 햇빛을 차단하는 방법이 정말로 화재에 대비해 스프링클러 시스템을 설치하는 것과 똑같은 대비책이라고 믿게 된다(스프링클러에서 물 대신 가솔린이 뿜어져 나올 것임을 알고 있는 사람은 예외겠지만). 이런! 게다가 이 기계는 일단 가동이 시작된 뒤에는 멈출 방법이 없다. 그랬다가는 엄청난 불길이 솟구쳐 건물 전체가 잿더미로 변해 버릴 테니 말이다. 허위 광고에 넘어가 이런 엉터리 스프링클러를 구입한 사람은 당장 환불하고 싶어 하지 않을까?

우리는 공학 기술이 안고 있는 가능성을 속속들이 알아야 한다. 하지만 아무리 많은 지식을 확보해도 이 기술을 책임감 있게 가동하기에는 부족할 것이다. 만에 하나 그들의 논리를 받아들인다 해도, 소규모의 현장 실험이 때로는 대규모 실험으로 둔갑하는 경우가 많다는 사실을 명심해야 한다. 우선 공학 기술의 시행에 전진 배치될 장비를 점검해야 할 텐데 이 파괴자들이 일단 멀찍이 떨어진 곳, 사람이 거의 살지 않는 지역에서 실험을 실시해 그곳의 온도를 변화시킬 수 있다면 다음엔 좀 덜 떨어진 장소에서 바로 확인하려 들지 않겠는가?

본격적인 현장 실험이 실시되면 전면적인 시행까지는 그리 오랜 시간이 걸리지 않는다는 걸 우리는 역사를 통해 알고 있다. 최초의 원자 폭탄 실험인 트리니티 실험이 성공한 뒤 한 달이 채 못 되어 히로시마와 나가사키에 원자 폭탄이 투하되었다. 원자 폭탄 개발을 목표로 한 맨해튼 프로젝트에 참여한 과학자들 대부분은 이것이 전쟁을 억제하는 도구로만 사용되리라 믿었다.

물론 어떤 종류의 지식이든 그 접근 통로가 봉쇄된다는 건 정신적인 고통이 될 수 있다. 하지만 과거에도 우리는 위험이 너무 크다는 인식하에 특정한 연구를 집단적으로 포기한 일이 있다. 168개국이 생물학 무기 개발을 금지하는 조약에 서명했으며, 우생학 연구 역시 특정 집단을 주변화시키고 심지어는 제거하는 도구가 될 수 있다는 이유로 금지되었다. 또한 1970년대 말 여러 정부들이 서명한 UN 환경 변조 기술 금지 조약은 기상 변조 기술을 무기로 사용하는 것을 금지하고 있다. 그럼에도 최근 지구 공학을 실행에 옮기길 원하는 사람들은 평화적인 목적을 위한 활동이라고 주장하면서 이 조약을 피해 가고 있다. 아마 수십 억 인구는 이들의 활동이 전쟁 행위라고 느낄 텐데 말이다.

지구는 우리가 창조한 괴물인가

모든 지구 공학 지지자들이 자신들의 활동이 불러일으킬 수 있는 엄청난 위험을 무시하는 것은 아니다. 그러나 대다수는 삶에는 본질적으로 많은 위험이 도사리고 있다느니, 지구 공학이 산업화가 야기하는 문제를 바로잡기 위해 노력하듯이 미래의 기술 또한 틀림없이 지구 공학이 야기하는 문제를 기술로 해결할 거라느니 하면서 대수롭지 않다는 반응을 보인다.

〈나중에 손을 보면 된다〉는 식의 주장은 프랑스의 사회학자 브뤼노 라투르가 제시한 관점으로 그동안 큰 호응을 얻어 왔다. 신 행세를 하고자 하는 인간에 대한 경고를 담은 메리 셸리의 소설 『프랑켄슈타인』에 대해, 라투르는 인류가 그 이야기에 담긴 진짜 교훈을 무시하고 있다고 주장한다. 그의 말에 따르면, 셸리가 전하고자 하는 진짜 교훈은 흔히들 알고 있는 〈어머니 자연을 망가뜨리지 말라〉는 게 아니다. 자신이 생명을 불어넣은 괴물을 버린 젊은 프랑켄슈타인 박사처럼, 인간은 자신이 공학 기술로 만들어 낸 혼란으로부터 달아나서는 안 된다는 것이다. 라투르는 우리가 신 행세를 하며 만들어 낸 우리의 〈괴물〉을 방치하지 말고 끝까지 신경 써서 관리해야 한다고 주장한다. 〈창조주가 인내심과 헌신성을 가지고 자신의 창조물을 대하듯이, 우리 역시 이런 인내심과 헌신성을 가지고 우리의 창조물을 대하는 것을 진정한 목표로 삼아야 한다. (……) 이제부터 우리는 자학적인 태도를 버리고 지금껏 추진해 온 일들을 명쾌하게, 그리고 진지하게 처리하며 전진해야 한다.〉 영국의 환경주의자 마크 라이너스 또한 『신의 종 The God Species』이라는 저서에서 라투르와 비슷하면서도 대단히 자신만만한 어조로, 인류가 바로 이 책의 제목과 같은 역할을 감당해야 한다고 촉구한다.[45]

〈우리가 창조한 괴물을 사랑하자〉는 라투르의 간곡한 청원은 일부 환경 단체, 특히 시장 논리를 고수한 채 기후 해법을 찾으려는 태도가 유난히 돋보이는 단체의 슬로건으로 쓰이곤 한다. 무책임한 프랑켄슈타인 박사처럼 자신의 창조물을 버리고 달아나는 대신, 부모처럼 책임감 있게 돌보는 것이 우리의 임무라는 주장은 반박할 수 없을 만큼 강한 호소력을 뿜는다. 그러나 지구 공학과 관련해서 보자면 이것은 너무나 적절치 않은 비유다. 우선, 우리가 사랑해야 할 〈괴물〉은 실험실에서 태어난 돌연변이 창조물이 아니라 지구다. 지구는 우리의 창조물이 아니며, 반대로 지구가 우리를 창조하고 이제껏 부양해 왔다. 지구는 우리가 돌봐야 하는 수감자도, 환자도, 기계도, 우리가 만든 괴물도 아니다. 지구는 우리를 둘러싼 세계다. 그리고 지구 온난화의 해법은 세계가 아닌, 우리 자신을 개조하는 것이다.

지구 공학은 인류 역사에서 전례를 찾아볼 수 없을 만큼 기이한 괴물로 지구를 개조한다. 우리는 단 한 종류가 아니라, 여러 가지 공학 기술적 해법들이 뒤섞인 유독한 혼합물을 상대해야 할 것이다. 온도를 낮추기 위해 하늘에 투입한 황, 황 투입 때문에 발생한 가뭄을 해소하기 위해 하늘에 투입한 구름 씨앗, 산성화를 막기 위한 필사적인 시도로 해양에 투입한 철 그리고 지구 공학이 쏟아부은 쓰레기들을 걷어 내기 위해 설치한 탄소 흡수 기계들을 동시에 상대해야 한다.

이런 점에서 지구 공학은 좋은 약은커녕 심각한 폐해의 원인이다. 좋은 약은 더 이상 약을 쓰지 않아도 될 만큼 건강하고 균형 잡힌 심신을 만들어 준다. 반면에 지구 공학은 우리의 오염 행위 때문에 균형이 파괴된 지구 생태계의 자기 조절 능력을 더욱더 파괴하는 방식이다. 우리는 기계를 만들어서 성층권에 끊임없이 오염 물질을 투입해야 하며, 거기서 나온 폐기물을 다시 흡수한 뒤 저장하여 무기한으로 관리하는 또 다른 기계를 발명할 때까지 이 기계의 작동을 중단할 수 없게 될 것이다. 지구, 즉 우리 생명을 유지시켜 주는 시스템에 생명 유지 장치를 착용시키는 꼴이다. 지구는 단 한 순간도 그 기계에서 벗어날 수 없을 것이다. 그랬다가는 그 기계가 순식간에 괴물로 돌변하여 우리를 집어 삼키고 말 테니까.

위험은 점점 커지고 있다. 여러 나라에서 한꺼번에 지구 공학적 시도를 시작할 경우, 지금껏 알려지지 않았고 알 수도 없는 상호 작용에 대처해야 한다. 다시 말해 우리는, 한 가지 문제를 해결하려다 보면 새로운 문제들이 발생해 수많은 공학 기술적 해법들이 중첩해서 쌓여 가는 프랑켄슈타인의 세계를 상대해야 한다. 우리가 시행하려는 지구 공학적 시도가 어떤 사건(전쟁이나 테러리스트의 공격, 기계적인 결함 혹은 극단적인 기상)으로든 중단되는 경우 무슨 일이 일어나게 될까? 또는 피나투보 화산 분화의 영향을 알아내기 위해 비슷한 모의 실험을 진행하는 도중에 정말로 화산이 분화한다면? 이 경우 무슨 일이 일어날 것인지를 따져 보려는 사람은 거의 없는 것 같다. 인간이 지구를 좌지우지할 수 없다는 사실을 또다시 망각한다면 데이비드 키스가 묘사했듯이 〈세계적인 규모의 빙하 시대, 즉 지구 전체가 눈으로 뒤덮이는 시대〉가 올 수도 있다. 그런데 과연 우리는 이런 위험을 무릅쓸 수 있을까?[46]

공학 기술을 통해 위기에서 벗어날 수 있다는 완강한 신념은 과거 개발된 획기적인 공학 기술(원자핵 분열이나 달 착륙 기술)에서 비롯한 것이다. 기후 변화에 대응하는 공학 기술적 해법을 적극 후원하는 참석자들 중 일부는 그 획기적인 공학 기술 개발에 직접 참여하기도 했다. 선진적인 핵무기 기술 개발을 도왔던 로웰 우드, 컴퓨터 혁명을 이끈 게이츠와 미어볼드도 그들 중 하나다. 하지만 지속 가능성 문제 전문가 에드 에이어스는 저서 『신이 준 마지막 기회God's Last Offer』에서 이렇게 말한다. 〈인간을 달에 보낼 수 있는 기술(에 대한 열렬한 지지)이 호도하는 점이 있다. 바로 로켓을 개발하는 것과 살기 좋은 공동체를 건설하는 것이 완전히 별개라는 사실이다. 전자를 이루기 위해서는 대단히 협소한 관점이 필요하지만, 후자를 이루기 위해서는 총체적인 관점이 필요하다. 살기 좋은 세계를 건설하는 것은 로켓 공학보다 훨씬 복잡한 활동이다.〉[47]

플랜 A를 제대로 시도해 보긴 했나?

치첼리 홀에서 열린 지구 공학 세미나 둘째 날에는, 지구 공학 실험의 통솔을 UN에 맡겨야 하는지를 두고 활발한 토론이 이어졌다. 현장 실험이 순조롭게 출범하기를 원하는 과학자들은 거추장스러운 개입으로 손발이 묶일까 싶은 마음에 당장에 UN의 역할을 부인하고 나섰다. 반면 비정부 기구 참가자들의 경우, 약점이 있긴 하지만 기후 거버넌스 논의의 중요한 장으로 기여해 온 UN을 적극적으로 배제하지는 않았다.

토론이 점점 뜨거워지고 있을 때 강의동 유리벽 밖에서 소동이 일어났다. 신형 고급 자동차 여러 대가 멈춰 서더니 수행원 차림(지구 공학 세미나 참가자들에 비해 눈에 띄게 세련된 차림이었다)의 사람들이 뾰족한 구두코와 높은 굽을 소란스레 울리며 자갈이 깔린 길 위에 늘어섰다. 세미나를 주최한 왕립 학회 관계자의 설명에 따르면, 자동차 회사

아우디가 주최하는 또 다른 콘퍼런스가 마차 보관소를 재단장해 만든 강의동에서 열릴 예정이었다. 밖을 내다보니 올림픽의 그것과 비슷한 아우디 로고가 박힌 자동차들이 주차장에 늘어서 있었다.

그날 오후, 태양광 차단의 윤리 문제를 둘러싼 팽팽한 토론은 이따금 옆방에서 울려오는 우렁찬 환호에 주춤거리곤 했다. 아우디 사람들이 무엇 때문에 환호를 하는지는 기업 비밀이라 알 수 없었지만, 뭔가 좋은 소식(자동차 신형 모델이나 매출액 발표)을 듣고 기뻐하는 것만은 분명했다.

원래 왕립 학회는 치첼리 홀을 기업 콘퍼런스와 「다운튼 애비」* 분위기의 결혼식 장소로 대여하곤 했으니, 이 두 회의가 전원 저택의 바로 인접한 곳에서 개최된 것은 물론 우연의 일치였을 것이다. 하지만 두 회의실 사이에 가로놓인 것은 얇은 미닫이벽 한 장뿐인 터라, 초조한 기색이 역력한 지구 공학 지지자들과 태평한 독일 자동차 회사 사람들이 서로 이야기를 나누고 있다는 느낌이 드는 건 어쩔 수 없었다. 이 방에서 지구 공학 지지자들이 촉각을 곤두세우며 합리화하는 무분별한 실험은 결국 옆방의 자동차 회사 사람들이 계속해서 흥겨운 파티를 즐길 수 있게끔 커다란 기회를 열어 줄 테니까.

인간의 정신은 우연히 가까운 곳에서 진행되는 사건들을 연관 짓곤 한다. 하지만 이 경우를 우연이라 할 수 있을까? 지구 공학 지지자들 중에는 공학 기술을 화석 연료에서 벗어나기 위한 긴급 탈출용 사다리로 보는 게 아니라, 화석 연료 열풍을 최대한 오래 지속시키기 위한 수단으로 보는 사람들도 있었다. 이를테면 네이선 미어볼드는 앨버타 타르 샌드 채취 과정에서 발생하여 노란 산을 이룬 유황 폐기물을 태양광 차단에 사용하자는 제안까지 내놓고 있었다. 〈이곳에 있는 유황 산 한쪽에

---

* Downton Abbey. 20세기 초 영국 백작 가문 이야기를 다룬 드라마 ─ 옮긴이주.

작은 분사 설비를 설치하면 북반구의 지구 온난화 문제를 전부 해결할 수 있다.〉 그야말로 대형 석유 기업들이 채취와 시추를 무기한으로 이어 갈 수 있도록 해주는 획기적인 방법이다. 데이비드 키스가 새로 설립한 회사 카본 엔지니어링의 투자자 중에는 빌 게이츠 말고도 대규모 타르 샌드 회사 캐네디언 내추럴 리소시스Canadian Natural Resources의 설립 자이자 운영자 머레이 에드워즈도 포함되어 있다.[48]

두 사건은 분명 관련이 있다. 화석 연료를 채취하는 기업이나 압도적으로 많은 양의 화석 연료를 연소하는 기업들(예컨대 자동차 회사들)은 오래전부터 지구 공학을 기후 변화 대응책으로 적극 옹호해 왔다. 자신들의 사업을 중단하는 것보다 훨씬 바람직하다고 판단하기 때문이다. 그 역사는 1992년까지 거슬러 올라간다. 그해 미국 국립 과학원은 「온실 효과의 정책적 함의Policy Implications of Greenhouse Warming」라는 보고서를 펴내 큰 논란을 불러일으켰다. 이 보고서에 소개된 여러 가지 지구 공학 방법을 보고 많은 기후 과학자들은 소스라치게 놀랐다. 지구 궤도에 거울 5만 개를 쏘아 올리는 방법부터 〈알루미늄으로 코팅하고 수소를 채워 넣은 풍선 수십 억 개를 성층권에 투입하여 반사경으로 이용하는〉 방법까지, 아주 기이한 내용들이 적혀 있었던 것이다.[49]

논란을 더욱 부채질한 것은 보고서의 이 부분을 집필한 대표 저자가 당시 제너럴 모터스의 부회장으로 재직하던 로버트 A. 프로슈라는 사실이었다. 그는 이렇게 설명했다. 〈문제를 해결할 수 있는 더 좋은 방법이 있다면 누구든 이산화탄소 감축이라는 부담감에 시달릴 필요가 없지 않겠는가. 이산화탄소를 대폭 감축하기 위해서는 꽤 많은 돈이 들어가고 경제 전체에 충격이 간다. 전 세계 모든 인간의 생활 방식을 바꾸는 문제를 놓고는 그렇게 건성으로 이야기하면서, 환경에 영향을 미치는 방식을 조금만 바꾸자는 얘기만 나오면 도끼눈들을 뜨는 이유가 뭔지 나로선 이해할 수가 없다.〉[50]

또 한 가지 짚어 두자면, 2008년 지구 공학에 관한 공식적인 과학자 모임을 소집한 스티븐 쿠닌은 BP사 소속의 수석 과학자였다. 이 모임은 10년 계획의 기후 개조 연구 프로젝트에 대한 보고서를 출간했는데, 그 내용은 태양열 복사 관리에 초점을 두고 있었다(쿠닌은 이후 BP를 떠나 오바마 행정부에서 에너지 과학부 차관직을 맡았다).[51]

화석 연료 산업계의 넉넉한 자금줄을 잡고 강한 영향력을 행사하는 싱크탱크들도 비슷한 상황이다. 예컨대 미국 기업 연구소American Enterprise Institute는 여러 해에 걸쳐 기후 변화 부정론을 뒷받침하면서 엑슨모빌로부터 수백만 달러의 후원금을 받았다. 지금도 이 연구소는 기후 행동을 막는 일에 열정을 보이는 보수적인 재단들의 최대 수혜 기관이라는 위상을 유지하고 있다. 2003년 이후로 이런 자금원에서 받은 후원금 총액은 줄잡아 8,670만 달러에 이른다. 2008년에 이 연구소는 〈지구 공학 프로젝트Geoengineering Project〉라는 명칭의 부서를 신설하여 여러 차례 콘퍼런스를 하고, 수많은 보고서를 발표하고, 의회 청문회 증인으로 전문가들을 파견해 왔다. 지구 공학 프로젝트는 지구 공학이야말로 온실가스 감축 실패에 대비한 플랜 B가 아닌 플랜 A라는 일관된 주장을 펼치고 있다. 이 프로젝트의 대변인으로 몇 년간 활동했던 리 레인은 2010년 이렇게 설명한 바 있다. 〈기후 변화가 언젠가는 심각한 위협이 되리라고(또한 온실가스 억제책은 많은 비용이 소요되며 정치적으로 실행에 옮기기 힘들다고) 생각하는 사람들에게 기후 공학은 최후이자 최선의 희망으로 떠오르고 있다.〉[52]

이 연구소가 표명하는 입장이 특히 눈길을 끄는 이유는, 기후 과학을 공격하고 온실가스를 규제하려는 거의 모든 진지한 시도를 차단하기 위해 줄곧 노력해 온 이력이 기록으로 확실히 남아 있기 때문이다. 이 연구소는 에너지 효율이 높은 전구를 장려하는 가벼운 법안까지 반대했다. 한 연구자는 이렇게 말했다. 〈우리가 일상에서 사용하는 조명 방식에 간섭하는 건 지나친 정부 개입이다〉.[53] 연구소의 직원 일부는 몇 년 전부터 적절한 세율의 탄소세 혹은 세수 중립적인 탄소세 도입에 반대하지 않는다는 입장을 밝혀 왔다. 탄소세와 지구 공학은 기후 변화를 인정하는 공화당 지지자들 사이에서 눈에 띄게 지지 기반을 넓혀 가고 있다는 공통점을 가진다.

독자들은 지구 상의 모든 사람들을 위해 햇빛을 차단하는 것이 국민들에게 전구를 교체하라고 요구하는 것보다 훨씬 강력한 정부 개입이라고 생각할 것이다. 물론 이 정책은 그 어떤 정책보다 강력한 개입이다. 하지만 우리가 놓쳐서는 안 될 핵심이 있다. 화석 연료 회사들과 그들의 돈을 받으며 대변인 노릇을 하는 이들의 입장에서는, 엑슨모빌을 규제하는 정책만 아니라면 그 어떤 정책도 마음에 들 것이다. 그런 점에서 햇빛을 조정하려는 시도 역시 그들의 구미에 맞는 것이다.

그들과 달리 우리는 전혀 다른 시각으로 세계를 본다. 우리는 지구 공학이 이처럼 진지하게 다루어지는 현실에 기반하여, 설사 경제적 파급력이 따른다 해도 온실가스 감축을 근간으로 하는 플랜 A를 긴급히 실행에 옮겨야 함을 확인한다. 공상 과학 소설에나 어울리는 해법을 고려할만큼 기후 변화가 긴급하고 엄청난 위험을 안고 있다면, 그 엄청난 위험을 해결하기 위해 〈진짜〉 과학에 기초한 해법을 고려하는 건 당연하지 않은가.

과학은 우리에게 말한다. 이미 밝혀진 매장지에 묻혀 있는 화석 연료 대부분을 그대로 땅속에 묻어 두어야 한다고. 기후 개조 실험에 필요한 재원을 마련할 수 있는 정부들이라면, 극단적인 조건이 따라붙는 에너지의 신규 개발을 금지하고 재생 가능 에너지로의 급속한 전환에 필요한 재원을 공급하는 것쯤은 거뜬하지 않겠는가. 틴들 연구소의 케빈 앤더슨이 말한 대로, 〈지금도 우리는 셰일 가스와 타르 샌드와 대량의 석탄을 채취하고 있다. 곧 북극 밑까지 파헤칠 기세다. 미래에 사용할 지구 공학에는 큰 관심을 기울일 필요가 없다. 지금 우리가 해야 할 일은 화석 연료를 땅속에서 캐내는 일을 중단하는 것이다〉.[54]

어떻게 하면 이 책에서 다룬 다른 해법들을 실행할 수 있을까? 이를테면, 기후와의 전쟁에 가장 큰 책임이 있는 오염 기업들의 수익 가운데 훨씬 많은 비율을 세금으로 거두고, 이 세금을 그들이 배출한 오염 물질을 정화하는 데 투입하는 방법은? 민영화된 에너지 산업을 다시 공영화하여 전력망에 대한 통제권을 되찾는 방법은? 우리에겐 이 전략이 실행 가능한지 따져 볼 시간적 여유가 그리 많지 않다. 이는 화석 연료에서 완전히 벗어나야 하는 상황에 처하기 전까지만 적용할 수 있는 전략이다. 그러므로 지금 바로 확실히 논의할 필요가 있다.

인도의 저술가이자 활동가인 반다나 시바는 우리 사회가 생태학적 방법을 근간으로 한 농업 모델로 전환하면 많은 양의 탄소를 포집할 수 있을 뿐 아니라, 온실가스를 줄이고 식량 안전성도 강화할 수 있다고 지적한다. 게다가 지구 공학처럼 〈무려 50년간의 실험 기간을 거칠 필요도 없다. 이미 효과가 확인된, 확실하고 믿을 수 있는 방법이다〉.[55] 흔히 이런 대응책은 자유 시장 원칙과 위배되는 것으로 여겨진다. 하지만 재차 짚어 두자면, 은행과 자동차 회사들에 대한 구제 금융 역시 자유 시장 원칙에 위배되는 것이다. 게다가 이 모델은 지구 공학처럼 지구의 온도를 떨어뜨리기 위해 대기 중의 탄소와 기온 사이의 근원적인 상관관계를 깨뜨리는 과격한 방법을 쓰지 않는다.

만일 도저히 피할 방법이 없는 기후 위기가 연속적으로 터져 나오는 상황이라면, 지구 공학적 방법에 내재된 가공할 계산법(예컨대 중국 전체를 구하기 위해 중남미의 일부를 희생시키거나 세계적인 해수면 상승을 막기 위해 인도의 식량 원천을 붕괴시킬 위험을 감수하고 남아 있는 빙하와 동토 지대를 지키는 방법)도 무시할 수만은 없을 것이다. 설사 이런 계산법에 필요한 정보를 충분히 확보하고 있다 하더라도(대체 그 정보를 어떻게 확보할지 상상이 가지 않지만), 당장은 그럴 상황이 아니다. 우리에겐 이처럼 가공할 계획들, 대량 학살이라 표현해야 마땅할 계획들의 실현을 막을 수 있는 여러 가지 대안이 있다. 그러나 이 대안을 실행에 옮기지 못할 경우 강대국들이 한 나라의 국민 전체나 한 대륙을 제물로 삼는 〈위험을 감수〉할 수밖에 없다고 주장하리라는 건 뻔하다. 그걸 알면서도 우리가 이를 실행하지 않기로 결정한다면, 우리 후손들은 이 결정을 인류 역사상 가장 비윤리적인 행위로 평가할지도 모른다.

우주인의 관점

지구 공학 세미나가 진행되는 동안 줄곧 내 머릿속을 맴도는 사진이 있었다. 리처드 브랜슨이 상금 2,500만 달러를 내걸고 버진 어스 챌린지를 시작했던 날 보도되었던 사진이다. 사진 속에서 검은 옷을 입고 이를 활짝 드러낸 채 웃는 브랜슨은 비치 볼을 다루듯 플라스틱으로 만든 지구 모형을 던져 올리며 즐거워하고, 바로 옆에서는 앨 고어가 과연 이게 제대로 돌아가고 있는 건지 모르겠다는 표정으로 서 있었다.[56]

이 정지 장면을 보는 순간 나는 이것이야말로 기후 운동의 초기 모습을 구현한 완벽한 사진이라는 생각이 떠올랐다. 부와 권력을 쥔 한 사람이 전 세계를, 문자 그대로 두 손으로 감싸 들고서 우리를 대신해 자칫 깨지기 쉬운 푸른 행성을 구하겠노라고 큰소리치는 모습. 엄청난 부를 향한 인간의 욕망과 능력을 이용해 이 영웅적인 위업을 반드시 달성하겠다고 선언하는 모습.

이 사진의 모든 게 잘못되어 있었다. 기후 위기를 낳은 대표적인 오염 배출자를 기후를 구해 낼 영웅으로 둔갑시킨 이 장면은 분명 재치 있는 홍보임이 분명하다. 하지만 특히 돋보이는 것은 거액을 내놓는 것만으로 우리가 만들어 낸 오염 문제를 해결할 수 있다는 가정, 그리고 기후 변화의 해법이 아래가 아닌 위로부터 나온다는 확신이었다.

최근 이 사진에 또 다른 문제가 있다는 생각이 떠오르기 시작했다. 그 문제는 브랜슨이 던져 올리는 하늘색 지구 모형과 관련되어 있다. 우주에서 바라본 지구의 모습은 40년이 넘는 세월 동안 환경 운동의 비공식적인 로고로 자리 잡아 무수히 많은 티셔츠와 배지, 자동차 범퍼 스티커에 새겨졌다. 우리가 UN 기후 회의에서 보호하길 기대하는 것도, 우리가 매년 지구의 날에 〈구하자〉고 부르짖는 것도 바로 이런 모습의 지구다. 우리는 지구를 멸종 위기종 동식물이나 기아에 허덕이는 오지의 어린이들이나 버려진 동물처럼 취급한다. 인간이 지구보다 우월한 입장에 있다고 보는 이러한 관점은 지구를 쉽게 조종할 수 있는 기계처럼 취급했던 베이컨의 소설만큼이나 위험한 태도다.

이 파란 구슬이 몹시 약하고 부서지기 쉽다는 걸 깨닫고 지구를 구해 내야겠다고 결심하는 순간 우리는 자신이 아주 특별한 역할, 즉 지구를 보살피는 부모의 역할을 맡는다고 생각한다. 하지만 현실은 정반대다. 약하고 상처 입기 쉬운 존재는 우리 인간이며, 깊은 애정과 권능을 가지고 우리를 두 손으로 감싸 든 존재가 바로 지구다. 현실적으로 말하자면, 우리 앞에 놓인 도전은 인간의 대응으로부터 지구를 지키는 것이 아니라 지구의 대응으로부터 인간을 지키는 것이다. 인간이 지나치게 개입할 경우 지구는 지진과 화염을 일으킬 것이다. 지구는 우리를 완전히 말살할 만큼 엄청난 위력을 가지고 있다. 무슨 일을 하더라도 이 진리를 잊어서는 안 된다. 지구 공학이라는 도박을 할 것인지 말 것인지 결정할 때는 더더욱 그러하다.

———

물론 이런 상황이 닥치리라고는 아무도 예상하지 못했다. 1960년대 말 NASA가 우주에서 바라본 지구의 사진을 공개하자, 이 이미지가 인간 의식에 깨달음의 불꽃을 지폈다는 열광적인 이야기가 홍수처럼 쏟아져 나왔다. 우주가 상호 연결된 통일체임을 인식할 수 있게 되면서 우리는 이 외로운 행성이 우리의 유일한 보금자리이며, 이 행성을 책임감 있게 돌볼 의무 또한 우리에게 있다는 사실을 깨달았다.* 1966년 영국의 경제학자이자 저술가 바버라 워드가 말했듯이 이 행성은 〈지구라는 이름의 우주선〉이었고, 우리는 다행히도 그 이미지를 두 눈으로 확인함으로써 그 말의 뜻을 온전히 이해하게 되었다. 그녀는 이렇게 말했다. 〈이 우주 여행은 굉장한 위험을 안고 있다. 우리의 생명은 작은 봉투에 든 흙과 그보다 큰 봉투에 든 대기에 의지하고 있다. 게다가 흙과 대기는 오염될 수도 있고 파괴될 수도 있다.〉[57]

우리는 대체 어떠한 이유로 이 겸허한 태도를 벗어던지고 지구를 비치볼로 취급하며 생명을 위험에 몰아넣는 브랜슨처럼 행동하게 된 걸까? 미국의 소설가 커트 보니것은 이미 오늘날의 상황을 예측한 바 있다. 1969년 『뉴욕 타임스 매거진』에 그는 이런 글을 썼다. 〈NASA가 공개한 사진 속의 지구는 푸른색과 분홍색, 흰색이 어우러져 있는 아름다운 진주다. 너무나 깨끗한 모습이다. 이 사진에서 굶주림과 분노에 시달리는 지구인들은 보이지 않는다. 연기도, 더러운 물도, 쓰레기도, 정교한 무기도 보이지 않는다.〉[58]

NASA의 사진이 공개되기 전까지만 해도, 환경 보호주의자들은 대개는 몹시 사소한 일(행성 지구*Earth*의 일이 아닌 흙*earth*의 일)에 열중하고 있었다. 헨리 데이비드 소로는 월든 호숫가에 흰 강낭콩을 심으며 즐거워했고, 에드워드 애비는 유타 남부의 붉은 바위산을 돌아다녔으며,

---

* 참으로 공교롭게도, 우주에서 지구를 바라본 모습 가운데 가장 널리 퍼진 것은 해리슨 슈미트가 찍은 사진이다. 슈미트는 전직 미국 상원 의원이자 기후 변화 부정론자로, 종종 허틀랜드 콘퍼런스의 연단에도 선다. 지구 사진을 촬영한 경험에 대해 그는 심드렁한 태도로 일관한다. 소문에 따르면, 〈지구는 한 번 본 것으로 충분하다〉고 말했다고 한다.

레이철 카슨은 흙 속에서 DDT에 오염된 지렁이를 찾아냈다. 특정한 생명체와 장소(나아가 세계 전역의 모든 생명체들과 장소들)에 대한 애정을 일깨우고 북돋으려는 목적으로 생생한 묘사가 돋보이는 산문과 자연주의적인 회화, 기록 사진과 영화가 제작되었다.

환경 보호주의가 지구 밖 우주로 진출하여 전지적 능력을 가진 외부자의 관점에 서게 되면서, 보니것이 경고했던 대로 모든 것들이 흐릿해지기 시작했다. 지표면에서 바라보는 지구의 모습이 아니라 우주에서 내려다본 지구의 모습을 계속해서 보고 있자면, 오염 물질을 배출하는 원천들과 오염 물질이 쌓여 가는 곳들이 지구만 한 크기의 체스판 위에 놓인 말처럼 이리저리 이동하는 모습도 자연스럽게 여겨지기 시작한다. 석탄을 대체한다는 명목으로 프래킹 천연가스가 등장하고, 석유를 대체한다는 명목으로 광활한 옥수수 농장이 들어섰다. 얼마 안 있어 대기 중의 이산화탄소를 상쇄한다는 명목으로 해양에 철이 투입되고 성층권에 이산화황이 투입되는 날이 올지도 모른다.

보니것의 말대로, 우주에서 지구를 바라보면 성긴 구름 아래 살아가는 사람들의 모습(〈해법〉이라는 이름으로 제시된 매우 다양한 생각들을 가지고 땅덩어리에 부속물처럼 붙어 살아가는)은 지워지고 만다. 이런 만성적인 망각 증상은 최근 몇 년 사이에 일어난 수많은 치명적 정책 실수들의 공통된 특징이다. 프래킹 천연가스를 탈화석 연료로 전환하는 징검다리로 이용하자는 정책은, 땅의 황폐화와 수원의 오염에 적극적으로 반대하는 사람들이 바로 거기 살고 있다는 사실을 무시했다. 탄소 거래제와 탄소 상쇄제 역시 이런 뒷거래로 유지되는 석탄 회사들 인근에서 오염된 공기를 마시며 살아야 하는 사람들을, 또한 조상 대대로 이용해 왔던 숲에 들어갈 수 없는 사람들을 잊어버렸다.

수많은 기업들이 이런 관점에 서서 바이오 연료가 석탄과 가스를 대체할 완벽한 저탄소 해법이라고 스스로를 설득할 때, 이와 같은 우선순위가 참혹한 희생을 초래한다는 것을 우리는 이미 확인했다. 그들의 계산기에서 인간과 탄소가 똑같은 비중으로 평가되는 순간 어떤 결과가 나타날지는 불을 보듯 뻔하다. 중요한 농지를 바이오 연료 작물 재배지로 전용하면 식량 공급에 차질이 생겨 광범위한 지역에 기아가 발생하게 된다. 정책 입안자들이 지역 주민의 참여를 보장하여 동의를 구하는 과정 없이 대규모 풍력 발전소와 사막 지역을 활용한 태양광 전지판 설치를 강행하는 경우에도 똑같은 문제가 발생한다. 그곳에 거주하는 주민들은 당연히 땅의 활용과 개발 혜택의 분배 방식에 반발하고 나설 수밖에 없다.

이처럼 치명적인 망각은 치첼리 홀 세미나를 비롯한 지구 공학 논의의 모든 장에서 빈번하게 나타난다. 기술적인 개입을 동원하여 북극 빙하의 용융을 막을 수 있다는 상상에 참석자들은 마음을 놓는다. 식량 생산을 몬순에 의지하는 아시아와 아프리카의 수십 억 인구가 고통을 받거나 목숨까지 잃을 수 있다는 사실은 까맣게 잊어버린 채 말이다.

이런 외부인의 관점은 때때로 극단적인 결과를 낳기도 한다. 지구를 벗어나 우주 공간까지 확대된 시야를 가지고 〈지구야, 잘 있어〉 인사를 남긴 채 지구에서 떠나는 상상을 하는 사람도 있다. 바로 프린스턴 대학의 물리학자 제라드 오닐이다. 그는 1970년대 중반 지구 자원의 한계를 극복하기 위해 우주 식민지를 건설하자는 주장을 펼치기 시작했다. 한 가지 짚어 두자면, 오닐의 열성적인 제자였던 스튜어트 브랜드 또한『홀 어스 카탈로그Whole Earth Catalog』라는 잡지를 창간하여 1970년대 상당 기간 동안 미국 정부가 우주 식민지를 건설해야 한다는 주장을 펼쳤다. 그는 현재 기후 변화의 해법으로 원자력이나 지구 공학 등, 대규모 공학 기술을 동원하자는 적극적인 지구 공학 지지자로 활동하고 있다.[59]

지구 탈출이라는 환상을 부추기는 지구 공학 지지자는 그뿐이 아니다. 하늘에 호스를 매다는 방법을 공동 발명한 로웰 우드는 화성 지구화를 열광적으로 지지한다. 그는 2007년 콜로라도 아스펜에서 청중들에게 〈지금 어린아이들이 죽기 전에 화성의 초원 위를 걷고 (……) 화성의 호수에서 수영을 하게 될 가능성은 50퍼센트〉이며 이런 일을 가능케 하는 전문 기술은 〈아주 간단하다〉고 말했다.[60]

물론 여기서도 리처드 브랜슨은 빠지지 않는다. 2012년 9월, 브랜슨은 〈CBS 오늘 아침〉이라는 프로그램에서 이렇게 말했다 〈나는 죽기 전에 화성 이주 사업에 착수하기로 마음먹었다. (……) 화성 이주는 충분히 가능한 일이다. 반드시 그렇게 될 것이다.〉 그의 말에 따르면, 이 계획에는 〈화성에 사람들이 거주할 수 있도록 (……) 거대한 돔을 세우는 것〉이 포함된다. 또 다른 인터뷰에서 그는 이 외계 공간에서 열리는 칵테일 파티에 누구를 초대해야 할지 심사숙고 중이라고 밝혔다. 〈화성에서는 의사도 환영받고, 코미디언도 환영받고, 재미난 사람도, 잘생긴 사람도, 못생긴 사람도 환영받는다. 지구에서 일어나는 일들 중 좋은 것은 무엇이든 환영받을 것이다. 그곳 사람들은 사이좋게 지낼 수 있어야 한다. 공간이 꽤 협소할 테니까.〉 아, 초청자 명단에 들어갈 사람이 하나 더 있다. 〈그 여행은 편도로 끝날지도 모른다. (……) 따라서 나는 아마 살날이 10년쯤 남을 때까지 기다렸다가 그곳에 갈 것이다. 물론 아내 허락을 받아야겠지만.〉 버진의 총수는 자기 계획을 합리화하기 위해 스티븐 호킹까지 들먹인다. 〈그 역시 인류가 반드시 다른 행성에 식민지를 건설해야 한다고 생각한다. 지구에 끔찍한 일이 일어날 때를 대비해서 말이다. 오랜 진화의 세월이 물거품으로 변하는 모습을 지켜봐야 한다면 얼마나 슬프겠는가.〉[61]

이런 말을 한 버진의 총수는 온두라스와 맞먹는 탄소 배출량을 기록하는 항공사를 운영하고, 지구 구원의 소망을 온실가스 감축이 아니라 아직 개발되지도 않은 탄소 흡수 기계에 걸고 있다.[62] 물론 우연의 일치일 수도 있지만 지구 공학 무대에 오른 핵심 출연자들 대다수는 지구 탈출에 강한 관심을 보이고 있는 듯하다. 뒷주머니에 플랜 C를 챙겨 두고 있으니, 무모하리만큼 위험성이 큰 플랜 B를 낙관적으로 받아들이는 게 훨씬 쉬울 수밖에.

이 두 계획은 실현될 수 없다. 너무나 위험하기 때문이다. 화성을 지구화하는 것은 말할 것도 없고, 지구의 기후를 조작하는 것 역시 거의 승산이 없다. 브랜슨이 소유한 버진 그룹의 온실가스 배출량이 분명히 보여 주듯이, 환상에 불과한 이 계획들은 지금 이 순간에도 심각한 폐해를 낳고 있다. 환경주의 저술가 케네스 브라우어는 이렇게 말한다. 〈과학이 우리를 구할 거라는 생각은 터무니없는 망상이다. 지금의 세대는 이 망상에 의지해 다음 세대는 전혀 고려하지 않은 채 모든 자원을 제멋대로 탕진하고 있다. 이런 생각은 문명 세계로 하여금 환경 재앙을 향한 확고부동한 행진을 계속하도록 만드는 안정제다. 이것이 현실적인 해결책을 가로막는다. 현실적인 해결책은 인간 행동을 변화시키는 힘겨운 활동 속에 있다.〉 게다가 그러한 망상은 한술 더 떠서 〈만에 하나 지구 공학이 실패하더라도 옮겨 갈 곳이 있다〉며 우리를 안심시킨다.[63]

우리는 이런 식의 탈출 이야기를 이미 잘 알고 있다. 노아의 방주나 랩처* 이야기도 그중 하나다. 하지만 우리가 알아야 할 것은 전혀 다른 내용의 이야기다. 바로 이 지구는 우리의 유일한 보금자리이며, 지구는 받은 대로 돌려준다는 사실이다. 그리고 한번 자리 잡은 것은 아주 오랜 동안 그 자리를 유지하므로, 지구에 무얼 보탤 때는 신중해야 한다.

지구 공학이 비빌 언덕이 있다면, 그것이 우리의 가장 오래된 문화적 서사에 딱 맞아떨어진다는 점이다. 기성 종교와 할리우드 액션 영화 덕분에 많은 사람들의 뇌리에 새겨진 이 서사는, 결국 우리 중 일부(중요한 사람들)가 구원을 받는다는 이야기다. 여기서 우리가 믿는 종교는 공

---

* Rapture. 게임 〈바이오쇼크BioShock〉의 무대가 되는 해저 도시 — 옮긴이주.

학 기술이며, 우리를 구원하는 것은 신이 아니라 빌 게이츠와 인텔렉추얼 벤처스에서 일하는 천재들이다. 석탄이 곧 〈청정〉해질 거라든가, 타르 샌드 산업이 배출한 탄소가 곧 대기에서 뽑혀 나와 깊은 땅속에 묻힐 거라든가, 조광기를 단 샹들리에처럼 강력한 햇빛의 강도를 낮추는 기술이 실행될 거라든가 하는 내용의 광고에서, 우리는 약간 변형된 이 서사를 목격한다. 지금 논의되는 계획들 중 하나가 아무 성과를 거두지 못할지라도 반드시 필요한 순간 또 다른 해법이 등장할 거라는 똑같은 이야기가 되풀이될 것이다. 어쨌거나 우리는 막강한 힘을 지닌 종, 선택된 종, 신의 역할을 하는 종이니 말이다.

하지만 BP사의 딥워터 석유 시추 시설과 파생 상품 시장 등, 인간이 창조한 복잡한 시스템 가운데 다수가 붕괴한 이후로(최고의 석학으로 꼽히는 사람들 중에서도 이런 결과를 전혀 예견하지 못했던 이들이 있었다), 이 서사의 위력은 차츰 힘을 잃어 가고 있다. 2012년 브루킹스 연구소Brookings Institution에서 실시한 설문 조사에 따르면, 미국인 열 명 가운데 대략 일곱 명이 햇빛의 강도를 낮추려는 시도에 대해 득보다 실이 많을 거라 생각하고 있다. 〈지구 온난화 문제가 심각해지지 않도록 과학자들이 기후 개조 방법을 찾아낼 것〉이라고 믿는 사람은 열 명 중 세 명뿐이다. 2014년 초에 출간된 논문「자연 기후 변화Nature Climate Change」에서 연구자들은 호주와 뉴질랜드를 대상으로 시행된 면접 조사와 대규모 온라인 설문 조사(현재로선 지구 공학과 관련한 여론 조사 가운데 가장 큰 규모다)를 통해 집계된 데이터를 분석했다. 이 논문의 대표 저자인 맬컴 라이트는 이렇게 설명했다. 〈조사 결과 대중은 기후 공학에 대단히 부정적인 견해를 지니고 있는 것으로 나타났다. (……) 이는 몹시 놀라운 결과이며, 뚜렷한 경향성을 드러낸다. 우주 거울이나 성층권 미립자 투입 등의 공학적 개입에 대해 대중은 호의적인 평가를 내리지 않는다.〉 최첨단 기술과 관련한 설문 주제임을 고려하면, 나이 많은

응답자들이 젊은 응답자들보다 지구 공학을 흔쾌히 받아들였다는 점이 참으로 흥미롭다.[64]

가장 반가운 소식은, 외부인의 관점에 선 환경주의의 시대가 저물고 새로운 환경 운동이 부상하고 있다는 것이다. 새로운 환경 운동은 특정 지역에 깊이 뿌리 내리면서도 전에는 볼 수 없었던 세계적인 네트워크를 형성한다. 여러 종류의 대규모 실패를 목격해 온 이 행동주의 세대는 오만한 공학자들의 자신만만한 주장에 의지하지 않을 뿐 아니라, 한번 망가지면 영원히 복구할 방법이 없는 소중한 지구를 걸고 도박을 벌일 생각이 전혀 없다.

물론 이것은 무수히 많은 운동의 하나이며, 외부인의 관점에서는 아예 보이지 않을지도 모른다. 그러나 이 운동이 바야흐로 화석 연료 산업의 근간을 흔들어 대기 시작했다.

3부
어쨌든 시작하자

자본주의가 자신의 영역에 있는 비자본주의 사회들을 용인하고 지배의 탐욕을 억제해야 함을 마지못해 인정하는 날, 원료를 무한정 확보할 수 없음을 마지못해 시인하는 날, 바로 그날 변화가 시작된다. 이 세계에 희망이 있다면, 그것은 기후 변화 콘퍼런스 석상이나 고층 건물들이 즐비한 도시에서 자라나는 게 아니다. 희망은 지표면의 가장 낮은 곳에서 자라난다. 숲과 산과 강이 자신들을 보호한다는 사실을 깨닫고 그것을 지키기 위해 일상적인 투쟁에 나선 사람들의 어깨동무 안에서 자라난다.

심각하게 훼손된 세계를 재창조하는 첫걸음은, 특별한 상상력을 가진 사람들의 절멸을 막는 것이다. 자본주의도 공산주의도 아닌 상상력, 무엇이 행복이고 충족인지에 대해 전혀 다른 관념을 드러내는 상상력 말이다. 이러한 철학적 공간을 확보하기 위해 우리는 과거의 수호자들이 존속할 수 있는 물리적 공간을 용인해야 한다. 실제로 이들은 우리에게 미래의 길잡이가 되어 줄 것이다.

— 아룬다티 로이, 2010년[1]

1993년에 셰브론을 상대로 소송을 제기할 때 나는 〈이 회사와의 싸움에서 승리를 거두기 위해서는 아마존을 하나로 단합시켜야 한다〉고 생각했다. 그건 몹시 어려운 도전이었다. 갈수록 힘겨운 과제가 나타났다. 감히 말하건대, 이제 우리는 전 세계를 단합시켜야 한다. 이 회사들과 싸우기 위해서, 이 도전을 감당하기 위해서, 우리는 전 세계를 단합시켜야 한다.

— 루이스 얀자, 〈아마존 방어 전선〉의 활동가, 2010년[2]

9장

블로카디아

새로운 기후 전사들

심각하거나 돌이킬 수 없는 피해가 우려되는 경우, 비용에 비해 효과가 높으면서도 환경 악화를 방지할 수 있는 조치가 과학적 불확실성을 이유로 미루어져서는 안 된다.

— UN 리우 환경 개발 선언, 1992년[1]

석유 산업에서 정직하고 양심적인 사람은 박물관 소장품만큼이나 희귀하다.

— 해럴드 이키즈, 미국 국무부 장관, 1936년[2]

「여권을 제시하시오.」 방탄조끼에 최루 가스 산탄통과 수류탄을 훈장처럼 매단 경관이 말했다. 우리는 기자증과 캐나다 기록 영화 제작 팀이라는 사실을 증명하는 문서를 내밀었다.

폭동 진압 경관은 아무 말 없이 문서를 받아 들더니 우리와 동행한 통역원에게 자동차에서 내리라고 몸짓으로 지시했다. 그러고는 팔짱을 긴채 거대한 이두근이 울룩불룩 솟은 자신의 팔뚝에 시선을 고정시킨 동료와 한참이나 귓속말을 나누었다. 또 다른 경관이 끼어들었고, 다시 새로운 경관이 끼어들었다. 마지막 경관은 전화기를 꺼내 문서에 적힌 이름과 숫자를 힘겹게 읽다가 이따금 통역원에게 한마디씩 불쑥 질문을 던지곤 했다. 경관 복장을 한 사람들이 우리 주위로 잔뜩 모여들었다. 모두 열한 명이었다.

날이 어두워지고 있는 데다, 경관의 제지로 우리가 멈춰 선 비포장 도로는 엉망으로 부서져 한쪽이 뚝 떨어져 나간 상태였다. 가로등도 없었다. 내가 보기엔 우리를 골탕 먹일 작정으로(캄캄한 어둠 속에 이 험한 도로를 뚫고 가게 하려고) 그렇게 오랫동안 문서를 확인하는 것 같았다. 하지만 우리는 이럴 때의 행동 수칙을 잘 알고 있었다. 기분 좋은 표정을 짓고, 눈을 마주치지 말고, 말을 걸어 오기 전까지는 입을 열지 말아야 한다. 둥글게 말린 가시 철조망 앞에 중무장한 경관들이 줄줄이 늘어선 장면을 촬영하고 싶은 충동도 억눌려야 한다(나중에 알고 보니 다행히 우리 쪽 사진 기자가 그물 모양의 모자를 이용해 촬영을 하고 있었다). 전횡을 일삼는 권력과 마주쳤을 때의 제1원칙은 이것이다. 아무리 화가 나도 내색하지 말 것.

우리는 기다렸다. 30분, 40분, 시간은 계속 흘러갔다. 해가 저물었다. 승합차는 굶주린 모기들로 들끓었다. 우리는 계속 태평스러운 미소를 짓고 있었다.

나는 더 심한 검문소도 본 적이 있다. 미국의 이라크 침공 이후로 공공 건물이다 싶은 곳에 출입하려는 사람은 죄다 전신 몸수색을 받아야 했다. 가자 지구에 들어갔다 나왔을 때는 총 여덟 곳에서 이스라엘 방어군과 하마스 양쪽으로부터 오랫동안 심문을 받아야 했다. 하지만 엉망이 된 이 도로에서 진행되는 검문에서 특이한 것이 있다면, 이곳은 공식적인 교전 지역이 아니라는 점이었다. 또한 군사 정권이 장악한 점령 지역도 아니었다. 아무 이유도 없이 장기간 억류와 심문을 당할 만한 지역이 아니었다. 이곳은 유럽 연합에 소속된 민주주의 국가 그리스의 공공 도로였고, 더구나 우리는 세계적으로 유명한 관광지 할키디키에 있었다. 모래사장과 청록색 바닷물, 올리브, 4백 년 수령의 너도밤나무와 떡갈나무가 늘어서 있고 군데군데 폭포들이 자리 잡은 오래된 숲이 대단한 절경을 이루어 매년 수천 명의 방문객을 불러 모으는 곳.

대체 어째서 폭동 진압 경관이 진을 치고 있는 걸까? 가시 철조망은 뭐지? 나뭇가지에 묶여 있는 감시 카메라는 또 뭘까?

블로카디아에 오신 걸 환영합니다

흰색 칠이 된 휴양지 건물들과 식탁에는 파란 체크무늬 천이 깔려 있고 마룻바닥에 그리스 전통주 우조가 배여 끈적이는 바닷가 주점들은 여전히 관광객들로 붐비는데, 이곳만은 어째서 휴양지다운 모습을 잃어 버린 걸까? 이곳은 흔히 〈블로카디아Blockadia〉라고도 불리는 지역의 전초 기지다. 블로카디아란 지도에 표시된 특정 장소를 가리키는 지명이 아니다. 노천 채광이나 프래킹 가스 채취, 혹은 타르 샌드 오일 송유관 등 채광 및 가스 채취 사업이 추진되는 과정에서 국경을 초월한 충돌의 빈도와 강도가 갈수록 심해지는 지대를 가리키는 말이다.

고립된 상황에서 저항이 이어지는 이런 지역들을 하나로 묶는 공통점이 있다. 바로 채광 기업들과 화석 연료 기업들의 탐욕이다. 기업들은 높은 가격을 받을 수 있는 광물 상품과 위험성이 큰 〈비전통적〉 연료를 생산하고자 수많은 지역들로 거침없이 파고든다. 하지만 이러한 활동 대부분은 지역 생태계(특히 지역 수자원 시스템)를 파괴할 뿐 아니라, 적절한 검증이나 규제가 이루어지지 않아 사고 위험성이 무척 높다.

블로카디아의 또 다른 공통점은, 이곳에서 저항 활동에 참가하는 사람들이 일반적으로 알려진 환경 운동가들과는 전혀 다른 활동을 하고 있으며(이들은 지역 주민 회의에 대거 참여하고, 인근 주요 도시에서 시위 행진을 벌이며, 경찰 승합차에 실려 끌려다니거나 불도저 앞에 드러눕는 일도 불사한다), 저항 활동의 양상 또한 지역에 따라 제각각 다르다는 사실이다. 이들의 활동은 해당 지역의 특징을 고스란히 반영하고 있으며 소상인, 대학 교수, 고등학생, 할머니 등 직업과 연령대도 다양하다(붉은 지붕과 아름다운 모래사장으로 독특한 매력을 풍기는 그리스의 해변 마을 이에리소스에서는 주점 직원들이 전부 시위에 참가하러 다니기 때문에 주인이 직접 손님들을 맞아야 한다).

위험성이 높은 극단적 채취 활동에 대한 이 저항 운동은 다양한 기반을 지닌 풀뿌리 주민 운동의 세계적인 네트워크(지금껏 환경 운동에서는 거의 찾아볼 수 없었던 것이다)로 꾸려진다. 이를 단순히 환경 운동으로만 간주하는 것은 옳지 않다. 이 현상을 뒷받침하는 주요 원동력은,

공동체 생존에 필수적인 자원(건강한 물과 공기와 토양)에 대한 실질적인 통제권을 보장하는 근원적 형태의 민주주의를 향한 갈망이다. 그 과정에서 이런 지역별 근거지들이 저항 운동을 통해 기후 범죄의 확산을 막아 내고 있는 것이다.

이와 같은 저항 방식의 성과와 무력한 환경주의의 과오를 확인한 많은 젊은이들은, 겉만 번드르르한 환경 단체들이나 거창한 UN 정상 회의에 대한 기대를 접고 블로카디아의 바리케이드로 모여들고 있다. 이것은 단순한 전략의 수정이 아닌 근본적인 관점의 수정이다. 기후 변화에 대한 공동체의 대응은 폐쇄된 공간에서 이루어지는 탁상공론과 로비에 크게 의존하던 방식에서 벗어나 대개는 생생한 삶의 현장인 거리(그리고 산과 밭과 숲)를 주무대로 삼아 예상을 뛰어넘는 활동을 펼쳐 나가기 시작했다.

외부인 관점의 기후 위기 대응책을 구상하느라 지구 모형을 앞에 놓은 채 탁상공론을 벌이며 오랜 세월을 허비해 온 과거의 환경주의자들과 달리, 새로운 활동가들은 기꺼이 손에 흙을 묻혀 가며 직접 현장에 뛰어들어 활동을 전개한다. 열대 우림 행동 네트워크의 기후 활동가 스콧 파킨은 이렇게 밝혔다. 〈사람들은 기후 변화를 부정하는 의원들에게 이메일을 보내거나 페이스북에 화석 연료와 관련한 기발한 게시물을 올리는 방식을 넘어서는, 새로운 기후 행동을 원한다. 오늘날 새롭게 등장한 반체제 운동은 워싱턴에 터를 잡은 엘리트들과 결별하고, 불도저와 석탄 트럭 앞을 가로막고 선 새로운 세대에게 힘을 실어 주고 있다.〉[3] 이 운동은 또한 줄곧 주도적인 위치를 차지해 왔던 채취 산업에 급작스러운 충격을 안기고 있다. 이들이 벌이는 사업이 다 차려진 밥상이라 해도, 또 그러한 방식이 판에 박힌 관례가 되었다 해도, 이젠 안심할 수 있는 처지가 아니다.

승합차를 타고 가던 중 검문 때문에 발이 묶였던 곳, 이에리소스 인근의 스쿠리 숲에서 주민 저항을 불러일으킨 촉매제가 된 것은 캐나다 채광 회사 엘도라도 골드Eldorado Gold의 사업 계획이었다. 그들은 금과 구리를 채취하고 가공하는 대규모 노천과 지하 광산 및 가공 공장을 건설하기 위해 오래된 숲을 대량으로 벌목하고 인근의 수자원 시스템에 손을 대려 했다.[4] 우리 일행이 억류되었던 곳은 채광 폐수를 저장하는 대규모 댐과 저수지 부지로 쓰기 위해 벌목이 예정되어 있는 숲의 한 모퉁이였다. 우리는 6개월 시한부 선고를 받은 사람을 찾아가는 심정이었다.

이 산에서 흘러내리는 물에 의지해 살아가는 인근의 많은 사람들은 광산 사업을 결사적으로 반대하고 있었다. 자녀와 가축들의 건강을 걱정하는 한편 관광과 어업, 농업 의존도가 높은 지역에 대규모 폐기물을 배출하는 산업 활동이 들어서서는 안 된다는 확신을 가지고, 온갖 방법을 동원하여 광산 반대 운동을 벌이는 중이었다. 이런 상황은 휴양지 마을에 기묘한 공존을 빚어냈다. 작은 놀이공원 앞에서는 군인들의 행렬이 이어졌고, 초가지붕을 얹은 전통 술집에서는 밤마다 뜨거운 정치 회합이 벌어졌다. 이 마을의 자랑거리이자 기네스북에까지 이름을 올린 한 염소 치즈 제조업자는 체포되어 몇 주째 구금된 채 재판을 기다리고 있었다. 여러 주민들과 함께 복면을 쓰고 광산 트럭과 불도저에 불을 질렀다는 혐의를 받는 터였다.[*5]

그리스 한쪽 귀퉁이에 위치한 스쿠리 숲의 운명은 전 국민의 관심을 모으며, 국회와 저녁 대담 프로그램의 토론 주제가 되었다. 그리스 진보 운동계에서도 이 사안은 뜨거운 쟁점이다. 테살로니키와 아테네에서 활동하는 도시 활동가들은 대규모 시위를 조직하는 한편, 이 숲에 찾아와 집회를 열고 기금 마련을 위한 공연을 개최한다. 〈스쿠리를 살리자〉라는 낙서가 전국 각지로 퍼져 나가는 가운데, 좌파 야당인 시리자당은 집

* 주민들은 자신들의 투쟁은 비폭력 원칙을 고수하며, 방화 사건은 외부 선동자들의 행위라고 주장했다.

권하면 가장 먼저 광산 사업 허가를 취소하겠다는 공약을 내세웠다.

한편 경제 위기에 몰려 긴축 재정을 강요받고 있는 그리스 연립 정부는 스쿠리 숲을 하나의 상징으로 붙잡고 있다. 총리 안토니스 사마라스는 〈해외 투자자〉의 보호가 중요하기 때문에 〈어떤 대가를 치르더라도〉 엘도라도 광산은 예정대로 건설되어야 한다는 입장을 분명히 밝힌다. 지역 주민의 반대에도 불구하고, 이 광산의 건설은 세계 시장에 사업의 기회가 열려 있음을 알리는 중요한 신호라고 주장하는 것이다. 사업이 시작되면 그리스는 큰 논란에 휩싸인 송유관 및 각종 채취 사업을 신속히 밀어붙일 것이다. 에게 해와 이오니아 해에 석유와 가스 유전이 들어서고, 북부에 새로운 석탄 화력 발전소가 건설되고, 그동안 보호받던 해변에서는 대대적인 개발이 이루어지고, 곳곳에서 광산 사업이 시작될 것이다. 그리스의 한 언론인은 〈그리스의 경제 위기 극복을 위해서는 이런 사업이 필수적이다〉라고 말했다.[6]

이러한 국가적 이해관계 때문에, 그리스는 암울했던 독재 정권 이후 유례를 찾아볼 수 없을 만큼 강경한 태도로 광산 반대 운동을 진압하기 시작했다. 스쿠리 숲은 고무 총탄이 날아다니고 최루 가스가 자욱하게 깔리면서 옛 주민들을 쓰러뜨리는 전투 지대로 변했다.[7] 물론 건설 중장비가 오가는 도로에는 검문소가 빽빽이 들어서 있다.

하지만 블로카디아의 이 전초 기지에는 경찰이 설치한 검문소만 있는 것이 아니다. 이에리소스 지역 주민들도 마을 입구마다 검문소를 설치했다. 이와 같은 선택에는 그럴 만한 이유가 있다. 2백 명이 넘는 폭동 진압 경관이 완전 무장을 한 채 마을의 좁은 골목까지 들어가 사방팔방으로 최루 가스 산탄통을 투척하는 사건이 벌어졌는데, 그중 하나가 어린 학생들이 수업을 하고 있던 학교 운동장에서 터지고 말았던 것이다.[8] 주민들은 자율적으로 순번을 정해 검문소를 지키며 경찰의 기습에 대비한다. 경찰차가 눈에 띄면 교회로 달려가 종을 울리고, 신호를 들은 주민들은 당장 거리로 몰려나와 항의 구호를 외친다.

───────────

정치적 항의 행동이 아니라 내전을 연상시키는 이와 비슷한 장면들이 세계 각지에 흩어진 수많은 분쟁 지대에서 전개되면서, 블로카디아의 전선은 급속하게 확장되고 있다. 그리스의 이 외딴 지역에서 북쪽으로 8백여 킬로미터 떨어진 루마니아의 농촌 마을 푼게스티에서는, 주민들이 루마니아 최초의 셰일 가스 탐사정 건설을 추진하는 셰브론의 계획에 반대하여 마지막 결전을 준비하고 있었다.[9] 2013년 가을, 농민들은 밭에 농성장을 세워 몇 주 동안 버틸 수 있는 물자를 비축하고 변소까지 판 다음, 셰브론의 시추 계획을 막겠다고 선언했다.

그리스 정부와 마찬가지로 루마니아 정부 역시 목가적인 농촌 마을에서 충격적인 무력 진압을 강행했다. 폭동 진압 경찰들이 곤봉과 방패를 들고 농경지를 가로질러 평화 시위를 진행하는 농성자들을 공격했다. 몇몇 주민들이 곤봉에 맞아 피를 흘리면서 구급차에 실려 갔다. 어느 곳에서는 격분한 주민들이 셰브론의 조업을 보호하는 울타리를 허물면서 더 큰 보복 공격을 불러오기도 했다. 한 목격자의 말에 따르면, 마을 안에는 폭동 진압 경관들이 〈점령군〉처럼 늘어서 있었다. 한편 마을로 통하는 도로에는 경찰 검문소들이 설치되고 여행 금지령이 내려져 취재 기자들조차 출입할 수 없었고, 고립된 주민들은 풀밭으로 소를 몰고 나갈 수 없었다. 주민들은 채취 활동이 자신들의 생활 터전을 뒤흔드는 심각한 위협이기 때문에 이를 막을 수밖에 없다고 설명했다. 어느 주민은 〈우리는 여기서 농사를 짓고 산다. 깨끗한 물이 없으면 안 된다. 물이 더러워지면 어떻게 소를 기르겠는가?〉라고 하소연했다.[10]

블로카디아는 나의 조국 캐나다의 수많은 자원 요충지들을 향해서도 뻗어 나갔다. 예컨대 2013년 10월(푼게스티 사태가 뉴스에 보도되던 때) 뉴브런즈윅 지역에서도 비슷한 갈등 상황이 빚어졌다. 약 1만 년 전 캐나다 동부에 정착한 미크맥족으로 구성된 일시포그토그 원주민 공동체는 뉴브런즈윅을 자신들의 땅이라 주장한다. 텍사스에 본사를 둔 어느 미국 회사의 캐나다 자회사 SWN 리소시스가 이곳에서 프래킹 채취를 앞두고 탄성파 실험을 준비하자, 일시포그토그 사람들은 이를 막기 위해 통행 차단을 주도하고 나섰다. 문제의 땅이 전쟁이나 조약에 의해 양도된 적이 없었기 때문에 캐나다 대법원은 미크맥족이 이 지역의 자연 자원과 물을 계속 이용할 권리가 있다고 판결했다. 주민들은 이 지역이 프래킹 폐기물에 오염되면 물에 대한 권리가 짓밟히게 된다고 주장하고 있다.[11]

이 일이 있기 전인 6월, 이곳 주민들은 〈신성한 불〉을 점화하고 모닥불을 지키는 농성을 시작하여 비원주민들에게 가스 회사 트럭 통행 차단 활동에 동참해 주기를 촉구했다. 많은 사람들이 동참한 시위대는 여러 달에 걸쳐 탄성파 실험 지역 근처에 진을 치고 북을 두들겨 전통적인 가락을 연주해 가며 도로와 설비 이용을 봉쇄했다. 봉쇄 상황은 몇 차례에 걸쳐 되풀이되었고, 한 여성은 운반을 막기 위해 탄성파 실험 장비 더미에 몸을 묶고 버티기도 했다.

대치 상황은 대체로 평화로운 양상을 보여 왔다. 하지만 10월 17일, 회사가 법원에서 따낸 강제 명령에 따라 캐나다 기마경찰대가 출동해 봉쇄된 도로를 뚫기 시작했다. 목가적인 마을이 전쟁터로 변했다. 1백 명이 넘는 경관들(저격용 소총과 공격견까지 동원되었다)이 군중을 향해 최루액과 물대포를 쏘아 대고 시위 진압용 충격탄을 발사했다. 경관들은 노인들과 어린이들까지 공격하고, 선출직 주민 대표를 포함해서 주민 10여 명을 체포했다. 시위대 일부가 경찰차를 공격하면서, 경찰차 다섯 대와 일반 승합차 한 대가 불탔다. 주요 일간지 하나는 〈원주민의 셰일

가스 시위, 폭력으로 변질되다〉라는 제목을 1면 머리기사로 뽑았다.[12]

블로카디아는 영국 곳곳의 시골 마을에서도 생겨나고 있다. 〈가스로의 대전환〉이라는 영국 정부의 정책에 반대하는 사람들이 산업 활동을 중단시키기 위해 여기저기서 다양하고 독창적인 전술을 전개한다. 예컨대, 웨스트서식스의 작은 마을 발콤에서는 프래킹 예정 부지로 이어진 도로를 봉쇄하는 〈항의 소풍〉 운동이 벌어졌고, 역사적인 마을 웨스트버튼과 셰익스피어가 「헨리 4세」에서 언급했던 아름다운 〈은빛〉 트렌트 강 인근에 들어선 가스 화력 발전소에서는 스물한 명의 활동가들이 냉각탑에 올라갔다. 높이 90미터의 냉각탑에서 이들은 일주일 넘게 용감하게 농성을 벌여 마침내 가동을 중단시켰다. 이 회사는 5백만 파운드의 손해 배상 소송을 제기했지만 여론의 압박에 못 이겨 소를 취하했다. 최근에는 활동가들이 맨체스터 인근의 프래킹 실험 부지에 찾아가 거대한 풍력 터빈 날개를 옆으로 눕혀 출입구를 막았다.[13]

블로카디아는 쇄빙선 〈아틱 선라이즈Arctic Sunrise〉에도 출현했다. 녹아내리는 빙하 아래를 뚫으려는 시도의 위험성을 알리고자, 그린피스 활동가 30여 명이 선박을 이용해 러시아 유전 주변에서 시위를 벌였다. 무장한 러시아 해안 경비대가 헬리콥터로 경비대원들을 투입해 특공대 방식으로 선박을 나포했고, 활동가들은 두 달 동안 투옥되어야 했다.[14] 이들은 해적 활동 혐의로 기소되었다. 법정형 징역 10년에서 15년에 해당하는 죄명이었다. 49개국에서 항의 시위가 일어나고 여러 나라 정상을 비롯해 노벨 평화상 수상자 열한 명(폴 매카트니도 물론 합세했다)이 압력을 가하자, 러시아 정부는 이들을 전원 석방하고 사면했다.

블로카디아 정신은 심각한 억압이 자행되는 중국의 여러 곳에서도 나타난다. 내몽골의 목축업자들은 화석 연료 자원이 풍부한 지역을 중국의 에너지 기지로 만들려는 정부 계획에 반발해 나섰다. 〈바람이 센 날에는 온통 석탄 가루 천지가 된다. 노천 광산 때문이다. 해가 갈수록 수

위도 낮아지고 있다. 더 이상은 여기서 살아갈 방법이 없다.〉목축업자 왕 웬린이 「로스앤젤레스 타임스」를 통해 한 말이다. 광산 주변에서 과감한 활동을 하며 석탄 트럭의 통행 방해에 참여했던 시위자 몇 사람이 정부의 강경한 진압으로 목숨을 잃었음에도, 주민들은 이 지역 곳곳에서 계속 시위를 이어 가고 있다.[15]

이처럼 격렬하게 전개되는 국내의 석탄 광산 반대 운동은 중국이 석탄의 대부분을 해외 수입에 의존하는 원인 중 하나다. 하지만 중국에 석탄을 공급하는 다른 많은 지역에서도 역시 블로카디아 방식의 저항이 전개되고 있다. 예컨대, 호주 사우스웨일스에서는 새로운 석탄 채광 사업에 대한 반대 활동이 갈수록 거세지고 있으며 한두 달씩 시위가 이어지기도 한다. 2012년 8월에는 여러 단체들이 연합해 〈호주 역사상 최초의 석탄 광산 봉쇄 농성〉(이는 연합체의 표현이다)을 조직했다. 그 후 1년 반이 흐른 지금까지 활동가들은 몰레스 크리크Maules Creek 사업(호주에 건설 중인 최대의 광산 사업이다) 부지의 출입구 곳곳에 자신들의 몸을 사슬로 결박해 가며 싸우고 있다. 어느 평가서에 따르면, 이 지역에 예정된 사업들은 총 7,500헥타르(약 1만 8,500에이커)에 이르는 주립 리어드 삼림 지대 중 절반을 훼손하여 호주 연간 배출량의 5퍼센트를 넘어서는 온실가스 발자국을 남길 것으로 추정된다.[16]

이렇게 생산된 석탄 대부분이 항구를 통해 아시아로 수출되기 때문에 활동가들은 퀸슬랜드 항구 확장 반대 운동도 함께 진행한다. 항구가 확장되면 석탄 운반선의 수가 해마다 크게 늘어나고, 세계 문화 유산이자 살아 있는 생물이 만들어 낸 지구 최대의 자연 구조물인 그레이트 배리어 리프Great Barrier Reef의 취약한 생태계가 위협에 노출될 것이다. 호주 해양 보존 협회는 급격히 증가하는 석탄 운반선의 통행을 위해 바다 바닥층 준설 사업을 진행하면, 이미 해양 산성화와 각종 오염 물질의 유입으로 심각한 타격을 입고 있던 이곳의 산호초가 앞으로는 〈유례를 찾

아볼 수 없는〉 심각한 위협에 맞닥뜨릴 거라고 주장한다.[17]

여기까지 블로카디아의 상황을 거칠게 묘사해 보았다. 하지만 이 그림을 완성하려면 앨버타 타르 샌드 관련 기간 시설에 대한 저항이 급격히 분출하고 있는 캐나다와 미국의 상황까지 다루어야 한다.

물론 트랜스캐나다의 키스톤 XL 송유관도 빼놓을 수 없다. 캐나다를 종횡으로 가르는 대규모 시스템의 일부인 제1단계가 불길한 첫걸음을 떼었다. 사업 첫해, 송유관 인근에 건설된 펌프장에서는 무려 열네 차례의 타르 샌드 오일 유출 사고가 일어났다. 대부분은 소규모 사고였지만, 한 달에 두 번이나 대규모 유출이 일어나 송유관 전체의 가동이 중단되기도 했다. 노스다코타의 한 목장주는 한밤중에 유출된 기름이 자기 농장 인근의 미루나무 숲을 뒤덮는 장면을 목격했다고 전했다. 〈영화에서 본, 때리면 때릴수록 쑥쑥 자라나는 괴물 같았다.〉 70억 달러가 투입된 키스톤 XL 송유관 건설이 완료되면(오클라호마에서 텍사스 해안의 수출 항구에 이르는 남부 구간은 이미 완공되어 가동 중이다) 일곱 개 주를 관통하는 총 길이 2,677킬로미터에 달하는 새로운 송유관이 추가되어, 하루 83만 배럴의 타르 샌드가 걸프 만의 정유 공장과 수출 기지까지 운반될 것이다.[18]

키스톤 반대 운동은 2011년 워싱턴 D.C.에서 일어난 역사적인 시민 불복종 운동(206~208면 참조)으로 번져 갔고, 곧이어 미국 기후 운동 사상 최대 규모로 알려진 항의 운동(4만 명이 참가한 2013년 2월의 백악관 앞 시위)으로 이어졌다. 더하여 〈카우보이와 인디언의 연합〉이라 알려진 송유관 인근 원주민들과 목축업자들의 전혀 예상치 못했던 연합 시위(그리고 육식을 생명 학살이라고 생각하는 채식주의 활동가들과 집 안에 사슴 머리 장식품을 전시해 두는 목장주들의, 전혀 있을 법하지 않은 연합 시위)도 일어났다. 〈블로카디아〉라는 용어를 처음으로 사용하며 직접 행동에 주력해 온 단체 〈타르 샌드 봉쇄Tar Sands Blockade〉는

2012년 8월 텍사스 동부의 키스톤 송유관 건설 사업에 반대하여 86일 동안 나무를 점거했다. 이 연합 세력은 송유관 남부 구간의 건설을 막기 위해서 온갖 기발한 방법을 동원한다. 이를테면 아직 설치되지 않은 송유관 안에 들어앉아 농성을 하고, 송유관 건설 예정로를 따라 나무 위에 오두막집을 세우거나 기타 구조물로 복잡한 망을 만드는 것이다.[19]

캐나다에서는 에너지 회사 엔브리지Enbridge의 노던 게이트웨이 송유관 건설 사업이 잠자던 생태계의 분노를 흔들어 깨웠다. 무려 1,178킬로미터에 이르는 이 송유관이 완성된다면, 정제되지 않은 타르 샌드 오일이 하루 52만 5천 배럴씩 앨버타 주 에드먼턴 인근에서 시작해 약 1천 개의 수로를 지나고 세계적으로 손꼽히는 원시 상태의 온대 우림(그리고 눈사태의 위험이 높은 산맥)을 관통하여 브리티시컬럼비아 북부 키티마트에 새로 건설된 수출 기지까지 운반될 것이다. 이 막대한 양의 오일은 또한 이곳에서 출발하는 대형 유조선에 실려 맹렬한 파도가 수시로 발생하는 좁은 태평양 해협(브리티시컬럼비아에 속하는 이 지역의 휴양 시설들은 겨울철에 〈폭풍우의 장관을 구경할 수 있다〉고 홍보한다)을 지나갈 것이다. 캐나다의 가장 아름다운 미개간지와 낚시터, 해변 그리고 해양 생태계에 타격을 입히는 이 대담한 사업 계획에 맞서 캐나다에서 유례를 찾아볼 수 없는 반대 운동 연합 세력이 구축되었다. 브리티시컬럼비아의 원주민 그룹은 공동체의 영토를 관통하여 타르 샌드 오일을 운반하는 새로운 송유관 건설을 막기 위해 역사에 남을 만한 연합 세력을 형성하고, 〈미국 국경에서 북극해까지 이어지는 반대의 철옹성〉으로 나서겠다고 선언했다.[20]

다양한 저항과 투쟁이 분출하는데도 에너지 회사들은 자신들을 가로막는 이들의 실체를 제대로 파악하지 못하고 있다. 트랜스캐나다는 키스톤 XL 송유관 사업을 강행해도 무리가 없을 거라 판단하고 송유관 자재 10억 달러 치를 매입했다. 나름대로 이유가 있는 판단이었다. 오바마 대통령이 〈총동원〉 에너지 전략을 채택한 데다, 캐나다 총리 스티븐 하퍼는 이 사업에 대해 〈고민할 필요도 없는 일〉이라고 언급했으니 말이다. 하지만 트랜스캐나다의 어설픈 예상과는 달리 이 사업을 계기로 대규모 저항 운동이 확산되었고, 이는 미국 환경 운동의 부활이자 개혁으로 이어졌다.[21]

블로카디아에서 충분히 시간을 보내다 보면 하나의 패턴이 눈에 들어오기 시작한다. 시위대가 치켜든 피켓에는 〈물은 생명이다〉, 〈돈을 먹고 살 수는 없다〉, 〈전면 거부〉라는 슬로건이 적혀 있다. 시위대는 장기적으로 투쟁에 임할 것이고 승리를 얻기 위해선 어떤 희생도 불사하겠다는 결단을 공유한다. 또 하나 눈에 띄는 요소는 여성의 주도적인 역할이다. 여성은 전선의 선두에 서는 경우가 많으며, 도덕적으로 강력한 지도력을 발휘할 뿐 아니라 이 운동에서 가장 지속적인 상징으로 자리 잡고 있다. 가령 뉴브런스윅에서 폭동 진압 경찰들이 늘어선 고속도로 한가운데 무릎을 꿇은 채 독수리 깃털 하나를 치켜 들고 있는 한 미크맥족 중년 여성의 이미지는 전 세계로 급속하게 퍼져 나갔다. 그리스에서 나치 독일 점령기에 저항군이 부르던 혁명 가요를 큰 소리로 노래하며 폭동 진압 경찰과 대치하는 74세 여성의 이미지 역시 많은 이들의 심금을 울렸다. 머리에 스카프를 두르고 나무 지팡이를 손에 쥔 루마니아 노년 여성의 이미지 또한 〈정부가 나서지 않으면 할머니가 나선다〉라는 자막을 달고 전 세계로 퍼져 나갔다.[22]

이 공동체들을 압박하는 여러 치명적인 위협들은 오히려 보편적인 욕구, 나아가 근원적인 욕구(자녀들을 위험으로부터 보호하고자 하는 마음이나 지금껏 억압받아 온 대지와의 깊은 교감)를 일깨우고 있다. 주류 언론은 특정한 프로젝트에 맞서는 고립된 저항으로만 다루지만, 이들 사이에서 이러한 운동은 세계의 일부, 즉 최근의 원자재 개발 폭주에 반대하는 세계적 대응의 하나로 자리 잡아 가기 시작했다. 지리적으로 고립된 공동체들은 소셜 미디어를 활용하여 자신의 이야기를 세계 전역으로 확산시키고, 그 이야기는 다시 공통된 생태계의 위기에 맞선 저항이라는 초국가적 서사를 형성한다.

프래킹과 산을 깎아 내는 석탄 채취에 대해 반대를 외치는 활동가들은 버스를 타고 워싱턴 D.C.까지 와서 키스톤 XL 송유관 반대 시위에 참여했다. 극단적이고 위험한 형태의 화석 연료 개발의 폭주야말로 공동의 적이라는 사실을 이들은 그 어느 때보다 분명히 인식하고 있었다. 프랑스의 공동체는 자신들의 땅이 〈프래킹〉(유럽에서는 거의 알려지지 않았던 방식) 시행 부지로 가스 회사에 임대되었다는 사실을 확인하자 곧바로 캐나다 퀘벡의 활동가들에게 연락을 취했다. 퀘벡의 활동가들은 프래킹 중지 조치를 이끌어 낸 경험이 있었다(이들은 미국의 활동가들에게 많은 도움을 받았다. 특히 기록 영화 「가스랜드」는 세계적인 저항 운동을 이끌어내는 강력한 도구가 된 터였다).*[23] 마침내 2012년 9월 세계 전역 20개가 넘는 나라에서 2백 개의 공동체가 참여하는 〈세계 프랭킹 반대 운동 Global Frackdown〉이 탄생했고, 1년 뒤에는 훨씬 더 많은 공동체들이 참여했다.

지역별 저항 운동 결집의 토대가 된 것은 기후 위기에 대한 광범위한 인식과 새로운 채취 사업(전통적인 채취 사업에 비해 훨씬 많은 이산화탄소를 배출하는 타르 샌드 사업과 훨씬 많은 메탄을 배출하는 프래킹 사업)이 전 세계를 그릇된 방향으로 몰고 가고 있다는 깨달음이다. 활동가들은 땅속에 묻힌 탄소를 건드리지 말고 그대로 두는 것, 그리고 탄소를 흡수하는 오래된 숲을 광산 사업으로부터 보호하는 것이 재앙적인 온난화를 막을 수 있는 전제 조건임을 이해하고 있다. 저항은 지역 주민

---

* 프랑스의 경제학자이자 프래킹 반대 활동가 막심 콩브는 이렇게 말한다. 〈이 영화에서 토지 소유주 마이크 마컴이 천연가스 개발 사업의 영향을 확인하기 위해 자신의 집 수도꼭지에서 새어 나오는 가스에 불을 붙이는 장면은, 프래킹의 위험성과 관련해서 그 어떤 보고서나 강연보다 훨씬 강렬한 충격을 전달한다.〉

의 생계와 안전을 위협하는 다양한 갈등에서 비롯되었지만, 이런 저항 속에서 전 지구적 생태계의 위기에 대한 인식 역시 점점 깊어 간다.

〈석유 없는 아마존Oil-free Amazon〉 운동의 지휘부에서 활약하고 있는 에콰도르의 생물학자 에스페란사 마르티네스가 던지는 질문이 이 모든 캠페인의 토대를 압축한다. 〈화석 연료 채취가 아예 금지되었다면 새로운 지역들이 희생양이 될 이유가 있었겠는가?〉 이제는 화석 연료 개발을 중단해야 할 때라는 것이 이 운동을 뒷받침하는 핵심 이론이다. 시애틀에 근거지를 둔 환경 정책 전문가 KC 골든은 이 이론을 〈키스톤 원칙 Keystone Principle〉이라고 부른다. 〈급격히 팽창하는 미국 기후 운동의 입장에서 볼 때 키스톤은 단순히 모래에 묻힌 송유관이 아니다.〉 기후 위기를 효과적으로 해결하기 위해서는 〈위기를 악화시키는 일을 중단해야 한다〉는 핵심 원칙을 그는 〈키스톤〉이라는 단어로 압축하여 표현한다. 〈직설적으로 말하자면, 새로운 화석 연료 기간 설비는 앞으로 수십 년간 위험한 규모의 온실가스 배출에서 발을 뺄 수 없도록 만드는 《고착 효과》를 발휘하기 때문에 우리는 설비에 대한 장기적인 대규모 자본 투자를 중단해야 한다. (……) 그 첫 단계는 함정에 빠지지 않는 것, 즉 채취를 중단하는 것이다.〉[24]

오바마의 에너지 정책이 〈총동원〉(이는 재생 에너지를 주변적인 위치에 두고 화석 연료 채취를 전속력으로 추진하겠다는 기발한 표현이다)이라면, 블로카디아는 〈땅속에 있는 건 무엇 하나 건드리지 말라none of the below〉는 강경한 철학으로 대응한다. 이 철학의 기본 원칙은 간단하다. 우리는 지금 당장 깊은 땅속에서 유해 물질을 파내는 일을 중단하고, 생활에 필요한 동력을 지구의 표면에 존재하는 풍부한 에너지로부터 확보하는 일에 전력해야 한다.

기후 변화 작전

이처럼 채취 반대 행동주의의 규모가 커지고 그 연계성이 강화되는 것은 새로운 현상이지만, 사실 이 운동은 키스톤 XL 반대 투쟁보다 한참 앞서 시작되었다. 그 발자취를 쫓아 시간과 장소를 거슬러 올라간다면, 1990년대 석유 산업으로 지구 상에서 가장 막심한 피해를 입은 니제르 델타 지역을 만나게 될 것이다.

영국 식민 통치가 끝날 무렵, 나이지리아는 해외 투자자들에게 문호가 개방되었다. 석유 회사들은 나이지리아에서 수천 억 달러의 석유(대부분 니제르 델타에서 생산된다)를 뽑아 가면서도 이곳의 땅과 물과 사람들을 멸시하며 오만한 태도를 견지했다. 이들은 폐수를 곧바로 강과 시내, 바다로 흘려보내고 운하를 만들기 위해 닥치는 대로 땅을 파헤쳐 귀중한 담수원을 오염시키는가 하면, 송유관을 보수하지도 않은 채 비바람에 노출된 상태로 방치하여 수천 건의 유출 사고를 일으켰다. 자주 인용되는 통계 자료에 따르면, 니제르 델타 지역에서는 약 50년 동안 매년 유조선 〈엑슨 발데스〉호 한 대 분량의 기름*이 유출되어 물고기와 동물, 인간에게 막대한 피해를 안기고 있다.[25]

하지만 이런 모든 피해도 가스 플레어링이 빚어내는 불행과는 비교할 수 없다. 석유를 채취할 땐 그 과정 전반에 걸쳐 다량의 천연가스가 생성된다. 나이지리아에 이 가스의 포집과 운송과 이용에 필요한 기간 설비가 건설되었다면, 나이지리아 전 국민의 전력 수요가 충족되고도 남았을 것이다. 하지만 다국적 기업들은 돈을 절약하기 위해 델타 지역에서 발생하는 가스에 불을 붙여 화염으로 연소시키는데, 이때 대기 중에 가스가 방출되며 거대한 화염 기둥이 치솟아 오른다. 여기서 발생하는 이산화탄소는 나이지리아 전체에서 발생하는 이산화탄소 총량의 약 40퍼

---

* 약 4,200리터에 이른다 — 옮긴이주.

센트에 이른다(앞서 살펴보았듯이, 일부 회사들은 엉뚱하게도 이러한 관행을 중단한다는 명목으로 탄소 저감 실적권을 확보한다). 반면에 델타 지역의 공동체 가운데 절반 이상은 전력과 유수 부족에 시달릴 뿐 아니라 만연하는 실업과 연료 부족이라는 얄궂은 상황에 직면해 있다.[26]

델타 지역에 거주하는 나이지리아 사람들은 1970년대부터 거대 다국적 석유 기업들을 상대로 피해 배상을 요구해 왔다. 1990년대 초 오고니족(니제르 델타에 거주하는 원주민 공동체)이 유명한 인권 활동가이자 극작가인 켄 사로위와의 지휘 아래 〈오고니족 생존 운동〉을 조직하면서, 이 투쟁은 새로운 단계로 발전했다. 오고니족 생존 운동은 1958년부터 1993년까지 오고니랜드에서 52억 달러 치의 석유를 채취한 셸을 주요 공격 대상으로 삼았다.[27]

이들은 생활 조건 개선 요구를 넘어, 그 지역에 묻힌 자원을 통제할 권리가 오고니족에게 있음을 선언하고 권리를 되찾는 활동에 돌입했다. 석유 시추 시설 운영이 중단된 것은 물론, 나이지리아의 정치 생태학자이자 환경 운동가인 고드윈 우이 오조에 의하면 1993년 1월 4일 〈여성과 어린이를 포함해서 대략 30만 오고니족이 역사적인 비폭력 시위를 전개하며 셸의 《생태계 파괴 전쟁》에 반대하는 행진에 참가했다〉. 그해, 셸은 막대한 수익을 포기하고 오고니족 거주지에서 철수해야 했다(하지만 델타의 다른 지역에서는 여전히 막대한 양의 석유를 채취하고 있다). 사로위와는 〈나이지리아 정부가 오고니랜드의 석유 채취를 강행하겠다면 남녀노소를 불문하고 모든 오고니족을 총살해야 할 것〉이라고 선언했다.[28]

이후 오고니랜드에서는 석유 채취가 전면 중단되었다. 풀뿌리 환경 운동이 거둔 위업 가운데 세계적으로 손꼽히는 중요한 승리다. 오고니족의 저항 덕분에 그 지역의 탄소는 대기 중에 방출되지 않고 땅속에 그대로 묻혀 있다. 셸이 철수한 지 20년이 지나자, 이곳의 땅이 서서히 되살아나며 농산물 수확량이 크게 늘어났다는 보고가 발표되기 시작했다. 이에 대해 오조는 〈세계적인 관점에서 봤을 때, 공동체 전체가 기업의 석유 채취 활동을 막기 위해 나선 가장 강력한 저항 운동〉이라고 말한다.[29]

그러나 셸의 추방으로 상황이 끝난 것은 아니었다. 저항 운동 초기부터 나이지리아 정부(정부는 세입의 80퍼센트, 수출 소득의 95퍼센트를 석유에서 얻고 있다)는 오고니족의 조직화를 심각한 위협으로 여겼다. 땅을 되찾기 위한 투쟁 과정에서 수천 명의 델타 주민들이 고문당하거나 살해되었고, 10여 개의 오고니 마을이 파괴되었다. 1995년 사니 아바차 장군이 세운 군부 정권은 날조된 혐의를 씌워 켄 사로위와와 동료 여덟 명을 기소했다. 〈그들은 우리 모두 체포해서 처형할 것이다. 이게 모두 셸 때문이다〉라고 말했던 사로위와의 예언대로, 이들 아홉 명은 모두 교수형에 처해졌다.[30]

이 일로 오고니 운동은 큰 타격을 입었지만, 니제르 델타 주민들은 투쟁을 멈추지 않았다. 공동체가 주도하는 이 저항 운동은 해상 유전 플랫폼과 바지선, 플로우 스테이션을 점거하는 등 전투적인 전술로 20여 개 유전 설비의 가동을 중단시켜 석유 생산을 크게 감축시켰다.[31]

1998년 연말, 니제르 델타의 화석 연료 저항 운동에서 중요한 자리를 차지하는(그러나 크게 주목받지 못한) 사건이 일어났다. 이조족 젊은이들 5천 명이 델타 남부의 소도시 카이야마에서 역사적인 집회를 열었다(이조족은 나이지리아에서 꽤 규모가 큰 인종 집단이다). 이곳에서 이조 청년 회의는 〈카이야마 선언문〉의 초안을 잡았다. 정부 석유 세입의 70퍼센트가 이조족의 땅에서 나온 것이며, 〈이처럼 막대한 기여를 하고 있는데도 우리가 나이지리아 정부로부터 받는 보상은 생태계 파괴와 군사적 억압으로 인한 억울한 죽음뿐〉이라고 주장하는 내용이었다. 선언문을 통해 그들은 〈이조 영역에 있는 모든 땅과 자연 자원(광물 자원 포함)은 이조 공동체의 것이자 생존을 보장하는 토대〉임을 선언하며 〈자

치 정부와 자원 통제권〉 부여를 요구했고, 델타 지역의 수많은 대표자들이 여기 서명했다.[32]

가장 주목할 부분은 제4절의 내용이다. 〈따라서 우리는 모든 석유 회사들이 이조 영역 안에서 시추와 채취를 중단할 것을 요구한다. (……) 이 자리를 빌려, 우리는 1998년 12월 30일까지 모든 석유 회사 직원들과 계약자들에게 이조 영역에서 철수할 것을 충고한다. 니제르 델타의 이조 영역 안에서 자원의 소유권과 통제권 문제가 해결될 때까지 우리는 이러한 조치를 이어 나갈 것이다.〉[33]

이조 청년 회의는 이 새로운 공세를 〈기후 변화 작전〉이라 부르기로 합의했다. 이 운동의 조직자로 참여한 이삭 오수오카는 내게 이렇게 말했다. 〈이 작전의 취지는 우리의 세계를 변화시키겠다는 것이다. (……) 우리는 우리를 가난으로 몰아넣는 원인이 곧 지구 역시 황폐하게 만들고 있다는 사실을 깨달았다. 우리 자신의 세계를 변화시키는 것이 더 넓은 세계를 변화시키는 운동의 출발점이 될 수 있다.〉 말하자면 이것은 기후 변화에 대응한 또 다른 형태의 시도인 셈이다. 유독 물질 때문에 삶의 터전이 파괴되면서 미래를 위협받고 있는 인종 그룹이 자신들을 둘러싼 정치적 기후와 안전의 기후, 경제의 기후, 정신의 기후를 변화시키려는 노력이었다.[34]

약속되었던 대로, 12월 30일 수천 명의 젊은이들이 거리로 몰려나왔다. 지휘부는 참가자들에게 무기도 들지 말고 술도 마시지 말라고 지시했다. 시위 행렬(사람들은 이 행렬을 이조족의 전통 행렬을 뜻하는 〈오겔레ogeles〉라고 불렀다)은 일대 장관을 이루며 평화롭게 진행되었다. 검은 옷을 입은 많은 참가자들이 촛불을 들고, 춤을 추고, 노래하고, 북을 두들겼다. 시위대는 유전 플랫폼 몇 곳을 점거했다. 무기 하나 들지 않고 밀려드는 시위 인파에 유전 경비대는 속수무책이었다. 전화 인터뷰에서 오수오카는 이렇게 회고했다. 「시위대 중에는 석유 회사에서 잠깐 일했던 사람도 있었죠. 그들은 어떤 밸브를 잠그면 가동이 중단되는지 알고 있었고요.」

나이지리아 정부의 대응은 강력했다. 어림잡아 1만 5천 명의 군인들과 전함, 유조선을 대거 투입했다. 일부 지역에는 비상사태가 선포되고 통행금지령이 내려졌다. 오수오카는 말했다. 「정부에서 파견된 군인들이 마을들을 차례차례 돌면서 비무장 시민들을 향해 총격을 가했어요. (……) 카이아마, 음비야마, 예나고아 사람들이 거리에서 살해되고, 집에 있던 여자들과 소녀들이 강간당했습니다. 정부가 유전 설비를 보호한다는 명목으로 무차별 폭력을 허용한 결과였죠.〉[35]

대치는 일주일가량 계속되었다. 상황이 종료되었을 때는 무려 2백 명이 넘는 사람들이 실종되었다는 이야기가 떠돌았고, 가옥 10여 채가 전소되었다. 때로는 군인들이 셰브론 회사에서 동원해 온 헬리콥터를 타고 날아와 살벌한 습격 작전을 벌였다(이 거대 석유 기업은 군대가 회사 장비를 이용하도록 허용할 수밖에 없었다고 주장했다. 하지만 휴먼 라이츠 워치Human Rights Watch에 따르면 〈이 회사는 사망 사건과 관련하여 군대 측에 공개적인 항의를 하지 않았고, 앞으로 비슷한 사건이 일어나지 않도록 조치하겠다는 언급도 없었다〉).[36]

이런 잔학 행위들은 최근 니제르 델타의 많은 젊은이들 사이에 비폭력 의지가 희박해진 현상과 깊은 관련이 있다. 2006년 무렵 이 지역에서 일어난 무장 폭동과 석유 기간 시설 및 정부 시설 공격, 걷잡을 수 없이 만연하는 송유관 파손, 석유 회사 직원 납치와 몸값 요구(과격파들은 이들을 〈적군의 전투원〉이라고 비난한다), 그리고 포로 방면의 대가로 총기 구입 자금을 요구한 최근의 사건 또한 이때의 잔학 행위와 관련이 있다. 고드윈 우이 오조의 말을 빌리면, 무장 충돌이 격렬해짐에 따라 〈주민들이 품은 불만은 물질적 탐욕이나 폭력 범죄와 뒤섞였다〉.[37] 결국 이 운동이 애초에 내세웠던 목표, 곧 생태계를 파괴하는 행위를 중단시키고 지역의 자원에 대한 통제권을 되찾는 일은 더욱 요원해지고 말았다.

　그러나 우리는 이 운동이 선명한 목표를 내걸었던 1990년대를 돌아볼 필요가 있다. 오고니족과 이조족이 시작한 최초의 투쟁에서 분명히 확인할 수 있는 것이 있다. 극단적인 자원 채취 저지 투쟁은 공동체의 통제력, 민주주의, 자주적 통치권을 향한 투쟁과 긴밀히 연관되어 있다는 점이다. 나이지리아 사건은 막대한 파급력(대개는 인정받지 못하지만)을 발휘했고, 글로벌 사우스 내 자원이 풍부한 지역들 또한 이제는 자신들이 거대한 다국적 석유 기업들과 대립 관계에 있음을 깨닫기 시작했다.

　가장 중요한 일은 1995년, 켄 사로위와가 처형된 직후에 일어났다. 나이지리아의 〈환경 권리 행동Environmental Rights Action〉은 에콰도르의 비슷한 조직 〈악시온 에콜로히카Acción Ecológica〉와 협력 관계를 맺었다. 당시 악시온 에콜로히카는 미국 석유 회사 텍사코Texaco가 철수하면서 남동부 지역의 환경과 주민 보건에 안긴 재앙을 해결하는 데 주력하고 있었다. 〈열대 우림의 체르노빌〉이라는 이름으로 알려진 환경 재앙이었다(텍사코를 인수한 셰브론은 후일 에콰도르 대법원으로부터 95억 달러의 손해 배상 명령을 받았다. 법적 분쟁은 아직도 진행 중이다).[38] 석유 산업으로 인해 지구 상에서 가장 극심한 피해를 안게 된 이들 두 지역에서 투쟁의 전면에 나선 활동가들은 〈오일워치 인터내셔널Oilwatch International〉을 조직했다. 〈석유를 땅속에 그대로 남겨 두자〉는 세계적 운동의 최전선에서 활동하는 이 조직의 영향력은 곳곳의 블로카디아에서 확인할 수 있다.

———————

　나이지리아와 에콰도르의 사례를 통해 알 수 있듯이 채취 반대 행동주의는 새로운 현상이 아니다. 땅과 긴밀한 유대 관계를 지닌 공동체들은 항상 자신들의 삶에 위협을 가하는 사업체들에 맞서 스스로를 방어해 왔으며 앞으로도 그럴 것이다. 미국에서는 산을 깎아 내는 애팔래치아 석탄 광산에 대한 반대 운동을 필두로 화석 연료 반대 운동이 연륜을 쌓아 가고 있다. 더구나 극단적인 자원 채취에 반대하는 직접 행동은 아주 오래전부터 환경 운동의 일환으로 자리 잡았고, 생물 다양성이라는 면에서 손꼽히는 몇몇 지역을 보호하는 활동으로 큰 성과를 거두고 있다. 블로카디아 행동주의자들이 사용하는 여러 가지 독특한 전술들, 이를테면 나무 점거나 장비 점거는 1980년대에 〈어스 퍼스트!〉에 의해 개발된 것들이다. 당시 이 조직은 광대한 면적의 벌목에 반대하며 〈숲 속의 전쟁〉을 벌인 바 있다.

최근 이루어진 변화는 대부분 규모와 관련되어 있다. 이는 역사의 이 시점에 채취 산업이 품은 야찔한 야심을 반영한다. 여러 측면에서 볼 때 블로카디아의 출현은 화석 연료 개발 폭주가 낳은 현상이다. 화석 연료 상품의 가격 상승과 새로운 테크놀로지의 개발, 전통적인 화석 연료 매장지의 고갈 등의 요인이 결합되며, 화석 연료 산업은 모든 전선에서 활동을 강화해 왔다. 이 산업은 갈수록 더 많은 연료를 채취하고, 더 많은 지역으로 진출하고, 더 위험한 방법을 사용한다. 모두 반발의 역풍에 기름을 끼얹는 요인들이다. 따라서 우리는 이러한 요인들을 차례로 살펴볼 필요가 있다.

모든 곳을 희생 지대로

오늘날 번창하는 극단적인 에너지 채취(타르 샌드, 프래킹 방식을 사용한 석유와 가스 채취, 심해 유전, 산을 깎아 내는 석탄 채광)는 훨씬 증폭된 새로운 위험을 초래하고 있다. 하지만 여기서 반드시 기억해야 할 것이 있으니, 지금껏 안전한 에너지 산업은 한 번도 없었다는 점이다. 채취 및 정제 과정에서 필연적으로 독성 물질을 배출하게 되는 에너지원에 기댄 경제 활동은 예외 없이 희생 지대를 만들어 낼 수밖에 없다. 북미와 유럽의 특권 계층은 진보라는 미명하에 오래전부터 인류의 특정한 부분 집합을 인간 이하의 존재로 분류하여 그들의 근거지를 희생 지대로 삼고 독성 물질을 떠안기는 활동을 합리화했다.

아주 오랜 세월에 걸쳐 희생 지대들은 몇 가지 공통점을 공유해 왔다. 이곳들은 가난한 지역이며, 벽지이며, 주민들이 정치적 권력을 쥐고 있지 않은 지역이며, 대개는 인종과 언어와 계급 등의 요인이 복잡하게 얽혀 있는 지역이다. 이 저주받은 땅에 사는 사람들은 자신들이 패배자로 취급받는다는 사실을 분명히 알고 있다. 웨스트버지니아 주 버클리 인근 고향 마을의 산이 광산 사업으로 황폐화되는 모습을 보고 자란 활동가 파울라 스웨어엔진은 〈우리는 패배자의 땅에 살고 있다〉라고 말했다.[39]

책임 회피주의와 인종주의가 동원한 다양한 묘책 덕분에, 북미와 유럽의 특권 계층은 정신적인 차단막을 치고 이 불운한 지역들을 배후지, 불모지, 벽지 또는 나우루 같은 오지 중의 오지로 취급할 수 있었다. 저주받은 지역의 경계 밖에 태어난 행운아들(나도 그중 하나다)은 우리 주변(우리가 사는 곳과 우리가 즐거움을 얻기 위해 찾는 곳)이 화석 연료 산업의 부단한 가동을 위한 희생양이 되리라 상상도 하지 않는다.

이런 정신적 차단막은 최근까지도 탄소 시대의 보편적인 합의 사항이었다. 다시 말해 채취주의의 풍요로운 결실을 거두는 사람들은 희생 지대가 눈에 띄지 않는 한 이 안락에 희생이 따른다는 것조차 모르는 것처럼 행동하는 것이다.

하지만 최근 10여 년간 진행되어 온 집단적인 에너지 광증과 화석 연료 개발 폭주 속에서, 채취 산업은 이 무언의 합의를 무너뜨리기 시작했다. 눈 깜빡할 사이에 희생 지대는 엄청난 규모로 팽창하여 훨씬 더 많은 지역을 집어삼키고, 자신만은 안전하리라 예상하던 수많은 사람들을 위험으로 몰아넣고 있다. 심지어 세계적으로 부와 권력을 장악한 국가의 영토 안에서도 이젠 드넓은 지역이 희생 지대로 둔갑하고 있다. 이를테면 에너지 산업 전문가이자 『보상The Prize』의 저자인 대니얼 예르긴의 묘사에 따르면, 새로 확인된 〈타이트 암석층〉(주로 셰일층이다)의 석유 채취 가능 용량은 석유 부존국에 맞먹는 수준이다. 〈2020년 무렵 베네수엘라나 쿠웨이트 같은 대량 산유국이 하나 추가되는 것과 마찬가지다. 그런데 이런 타이트 오일 유전들은 미국 영토에 자리 잡고 있다.〉[40]

희생을 강요받는 것은 새로운 유전 인근에 있는 공동체들만이 아니다. 이젠 미국(일부 석유 시장 분석가들의 표현대로라면 〈사우디아메리카Saudi America〉) 내에서도 대량의 석유가 채취된다. 미국에서 석유를 운반하는 철도 차량의 수는 2008년 9,500대에서 2013년 40만 대로 5년 사이에 4,111퍼센트나 급증했다. 2013년 철도 사고로 인한 석유 유출량이 지난 40년간의 유출량을 훨씬 앞지르고, 저녁 뉴스에서 화염에 휩싸인 채 시커먼 연기를 내뿜는 석유 수송 열차의 모습을 점점 자주 보게 되는 것도 그리 놀라운 일이 아니다. 이런 현실 속에서 수백, 수천 개의 마을과 도시들은 부실한 유지 관리와 미비한 규제하에 〈석유 폭탄〉을 실어 나르는 화물 열차들의 수송 경로에 자신들 또한 포함되어 있다는 사실을 불시에 깨닫는다. 2013년 7월 캐나다 퀘벡의 락메간틱 마을에서는 바켄 유전의 프래킹 석유(일반 석유보다 훨씬 가연성이 높다)를 운반하던 열차의 차량 72대가 폭발하면서 47명이 사망하고 아름다운 시내의 절반이 폐허가 되었다. 전임 노스다코타 주지사 조지 시너는 자신의 고향 카셀턴 인근에서 석유 수송 열차 폭발 사고가 일어난 이후 이런 열차들이 〈특별한 위협 요인〉이 되었다고 밝히기도 했다.[41]

앨버타 타르 샌드 산업 역시 급속히 팽창하고 있으며, 머지않아 탄소 함유 비율이 높은 타르 샌드의 생산은 지금의 송유관 시스템으로는 감당할 수 없을 만큼 크게 확대될 것이다. 이것이 바로 미국을 관통하는 키스톤 XL 송유관과 브리티시컬럼비아를 관통하는 노던 게이트웨이 송유관 같은 사업들이 강력히 추진되는 배경이다. 앨버타 주 에너지부 장관 론 리퍼트는 2011년 6월 〈밤잠을 이룰 수 없을 만큼 큰 걱정거리가 있다. 앨버타 주가 역청에 완전히 포위될 날이 머지않았다는 불안감이다. 앨버타에서 생산되는 석유를 운송할 방법을 찾지 않는 한 우리는 에너지 강국이 될 수 없다〉라고 말했다.[42] 하지만 앞서 살펴보았듯이, 이런 송유관의 건설 과정에서 수많은 공동체들이 타격을 입을 것이다. 수천 킬로미터로 예정된 송유관 인근에서 터전을 일구고 살아가는 공동체들은 물론이고, 재앙의 불씨를 안고 인근 바다를 드나드는 숱한 유조선들을 목격하게 될 방대한 해안 지역의 공동체들까지 말이다.

이제 금단의 지역은 없다. 프래킹 천연가스 산업은 그 어떤 채취 산업보다 더 많은 후보지로 눈길을 돌리고 있다. 2011년에 당시 체서피크 에너지Chesapeake Energy의 대표 이사였던 오브리 매클렌던은 〈최근 몇 년 사이 우리는 미국 내에서 사우디아라비아 석유 매장량의 두 배에 해당하는 천연가스를 찾아냈다. 무려 두 배다〉라고 말했다.[43] 이것이 프래킹 천연가스 산업이 최대 한도로 사업을 확장하고자 분투하는 이유다. 예컨대 마셀러스 셰일 지대는 펜실베이니아, 오하이오, 뉴욕, 웨스트버지니아, 버지니아, 메릴랜드를 아우른다. 게다가 메탄 함유량이 높은 암석이 대량으로 포함된 지대는 마셀러스 셰일 지대만이 아니다.

공화당 정치인 릭 샌토럼이 표현한 대로라면 최종 단계는 〈모든 곳의 암석층을 파내는 것〉이고, 실제로 이런 일이 진행되고 있다. 『가디언』의 기자 수잰 골든버그는 이렇게 보도했다. 〈에너지 회사들은 교회 소유지와 학교 운동장, 개발이 완료된 택지에도 프래킹 유정을 뚫고 있다. 지난 11월 어느 석유 회사는 덴턴 인근의 노스텍사스 대학 캠퍼스에 유정을 뚫었다. 바로 옆에는 테니스장이 있고 길 건너에는 운동 경기장과 거대한 풍력 발전기가 서 있는 곳에 말이다.〉 이제 프래킹 설비는 엄청나게 넓은 땅을 뒤덮기 시작했다. 2013년 「월스트리트 저널」의 조사에 따르면, 〈2000년 이후 미국인 1,500만 명 이상은 프래킹이 진행되는 유정에서 2.5킬로미터 이내에 거주하고 있다〉.[44]

캐나다에서도 프래킹 산업은 공격적인 양상을 보인다. 정치인 출신으로 퀘벡에서 프래킹 반대 캠페인에 참여하고 있는 킴 코넬리슨은 〈2012년 중반에 몬트리올, 라발, 롱괴이(퀘벡의 주요 도시 세 곳)의 지하 하층토 전체가 가스와 석유 회사들의 손아귀로 넘어갔다〉고 말한다 (지금까지는 주민들이 결의한 프래킹 중지 조치로 가스 회사들의 활동이 간신히 저지되고 있다). 영국에서는 프래킹 부지로 고려되는 지역이 점점 늘어나 전체 국토의 절반가량에 이르게 되었다. 2013년 7월 잉글랜드 북동부 주민들은 상원에서 자신들의 거주지가 〈사람이 살지 않는, 버려진 땅(따라서 희생 지대로 삼아도 되는 땅)〉으로 묘사된 것을 알고 격분했다. 데이비드 캐머런 정부에서 에너지 자문 위원으로 활동했던 로드 하월은 〈일부 북동부 지역에는 주거지에서 멀리 떨어져 프래킹에 적합한 부지가 많다. 우리는 농촌 환경에 전혀 피해를 주지 않고 활동을 추진할 수 있다〉라고 말했다.[45]

역사적으로 특권을 누려 왔던 수많은 사람들은 불시에 투쟁 지역의 공동체들이 오래전부터 느껴 온 감정을 공유해야 하는 처지에 몰리면서 예상치 못한 충격에 빠져들었다. 그 먼 곳에 있는 대규모 회사가 대체 어떻게 (내게 허락도 구하지 않고) 내 땅에 들어와 나와 자식들을 위험으로 몰아넣을 수 있단 말이지? 아이들이 뛰놀고 있다는 걸 뻔히 알면서도 대기 중에 화학 물질을 뿜어내는 일이 어떻게 합법이라는 거야? 이런 공격으로부터 나를 보호하기는커녕, 국가는 대체 어떻게 경찰을 투입해 가족을 보호하려 한 것밖에는 아무 죄도 없는 사람들을 폭행할 수 있단 말이지?

이런 달갑잖은 깨달음 속에서, 사람들은 한때 친구라 생각했던 화석 연료 부문을 적으로 돌리게 되었다. 사우스다코타의 많은 사람들이 키스톤 XL 송유관 일부를 자신의 땅에 설치하려는 트랜스캐나다를 상대로 소송을 제기했다. 목축업자 존 하터는 한 기자에게 이렇게 말했다. 〈나는 스스로를 환경 보호주의자라고 생각해 본 적이 한 번도 없었다. 하지만 지금은 그런 이름으로 불리는 게 반갑다.〉 화석 연료 산업은 많은 사람들로부터 원망을 사고 있다. 크리스티나 밀스는 오클라호마 석유 회사의 감사로 오랫동안 일해 왔지만, 한 가스 회사가 자신이 사는 노스텍사스의 중산층 마을에서 프래킹을 시작한 뒤로 이 부문에 대한 시각이 바뀌었다. 〈그들이 이곳에 오면서부터 그 일은 곧 내 문제가 되었다. 나를 곤경에 몰아넣었기 때문이다. (……) 그들은 우리 동네 바로 뒤편에, 뒷담에서 1백 미터 거리에 들어왔다. 그야말로 침입이다.〉[46]

그리고 2014년 2월, 오랜 시간 프래킹에 반대해 온 사람들이 환호할 만한 일이 일어났다. 엑슨의 최고 경영자 렉스 틸러슨이 시가 5백만 달러짜리 텍사스 자택 인근에서 진행되는 프래킹 관련 행위에 대해 소송을 제기한 것이다. 집값이 떨어질 거라는 이유에서였다. 이에 콜로라도주 민주당 하원 의원 재러드 폴리스는 이렇게 빈정대기도 했다. 〈렉스의《시추 행위에 포위되어 격분한 시민들의 모임Society of Citizens Really Enraged When Encircled by Drilling》가입을 공식적으로 환영한다. (……) 일반 시민들로 구성된 이 모임은 오랫동안 사유 재산의 가치 및 공동체의 건강과 환경을 지키기 위해 싸워 왔다. 시시각각 팽창하는 우리 대열에 석유와 가스를 생산하는 국제적인 기업의 최고 경영자까지 합세했으니 감개가 무량할 따름이다.〉[47]

1776년에 토머스 페인은 〈상식Common Sense〉이라는 제목의 연설문에서 〈비통함을 느끼게 하는 곳으로부터 멀리 떨어져 사는 것은 대단한 행운이다〉라고 썼다.[48] 하지만 그 거리는 점점 가까워지고 있으며, 머지않아 환경 파괴로 인한 비통함을 겪지 않은 채 안전하게 사는 사람은 하나도 남지 않게 될 것이다. 어찌 보면 그리스의 광산 반대 운동이 집중 겨냥한 회사의 이름이 〈엘도라도 골드〉라는 사실은 참으로 상징적이다. 전설 속의 〈잃어버린 황금 도시〉 엘도라도를 찾아 나선 침략자들은 아메리카 대륙에서 여러 차례 잔혹한 학살을 저질렀다. 이 같은 약탈 행위는 비유럽권 국가들을 대상으로 자행되었고, 약탈품은 유럽에 있는 침략자들의 본국으로 보내졌다. 하지만 그리스 북부에서 벌어진 사건으로 분명히 알 수 있듯이, 오늘날의 침략자들은 유럽의 안마당에서도 약탈을 진행한다.

이것은 엄청난 전략적 실수로 밝혀질 것이다. 몬태나 주에서 활동하는 환경 저술가이자 활동가 닉 엥겔프리드는 이렇게 말한다. 〈도시 공동체는 수원지 근처에 위치한 프래킹 유전과 소도시를 관통해 지나가는 석탄 수송 열차를 보며 반감을 키운다. 석유, 가스, 석탄 회사들은 이들을 외면한 채 자신이 묻힐 정치적 무덤을 파고 있다.〉[49]

이런 현실을 환경 파괴가 갑자기 모든 지역에 〈균일하게〉 확산되고 있다는 의미로 받아들여서는 안 된다. 역사적으로 주변부 취급을 받아 온 글로벌 사우스 사람들과 글로벌 노스의 유색인 공동체들은 기후 변화의 충격에 더 취약하다. 광산과 정제 공장과 송유관이 위치한 곳의 하류 지역에서 훨씬 큰 위험에 노출되어 있기 때문이다. 하지만 극단적인 에너지 붐 시대에 이른 오늘날, 희생 지대가 신중한 고려 끝에 선택된다는 환상은 이미 설 자리를 잃었다. 〈시민권 보호를 위한 변호사 모임Lawyers' Committee for Civil Rights Under Law〉에서 활동했던 디온 페리스의 말마따나, 〈우리는 모두 구멍이 나서 침몰하는 배에 함께 타고 있다. 구멍 바로 옆에 유색인들이 있긴 하지만 결국에는 모두 같은 운명이다.〉[50]

경계를 허무는 또 하나의 요인은 기후 변화다. 아직까지는 극단적인 에너지 광증의 직접적인 위협이 없는 지역에 사는 행운아들이 많은 편이지만, 이들 역시 갈수록 심해지는 기상 이변이라는 현실적인 충격에 강타당할 것이다. 혹은 자신이 노년이 되면(그리고 자식들이 성인이 되면) 기후가 지금보다 훨씬 불안정해지리라는 심리적 긴장과 울화에 시달리게 될지도 모른다. 넓은 바다에서 유출된 기름의 독성 물질이 습지대와 해변, 강바닥, 바다 밑까지 퍼져 가면서 수많은 생물의 생명 주기에 영향을 미치듯, 화석 연료에 대한 집단적인 의존이 만들어 내는 희생 지대가 슬금슬금 퍼져 나가 지구 전체를 뒤덮는 거대한 그림자로 돌변할 것이다. 이 더러운 관행이 빚어내는 부수적 피해가 우리를 공격하지는 못할 것이라 주문을 외고 다른 사람들에게 위험을 떠넘기면서 2백 년 세월을 보냈지만, 이제는 막다른 길이다. 우리는 너 나 할 것 없이 희생 지대에 갇혀 있다.

적지에서 확산되는 저항

탄소를 캐내고 희생양을 대대적으로 늘려 가는 화석 연료 산업의 야심은 몇 가지 중요한 경로를 통하여 전 세계의 기후 운동에 새로운 동력을 제공하고 있다. 첫째, 새로운 채취 및 수송 사업이 엄청난 규모로 확산되면서 지금껏 지배적인 대화에서 배제되었던 사람들이 사회적으로 강한 영향력을 행사하는 사람들과 협력 관계를 맺을 수 있게 되었다. 정치적 조직화에 상당히 유리한 기회를 제공했다는 점에서, 타르 샌드 송유관은 특히나 강력한 〈사일로 핵미사일〉이었다.

원주민들이 가장 큰 타격을 입고 있는 앨버타 주 북부에서부터 도시 거주 유색인 공동체들이 심각한 건강의 위협을 받는 종착 지점에 이르기까지, 타르 샌드 송유관은 수많은 지역들을 관통한다. 결국 이런 송유관 시설은 여러 개의 주 혹은 여러 개의 지역을, 대도시와 소도시들이 자리 잡은 분수령을, 농경지와 어업이 이루어지는 강을, 원주민들이 소유권을 주장하는 더 많은 땅과 중산층이 거주하는 땅을 관통하게 될 것이다. 서로의 처지는 크게 다르지만, 송유관의 경로에 거주하는 사람들은 공통의 위협에 직면해 있다는 점에서 서로의 잠재적인 동맹 세력이라 할 수 있다. 1990년대에는 각종 무역 협상이 전혀 예상치 못했던 거대한 연합 세력의 형성에 불을 붙였지만, 지금은 화석 연료 기간 시설이 그 주역을 담당한다.

최근 극단적인 에너지 사업에 눈길을 돌리기 전까지만 해도, 거대 석유 및 석탄 기업들은 자신들이 경제적으로 막강한 영향력을 행사하는 지역에서 주도권을 행사하며 사업을 운영하는 데 익숙해 있었다. 나이지리아와 차베스 집권 이전의 베네수엘라는 물론 루이지애나, 앨버타, 켄터키 등의 지역에서 화석 연료 기업들은 정치인들을 자신들의 비공식적인 홍보 대사로 취급하고, 사법부를 개인 법률 대리인으로 취급해 왔다. 많은 일자리와 상당한 규모의 세수가 달려 있는 문제이기 때문에 일반 서민들 역시 이 불쾌한 운명을 감수한다. 이를테면 딥워터 호라이즌 유출 사고가 터진 뒤, 루이지애나 사람들은 안전 기준을 강화하고 해양 유전 수익에 대한 세율을 인상하기를 원했다. 하지만 주민 전체가 피해를 입었음에도 불구하고, 대부분의 사람들은 해양 시추 중단 조치를 요구하는 운동에 동참하지 않았다.[51]

이것이 바로 화석 연료에 의존하는 경제의 딜레마다. 화석 연료 경제 활동은 기본적으로 더럽고 파괴적이기 때문에 다른 경제 주체들을 약화시키거나 무너뜨리는 경향이 있다. 오염으로 어류 자원이 줄어들고 경관이 훼손되어 관광객들이 줄어드는가 하면, 농경지 또한 더럽혀진다. 서서히 진행되는 이런 오염 과정은 대중적인 반발에 불을 붙이기보다는 오히려 그 지역의 유일한 경제 활동으로 남게 되는 화석 연료 기업들의 권력을 더욱 강화시키기도 한다.

하지만 채취 산업이 예전에는 부적합하다고 판단했던 곳으로까지 진출하자, 사람들은 타협적인 태도에서 벗어나 강경한 움직임으로 이들과 맞서기 시작했다. 새로운 탄소 개척지 중 많은 곳은 물론, 생산품의 운송 경로 인근이라 물의 오염이 심하지 않고 대지와의 긴밀한 관계에도 아무 타격이 없는 지역에서도, 수많은 사람들이 유독 물질을 뿜어내는 채취 활동으로부터 스스로의 삶을 보호해야 한다는 인식하에 적극적인 투쟁을 각오하고 있다.

예컨대, 뉴욕 이타카 시와 인근 지역을 프래킹 예정지로 결정한 것은 천연가스 산업의 치명적인 전략적 실수였다. 진보적인 대학 도시 이타카는 대단히 아름다운 계곡과 폭포, 그리고 활발한 경제 분권화 운동으로도 유명하다. 전원 공동체에 직접적인 위협이 가해지자 이타카는 프래킹 반대 운동의 중심지이자 아직 밝혀지지 않은 위험을 파헤치는 진지한 학술 연구의 본진으로 돌변했다. 이타카에 소재한 코넬 대학 연구자들이 프래킹 과정에서의 메탄 배출 문제에 대한 놀라운 연구를 발표한 것은 결코 우연이 아니다. 이들의 연구 결과는 세계적인 프래킹 반대 운동에 강력한 무기를 제공했다. 산업 오염 물질과 암의 관계에 대한 연구로 세계적인 명성을 얻은 생물학자이자 저술가 샌드라 스타인그래버가 최근 이타카 대학에 둥지를 튼 것이야말로 프래킹 산업의 가장 큰 불운이라 할 수 있을 것이다. 스타인그래버는 프래킹 반대 투쟁에 뛰어들어 수많은 청중들 앞에서 전문가로서 증언함으로써 뉴욕 주민 수만 명을 투쟁에 동원해 냈다. 결국 프래킹 사업은 이타카에 발을 붙이지 못했고, 뉴욕 전역의 도시들과 소도시들에서 약 180개의 프래킹 금지령과 중지 조치가 채택되었다.[52]

펜실베이니아 주에서 생산된 프래킹 가스를 가공하는 1만 2,260마력의 가스 압축 기지를 뉴욕 미니싱크 지역 한가운데에 건설하기 시작한 것 역시 천연가스 산업의 심각한 판단 착오였다. 이 건설 부지 반경 2킬로미터 안에는 많은 주택이 있었고, 심지어 불과 180미터밖에 떨어지지 않은 곳에도 주거지가 있었다. 위협에 노출된 것은 이곳 주민들만

이 아니었다. 미니싱크 주변은 유명한 농업 지역으로 소규모 가족 농장과 과수원, 포도밭이 곳곳에 자리 잡고 있으며, 뉴욕 농산물 시장이나 국내산을 고집하는 식당들은 이곳에서 생산되는 유기농 작물과 특수 작물을 매우 선호한다. 기지 건설을 추진하던 밀레니엄 송유관Millennium Pipeline사는 농민들뿐 아니라 비주류 진보 성향의 뉴욕 시민들과 유명한 요리사들, 그리고 마크 러팔로를 비롯한 영화배우들의 격렬한 반발에 부딪쳤다. 이들은 프래킹 중단 요구를 넘어서 뉴욕 주 정부에 재생 가능 에너지로의 전면 전환까지 요구했다.[53]

그 후에도 천연가스 산업은 유럽 최초의 대규모 프래킹 사업을 시작할 곳으로 하필이면 프랑스 남부를 선정하는, 정말이지 기막힐 정도로 어리석은 결정을 내렸다. 바르 지방(올리브, 무화과, 양고기 그리고 생트로페 해변으로 유명한)의 일부 구역이 프래킹 부지로 선정되자 주민들은 격렬한 반대 운동을 벌이기 시작했다. 경제학자이자 행동주의자인 막심 콩브는 반대 운동 초기 프랑스 남부 인근의 상황을 이렇게 묘사했다. 〈충격을 받은 공동체들의 주민 회의장은 사람들로 넘쳐 났다. 참석자 수가 마을 주민보다 많았다. (……) 통상 정치적으로 우파 성향을 보여 왔던 이곳에, 머지않아 역사상 가장 많은 주민들이 결집하는 장면이 연출될 것이다.〉 프랑스에서 저지른 아둔한 행동 때문에 이 산업은 지중해 연안 리비에라 지역 인근의 프래킹 사업 기회를 상실했고(적어도 지금까지는), 2011년 프랑스는 세계 최초로 전국적인 프래킹 금지령을 채택했다.[54]

이제는 광산과 정제소를 유지하는 데 필요한 대형 기계류를 앨버타 북부로 옮기는 일상적인 과정마저 새로운 저항을 낳는 형편이다. 지구 최대 규모의 산업 프로젝트답게 관련된 모든 것이 엄청난 규모를 자랑하는데, 특히 한국에서 제작되어 운반되는 기계들 중에는 크기와 무게가 보잉 747 항공기에 맞먹는 것들도 있고, 3층 건물만 한 대형 장비도 있다. 이런 대형 기계들은 무게가 엄청나기 때문에 대개 화물차로는 옮길 수 없다. 엑슨모빌 같은 석유 회사들은 화물차 대신 전용 트레일러를 이용해야 하는데, 이 차량은 고속도로 차선 두 개 이상을 차지할 뿐 아니라 일반 고가 도로 밑으로는 지나갈 수도 없다.[55]

석유 회사의 형편에 맞는 도로들은 대개 반대가 극심한 지역에 자리 잡고 있다. 예컨대 몬태나와 아이다호에서는, 전망은 빼어나지만 폭이 좁은 12번 도로에 이 트레일러들이 올라오지 못하도록 주민들이 몇 년째 맹렬한 반대 캠페인을 이어 가고 있다. 대형 기계들의 통행 때문에 일상 활동에 중요한 도로가 봉쇄되어 피해를 입을 뿐 아니라, U자형 급커브가 많은 도로에서 적하물이 쓰러져 강으로 흘러들 경우 환경적 위험이 발생할 수 있다는 이유에서다(이곳은 제물낚시꾼들이 즐겨 찾는 지역이며, 주민들은 강을 야생 상태로 보존하는 데 대단한 열정을 품고 있다).

2010년 10월 나는 지역 인근의 활동가 그룹을 따라 대형 트레일러들이 자주 지나다니는 12번 도로 일부를 돌아보았다. 삼목과 미송이 우거진 숲과 황금빛으로 물든 낙엽송 지대를 지나고, 큰사슴 통행로 표지판을 지나고, 하늘을 찌를 듯 솟은 암석 노두(露頭) 지대를 지났다. 낙엽이 급류를 타고 흘러내리는 롤로 개울 옆 도로를 지나는 동안, 안내를 담당한 사람들은 자신들이 계획하고 있는 〈행동 캠프〉의 설치 장소를 조사했다. 앨버타의 타르 샌드 반대 활동가들, 키스톤 XL 송유관 예정 부지에 사는 목축업자들과 원주민들 그리고 대형 트레일러의 12번 도로 통행을 막으려는 인근 주민들이 모두 함께 이 캠프에 참여할 예정이었다. 초겨울에 진행될 행동 캠프를 위해 이동식 주방 설치와 물자 동원을 담당하겠다고 나선 사람도 있다고 한다. 당시 〈원주민 환경 네트워크Indigenous Environmental Network〉에서 송유관 캠페인 책임자로 활약하고 있던 마티 코베나스는 모든 운동이 서로 연결되어 있다고 설명했다. 「이곳에서 트레일러 통행을 막아 내면, 송유관을 이용하는 타르 샌드 생산도 타격을 입습니다.」 그는 환하게 웃으며 말을 이었다. 「그래서 우리는 카우보이와 인디언의 동맹을 이루려 하는 거죠.」[56]

기나긴 투쟁이 이어졌고, 네즈 퍼스족과 환경 보호 단체인 〈아이다호 하천 연합회Idaho Rivers United〉가 공동으로 소송을 제기하면서 대형 트레일러들은 12번 도로의 이 구간을 이용할 수 없게 되었다. 몬태나 주 빌링스에서 염소 농장을 운영하는 활동가 알렉시스 보노고프스키는 내게 〈참 볼만한 광경이었죠〉라고 말했다.[57]

대형 트레일러들이 간신히 찾아낸 대체 경로는 오리건 동부를 관통하는 도로였다. 이 역시 잘못된 선택이었다. 2013년 12월 첫 적하물을 싣고 오리건을 지나려던 트레일러는 시위대의 방해 작전과 봉쇄선에 여러 차례 저지당했다. 〈우마틸라 인디언 보호 구역 부족 연합〉 소속원들은 조상 대대로 내려온 땅에 적하물들이 드나드는 것에 반발하여, 오리건 주 펜들턴에 놓인 두 번째 적하물 바로 옆에서 기도회를 열었다. 대형 트레일러의 안전성에 대한 우려도 있긴 하지만, 많은 주민들이 강조한 바에 따르면 이 기계들이 목적지에 도착한 뒤에는 우리 기후에 타격을 입히리라는 불안감이야말로 이 움직임의 주된 원동력이었다. 봉쇄에 참여한 어느 우마틸라인은 체포되기 전에 이렇게 말했다고 한다. 〈해도 너무한다. 이것 때문에 우리 자식들은 목숨을 잃게 될 것이다.〉[58]

사실, 석유와 석탄 기업들은 태평양 연안 북서부(오리건, 워싱턴, 브리티시컬럼비아)를 선택했다는 사실에 대해 깊이 후회하고 있다. 이들은 깨끗한 물과 토양을 생활 터전으로 삼고 있는 원주민과 농어민뿐 아니라 아름다운 자연 때문에 이곳에 정착한 수많은 사람들이 형성한 강력한 반대 동맹에 정면으로 부딪쳐야 했다. 이곳의 환경 운동은 기업과의 협력이라는 유혹에 넘어가는 일도 없을뿐더러, 대규모 벌목과 더러운 광산업을 막기 위한 직접 행동 전개에 오랜 연륜까지 지니고 있다.

따라서 이 지역들에서는 타르 샌드 송유관 반대 운동이 격렬하다. 태평양 연안 북서부의 생태학적 가치 역시 최근 몇 년 사이 미국 석탄 산업을 파멸로 몰아넣기 시작했다. 천연가스 산업의 급속한 팽창과 더불어, 석탄 화력 발전소의 신규 건설을 반대하고 낡은 발전소의 가동 중단을 요구하는 풀뿌리 저항 운동에 불이 붙으면서 미국의 석탄 시장은 급속히 무너지고 있다. 2008년부터 2012년까지 만 4년 동안만 살펴보아도, 미국 전력 생산에서 석탄이 차지하는 비중은 약 50퍼센트에서 37퍼센트로 급감했다. 따라서 미국 석탄 산업은 대규모 석탄 수요가 존재하는 다른 지역에서 활로를 찾아야 했다. 바로 아시아다(세계적인 에너지 전문가이자 저술가 마이클 T. 클레어는 이를 몇 년 전 담배 회사들이 눈을 돌렸던 전략에 비유한다. 〈요즘 보건부 공무원들이 보건 시스템이 부실한 국가의 가난한 국민들을 파고드는 대형 담배 회사의 판매 전략을 비난하듯이, 얼마 후에는 대형 에너지 기업들의 새로운 《흡연》 습관* 역시 인간의 생존에 막대한 위협을 안긴다는 비난에 몰리게 될 것이다.〉). 석탄 기업들의 전략은 다시금 난관에 부딪쳤다. 대규모 선적에 적합한 설비를 갖추지 못한 미국 항구의 상황 때문이었다. 이제 이 사업의 활로는 미국의 항구를 확장하고 태평양 연안에 새로운 항만 물류 기지를 건설하는 방법뿐이다. 게다가 와이오밍과 몬태나에 인접한 파우더 강 유역의 대규모 광산에서 채취한 석탄을 항구까지 옮기려면 화물 열차의 수도 대폭 늘려야 한다.[59]

타르 샌드 송유관이나 대형 트레일러의 경우와 마찬가지로, 바다까지 운송로를 개척하려는 석탄 산업의 계획을 가로막는 가장 큰 걸림돌은 태평양 연안 북서부 주민들의 격렬한 저항이다. 워싱턴과 오리건의 모든 공동체들은 자신의 지역에 석탄 수출 기지가 건설될 예정이라는 소식을 듣고 분연히 떨쳐 일어났다. 이들을 움직인 원동력은 석탄 분진이

* 담배 회사가 선진국에서의 수요 감소와 규제 강화로 판로가 막히자 비교적 수요가 높고 규제가 허술한 개발 도상국을 파고든 전략에 빗댄 표현이다 — 옮긴이주.

건강에 유해하다는 사실뿐 아니라, 이 석탄이 모두 연료로 소비될 경우 지구 기후에 충격이 미치리라는 우려였다.

워싱턴에서 각종 유망한 기후 정책의 채택에 기여해 온 KC 골든은 이를 설득력 있게 표현한다. 〈위대한 태평양 연안 북서부는 세계적인 석탄 저장소가 아니고, 화석 연료 중독을 부채질하는 거점도 아니며, 기후 재앙을 앞당기는 물류의 집산지도 아니다. 우리는 직업과 환경 사이에서 그릇된 선택을 했던 과거의 실수를 결코 되풀이하지 않을 것이다. 석탄 수출은 본질적으로 우리의 세계관이나 가치관과 조화를 이룰 수 없다. 석탄 수출은《환경》단체들을 욕보이는 일일뿐 아니라 도덕적 타락이며, 동시에 우리 공동체의 정체성을 욕보이는 일이다.〉[60] 석탄 분진이 자욱하게 내려앉을 게 뻔한 상황에서 태양광 전지판과 우수 집수 장치를 설치한다는 게 무슨 소용이란 말인가?

이런 화석 연료 반대 캠페인들은 중요한 사실을 입증한다. 화석 연료 기업들이 확고하게 뿌리내린 근거지에서는 반대 투쟁이 승리를 거둘 가능성이 희박하지만, 이들이 크게 힘을 발휘하지 못하는 지역(채취 산업과는 무관한 생활 방식이 여전히 번성하며, 주민들과 정치인들이 석유와 석탄 산업이 퍼붓는 돈에 맛을 들이지 않은 지역)으로까지 전쟁터가 확장되면 투쟁이 승리할 가능성이 훨씬 커진다. 극단적인 에너지 산업이 금속으로 만든 거대한 괴물 거미처럼 독을 뿜는 더듬이다리를 사방팔방으로 내뻗어 가면서 수많은 지역의 대항 세력을 결집시키는 셈이다.

또 다른 측면에서도 진전이 일어나기 시작했다. 채취 산업 반대 운동이 멀리 떨어진 주변부로부터 기반을 확보하면서, 그 기세가 탄소 제국의 심장부까지 확산되는 것이다. 화석 연료 산업이 이미 장악했다고 여기던 지역들도 이제는 주변부의 활동에 용기를 얻어 다시금 저항에 나서고 있다.

샌프란시스코 만을 마주 보고 자리 잡은 캘리포니아 주 리치먼드 시에서는 정치적 판도의 급속한 변화를 예견하는 일들이 진행 중이다. 베이 에어리어 지역은 대부분 기술 혁신 붐에 따라 고급 주택지로 개발되었지만, 리치먼드 시에는 아프리카계와 중남미계 주민들이 압도적으로 많으며 노동자 계층의 밀집 거주지도 형성되어 있다. 리치먼드에서 최대 고용주는 구글이 아니라 셰브론이다. 이곳 주민들은 천식 발생률의 급격한 증가와 거대한 시설물에서 일어나는 빈번한 사고 등 보건과 안전상의 무수한 문제들을 빚어내는 주역으로 셰브론의 거대한 정제소를 꼽는다. 1999년에는 대화재가 일어나 수백 명이 병원에 후송되기도 했다. 그런데도 이 도시의 최대 사업장이자 고용주인 셰브론은 여전히 전권을 휘둘러 왔다.[61]

그러나 이제는 상황이 달라졌다. 2009년 리치먼드 주민들은 석유 정제소를 대폭 확장하려는 셰브론의 계획을 좌초시키는 데 성공했다. 정제소 확장 계획은 타르 샌드에서 채취한 역청처럼 농도가 짙고 더러운 원유를 처리하기 위해 세운 전략이었다. 환경 단체 연합은 정제소 확장으로 리치먼드의 대기 오염이 훨씬 심해질 수 있다고 주장하며 거리와 법정에서 확장 반대 운동을 벌였다. 결국 고등 법원은 환경 영향 평가 보고서가 부실하다는 점을 들어 셰브론의 패소를 선언했다(판사는 〈정보 문건으로 보기엔 턱없이 부실하다〉고 신랄하게 지적했다). 셰브론은 항소했지만 2010년 다시 기각 판결을 받았다. 〈아시아 태평양 환경 네트워크〉의 선임 위원 톰 놈프래서트는 이렇게 말했다. 〈풀뿌리 운동의 승리다. 지난 1백 년 동안 정제소 때문에 건강에 타격을 입어 온 주민들에게 승리가 돌아갔다.〉[62]

거대 석유 기업이 패권을 휘두르는 지역 가운데 주민들이 새로 용기를 충전하고 반격에 나선 곳은 리치먼드만이 아니다. 타르 샌드 반대 운동이 북미와 유럽 전역으로 퍼져 나감에 따라, 야수의 배 속에 들어 있던 원주민 공동체(이들은 아주 오래전, 대규모 환경 단체들이 관심을 보이지 않던 시절부터 타르 샌드의 위험에 대해 경종을 울린 주역이다) 역시 용기를 재충전하고 더욱 격렬한 투쟁에 나섰다. 이들은 토지에 대한 권리를 침해당했다며 새로운 소송을 제기함으로써 이 산업의 탄소 매장지 이용에 심각한 타격을 입혔다. 또한 타르 샌드 산업으로 극심한 피해를 입은 원주민 공동체의 대표들은 타르 샌드 반대 운동을 확산시키기 위해 세계 전역을 여행하며 생활 터전이 황폐화되는 현실에 대해 많은 이들의 경각심을 일깨우고 있다. 멜리나 라보칸마시모도 그중 한 사람이다. 30대 초반의 나이에 대부분의 시간을 길 위에서 보내 온 라보칸마시모는 차분하면서도 설득력 있는 언변을 구사한다. 그녀는 참혹한 기름 유출 현장과 비참하게 파괴된 자연 풍광을 촬영한 슬라이드를 보여 주면서, 자신의 부족인 루비콘 레이크 원주민 공동체가 석유와 가스 산업이 벌이는 소리 없는 전쟁에 희생되고 있다고 말했다. 「이젠 사람들이 귀를 열고 들어 줍니다.」 2013년 여름, 그녀가 눈물을 글썽이며 내게 한 말이다. 「하지만 여기까지 오는 데 너무나 많은 시간이 걸렸어요. (……) 이제 희망이 생기고 있긴 해도, 이처럼 더딘 진전이 앨버타에 사는 사람들에겐 비참한 일이 될 수도 있습니다.」[63]

멀리 외떨어지고 인적도 드문 곳에 고립된 채 거대한 채취 산업과 맞서 싸우기란 불가능할지도 모른다. 하지만 대륙 곳곳에서, 더 나아가 세계 곳곳에서 펼쳐지는 운동에 참여하는 것은 충분히 가능하다.

이처럼 네트워크를 구축하면서 다양한 운동들의 씨앗을 뿌리는 일은 대개 가식 없는 진심에서 비롯된다. 한곳에서 다른 곳으로 에너지를 확산시키는, 이른바 정서적 교감이다. 그리고 2013년 9월에는 블로카디아의 정서적 교감이 일시적으로나마 가시적인 행동으로 표출되었다. 워싱턴의 루미족(웨스트코스트 지역에 예정된 최대 규모의 석탄 수출 물류 기지 건설 반대 투쟁에 앞장서고 있는 원주민 부족) 조각가 다섯 명이 몬태나 주 오터 천 인근 마을에 도착했다. 이들은 고향인 산간 지역의 온대 우림과 바위가 많은 태평양 연안 해변 마을을 떠나 황량한 초원과 완만한 구릉이 펼쳐진 몬태나 주 남동부까지 약 1,900킬로미터를 달려왔다. 그들은 삼목으로 만든 6.6미터짜리 수호신 조각상을 지붕 없는 트럭에 싣고 다녔다. 루미족 방문자들이 대규모 석탄 광산이 들어서기로 계획된 오터 천변에 도착하자, 인근 노던 샤이엔 보호 구역의 원주민 1백여 명과 인근에서 소를 방목하는 사람들이 모여들었다. 그리고 이들은 곧 자신들이 탄소에 눈이 뒤집힌 기업들의 야심을 채우기 위한 희생양임을 깨닫게 되었다.

파우더 강 유역에 오터 천 광산이 들어서면 방목을 하는 사람들과 노던 샤이엔 원주민들의 목숨 줄인 물과 공기가 오염될 것이고, 웨스트코스트로 석탄을 실어 나르는 철로까지 건설되는 경우엔 샤이엔족 조상들이 묻힌 매장지는 만신창이가 될 터였다. 루미족 조상들이 묻힌 매장지 중 한곳에는 이미 수출항 건설이 예정되어 있었는데, 석탄을 실은 바지선이 운항되면 어업의 터전이 망가져 많은 가구의 생계마저 위태로워질 것이 뻔했다.

화창한 하늘에서 매들이 내려다보는 가운데 루미족 방문자들은 오터 천 옆 계곡에 자리를 잡았다. 이들은 파이프로 담배 연기를 내뿜어 수호신상에 축성을 드리며, 자신들이 발을 딛고 선 땅 아래서 석탄을 파내지 못하게 하고 철로와 항구 건설을 막기 위해 협력할 것을 다짐했다. 루미족 조각가들은 수호신상(이들은 〈선을 긋는다〉라는 의미로 이 상에 〈크웰 호이Kwel hoy〉라는 이름을 붙였다)을 트럭에 다시 묶은 뒤, 다른 여덟 개 공동체들을 방문하기 위해 16일간의 여정에 올랐다. 모두 석탄 운반 열차와 대형 트레일러, 타르 샌드 송유관, 석유 운반 화물차가 지나가는 경로에 놓인 공동체들이었다. 이들은 들르는 곳마다 지역 주민들(원주민이 아닌 사람들도 참가했다)과 함께 축성 의식을 행했고, 채취 산업에 맞선 다양한 지역의 투쟁들이 서로 연결되어 있음을 확인했다.

이 여정의 종착지는 석유 운송차 통행량 증가 반대 투쟁의 핵심에 선 밴쿠버 북부 츨레이-와우투스 부족의 거주지였다. 수호신상은 태평양이 내려다보이는 이곳 땅에 영구히 자리를 잡았다.

몬태나에서, 루미족의 일류 조각가 쥬얼 프레잉 울프 제임스는 자신들의 기나긴 여정의 목적을 이렇게 설명했다. 〈우리는 사람들의 건강뿐 아니라 환경을 보호해야 한다는 일념으로 파우더 강에서 출발해 웨스트코스트까지 먼 길을 달려왔다. (……) 우리가 전국을 여행하는 것은 사람들이 한목소리를 낼 수 있도록 돕기 위해서다. 처지가 다르고 사는 곳이 다르고 인종이 다르다는 사실은(피부색이 붉어도, 검어도, 희어도, 황색이어도) 아무런 장애도 되지 않는다. 이 문제와 관련해서 우리는 모두 하나다.〉[64]

블로카디아의 여러 전진 기지들 사이에 맺어진 이런 동맹은 비판자들이 그릇된 판단을 내리고 있음을 재차 입증한다. 키스톤 XL 송유관 반대 캠페인이 기세를 떨치기 시작하자, 몇몇 이름 있는 비판자들은 소중한 시간과 에너지를 낭비하는 일이라고 비난했다. 조녀선 체이트는 『뉴욕New York』지를 통해서, 어쨌든 석유는 다른 경로를 찾아 운송될 것이고, 그렇게 하더라도 석탄 운송 과정에서 발생하는 탄소의 양은 〈엎어치나 메치나〉 엇비슷할 거라고 주장했다. 탄소세 부과나 환경 보호청의 규제 강화, 또는 배출권 거래제의 부활을 요구하는 투쟁이 훨씬 효율적이라는 게 그들의 주장이다. 또한 「뉴욕 타임스」의 칼럼니스트 조 노세라는 심지어 이 전략에 대해 〈멍청하기 짝이 없다〉고 단언하면서, 의회 증언으로 현대 기후 운동의 서막을 연 제임스 핸슨의 활동을 두고 〈그토록 관심을 쏟는 대의를 스스로 훼손하는 짓〉이라고 비난했다.[65]

이제 우리는 키스톤이 단순히 송유관 문제를 넘어 그보다 훨씬 중요한 의미를 함축하고 있음을 분명히 안다. 그것은 강력한 전파력을 지니고 퍼져 나가는 투쟁의 새로운 목표가 되었다. 하나의 투쟁은 다른 투쟁의 근간을 무너뜨리지 않으며, 용감한 행동과 승리의 경험을 통해 한층 강화된 투지로써 새로운 투쟁의 급속한 확장을 낳고 있다.

채취 회사의 말은 무엇이든 곧이듣지 말라

화석 연료 산업의 급속한 팽창과 적대적인 지역들로의 진출 시도 이외에도, 최근 몇 년 사이 이 운동에 동력을 공급해 온 또 다른 요인이 있다. 현재의 채취 활동이 과거의 활동보다 훨씬 큰 위험을 안고 있다는 확신이 널리 전파된 것이다. 우리는 타르 샌드 원유가 전통적인 원유보다 훨씬 강력한 힘으로 지역 생태계를 훼손한다는 사실을 알게 되었다. 타르 샌드 원유는 운반 과정에서도 더 큰 위험을 지니고 있으며, 일단 유출될 경우 완전하게 수거하기도 훨씬 어렵다. 이와 비슷한 현대 채취 산업의 위험성 상승은 여러 분야에서 확인되고 있다. 화석 연료 산업이 역점 사업을 프래킹 방식의 석유와 가스로 전환하고 얕은 바다에서 심해 시추로, 특히 온대 해역에서 극지 시추로 전환하는 과정에서 위험이 급상승한다. 비전통적인 에너지 사업의 공격권에 든 공동체들은 자신들이 엄청난 위험에 노출되어 있을 뿐 아니라 희생의 대가로 주어지는 것은 극히 작은 보상(일자리 제공이나 채취 면허 사용료 따위)일 뿐임을 간파하기 시작했다.

산업계와 정부는 극단적인 에너지의 위험성 상승에 대해 적절한 조치를 취하기는커녕, 그 사실을 인정하는 것조차 질색을 한다. 최근 몇 년 사이 바켄 지역 프래킹 원유의 휘발성이 지나치게 높다는 증거가 날로 늘어 가는데도 철도 회사와 공무원들은 이를 일반적인 원유와 똑같이 취급할 뿐이다(2014년 초 미국 규제 당국은 대부분 강제성이 없는 새로운 안전 대책 몇 가지를 공표했다가 미흡하다는 여론이 일자, 원유의 철도 운송과 관련하여 각종 엄격한 규칙들을 개발 중이라고 말했다).[66]

또한 정부와 산업은 앨버타 타르 샌드에서 채취한 원유를 수송하는 송유관의 대폭 연장을 추진하고 있다. 희석된 역청은 부식성이 훨씬 높아 일반적인 원유보다 유출 가능성이 높다는 내용의 연구들이(소수이긴 하지만) 검토를 마치고 나와 있는데도 말이다. 2011년 천연자원 보호 협의회와 시에라 클럽, 그 밖의 여러 단체들이 협력하여 출간한 보고서에는 이런 내용이 있다. 〈희석된 타르 샌드 원유가 일반 원유보다 송유관 시스템을 부식시키는 효과가 훨씬 높다는 사실이 수많은 징후로 드러나고 있다. 예컨대 앨버타 송유관 시스템은 미국 시스템에 비해 내부 부식으로 인한 유출 발생 건수가 약 열여섯 배나 많다.〉[67]

또한 유출된 타르 샌드 원유가 물에 들어가면 어떻게 되는지에 대해서도 의견이 크게 갈린다. 지난 10년 동안 이 주제로 발표된 극소수 연구들은 석유 산업의 위탁하에 진행된 것이었다. 하지만 최근 캐나다 환경부가 진행한 조사 결과에는 몇 가지 불안한 내용이 포함되어 있다. 희석된 타르 샌드 원유가 〈강한 파도와 만나면〉 가라앉는다는 내용(원유는 해수면에 떠 있어야만 그나마 일부라도 회수할 가능성이 있다), 그리고 BP사의 딥워터 호라이즌 사고 당시 사용된 방식의 분산제는 〈그 효과가 제한적〉이라는 내용이다(이것은 캐나다의 일간지 「글로브 앤드 메일」에도 보도된 바 있다). 하지만 공식적인 연구는 거의 진행되지 않는 실정이다. 트럭이나 철도를 이용한 타르 샌드 원유 운반의 위험성에 대한 공식적인 연구 역시 아직 진행된 바가 없다.[68]

앨버타 타르 샌드 자체가 생태계와 인간 건강에 미치는 영향에 대한 인식에도 커다란 격차가 있다. 거대한 노천 광구에서 채취된 앨버타 타르 샌드는 건물 5층 높이의 거대한 화물차에 실려 정제소로 운반된 뒤

요란한 굉음과 함께 정제된다. 캐나다 타르 샌드 붐의 중심지인 포트 맥머리 주변의 광대한 보릴 숲(예전에는 스펀지처럼 물을 머금은 습지로 녹음이 우거졌다)은 이제 생명력을 잃고 바싹 말라붙어 있다. 악취로 자욱한 대기 속에서 2~3분 간격으로 대포 소리 같은 굉음이 터져 나오며, 철새들은 거대한 폐수 저수지를 뒤덮은 이상한 은빛 액체 위로 다가갈 엄두도 내지 못한다.*[69] 〈자연을 통제하기 위해 수백 년 동안 벌여 온 전쟁〉이라는 표현은 앨버타에서는 단순한 은유가 아니다. 실제로 그곳에선 대포까지 동원한 참혹한 전쟁이 벌어지고 있으니 말이다.

물론 석유 회사들은 환경 보호를 위해 가장 안전한 방법을 사용한다고 주장한다. 거대한 폐수 저수지는 누출 가능성이 전혀 없고, 지하수는 마셔도 될 만큼 안전하며(하지만 그곳에서 일하는 사람들은 반드시 병에 든 생수를 마신다), 땅은 곧 원상태로 회복되어 큰사슴과 검은곰이 돌아올 거라고(이 동물들이 아직 살아 있을까?) 말이다. 채취정이 자리 잡은 아타바스카 강의 하류에 거주하는 아타바스카 치페와이언 원주민을 비롯하여 여러 원주민 공동체들이 몇 년간 계속해서 민원을 제기했지만, 산업과 정부는 이 강에서 발견된 탄화수소는 〈자연적으로 발생한〉 것이라고(땅속에 석유가 대량으로 묻혀 있으니 그럴 수밖에 없다고) 주장했다.

하지만 타르 샌드 채취 활동의 엄청난 규모를 직접 목격한 사람이라면 결코 이 주장을 곧이곧대로 받아들일 수 없을 것이다. 총 가치 5천 억 달러에 육박하는 산업 활동이 벌어지는데도, 이 활동이 인근 유역에 미치는 영향을 감시하기 위한 독립적이고 포괄적인 노력은 그 오랜 세월

* 2008년 폭풍을 만나 이 위험한 저수지로 들어온 오리 1,600마리가 폐사했고, 2년 뒤에는 5백 마리 이상의 오리가 폐사했다. 앨버타 주 정부의 요청에 따라 두 번째 폐사 사고를 조사한 어느 생물학자는 오리들이 심한 폭풍을 만나 쉬어 갈 곳을 찾을 수밖에 없었는데 그런 폭풍이 발생한 것은 타르 샌드 산업의 탓이 아니라고 설명한 뒤, 기후 변화로 인해 이처럼 심한 폭풍의 발생 빈도는 점점 늘어날 것이라고 태연하게 말했다.

동안 단 한 번도 이루어지지 않았다. 거센 반발에 못 이겨 캐나다 정부가 결국 연구와 감시 활동을 위해 자문 위원회를 설치했을 때, 상황은 이미 정부가 통제할 수 있는 수준을 넘어서 있었다. 이 위원회에 참여한 환경 과학자 빌 도나휴는 2014년 2월 이렇게 말했다. 〈폐수 저수지에서는 폐수가 새어 나오고, 그중 상당량이 땅에 스며들어 아타바스카 강으로 유입되는 것으로 추측된다. (……) 여태껏 우리가 들어 온 《폐수 저수지는 안전하다. 절대로 새지 않는다》 따위의 말은 (……) 죄다 거짓말이다.〉 캐나다 환경부 소속 과학자들로 구성된 조사단은 타르 샌드 채취정 인근 광범한 지역의 눈[雪]이 오염되었다는 한 연구 결과가 사실임을 확인했지만, 정부는 온갖 방법을 동원해 이 내용이 언론에 흘러 들어가지 않도록 막았다.[70]

이런 오염 물질이 인간 건강에 미치는 영향을 다룬 종합적인 연구는 아직까지 진행된 바가 없다. 신념을 가지고 부정적인 영향을 공개적으로 언급하는 사람들은 오히려 심한 보복에 시달릴 뿐이다. 가장 대표적인 것이 존 오코너가 겪어야 했던 곤경이다. 흰 턱수염과 아일랜드 억양이 인상적인 오코너는 2003년 포트 치페와이언에서 환자들을 치료하던 중 우연히 하나의 현상을 발견하게 되었다. 굉장히 희귀할 뿐 아니라 매우 공격적인 담관 악성 종양 환자가 발견되는 것은 물론, 이 지역 주민들의 암 발생 건수가 눈에 띄게 높다는 내용이었다. 연방 보건 당국은 당장 그의 의사 면허를 박탈하고 앨버타 의과 대학과 함께 몇 가지 부정행위 혐의(〈부적절한 경고성 발언〉도 포함된)로 그를 기소했다. 오명을 뒤집어쓴 채, 여러 해 동안 증거 없는 주장을 반박하는 일에만 매달려야 했던 일에 대해 오코너는 이렇게 말했다. 〈나는 의사가 이런 일을 겪을 수도 있다는 걸 처음 알았다.〉 결국 이 모든 혐의에 대해 아무 근거가 없다는 판결이 나왔고, 그 후 시행된 한 암 발생률 조사에서는 그의 경고 중 일부가 사실로 확인됐다.[71]

하지만 이미 다른 의사들은 입을 다무는 편이 유리하다고 판단했다. 앨버타 에너지 규제 당국이 위탁한 보고서에 따르면, 의료계에서는 타르 샌드가 건강에 미치는 영향에 대해 〈공개적인 반대 의사 표명을 꺼리는 기색이 역력했고〉, 인터뷰에 응한 몇몇 사람들은 오코너의 경험을 언급하기도 했다(이 보고서를 집필한 독물학자는 이렇게 결론 내렸다. 〈의사들은 석유나 가스 산업과 관련해서 건강 진단을 내리는 데 두려움을 느낀다〉). 게다가 연방 정부가 중견 환경 과학자들이나 기후 과학자들로 하여금 언론 앞에서 민감한 환경 문제를 이야기하지 못하게 하는 건 이제 일상적인 일이 되었다. 〈홍보 팀의 허락이 떨어지기 전에는 의견을 밝힐 수 없다.〉 이건 어느 과학자가 「포스트미디어Postmedia」에서 한 말이다.[72]

이것은 스티븐 하퍼 총리가 시도하고 있는 〈과학과의 전쟁〉 중 극히 일부에 불과하다. 하퍼 총리는 환경 감시 예산을 대폭 삭감했고, 산업계의 기름 유출과 대기 오염에서부터 기후 변화가 몰고 오는 대규모 충격에 이르기까지 모든 분야에 걸쳐 이러한 정책을 펴고 있다. 2008년 이후로 2천 명이 넘는 과학자들이 예산 감축의 영향으로 일자리를 잃었다.[73] 물론 이것은 일종의 전략이다. 의도적으로 기초 연구 분야의 목줄을 죄고, 건강과 환경 문제를 조사하는 전문가들의 입을 틀어막음으로써 산업과 정부는 석유 산업 분야의 모든 것이 충실히 관리되고 있다는 낙관적인 환상을 유지하는 것이다.*[74]

프래킹 방식의 급속한 확산과 관련해서도 고의적인 외면이 만연한다.

* 물론 터무니없는 환상이다. 2014년 『미국 국립 과학원 회보』에 발표된 한 독립 연구에 따르면, 타르 샌드에서 나오는 유독 가스의 양은 회사들이 규제 당국에 〈보고한 양보다 두세 배 많다〉. 타르 샌드 활동이 시행되는 곳 인근에서 대기 중 유독 가스의 양을 실제로 측정해 보면 뚜렷한 차이가 확인된다. 이 연구의 공동 저자인 토론토 대학의 환경 과학자 프랭크 워니아는 공식적으로 보고된 측정치를 〈부적절하고 불완전한 것〉이라고 묘사하면서 지극히 상식적인 주장을 개진했다. 〈가스 배출량을 정확하고 완전하게 측정해야만 인간의 건강과 환경에 미치는 위험성을 제대로 평가할 수 있다.〉

우물물이 오염되고 있다는 보도와 관련하여, 미국 가스 산업은 수도꼭지에서 나오는 물에 불이 붙는 모습을 확인했다는 가스 채취정 인근 주민들의 주장과 프래킹 활동 사이의 관련성을 입증하는 과학적 증거가 없다는 말만 몇 년째 되풀이하고 있다. 하지만 이처럼 아무 증거가 없는 까닭은 이 산업이 연방 정부의 감시와 규제 면제라는 전례 없는 혜택을 받았기 때문이다. 바로 조지 W. 부시 행정부 때 도입되어 〈할리버튼 탈출구Halliburton Loophole〉라는 이름으로 알려진 에너지 관련법이다. 이 탈출구 덕분에 대부분의 프래킹 사업은 안전한 식수법의 규제 대상에서 제외되어 땅속에 투입하는 화학 물질에 대한 보고 의무에서 벗어났고, 따라서 환경 보호청의 감독을 피해 유독성 화학 물질을 사용할 수 있게 되었다.[75] 주민들의 수도꼭지에서 유독성 화학 물질이 나온다 해도 이들이 땅속에 무얼 투입하고 있는지 알지 못하니, 프래킹과의 명확한 관련성을 입증할 방법이 없는 것도 당연하다.

하지만 작은 증거들이 차츰 쌓이면서 프래킹 산업은 막다른 궁지에 몰리기 시작했다. 동료 학자들의 검토를 거친 많은 독립 연구들은 프래킹이 대수층을 포함하여 음용수의 안전을 위협한다는 사실을 뒷받침한다. 2013년 7월, 듀크 대학 연구자들은 펜실베이니아 북동부 마셀러스 셰일 지대에 위치한 10여 개의 식수정을 분석한 뒤 보고서를 펴냈다. 이 연구는 조사 대상 식수정에서 검출된 메탄 농도가 가스 채취정에서 1킬로미터 떨어진 식수정에서 검출된 것보다 여섯 배나 높다는 사실을 확인했다. 이들이 메탄, 에탄, 프로판 등 오염 물질의 농도가 셰일 가스 채굴정과의 근접도와 밀접한 상관관계를 보인다는 점을 확인했지만, 프래킹 산업은 가스가 대량으로 묻힌 지대에서 나타나는 자연적인 누출 현상일 뿐이라고 반박했다(인근 식수에서 유기 오염 물질이 발견되었을 때 앨버타 타르 샌드 사업자들이 사용했던 논리와 완전히 똑같다). 그러나 아직 출간되지 않은 다른 연구에서도 듀크 대학 팀은 이미 안전하다고 공인된 텍사스의 식수정들을 분석했는데, 정부와 산업이 장담하는 것과는 달리 많은 식수정에서 검출된 메탄의 농도가 〈미국 지질 조사U.S. Geological Survey〉가 정한 최소 안전 기준치를 초과하고 있었다.[76]

프래킹과 소규모 지진의 연관성 역시 속속 확인된다. 2012년 텍사스 대학의 한 과학자는 2009년 11월부터 2011년 9월까지 텍사스 주 댈러스의 일부 지역과 포트워스에 있는 바넷 셰일층의 일부 지대에서 일어난 지진 활동을 분석한 결과, 소규모 지진 67개의 진원지를 확인했다.[77] 거의 정확한 위치가 파악된바, 지진들은 채취정 반경 5킬로미터 안에서 발생한 것으로 나타났다. 2013년 7월 『지구 물리학회 저널』에 발표된 어느 연구는 오하이오 주 영스타운 인근에서 프래킹 과정에서 투입된 폐수와 그 지역에서 발생한 소규모 지진 109개의 상관관계를 분석했다. 18세기에 관측이 시작된 이후로 프래킹 활동이 개시되기 전까지 이 지역에서는 단 한 차례의 지진도 관측되지 않았다. 『사이언스Science』지에 발표된 비슷한 연구의 대표 저자는 이렇게 설명했다. 〈폐수 투입정에 투입된 액체가 단층 활동을 촉진하고 있다.〉[78]

모두 비전통적인 채취법이 어떤 위험을 안고 있는가를 여실히 보여 주는 내용이다. 석탄 채광과 전통적인 방식의 채취 역시 환경에 파괴적인 영향을 미치는 건 사실이다. 하지만 비유하자면, 이런 방법들은 외과의사가 쓰는 작은 수술칼처럼 비교적 작은 부위를 절개해 탄소를 끄집어낸다. 반면 극단적인, 혹은 비전통적인 채취 방법은 대형 쇠망치나 다름없다. 대형 쇠망치로 지표면을 두들길 때는(산을 깎아 내는 석탄 채광과 노천 타르 샌드 채취 방식) 그 폭력성을 직접 확인할 수나 있다. 하지만 프래킹 채취정과 심해 유전, 지하에 위치한 타르 샌드 채취정(뜨거운 증기를 투입하는 〈인사이투in situ〉 방식)에선 대형 쇠망치가 지하 깊은 곳을 겨냥한다. 이런 방법들이 훨씬 덜 폭력적으로 보이는 것은 그 영향을 눈으로 확인하기 어렵기 때문이다. 하지만 생태계의 중요한 구성 부분들이 극단적으로 파괴되고 있는 현실을 간접적으로 체험할 기회는 갈수록 늘어가고 있다. 게다가 아무리 최고의 전문가들이라도 이를 복원할 방법을 찾지 못하고 있다.

재해에서 얻은 교훈

세계 전역의 블로카디아 전진 기지에서 〈BP〉라는 머리글자는 〈무슨 일이 있더라도 채취 회사가 하는 말은 곧이듣지 말라〉라는 뜻으로 통한다. 세계 최고의 기술력과 최첨단 안전 조치를 채택했다는 장담을 곧이 듣다가는 집 수도꼭지에서 불붙는 물이 쏟아져 나오거나, 뒷마당에 기름이 배어 나오거나, 길 한가운데서 열차 폭발 사고를 당하기 십상이라는 얘기다.

블로카디아에서 활동하는 많은 사람들은 자신들이 정치적으로 각성하게 된 계기로, 혹은 극단적인 에너지에 맞선 다양한 투쟁 전선에서 기필코 승리해야 한다는 걸 깨닫게 된 계기로 2010년 멕시코 만에서 일어난 BP사의 원유 유출 사고를 꼽는다. 이 사고와 관련한 사실들은 이미 널리 알려져 있지만 다시 한 번 확인하고 넘어가자. 최첨단 기술을 적용한 해양 석유 시추 설비가 폭발하면서 노동자 열한 명이 사망하고, 마콘도 광구에서 쏟아져 나온 원유가 수심 1.5킬로미터 깊이까지 퍼져 나가면서 이 사건은 역사상 최대 규모의 해양 원유 유출 사고라는 기록을 얻었다. 겁에 질린 대중의 뇌리에 가장 깊은 인상을 남긴 것은 타르로 범벅이 된 플로리다 해변이나 기름에 덮여 꼼짝 못 하는 루이지애나의 펠리컨들이 아니었다. 심해 폭발 사고에 대한 대비책을 전혀 갖추지 않고 사후 수습책 역시 찾아내지 못한 대형 석유 회사의 무능, 그리고 정부 규제 당국과 사고 수습 기구 역시 속수무책이라는 황당한 사실이었다. 규제 당국은 채취 활동이 안전하다는 BP의 말을 곧이들었을 뿐 아니라, 사고 이후에는 대규모 재해의 수습에 동원할 자체 장비조차 갖추고 있지 않아 결국 BP에 정화 책임을 넘겨 버렸다. 전 세계가 똑똑히 보았듯이, 전문가들 또한 임기응변으로 대처할 뿐이었다.

사고 이후에 진행된 수사와 소송을 통해 비용 절감 의도가 사고를 유발한 중요한 원인이라는 것이 드러났다. 워싱턴이 신뢰 회복을 위해 총력전을 펼치고 있을 때 미국 내무부 소속 기구가 진행한 어느 조사는 〈만일의 사태를 고려해 대비책을 세우는 과정을 생략하여 비용과 시간을 절약하자는 BP의 결정이 마콘도 폭발 사고를 야기했다〉고 진단했다. 대통령 직속 원유 유출 대책 위원회가 공개한 보고서 역시 비슷한 결론을 내렸다. 〈고의성 여부를 떠나서, BP와 하청업체 할리버튼과 트랜스오션Transocean은 마콘도 광구의 폭발 가능성을 증대시킨 수많은 결정들 덕분에 상당한 시간(그리고 돈)을 절약해 왔다.〉 해양 과학자이자 해양 환경 보호 단체 〈오세아나Oceana〉의 부회장 재키 사비츠는 훨씬 노골적인 진단을 내렸다. 〈BP는 예방책보다 이윤을 우선시했다. 이들의 이윤 추구욕은 높은 위험을 무릅쓰는 무모한 문화를 부추기고, 결코 용인할 수 없는 결과를 낳았다.〉[79]

이것을 BP사에 한정된 문제로만 여기는 관점은 얼마 못 가 뒤집혔다. 캘러머주 강의 한 지류에 건설된 대형 석유 회사 엔브리지의 송유관이 파열되면서, 순식간에 1백만 갤런이 넘는 기름이 반경 55킬로미터의 수로와 습지를 오염시켰다. 백조와 사향뒤쥐, 거북이가 검은 기름을 뒤집어썼다. 인근 주민들은 집을 버려 둔 채 대피했고, 그 후 각종 질환에 시달렸다. 어느 보도에 따르면, 댐 위에 선 구경꾼들은 〈검은 초콜릿 원액으로 뒤덮인 듯한 강물이 댐 아래로 떨어질 때 기이한 고동색 연무가 솟구치는 장면〉을 지켜보았다.[80]

BP와 마찬가지로 엔브리지 역시 기본적인 안전보다 이윤을 우선시했으며, 규제 당국은 감독 업무를 소홀히 한 것으로 보인다. 나중에 밝혀진 바에 따르면, 엔브리지는 2005년에 해당 구간의 송유관에서 부식의 진행을 발견했고, 2009년에는 미시간 남부를 관통하는 송유관 구간에서 연방 법령에 의해 즉각적인 보수 조치가 요구되는 심각한 결함 329건을 확인했다. 시가 총액 4백 억 달러 규모의 이 회사는 송유관 연장을 끊임없이 요구해 왔으며(이 요구는 수용되었다), 파열 사고가 일어나기 열흘 전에도 연장 신청을 낸 바 있다. 신청 당일 엔브리지 부회장은 의회에서 자신의 회사는 유출 사고 시 〈즉각적인〉 대응을 할 수 있다고 발언했다. 하지만 실제로는 사고 후 17시간이 지나서야 파열된 송유관의 밸브를 잠글 수 있었다. 사고 이후 3년이 지난 뒤에도, 캘러머주 강바닥에는 여전히 약 18만 갤런의 기름이 깔려 있었다.[81]

  몇 년 전까지만 해도 아무도 관심을 기울이지 않던 심해에서 시추를 하다 사고를 낸 BP의 멕시코 만 유출 사고와 마찬가지로, 캘러머주 강 사고 역시 극단적이고 위험성 높은 화석 연료 채취 활동이 성행하는 이 새로운 시대와 깊이 관련되어 있었다. 하지만 그러한 사실이 밝혀지기까지는 꽤 오랜 시간이 걸렸다. 일주일 넘게 엔브리지는 유출된 물질이 일반적인 원유가 아니라는 중요한 사실을 대중에게 알리지 않았다. 그 물질은 앨버타 타르 샌드에서 미시간 주를 거쳐 수송되던, 희석된 역청이었다. 사고 초기 엔브리지의 최고 경영자 패트릭 대니얼은 그것이 타르 샌드에서 수송된 기름이라는 사실을 단호히 부인했다가 나중에야 마지못해 시인했다. 대니얼은 타르 샌드에서 채취된 것이 분명한 역청을 두고 이렇게 말했다. 〈내가 밝히고 싶었던 것은, 그것이 일반적으로《타르 샌드 오일》이라 불리는 물질이 아니라는 내용이었다. 그것이 동일한 지질학적 형성물의 일부라는 의미라면, 그 감정 결과를 받아들이겠다.〉[82]

  숱한 재해가 진행되던 2010년 가을, 원주민 환경 네트워크의 마티 코베나스는 대형 굴착 장치, 송유관, 석유 운반 트레일러 등 새로운 기간 설비 사업의 영향권 안에 있는 공동체들이 그해 여름에 일어난 유출 사고들로 인해 극도의 불안에 시달리고 있다고 내게 말했다. 「석유 산업은 늘 원유가 뭍에 도달할 가능성은 제로라고 장담합니다. 하지만 BP 사고에서 우리는 유출된 원유가 뭍을 삼키는 모습을 똑똑히 보았죠. 그들의 예측은 항상 빗나갑니다.」 그는 이렇게 덧붙였다. 「그들은 언제나 〈오작동 방지 대책을 완벽히 갖추었다〉고 말해요. 하지만 캘러머주 유출 사고에서 그들은 몇 시간이 지나도록 밸브를 잠그지 못했습니다.」[83]

한마디로, 아주 많은 사람들이 더 이상 화석 연료 산업의 전문가들의 이야기를 곧이듣지 않기 시작했다. 그들은 자기 눈으로 직접 본 것만을 믿는다. 최근 몇 년 사이 우리는 많은 것을 보았다. BP의 원유가 무려 석 달 동안 멕시코만으로 용솟음쳐 나오는, 도저히 잊을 수 없는 수중 〈유출 동영상〉은 프래킹 유전 지역의 수도꼭지에서 나온 물에 (메탄이 섞여 있어) 불이 붙는 충격적인 장면을 연상시키고, 다시 퀘벡 주 락메간틱에서 발생한 끔찍한 열차 폭발 사고 직후 사랑하는 가족의 시신을 찾느라 깨진 잔석을 뒤지는 주민들의 애절한 모습을 연상시키고, 다시 웨스트버지니아의 석탄 광산에서 사용한 화학 물질에 급수원이 오염되어 주민 30만 명이 열흘 동안 겪어야 했던 비참한 상황을 연상시킨다. 특히 우리 뇌리에 깊이 새겨진 모습은 2012년 셸이 극도로 위험한 극지 시추 사업을 개시한 직후 거대한 시추 설비 하나가 견인 장비에서 풀려나 시트칼리다크 섬 연안에 좌초된 모습, 또 다른 시추 설비 역시 고정 장비에서 빠져나온 모습, 그리고 유출 원유 수거 설비가 〈맥주 캔처럼 찌그러져 있는〉(미국 연방 안전 및 환경 집행국 직원의 표현이다) 모습이다.[84]

전보다 원유 유출과 각종 사고가 훨씬 늘어난 듯 보이는 이유는 간단하다. 그게 바로 현실이니까. 『에너지와이어*Energy Wire*』지가 몇 개월에 걸쳐 조사한 바에 따르면, 2012년에 미국에서는 육상 석유 및 가스 유전에서 6천 건이 넘는 원유 유출과 〈각종 사고〉가 일어났다. 〈하루 평균 열여섯 건꼴로 유출 사고가 발생한다. 유출 사고는 2010년 이후 크게 늘어났다. 비교 자료가 있는 열두 개 주만 따져도 17퍼센트가량 늘어났다.〉회사들이 유출된 물질을 제대로 수거하지 않는다는 사실도 확인되었다. 「뉴욕 타임스」는 위험한 액체류(대부분 석유와 관련한)의 송유관 유출 사고를 조사한 기사에서, 2005년과 2006년에는 송유관 관리자들이 〈유출된 액체의 60퍼센트 이상을 수거〉했지만 2007년부터 2010년 사이에는 〈수거한 비율이 3분의 1 미만〉이라고 보도했다.[85]

불신의 확산을 부채질하는 것은 공학 기술의 실패만이 아니다. BP와 엔브리지를 포함해서 속임수를 쓰는 기업들의 행동 뒤에 도사린 이윤 추구욕(이는 느슨한 규제와 감독 시스템 때문에 더욱 활개를 친다)이 속속들이 드러나고 있다. 예컨대, 셸은 부가세를 피하기 위해 악천후를 무릅쓰고 극지 시추 설비를 알래스카 주 밖으로 이동시키다가 좌초 사고를 일으켰다.[86]

락메간틱 재앙을 일으킨 철도 회사 몬트리올 메인 앤드 애틀랜틱은 사고 1년 전 정부의 허가를 받아 열차 승무원을 단 한 명으로 감축했다. 1980년대까지는 같은 종류의 열차에 대개 다섯 명의 승무원이 탑승하여 안전 의무를 분담했다. 최근에 와서는 대부분 두 명으로 줄었는데, 이 회사는 승무원 두 명도 많다고 판단했던 것이다. 이 회사에서 일했던 한 철도 노동자의 말대로 〈감축, 감축, 감축이 최고였다〉. 또 다른 요인도 위험을 증폭시켰다. 「글로브 앤드 메일」이 4개월에 걸쳐 실시한 조사에 따르면, 〈회사들은 폭발성 물질인 원유를 선적량 점검도 하지 않은 채 열차를 출발시키는 경우가 많다〉. 락메간틱 사고가 발생하고 1년이 채 지나기 전에 원유 수송 열차가 화염에 휩싸이는 또 다른 사고가 세 차례 넘게 발생했다. 한 번은 노스다코타 캐슬턴에서, 또 한 번은 뉴브런즈윅 북서부의 어느 마을 외곽에서, 또 한 번은 버지니아의 린치버그 도심 안에서 열차가 폭발했다.[87]

제대로 돌아가는 세상이라면, 기후 변화가 심각해지는 상황에서 대규모 폭발 사고가 이처럼 연달아 발생하는 경우 상당한 정치적 변화가 일어났을 것이다. 당연히 수송량 제한 조치와 수송 금지 조치가 시행되고, 극단적인 에너지에서 벗어나기 위한 전환 정책이 도입되었을 것이다. 하지만 이런 조치는 전혀 시행되지 않으며, 오히려 훨씬 더 위험한 채취 활동에 대한 면허 승인과 임대 계약이 줄을 잇는다. 상황이 이렇게 된 데는 각종 합법·비합법적 통로를 이용한 구태의연한 부패도 무시할 수 없다.

BP 원유 유출 사고가 일어나기 1년 반 전에 충격적인 사실이 드러났다. 미국 정부의 한 보고서는, 석유와 가스 산업으로부터 채광 사용료를 징수하는 미국 내무부 소속 기구 광물 관리청 내부의 〈비윤리적 문화〉가 심각한 수준이라고 밝혔다. 일부 공무원이 석유 산업 직원들로부터 주기적으로 뇌물을 받고 있을 뿐 아니라, 내무부의 감찰 보고서에 따르면 〈산업 측이 주최한 행사에서 자주 술을 마셨고, 코카인과 대마를 복용하는가 하면, 석유와 가스 회사의 대리인과 성적인 관계를 가졌다〉. 국민의 심부름꾼이 석유와 가스 산업의 로비 활동에 협조하고 있을지 모른다는 대중의 오래된 의혹을 생생한 현실로 확인시켜 준 사례였다.[88]

2013년 해리스 여론 조사에서 석유 회사들을 〈정직하고 신뢰할 수 있다〉고 생각하는 미국인이 겨우 4퍼센트에 불과하다는 결과가 나온 것도, 어찌 보면 당연한 일이라 할 수 있다(석유 산업보다 더 나쁜 평가를 받은 것은 담배 산업뿐이다). 같은 해 갤럽Gallup은 정부와 금융을 포함하여 스물다섯 개 산업에 대한 미국인의 견해를 조사했다. 가장 반감이 큰 부문은 석유와 가스였다. 2012년 캐나다의 어느 여론 조사 기관은 〈에너지 관련 사항〉과 관련한 열한 개 그룹의 신뢰성 순위를 집계했다.[89] 석유와 가스 회사와 에너지 부문 공무원이 마지막 두 순위를 차지했고 학계가 가장 높은 순위를, 환경 및 시민 단체 또한 상당히 높은 순위를 차지했다. 같은 해 유럽 연합 내 조사에서는 응답자들에게 열한 개 부문에 대해 조사 대상 그룹이 〈사회적 책임감을 가지고 행동한다고 생각하

는지〉를 물었는데, 역시 금융 및 은행 부문과 채광 및 석유, 가스 회사가 꼴찌를 차지했다.[90]

이런 현실은 거액의 보수를 받는 채취 산업의 홍보 담당자들이 뛰어넘어야 할 힘겨운 과제다. 이들은 지금껏 제기된 어떤 논란에 대해서도 들판을 뛰어다니는 금발의 아이들과 연구원복 차림으로 환경을 걱정하는 다인종 배우들의 모습으로 연출한 세련된 광고나 보여 주며 얼렁뚱땅 얼버무려 왔다. 하지만 이제는 타르 샌드의 현대적인 기술이나 천연가스의 청결함을 부각시키는 수백만 달러짜리 광고에도 결코 속아 넘어가지 않는 사람들이 점점 늘고 있다. 물론 의견을 강력하게 개진하는 사람들, 즉 천문학적인 수익을 놓치지 않기 위해 채취 회사들이 기를 쓰고 진입하려 드는 땅에 거주하는 사람들도 마찬가지다.

사전 예방 원칙의 부활

최근 수십 년 동안, 많은 환경 보호주의자들은 산업계와 정부의 성실한 협력자로 활동했다. 그러면서 이윤 창출과 경제 성장이라는 구실을 내세워 위험한 수준의 온실가스 배출을 합리화하는 식으로 엉터리 위험 평가를 진행해 왔다. 이들은 온실가스의 위험이 극복할 수 있는 수준이라는 가설을 당연한 진리로 받아들였고, 공식적인 기후 변화 논의 역시 이 가설을 토대로 진행되었다. 기후 재앙이라는 현실적인 위험에서 인류를 구해 내기 위해 반드시 수행되어야 할 조치는 국내 총생산에 충격을 주는 요인으로 평가해 배제해 왔으며, 오염된 지구가 몸부림치면서 거듭된 재해로 신호를 보내는 와중에도 경제 성장만이 유의미하다는 관점은 그대로 유지했다.

하지만 블로카디아에서 이런 위험 평가 따위는 바리케이드가 설치된 도로 구석에 내동댕이쳐지고, 사전 예방 원칙이 그 자리를 대신하기 시작했다. 이 새로운 원칙에 따르면, 인간의 건강과 환경이 큰 위험에 노출되어 있는 경우에는 완벽한 과학적 확실성이 입증되기 전이라도 예방 조치를 취해야 하며, 어떤 관행의 안전성을 입증하는 책임을 그 관행 때문에 피해를 입을 수 있는 대중에게 부과해서는 안 된다.

블로카디아는 산업이 사용하는 방식의 안전성을 입증하는 책임은 산업에 부과해야 한다고 주장하면서 빼앗겼던 주도권을 되찾아 가고 있다. 사실 극단적인 에너지 채취 활동은 그 안전성을 입증할 방법이 없다. 생물학자 샌드라 스타인그래버의 말을 인용해 보자. 〈유독 물질이 대량으로 투입되었는데도 인간에게 예기치 않은 참혹한 피해를 입히지 않는 생태계가 있다면, 당장 그 사례를 내놓아 보라.〉[91]

오늘날 화석 연료 회사들과 마주 선 상대는 넉넉한 후원금이나 양심의 부담을 덜어 주는 탄소 상쇄 프로그램 따위로 회유할 수 있는 대규모 환경 단체들이 아니다. 이들에 맞선 공동체들은 대부분 흥정과 타협(해당 지역의 일자리 제공이나 사용료 인상, 안전 기준의 상향 조정 등)을 기대하지 않는다. 이 공동체들은 날이 갈수록 강력하게 〈결사반대〉를 외칠 뿐이다. 송유관 결사반대, 극지 시추 결사반대, 석탄 석유 수송 열차 결사반대, 대형 시추 설비 결사반대, 수출 물류 기지 결사반대, 프래킹 결사반대. 하지만 이들의 외침은 〈우리 집 뒷마당엔 절대 안 돼Not in My Backyard〉가 아니다. 프랑스의 프래킹 반대 행동주의자들의 표현대로라면 〈여기도 안 되고, 다른 곳도 안 돼Ni ici, ni ailleurs〉로, 한마디로 새로운 탄소 개척지를 단 한 군데도 허용하지 않겠다는 뜻이다.

비난의 뜻으로 동원되던 〈님비NIMBY〉라는 용어는 이제 완전히 힘을 잃었다. 웬들 베리는 E. M. 포스터의 표현을 빌려 〈환경 보호의 핵심은 사랑이다〉라고 말한다. 모든 사람이 각자 자기가 사는 곳을 사랑하고 보호한다면 생태계 위기는 일어나지 않을 것이고, 어떤 지역도 희생 지대로 격하되는 일이 없을 거라는 얘기다.[92] 따라서 이제는 환경을 파괴하지 않는 방식으로 우리의 욕구 충족 경로를 변경해야만 한다.

이처럼 명확한 도덕적 인식은 수십 년 동안 환경 단체들과 사이좋게 협력해 오던 채취 산업에 엄청난 타격을 안기고 있다. 기후 운동이 마침내 결코 타협할 수 없는 지점에 도달한 셈이다. 이런 도덕적 용기는 기후 위기의 유발 책임이 가장 큰 기업들에 맞서 대규모 저항 세력을 일으켜 세우고 있으며, 최근 수십 년 사이에 환경 운동 분야에서 중요한 의미를 지닌 여러 건의 승리를 일구어 냈다. 다음 장에서는 이러한 승리의 사례들을 살펴보기로 하자.

10장

사랑으로 지구를 살리자

민주주의, 투자 회수 그리고 성과

우리를 둘러싼 우주의 경이와 현실에 기울이는 관심이 투철해질수록, 우리의 파괴 성향은 누그러들 거라고 나는 믿는다.

— 레이철 카슨, 1954년[1]

산이 그냥 산이라면 무슨 쓸모가 있겠는가?

— 제이슨 보스틱, 웨스트버지니아 석탄 협회 부회장, 2011년[2]

2012년 4월 이슬비가 내리는 어느 날, 벽에 판자를 댄 건물 한 채와 하나뿐인 활주로가 덩그러니 놓인 브리티시컬럼비아 주 벨라 벨라 공항에 27인승 터보프롭 엔진 비행기 한 대가 착륙했다. 흰색과 파란색으로 칠한 퍼시픽 코스틸 항공기에서 내린 승객들 사이에는 캐나다 정부가 파견한 조사단 세 명이 끼어 있었다. 이들이 밴쿠버에서 출발해 650킬로미터를 날아 깊은 협만과 바다까지 이어진 무성한 상록수림이 돋보이는 이 외딴 섬에 도착한 것은 엔브리지가 계획하고 있는 노던 게이트웨이 송유관에 대한 주민들의 의견을 듣기 위해서였다. 이 송유관은 북미에서 건설 될 화석 연료 기간 시설 중에서도 유난히 세간의 주목을 끌고 있었다.

사실 벨라 벨라는 이 송유관이 직접 관통하는 지역이 아니다(송유관 노선은 이곳에서 북쪽으로 530킬로미터 떨어진 지역을 지날 예정이다). 하지만 벨라 벨라 바로 앞에 펼쳐진 태평양 해역은 대형 유조선들이 이 송유관으로 수송된 타르 샌드 원유를 싣고 드나들게 될 위험한 항로에 포함된다. 게다가 이 항로에는 1989년에 알래스카 주 프린스 윌리엄 해협에서 침몰하여 인근의 해양 생태계와 어업을 파괴했던 엑슨 발데스 유조선보다 1.75배나 많은 원유를 운반할 수 있는 초대형 유조선도 투입될 예정이다.[3] 이 해역에서 유출 사고가 발생하면 훨씬 심각한 피해로 이어질 가능성이 높다. 워낙 외떨어진 해역이라 사고 현장에 접근하기가 어려울 뿐 아니라, 폭풍이 심한 겨울철에는 접근 자체가 거의 불가능하기 때문이다.

이 합동 조사단(여성 한 명과 남성 두 명, 그리고 수행원들)은 벌써 몇 달째 이 송유관이 미칠 영향에 관한 공청회를 열어 온 터였고, 곧 사업 계획의 승인 여부에 관한 최종 의견을 연방 정부에 제출할 예정이었다. 인구의 90퍼센트가 헤일츠크 원주민으로 구성된 벨라 벨라는 이들을 맞이할 만반의 준비를 갖추었다.

헤일츠크의 세습 추장들이 직위를 나타내는 표상을 빠짐없이 갖춘 채 활주로에 일렬로 서 있었다. 이들은 독수리, 연어, 범고래 등 이 지역의 바다와 하늘을 터전으로 삼는 각종 동물이 새겨진 옷을 입고, 머리에는 동물 얼굴 모양 장식과 길게 뻗친 담비의 흰 털이 붙어 있는 두건을 두르거나 삼나무 껍질을 엮어 짠 모자를 쓴 채, 방울을 쩔렁거리며 방문객들을 환영하는 춤을 추었다. 이들 뒤에 늘어선 사람들은 북을 치며 노래를 불렀다. 둥글게 말아 놓은 철조망 너머에는 송유관을 반대한다는 내용의 알림판과 카누용 노를 치켜든 많은 수의 시위대가 늘어서 있었다.

경의의 표시로 추장들의 대열에서 반 발짝 물러나 있는 사람은 제스 휴스티라는 여성이었다. 마른 체격에 이제 막 스물다섯이 된 휴스티는 이 공동체와 조사단의 만남을 성사시키는 데 크게 기여했다(얼마 뒤 그녀는 헤일츠크 부족 회의의 최연소 위원으로 선출된다). 10대 때 벨라 벨라 최초의 도서관을 세운 인물이자 뛰어난 시인이기도 한 그녀는, 공항에서 펼쳐진 이 장면을 〈우리 공동체가 추진해 온 원대한 계획 실행의 정점〉이라고 묘사했다.[4]

젊은이들은 인근 학교에 준비 본부를 설치하고 행사 준비에 앞장섰다. 학생들은 여러 달 전부터 공청회를 준비해 온 터였다. 송유관과 유조선 유출 사고의 역사를 조사하는 과정에서, 이들은 2010년 캘러머주 강 송유관 파열 사고의 책임이 있는 엔브리지가 바로 노던 게이트웨이 송유관을 추진하는 주체임을 확인했다. 10대들 역시 자신들의 환경과 비슷한 북태평양에서 발생한 엑슨 발데스 유조선 침몰 사고에 관심이 많았다. 이들은 어업 등 바다를 생활 터전으로 삼아 온 공동체의 일원인 만큼, 프린스 윌리엄 해협의 연어가 유출 사고 후 여러 해가 지나도록 각종 폐해에 시달렸으며, 청어 어획량이 급감(20여 년이 지났지만 아직도 어획량은 예전 수준으로 복구되지 않고 있다)했다는 사실에 충격을 받았다.

학생들은 이런 유출 사고가 발생하면 자신들의 터전인 연안에 어떤 일이 일어날지 신중히 따져 보았다. 해양 생태계의 핵심 종인 붉은연어가 기름에 오염되면 그 파급 효과가 연쇄적으로 나타날 것이다. 인근 만에서 규칙적으로 솟구쳐 올라 등지느러미로 수면을 가르는 범고래와 흰줄무늬돌고래, 그리고 바위 위에서 컹컹거리며 햇빛을 쪼이는 바다표범과 바다사자는 붉은연어를 먹고 산다. 또한 회귀성 어종인 붉은연어는 산란을 위해 강물을 거슬러 오르면서 독수리와 흑곰과 늑대의 먹이가 되고, 이 포유류들의 배설물은 수로 주변이나 강둑에 자라는 이끼는 물론 온대 우림의 하늘 높이 치솟은 삼나무와 미송의 생육에 필요한 영양분을 공급한다. 연어는 뭍의 수로와 강을 이어 주고, 강과 바다를 이어 주고, 다시 바다와 숲을 이어 준다. 연어가 위험해지면, 연어에 의존해 살아가는 모든 생태계가 위험에 처한다. 이처럼 복잡하게 얽힌 생명의 먹이 사슬과 불가분의 관계에 있는 헤일츠크 공동체의 유구한 문화, 그리고 현대적인 생업 역시 예외가 아니다.

벨라 벨라의 학생들은 이런 주제로 글쓰기 활동을 진행하는가 하면 공청회에서 발표할 자료를 준비하고 조사단을 환영하는 알림판을 만들었다. 일부 학생들은 식량 공급원을 잃게 될 위험성을 알리기 위해 48시간 단식 농성에 참여했다. 교사들은 젊은이들이 이처럼 적극적인 참여를 보이는 것은 처음이라고 말했다. 일부 교사들은 우울증과 마약 복용이 줄어들었다는 이야기를 하기도 했다. 얼마 전까지만 해도 청소년 자살이 심각한 문제로 떠올랐던 것을 고려하면 참으로 커다란 변화였다. 청소년 자살의 만연은 잔혹한 식민 정책이 남긴 유산이었다. 이곳에선 여러 세대에 걸쳐(지금 청소년들의 증조부모 세대와 조부모 세대, 그리고 때로는 부모 세대까지) 어린이들이 가족의 품을 떠나 교회가 운영하는 기숙 학교에 강제로 배치되어 심한 학대를 받았다.

휴스티는 이렇게 회고했다.「활주로에서 추장들 뒤에 서 있는 동안, 나는 엔브리지의 노던 게이트웨이에 관한 소문이 처음 전해진 순간부터 지금까지 우리 공동체가 이 문제와 관련해서 대단한 성장을 했구나 하는 생각에 잠겼어요. 우리 공동체에는 강력한 추진력이 생겼습니다. 우리 선조들을 부양해 왔고 지금 우리를 부양하고 있으며 앞으로도 우리 후손들을 부양할 것이 틀림없는 이 땅과 물을 위해, 품위 있고 성실하게 증언석에 나설 만반의 준비를 갖춘 채 거기 서 있었지요.」

환영의 춤이 끝난 뒤, 조사단은 차로 5분 거리에 있는 마을로 가기 위해 흰색 소형 승합차에 올랐다. 길에는 아이들을 포함해서 수백 명의 주민들이 죽 늘어서 있었다. 모두 손수 만든 팻말을 손에 쥔 채였다. 〈기름은 곧 죽음이다〉, 〈우리는 반대할 도덕적 권리가 있다〉, 〈푸른 바다를 지키자〉, 〈돈으로 우리 생활을 살 수는 없다〉, 〈기름을 마시고 살 수는 없다〉. 범고래, 연어, 해조류 켈프의 그림을 들고 있는 사람도 있었다. 가장 많이 눈에 띄는 건 〈유조선 결사반대〉라고 쓰인 팻말이었다. 조사단원이 굳이 창밖을 내다보려 하지 않는다고 생각했는지, 한 남자는 지나가는 승합차 옆면을 주먹으로 쿵쿵 치며 팻말을 유리창에 갖다 대기도 했다.

집계에 따르면, 그날 시위는 주민 1,450명 가운데 3분의 1이 참여한, 벨라 벨라 역사상 최대 규모의 시위였다.[5] 다른 방식으로 참여하는 사람들도 있었다. 그들은 조사단을 정중하게 대접하기 위해 먹을 것을 수확하고 요리를 하며 잔치를 준비했다. 이 잔치는 손님을 환대하는 헤일츠 크족의 전통일 뿐 아니라 대형 유조선들 가운데 하나라도 사고를 낼 경우 식량 수급이 어려워질 수 있다는 점을 손님들에게 알리기 위한 수단이기도 했다. 연어, 청어 알, 넙치, 열빙어, 게, 참새우가 잔칫상에 오를 예정이었다.

조사단이 브리티시컬럼비아를 여행하는 내내 곳곳에서 이와 비슷한 장면이 펼쳐졌다. 도시와 소도시의 주민들은 무리를 지어 거리로 나와 이 프로젝트에 대해 거의 똑같은 반대의 목소리를 냈다. 대열의 선두와 중심에 선 것은 대개 원주민들로, 이 지역이 북미에서 가장 강력한 원주민 토지 권리 운동의 근거지라는 사실을 반영하고 있었다. 원주민 토지 권리 운동을 뒷받침하는 것은 이 지역 땅의 약 80퍼센트가 결코 〈양도된 적이 없다〉는 사실이다. 말하자면, 이 땅들은 조약이나 전쟁 행위를 통해서 캐나다 정부에 양도된 적이 없었다.[6]

하지만 벨라 벨라의 열정적인 환대는 어딘가 조사단원들의 심기를 불편하게 만드는 구석이 있었다. 손님들은 그날 저녁으로 예정된 축하연 초청을 거절했다. 헤일츠크 부족 회의 위원장 메릴린 슬렛은 마이크를 잡고 방금 조사단이 넘겨준 서한을 낭독해야 하는 난감한 처지가 되었다. 서한에는 그곳에 모인 모든 사람들이 여러 달 동안 준비해 온 송유관 공청회를 취소하겠다는 내용이 쓰여 있었다. 〈조사단은 군중들이 평화를 유지하리라 확신할 수 없기에 공청회를 열 수 없다.〉 공항에서부터 시작된 시위 과정에서 이 손님들이 불안감을 느낀 게 분명했다. 나중에 알려진 바에 따르면, 조사단은 한 남자가 승합차 옆면을 두드려 울리던 쿵쿵 소리를 총격 소리로 착각했다고 한다(현장에 있었던 경찰은 시위대가 폭력을 쓰지 않았으며, 안전을 위협하는 상황은 전혀 발생하지 않았다고 단언했다).[7]

휴스티는 이렇게 말했다. 「공청회 취소 소식은 일종의 물리적 충격이었습니다. 우리는 선조들의 가르침을 따랐을 뿐이에요. 무례한 마음을 품은 채 누군가의 손등에 입을 맞추는 것은 꿈도 못 꿀 일입니다.」 결국 공청회는 속개되었지만, 애초에 예정된 회의 시간 가운데 하루하고도 반나절이 날아가는 바람에 직접 발언을 하려던 많은 주민들이 뜻을 접어야 했다.*[8]

벨라 벨라의 주민들 입장에서는 폭력을 행사했다고 어처구니없는 누명을 쓴 것도 억울했지만, 환영하려던 자신들의 진심이 엉뚱하게 오해를 샀다는 사실이 더 큰 충격이었다. 승합차에서 밖을 내다보던 조사단원들의 눈에는 벨라 벨라 주민들이 송유관과 관련된 모든 사람들에게 증오심을 표출하고 싶어 하는 전형적인 폭도로 비친 모양이었다. 하지만 카누 노와 물고기 그림을 손에 쥔 채 승합차 밖에 서 있던 사람들은 결코 적개심과 분노를 품고 그 시위에 참가한 것이 아니었다. 그들이 마음에 품었던 것은 사랑이었다. 숨이 막힐 듯 아름다운 자신의 생활 터전에 대한 가슴 절절한 사랑을 집단적으로 표현한 것뿐이었다.

이 공동체의 젊은이들이 자신들의 입장을 설명할 기회를 잡았을 때 토로한 내용에 따르면, 이곳 주민들의 건강과 정체성은 선조들의 생활 방식을 그대로 이어 갈 수 있는 환경과 불가분의 관계에 있었다. 이들이 원하는 것은 선조들과 똑같은 물에서 물고기를 잡고, 연안 외곽 섬들의 똑같은 조간대에서 해조류를 따고, 똑같은 숲에서 사냥을 하고, 똑같은 초원에서 약초를 캐며 사는 삶이었다. 그렇기 때문에 노던 게이트웨이가 이곳 주민들에게 어업을 위협하는 원인이자 동시에 세대 간 화합 활동을 뒤흔드는 파멸의 원인이 될 수 있었다. 한마디로, 식민 시대에 자행되었던 폭력이 다시금 부활하는 것이나 다름없었다.

제스 휴스티는 엔브리지 게이트웨이 조사단 앞에서 증언했을 때(그녀

* 몇 달 뒤 합동 조사단이 재차 계획한 공청회는 백인 주민 비율이 압도적으로 높은 지역에서 개최되었다.

는 이 증언을 하기 위해 브리티시컬럼비아 주 테라스까지 가는 데 만 하루를 꼬박 할애해야 했다), 이 내용을 간단명료하게 표현했다.

나는 내 자식에게 희망과 변화의 가능성이 살아 숨 쉬는 세상, 선조들의 가르침이 여전히 유효한 세상을 물려주고 싶다. 나는 내 아이들이 모든 면에서 완벽한 헤일츠크로 성장할 수 있기를, 세대가 수백 번 바뀌는 동안 우리 부족을 건강하게 유지시켜 준 공동체의 정체성을 이해하고 공동체의 관습을 이어받을 수 있기를 바란다. 우리 영역에 속하는 땅과 물, 그리고 생태계를 보호하기 위한 공동체의 관행을 완벽하게 유지하지 못한다면 내 소원은 물거품이 될 것이다. 우리 공동체 젊은이들의 미래를 생각하면, 보상이 충분히 주어진다는 이유로 공동체의 정체성을 포기하고 헤일츠크로 살아갈 권리를 단념한다는 건 말도 안 되는 일이다.[9]

아무리 많은 돈을 쓰더라도 이런 열정적인 사랑의 힘은 제압할 수 없기에, 채취 회사들과 그들을 옹호하는 정부 공무원들이 이를 과소평가하는 것은 당연하다. 이 주민들이 투쟁을 통해 지키고자 하는 것이 선조들이 막대한 희생을 치르며 지켜 낸 정체성과 문화와 소중한 생활 터전인 이상, 그리고 반드시 그것을 후손들에게 물려주고자 마음먹은 이상, 회사들이 어떤 카드를 내놓아도 협상이 타결될 여지는 없다. 아무리 안전을 약속해도, 아무리 거액의 배상금을 준다 해도 통하지 않을 것이다. 생활 터전에 대한 이러한 애착은 수천 년 동안 땅과 한 몸을 이루고 살아온 원주민 공동체들 사이에서 가장 강력한 힘을 발휘한다. 이는 모든 블로카디아에서 나타나는 가장 핵심적인 특징이기도 하다.

나는 금광 반대 투쟁이 벌어지던 그리스 할키디키에서 역시 이런 특징이 두드러지게 발현되는 것을 확인했다. 그곳에서 만난 멜라크리니 리아쿠라는 젊은 아이 엄마(지칠 줄 모르고 이 운동을 주도해 온 지도자

중 하나다)는, 4대째 농사를 하고 있는 자신이 그곳 땅을 바라보는 시각과 금광 회사가 똑같은 땅을 바라보는 시각이 다를 수밖에 없다고 확신에 찬 어조로 설명했다. 「땅은 내 몸의 일부예요. 나는 땅을 존중하고 아낍니다. 땅에서 원하는 것을 뽑아내고 나머지를 쓰레기 취급하는 건 내 방식이 아닙니다. 내가 원하는 건 올해도 내년에도 이 땅을 생활 터전으로 삼고, 후손에게도 물려주는 것이죠. 하지만 엘도라도를 비롯한 채광 회사들이 원하는 건 이 땅을 파괴하고 약탈해서 자신들이 가장 중요하게 여기는 요소만 뽑아내는 거예요. 그들이 떠난 자리에 남는 것은 〈전 인류와 자연을 위협하는 대량 화학 물질 폭탄〉뿐입니다.」[10]

알렉시스 보노고프스키(그는 석유 회사들이 대형 트레일러 통행로로 12번 도로를 이용하려는 것을 가리켜 〈엄청난 실수〉라고 지적한 바 있다) 역시 아크 콜Arch Coal을 비롯한 채광 회사들의 몬태나 남동부 진출 저지 투쟁에 대해 비슷한 주장을 펼친다. 염소 방목을 생업으로 삼고 여가 시간에는 요가를 즐기는 33세의 환경주의자 보노고프스키가 더 역점을 두는 것은 가축 사육보다 사슴 사냥이다. 「엉뚱한 이야기 같지만, 이곳에는 내가 즐겨 찾는 곳이 있습니다. 그곳 사암석 위에 앉아 있으면 사슴들이 다가와 이리저리 돌아다니죠. 엄청나게 많은 사슴들이 무리를 지어 다니는데, 아마 수천 년 전부터 이런 장면이 되풀이되어 왔을 겁니다. 그곳에 앉아 있으면 나는 그 장면의 일부가 된 듯한 느낌을 받아요. 가끔은 내 귓가에 대지의 숨결이 닿는 듯한 느낌이 들기도 하지요. 땅과 일체가 된 듯한 느낌, 사람들이 땅에 대해 느끼는 애착을 아크 콜은 절대 이해하지 못합니다. 그들은 이런 느낌을 무시해요. 이해하지 못하니까 자연히 무시하게 되는 겁니다. 그런데 이 땅을 지키는 원동력은 바로 이런 마음이거든요. 석탄 회사들에 대한 증오심이나 분노 가지고는 어림도 없지요. 사랑의 힘으로 우리는 이 땅을 지킬 겁니다.」[11]

이런 관점에서 보면 블로카디아에서 벌어지는 갈등이 첨예한 양극화 양상을 띠는 이유 역시 분명해진다. 화석 연료 채취 산업에 기반한 문화는 필연적·구조적으로 어느 한곳에 뿌리를 내릴 수 없는 문화다. 대형 트레일러 운전사, 송유관 설치 기사, 광부, 공학자 등의 인력은 하나의 현장에서 일을 끝낸 뒤 다음 현장으로 옮겨 가야 하므로 물리적 이동성이 높을 뿐 아니라, 흔히 악명 높은 〈인력 캠프〉에서 생활한다. 이곳은 군대 병영과 비슷하다. 이동형 독립 공동체로서 체육 시설부터 영화관까지(지하에 성매매 시설이 마련된 곳도 많다) 모든 욕구를 충족할 수 있는 시설이 완비되어 있다.

와이오밍 주 질레트나 앨버타 주 포트 맥머리처럼 채취 산업 노동자들이 10~20년 동안 거주하면서 아이들을 키우는 지역도 마찬가지다. 이곳도 뿌리를 내리기엔 힘든 문화다. 거의 예외 없이, 노동자들은 하루빨리 돈을 모아(학자금 대출을 상환할 자금이나 흩어진 가족들과 함께 살 집을 구입할 자금, 간혹 원대한 꿈을 품은 몽상가들의 경우에는 은퇴자금) 그 열악한 지역을 빠져나가는 게 꿈이다. 육체노동을 하고 높은 보수를 받을 수 있는 일자리가 많지 않기 때문에, 사람들은 채취 산업의 일자리를 채무와 빈곤에서 탈출할 수 있는 유일한 수단으로 여기는 경우가 많다. 앨버타 주 북부에서 일하는 타르 샌드 노동자들이 그곳에서 지내는 시간을 괜찮은 경력이라고 보지 않고, 꽤 많은 돈을 모을 수 있는 징역 형기에 빗대서 〈3개년 계획〉(20만 달러를 모은 뒤 떠나자), 〈5개년 계획〉(50만 달러를 모으자), 〈10개년 계획〉(1백만 달러를 모은 뒤 35세에 은퇴하자)을 자주 거론하는 것도 이런 현실을 반영한다. 구체적인 면에서 차이가 있긴 해도, 이들의 계획은 한마디로 〈포트 맥머리(종종 포트 맥머니Fort McMoney 라는 별칭으로도 불린다)에서 악착같이 일해 한몫 잡고 당장 이곳을 떠나 제대로 된 인생을 살아 보자〉는 것이다 (그곳의 악명 높은 유흥가에서 엄청난 액수가 증발한다는 사실을 생각하면 뭔가 비현실적이다). 어느 설문 조사에 따르면, 타르 샌드 지역의

응답자 가운데 98퍼센트가 은퇴 후에는 다른 곳에서 살 계획이라고 답했다.[12]

이들이 선택한 삶에는 대개 현실적인 비애가 따른다. 주점에 모여 목소리를 높이는 수많은 노동자들의 모습은 장기간 별거 때문에 빚어진 높은 이혼율과 격무 스트레스, 극심한 약물 중독을 반영한다. 자신이 살아가는 곳에서 벗어나 다른 곳으로 가고자 하는 간절한 열망을 지닌 사람들이 그만큼 많다는 이야기다. 점잖은 사람들이 극단적인 에너지 산업의 요구에 따라 땅을 마구잡이로 파괴하는 일을 마다하지 않는 것은 이처럼 공동체에 대한 소속감이 결여되어 있기 때문이다. 와이오밍 주 질레트에서 일하는 어느 석탄 노동자는 근무 시간을 버티기 위해 자신이 사용하는 방법을 내게 알려 주었다. 파우더 강 유역의 땅을 〈다른 행성〉이라고 생각하면 된다는 것이다.[13] 아마도 노천 채굴이 끝난 지역의 달 표면 같은 경관이 이런 심리적 속임수를 부추겼으리라.

충분히 이해할 수 있는 생존 전략이다. 하지만 구조적으로 이동성을 부추기는 채취 산업의 문화가 자신이 나고 자란 땅에 대한 깊은 사랑과 그 땅을 보호하려는 확고한 의지를 가진 사람들과 충돌할 때는, 그야말로 폭발적인 결과가 나타날 수 있다.

물을 사랑하는 이들

이처럼 이질성이 뚜렷한 두 세계가 충돌할 때 일어날 수 있는 결과 가운데 하나는, 앞서 벨라 벨라에서 보았듯이 공동체들이 그전보다 자신들이 지닌 것(자칫하면 잃게 되는 것)을 훨씬 더 소중하게 여기게 된다는 점이다. 격렬한 채취 반대 투쟁을 진행하는 사람들 대다수가 가진 것이 별로 없다(인습적인 관점에서 보자면)는 점을 고려하면, 참으로 특이한 현상이다. 이들은 우리 경제가 계량하지 못하는 풍요로움을 지키겠다는 결단을 품는다. 프래킹 반대 투쟁에 참여하는 루마니아 주민 도이나 데디우는 한 기자에게 이렇게 말했다. 〈우리 부엌에는 잼과 보존 식품, 견과류 자루, 꿀과 치즈 상자가 가득 채워져 있다. 모두 우리가 직접 만든 것들이다. (⋯⋯) 우리는 가난하지 않다. 돈은 없어도 우리에겐 깨끗한 물이 있고 건강이 있다. 우리가 바라는 건 우리를 가만 내버려 두라는 것뿐이다.〉[14]

두 세계 사이에 벌어지는 싸움은 흔히 물이냐 가스냐, 물이냐 석유냐, 물이냐 석탄이냐를 가르는 엄혹한 선택으로 이어진다. 하지만 극단적인 채취 산업 반대 운동에서는 화석 연료에 대한 반대보다는 깨끗한 물을 지키자는 입장이 두드러진다.

내가 이런 생각을 하게 된 것은 2011년 12월 〈프레이저 강 지킴이 선언 Save the Fraser Declaration〉 서명식에 참가하면서부터였다. 이는 노던 게이트웨이 송유관를 비롯한 타르 샌드 사업의 브리티시컬럼비아 진출을 저지하겠다고 결의한 원주민들의 역사적인 선언으로, 130개 이상의 원주민 공동체와 비원주민 주민들도 다수 함께했다. 밴쿠버 공공 도서관에서 열린 선언 서명식에는 원주민 추장 몇몇도 참석했다. 그날 기자단 앞에서 연설을 한 사람은 당시 칠코틴 원주민 공동체인 제니 그웨틴에서 추장으로 선출되어 활동하던 메릴린 밥티스트였다. 그녀는 자신과 공동체가 투쟁에 참가하려는 대의를 설명하며 복잡하게 얽힌 강 이름을 죽 나열했다. 「우리가 사는 곳은 칠코 호수의 상류입니다. 야생 연어 대량 서식지로 유명한 이곳은 타세코 강의 일부죠. 타세코의 물은 칠코로 흘러들고, 칠코의 물은 칠코틴 강으로 흘러들고, 칠코틴 강물은 프레이저 강으로 흘러듭니다. 우리 공동체 전원이 이 투쟁에 참여하는 건 당연한 일입니다.」[15]

이처럼 물길 지도를 그리는 그녀의 의도를 그곳에 참석한 모든 사람들은 분명히 알 수 있었다. 이 물길 주변에서 살아가는 다양한 부족과 공동체들 모두가 기름 유출 위협을 막기 위한 투쟁에 합세할 거라는 뜻이었다. 이들은 이미 물로 단단히 연결되어 있다. 서로 연결된 호수와 강, 시내와 바다가 이들을 하나로 묶는 요인이다. 브리티시컬럼비아에서 이 물길을 이어 주는 생명체는 민물에서 태어나 바닷물로 나갔다가 다시 민물로 회귀하여 생명을 마감하는, 전 생애 주기에 걸쳐 다양한 환경을 이동하는 여행자, 바로 연어다. 선언문 제목을 〈유조선 송유관 반대 선언〉이 아니라 〈프레이저 강 지킴이 선언〉으로 정한 것에는 이런 배경이 있었다. 물길이 거의 1,400킬로미터에 이르는 프레이저 강은 브리티시컬럼비아에서 가장 긴 강으로 꼽힐 뿐만 아니라 주 내에서 가장 많은 연어 어획량을 자랑한다. 선언문의 내용은 다음과 같다. 〈프레이저 강과 그 수원들에 대한 위협은 곧 이 물길에 건강을 의존하는 모든 이들에 대한 위협이다. 이곳의 물고기와 동식물, 사람 그리고 생명의 흐름이 위협받는 상황을 우리는 결코 방치하지 않을 것이다. (……) 우리는 계획 중인 엔브리지 노던 게이트웨이 송유관을 비롯해 유사한 타르 샌드 사업이 우리 땅과 우리 지역과 우리 물길과 프레이저 강 연어의 이동 경로를 가로지르도록 내버려 두지 않을 것이다.〉[16]

타르 샌드 송유관이 약 1천 개의 물길을 가로질러 유독성 물질을 운반하면서 죽음을 퍼뜨리는 위험한 통로라면, 밥티스트 추장이 상호 연결 관계에 있다고 강조했던 수계들은 공통의 목적 아래 다양한 공통체를 하나로 묶는 통로인 셈이다.[17]

물을 지켜야 한다는 의무감은 단순히 송유관 반대 운동을 넘어, 극단적인 채취 산업에 반대하는 모든 운동을 결집하고 활기를 불어넣는 원동력으로 작용한다. 공동체들은 심해 유전, 프래킹 활동, 채취 활동, 송유관, 대형 트레일러, 수출 물류 기지 등이 결국은 자신들을 지탱하는 수계를 위태롭게 하리라는 불안감을 품고 있다. 이런 불안감이야말로 몬태나 주 남동부의 목축업자들과 노던 샤이엔 원주민, 워싱턴 주 공동체들을 석탄 수송 열차와 수출 물류 기지 반대 운동으로 결집시키는 원동력이다. 식수원 오염에 대한 불안감은 프래킹 반대 운동을 태동시켰다 (델라웨어 강 유역 — 미국인 1,500만 명이 의존하는 식수원 — 에 프래킹 채취정 2만여 개를 허용하겠다는 계획으로 야기된 이 불안감이 결국 프래킹 반대 운동을 미국 환경 운동의 주류로 진입시킨 셈이다).[18]

만일 트랜스캐나다가 오갈라라 대수층Ogallala Aquifer(그레이트 플레인스 대평원 아래 펼쳐진 방대한 지하 담수층으로 약 2백만 인구에게 식수를 공급하며 관개용 지하수의 약 30퍼센트를 공급한다)을 지나는 송유관을 건설하겠다는 충격적인 결정을 내리지 않았다면, 키스톤 XL 반대 운동은 이처럼 강력한 추진력을 얻지 못했을 것이다.[19]

수질 오염의 위협뿐 아니라 대량의 물을 소비한다는 것 또한 이런 채취 사업들의 거의 예외 없는 특징이다. 이를테면 타르 샌드 유전에서 원유 1배럴을 생산하는 데 소요되는 물은 2.3배럴로, 전통적인 원유 1배럴을 생산하는 데 소요되는 0.1~0.3배럴에 비교하면 엄청나게 많은 양이다. 이런 까닭에 타르 샌드 유전과 정제 설비 주변에는 우주에서도 볼 수 있을 만큼 거대한 규모의 폐수 저수지들이 형성되어 있다. 셰일 가스와 타이트 오일을 생산하는 프래킹 방법 역시 전통적인 채취 방법에 비해 훨씬 많은 물을 소모할 뿐 아니라, 1990년대에 사용되던 프래킹 방식에 비해서도 훨씬 많은 물을 소모한다. 2012년의 한 연구에 따르면 프래킹 채취정에서는 평균 5백만 갤런의 물을 사용한다(전통적인 프래킹 방식과 비교하면 70~300배 많은 양이다. 이곳에서 사용된 물의 대부분은 방사성 물질 농도가 높은 유독성 폐수로 배출되며, 2012년의 폐수량은 미국에서만 2,800억 갤런에 이른다. 『가디언』지에 따르면 〈이런 규모의 유독성 폐수라면 워싱턴 D.C. 전체를 수심 7미터 깊이로 침수시킬 수 있다〉.[20]

다시 말해 극단적인 에너지 산업은 인간의 생존에 필수적인 물질, 즉 물을 대량으로 파괴한다. 게다가 이 산업은 우리 생활을 영위하는 데 필수적인 것도 아니다. 그럼에도 불구하고 우리 생존을 위협하는 물질들을 계속해서 채취하고 있는 것이다.

이런 식으로 가다 보면 얼마 지나지 않아 세계 전역의 담수원이 오염될 것이다. 채취 과정에서 사용되는 물은 대부분 대수층에서 끌어오는데, 몇 년째 계속된 가뭄으로 이 대수층에서는 심각한 고갈이 진행 중이다. 프래킹 개발자들이 눈독을 들이고 있는 캘리포니아 주 남부의 몬터레이 셰일층과 최근 몇 년 사이 프래킹 채취가 급격히 늘어난 텍사스 주도 마찬가지 상황이다. 셸에서 프래킹 예정지로 꼽은 남아프리카 공화국의 광활한 건조 지대 카루Karoo(〈극심한 갈증의 땅〉이라는 뜻이다)에서 영적 지도자로 활동하는 웁 요하네스 빌렘스는 이렇게 말한다. 〈물은 신성하다. 물이 없으면 고결한 삶을 유지할 수 없다. 나는 사력을 다해서 싸울 것이다. 결코 물이 망가지도록 내버려 두지 않을 것이다.〉[21]

환경 오염과 기후 변화를 막으려는 투쟁이 추상적인 것으로 여겨질지도 모른다. 하지만 사람들은 삶의 현장에서 물을 지키기 위해서 싸울 것이다. 목숨을 걸고라도.

루마니아 푼제스티에서 프래킹 반대 투쟁에 나선 농민들은 이런 구호를 외친다.

「물 없이 살 수 있나요?」

「아니요!」

「셰브론 없이 살 수 있나요?」

「네!」[22]

이런 진리는 〈공유지의 비극〉 따위의 추상적인 이론이 아니라, 생활 경험에서 비롯된 깨달음이다. 세계 전역의 많은 사람들이 느끼는 극심한 불안감을 토대로, 이 진리는 나날이 그 영향력을 강화하며 수많은 공동체를 결합시킨다. 우리는 퇴보할 수밖에 없는 경제 시스템 안에 갇혀 있다. 우리 경제 시스템은 실제로는 유한한 것들(깨끗한 물, 화석 연료,

온실가스를 흡수할 수 있는 대기 공간)이 무한히 존재하는 듯 행동할 뿐 아니라, 실제로는 융통성 있게 운영할 수 있는 것들(인간 사회의 제도가 만들어 낸 금융 자원)이 엄격한 불변의 속성을 지니고 있다는 주장을 펼친다. 하지만 달리 생각해 보자. 우리는 오히려 이런 금융 자원을 이용해 우리에게 필요한 〈배려의 사회〉를 구축할 수 있다. 그리스 엘도라도 금광 반대 투쟁에 참여하고 있는 젊은 노동자 애니 바실리오는 이렇게 말한다. 「완전히 거꾸로 된 세상입니다. 갈수록 늘어 가는 홍수가 우리를 위협하고 있어요. 봄과 가을이 사라지는 날이 올지 모른다는 불안감도 우리를 위협하지요. 그런데도 그들은 우리를 유로존에서 탈퇴시킨다는 말만 되풀이하고 있습니다. 정신 나간 사람들 아닙니까?」[23] 이렇게 말해 보면 어떨까. 은행이 무너지더라도 우리는 해법을 찾을 수 있다. 그러나 극지가 파괴되면 해법 따위 존재하지 않는다.

과거의 승리

앞서 소개한 수많은 투쟁에서 어느 편이 승리를 거둘지는 아직 모른다. 지금 분명히 말할 수 있는 것은, 문제의 기업들이 애초에 예상했던 것보다도 훨씬 커다란 반대에 직면했다는 사실뿐이다. 이미 여러 지역에서 확고한 승리가 확인되고 있다(안타깝게도 지면이 부족하기 때문에 여기서는 자세한 설명을 생략하겠다).

예컨대, 시위자들은 10여 개의 도시와 소도시들뿐 아니라 훨씬 넓은 지역에서 프래킹 금지령 혹은 중지 조치라는 성과를 얻어 낸 바 있다. 프래킹 중지 조치를 시행하는 나라들 중에는 프랑스, 불가리아, 네덜란드, 체코 공화국, 남아프리카 공화국(남아프리카 공화국은 이후 금지령을 해제했다)이 포함되며, 버몬트 주와 퀘벡 주, 뉴펀들랜드 래브라도 주 등 여러 주와 지역에서도 프래킹 금지령 혹은 중지 조치가 시행된다(큰 논란 속에 시행한 뉴욕 시의 중지 조치는, 2014년 초 현재 효력을 유지하고는 있지만 위태로운 상황이다). 이런 성과가 더욱더 빛을 발하는 것은, 많은 지역의 프래킹 반대 활동에서 공통적으로 엿보이는 재원 충당 방식이다. 이들은 조직적인 지원을 받는 대신, 공동체 행사에서의 추렴이나 수많은 사람들의 자원봉사 활동 등 전통적인 방식으로 재원을 충당하고 있다.

화석 연료 채취 반대 투쟁에서 승리한 일부 사례들의 경우, 언론의 주목은 거의 받지 못했지만 굉장히 중요한 가치를 지닌다. 이를테면, 2010년 코스타리카는 노천 채광의 신규 개발 금지라는 획기적인 법률을 제정했다. 콜롬비아의 산안드레스 섬, 프로비덴시아 섬, 산타카탈리나 섬의 주민들은 주변의 아름다운 바다에 심해 유전 개발을 허용하려던 정부의 계획을 막아 냈다. 이 지역은 서반구에서 손꼽히는 산호초 지대다. 어떤 글에 따르면, 이는 〈산호가 석유보다 중요하다〉는 사실을 확고히 표명한 승리였다.*24

또한 석탄 산업을 상대로 한 세계적인 규모의 승리가 이어지고 있다. 여론의 압박이 거세지자, 세계은행을 비롯한 대규모 국제 금융 기관들은 특별한 상황이 아닌 이상 석탄 산업에 대해서는 더 이상 융자를 하지 않겠다고 선언했다. 다른 금융 기관들까지 이런 추세를 따른다면 석탄 산업은 큰 타격을 입게 될 것이다. 터키 게르제에서는 흑해 인근에 예정되었던 대규모 석탄 화력 발전소 계획이 주민들의 반발로 무산되었다. 시에라 클럽이 10여 개의 단체들과 함께 추진하여 큰 성과를 거둔 〈석탄 없는 미국〉 캠페인은 2002년 이후로 미국에서 운영되어 온 167개의 석탄 화력 발전소를 폐쇄시키고, 약 180개의 발전소 신설 계획을 무산

---

* 유네스코 생물권 보전 지역UNESCO Biosphere Reserve으로 지정된 이곳은, 카리브 해 섬들 주변의 바다가 법적으로 니카라과의 영해라는 국제 재판소의 결정이 나온 이후 다시금 위태로운 상황에 놓이게 되었다(물론 이 섬들은 콜롬비아 영토다). 니카라과 정부는 이곳에서 심해 유전을 개발하겠다는 뜻을 밝히고 있다.

시켰다.[25]

태평양 연안 북서부의 석탄 수출 기지 건설을 막기 위한 캠페인 역시 성공을 거듭하고 있다. 예정되었던 수출 기지 계획 가운데 세 개(오리건 주 클래츠커니 인근과 오리건 주 쿠스베이, 워싱턴 주 호퀴엄에 예정되었던 것)가 취소되었는데, 이것은 〈석탄 없는 전력Power Past Coal〉 연합체가 나서서 조직한 강력한 주민 활동이 이뤄 낸 결실이었다. 몇몇 항구 건설 계획의 경우, 아직 취소되지는 않았지만 격렬한 저항이 전개되고 있다. 그중에서도 워싱턴 주 벨링햄 인근에 세워질 예정인 최대 규모의 항구 건설에 대한 저항이 특히 강력하다. 미국 석탄 회사 내추럴 리소스 파트너스Natural Resource Partners의 회장이자 최고 운영 책임자인 닉 카터는 이렇게 말했다. 〈요즘엔 석탄 산업에 몸담고 있는 게 버겁다. 아침에 눈을 뜨는 것도, 출근하는 것도, 정부와 싸우느라 시간을 허비하는 것도 죽을 맛이다.〉[26]

반면 타르 샌드 송유관 반대 투쟁은 송유관 건설 활동을 장기적으로 지연시켜 온 사례들이 여럿 있긴 하지만 아직까지 뚜렷한 성과를 내지 못하고 있다. 물론 이런 지연은 앨버타 석유 산업이 예정했던 성장 계획의 달성과 관련한 불신을 부추긴다는 점에서 매우 중요한 의미를 지닌다. 수십억 달러를 손에 쥔 투자자들이 가장 싫어하는 것이 바로 정치적 불확실성이기 때문이다. 내륙에 갇혀 있는 앨버타 석유 산업이 (유조선을 이용해 타르 샌드 원유를 운반할 수 있는) 바다까지 안전한 육상 연결로를 확보하지 못할 경우, 이 지역의 전(前) 에너지부 장관 론 리퍼트가 표현한 대로 〈모든 투자금이 빠져나갈 것이다〉. 타르 샌드 분야에서 손꼽히는 대형 석유 회사 세노부스Cenovus의 최고 경영자 브라이언 퍼거슨 역시 2014년 1월에 이 사실을 확인했다. 〈송유관 확장이 중단되면, 나는 조업을 축소해야 한다.〉 그는 위협으로 보았지만, 기후의 관점에서 이것은 최근 들어 가장 좋은 소식이었다.[27]

타르 샌드 송유관 반대 투쟁이 확장 계획을 지연시키는 이상의 성과를 내지 못하고 있는 것은 사실이나 사실상 이런 지연은 화석 연료 산업이 펼치는 로비의 영향력을 약화시킨다. 그 시간적 여유를 이용해 청청 에너지원은 시장 점유율을 넓혀 가며 훨씬 유망한 대안으로서의 가치를 드러낼 수 있으며, 무엇보다 막대한 에너지 수요를 지닌 아시아 사람들로 하여금 청정에너지로의 전환을 강력히 촉구할 기회를 열어 준다.

아시아의 이러한 요구가 이미 급속도로 확산되기 시작했기에, 새로운 석탄 화력 발전소 시장과 특히 심한 오염 물질을 배출하는 휘발유 시장이 언제까지 팽창할 수 있을지 단언하기 어려운 실정이다. 인도에서는 최근 몇 년 사이에 블로카디아 방식의 폭동이 본격화되고 있으며, 일부 지역에서는 석탄 화력 발전소에 반대하는 주민 운동이 더러운 에너지의 수요 급증 추세를 크게 둔화시켰다. 특히 인도 남동부 안드라프라데시 주에서는 여러 종류의 강력한 투쟁이 동시에 전개된다. 예컨대, 벼를 키우는 논과 코코넛 숲으로 둘러싸인 카카라팔리 마을 주민들은 마을 입구에 있는 바오바브 나무 아래 반영구적인 검문소를 설치해 자발적으로 운영한다. 이 검문소는 2011년 주민들의 시위로 절반쯤 진행된 상태에서 건설이 중단된 발전소 터에 설치되어 있다. 인근의 솜페타에 예정되었던 발전소 역시, 도시 중산층에 속하는 전문직 종사자들과 생계형 농어민들이 인근 습지 보호를 목적으로 구축한 획기적인 동맹에 의해 건설이 중단된 상태다. 2010년에 경찰이 수많은 시위자들을 향해 총을 쏴 두 명 이상이 사망한 뒤로, 〈환경 항소 심판소National Environment Appellate Authority〉는 해당 발전소의 건설 승인을 철회했다.[28] 이 공동체는 여전히 경계심을 늦추지 않고 2014년 초 현재까지 무려 1,500일째 교대로 일일 단식 농성을 이어 가고 있다.

한편 중국에서는 위험한 수준의 도시 대기 오염 문제가 논쟁거리로 부상하며 대중의 큰 관심을 자극하기 시작했다. 이처럼 심각한 대기 오염의 주원인은 매우 높은 석탄 의존도에 있다. 석탄 화력 발전소 건설 반대 투쟁은 엄청난 규모의 호전적인 시위의 형태로 전개되어 왔다. 주목할 만한 사례를 들자면, 2011년 12월 광둥 성의 소도시 하이먼(海門)에서는 석탄 화력 발전소를 확장하려는 계획에 반발한 주민 3만 명이 정부 건물을 포위하고 고속도로를 봉쇄했다. 이들은 기존의 발전소 때문에 암을 비롯한 각종 건강 문제가 발생한다고 주장하며, 최루 가스와 곤봉을 사용한 경찰의 공격에 굴하지 않고 여러 날째 시위를 이어 갔다. 어느 시위자의 말을 빌리자면, 이들이 시위를 통해 알리고자 한 것은 〈이것을 허용하면 다음 세대가 피해를 입게 될 것이다. 다음 세대도 생존할 권리가 있다〉는 사실이었다. 결국 발전소 확장 계획은 보류되었다.[29]

농업과 어업 등 전통적인 식량 자급 활동에 의존하는 중국 농민들은 오래전부터 생활 터전을 빼앗거나 병을 일으키는 산업 활동(오염 물질을 배출하는 공장, 고속도로, 대형 댐)에 맞서 호전적인 폭동을 전개해 왔다. 저항은 대부분 정부의 극심한 탄압을 부르고, 시위 주도자들이 구금 상태에서 사망하는 일이 빚어지기도 한다. 격렬한 반대에도 불구하고 사업들은 대개 예정대로 추진되지만, 때로는 주민들의 저항이 특별한 성과를 거두기도 한다.

최근 중국에서 진행되는 변화(집권 세력이 가장 우려하는 것)는, 중국이 전속력으로 추진해 온 자본주의의 도입으로 혜택을 입은 엘리트 계층과 부유층 사이에서 산업화의 대가에 대한 우려가 깊어 가고 있다는 점이다. 중국에서 가장 오래된 환경 보호 단체 〈자연의 친구들〉을 이끄는 리 보는 환경 운동가들이 〈스모그 정도면 오히려 고마워해야 하는〉 역설적인 상황을 비꼬면서, 도시 대기 오염 문제는 〈중국 환경 문제에 관한 한 초강력 슈퍼맨〉이라고 표현한다. 엘리트 계층은 분유와 물의 오염 등 이미 드러난 바 있는 환경 오염의 위험으로부터 자신을 방어할 능력을 갖추고 있다. 〈부자들과 권력자들은 안전한 생산물이 자기 집 문

앞에 도착할 수 있도록 특별한 배달 경로를 확보하고 있다.〉 하지만 돈이 아무리 많아도 오염된 대기에 포위된 상황에서는 벗어날 방법이 없다. 그는 이렇게 말한다. 「공기 같은 건 어느 누구도 특별 배달을 주문할 수 없죠. 그것이 바로 공기의 위력입니다.」[30]

공기가 건강에 미치는 영향을 따져 보자. 세계 보건 기구WHO는 위험한 대기 오염 물질 초미세 미립자의 안전 기준을 평방미터당 25마이크로그램 이하로 정하고, 3백 마이크로그램을 초과하면 위험 수준이라고 경고한다. 2014년 1월 베이징의 발암 물질 농도가 671마이크로그램을 기록했다. 흔히 구할 수 있는 마스크로는 호흡기 질환이나 8세 미만 아이들의 폐암 발생을 예방할 수 없다. 한편 상하이는 대기 중 미립자 농도가 평방미터당 450마이크로그램을 넘어서는 경우 자동적으로 유치원과 초등학교가 휴업에 들어가고 연주회와 축구 경기 등 대규모 옥외 집회가 취소되도록 비상조치를 도입했다(베이징에는 이런 제한 조치가 마련되지 않았다). 공산당 고위 공무원이었다가 지금은 은퇴한 첸 지핑은 2013년 3월 대기 오염이 중국의 사회 불안을 조성하는 가장 큰 원인이며, 이것이 땅 분쟁보다 훨씬 심각한 불안을 조성한다는 점을 시인했다.[31]

민주적인 선거를 통해 선출되지 않은 중국 지도자들은 오래전부터 급속한 경제 성장의 성과를 이루었음을 내세워 민주화와 인권 보장에 대한 대중적 요구를 외면해 왔다. 리 보의 말에 따르면, 그들의 수사는 늘 똑같았다. 〈경제 성장이 최우선이니, 환경 문제는 뒤로 미루자.〉 이 수사는 오랫동안 효력을 발휘했지만 〈스모그 문제가 닥치자 그들의 주장은 돌연 맥을 못 추었다〉.

지속 가능한 발전 경로를 요구하는 여론이 거세지자, 중국 정부는 목표 성장률을 최근 10년 가까이 유지해 온 수준보다 낮춰 잡고 대규모 대체 에너지 프로그램을 도입했다. 더러운 에너지 사업들이 대거 취소되거나 보류되었다. 시에라 클럽 국제 기후 프로그램의 부대표 저스틴 과이에 따르면, 2011년에는 이미 건설 허가를 받은 중국 석탄 화력 발전소들 중 3분의 1의 〈건설이 중단되었고 신규 석탄 발전소에 대한 투자 액수는 2005년 수준의 절반에도 미치지 못했다〉. 또한 〈중국은 2001년부터 2010년 사이에 80기가와트 규모가 넘는 석탄 발전소들을 폐쇄했고, 더하여 20기가와트 규모의 발전소들을 폐쇄할 계획이다. 이 정도면 전력 규모에서 세계 11위를 차지하는 스페인이 한 해 생산하는 전력을 모두 합친 규모다〉. (중국 정부는 스모그를 줄이기 위해 천연가스 프래킹 도입을 검토하고 있지만, 물이 크게 부족하고 지진이 잦은 나라에서 이런 계획은 강한 불안감을 불러일으킬 수밖에 없다.)[32]

중국 내에서 일어나는 반격은 호주에서 북미에 이르기까지 드넓은 화석 연료 반대 투쟁에 엄청난 파급 효과를 미치고 있다. 타르 샌드 송유관과 석탄 수출 기지가 몇 년만 더 발목이 잡히면, 석탄과 석유 기업들이 아시아로 보낼 방안을 찾고 있는 이 더러운 생산물에 대한 수요는 결국 끊길 가능성이 높다. 그러던 중 2013년 7월에 중요한 사건이 일어났다. 다국적 투자 은행인 골드만 삭스가 〈발전용 석탄 투자의 기회가 서서히 사라지고 있다〉는 제목의 연구 보고서를 발표한 것이다. 6개월이 채 못 되어 골드만 삭스는 워싱턴 주 벨링햄 인근에 대규모 석탄 수출 물류 기지 건설을 추진하던 회사의 투자 주식 가운데 45퍼센트를 매각했다. 석탄 수출 기회가 이미 사라졌다는 판단에 따른 조치가 분명했다.[33]

이런 승리의 사례는 점점 늘어 간다. 사람들은 엄청나게 많은 양의 탄소 및 온실가스의 대기 배출을 막아 내고 있다. 기후 변화가 주요한 동인이든 아니든 간에, 승리를 일구어 낸 주민 공동체의 운동은 무명의 탄소 지킴이로서 자신들이 아끼는 숲과 산과 강과 해안을 지키고, 그럼으로써 우리 모두를 보호하는 데 기여하고 있다.

화석에서 벗어나기 위한 투자 회수 운동

석탄 발전소를 폐쇄하고, 타르 샌드 송유관을 봉쇄하고, 프래킹 금지 법을 제정하면 과학계가 주장하는 것처럼 급속하고 대대적인 온실가스 감축이 이루어질 거라는 생각. 기후 활동가들은 그런 환상을 품지 않는다. 이미 수많은 채취 활동이 시작되어 진행 중이고 또 다른 수많은 채취 활동이 새로이 추진되고 있다. 다국적 석유 기업들은 극도로 이동성이 높다. 이들은 채취 활동이 가능한 곳이면 어디든 쫓아간다.

기후 회의에서는 이 점을 염두에 두고 〈화석 연료 신규 개척 금지〉라는 원칙을 국제적인 법률로 제정하자는 논의를 진행하고 있다. 유럽 전역에서 프래킹을 금지하자는 제안도 나온다(2012년 유럽 연합 의회 의원 766명 가운데 3분의 1 이상이 즉각적인 중지 조치에 찬성표를 던졌다).[34] 민감한 극지 지역과 아마존 열대 우림의 심해 유전 개발을 전 세계적으로 금지하자는 캠페인도 나날이 강화되고 있다. 활동가들은 탄소를 대량으로 배출하는 타르 샌드 채취를 막기 위해서는 초국가적인 행동이 필요하다는 판단하에, 타르 샌드 채취 산업의 운영을 중지하는 범세계적 캠페인에 착수했다.

놀라울 정도로 급속하게 확산되고 있는 또 다른 전술이 있다. 대학, 종교 단체, 지방 정부 등의 공익 기관들로 하여금 그들이 보유한 화석 연료 회사에 대한 금융 자산을 매각하도록 요청하는 운동이다. 이러한 조직적인 투자 회수 운동은 탄소 채취를 봉쇄하려는 블로카디아의 다양한 시도 중 하나로 시작되었다. 구체적으로 말하자면, 애팔래치아 산맥에서 산을 깎아 내는 방식의 석탄 채굴에 반대하는 투자 회수 운동은 지역 주민의 의견을 철저히 무시하는 석탄 회사들을 압박할 새로운 전술을 모색하는 과정에서 탄생했다. 지역별로 활동하던 활동가들은 얼마 뒤 350.org가 주도하는 전국적인 캠페인과 국제적인 캠페인에 합류했고, 350.org는 투자 회수 운동의 대상을 석탄 산업만이 아니라 모든 화석 연료 산업으로 확대했다. 이 전술의 핵심 취지는 평판이 나쁜 개별적인 채취 활동에만 국한할 것이 아니라, 위험성이 높고 폭력적인 채취 활동을 뒷받침하는 논리 자체를 겨냥하자는 것이었다.

투자 회수 캠페인은 빌 맥키번의 간단하고도 설득력 있는 아이디어를 그 전제로 삼는다. 〈화석 연료 회사들의 매장지에 묻혀 있는 탄소의 양에서 과학자들이 섭씨 2도를 목표로 제시한 탄소 배출량을 빼서 얼마나 많은 차이가 나는지 살펴보자. 이 기업들이 지구 온도를 섭씨 1백 도가 넘는 상황으로 몰아넣을 작정이라는 것을 금방 깨닫게 될 것이다.〉

학생들이 주도하는 투자 회수 운동은 화석 연료 기업들의 핵심적인 사업 모델을 분석한 뒤, 이처럼 간단한 사실을 근거로 〈이 기업들이 경제적 생존을 위해 파멸적인 기후 불안정에 의존하는 악당으로 돌변한 상황이니, 공익에 봉사하는 모든 조직은 이런 식으로 창출되는 혐오스러운 수익에서 벗어나는 것을 도덕적 의무로 여겨야 한다〉고 주장한다. 〈하버드 투자 회수Divest Harvard〉에서 활동하는 클로에 맥민은 이렇게 설명한다. 〈화석 연료 투자 회수 운동은 기업들에게 이렇게 요구한다. 탄소를 채취하고 태우는 당신들의 기본적인 사업 모델은 지구를 생명이 살 수 없는 행성으로 만들 것이다. 당장 그 사업 모델을 중단하라. 그리고 새로운 사업 모델을 찾으라.〉[35] 젊은이들이 소속 학교 행정 관리 당국을 상대로 이런 주장을 펼치는 것은 그들만의 고유한 도덕적 권한이다. 학교는 미래를 향한 이들의 준비 과정을 위탁받은 기관이다. 그런 기관이 가장 근본적인 차원에서 미래를 위협하는 산업으로부터 수익을 얻는다면 위선의 극치가 아닌가.

이 활동은 기후 전쟁에 동원된 전술 중에서도 가장 큰 반향을 불러일으키고 있다. 2012년 11월 공식적으로 출범한 투자 회수 캠페인은 6개월 만에 3백여 개의 대학 및 1백 개가 넘는 미국의 도시와 주로 확산되었고, 곧 캐나다와 호주, 네덜란드, 영국까지 퍼져 나갔다. 미국의 열세

개 대학은 자신들이 기부받은 화석 연료 주식과 채권을 매각하겠다는 의사를 밝혔으며, 샌프란시스코와 시애틀을 비롯한 북미의 스물다섯 개 도시 지도자들 역시 비슷한 약속을 내놓았다. 40여 개의 종교 단체도 같은 뜻을 밝혔다. 그 가운데 가장 큰 성과는 2014년 5월 스탠퍼드 대학(기부 자산 가치가 무려 1,870억 달러에 이른다)이 화석 연료 관련 주식을 매각하겠다고 공표한 일이었다.[36]

비판적인 입장에 선 사람들이 재빨리 대응에 나섰다. 그들은 투자 회수를 한다고 해서 엑슨이 망하는 것은 아니며, 약 330억 달러의 기부 자산을 가진 하버드가 주식을 내놓아도 그 주식은 누군가에게 넘어갈 거라고 지적했다. 그러나 이와 같은 지적은 이 캠페인의 위력을 간파하지 못했기에 나온 것이다. 학생들과 교수들, 종교 지도자들이 투자 회수의 정당성을 역설할 때마다, 해당 기업들의 채취 활동을 뒷받침하던 사회적 용인이 조금씩 무너져 내린다. 스워스모어 칼리지에서 투자 회수 운동을 벌이고 있는 세라 블라제비치는 이렇게 말한다. 〈이 운동은 화석 연료 채취에 필요한 재원 공급을 사회적·도덕적으로 용인할 수 없는 행위로 규정함으로써, 우리 정치 시스템을 옥죄고 있던 화석 연료 산업의 영향력을 제거하게 된다.〉 캐나다에서 투자 회수 운동에 앞장서고 있는 캐머런 펜턴도 이렇게 덧붙인다. 〈이 운동으로 화석 연료 회사들이 무너지리라 생각하는 사람은 아무도 없다. 하지만 우리는 그 회사들의 평판에 타격을 입히고 그들의 정치적 영향력을 무너뜨릴 수 있다.〉[37]

이 운동의 궁극적인 목표는 석유 회사를 담배 회사와 같은 지위로 떨어뜨리는 것이다. 목표가 달성되면 여러 가지 중요한 압력 행사(예컨대 화석 연료 기업들의 정치적 기부 행위를 금지하는 법규, 혹은 담배 광고의 경우와 똑같은 이유로 텔레비전을 통한 화석 연료 광고를 금지하는 법규 제정 등)가 훨씬 용이해질 것이다. 무엇보다, 이들이 올린 수익이 이처럼 불법적인 것이라면 기후 위기 해법을 시행하기 위한 용도로 전용하여 재투자하는 것이 옳지 않은가를 둘러싼 진지한 논의의 장이 열릴 수 있다. 투자 회수 운동은 그들 행위의 합법적인 지위를 박탈하는 첫 단계일 뿐이지만, 이미 순조롭게 진행되고 있다.

물론 이런 전술들이 사회 전반에 걸쳐 탄소 감축을 이끌어 내는 핵심적인 정책 변화를 대체할 수는 없다. 하지만 이처럼 상호 연결된 풀뿌리 운동이 출현한 덕분에, 기후 캠페인 활동가들은 든든한 지원군을 얻었다. 그들이 협상 회의실에 들어가 정치인들과 오염 배출 기업들을 마주할 때마다 정치적 압력을 증폭시킬 목적으로 뭉친 수천 명의 사람들이 회의실 문밖을 지킬 것이고, 협상을 통해 실질적 진전이 이루어지지 않을 경우에는 대규모 불매 운동과 법정 투쟁, 그리고 전투적인 직접 행동을 전개할 것이다. 이것이야말로 엄청나게 중요한 변화다.

블로카디아와 화석 연료 투자 회수 운동의 부상은 이미 주류 환경 운동, 특히 화석 연료 회사들과 협력 관계를 맺었던 대형 환경 단체들(텍사스에서 직접 석유 채취를 하는 국제 자연 보호 협회는 논외로 하자)에도 큰 영향을 미친다. 당연히 몇몇 친기업 성향의 대형 환경 단체들은 새롭게 등장한 이런 전투적인 세력을 자신의 영역을 침범하는 달갑지 않은 상대로 취급한다. 특히 프래킹과 관련해서, 환경 보호 기금 같은 단체들은 프래킹 채취를 금지하고 재생 가능 에너지로의 전면 전환을 시급히 시행하자는 풀뿌리 운동의 요구를 보란 듯이 거부한 채, 산업과 공조하여 자신들이 개발한 방법이야말로 지역 주민들의 환경 문제에 대한 불안감을 씻어 낼 수 있는 〈최선의 대책〉이라 추천하며 그들의 거간꾼 노릇을 자임한다. 지역 주민들은 유일한 〈최선의 대책〉으로 프래킹의 전면 금지를 누누이 내세우고 있는데도 말이다. 환경 보호 기금의 수석 법률 자문 마크 브라운스타인은 투자 회수 운동을 이렇게 비난하기도 했다.[38] 〈우리가 우려하는 바는, 미국 전역의 천연가스 생산을 전면 금지하자고 주장하는 사람들이 사실상 더러운 석탄 의존 관행에서 벗어나려는

경로를 더욱더 어렵게 만들고 있다는 점이다.〉

뻔히 예상할 수 있는 일이지만, 이런 반응은 매우 큰 갈등을 빚어낸다. 풀뿌리 활동가들 사이에서는 환경 보호 기금이 오염 배출 기업들의 허물을 덮어 주며 자신들의 노력을 약화시킨다는 비난이 일고 있다.[*39]

하지만 모든 대형 환경 단체들이 이렇게 대응하는 것은 아니다. 일부 환경 단체들(식량과 물 지킴이, 350.org, 그린피스, 열대 우림 행동 네트워크, 지구의 벗 등)은 처음부터 화석 연료 반대 운동의 새로운 흐름을 이끄는 중요한 역할을 담당해 왔다. 공격적인 기후 운동의 급속한 확산은 양면적인 입장을 취하는 단체들에게 경종을 울리고, 그들로 하여금 스스로 기본 원칙에서 지나치게 이탈하고 있음을 깨닫게 한다. 이러한 변화를 가장 뚜렷이 반영하고 있는 사례가 바로 시에라 클럽이다. 칼 포프가 사무총장을 맡고 있을 당시 이 단체는 클로록스Clorox가 내놓은 〈친환경〉 세제류에 단체의 로고를 빌려 주는 등 친기업적인 행보로 큰 논란을 불러일으켰다. 가장 치명적인 사실은, 포프가 천연가스를 열렬히 지지하는 입장에 서서 프래킹 채취에 앞장서 온 회사 체서피크 에너지의 당시 최고 경영자 오브리 매클렌던과 함께 화석 연료를 공개적으로(의회에서의 발언을 포함해서) 극찬한 것이었다. 프래킹 반대 투쟁에 매진하던 많은 지역 운동들은 이에 크게 격분했다. 뒷날 드러난 일이지만, 시에라 클럽은 같은 시기 체서피크로부터 수백만 달러의 기부금을

* 이를테면 2013년 5월, 68개 단체와 개인들(지구의 벗, 그린피스, 로버트 케네디 주니어 등)은 산업과 협력 관계를 맺고 〈지속 가능한 셰일 가스 개발 센터CSSD〉의 설립에 협조한 환경 보호 기금과 그곳의 회장 프레드 크룹을 비판하는 성명서를 발표했다. 〈그들은 CSSD가 《동일한 목표를 가진 다양한 이해 당사자들》 사이의 협력과 노력의 결과라고 자임하지만, 우리 국민이 추구하는 목표와 셰브론, 콘솔 에너지, EQT 코퍼레이션, 셸을 비롯하여 CSSD에 합류한 모든 기업들이 추구하는 목표는 결코 동일하지 않으며, 동일할 수도 없다. 이들의 관심은 오직 최저 비용으로 최대한 많은 양의 셰일 가스와 석유를 채취하는 것뿐이다. 반면에 우리는 화석 연료 채취와 소비를 최소화하고 태양열, 풍력, 수력 등 지속 가능한 에너지원으로의 급속한 전환을 촉진하고자 한다.〉

은밀히 받고 있었다. 최근 수십 년 사이에 환경 운동과 관련해서 제기된 논란 가운데 손꼽히는 큰 사건이었다.**40

이후 시에라 클럽은 많은 변화를 거친다. 시에라 클럽의 신임 사무총장 마이클 브룬은 체서피크와의 은밀한 관계를 청산하고 클로록스와의 계약도 철회했다(자금원은 마이클 블룸버그 재단이 제공하는 막대한 기부금으로 대체되었다. 나중에 드러난 사실이지만, 이 재단 또한 석유와 천연가스에 대량 투자를 진행하고 있다). 시에라 클럽은 오랫동안 시민 불복종 행동 가담을 금지해 왔으나, 브룬은 이 원칙을 깨고 키스톤 XL 타르 샌드 송유관 건설 반대 시위에 가담하다가 백악관 밖에서 체포되기도 했다. 한편 가장 의미심장한 사건은 시에라 클럽이 투자 회수 운동에 합류한 것이었다. 시에라 클럽은 현재 화석 연료 기업들과 그들에 협력하는 조직에 대한 투자를 금지하고, 기존의 투자를 회수하는 내용의 확고한 강령을 채택하고 있다.[41]

2014년 4월, 천연자원 보호 협의회는 〈탄소 집약적인 화석 연료 매장지의 탐사나 소유, 채취에 관여한 회사들을 배제한 최초의 국제 주가 지수〉를 개발했다고 발표했다. 〈사회의식이 있다고 자임하는 투자자들(재단, 대학, 특정한 연금 그룹)은 새로 개발된 투자 지수를 이용해 자신들의 사명에 걸맞은 방향으로 투자를 조정할 수 있을 것이다.〉 새로운 도구의 신빙성은 아직 검증되지 않았지만(사실 나는 회의적인 입장이다), 이러한 움직임은 1년 전과는 상황이 달라졌음을 반영한다. 1년 전만 해

***

** 그동안 이 논란에 대해 전혀 언급하지 않았던 칼 포프는 최근 이메일로 연락을 취했을 때 이렇게 해명했다. 〈기후 행동 지지자들은 당시 석탄 산업과 전쟁을 벌이고 있었다. 바로 그때 체서피크가 우리와 협력하겠다는 의사를 밝혔다. 나는 이런 협력을 불온하게 보는 사람들의 불안감을 이해한다. 하지만 이런 협력이 없었다면 우리가 건설을 막아 냈던 150개 석탄 화력 발전소 가운데 약 75퍼센트가 예정대로 건설되었을 것이다. (……) 내가 유감스럽게 생각하는 것은, 당시 셰일 가스와 석유 산업의 혁신이 어떤 형태와 규모로 진행될지 제대로 판단하지 못했다는 점이다. 이런 판단 착오 때문에 우리는 펜실베이니아, 웨스트버지니아, 콜로라도 등의 여러 주에서 시작될 공격에 제대로 대비책을 세우지 못했다. 그야말로 중대하고 값비싼 판단 착오였다.〉

도 천연자원 보호 협의회는 자체 투자 포트폴리오가 화석 연료 산업을 배제하지 않는 뮤추얼 펀드 등의 혼합 자산에 집중되어 있음을 시인한 바 있었다.[42]

투자 회수 운동은 환경 운동 부문을 재정적으로 지원하는 일부 재단에까지 서서히 확산되는 추세다. 2014년 1월 열일곱 개 재단이 화석 연료에 대한 투자를 회수하고 청정에너지에 투자하겠다는 약속을 내놓았다. 대형 환경 단체를 후원하는 재단들(휴렛패커드 재단이나 월튼 패밀리 재단, 포드, 블룸버그)은 전혀 참여하지 않았지만, 화석 연료 반대 운동 부문의 주요 후원자들인 월리스 글로벌 펀드와 파크 재단을 비롯하여 몇몇 소규모 재단들이 이에 동참했다.[43]

––––––––––

최근에는 상황이 달라졌으나, 대형 석유 기업들은 실패할 확률이 전혀 없는 수익 창출 공식을 가지고 있기 때문에 이러한 각종 시도(투자 회수 캠페인과 풀뿌리 저항 운동)만으로는 이들이 지닌 권력과 재력을 훼손할 수 없다는 게 일반적인 인식이었다. 얼마 전까지만 해도 팽배해 있던 이런 인식을 바꾸는 데는 얼마간의 조정 과정이 필요했다. 2014년 1월 셸(2013년에 다른 기업들을 제치고 세계 최대의 수익을 올렸다)은 4/4분기 예상 수익을 발표하며 투자자들에게 큰 충격을 주었다. 셸의 신임 최고 경영자 벤 반 뷰어든은 2013년 4/4분기 수익 56억 달러에 비해 무려 48퍼센트나 감소한 29억 달러를 예상하고 있다고 공표했다.[44]

단 하나의 사건만으로 이처럼 큰 폭의 수익 감소가 나타날 리 없었다. 극지 심해 유전 사고와 타르 샌드 사업의 불확실성, 나이지리아에서 지속되는 불안한 정국, 〈탄소 버블〉로 주가 폭등을 유도했다는 여론의 부상 등 여러 가지 곤경이 셸을 압박하고 있었다. 투자 분석 회사인 샌포드

C. 번스타인은 이러한 수익 폭락을 두고 〈종합 석유 회사로서는 극히 이례적인 일〉이라 지적하고 〈상당히 충격적인 사건〉임을 시인했다.[45]

민주주의의 위기

화석 연료 반대 운동이 갈수록 거세지자, 채취 기업들은 익숙한 도구를 사용해 반격을 시작했다. 바로 자유 무역 협정의 투자자 보호 규정이다. 앞서 언급했듯이 퀘벡 주가 프래킹 금지 법령을 통과시킨 뒤, 미국의 유한 책임 석유 및 가스 회사 론 파인 리소시스Lone Pine Resources는 캐나다를 상대로 북미 자유 무역 협정의 〈공평하고 공정한 대우〉에 관한 규정과 수용 조항*에 근거하여 최소 2억 3천만 달러의 배상을 요구하는 소송을 제기하겠다고 공표했다. 론 파인은 중재 문건에서, 민주적으로 선출된 정부가 부과한 금지령이 〈세인트로렌스 강 아래서 석유와 가스를 채굴할 수 있는 자사의 소중한 권리를 자의적이고 변덕스럽고 불법적인 방식으로 짓밟는 결과〉를 낳았다고 주장했다. 또한 이런 조치가 〈단 한 푼의 배상금도 없이〉, 그리고 〈뚜렷한 공익적 목적도 없이〉 시행되었다고 덧붙였다.[46]

민주적인 반발에 부딪쳐 채취 계획을 방해받은 기업들이 이와 비슷한 도전에 나서리라는 것은 충분히 예상할 수 있는 일이다. 2014년 4월 키스톤 XL 송유관 사업이 재차 지연되자 캐나다의 트랜스캐나다 임원들은 북미 자유 무역 협정의 규정에 근거하여 미국 정부를 제소할 가능성을 암시하기 시작했다.

사실상 현재의 무역 및 투자 규정들은 화석 연료 채취를 제한하려는 정부를 향한 외국 기업의 반격에 법적인 근거를 제공한다. 이미 탄소 매

---

* expropriation. 국가가 외국인의 재산을 박탈할 목적으로 부당하게 권한을 행사하는 것을 막고, 외국인의 투자를 보호하기 위한 제도 — 옮긴이주.

장지에 대한 투자가 완료되고 채취가 시작된 경우 이 규정들은 특히 강력한 근거가 된다. 석유, 가스, 석탄을 수출해서 세계 시장에 팔겠다는 선명한 목적하에 투자가 이루어졌다면, 수출을 봉쇄하는 캠페인은 비슷한 법적인 도전에 직면할 가능성이 높다. 국가 간 상품의 자유로운 이동에 대한 〈양적 제한〉은 무역 관련 법률의 근본 원칙에 위배되기 때문이다.[47]

시에라 클럽 무역 분야 전문가인 일라나 솔로몬은 이렇게 말한다. 〈기후 위기를 막기 위해 가장 중요한 일은 화석 연료 산업의 힘을 조금씩 허물어 무역 분야에서 엄청난 투자의 위기를 맞도록 하는 것이다. (……) 미국을 예로 들자면, 화석 연료 산업의 규제가 시작되자 이 산업은 석탄, 천연가스 등 원료의 수출 방안을 적극적으로 찾고 있다. 무역 관련 법률은 이미 채취된 자원의 수출을 막는 것을 불법으로 규정하고 있으므로 이를 막기란 몹시 어려운 일이다.〉[48]

블로카디아의 승리가 차츰 기세를 올려 감에 따라 기업들 역시 무역 분야에서 도전의 강도를 높인다. 갈수록 늘어나는 투자 관련 분쟁 가운데 많은 수가 화석 연료 기업들 측에서 제기한 것들이다. 2013년 현재 세계은행 산하 분쟁 해결 센터에 계류 중인 사건 169건 가운데 60건이 석유 및 가스, 혹은 광업 부문과 관련한 것이다. 비교를 위해 소개하자면, 1980년대와 1990년대를 통틀어 채취 산업과 관련하여 제기되었던 분쟁은 단 일곱 건에 불과했다. 〈공공 시민 회의 세계 무역 감시단Public Citizen's Global Trade Watch〉의 단장 로리 월러치에 따르면 미국 자유 무역 협정과 쌍무 투자 조약에 의거하여 이미 30억 달러가 넘는 배상금이 지급되었는데, 이 가운데 85퍼센트가 〈자연 자원, 에너지, 환경 정책과 관련한 사건〉이다.[49]

그리 놀라운 사례들은 아니다. 세계적으로 손꼽히는 규모의 부와 권력을 거머쥔 기업들은 당연히 무역 관련 법률을 이용해 현실적인 위협을 제거하고 세계 어느 곳이든 원하는 대로 파헤쳐 자원을 채취할 자신들의 권리를 보호하려 할 것이다. 많은 정부들 역시, 무역 협정의 신규 체결과 확장을 통해 이들에게 국내 법률에 도전하는 데 동원할 중요한 법적 무기들을 쥐여 줄 의사가 확고한 것으로 보인다.

하지만 환경 운동이 거둔 성과를 무너뜨리기 위해 무역 관련 법률을 공격적으로 이용하는 방식은 예상치 못한 부작용을 낳을 수 있다. 극소수의 사람들만이 자유 무역 협상이 진행되는 은밀한 세계에 대해 관심을 기울였던 지난 10년간의 소강 상태가 종결되고, 새로운 세대의 환경 운동가들이 이러한 조약에 반영된 비민주적인 위협에 주목하기 시작한 것이다. 이제 무역 협정에 대한 대중적인 감시와 논의는 여러 해 전에 비해 훨씬 강화되고 있다.

이런 감시 활동이 합리적인 기후 행동을 방해하는 또 다른 장해물 때문에 무력화되어서는 안 된다. 까다롭고도 교묘하게 기업의 권리를 규정하는 국제적인 법률 체계 뒤에는 중요한 비밀이 숨겨져 있다. 바로 이 법률들이 정부의 허용 한도 내에서만 효력을 발휘할 수 있다는 점이다. 여기에는 많은 맹점과 우회로가 존재하므로, 만일 정부들이 기후 과학자들의 주장대로 온실가스 감축 기후 정책을 채택하고자 한다면 그와 관련한 충분한 방안을 찾을 수 있다. 이를테면 오염 배출 기업들 편에 선 무역 규정에 대해 적극적으로 이의를 제기하거나, 이를 피해 갈 수 있는 독창적인 정책적 해법을 찾거나, 이 규정들과 관련한 엄중한 보복 조치를 거부하거나(이 기구들은 가입국 정부들에게 법률 개정을 강요할 수 없다), 규정에 대한 재협상을 추진하는 등의 방식으로 말이다. 바꿔 말하면, 진짜 큰 문제는 화석 연료 기업들이 무역 협정을 이용해 정부들에게 도전하고 있다는 사실이 아니라, 정부들이 이 기업들의 도전에 맞받아치려 하지 않는다는 점에 있다. 한마디로 개별 무역 협정보다는 심하게 부패된 우리 정치 시스템에 문제가 있는 것이다.

화석화된 민주주의를 넘어서

채취 경제를 뒷받침하는 기업과 정부의 권력 연합에 도전하는 과정에서, 자신들의 이익과 관련한 법률(지방 정부나 주 정부, 국가 혹은 국제적인 차원의 법률)의 입안자로 나서는 다국적 기업에 대해 많은 사람들이 민주주의의 근본적 위기를 느끼고 있다. 블로카디아를 풀뿌리 민주화 운동으로 급속히 전환시키고 있는 것은 이처럼 이 투쟁의 주공격 대상인 연료만큼이나 화석화된 우리의 부패한 정치 시스템이다.

공동체의 수원을 위험으로부터 지켜 낼 능력, 그것이야말로 자기 결정권의 핵심적인 요소라고 보는 이들이 점점 늘어 가고 있다. 공동체의 생존에 불가결한 자원을 지키겠다는 집단적인 결정을 내릴 권리가 보장되지 않는다면, 그것을 민주주의라고 할 수 있을까?

물, 땅, 공기와 관련한 중요한 결정에 있어 의견을 밝힐 권리를 고수하자는 것이 블로카디아를 아우르는 중요한 특징이다. 기업 자문 변호사 출신으로 뉴욕 주 약 170개 소도시의 프래킹 금지 조례 채택을 도왔던 헬렌 슬로체는 이런 정서를 훌륭하게 요약한다. 「말도 안 되는 헛소리죠. 누군가 불쑥 우리 마을에 들어와서 자기가 원하는 장소에서 자기가 원하는 시간에 자기가 원하는 걸 하겠다고 하는데, 우리는 아무 말도 할 수 없다는 게 말이 됩니까? 우리가 멍청이인 줄 아는 건가요?」 나는 메릴리 파파니콜라우에게서도 똑같은 말을 들었다. 곱슬머리가 인상적인 그녀는 그리스에서 산악 자전거 안내인 일을 한다. 전에는 관광객들의 숲 탐방을 안내하고 아기들을 키우며 행복을 만끽했지만, 이제는 시간을 쪼개어 광산 반대 시위와 회의에 참여한다. 「누군가 우리 마을에 와서 우리 허락도 받지 않고 이따위 짓을 벌이는 꼴을 그냥 두고 볼 수는 없죠. 이곳은 내 생활 터전이니까요!」 어느 캐나다 송유관 회사가 토지 수용 법률을 이용해 땅을 가로채려고 하자, 텍사스 주 토지 소유주들 역시 격분하며 똑같은 반응을 보였다. 「경제적 이득을 노리고 송유관을 놓으려는 캐나다 조직이 나보다 내 땅에 대해서 더 많은 권리를 가진다는 건 말이 안 됩니다.」 줄리아 트리그 크로퍼드의 말이다. 그녀는 1948년 조부가 구입해서 자신에게 물려준 텍사스 주 패리스 인근의 면적 650에이커의 방목장을 이용하려 하는 트랜스캐나다를 상대로 법정 소송을 벌이고 있다.[50]

채취에 반대하는 풀뿌리 운동의 가장 큰 장벽은 대부분의 공동체들에 추진력이 부족할 뿐 아니라, 외부 세력(먼 곳에 떨어져 초국적 회사들과 한통속이 된 중앙 정부)이 지역의 법률을 위반하면서까지 주민들의 건강과 안전에 막대한 위험을 떠안기고 있다는 점이다. 프래킹 채취정, 타르 샌드 송유관, 석탄 수송 열차, 수출 기지 등의 예정 부지로 잡혀 있는 세계 각지의 많은 지역들에서는 이미 다수의 주민들이 투표와 공식적인 협의 과정, 그리고 거리 시위를 통해 뚜렷한 반대 의사를 밝혔다. 하지만 이 사업이 공동체의 진정한 이익에 부합한다는 확신을 심어 주는 데 실패한 정부는 주민들의 반대를 제압하기 위해 기업과 협력할 뿐 아니라, 물리적 폭력이나 가혹한 법적 수단까지 이용해 평화로운 행동을 하는 사람들을 테러리스트로 몰아간다.*[51]

모든 분야의 비정부 조직이 치안 당국이나 기업이 점점 강도를 높여 가며 시행하는 엄중한 감시에 노출되어 있다. 펜실베이니아 안전국은 민간 용역을 고용해 프래킹 반대 그룹에 대한 정보 수집을 맡겼고, 이 정

* 이런 대응은 참으로 어처구니없는 수준으로까지 발전했다. 2013년 12월 오클라호마의 데본 에너지Devon Energy 본사에 들어가 시위 배너를 펼친 두 20대 프래킹 반대 활동가들이 〈장난 테러〉를 벌인 혐의로 구속되었다. 이들이 사용한 배너 하나에는 영화 「헝거 게임」에 나오는 구호를 그대로 인용한 〈우리에겐 전혀 승산이 없다〉라는 글귀가 적혀 있었다. 여기까지는 일반적인, 아니 온건한 시위 행동이었지만 한 가지 특이점이 있었다. 오클라호마 경찰청장 텍스터 넬슨에 따르면, 배너가 펼쳐지면서 〈검은색 분말〉이 흩어졌는데 경찰 보고서는 이것을 〈독가스 공격〉을 모방하려는 의도로 해석했다. 범죄에 쓰인 이 분말은 〈나중에 반짝이로 밝혀졌고〉, 이 현장을 촬영한 동영상에는 시위를 구경하던 사람들이 배너에서 떨어지는 반짝이를 보고도 전혀 놀라거나 두려워하지 않는 모습이 잡혔다. 〈내게 빗자루를 주었다면 2분 만에 그걸 치울 수 있었을 것이다.〉 이 시위로 구속되어 최고형인 10년형을 받게 될 것으로 알려진 스테판 워너의 말이다.

보를 대형 셰일 가스 회사들에게 넘겨주기까지 했다. 똑같은 현상은 프랑스에서도 나타났다. 공익 기관인 프랑스 전력 공사는 2011년 그린피스에 대한 불법 사찰 혐의로 유죄 판결을 받았다. 캐나다에서는 큰 논란에 휩싸여 있던 노던 게이트웨이 타르 샌드 송유관의 추진 주체인 엔브리지를 대리하는 로비스트로 척 스트랄의 이름이 올라 있다는 사실이 드러났다. 그는 국가 정보 조직인 캐나다 치안 정보국을 감독하는 위원회의 의장이었다. 캐나다 에너지 정책 위원회는 해당 위원회에 송유관 사업의 안전성 문제를 평가하는 임무를 맡겼지만, 사실상 위원회의 막후 임무는 환경 활동가들과 원주민 공동체를 사찰하는 것이었다.[52]

스트랄이 이중 역할을 수행하며 그동안 수집한 정보를 엔브리지에 전달했으리라는 의혹이 불거졌다. 나중에 드러난 바에 의하면, 정부와 화석 연료 기업들을 위해 이중 역할을 수행했다는 의혹을 받은 사람은 스트랄만이 아니었다. 캐나다 공영 방송 CBC는 〈하퍼 정부가 정보국을 감독하는 임무를 부여한 공무원들 가운데 절반이 석유 산업과 관계를 맺고 있다〉고 보도했다. 그중 한 명은 엔브리지가 전액 출자하여 세운 자회사 엔브리지 가스 NB의 이사였고, 또 한 명은 트랜스캐나다의 이사였다. 논란이 일자 스트랄은 이사직에서 물러났지만, 나머지 사람들은 미동도 하지 않았다.[53]

기업과 정부의 공모는 이처럼 천박하고 방약무인하게 전개되며, 그들은 이 사업들에 반대하는 공동체들을 〈짐*overburden*〉(이는 채취 산업에서 타르 샌드나 광물 매장층에 접근하기 위해 걷어 내야 하는 〈쓸모없는 흙〉을 가리키는 은어다)으로 여기는 듯하다. 이 산업들이 기계를 이용해 벗겨 내고 분쇄하고 켜켜이 쌓아 올려 거대한 쓰레기 더미로 둔갑시키는 나무나 흙이나 바위나 진흙처럼, 민주주의 역시 불도저의 진입로를 만든다는 구실로 갈기갈기 찢기거나 분쇄되어 구석으로 밀려나고 있다.

이런 현실이 분명히 드러난 것은, 벨라 벨라에서 자신들을 환영하는 헤일츠크 공동체의 태도를 잘못 해석해 겁을 집어먹은 합동 조사단 세 사람이 연방 정부에 최종적으로 의견서를 제출했을 때였다. 조사단은 노던 게이트웨이 송유관은 예정대로 진행되어야 한다고 단언했다. 송유관 완공 전에 충족되어야 할 209개 조건들(순록 서식지 보호 방안을 제출하고, 〈어도비 PDF와 마이크로소프트 엑셀 스프레드시트를 이용해서〉 수로 횡단 지점을 표시한 명세서를 작성하라는 등)이 열거되어 있긴 했지만, 거의 모든 사람들이 이 의견서를 타르 샌드 사업의 청신호로 받아들였다.[54]

브리티시컬럼비아에서 개최된 여러 공청회에서 발언한 총 1,161명 가운데 이 사업안을 지지하는 사람은 단 두 명이었다. 한 여론 조사에 따르면, 해당 지역 주민 중 80퍼센트가 해양 자원이 풍부한 연안에 더 많은 유조선이 투입되는 것에 반대했다. 객관적인 조사단이라 자임하는 조직이 주민 대다수가 반대하는 송유관 건설 사업에 기업 측에 유리한 의견을 낼 수 있다는 것. 캐나다의 많은 사람들은 이 사실을 심각하고도 근본적인 위기(환경보다 훨씬 더 심각한, 돈이나 권력과 관련한 위기)를 드러내는 명백한 증거로 받아들였다. 송유관 반대 캠페인을 주도한 토런스 코스트는 이렇게 말했다. 〈유감스럽지만, 이 결과는 우리가 예상했던 그대로다. (……) 우리 민주주의 체계가 고장 났다는 증거다.〉[55]

어찌 보면, 이는 기후 변화 자체에 각인된 세계적인 민주주의의 위기가 지역적인 양상으로 드러난 것에 불과하다. 베네수엘라의 정치학자 에드가르도 란데르는 이를 거침없이 지적한다. 〈기후 협상의 대실패는 후기 민주주의 사회에서 펼쳐지는 우리의 극단적인 삶을 고스란히 드러내 보인다. 금융 자본과 석유 산업의 이익이 세계 각지 사람들의 민주적 열망보다 훨씬 더 중시된다. 전 세계를 아우르는 신자유주의 사회에서는 이윤이 생명보다 중요한 것이다.〉『가디언』에서 영향력 있는 환경 칼럼니스트로 활동하는 조지 몬비어트는 리우 정상 회의 20주년 기념일에 이런 글을 썼다. 〈스텔스 폭격기와 드론 전쟁, 세계 시장, 수조 달러의 구제 금융 등의 기적적인 프로젝트를 개발하는 세계 각국 정부들을 향해 여기 투입한 에너지와 자원의 10분의 1만이라도 우리 행성을 지키는 일에 쓰라고 요구하는 게 그토록 터무니없는 일이었을까? 그렇다, 애석한 일이지만, 지금 돌아보아도 그건 어림없는 일이었다.〉 우리 정치 지도자들이 인류의 안전한 미래를 보장하려는 시도조차 하지 않는 현실은 뭐라 표현하기도 힘들 만큼 심각한 정당성의 위기를 보여 준다.[56]

하지만 이런 위기 상황에서도 수많은 사람이 진정한 의미의 자기 결정권에 대한 희망을 포기하지 않고, 현실적인 영향력을 행사할 수 있는 분야를 찾아 실행에 옮기고자 시도한다. 중앙 정부와 국제 기구들의 외면에도 불구하고 보고타와 밴쿠버를 비롯한 세계 곳곳의 여러 도시들이 기후 행동에 앞장서고 있다는 것은 그야말로 놀라운 성과다. 소규모 공동체 역시 민주적인 방식으로 미래의 기후 변화에 대비하는 활동에 솔선하여 나서고 있다. 이런 움직임은 급속히 확산되어 가는 〈에너지 자립 마을Transition Town〉 운동에서도 뚜렷이 드러난다. 2006년 토트네스(잉글랜드 데본의 아주 오래된 마을로 자유분방한 분위기로 널리 알려져 있다)에서 시작된 이 운동은 이후 전 세계로 퍼져 줄잡아 43개국 460개가 넘는 지역으로 확산되었다. 에너지 자립 마을(이 마을은 실제 행정 구역인 경우도 있고 대도시에 속한 특정 구역인 경우도 있다)은 저마다 〈에너지 절감 행동 계획〉(온실가스 감축과 화석 연료의 단계적 축소를 목표로 집단적으로 입안한 청사진)을 고안하는 활동을 진행하고 있다. 이 과정은 좀처럼 보기 힘든 참여 민주주의의 기회를 열어 놓는다. 많은 주민들이 시청에서 열리는 회의에 참석해, 지역 내 농업 확대를 통해서 먹거리의 안전성을 강화하는 방안이나 적절한 비용으로 효율적인 주택을 건설하는 방안 등 생활과 관련한 각종 아이디어를 공유하고 있다.[57]

딱딱한 계획과 회의가 이 운동의 전부는 아니다. 토트네스의 에너지

자립 운동 그룹은 영화 상영회, 대중 강연, 토론회 그리고 지속 가능성 강화를 위한 각종 활동을 기념하는 거리 축제를 자주 마련한다. 이런 활동 역시 안전한 먹거리 공급과 튼튼한 방파제 건설만큼이나 중요한 기후 위기 대응 활동이다. 긴밀하게 결합된 조직력이야말로 공동체로 하여금 극단적인 기상 상황을 거뜬히 넘길 수 있도록 해주는 결정적 요인이기 때문이다. 작은 지역 사업체와 공유 공간이 마련되어 있으면 이웃들이 서로를 알아 갈 수 있고, 치명적인 혹서나 폭풍우가 닥치는 경우에도 노인들을 챙길 수 있다. 환경 저술가이자 평론가인 데이비드 로버츠는 이렇게 말한다. 〈가까운 곳에서 지내며 공유 공간을 통해 서로를 잘 알고 관심을 두는 사람들이 중첩적으로 참여하여 구성하는 사교 모임과 시민 모임이야말로 공동체 회복력의 핵심 요소다. 위기나 위협이 닥쳤을 때 가장 큰 위험은 고립이다. 공용 공간을 늘리고 시민 참여를 활성화할 방안을 찾는 것은, 단순한 진보적 프로젝트가 아닌 중요한 생존 전략이다.〉[58]

정치 사안과 관련한 주민들의 커다란 관심 역시 정부 조직을 움직일 뿐 아니라, 해당 지역을 광포한 탄소 채취 활동에 반대하는 저항 활동의 중요한 근거지로 전환시키는 커다란 요소다. 도시 차원에서 주민 투표를 통해 재생 에너지로의 전환을 꺼린 채 계속해서 석탄을 사용하는 공익 시설의 재공영화를 결정하거나(이 방식은 독일의 여러 도시에서 채택되고 있다), 지방 자치 단체 차원에서 화석 연료 부문에 대한 투자 회수 정책을 채택하거나, 소도시 차원에서 프래킹 금지령을 제정한 일 등은 주민들이 정치적 성과를 이뤄 낸 대표적인 사례다. 노스 에너지Norse Energy Corporation 미국 지사의 법률 자문을 맡고 있는 토머스 웨스트는 회사가 지방 정부의 프래킹 금지령에 대해서 제기한 법정 소송과 관련해서 「뉴욕 타임스」를 통해 이렇게 밝혔다. 〈이 소송 결과가 뉴욕 주의 석유 및 가스 산업의 미래를 좌우할 것이다.〉[59]

블로카디아가 거둔 초기의 승리를 확대하기 위해 동원할 수 있는 비전통적 법적 도구는 지방 정부 조례에만 국한되지 않는다. 이는 엔브리지 노던 게이트웨이 송유관의 검증 임무를 맡은 조사단이 의견서를 제출했을 때 선명하게 부각되었다. 이들의 의견서가 극심한 혐오의 대상이었던 타르 샌드 사업의 승인에 청신호를 켜주었다는 소식을 듣고도 대부분의 사람들은 절망감에 젖어 들지 않았다. 많은 캐나다인들은 조사단이 어떤 의견을 발표하고 연방 정부가 어떤 방침을 택하든, 이 송유관 사업은 절대로 진행되지 않을 것이며 브리티시컬럼비아 연안은 반드시 지켜질 것이라는 굳은 확신을 가지고 있었다.

시에라 클럽 브리티시컬럼비아 지부장 케이틀린 버논은 이렇게 주장했다. 〈이 사업이 진행되려면 연방 정부 내각은 원주민 공동체의 승인과 브리티시컬럼비아 주민들의 사회적 용인을 받아야 한다.〉 또한 메릴린 밥티스트를 비롯한 여러 추장들이 서명한 〈프레이저 강 지킴이 선언〉에 대해서 이렇게 덧붙였다. 〈원주민 공동체들은 원주민법에 근거하여 송유관과 유조선이 자신의 영역에 드나드는 것을 공식적으로 금지한다.〉[60] 한 뉴스의 보도 내용, 즉 이 지역 원주민 공동체들은 대단히 강력한 법적 지위를 지니고 있으며, 따라서 연방 정부가 송유관 사업을 승인한다 해도(정부는 2014년 6월 이를 승인했다) 직접 행동과 법정 소송을 통해 사업 금지 결정을 받아 낼 수 있으리라는 예측 역시 이러한 정서를 뚜렷이 반영한다.

정말 그럴 수 있을까? 다음 장에서 살펴보겠지만 오래전부터 세계 전역의 원주민과 개발 도상국들에 의해 제기된 주장, 즉 선진국들이 그동안 빚진 기후 부채에 책임을 져야 한다는 요구는 비민주적이고 비타협적인 정책을 나날이 강화해 가는 정부들을 견제할 잠재력을 지닌다. 그러나 이 힘겨루기의 결과를 확실히 예상할 수는 없다. 늘 그렇듯이, 이 운동이 인권과 도덕의 대의 아래 힘을 결집할 수 있느냐에 따라 그 결과는 달라질 것이다.

11장

군대라도 가지고 있나?

우리의 약속과 원주민의 권리

우리가 단합하는 날이 오리라고는 꿈에도 생각지 않았다. 관계
가 변해 가고, 고정관념이 사라져 가고, 서로를 존중하는 마음이
강화되고 있다. 뜻하지 않게, 엔브리지 노던게이트가 브리티시
컬럼비아를 하나로 결집시키고 있다.
— 제럴딘 토머스플루어, 원주민 연합체 잉카 딘 연맹의 활동가, 2013년 [1]

웨스트버지니아에 평화란 없다. 정의가 없는 곳이니 그럴밖에.
— 메리 해리스 〈마더〉 존스, 노동 운동가, 1925년 [2]

스탠더드 앤드 푸어스사에 소속된 한 남자가 회의실 원탁에 앉았다. 그는 미간을 찌푸린 채 두터운 서류 묶음을 뒤적여 내용을 훑어보며 연신 고개를 끄덕였다.

2004년, 나는 어느 회의실에서 두 명의 중요한 원주민 공동체 지도자들과 함께 세계 3대 신용 평가 회사에 속하는 스탠더드 앤드 푸어스의 대리인 틈에 앉아 있었다. 이 회의는 과거 브리티시컬럼비아 네스콘리스의 추장이었다가 이제는 〈경제 및 무역 원주민 네트워크Network on Economies and Trade〉의 대변인으로 활동하는 아서 마누엘의 요청으로 소집되었다.

꾸밈없는 말투와 문장 중간중간 끼어드는 킥킥거리는 웃음소리 때문에 살짝 의심이 들지만, 아서 마누엘은 존경받는 원주민 지도자다. 또한 비타협적인 정부들로 하여금 원주민의 토지 권리를 존중할 수밖에 없도록 하기 위한 방안을 연구하며 국제적인 명성을 얻고 있는 사상가이기도 하다. 그는 정부들이나 투자자들에게 원주민의 권리를 짓밟는 행위를 계속할 경우 경제적으로 큰 비용을 감당해야 한다는 확실한 위협을 가하지 않는 한 변화는 절대로 일어나지 않을 거라고 주장하며, 이 비용을 부과할 다양한 방법을 모색해 왔다.

그가 스탠더드 앤드 푸어스와 접촉하기 시작한 것 역시 이런 모색 과정의 일환이었다. 이 회사는 캐나다의 국가 신용 등급을 AAA로 평가하고 있는데, 이는 투자자들에게 그 나라가 안전하고 확실한 투자처임을 알리는 중요한 지표다. 마누엘은 이 회사에 편지를 보내, 캐나다는 아주 중요한 부채 내역의 보고를 누락하고 있으므로 이처럼 높은 등급을 받을 자격이 없다고 주장했다. 1846년 이후 지금까지 양도된 적 없는 원주민 토지에서 원주민의 허락을 받지 않고 추출한 부가 바로 캐나다의 막대한 미상환 부채라는 주장이었다.[3] 또한 그는 〈원주민의 지위와 조약에 정한 권리Aboriginal and Treaty Rights〉가 여전히 확고한 효력을 지니고 있음을 확인했던 대법원 판례 여러 건에 대한 설명까지 덧붙였다.

오랜 논의 끝에, 마누엘은 국가 신용 등급 평가부 부장이자 캐나다의 국가 신용 등급을 발표하는 인물 조이딥 무케르지와 만남을 가질 수 있었다. 회의는 월스트리트의 초고층 빌딩 숲에 있는 스탠더드 앤드 푸어스 본사에서 열렸다. 마누엘은 이 회의에서 미상환 부채와 관련한 자신의 주장을 지원해 줄 사람으로 하이다 공동체의 카리스마 넘치는 지도자 구우조를 초청했고, 회의 직전에 내게 증인을 맡아 달라고 부탁했다. 9·11 사태 직후라 맨해튼의 주요 건물에 들어가려면 공인 신분증을 준비해야 했지만, 하이다의 지도자 구우조는 이를 모르고 호텔 객실에 신분증을 놓아 둔 채 나타났다. 보안 요원들은 반팔 체크무늬 셔츠를 입고 길게 땋은 머리를 등 뒤로 늘어뜨린 구우조의 입장을 허락하지 않았다. 보안 요원들과 한동안 교섭을 하고 마누엘이 접촉한 고위 직원이 개입한 뒤에야 우리는 간신히 건물로 들어갈 수 있었다.

회의 도중에 마누엘은 오카나간 시에 제출한 소환장을 보여 주며 여러 원주민 공동체들이 똑같은 소환장을 제출했다고 설명했다. 이 간단한 문서는 각 공동체들이 넓은 지역의 토지에 대한 소유권을 가지고 있음을 주장하는 동시에, 자신들의 동의 없이 토지를 이용하여 올린 경제적 수익을 돌려받기 위해 자원 채취 기업들을 상대로 법적 행동을 준비하고 있음을 연방 정부에 통지하는 내용이었다. 이 문서들은 캐나다 정부가 수조 달러의 (공인되지 않은) 부채를 지고 있다는 사실을 의미한다고 그는 설명했다.

곧이어 구우조는 하이다 공동체가 법원에 제출한 청구 원인 진술서를 무케르지 앞에 내놓았다. 브리티시컬럼비아 대법원에 제출한 7페이지 분량의 이 법률 문서는, 주 정부를 상대로 하이다에게 적법한 통제권이 있는 토지와 물을 불법적으로 이용하고 그 가치를 떨어뜨린 것에 대해 손해 배상을 청구하는 내용이었다. 마침 캐나다 대법원에는 태평양에 있는 하이다 과이 섬의 숲을 협의 없이 벌채한 것에 대해 대형 목재 회사 와이어하우저Weyerhaeuser와 브리티시컬럼비아 주 정부의 책임을 묻는 소송이 제기되어 있기도 했다. 마누엘은 이렇게 말했다. 「지금도 캐나다 연방 정부와 브리티시컬럼비아 주 정부는 우리 땅과 우리 자원(원주민의 지위와 조약에 정한 권리)을 담보 삼아 월스트리트에서 각종 융자를 받고 있습니다. (……) 다시 말해, 캐나다와 브리티시컬럼비아는 우리를 곤궁으로 몰아넣음으로써 보조금을 받고 있는 셈이죠.」[4]

무케르지와 스탠더드 앤드 푸어스의 직원은 잠자코 이야기를 들으며 마누엘이 건넨 문서를 훑어보았다. 그들은 최근 시행된 캐나다 연방 선거에 대해서, 그리고 새 정부가 원주민 토지 소유권의 집행과 관련해 태도 변화를 보이리라 생각하는지에 대해서 점잖은 질문을 던졌다. 이런 내용(소송 청구, 법원 판결, 헌법에 명시된 원주민 권리)을 처음 듣는 것이 아닌 게 분명했다. 그들은 사실 여부에 대한 반박도 하지 않았다. 다만 무케르지는 최대한 점잖은 태도로 캐나다의 원주민 공동체들은 이 권리를 집행할 권한이 없으며, 따라서 엄청난 액수의 부채를 회수할 권한도 없다는 결론에 도달했다고 설명했다. 바꿔 말하자면, 스탠더드 앤드 푸어스의 입장에서 이 부채는 캐나다의 영롱한 국가 신용 등급에 영향을 미칠 수 없다는 뜻이었다. 하지만 회사는 계속 상황을 주시하며 역학 관계의 변화 여부를 파악하겠다고 밝혔다.

회의실을 떠나 거리로 나서자마자, 우리는 한 손에 아이스 라테를 쥔 채 휴대 전화에 대고 고래고래 소리를 지르는 뉴요커들에게 둘러싸였다. 마누엘은 구우조가 스탠더드 앤드 푸어스 간판 밑에서 방탄복을 입은 보안 요원들에게 둘러싸이는 모습을 촬영했다. 이런 대응에도 보안 요원 두 명은 전혀 거리낌이 없었다. 오히려 충격을 받은 건 나였다. 스탠더드 앤드 푸어스 보안 요원들은 캐나다의 두 원주민 대표에게 이런 말을 퍼부었다. 「당신들이 땅을 팔지 않았다는 건 누구나 알지. 하지만 어떻게 캐나다 정부에게서 항복을 받아 낼 생각이지? 당신들, 군대라도 가지고 있나?」

그 순간에는 누구라도 그 질문을 맞받아칠 좋은 대답을 찾기 어려웠을 것이다. 북미 원주민의 권리는 대의를 뒷받침할 만큼 강력한 힘을 확보하지 못했을 뿐 아니라, 오히려 다양한 주체들을 적으로 결집시켰다. 정부, 산업, 경찰은 물론 기업이 소유한 언론까지 원주민들을 가리켜 과거의 삶을 영위하며 과분한 특혜를 누리는 존재로 묘사했다. 특히 언론은 우리 정부(혹은 과거 영국의 정부)가 서명했던 조약의 본질을 대중에게 알리는 일조차 수행하지 않았다. 지혜롭고 진보적인 사상가들 또한 원주민 권리에 세심한 주의를 기울이지 않았다. 이론적으로는 원주민 권리를 옹호했지만, 대개는 일반적인 다문화 사회의 일부로만 받아들일 뿐 적극적으로 옹호해야 할 가치로 생각하지 않았다.

하지만 블로카디아 방식의 저항 운동이 정치적으로 강력한 발전을 이뤄 가면서 이 역학은 급속한 변화를 겪고 있다. 많은 그룹들이, 원주민 토지 소유권을 정부와 산업이 무시할 수 없는 확고한 경제적 현실로 전환하는 투쟁을 중심으로 서서히 결집하기 시작했다.

최후의 방어선

앞서 살펴보았듯이, 원주민 권리의 실행은 오늘날 화석 연료 저항 운동의 부상에 크게 기여한다. 대표적인 사례를 꼽자면, 네즈 퍼스 원주민들은 대형 트레일러들의 아이다호와 몬태나 주 12번 도로 통행을 금지시킨 주역이고, 노던 샤이엔 원주민들은 몬태나 남동부의 석탄 개발을 차단하는 주역이며, 루미 원주민들은 태평양 연안 북서부에 최대 규모로 계획되었던 석탄 수출 기지의 건설을 법적으로 막아 내는 주역이고, 일시포그토그 원주민 공동체는 프래킹 유전 유치를 위한 뉴브런즈윅의 지진 실험에 큰 타격을 입힌 주역이다. 꽤 오래전이지만 반드시 기억해야 할 것이 있다. 나이지리아의 오고니족과 이조족이 식민 통치 초기에 토지를 불법적으로 빼앗겼다고 주장하며, 이 토지에 대한 자기 결정권과 자원 통제권 등 광범한 요구를 투쟁에 포함시켰다는 사실이다. 요컨대, 원주민의 토지 소유권과 조약에 따른 권리는 수많은 핵심적 블로카디아 투쟁에서 채취 산업의 진입을 막아 내는 중요한 방어막이다.

이러한 승리가 누적되면서 수많은 비원주민들 사이에서도 이것이 생태계 위기를 막기 위해 이용할 수 있는 강력한 도구라는 인식이 확산되고 있다. 무엇보다도, 원주민 그룹이 지키려 하는 생활 방식이 채취주의에 의존하지 않는 토지 이용법과 관련하여 많은 가르침을 준다는 인식이 널리 퍼지기 시작했다. 이 정도면 상당히 짧은 기간에 이뤄진 대단한 성과다. 특히 나의 조국은 이처럼 급속한 변화를 확인할 수 있는 계기를 제공해 주었다.

캐나다 헌법, 그리고 캐나다 권리와 자유 헌장은 〈원주민의 권리〉를 인정하고 보호하도록 정하고 있다. 여기에는 조약에 따른 권리, 자치권, 전통 문화와 관습을 유지할 권리가 포함된다. 하지만 캐나다인들은 보통 이 조약에 대해, 원주민이 공적인 서비스를 제공받고 상당히 좁은 보호 구역에서의 권리를 인정받는 대가로 토지의 상당 부분을 완전히 양도한 내용으로 알고 있었다. 또한 어떤 조약에도 포함되지 않은 토지(캐나다 국토 가운데 상당히 많은 비율이 이에 해당한다. 브리티시컬럼비아의 경우엔 80퍼센트에 이른다)에 대해서는 비원주민도 자연 자원을 마음대로 처분할 수 있다고 여겨졌다. 원주민 공동체들은 보호 구역에 대한 권리를 가지고 있음에도 이를 행사할 길이 막힌 채 오랜 세월을 보내면서 권리를 완전히 상실했다. 찾은 사람이 임자라는 식의 사고 방식이 통했다는 이야기다.[5]

하지만 1990년대 말 원주민의 지위와 조약에 따른 권리를 확인하기 위한 소송들에서 캐나다 연방 대법원이 잇달아 중요한 판결을 내리며, 상황은 완전히 역전되었다. 최초의 판례는 1997년의 〈델가무크 대 브리티시컬럼비아〉 사건으로, 어떤 조약에도 포함되지 않은 브리티시컬럼비아 내 토지에 대한 원주민의 권리는 소멸되지 않았으며 따라서 반드시 양도 협상을 거쳐야 한다는 판결이었다. 이에 대해 많은 원주민 공동체들은 해당 토지와 관련하여 어업, 사냥, 수집을 포함한 일체의 권리가 자신들에게 있음을 확인해 준 판결이라고 해석했다. 메티스 출신으로 몬트리올에 살고 있는 교육자이자 원주민의 법적 권리를 연구하는 첼시 바우얼은 이 판결의 파급력를 이렇게 설명한다. 「어느 날 갑자기, 캐나다인들은 수백만 에이커의 땅이 사실 캐나다 군주의 손에 들어온 적이 없는 땅으로 확인되었다는 법적인 현실과 직면하게 된 겁니다. (……) 이것은 토지 소유권 양도 조약이 체결된 바 없는 다른 지역들에도 즉각적인 영향을 미칠 수 있습니다.」[6]

2년 뒤인 1999년, 〈마셜Marshall〉 판결이라 알려진 결정으로 뉴브런즈윅와 노바스코샤에서 거주하는 미크맥, 말리시트, 파사마쿼디 원주민 공동체들이 1760년과 1761년에 영국 군주와 〈평화와 친선〉 조약을 체결할 당시 선조들로부터 물려받은 땅에 대한 권리를 포기한다는 데 합의한 사실이 없다는 것이 확인되었다(그때까지 많은 캐나다인들은 그런 합의가 이루어졌으리라 짐작하고 있었다). 원주민 대표들은 자신들의 공동체가 이 땅에서 어업, 교역, 의전 등의 전통적인 활동을 계속할 수 있다는 조건을 붙여 이주민들과 땅을 공유하기로 합의했을 뿐이다. 이 소송은 어민 도널드 마셜 주니어가 연방 정부로부터 어업 허가를 받지 않은 채 조업 금지기에 뱀장어 낚시를 한 일에서 시작되었다. 법정은 미크맥족과 말리시트족은 선조들이 물고기를 잡았던 지역에서 〈적당한 생활 자금〉을 확보하기 위해 연중 아무 때나 물고기를 잡을 권리가 있고, 따라서 연방 정부가 원주민이 아닌 어민들에게 부과한 수많은 규정에 구속받지 않는다는 결정을 내렸다.[7]

다른 많은 북미 조약들 역시 비슷한 자원 공유 규정을 두고 있다. 예컨대 앨버타 타르 샌드 지역 가운데 상당한 면적의 토지에 적용되는 제6호 조약에는 〈원주민들은 그들이 양도한 지역 전체에서 사냥과 낚시 등의 생업을 시행할 권리를 가진다〉라는 확실한 문구가 포함되어 있다. 바꿔 말하면 이들은 이 영토에 대한 배타적인 권리만을 포기하고, 이주민들과 원주민 양방이 함께 이익 추구를 위해 토지를 이용한다는 데 합의한 것이다.[8]

그러나 어느 한쪽에서 공유 토지를 회복이 불가능할 정도로 변경하거나 오염시킨다면 평화로운 공존은 결코 이루어질 수 없다. 조약 문서에 명시되지는 않았지만, 이 지역에 거주하는 원주민 공동체의 노인들은 당시 원주민 대표들이 이주민들에게 〈쟁기 날이 닿는 깊이까지만〉(지금 그곳에 파헤쳐진 거대한 동굴보다 훨씬 얕은 깊이까지만) 토지 이용을 허용했다고 주장한다. 이런 토지 공유 규정은 지금의 북미를 탄생시킨 협상 과정에서 합의된 대부분의 중요한 조약들의 근간을 이룬다.

대법원 판결이 나온 뒤 한동안 캐나다는 격동의 시기를 거쳤다. 연방 정부와 주 정부는 판사들이 확인한 원주민 권리를 보호하기 위한 조치를 거의, 혹은 전혀 취하지 않았다. 결국 원주민은 그 땅과 물로 들어가서 자신의 권리를 확인하는 활동(정부의 허락을 구하지 않은 채 낚시와 사냥을 하고 나무를 하고 의전용 구조물을 세우는 등)에 나섰다. 당장 반격이 시작되었다. 전국의 비원주민 어민들과 수렵인들은 〈원주민들〉이 법 위에 군림하고 있으며, 이들이 곧 바다와 강의 어업 자원을 깡그리 쓸어 가고 쓸 만한 사냥감을 죄다 잡아가고 숲을 파괴할 거라고 불만을 터뜨렸다(캐나다의 모든 행정부들이 끊임없이 벌여 온 무분별하고 부당한 자원 관리의 기록은 여기선 접어 두겠다).

갈등이 최고조에 달한 것은 미크맥 공동체가 거주하는 뉴브런즈윅 주 번트처치 지역이었다. 미크맥인들이 조약에 따른 권리를 실행에 옮겨 정부가 어업을 금지한 철에도 물고기를 잡을 수 있게 한 마셜 판결에 격분한 비원주민 어민들이 무리를 이루어 이웃의 원주민들을 상대로 폭력을 행사하기 시작한 것이다. 〈번트처치 사태〉로 알려진 이 사건으로, 미크맥 어민들이 설치한 바닷가재잡이 덫 수천 개가 파괴되고, 생선 가공 공장 세 곳이 약탈당하고, 의전용 정자가 전소되고, 화물차에 탑승한 원주민 여러 명이 부상을 입어 병원으로 후송되었다. 이 사태는 경고성 폭력으로 끝나지 않았다. 긴장이 몇 개월간 지속되던 중, 정부 소유 선박이 원주민 어선들을 들이받으면서 어선 두 척이 침몰했고, 선원들은 목숨을 구하기 위해 물에 뛰어들어야 했다. 정부 소유 선박에는 폭동 진압용 장비를 착용한 경관들이 탑승하고 있었다. 미크맥 어민들은 〈미크맥 전사 협회Mi'kmaq Warrior Society〉의 도움을 얻어 자기방어에 최선을 다했지만 워낙 수적으로 열세였기에 공포 분위기는 몇 년 동안 사라지지 않았다. 인종주의가 어찌나 극심했는지, 어느 비원주민 어민은 자기 어선 갑판 위에서 긴 가발을 쓴 채 원주민의 〈출전의 춤〉을 희화화하기까지 했고 텔레비전 방송국 취재진은 신이 나서 이 장면을 녹화했다.

그때가 2000년이었다. 그리고 2013년, 번트처치에서 해안을 따라 자동차로 1시간쯤 걸리는 곳에서 앞서 말한 〈미크맥 전사 협회〉가 다시 뉴스를 탔다. 이번엔 그 지역에서 추진되는 프래킹 사업의 중심에 선 텍사스 컴퍼니를 막기 위해 일시포그토그 원주민 공동체와 힘을 합쳤다. 전사들은 여러 달째 이어 온 시위 과정에서 의전용 〈신성한 불〉을 점화하는 일을 돕고, 〈프래킹 방식의 셰일 가스 채취 활동을 재개하지 못하게 하겠다〉는 각오로 진행하는 봉쇄 작전에 비원주민 지역 주민들을 초대했다. 어느 성명서는 이 운동을 가리켜 〈원주민, 아카디아인,* 앵글로인을 재단합시키는 대규모 캠페인의 일환〉이라고 설명했다(뉴브런즈윅에는 프랑스어를 사용하는 아카디아인들이 많다. 이들은 영어를 사용하는 다수와 오랫동안 긴장 관계를 유지해 왔다).[9]

　많은 사람들이 이들의 요구에 관심을 보였고, 일시포그토그 원주민 공동체가 주도하는 시위가 특이하게도 그 지역의 모든 인종 그룹 사이에서 참가자들을 결집하고 있다는 사실이 자주 거론되기 시작했다. 비원주민 참가자 데비 호퍼는 한 영상 제작진에게 이렇게 말했다. 「이게 진정한 유대감이죠. 우리는 가장 중요한 사안을 중심으로 뭉쳐 있어요. 앞으로 정부와 산업은 우리를 갈라 놓기 위해 별의별 방법을 모두 동원할 겁니다. 솔직히 말해서 그런 방법들은 수십 년째 동원돼 왔죠. 하지만 이젠 속아 넘어가지 않을 겁니다.」[10]

　해묵은 증오심을 되살리려는 시도도 등장했다. 한 경관이 〈공유지는 정부 소유다. 원주민 소유라는 주장은 택도 없다〉라고 말했다는 사실이 드러났다. 경찰과의 충돌이 격화되자, 뉴브런즈윅 주지사 데이비드 앨워드는 〈우리 뉴브런즈윅인들이 공유하는 가치관을 배척하려는 사람들이 있는 게 분명하다〉라고 말했다. 하지만 공동체의 단합은 강고했고, 전국 각지의 도시들과 소도시에서는 연대 시위가 일어났다. 녹색당 뉴브런즈윅 지부장 데이비드 쿤은 이렇게 말했다. 〈이는 단순히 원주민 공동체

---

* Acadian. 1604년 최초로 신대륙에 정착한 프랑스인의 후손을 말한다 — 옮긴이주.

가 벌이는 캠페인에 그치지 않는다. 이것은 우리 지역의 주요한 인종 그룹 전체(영어 사용자, 프랑스어 사용자, 원주민)가 공동의 대의를 위해 단결한 역사적인 사건이다. (……) 이것은 정의의 문제다. 자신들이 함께 사용하는 땅과 물과 공기가 파괴되는 것을 막아 내고자 하는 것이다.〉[11]

선조들로부터 물려받은 땅과 물을 이용해 낚시와 사냥을 할 미크맥의 권리가 바로 프래킹에 반대하는 다수의 뉴브런즈윅 사람들에게 가장 큰 희망을 주는 원동력이라는 사실을 이 지역의 많은 주민들은 깨닫게 되었다.[12] 이들은 반드시 새로운 도구를 마련해야 했다. 2010년 주지사에 당선되기 전까지 프래킹에 대해 회의적인 태도를 보였던 앨워드는, 당선되자마자 곧바로 태도를 바꾸어 사회 복지 사업에 투입할 재원을 마련하고 일자리를 창출하기 위해서는 세수 확보가 필요하다며 프래킹의 효용을 역설하기 시작했다. 세계 각지에서 대의제 민주주의에 대한 냉소주의를 확산시키는 주역, 당선 전후로 태도가 돌변하는 전형적인 정치인의 모습이었다.

그러나 원주민의 권리는 정치인들의 변덕스러운 태도에 영향을 받지 않는다. 일시포그토그 원주민 공동체의 주장은, 어떤 조약도 캐나다 정부에게 조상 대대로 물려받은 땅을 완전히 뒤집어 놓을 권한을 주지 않았다는 것, 그리고 마셜 판결이 확인해 준 사냥과 낚시의 권리가 토지와 물의 근본적인 건강을 위협하는 산업 활동에 의해 짓밟히고 있다는 것이었다. 물이 오염되면 낚시를 할 권리가 있다 해도 아무 소용이 없지 않은가. 일시포그토그 원주민 공동체의 일원인 게리 사이먼은 〈나는 우리가 체결한 조약들이 미래 세대를 위해 깨끗한 물을 지키는 싸움에 있어 최후의 방어선이라고 생각한다〉라고 설명한다.[13]

워싱턴 주 벨링햄 인근에 예정된 석탄 수출 기지 건설을 반대하는 루미 부족의 입장도 이와 똑같다. 이들은 조지아 해협에 유조선 통행량을 크게 늘리고 석탄 분진으로 물을 오염시키는 행위가 조약에 규정된 낚시의 권리를 위반하는 것이라고 주장한다(워싱턴의 로어엘화 클랠럼 부족 지도자들 역시 엘화 강에 세워진 댐들을 철거하기 위한 투쟁에서 비슷한 주장을 펼쳤다. 이들은 댐의 설치가 연어 회귀를 방해한다는 점에서 조약에 명시된 낚시의 권리를 짓밟는 것이라고 주장했다). 2014년 2월 미국 국무부가 키스톤 XL 송유관 사업을 허가하겠다는 뜻을 밝히자, 라코타 원주민 공동체 사람들은 즉각 송유관 건설이 불법이라는 성명을 발표했다. 로즈버드 부족의 토지 관리소에서 일하는 파울라 앙투안은, 이 송유관이 라코타 부족이 조약에 의거해 보장받는 전통적인 영토를 관통하고 보호 구역에 인접한 곳을 지나간다며 이렇게 말한다. 〈송유관이 이곳을 지나가는 것은 결국 우리 조약을 무시하고 조약에 보장된 권리와 우리 거주지를 무시하는 행위다. 예정된 송유관 주변의 지반이 교란되면 그 피해는 우리에게 미칠 것이다.〉[14]

원주민들이 법률적으로 정당한 권리를 가지는 땅과 물에 가장 많은 양의, 가장 위험한 탄소 불발탄들이 묻혀 있다는 점에서 이런 권리들은 현실적이면서도 강력한 힘을 갖는다. 타르 샌드의 무분별한 팽창을 저지하는 일에 있어 법적으로 가장 막강한 힘을 가진 것은, 조약에 의해 보장된 낚시와 사냥 터전이 오염되어 곤경을 겪고 있는 원주민 공동체들이다. 녹아내리는 극지의 얼음 밑에서 석유를 퍼내겠다고 달려드는 세력을 저지하는 일에 있어 법적으로 가장 막강한 힘을 가진 것은, 해양 유출 사고가 일어나면 생활 터전을 잃을 수밖에 없는 북극 지역의 이누이트족, 사미족 등 원주민 부족들이다. 이 권리를 실행에 옮길 능력이 있느냐 없느냐는 별개의 문제다.

이런 힘이 뚜렷이 드러난 것은 2014년 1월, 알래스카 원주민 연합체가 몇몇 대규모 환경 단체들과 손을 잡고 이미 추문으로 얼룩진 극지 심해 유전 탐험 사업의 중단을 요구하는 법정 소송에서 승소 판결을 따낸 순간이었다. 원주민 마을 포인트 호프의 주도하에 뭉친 이 연합체의 주장은, 미국 내무부가 셸을 비롯한 회사들에게 축치Chukchi 해에서의 시추 허가를 내준 것은 청정한 바다와 밀접하게 연관되어 있는 원주민 이누피아트Inupiat의 생활 터전에 닥칠 위협을 포함하여 수많은 위험성을 고려하지 못한 행위라는 것이었다. 소송이 시작되었을 때 포인트 호프의 대표 스티브 우미투크는 이렇게 설명했다. 〈이곳 사람들은 수천 년 전부터 철에 따라 축치 해를 이동하는 동물들을 사냥함으로써 생활을 영위해 왔다. 이곳이 우리 안마당이고, 우리 정체성이고, 우리 생계 수단이다. 이곳이 없으면 우리는 우리 본연의 모습을 잃게 될 것이다. (……) 우리는 우리의 생활 방식과 우리가 크게 의존하는 동물들을 위험으로 몰아넣는 행동에 무조건 반대한다.〉이 소송에 참여한 단체 〈원주민 땅의 환경 파괴에 저항하는 모임〉의 사무총장 페이스 겜밀에 따르면, 축치 해에 의지해 살아가는 이누피아트인들의 입장에서 보면 〈환경에 미치는 충격과 인간 생존에 미치는 충격을 구분할 순 없다. 이 둘은 원래 같은 것이니까〉.[15]

연방 항소 법원은 이 연합체에 유리한 판결을 내렸다. 내무부의 위험 평가가 〈자의적이고 변덕스러운〉, 혹은 〈환경에 미칠 피해를 최소한으로 예상한 시나리오만을〉 근거로 시행되었음을 확인한 뒤 내린 결정이었다.[16] 환경 대재앙을 일으킨 BP의 딥워터 호라이즌 사고를 조장한 것 역시 바로 이와 같이 조악한 위험 평가였다.

그린피스 영국 지부 사무총장 존 소벤은 이 판결을 일컬어 〈극지를 향한 셸의 야망을 제압한 강력한 결정타〉라고 묘사했다. 며칠 뒤 셸은 극지 시추 계획을 무기한 연기한다고 발표했다. 셸의 최고 경영자 벤 반 뷰어든은 이렇게 말했다. 〈실망스러운 일이다. 앞으로의 계획을 분명히 밝히지 않는 건, 2014년에는 알래스카 시추 사업에 더 많은 자원을 투입할 마음이 없음을 뜻한다. (……) 적절한 기관과 법원에 의지해 최대한 빨리 이 문제를 해결할 방안을 찾겠다.〉만일 원주민 그룹이 인권 위협

이라는 관점에서 투쟁을 전개하지 않았다면, 이와 같은 승리는 결코 찾아오지 않았을 것이다.[17]

세계 각지에서 새로운 석탄 광산과 석탄 수출 기지를 추진하는 기업들은 이제 원주민들이 지닌 특수한 법적 권리를 무시할 수 없게 되었다. 예컨대 2013년 호주 서부에서는, 원주민의 권리를 둘러싼 법적 투쟁이 펼쳐지리라는 예상이 450억 달러 규모의 액화 천연가스 정제 시설과 항만 시설 건설 계획을 무산시킨 결정타로 작용했다. 주 정부는 지금도 이 지역에서 가스 기간 시설과 프래킹 사업을 강행하려는 계획을 추진하려 하지만, 법정에서 자신들의 전통적인 소유권과 절차상 권리를 확인하겠다는 원주민 그룹들의 반발에 부딪치고 있다. 뉴사우스웨일즈에서 석탄층 메탄 가스 개발 사업에 맞선 공동체들 또한 이와 똑같은 투쟁을 벌이는 중이다.[18]

한편 아마존의 일부 원주민 그룹들은 방대한 면적의 열대 우림을 파괴하려는 석유 산업 관계자들의 계획을 확고한 태도로 저지함으로써 지하에 묻힌 탄소와, 탄소를 흡수하는 석유와 가스 매장층 위의 숲과 토양층을 보호한다. 이들은 미주 인권 재판소에서 거듭 승리를 쌓아 가며 토지에 대한 자신들의 권리를 만방에 선언하고 있다. 자연 자원 및 토지를 둘러싼 권리와 관련한 사건에서 이 재판소는 줄곧 원주민 그룹의 편에 서며 정부를 곤경에 빠뜨렸다.[19] 콜롬비아 안데스 운무림 지역(이곳의 나무 꼭대기는 항상 운무에 가려져 있다)에 외따로 거주하는 우와족은 자신들의 영역에 유전을 건설하려는 대형 석유 기업들의 반복된 시도에 역사적인 저항 운동으로 맞선다. 땅속의 석유를 훔쳐 내는 일은 부족의 소멸을 야기할 거라고 이들은 주장한다(그럼에도 몇 군데에서는 소규모 시추가 진행되고 있다).

원주민 권리 운동이 세계적으로 기세를 올려 가자, 이들의 주장이 정당하다는 인식 역시 급진전하기 시작했다. 무엇보다 주목할 만한 사실은, 2007년 UN 총회에서 〈UN 원주민 권리 선언Declaration on the Rights of Indigenous Peoples〉이 143개국의 찬성 표결(미국, 캐나다, 호주, 뉴질랜드는 반대표를 던졌다가 국내에서 거센 항의가 일자 결국에는 찬성하는 입장을 표명했다)을 거쳐서 채택되었다는 사실이다. 이 선언은 〈원주민은 환경과 자신의 영토 혹은 영역, 그리고 자원의 생산 능력을 보전 및 보호할 권리를 가진다〉고 규정한다. 또한 원주민들은, 사전에 정확한 정보를 토대로 자유 의사에 따라 동의하지 않은 경우 몰수나 탈취, 점유, 혹은 이용 중인 토지에 대해 〈보상받을 권리〉를 가진다. 일부 국가에서는 헌법 개정을 통하여 이러한 권리를 인정하는 단계를 밟고 있다. 2009년 국민 투표로 승인된 볼리비아 헌법은 다음과 같이 규정한다. 〈원주민은 사전 동의를 받을 권리를 가진다. 즉 원주민이 거주하는 영토의 재생 불가능한 자연 자원을 이용하고자 한다면, 정부는 사전에 원주민과 선의에 입각한 협의를 거쳐야 한다.〉[20]

권력이냐 권리냐

이런 권리들을 인정하는 추세가 점점 늘고 있긴 하지만, 정부들이 내놓는 말(그리고 서명)과 실제 활동 사이에는 여전히 엄청난 격차가 존재한다. 따라서 이런 권리들의 보장 요구가 법정까지 가게 될 경우 반드시 이기리라는 보장은 없다. 볼리비아와 에콰도르 등 진취적인 법률을 가진 나라에서조차 정부는 여전히 해당 토지에 의존해 살아가는 원주민의 동의 없이 채취 사업을 밀어붙이고 있다.[21] 캐나다, 미국, 호주에서는 이런 권리들이 아예 무시될 뿐 아니라, 원주민 스스로도 불법이 분명한 채취 사업을 물리적으로 막으려 하면 최루 가스나 총을 든 정부 치안 부대와 맞서게 될 가능성이 높다는 사실을 잘 알고 있다. 법률가들이 법정에서 복잡다단한 토지 소유권 소송을 진행하는 동안, 벌채용 전기톱이 국가의 역사보다 네 배나 오랜 연륜을 가진 나무들을 넘어뜨리고 프래킹 용 유독성 용액이 지하수로 흘러 들어가는 형편이다.

산업이 이처럼 제멋대로 행동할 수 있는 것은 법적인 근거가 있어서가 아니라, 부당한 정치적 역학 관계 때문이다. 고립되어 있고 무력한 처지 에 놓인 대부분의 원주민은 자신들의 권리를 실행에 옮길 만한 경제력이 나 사회적 영향력이 없다. 반면 경찰 뒤에는 국가가 있고, 법정에서 다국 적 채취 기업들을 상대하려면 엄청난 비용이 필요하다. 예컨대 〈열대 우 림 체르노빌Rainforest Chernobyl〉 사건에서 에콰도르 대법원이 셰브론에 게 95억 달러를 배상하라고 명령했을 때, 셰브론 대변인이 공언한 유명 한 말이 있다. 〈우리는 지옥이 얼어붙는 한이 있어도 이 싸움을 계속할 것이다. (……) 그리고 그 얼음 위에서라도 싸움을 계속할 것이다.〉 실제 로 이 분쟁은 아직까지 이어지고 있다.[22]

내가 이런 심각한 불균형을 똑똑히 확인한 것은 앨버타 북부 비버 레 이크 크리 원주민 공동체가 거주하는 영토를 여행할 때였다. 이 공동체 가 타르 샌드와 관련하여 진행하는 법적 투쟁은 세계의 이목을 집중시 키고 있다. 2008년 이들은 자신들의 오랜 영토에 대해 용도 전환을 허용 하여 이곳에 석유와 가스 시추 설비를 빈틈없이 세우고 야생 동식물에 게 위해를 입힌 주 정부와 연방 정부, 그리고 이곳을 식민 지배했던 영국 정부를 대상으로 역사적인 소송을 제기했다. 조약에 근거할 때, 이들이 원주민 공동체의 사냥과 낚시 권리를 1만 5천 번 이상 침해했다는 내용 이었다.[23] 이 소송의 특이점은, 특정한 위반 행위 하나가 아니라 파괴적 인 채취 산업 모델 전체를 겨냥하여 이 모델 자체가 엄중한 조약 위반이 라고 주장했다는 점이다.

〈캐나다 정부와 앨버타 정부는 우리에게 수많은 약속을 했으니 그 약 속이 이행되는 걸 보고 싶다.〉 당시 비버 레이크 크리 공동체의 추장이었 던 알 레임먼이 소송을 제기하며 했던 말이다. 레임먼은 그전에도 캐나다 정부를 상대로 원주민 인권 침해와 관련하여 여러 차례 소송을 제기해 역사적 사례를 남겼다. 불리한 상황 속에서도 소송은 차근차근 캐나다 사법 절차를 밟아 나가고 있다. 2012년 3월 앨버타 주 법원은 이 소송을 기각시키려는 정부의 시도에 대해 〈경솔하다〉, 〈사법 절차를 남용한다〉, 〈통제할 수 없는 수준이다〉라고 비난하며, 이를 단호히 거부했다.[24]

이 결정이 있고 1년이 지난 뒤, 나는 이 소송을 밀어붙여 온 핵심 인물인 레임먼과 그의 사촌이자 선출직 의원 저메인 앤더슨, 그리고 그의 조카이자 타르 샌드 반대 활동의 적극적인 투사로 알려진 크리스털 레임먼을 만났다. 저메인 앤더슨이 소송에 대해 이야기하자며 나를 가족 만찬에 초대했다.

때는 7월 초, 두터운 장막이 걷힌 듯 길고 음산한 겨울이 말끔히 자취를 감춘 날이었다. 밤 10시인데도 해가 밝았고, 희박한 공기는 햇빛에 후끈 달아올라 있었다. 알 레임먼은 몇 년 사이에 부쩍 노쇠하여 대화를 제대로 이어 가지 못했다. 몹시 내성적인 앤더슨 역시 건강 문제로 힘겨운 상태였다. 내가 이들과 만난 곳은 수도나 전기가 공급되지 않는 숲 속 개간지에 설치된 작은 이동 주택이었는데, 앤더슨은 여름 내내 이곳에서 시간을 보내고 있었다.

비버 레이크 크리가 다윗과 골리앗의 싸움을 하고 있다는 것은 나도 알고 있었다. 하지만 해가 지지 않던 그 여름날 저녁, 나는 불현듯 이 싸움의 진정한 본질을 깨달았다. 이 싸움은 이 나라에서 가장 힘없는 사람들이 지구 상에서 가장 부유하고 강력한 세력과 맞붙은 싸움이다. 이 공동체의 많은 주민들은 아이들을 빼앗아 교회 재단 학교에 몰아넣고 심각한 인권 유린을 자행하던 식민 시절의 정신적 외상을 가슴에 품은 채 살아가고 있었다. 이들이 진행하는 영웅적인 법정 투쟁은 원주민들의 건강한 미래를 보장할 수 있는 최고의 기회일 뿐 아니라 타르 샌드 산업의 팽창을 막아 냄으로써 원주민들은 물론 인류 전체의 생존이 걸린 기후 환경을 지킬 수 있는 최고의 기회다.

이것은 감당하기 힘든 싸움이다. 이 공동체들이 나머지 지구인들의 지원을 거의 받지 못한 채 홀로 이 싸움을 감당하고 있다는 사실 자체가 엄청난 사회적 불평등이다.

최근에는 이곳에서 북쪽으로 3~4시간 거리에 거주하는 아타바스카 치페와이언 원주민 공동체 역시 타르 샌드 유전의 대대적인 팽창을 승인한 행위에 대해 셸과 캐나다 정부를 상대로 역사적인 소송을 시작했으며, 셸의 또 다른 사업인 피에르 강 광산 계획에 대해서도 반대 투쟁을 전개하고 있다. 이들은 이 사업이 〈땅과 물, 야생 동식물은 물론 대대로 물려받은 영토에 대한 원주민의 이용 권리를 크게 훼손할 것〉이라고 주장한다. 여기서도 엄청난 힘의 격차를 확인할 수 있다. 인구 1천여 명과 약 5백만 달러의 재원을 지닌 이 공동체가 싸우는 상대는 캐나다 정부와 셸이다. 셸은 70개가 넘는 나라에 9만 2천 명의 직원을 거느리고 있으며 2003년 한 해에만 전 세계에서 4천 억 달러 이상의 수익을 올렸다. 많은 공동체들이 이와 비슷한 상황에 처해 있기 때문에 본격적인 싸움을 할 엄두를 내지 못한다.[25]

권리와 자원 사이(법률에 명시된 내용과 가난한 사람들이 훨씬 막강한 상대를 압박하여 강제할 수 있는 능력 사이)의 이런 격차야말로 정부와 산업이 오랫동안 의존해 온 언덕이다.

조약을 존중하라

하지만 상황이 달라지기 시작했다. 법정 투쟁과 직접 행동, 그리고 대중 운동이 적극적으로 뒷받침된다면, 원주민 권리야말로 미래의 기후 재앙으로부터 우리를 보호할 가장 강력한 방책이 될 수 있다는 인식이 이제 비원주민들 사이에서도 확산되고 있다.

이는 운동 방식의 변화에서 비롯되었다. 극단적인 에너지 채취 반대 운동은 대개 특정한 석유, 가스, 석탄 기업들에 국한되었던 투쟁과 더 나아가 민주화 운동을 넘어서기 시작했다. 이 운동은 원주민과 비원주민 사이에 역사적인 화해의 공간을 열어 놓는다. 비원주민 운동가들은 선출직 공무원들이 민주주의의 기본 원칙을 대놓고 무시하는 상황에 직면할 때마다, 원주민의 권리가 위협이 아닌 엄청난 선물이라는 사실을 깨닫는다. 과거 북미 대부분의 지역에서 조약 협상에 나섰던 원주민들에게는 선견지명이 있었다. 그들은 대대로 살아온 땅에서 계속 살아갈 권리를 보호한다는 내용을 조약에 포함시켰고, 지구 파괴를 멈추지 않는 정부를 압박할 법적 도구를 유산으로 남겨주었다. 그것도 해당 지역만이 아니라 다른 많은 나라의 국민들에게까지 말이다.

덕분에 원망과 질투, 그리고 암시적인 인종주의로 가득 차 있던 원주민과 비원주민의 관계에 새로운 감정이 싹트기 시작했다. 노던 게이트웨이 송유관 예정 부지가 건너다보이는 브리티시컬럼비아 주 포트 세인트제임스에 살고 있는 부동산 관리사 라이오넬 코넌트는 이렇게 말했다. 「우리로서는 원주민 공동체가 이 투쟁에 힘을 합쳐 준 것이 정말 고마운 일입니다. 송유관 계획에 맞설 만한 법적인 추진력을 제공한 것이 바로 그들이지요. (⋯⋯) 이곳은 모두 양도된 적이 없는 땅이기 때문입니다.」 워싱턴에서 활동하는 석탄 반대 활동가들은 조약에 따른 루미족의 권리를 가리켜, 수출 기지를 막을 수 있는 다른 모든 방법이 무산되었을 때 꺼낼 〈비장의 무기〉라고 표현한다. 몬태나에서 활동하는 시에라 클럽의 마이크 스콧은 내게 솔직한 심정을 털어놓았다. 「사람들은 원주민들이 가진 정치적인 힘을 주권이라 여기지 않는 것 같습니다. 그 힘을 실행에 옮길 자원을 가지고 있지 못하니까요. 하지만 그들이 우리와는 달리 에너지 사업을 막아 낼 힘을 가지고 있는 것만은 분명합니다.」[26]

〈비원주민들이 원주민들에게 《도와 달라》면서 다가서고 있다.〉 뉴브런즈윅에서 프래킹 반대 운동에 참여하는 미크맥 여성 수잰 패틀스의 말이다.[27] 다시 말해 이 투쟁은 오랫동안 원주민들과 진보주의자들의 관계에 해악을 끼쳐 온 장애물, 즉 구원자 의식과 동정심을 순식간에 증발시킨 중요한 계기가 되었다.

이처럼 점진적으로 인식이 변화하면서, 2012년 말 캐나다에서 시작된 〈방관은 이제 그만Idle No More〉 캠페인은 곧 국경을 넘어 미국으로 확산되었다. 북미 전역의 핵심 상권(캐나다의 대형 쇼핑몰 웨스트 에드먼턴 몰에서부터 미네소타의 대형 쇼핑몰 몰 오브 아메리카에 이르기까지)에서는 크리스마스 대목에 원주민들의 플래시몹 댄스가 펼쳐지면서 작은북 소리와 옷에 달린 장식의 짤랑거리는 소리가 울려 퍼졌다. 캐나다에서는 원주민 지도자들이 단식 농성에 돌입했고, 청년들은 도로와 철로를 봉쇄하는 도보 시위를 몇 개월씩 이어 갔다.

애초 이 운동을 촉발한 계기는, 캐나다 정부가 원주민 주권을 겨냥하여 일련의 반격을 시작한 데 있었다. 캐나다 정부는 타르 샌드의 급속한 팽창을 꾀하고, 대형 광산들의 추가 인허가, 엔브리지 노던 게이트웨이 송유관 등의 사업을 돕고자 기존 법규(특히 물을 보호하기 위해 마련된)에 대한 전면적인 공격에 나섰다. 2012년, 캐나다 정부는 자국의 환경 규제 제도의 핵심을 무너뜨리는 두 차례의 총괄 예산법을 통과시켰다. 결국 수많은 산업 활동이 연방 정부의 감독권에서 벗어났고, 무엇보다 공동체가 의견을 낼 기회가 크게 줄어들었다. 이를 기회로 완강한 우파 성향의 스티븐 하퍼 정부는 평판이 좋지 않은 에너지 개발 사업을 마음 편히 밀어붙일 수 있게 되었다. 특히 이 총괄 예산법에 따라 〈가항 수역 보호법Navigable Waters Protection Act〉 권역의 생물 종들과 생태계의 피해를 막기 위한 핵심 조항의 힘이 크게 약화되었다. 예전에는 캐나다 수계의 1백 퍼센트가 이 보호 조항의 적용을 받았지만, 변화가 도입되면서 이 비율은 1퍼센트 미만으로 떨어졌고 송유관까지 면제 대상이 되었다.

나중에 드러난 문서에 따르면 후자의 변화는 송유관 산업의 특별한 요청에 따라 시행되었다.[28]

규제 완화의 엄청난 범위와 속도에 캐나다인들은 큰 충격을 받았고, 대부분이 무력감에 빠졌다. 그럴 만도 했다. 국민 지지도가 39.6퍼센트에 불과했음에도 의회 다수당이라는 이유로 하퍼 정부는 무엇이든 할 수 있는 상황이었다.[29] 하지만 원주민 공동체들은 포기하지 않았다. 그들은 모든 연안에서 〈방관은 이제 그만〉 운동을 시작했다. 운동 지도자들은 이러한 법률이 깨끗한 물을 이용하고 전통적인 생활 방식을 유지할 원주민의 권리를 침범한다고 주장했다. 지역별 투쟁이 순식간에 법률 전체에 반대하는 전국적인 운동으로 커졌다. 〈방관은 이제 그만〉은 노동 조합, 대학생, 주류 언론사의 평론가 등 전 캐나다 사회의 지지를 받으면서 한동안 판세를 뒤집는 듯 보였다.

권리는 있으나 돈이 없는 사람들과 돈은 있으나(전자와 비교해서) 권리가 없는 사람들이 한데 뭉쳐 이룬 이 연합은 엄청난 정치적 잠재력을 지닌다. 식민 국가를 건설하며 원주민들과 맺었던 법적 조약을 존중하라고 요구하고 영향력을 행사하는 일에 많은 사람들이 나설 경우, 재선을 원하는 정치인이라면 이를 계속 무시할 수 없다. 법원 역시 자신이 활동하는 사회의 가치관에 영향을 받을 수밖에 없다(말로는 그런 영향력에 좌우되지 않는다고 역설할지 모르지만). 토지 소유권이나 조약이 구성원 사이에 잘 알려져 있지 않고 오히려 사회 전반에 걸쳐 체계적으로 무시되고 있다는 판단이 들면, 법원은 대개 그에 대한 정당한 취급을 망설이기 마련이다. 반대로 사회의 많은 구성원이 이 약속을 진지하게 받아들인다면, 법원 역시 이런 추세를 따를 가능성이 높다.*

〈방관은 이제 그만〉 운동이 여세를 몰아 가자, 많은 투자자들 역시 이런 추세를 감지했다. 2013년 3월 로이터 통신은 이렇게 보도했다. 〈2012년에서 2013년 사이 시행된 설문 조사에서 캐나다의 지역들은

6년 만에 처음으로 세계에서 손꼽히는 호조건의 채광지 목록에서 제외됐다. (……) 이 조사에 참여한 회사들에 따르면 토지 소송이 우려된다는 이유였다.〉이 기사는 온타리오에 여러 개의 금광을 소유하고 있는 프리미어 골드 마인Premier Gold Mines의 최고 경영자 유언 다우니의 말을 인용했다. 〈캐나다 광산 투자를 압박하는 핵심 요소 중 하나는 원주민 공동체 문제다.〉[30]

언론인이자 행동가인 마틴 루카치는 『가디언』에 다음과 같이 썼다.

UN 원주민 권리 선언이 발표되면서부터, 비로소 캐나다인들은 원주민 권리를 현실적으로 이행하는 것이 곧 방대한 지역에서 토지 관리의 저울추를 조정하는 길이라는 사실을 이해하기 시작한 것 같다. 우리는 원주민에게 권리를 더 많이 부여하고 기업들로부터는 더 많이 거둬들여야 한다. 원주민 권리를 존중하는 것은 캐나다가 원주민 공동체들에게 지고 있는 엄청난 법적 채무를 갚는 일일 뿐 아니라, 끊임없는 채취와 파괴로부터 캐나다를 보호할 수 있는 최상의 방책이기도 하다. 원주민들의 행동, 그리고 그들 편에 서겠다는 캐나다인들의 결정은 지구의 운명에 큰 영향을 미칠 것이다.

이 새로운 인식은 캐나다인들 사이에서 점점 더 넓게 퍼져 나가고 있다. 원주민 공동체들과 연합하자는 교육 캠페인에 수천 명이 서명했다.

---

* 2014년 6월, 캐나다 대법원은 브리티시컬럼비아 내 1,750평방킬로미터의 땅에 대한 칠코틴 원주민 공동체의 소유권 선언을 법적으로 인정하는 결정을 내놓았다. 이는 원주민 권리와 관련한 이 법원의 결정 가운데 가장 중요한 것으로 손꼽을 만한 내용이다. 전원 합의로 도출된 이 결정은, 토지 소유권에는 땅을 사용할 권리와 땅을 다른 사람들이 어떻게 사용하도록 하느냐를 결정할 권리, 그리고 땅으로부터 경제적 수익을 얻을 권리가 포함된다고 밝혔다. 또한 이 결정에는 정부가 원주민의 토지 이용에 개입하기 전에 특정 기준을 충족해야 하며, 원주민 공동체와의 협의뿐 아니라 동의를 구하는 일까지 시행해야 한다는 내용도 포함되어 있었다. 많은 사람들은 이 결정이 타르 샌드 송유관처럼 큰 논란에 휩싸인 사업들에 막대한 지장을 초래할 것이라 평가했다.

원주민 권리에 현실적인 힘을 보태고자 하는 지속적인 행동은 캐나다 경제의 진정한 본질(그리고 새로운 캐나다로의 변신 가능성)과 관련해 진지한 고민을 불러올 것이다. 이것이야말로 나날이 강력해지는 대중적인 시위 운동, 즉 막강한 힘과 엄청난 인원을 갖춘 하나의 〈군대〉가 제시하는 약속이다.[31]

다시 말해서, 2004년 스탠더드 앤드 푸어스가 아서 마누엘과 구우조와의 만남에서 언급했던 것, 바로 〈권리를 힘으로 전환시킬 수 있는 근력〉이 드디어 자라난 것인지도 모른다.

이런 연대의 힘이 다시 추진력을 얻었던 것은 2014년 1월, 록 음악계의 전설 닐 영이 〈조약을 존중하라Honour the Treaties〉라는 이름을 걸고 캐나다 전국 순회공연을 시작하면서부터였다. 그는 그 몇 달 전 타르 샌드 현장들을 둘러보고 크게 충격을 받아 〈히로시마가 따로 없다〉고 말하며 큰 관심을 불러일으켰다. 당시 그는 아타바스카 치페와이언의 추장 앨런 애덤을 만나 셸의 타르 샌드 유전 확대에 반대하는 소송 내용과, 기존의 석유 생산만으로도 이미 공동체 안에서 건강의 적신호가 나타나고 있다는 이야기를 들었다. 영은 이렇게 말했다. 〈나는 보호 구역 안 원뿔형 천막 안에서 추장과 마주 앉아 있었다. 여러 가지 이야기를 들으며, 나는 모든 부족들 사이에서 암 발생률이 증가하고 있다는 걸 알게 되었다. 그건 미신 같은 이야기가 아니라, 완전한 현실이었다.〉[32]

그는 자신이 타르 샌드 반대 투쟁에 참여할 최선의 방법은 아타바스카 치페와이언 원주민 공동체가 법원을 통해 권리를 행사할 수 있도록 돕는 것이라고 판단했다. 곧 순회공연을 시작했고, 수익금 전액을 법정 투쟁 자금으로 기부했다. 그의 순회공연은 두 달 만에 법정 투쟁 자금 60만 달러를 확보했을 뿐 아니라, 폭주하는 타르 샌드 개발 사업이 각 지역과 지구에 미치는 영향력에 대해 유례를 찾아볼 수 없을 만큼 뜨거운 관심을 집중시켰다. 총리실은 캐나다의 이 전설적인 영웅을 공격하며 반격에 나섰지만 승산 없는 싸움이었다. 캐나다 명사들이 캠페인을 지지하는 성명을 냈고, 여론 조사에 따르면 앨버타 주에서도 주민 과반수가 닐 영의 입장을 지지했다.[33]

〈조약을 존중하라〉 순회공연의 가장 큰 성과는 원주민 공동체의 법적 권리 존중과 관련한 논의에 불을 붙여 전국으로 확산시킨 것이다. 닐 영은 이렇게 말했다. 〈정부가 국가의 근간을 이루는 조약을 이행하려 하지 않고 캐나다인의 정직성을 더럽히게 놔둘 것인가 말 것인가는 캐나다 각지에 있는 캐나다인들의 손에 달려 있다.〉 또한 캐나다 전 국민이 앨런 애덤 추장의 말을 직접 들었다. 〈선조들이 서명한 조약은 단순한 종잇장이 아니라, 권리를 짓밟는 무분별한 타르 샌드 개발을 막을 수 있는 최후 방어선이다. 우리는 결코 원치 않았던 이 사업 때문에 이미 큰 타격을 입고 있다.〉[34]

대안 경제라는 도덕적 채무

최후 방어선을 지키기 위한 투쟁은 록 음악 공연으로 법정 투쟁금을 확보하는 것과는 비교할 수 없을 만큼 복잡하고 어려운 도전이다. 더 많은 원주민 공동체가 셸 같은 기업에 맞서 투쟁에 나서지 않는 근본적인 이유는 무엇일까? 이들 또한 강과 시내와 바다를 지키고, 늘 해오던 대로 사냥과 낚시를 누리기를 열망한다. 하지만 이들 사이에는 원주민들의 경제적·사회적 권리를 박탈하는 시스템이 체계적으로 구축되어 있는 지금과 같은 상황에서는, 석유 혹은 채광 기업들과 타협하지 않는 한 생존에 긴요한 기초 생필품조차 충족할 수 없다는 인식이 깊이 각인되어 있다. 2011년 캐나다 정부의 발표에 따르면, 원주민 공동체의 영역에 포함된 수계의 25퍼센트가 관리 소홀과 재원 부족으로 주민 건강에 〈막대한 위협〉을 끼치며, 원주민 보호 구역 주민 수천 명은 상하수도 시설이 없는 환경에서 살고 있다. 이러한 공동체의 지도자라면, 기본적인 생활 편의 시설의 적절한 관리를 최우선 순위에 둘 가능성이 높다.[35]

어이없게도 바로 그러한 이유로, 기후 변화 때문에 갈수록 심한 경제적 압박을 받는 원주민 공동체들은 채취 산업 기업들과 부당한 거래를 서둘러 진행하곤 한다. 특히 북부 지역에서는 극단적인 기상 이변 때문에 사냥과 낚시가 점점 어려워지고 있다(예컨대 얼음의 강도가 약해지면 최북단의 공동체들은 몇 달 동안 식량을 구하지 못한 채 꼼짝없이 갇혀 지내야 한다). 이런 처지에 몰렸을 때 셸 같은 회사들이 찾아와 직업 훈련과 자원 배분을 해주겠다고 나서면 거절하기 어려울 것이다. 원주민들 역시 화석 연료 채취가 시작되면 생계 유지에 필요한 활동을 하기가 어려워지고 원유 유출의 피해를 피할 수 없다는 사실을 잘 알고 있다(이들은 석유 개발이 고래와 바다코끼리, 순록의 이동에 영향을 미칠 거라고 우려한다). 하지만 기후 변화로 인해 이미 생태계에는 혼란이 생긴 상황이라, 많은 이들이 다른 대안이 없다는 생각으로 기울고 마는 것이다.

선택의 여지가 없는 상황에 직면한 지역 가운데 가장 대표적인 곳이 바로 그린란드다. 빙하 감소와 얼음 용융으로 인해 이곳은 새로운 광산 개발 및 해양 석유 탐사의 강력한 후보지로 부상했다. 그린란드 이누이트 공동체는 덴마크의 식민 지배를 받다가 1979년에 자치권을 인정받았지만, 여전히 덴마크로부터 연간 6억 달러가 넘는 지원금을 받고 있는 형편이다. 그린란드는 2008년 자치권 확대를 위한 주민 투표를 통해 내정 통제를 강화하는 한편, 완전한 독립을 목표로 석유 및 채광 산업의 본격적인 도입에 착수했다. 2008년 자치 사무국을 이끌었던 그린란드의 고위 공무원은 이렇게 말했다. 〈석유 시추를 도입하면 기후 변화가 더 심해진다는 걸 잘 알고 있다. 하지만 달리 방법이 없지 않은가. 독립을 이룰 수 있는 길이니 어쩔 수 없다.〉 현재 그린란드의 최대 사업은 어업으로, 만일 대규모 석유 유출 사고가 일어나면 국가 경제는 엄청난 타격을 입게 될 것이다. 그린란드 연안에서 약 5백 억 배럴의 석유와 가스 개발권을 획득한 사업자들 가운데 BP가 포함되어 있다는 점도 불안감을 키운다.[36]

이런 암울한 상황은 딥워터 호라이즌 유출 사고가 진행 중일 때 BP가 시작한 〈기회의 선단vessels of opportunity〉 프로그램을 떠올리게 한다. 유출 사고로 해산 식품의 안전성에 대한 불안감이 확산되자, 루이지애나의 어선들 거의 전부가 몇 개월 동안 조업을 포기하고 항구에 정박해 있었다. 바로 그때 BP는 모든 어선에 기름 제거용 장비(거의 효과가 없는)를 제공하여 오염 제거에 동원하겠다고 제안했다. 새우와 굴을 채취하며 살던 어민들의 입장에서는 자신들의 생계 수단을 망쳐 놓은 회사의 일거리를 받아들이기가 몹시 거북했다. 하지만 BP 말고는 어느 누구도 생계비 조달 방안을 마련해 주지 않는 상황에서 달리 어떤 뾰족한 수가 있겠는가? 석유와 가스 산업은 이런 식으로 유리한 고지를 지킨다. 자기가 물에 빠뜨린 사람들에게 임시 구명정을 던져 주면서 말이다.

사면초가의 상황에 몰린 많은 원주민들이 채취 산업을 선택하는 게 최선의 방책이라고 여기는 건 당연한 결과다. 대부분의 원주민 공동체들에게는 채취 산업 말고는 경제 발전을 이룰 방법도, 일자리나 직업 훈련의 기회를 잡을 방법도 없다. 따라서 채취 산업이 벌이는 전쟁의 최전선에 몰려 있는 거의 모든 원주민 공동체 내부에는, 세계의 나머지 지역을 기후 변화의 충격으로부터 지키기 위한 희생양이 되기를 거부해야 한다고 주장하는 사람들도 있다. 그들은 채광 및 석유 기업과의 협상을 통해 기본적인 서비스 사용료를 충당하고 시장성 높은 기술로 젊은이들을 훈련시킬 수 있는 최선의 기회를 잡아야 한다고 말한다. 앨버타 타르 샌드 산업에 대부분의 땅을 빼앗긴 포트 맥케이 원주민 공동체의 추장 짐 부셰는 2014년 어느 석유 기업이 후원한 회의에서 〈우리가 고용이나

각종 혜택을 확보할 수 있는 기회는 타르 샌드뿐이다〉라고 말했다. 그
는 과거 그 지역 경제의 버팀목이었던 모피 무역을 빗대어 이 광산들을
〈새로운 올무〉라고 일컫기까지 했다.[37]

참으로 안타깝게도 이 주장은 극단적인 분열을 낳고 있다. 가족들 간
에는 채취 산업의 타협안을 수용할 것인지, 아니면 선조들의 뜻을 따를
것인지를 두고 심각한 의견 대립이 나타나기도 한다. 산업이 갈수록 매
력적인 타협안을 내놓음에 따라(물론 이것은 블로카디아의 힘이 갈수
록 강해지고 있다는 반증이다), 전통을 지키려고 노력하는 지도자들은
자신이 주민들에게 줄 수 있는 것이 가난의 대물림밖에 없다며 절망감
에 빠지는 경우가 적지 않다. 노던 샤이엔 부족의 오랜 이야기꾼이자 석
탄 개발에 꾸준히 반대해 온 필립 화이트먼 주니어는 내게 이렇게 털어
놓았다. 「이젠 더 이상 사람들한테 나처럼 고통을 감수하며 살라는 말
을 할 수 없어요.」[38]

상황이 이렇다 보니, 원주민들에게 의지하여 새로운 탄소 배출 사업
을 법적으로 저지하고자 하는 블로카디아 운동 역시 도덕적으로 곤혹
스러운 상황에 처한다. 토지 소유권과 조약에 정한 권리를 화석 연료 채
취를 막기 위한 〈최후 방어선〉으로 내세우는 것까지는 괜찮다. 하지만
지구 상에서 손꼽힐 만큼 가난하고 각종 권리를 체계적으로 박탈당해
온 사람들에게 기후 변화로부터 인류를 지키는 구원자가 되어 달라고
요구하는 우리는, 정작 그들을 위해서 무엇을 할 수 있는가? 원주민들이
힘들게 따낸 권리를 이용하기만 하고 그들에게 아무런 보답을 하지 않
는다면, 이러한 관계 역시 또 다른 착취가 아닐까? 탄소 상쇄 제도와 관
련한 경험에서 알 수 있듯이, 〈환경〉을 명목으로 내세운 새로운 관계가
결국은 예전의 패턴을 고스란히 답습하는 결과로 이어지는 사례는 대단
히 많다. 흔히 원주민들을 이용해 자신들의 합법적인 지위를 유지하는
대규모 비정부 기구들은 막대한 법정 투쟁 비용 가운데 일부를 조달하

기만 할 뿐, 많은 원주민 공동체들로 하여금 이런 타협안을 받아들일 수밖에 없게 하는 근본적인 문제에 대해서는 큰 관심을 기울이지 않는다. 하늘을 찌를 듯 높은 실업률에, 선택할 수 있는 대안 역시 대개는 암울한 것들뿐인데 말이다.

이런 상황을 바꾸기 위해, 〈조약을 존중하라〉 운동은 법정 투쟁 자금 모금을 넘어 훨씬 큰 역할을 담당해야 한다. 우리는 선조들이 내놓고도 이루지 못한 약속을 빠짐없이 이행해야 한다. 조약과 토지를 공유하는 동반자로서 원주민들에게 의료와 교육을 제공하고, 그들의 전통적 생활 방식을 위태롭게 할 우려가 없는 새로운 경제적 기회를 창출해야 한다. 전도유망하고 현실적인 대안 없이는 더러운 채취 산업에 반대하는 장기 투쟁에서 진정한 위력을 발휘할 수 없다. 이것은 부유한 국가들에만 해당하는 이야기가 아니다. 탈산업 사회를 구축한 북반구 국가들과 급속한 산업화를 거치고 있는 남반구 국가들에도 똑같이 적용되는 이야기다.

하늘은 모두의 것

대기의 공공성과 기후 부채

THIS CHANGES
EVERYTHING

숲은 이미 〈개발되어 있다〉. 숲은 생명이다.

— 프랑코 비테리, 사라야쿠 지도자, 에콰도르[1]

과연 북반구에서 이런 일이 일어날까? 남반구에 대한 북반구의 대폭 지원을 포함하는 기후 대응책 마련에 재정은 물론 과학 기술적인 측면에서 대대적인 투자를 해야 한다는 걸 북반구 사람들이 과연 수긍할까? 이데올로기 주창자들과 엘리트들이 〈채무 위기〉와 〈쓴 약〉, 〈긴축〉의 신화를 창조하며 광기를 부리고 있는 부자 나라들에서 말이다. (……) 아시아의 급성장을 우려하는 한편 남반구에는 온실가스를 관리할 의사도 능력도 없다며 고집을 부리는 북반구가, 남반구의 협상 대표들이 반발하는 이 논리의 무자비함과 저당 잡힌 미래에 대한 그들의 불안감을 알아챌 날이 과연 오기나 할까? 몰랐다는 말로 자신들의 지속적인 무임승차 행위를 완벽하게 변호하는 지금의 현실, 결코 솔선수범하지 않는 이와 같은 현실에서 급격히 높아진 온실가스의 세계적인 감축 목표를 달성할 방법이 과연 있을까?

— 시반 카르타, 톰 아타나시우, 폴 베어, 2012년[2]

나는 몬태나 주 남동부, 격렬한 전투가 벌어지는 화석 연료 전쟁터 한 곳을 취재하던 중 새로운 동반자 관계의 탄생 현장을 목격했다. 소와 말이 드문드문 돌아다니는 그곳 완만한 구릉지 아래, 사암 암석층 밑에는 엄청난 양의 석탄이 묻혀 있어서 도로 옆 갈라진 틈에서도 석탄이 보일 정도다. 이 지역의 석탄 매장량은 현재 미국이 소비하는 수준의 석탄을 향후 거의 2백 년간 충당할 수 있는 양이다.[3] 이곳에 건설 예정인 광산에서 채취되는 석탄 대부분은 중국에 수출하려고 계획되어 있는데, 이 계획이 실현되면 노던 샤이엔 원주민 공동체는 큰 타격을 입게 된다. 이 광산은 이들의 보호 구역은 물론 인근에 있는 석탄까지 채취할 터이고, 앞서 살펴보았듯이 석탄 수송을 위해 보호 구역 인근을 지나가는 철도 건설 계획까지 세우고 있다. 광산과 철도가 건설되면 중요한 수원인 통 강이 위험에 처하게 될 것이다.

노던 샤이엔은 1970년대 초부터 광산 회사들과 싸움을 벌여 왔으며, 이들의 싸움에는 스위트 메디슨 부족이 내놓은 중요한 예언도 한몫을 했다. 〈검은 바위〉를 파내면 광증이 나타나고, 샤이엔 문화가 사라지리라는 예언이다. 하지만 내가 보호 구역을 처음 방문했던 2010년, 이곳은 이미 화석 연료 개발 열풍에 휩쓸려 사면초가의 상태로 난타당하고 있었다. 이 공동체가 벌이는 석탄 반대 운동이 언제까지 버틸 수 있을지 알 수 없는 상황이었다.

험악한 싸움이 끝난 뒤, 석탄 반대 활동가들은 노던 샤이엔 보호 구역 경계 바로 밖에 있는 오터 강(루미족 조각가들이 순회 방문 때 의식용 조각상을 들고 들렀던 곳)에 계획된 새로운 석탄 광산의 건설 허용 여부를 둘러싼 국토부와의 중요한 표결에서 패배했다. 오터 강에 예정된 광산은 미국에서 계획 중인 석탄 광산 가운데 최대 규모였고, 당시에는 건설이 거의 확정적이었다. 관심은 다시 샤이엔 매장지에 영향을 미칠 수 있는 통 강 철도 건설 반대 운동으로 옮아갔다. 타르 샌드 송유관과 마찬가지로, 이 운동 역시 〈중요한 길목〉을 봉쇄하려는 투쟁이었다. 철로를 놓지 못하면 채취한 석탄을 운반할 방법이 없고, 따라서 새로운 광산을 건설할 이유도 없어지니 말이다.

하지만 2010년 당시 철도 투쟁은 노던 샤이엔 부족들을 결집시키지 못했고, 철도 건설 역시 순탄히 진행될 것으로 보였다. 이웃한 크로Crow 보호 구역에는 석탄 액화 공장이 들어설 예정이었다. 석탄을 액화 연료로 가공하는 공정에서도 유독 물질이 배출될 뿐 아니라 생산된 액화 연료 자체도 연소 시 일반 휘발유보다 두 배나 많은 탄소를 배출하는 오염성 높은 물질이다. 공장 건설을 추진하는 호주 회사는 이 사업에 〈수많은 별들Many Stars〉이라는 이름을 붙여 유명한 크로족 화가에게 로고 제작을 맡겼고, 그 결과 별이 총총 박힌 하늘을 배경으로 원뿔형 천막 두 채가 서 있는 모습의 로고가 탄생했다.[4]

시에라 클럽의 마이크 스콧은 내게 자신의 업무를 〈응급 상황에서의 부상자 분류〉라고 표현했다. 끔찍한 사업 계획들이 잇달아 등장하기 때문에 이들을 저지하거나 지연시키기 위한 활동을 숨 돌릴 틈 없이 분주하게 이어 가야 한다는 이야기다. 그의 동료 알렉시스 보노고프스키 역시 〈진행되는 일들이 너무 많아서 사람들은 무엇을 상대로 싸워야 할지 정신을 차리지 못한다〉라고 말했다.[5] 빌링스 외곽 염소 방목장에 거주하는 이 두 사람은 날마다 다른 방향으로 달려가서 화석 연료 산업의 새로운 공격을 격퇴하기 위한 활동을 벌여야 했다.

보노고프스키의 공식 직위는 국립 야생 동식물 연맹의 〈부족 토지 정책 담당〉으로, 원주민 부족들이 토지와 물과 공기를 지키기 위해 법적인 권리를 실행하도록 돕는다. 그녀가 가장 긴밀한 관계를 맺고 있는 부족은 노던 샤이엔이었다. 이 부족은 새로운 석탄 개발의 집중 포화에 노출되어 있을 뿐 아니라, 법률을 이용해 토지를 보호해 온 오랜 역사를 가지고 있었다. 이를테면 노던 샤이엔은 전통적인 생활 방식 향유라는 자신들의 권리에 깨끗한 공기를 누릴 권리가 포함된다고 주장함으로써 법적 지평을 넓혔다. 1977년에 미국 환경 보호청은 노던 샤이엔 보호 구역에 대해 대기질 최고 등급(깨끗한 공기법 기준으로 1등급)을 부여했다. 언뜻 관료적 절차로 보이기도 하는 이러한 결정 덕분에, 이 부족은 멀리 와이오밍 주에서 진행되는 오염 사업들이 조약에 따른 자신들의 권리를 침범한다는 주장도 법정에서 펼칠 수 있게 되었다. 오염 물질이 바람을 타고 노던 샤이엔 보호 구역까지 넘어와 대기질과 수질을 악화시킬 가능성이 있다는 이유에서였다.

보노고프스키는 늘 폭넓은 플란넬 치마와 카우보이 부츠 차림으로, 일주일에 여러 시간을 할애하여 방목장에서 레임 디어 마을까지 하얀색 픽업트럭을 몰고 다녔다. 그곳은 노던 샤이엔 보호 구역 중심부에 위치한 작고 초라한 마을이다. 대개 그녀의 목적지는 과거 교회로 쓰이다가 지금은 부족의 환경 보호 사무실로 쓰이는 건물이었다. 그녀는 이곳에서 열정적인 부족 토지 정책 부장 샬린 올던을 만나 활동 계획을 논의하곤 했다.

올던은 노던 샤이엔이 오래전부터 벌여 온 석탄 반대 투쟁을 지휘하는 정신적 지주였고, 이미 여러 차례 중요한 성과를 올렸다. 석탄층 메탄 가스 폐수를 정화하지 않고 곧장 텅 강으로 흘려보내는 관행을 막아

낸 것이 대표적인 승리였다. 그러나 우리가 만났을 당시, 그녀는 기세가 꺾여 석탄 채굴 지지 세력을 막아 내는 활동을 얼마나 계속할 수 있을지 자신할 수 없는 상태였다.

외부만이 아니라 내부에도 심각한 문제가 있었다. 이 부족은 석탄 광부로 일했던 사람을 대표로 선출했는데, 그에게는 부족의 땅을 채취 산업에 개방하겠다는 뜻이 확고했다. 내가 도착했을 때 공동체의 게시판에는 열흘 뒤 보호 구역에 매장된 석탄과 메탄 개발에 대한 주민 찬반 투표가 진행된다는 내용의 분홍색 전단이 붙어 있었다.

샬린 올던은 그 전단을 보자 벌컥 화를 냈다. 내용도 편파적이었지만, 절차상으로도 몇 가지 표결 원칙을 위반하고 있다는 것이었다. 하지만 그녀는 이미 보상금의 유혹에 넘어간 사람들이 있다는 걸 알고 있었다. 실업률이 무려 62퍼센트였고, 일부에서는 그보다 훨씬 높다고 추정하기도 했다. 게다가 마약 남용이 보호 구역을 망가뜨리고 있었다(마을 중심가에 있는 어느 벽화에는 필로폰의 상징인 악마의 눈을 한 초록색 뱀과, 신성한 화살이 녀석을 격퇴하는 장면이 그려져 있었다). 오래전부터 공동체를 괴롭혀 온 문제들이다. 1995년 올던이 제작한 한 동영상이 다이앤 소여가 공동 진행을 맡은 ABC 방송사 시사 프로그램 〈데이 원Day One〉을 통해 전파를 탄 적이 있었다. 네트워크 텔레비전을 통해 원주민의 입장을 알린 획기적인 사건이었다. 보도 영상 형식으로 제작된 이 동영상에서 올던은 친동생이 유독성 세제 라이솔Lysol 용액(이른바 〈샤이엔 샴페인Cheyenne champagne〉)을 마시는 충격적인 장면을 보여 주며 역사가 안긴 정신적 외상을 재조명했다.[6]

이처럼 만연한 절망감 덕분에 아크 콜과 피바디 에너지Peabody Energy 등 채광 회사들은 마을에 당당하게 들어와 일자리와 신규 사회 복지 사업에 필요한 재원을 공급하겠다고 약속하며 손쉽게 주민들의 동의를 얻어 내고 있었다. 올던은 이런 이야기를 했다. 「사람들은 이렇게 말해요.

우리 공동체에 실업률이 심각하고, 세금 기반도 없다고요. 그들의 제안에 동의하면 좋은 학교와 좋은 폐기물 처리장을 확보할 수 있다고요.」물론 〈부족 정부에 재원이 없다〉는 사실은 의심의 여지가 없다. 하지만 그녀는 석탄 사업으로 얻을 수익을 위해 토지의 건강성을 희생한다면 샤이엔 주민들은 문화와 전통에서 멀어질 수밖에 없고, 따라서 우울증과 약물 남용이 완화되기는커녕 더 악화될 가능성이 높다고 걱정했다. 「샤이엔에서 〈물〉은 〈생명〉이라는 단어와 같아요. 석탄 산업에 얽혀 드는 것이 생명을 파괴하는 일임을 우리는 잘 알고 있습니다.」[7]

선조들이 값비싼 희생을 치르고 지켜 낸 토지를 넘겨주지 않고도 빈곤과 절망에서 벗어날 또 다른 경로를 샤이엔의 차세대 지도자들에게 제시하는 것. 올던은 이것이야말로 난관을 헤쳐 나갈 유일한 방법이라고 확신한다.

그리고 그녀는 그 가능성이 무궁무진하다고 보았다. 우리가 이야기를 나누고 있을 때, 한 동료가 올던의 사무실로 불쑥 들어서더니 전날 밤 누군가 그 건물에 들어와 전기난로를 훔쳐 갔다고 말했다. 올던은 전혀 놀라지 않았다. 가을이라 밤 기온이 뚝 떨어졌는데 보호 구역 내 가옥 대부분은 1940년대와 1950년대에 정부가 공급한 조립식 주택으로 외풍이 심한 구조였다. 벽체를 연결하는 뼈대가 훤히 들여다보일 정도라, 온풍기(거기다 취사용 화기까지)를 틀어 놓아도 벽과 문, 창문에 난 틈새로 온기가 술술 빠져나간다. 그러니 난방 요금이 엄청나게 많이(한 달 평균 무려 4백 달러) 들어갈 수밖에 없다. 내가 만난 사람들은 겨울철 난방 요금이 많을 때는 1천 달러까지 치솟는다고 말했다. 게다가 난방 연료로 석탄과 프로판가스를 사용하는 터라, 계속되는 가뭄과 대규모 산불 등으로 이미 이 지역을 맹렬히 공격하고 있는 심각한 기후 위기마저 가중되는 형편이다.

올던이 보기에 이들이 처한 현실, 즉 높은 난방 요금과 허술한 주택,

더러운 에너지 연료 등은 큰 문제를 안고 있었지만, 동시에 이는 샤이엔의 가치관을 더럽히는 대신 존중하는 방향으로 이 공동체를 발전시킬 무궁무진한 가능성을 의미하기도 했다. 마침 우리가 앉아 있던 교회 건물의 창문은 에너지 보존 프로그램의 일환으로 새것으로 교체된 직후였는데, 올던은 그 효과가 대단하다며 감탄했다. 새 창문은 난방비를 줄여주고 자연 채광 효과를 높여 줄 뿐 아니라, 설치 과정에서는 주민들에게 일자리를 제공했다. 하지만 효과가 미치는 파장이 너무나 작다는 게 문제였다. 이런 창문을 보호 구역의 모든 주택에 설치하는 프로그램을 도입할 수는 없을까?

몇 년 전 한 비정부 기구가 방문하여 짚단을 이용해 주택을 몇 채 지어준 일이 있었다. 여름에는 시원하고 겨울에는 따뜻하게 실내 온도를 유지해 주는 전통적인 건축 형태였다. 올던은 그 주택에 거주하는 가구들의 전기 요금이 놀랄 만큼 적게(한 달에 19달러!) 나온다고 말했다. 하지만 그녀 생각에는, 굳이 외부인의 힘을 빌릴 것 없이 부족 스스로도 원주민의 지혜를 기반 삼아 집을 지을 수 있을 것 같았다. 주민들을 대상으로 그러한 주택의 설계와 건설을 훈련하고, 자금 확보 방안을 마련하여 보호 구역 전체에 걸쳐 주택 개조를 시행하면 되지 않을까? 그러면 당장에 친환경 주택 건설 붐이 일어날 것이고, 훈련을 받은 주민들은 배운 기술을 사용할 수 있을 것이다. 게다가 몬태나는 풍력과 지붕 태양열 발전을 시행하기에 매우 적합한 환경이다.

이런 계획을 진행하려면 돈이 든다. 그리고 노던 샤이엔의 주민들에겐 돈이 없다. 오바마 대통령이 불우한 공동체의 친환경 일자리 창출을 위해 재원을 크게 늘릴 것이라는 기대감이 있었지만, 이 계획은 경제 위기의 여파로 대부분 보류되었다. 하지만 보노고프스키는 석탄 반대 법률 소송이 중요한 만큼, 석탄 의존 경제에서 벗어나 새로운 대안을 원하는 노던 샤이엔의 열망을 충족시키는 것 또한 중요한 일이라고 확신했다.

그래서 그녀는 올던과 함께 열심히 대안을 찾았다.

1년쯤 지난 뒤 나는 그 교회를 다시 방문했다. 보노고프스키가 환경 보호청과 자신이 소속된 비정부 기구로부터 새로운 프로젝트에 필요한 약간의 자금을 간신히 지원받았다며 연락을 해온 것이다. 사우스다코타 주 파인 리지 보호 구역에 풍력과 태양열 전력을 공급하는 사업으로 표창을 받은 라코타의 사회 사업가 헨리 레드 클라우드가 노던 샤이엔 주민 10여 명을 대상으로 지역 내 주택에 태양열 난방기를 설치하는 법을 가르칠 예정이었다. 난방기 한 대의 가격은 2천 달러였지만, 연료비가 들지 않으니 난방 요금이 절반 넘게 줄어들 것이었다. 이러니 내가 몬태나 주를 또다시 찾아가 보고 싶지 않았겠는가?

해가 떠오르면

두 번째 방문은 첫 번째 방문과 크게 다르지 않았다. 2011년 봄, 보호 구역을 둘러싼 완만한 구릉지는 노란색 작은 들꽃으로 뒤덮여 있었고 풀의 푸른빛은 비디오 게임 속 색상처럼 돋보였다. 훈련은 이미 진행 중이었다. 약 열다섯 명이 어느 집 마당에 모여, 검은 유리판이 끼워진 간단한 형태의 나무 상자 하나를 이용해 주택 전체를 덥힐 수 있는 태양열 포집 방법을 배우고 있었다.

레드 클라우드는 타고난 지도자였다. 친구들을 대하듯 허물없이 훈련 과정을 이끌었다. 자연형 태양열 시스템에 대한 기술적인 내용과 〈태양열은 항상 원주민의 생활 속에 있다〉는 성찰을 자연스럽게 연결시켰다. 「모든 것이 〈생명을 주는 태양의 힘〉을 중심으로 진행됩니다. 이 힘은 우리 문화, 우리 의전, 우리 언어, 우리 노래 속에 녹아 있지요. 따라서 우리는 이미 이 힘을 충분히 알고 있는 셈입니다.」[8]

태양열 난방기를 설치하는 과정은 레드 클라우드가 휴대용 태양광 측정기를 들고 집 주위를 걸어다니는 일에서부터 시작되었다. 태양광 측정기는 1년 내내 햇빛을 받는 지점을 알려 준다. 태양광 채집 상자는 집 옆에 설치되는데, 효과적인 가동을 위해서는 최소 6시간 이상 직사광선을 채집할 수 있어야 한다. 주택 서너 채는 숲과 산지에 아주 가까이 자리 잡고 있어서 태양광을 효과적으로 채집하기가 어려웠다. 이런 주택에는 지붕형 태양광 전지판을 설치하거나 다른 전력원을 사용해야 한다.

한때 대규모 산업 현장에서 금속 노동자로 일했던 레드 클라우드는 이처럼 융통성을 지닌 재생 에너지 발전에 정통했다. 그는 이런 설비의 세부적인 적용 방식을 〈원주민화〉라고 표현하며, 녹슬어 가던 1978년식 쉐보레 블레이저 차량을 가지고 보호 구역에서 처음으로 풍력 발전기를 만들던 경험을 회상했다. 초롱초롱 빛나는 눈빛으로 주택들 주위를 걷는 그의 모습을 지켜보는 동안, 나는 깨달았다. 일부 사람들이 재생 에너지 발전에 열정을 보이는 것은 바로 자연에 적응하고자 하는 이러한 욕구 때문이었다. 아무리 대규모로 이루어진다 해도, 재생 에너지 발전의 겸허한 태도는 강에 댐을 설치하거나 가스가 묻힌 암석층을 폭파하거나 원자력을 이용하는 활동과 뚜렷한 대조를 보인다. 난폭한 물리력을 동원해 제멋대로 자연계를 왜곡시키는 공학적 방법과는 반대로, 재생 에너지를 이용해 전기를 만들 때 우리는 자연계의 리듬에 순응한다. 화석 연료 에너지원이 쉬지 않고 땅을 두들겨 부수는 프로 미식축구 선수라면, 재생 에너지원은 환상적인 기술을 이용해 밀려오는 파도를 자유자재로 즐기는 파도타기 선수다.

우리는 자연의 구속에서 벗어나려 할 것이 아니라 스스로 자연에 적응해야 한다. 그러나 1770년대 말에 발명된 제임스 와트의 증기 기관이 우리를 자연의 속박에서 해방시키면서 공장 소유주들은 구태여 최적의 폭포가 있는 지점을 찾아야 할 필요가 없어졌고, 선장들은 순풍이 부는 시기를 정확히 읽어야 하는 난제로부터 벗어났다. 스웨덴의 석탄 전문가 안드레아스 말름은 이렇게 썼다. 〈최초의 상업용 증기 기관의 장점은 소유주가 특정한 물길이나 장소, 혹은 외부적 법칙, 외부적 존재물에 의존할 필요가 없다는 것이었다. 증기 기관은 절대적으로, 존재론적으로 소유주에게 복속되어 있었다.〉[9]

완전한 통제권을 지닌다는 이 매력적인 환상은 채취 에너지를 지지하는 많은 사람들이 쉽게 단념할 수 없는 요소다. 허틀랜드 연구소가 주최한 기후 변화 부정 콘퍼런스에서는 재생 에너지를 〈햇살과 나긋나긋한 산들바람〉이라며 조롱하는 발언이 잇따랐다. 누구라도 짐작하겠지만, 이 발언의 속뜻은 결국 이것이다. 〈진정한 남자는 석탄을 태운다.〉[10] 재생 에너지로의 전환은 단순한 전력원의 전환을 넘어, 인간과 인간이 의존해 살아가는 자연계 사이에 놓인 권력 관계의 근본적인 전환을 의미한다. 물론 우리는 태양과 바람, 파도의 힘을 이용하지만, 화석 연료와는 달리 이런 힘에 대해 완전한 통제권을 행사할 수 없다. 이것은 어디서나 똑같이 적용되는 법칙이다.

지금 우리는 인간이 최초로 자연계와 맺었던 관계, 즉 자연과 대화하는 관계로 회귀한 모습을 확인하고 있다. 화석 연료와 원자력 에너지를 지지하는 사람들은 재생 에너지를 〈신뢰할 수 없다〉고 주장한다. 풀어 말하자면, 입지 선택에 제한이 있을 뿐 아니라 언제 햇살이 비치는지, 언제 바람이 부는지, 언제 어디서 물살이 세고 약한지 따위를 신중히 관찰해야 한다는 뜻이다.* 물론 맞는 말이다. 헨리 레드 클라우드의 시각에서 볼 때, 재생 에너지에 의존하기 위해서는 인간이 자연의 지배자(〈신의 대리인〉)라는 신화를 폐기하고, 자연계의 나머지 구성 부분과 유기적인 관계를 맺고 있다는 사실을 인정해야 한다. 오늘날 자연과 우리의 관계

---

* 재생 에너지는 채취 산업을 근거로 한 전력보다 신뢰성이 높다. 채취 에너지를 이용한 전력의 꾸준한 생산을 위해서는 계속 새로운 투입이 필요하지만, 재생 에너지의 경우는 최초 투자 이후 자연이 무상으로 원료를 공급한다.

는 화석 연료 이전 시대를 살던 선조들이 상상할 수 있었던 모든 것을 능가하는, 자연에 대한 이해를 기초로 한 새로운 차원의 것이다. 물론 우리의 지식에는 한계가 있지만, 그 정도의 지식으로도 우리는 자연계가 제공하는 시스템을 확장할 독창적인 방법을 충분히 찾아낼 수 있다. 페미니스트 역사학자 캐롤린 머천트는 이러한 태도를 〈동반자 윤리〉라고 부른다.[11]

레드 클라우드의 학생들에게서 가장 돋보이는 태도가 바로 이 협동성이다. 최근 대학을 졸업하고 보호 구역으로 돌아온 랜던 민스는 내게 태양열 에너지 속에서 〈땅을 단순히 이용만 하는 것이 아니라 땅과 협력하여 시너지 효과를 발휘하는〉 세계관의 전환 가능성을 읽었다고 말했다. 이런 통찰력이야말로 석탄 산업계에서 오랫동안 일하면서 억압적인 임금 노동에 권태감을 느끼는 샤이엔 젊은이들 사이에 가장 큰 영향을 미치는 것이리라. 훈련 첫날 점심시간에 제프 킹이라는 샤이엔 학생은 내게 자신이 와이오밍 주 질레트(석탄 산업이 크게 번창하고 있는 파우더 강 유역의 중심부)에서 일하고 있다고 털어놓았다. 그곳을 가리켜 〈탄소의 세계적인 중심지〉라 묘사하는 그의 얼굴에는 당장 그 일을 그만두고 싶은 표정이 역력했다. 애초에는 그도 석탄 광산에서 트럭을 몰아 생계를 유지할 생각이 없었다. 샤이엔 청년들 중에서도 촉망받던 학생이었던 그는 10년 전 장학금을 받고 미술을 전공하러 다트머스로 떠났다. 미술은 그의 〈소명〉이었다. 하지만 석탄 산업의 호황이 그의 발목을 낚아챘다. 그는 더 이상 질레트로 돌아갈 생각이 없다고 말했다. 이제 그는 서너 명의 친구들을 모아 보호 구역에 전력을 공급하는 태양열 회사 창립에 대해 논의하고 있었다.[12]

태양열 난방기 설치 작업을 해야 하는 주택 하나는 레임 디어 마을의 번잡한 길가에 자리 잡고 있었다. 레드 클라우드의 학생들이 측량을 하고 구멍을 뚫고 망치질을 하는 사이 사람들이 모여들었다. 아이들도 몰려와 구경을 했다. 어떤 나이 든 여성이 무엇을 하느냐고 물었다. 「전기 요금이 절반으로 줄어든다고? 정말요? 나도 설치하고 싶은데 어떻게 해야 하나요?」

레드 클라우드의 입가에 웃음이 번졌다. 바로 이것이 그가 원주민 마을에서 사용하는 태양열 발전 혁명 전략이다. 그는 이렇게 말했다. 「첫 단계는 주민 한 사람의 집에 태양열 전지판을 몇 개 설치하는 겁니다. 그 다음엔 이 집에 찾아온 모든 사람들이 〈이게 뭐요? 우리 집에도 있으면 좋겠는데〉라고 말하는 거죠.」 알렉시스 보노고프스키도 옆에서 함박웃음을 짓고 있었다. 훈련이 끝날 무렵 그녀는 내게 말했다. 「이번 주는 내가 이 일을 시작한 뒤로 가장 기분 좋은 주입니다. 뭔가 달라지고 있다는 게 느껴지잖아요.」[13]

———————

그 뒤로 몇 달 동안 첫 훈련생 가운데 몇 사람은 레드 클라우드와 함께 훈련을 계속했고, 다른 사람들도 가세했다. 이들은 파인 리지 보호 구역에 있는 〈레드 클라우드 재생 에너지 센터〉를 견학했다. 제프 킹은 질레트에서 하던 석탄 관련 노동을 그만두고 태양광 사업을 시작했다. 사업 자금이 넉넉지 않지만 〈이젠 방향을 잡았다〉고 그는 말했다.

바네사 브레이디드 헤어는 29세의 여성으로, 레드 클라우드가 배출한 뛰어난 학생들 가운데 하나다. 대부분 남성으로 이루어진 학생들 틈에서, 바네사는 남자들 못지않은 솜씨로 태양광 발전 설비를 다루었다. 원주민 사무국에 소속된 계절 고용직 소방관이었던 그녀는 2012년 여름, 유례를 찾을 수 없을 만큼 큰 산불을 진압해야 했다. 이 산불로 230평방킬로미터가 불타고 노던 샤이엔 보호 구역에서만 열아홉 채의 주택이 전소되었다(당시 AP 통신의 보도에 따르면, 〈산불은 휘발유를 끼얹은 것처럼 그 지역을 휩쓸며 퍼져 나갔다〉). 브레이디드 헤어는 굳이 누군가의 이야기를 듣지 않고도, 기후 변화가 생존을 위협하는 위기인 동시에 그 해법을 찾아낼 소중한 기회라는 사실을 체득했다. 심지어 그녀는 여기서 한발 더 나아가 훨씬 깊은 깨달음에 도달해 있었다. 바네사는 태양광 발전이 자신을 키웠던 세계관을 구현하는 것이라고 말했다. 「계속해서 퍼내고, 퍼내고, 또 퍼내는 건 옳지 않죠. 계속해서 소비하고, 소비하고, 또 소비하는 것 역시 옳지 않고요. 필요한 만큼만 가져가고 나머지는 땅으로 돌려보내야 합니다.」[14]

레드 클라우드가 학생들에게 강조하는 것이 있다. 자연계를 치유하고 보호하는 방향으로 에너지를 얻는 사업은 일자리 창출 이상의 성과를 내는데, 바로 〈선조들이 피를 흘리고 언제나 사투를 벌이며 지켜 낸 땅〉을 지속적으로 유지할 수 있다는 점이다. 그는 학생들을 단순한 기능인이 아니라 〈태양의 전사〉로 훈련시킨다.[15]

솔직히 고백하자면, 〈태양의 전사〉라는 말을 처음 들었을 때 나는 레드 클라우드가 사업 수완이 뛰어난 사람이라고만 생각했다. 하지만 그 후 여러 달, 여러 해가 지나면서 그가 훈련시킨 청년들의 삶을 통해 그의 예언이 현실화되는 것을 확인할 수 있었다. 이 훈련이 진행 중이던 2012년, 2년 전만 해도 완전히 패배로 끝날 것처럼 보였던 노던 샤이엔 보호 구역의 광산 및 석탄 수송 열차 반대 투쟁이 다시 활기를 찾았다. 샤이엔 주민들은 되살아난 투지로 반대 시위를 진행하거나, 규제 당국자와의 면담을 요청하거나, 공청회에서 감동적인 연설을 하는 등 거침없는 활동을 이어 갔다. 레드 클라우드가 키워 낸 태양의 전사들은 〈석탄을 넘어서자〉라는 문구가 새겨진 붉은 티셔츠를 입고 이 활동의 선두와 중심에 서서 〈방관은 이제 그만〉이라고 외쳤다. 캐나다에서 시작해 북미 대륙 전역의 원주민 공동체로 퍼져 나간 운동의 핵심 구호였다.

오터 강에 예정된 대규모 석탄 광산과 관련해서 전문가 공청회가 열렸을 때, 바네사 브레이디드 헤어는 불편한 자리를 간신히 참고 있는 몬태나 주 환경 보호부 장관과 공무원들을 겨냥해 맹공을 퍼부었다. 「부디 명심하길 바랍니다. 많은 사람들이 여러분의 소속 기관과 아크 콜사 사이에 아무런 차이점을 찾지 못하고 있다는 사실을요.」 역시 레드 클라우드의 훈련생이었던 28세의 루카스 킹은 오터 강 광산과 관련한 또 다른 공청회에서 이렇게 말했다. 「이곳은 샤이엔의 터전입니다. 이곳은 미국 달러가 생겨나기 전, 까마득히 오랜 옛날부터 샤이엔의 터전이었습니다. 여러분이 우리를 이해해 줄 거라고 기대하진 않습니다. 여러분은 이해하지 못하니까요. 물론 저도 여러분을 이해하지 못합니다. 하지만 〈결사반대〉라는 말은 여러분도 이해하실 거라 믿습니다. (……) 부디 부탁드립니다. 돌아가서 보고해야 할 사람을 만나면, 우리가 〈결사반대〉를 하고 있다고 전하세요. 그건 결단코 우리가 원하는 일이 아닙니다. 고맙습니다.」 박수갈채가 쏟아져 나왔다. 새로운 세대의 전사들이 탄생했음을 확인하는 순간이었다.[16]

현재, 몬태나 주 남동부에서 더러운 에너지 반대 운동에 참여한 사람들의 기세는 하늘을 찌를 듯하다. 이들의 관심사는 철도 건설을 봉쇄할 수 있느냐가 아니라, 〈언제〉 철도 건설을 봉쇄할 것이냐에 집중되어 있다. 철도 건설이 봉쇄되면 오터 강 광산 사업도 당연히 진행될 수 없다. 샤이엔 보호 구역에 석탄 광산을 세우겠다는 이야기는 쏙 들어갔다. 크로 보호 구역의 석탄 액화 공장 건설 계획 역시 백지화되었다. 시에라 클럽의 마이크 스콧은 크로 주민 대표들과 협력하여 풍력 발전 건설을 추진하고 있다.

이 지역의 사례는 현실적인 대안이야말로 화석 연료 투쟁에서 가장 큰 성과를 뒷받침할 강력한 무기라는 사실을 입증한다. 대안 경제의 가능성 자체가 낡은 경제를 반대하는 투쟁에 활기를 불어넣는 힘이 된다. 다른 지역에서도 이를 입증하는 인상적인 사례를 찾을 수 있다. 공동체가 통제권을 지니는 분산형 재생 에너지 발전 사업에 박차를 가하고 있는 덴마크와 독일에서 이루어진 재생 에너지의 승리는 원자력 발전 반대 운동에서 비롯되었다. 원자력 발전소와 관련 위험에 대한 반대 투쟁을 치열하게 전개하던 이 두 나라의 공동체들은 투쟁에 승리하려면 반드시 대안을 마련해야 한다는 사실을 알고 있었다. 따라서 단순히 〈반대〉를 외치는 것에 그치지 않고, 공동체 차원에서 깨끗한 에너지를 이용해 전력을 자급하며 수익까지 올릴 수 있는 방향으로 정책을 마련해 줄 것을 정부에 요구했다. 물론 공동체의 정치적인 힘이 미약한 경우 이와 같은 대규모 승리를 따내기란 어렵다. 두 유럽 국가의 사례를 통해서, 우리는 재생 에너지가 세계 전역의 원주민 공동체들에게 채취 경제를 넘어설 실용적인 대안이 될 수 있음을 확인한다. 재생 에너지는 이들에게 숙련 기술자를 양성하고, 일자리를 창출하고, 지속적인 수익을 확보할 기회를 열어 준다. 그러나 현실에서 이런 기회는 거듭해서 봉쇄되고 있다.

예를 들어 보자. 2001년 애리조나의 나바호와 호피 원주민 청년들이 창립한 〈블랙 메사 수자원 연합Black Mesa Water Coalition〉은 2005년 심한 오염을 배출하던 블랙 메사 광산과 모하비 발전소를 폐쇄하는 중요한 투쟁에 참여하여 승리를 거두었다. 하지만 나바호 영토에서는 여전히 석탄 채취와 화력 발전이 진행되어 피닉스를 포함한 애리조나 주의 많은 지역은 물론, 네바다 주와 캘리포니아의 일부 지역에 전력을 공급하고 있다. 석탄 채광으로 이 지역의 수원이 오염될 위험이 있지만, 공동체 주민들에게 현실적인 대안을 내놓지 않고서는 석탄 채광을 봉쇄할 도리가 없다는 걸 블랙 메사 행동가들은 잘 알고 있었다. 2010년 이들은 채광 산업이 석탄을 파낸 뒤 버려 두어 오염과 황폐화가 심각한 땅을 이용해 대규모 태양광 발전소를 건설하고, 여기서 생산된 대량의 전력을 보호 구역 자체뿐 아니라 대도시 중심부에까지 공급하자는 구체적인 계획을 세웠다. 석탄 산업이 사용하던 기간 시설과 송전선이 남아 있었기 때문에 남은 문제는 전력원을 전환하는 것뿐이었다. 블랙 메사 수자원 연합의 사무총장 지한 게아론은 〈이 땅을 유익한 땅으로 바꾸어, 지역 사람들에게 현금 소득을 돌려주고 석탄 의존에서 벗어나 전환 경로에 돌입하자〉고 말했다. 계획에 따르면 나바호 사람들은 스스로 생산한 전력의 소유주가 되어 전력 공급 회사에 이를 팔고, 그렇게 마련된 재원을 전통적인 경제, 예컨대 나바호 전통 공예 산업을 지원하는 데 투입할 수 있다. 이 계획의 독창성은 바로 모든 면에서 채취 경제를 배제한다는 점, 바꿔 말하면 유해한 오염 물질은 그대로 땅속에 남겨 두고 돈과 기술은 공동체 내부에 남겨 둔다는 점이다.[17]

그 후 5년이 지났지만, 이 멋진 계획은 출발조차 못 한 채 힘겨운 난관에 봉착해 있다. 늘 그렇듯이, 가장 큰 장벽은 재원 마련이다. 이는 블랙 메사뿐 아니라 기후 변화를 걱정하는 모든 이들을 짓누르는 문제다. 깨끗한 에너지가 가난에서 벗어나 진정한 자결권을 확보하는 방향으로 이어진 통로임을 입증하지 못한다면, 석탄 채광은 계속 진행되어 모든 사람들에게 해악을 미칠 것이다. 불공정한 재원 분배로 가장 큰 피해를 입고 있는 공동체들이 생명을 토대로 새로운 경제를 건설할 수 있도록, 이 과정을 최우선 순위로 지원한다는 도덕적 원칙을 제시하는 것이야말로 기후 운동의 커다란 과제 중 하나다.

이처럼 근본적으로 새로운 관계를 구축할 경우, 이 공동체들이 완전한 통제권을 장악하는 자원 관련 사업은 숙련 기술자를 양성하고 일자리를 창출하며 꾸준한 수익(일회성 보상이 아닌)을 확보할 기회를 열어 놓는다. 대규모 재생 에너지 사업들 가운데 대다수가 적절한 협의와 동의를 거치지 않은 채 원주민의 땅에 강제되고 수익(그리고 숙련 기술직과 일자리)은 외부인에게 돌아가는 식민 시대의 전철을 밟고 있다는 점에서, 이러한 사항은 특별히 강조될 필요가 있다. 전력 시스템의 전환 과정은 단순히 지하 자원에서 지상 자원으로 에너지의 원천을 변경하는 것을 넘어서, 권력 관계를 재정립함으로써 오래전부터 우리 사회에 해악을 안겨 온 불공정한 시스템을 바로잡는 활동과 병행되어야 한다. 이것이 바로 우리에게 필요한 〈태양의 전사들〉의 모습이다.

———————

채취 산업을 대체할 현실적인 경제적 대안이 필요한 것은 원주민 공동체만이 아니다. 나바호족과 노던 샤이엔의 상황이 훨씬 심각하긴 하지만, 사실 이들이 처한 곤경은 수많은 저소득 공동체들이 처한 곤경과 본질적으로 동일하다. 암담한 현실 속에서 살아가는 저소득 공동체의 입장에서는 당장 필요한 생활 대책을 확보해야 한다는 압박감이 너무 큰 까닭에 미래의 일에 관심을 둔다는 게 비현실적인 사치처럼 여겨지기도 한다. 예컨대 많은 농민들과 방목민들은 대형 농식품 회사들과의 치열한 경쟁 속에서 가족 농장을 지켜 내기가 버거운 나머지 프래킹 회사나 송유관 회사에 토지를 임대해서 추가 소득을 올리자는 쪽으로 마음이 기울기 쉽다. 이렇게 되면 이들은 이런 관행에 반대하는 이웃들과 대립 관계에 놓이게 되고, 이들이 사용하는 물과 이들이 키우는 가축까지 폐해에 노출된다. 절망적인 상황에 몰린 사람들은 극단적인 선택을 하기 쉽다.

송유관을 건설하거나 셰일 가스를 채취하거나 오염 물질을 배출하는 정제소에서 일하려는 수많은 노동자들 역시 똑같은 상황이다. 북미 제조업 노동 부문은 가족 농업과 마찬가지로 극심한 곤경에 처해 있다. 이 부문에선 좋은 보수와 노동조합이 갖추어진 일자리가 가물에 콩 나듯 하기 때문에 사람들은 위험하거나 불안정한 일자리, 혹은 자기 자신은 물론 가족과 공동체를 오염에 노출시키는 일자리라 해도 기회만 닿으면 취업을 하려고 발버둥 칠 수밖에 없다. 통찰력 있는 노동 운동 그룹에 속한 사람들이 인정하는 바와 같이, 최선의 전략은 노동자들이 이런 일자리를 선택할 필요가 없도록 좋은 정책을 마련하기 위해 싸우는 것이다.

2012년 캐나다 정책 대안 센터가 발표한 연구는 50억 달러(엔브리지의 노던 게이트웨이 송유관 건설 비용과 맞먹는 금액) 규모의 송유관 사업에서 발생하는 공공적 가치와 동일한 금액을 친환경적인 경제 대안에 투자하여 얻을 수 있는 가치를 비교 분석했다. 연구 결과에 따르면, 50억 달러가 송유관에 투입될 경우 대개 단기간의 건설 고용과 민간 부문의 대규모 수익, 그리고 미래의 환경 파괴라는 심각한 공적인 피해가 발생한다. 하지만 이 액수가 공공 교통수단과 시설 설비, 재생 에너지에 투입될 경우에는 순조로운 경제 성장이 가능하다. 단기적으로 세 배가 넘는 고용이 창출될 뿐 아니라 장기적으로는 기온이 재앙적 수준으로 상승할 확률이 줄어든다. 훨씬 높은 고용 창출 효과가 나타날 가능성도 있다. 가장 낙관적인 시나리오에 따르면, 친환경 투자가 창출하는 일자리 수는 새로운 송유관 건설 사업이 창출하는 일자리 수의 34배에 이른다.[18]

문제는 엔브리지 같은 회사들이 송유관 건설에 막대한 금액을 쏟아붓고 있는 데 반해서, 정부는 비슷한 금액을 다른 대안에 투자하려는 의사가 전혀 없다는 것이다. 캐나다에서 탄소 1톤당 최소 탄소세 10달러를 부과하다면 연간 50억 달러의 세입이 발생하고, 이 세입은 해마다 계속해서 발생한다.[19] 이런 정책적 대안이 실행에 옮겨진다면, 일자리와 환경을 대립 관계로 놓는 이분법적 관점은 연기처럼 증발하게 될 것이다.

오늘날의 기후 운동은 변화를 몰고 올 건설적인 대안 창출을 등한시한 채 단순히 반대만을 외칠 여유가 없다. 이런 대안들을 주춧돌 삼아 좋은 보수가 제공되는 깨끗한 일자리를 공급하고, 피해를 입은 사람들의 부담을 덜어 줄 사회 안전망을 구축할 수 있는 새로운 경제를 건설해야 한다.

투자 회수를 넘어 새로운 투자를

앞서 살펴보았듯이, 이와 같은 공정한 전환을 위해 필요한 자원은 결국 국가에서 나온다. 국가는 화석 연료 회사들이 풍족한 수익을 올리는 한시적 기회를 이용해 그 수익의 일부를 거둬들인다. 하지만 정치 여론의 변화를 이용하면, 국가의 자원 투입이 현실화되기 전에도 새로운 경제를 건설하는 데 필요한 자원을 당장 확보할 방법은 충분히 존재한다. 갈수록 강화되는 화석 연료 투자 회수 운동에서도 이런 측면은 점차 부각되고 있다. 이 운동의 참여자들은 대학과 지방 정부 등 공익 기관들을 향해 지구를 파괴하는 기업과 관련한 주식 소유분을 매각하고, 대신 지구를 치유하려는 선명한 대의를 품은 주체들에 그 돈을 재투자하라는 목소리를 점점 높이고 있다.

〈책임감 있는 기부 연합Responsible Endowments Coalition〉의 전임 회장이자 이 운동의 핵심 이론가인 댄 아펠은 이렇게 주장한다. 〈대학과 각종 자선 단체, 연금 재단 등이 앞장서서 이 일을 주도해야 한다. (……) 공익적 목적을 가지고 공적 활동을 수행하는 기관들의 총자산 중 5퍼센트만 따져도 4천 억 달러에 이른다. 이 4천 억 달러를 새로운 부문에 투자하면, 효과적인 기후 해법과 더 많은 투자를 유도하는 시장의 형성에 도움이 될 뿐 아니라 정책 변화를 촉진하고 미래를 대비할 수 있는 재정 수익도 꾸준히 확보할 수 있다.〉[20]

화석 연료 투자 회수 운동에 합세하고 있는 재단과 부자들(494~501면 참조)은 화석 연료 기업에서 수익을 올리던 투자금을 빼내 친환경 기술 부문에 재투자하는 두 번째 단계를 진행하고 있다(이 운동은 〈회수 후 투자Divest-Invest〉라고 불린다). 일부 대학 역시 비슷한 경로를 걷는다. 경제 분석가인 제러미 브레처, 브렌던 스미스, 크리스틴 시런의 말에 따르면 〈노스캐롤라이나의 듀크 대학은 적정한 가격의 친환경 주거 사업에 재원을 공급하는 〈자조 신용 조합〉에 8백만 달러를 투자했고, 미네소타

의 칼튼 대학과 플로리다의 마이애미 대학은 투자금을 재생 에너지 기금으로 돌리고 있다〉.[21]

이런 대규모 투자자들은 충실하게 첫 단계를 밟기 시작했다. 이들이 더러운 에너지를 청정에너지로 전환하는 사업뿐 아니라, 지역 경제를 강화하고 대중교통 수단을 개선하고 재원 부족에 시달리는 공공 분야를 강화하는 획기적인 사업들에 투자한다면 훨씬 더 좋은 결과가 나타날 것이다. 무엇보다 결정적인 것은, 획기적인 재투자 전략을 통해 화석 연료 채취의 최전선에 놓인 공동체들이 탄소 오염을 원천적으로 봉쇄하는 데 필요한 경제적 수단을 확보하도록 도울 수 있다는 점이다. 예컨대 블랙 메사 수자원 연합은 지방 정부 차원에서 태양열 전력 회사 운영 계획을 수립하고 있으며, 캘리포니아 리치먼드의 태양열 전력 협동조합은 생계 때문에 셰브론 정제소로 흡수되기 쉬운 아프리카 및 라틴계 노동자들의 고용을 꾸준히 늘려 간다. 브레처, 스미스, 시런은 투자 회수 운동이 〈지구와 지역 공동체에 보탬이 되는 새로운 차원의 지속 가능 경제 건설에 힘을 집중할 수 있도록〉 여러 가지 독창적인 방안을 연구하고 있다.

새로운 차원의 지속 가능 경제로의 전환을 강화하기 위해 기관들은 자신의 자산을 어떻게 활용할지 훨씬 더 적극적으로 고민해야 한다. 공동체 투자 기금과 사회적 금융 기관, 신용 협동조합, 노동조합 연금 기금 등 사회적 목적을 위해 설립되었고 투자 경험 또한 많은 금융 기관 수백 개가 기폭제 역할을 할 수 있다. 또한 협동조합과 노동자 소유 사업체, 공동체 소유 사업체, 비영리 사업체, 지방 자치 사업체 등도 소규모로나마 새로운 경제를 창조하는 데 일조할 수 있다.

최근에는 노동자의 강화된 통제권을 기반으로 공익에 헌신하는 기관들이 늘어 가는 추세다. 바로 이것이 이 기관들이 시행해야 할 중요한 과제다. 즉 단열 효과를 강화하고, 태양열 에너지를 이용할 수 있도록 건물을 개조하고, 대중교통 수단을 확장하고, 학교와 병원에 쓰일 저탄소 설비와 기술을 개발하고, 새로운 재활용 시스템을 개발해야 한다. 이를 통해 경제적 안정성을 보장하고 지역 내, 직장 내 민주주의를 강화하며 일자리 유출을 막을 수 있는 공동체 기반 경제를 건설해야 한다. 하지만 이 부문은 대체로 자본이 부족하다. 투자 회수 운동에 참가하는 기관들은 이 부문의 성장에 필요한 자원을 최대한 신속하게 확충하는 일에 역점을 두어야 한다.[22]

투자 회수 운동의 주안점은 단기적으로 셸과 셰브론에 경제적 타격을 입히는 것이 아니라, 화석 연료 기업에 대한 사회적 용인을 무너뜨리고 정치인들이 전면적인 온실가스 감축 정책을 도입하도록 압력을 가하는 데 있다. 이러한 압력은 투자 부문에서 화석 연료 주식이 과대평가되고 있다는 의구심을 강화한다. 동시에 투자 회수와 연계된 재투자 전략이나 통찰력 있는 새로운 투자 전략을 시행한다면, 화석 연료 산업에 대한 압력이 더욱 강력해져 재생 에너지 부문 지원은 훨씬 유리한 조건으로 화석 연료와 직접 경쟁할 수 있다. 동시에 최전선 지역 공동체에서 대기 오염 방지를 위해 노력하는 사람들 역시 바람직한 대안 경제를 창조하는 데 필요한 저력을 확보할 수 있다.

이런 점에서 블로카디아는 과거의 사회 변혁 운동과 구별된다. 과거 사회 운동의 경우, 기존 시스템에 맞서 싸우자는 과제와 이를 대체할 시스템을 창조하자는 과제 가운데 하나를 선택해야 한다는 인식이 강했다. 1960년대의 저항 문화는 도시에서 벗어나지 않은 채 전쟁과 경제적 불평등 반대 활동에 전념하는 사람들, 그리고 비슷한 신념으로 기존 시스템을 박차고 나와 유기농 농장이나 워싱턴 주 벨링햄 같은 적당한 규모의 도시에 정착하여 생태적인 가치에 기반한 생활을 영위하는 쪽을 선택한 사람들로 갈렸다. 한마디로 활동가들과 집단 이주자들로 나뉜 셈이다.

　이제 활동가들은 아무리 원해도 이런 선택을 할 만한 여유가 없다. 최전선에서 더러운 에너지에 반대하는 공동체들은 경제적 어려움과 경제적 배제라는 연속적인 역경에 시달리며, 더러운 에너지 프로젝트를 대신할 경제적 대안을 제시하지 못한다면 자신들이 필요로 하는 근거지를 구축할 수 없다는 사실을 깨달아 간다. 네브래스카의 농민들은 키스톤 XL 송유관 반대 투쟁 3년 만에 이런 전략을 채택했다. 그들은 송유관 예정 경로에 풍력과 태양열 발전 시설을 갖춘 창고를 짓고, 송유관을 통해 텍사스의 수출 기지로 운반되는 석유보다 이 창고에서 생산된 전력이 이 지역에 더 많은 에너지를 공급할 거라고 주장했다.[23] 어떤 면에서 보면, 〈에너지 창고를 세우자〉 운동은 선전 효과에 주안점을 둔 것이었다. 어디 한번 재생 에너지 설비를 무너뜨려 더러운 석유의 수송로를 만들어 보라고 오바마 대통령을 향해 도전장을 내민 것이다. 다른 한편으로 이 운동은 적절한 정책이 시행된다면 땅을 오염시킬 위험을 감수하지 않고도 상당히 높은 추가 소득을 올릴 수 있음을 지역 주민들에게 입증했다.

　영국 웨스트서식스 주 발콤 마을의 경우도 비슷하다. 2013년 대규모 프래킹 반대 시위가 벌어졌던 이곳에는, 얼마 뒤 리파워 발콤REPOWER Balcombe이라는 새로운 전력 회사가 설립되었다. 〈공동체 소유하에 지역 내에서 재생 가능 에너지를 생산함으로써 발콤의 전력 수요를 1백 퍼센트 충당한다〉는 목적으로 주민들이 에너지 협동조합 지분을 매입하고 재원을 마련해 세운 회사다. 프래킹 투쟁은 여전히 법정에서 진행 중이지만 태양광 전지판은 이미 가동하기 시작했고, 석유와 가스 채굴을 찬성하던 주민들도 전력 자급과 전력 비용 절감이라는 전망에 매료되어 하나둘 협동조합으로 발길을 돌리기 시작했다.[24] 프래킹 반대 투쟁을 벌이고 있는 루마니아 농촌 공동체 푼제스티에서도 비슷한 과정이 진행되었다. 셰브론의 지지자들이 가스 채취가 이 가난한 마을에 일자리를 창출할 수 있는 유일한 방법이라고 주장하자, 프래킹 반대자들은 주민 소유의 풍력 발전소나 현지에서 생산한 채소를 가공하는 공장, 그리고 현지에서 기른 가축을 도축하는 공장 등을 세워 이 지역 특산 농축산물의 부가 가치를 높이자는 제안을 내놓았다.

요컨대 오늘날의 생태계 위기에 효과적으로 대처할 수 있는 구체적인 대응 방안은 이상향을 찾아 탈출하는 프로젝트가 아니라, 극단적인 채취 반대 투쟁의 최전선에 선 공동체들이 벌이는 저항의 불길 속에서 주조된다. 또한 수십 년 전 공동체 차원의 대안을 추구했던 많은 사람들 역시 이제 바리케이드 뒤에 결집할 수밖에 없다는 것을 깨닫기 시작했다. 1960년대에 이상향을 찾아 탈출했던 사람들이 구축한 수많은 공동체들 주위로 더러운 에너지 산업이 포위망을 좁혀 오고 있기 때문이다. 이제 그들의 해안은 석유와 석탄 수송 선박에 위협당하고, 그들의 거주지는 석유와 석탄 수송 열차에 위협당하며, 그들의 땅은 프래킹 회사들이 눈독을 들이는 지역이 되었다.

기후 변화가 심해지자, 지금까지는 이런 모든 위협을 모면해 왔던 지역들에서도 대항 문화 근거지를 통해 안전한 생활 터전을 확보할 수 있다는 생각이 무너졌다. 2011년 8월, 유기농업에 종사하는 버몬트의 농민들은 특히 이 사실을 분명히 깨닫게 되었다. 이들은 북미에서 손꼽히는 선진적이고 지속 가능한 지역 농업 시스템을 개척한 주역들이다. 그 중에서도 가장 유명한 것으로 벌링턴에서 도시형 농장 네트워크를 구축하고 있는 인터베일Intervale 농장을 들 수 있을 것이다. 이 농장은 벌링턴이 소비하는 신선 식품의 10퍼센트를 공급하는 한편, 유기성 폐기물을 퇴비로 만들어 상당한 양의 전력을 지속적으로 생산하고 있다. 하지만 허리케인 아이린이 버몬트에 상륙하면서 홍수가 발생해, 오랜 세월 지역의 명물로 자리 잡아 온 지붕 있는 다리를 무너뜨렸다. 이 일이 있은 직후에 식량 경제의 지역화를 강력하게 지지해 온 버몬트 주민 빌 맥키번은 내게 이렇게 말했다. 「이번 홍수로 이곳의 훌륭한 지역 농업이 막대한 타격을 입었어요. 벌링턴의 인터베일 농장은 수심 1.5미터의 물에 잠겨 있습니다. 수확할 만한 것은 하나도 남아 있지 않아요. 농장의 비옥한 상토(上土) 수천 톤이 강에서 떠밀려 온 모래에 뒤덮였습니다.」 이 일을 겪은 뒤로 그는 〈기후 문제를 해결하지 못하면, 이 모든 것이 물거품이 된다〉는 사실을 깨달았다.[25]

1년 뒤, 나는 초대형 폭풍 샌디에 강타당한 뉴욕 시에서도 비슷한 상황을 목격했다. 극심한 피해를 입은 브루클린 레드 후크를 방문하여 레드 후크 공동체 농장에 들렀을 때였다. 이곳은 인근 저소득 지역 아이들에게 몸에 좋은 농산물 재배법을 가르치고, 수많은 주민들을 위해 퇴비화 시설을 가동하고, 매주 농민 직영 농산물 시장을 열고, 각종 농산물을 소비자들에게 직접 공급하는 〈공동체 지원 농업〉 프로그램을 운영하는 등 놀라운 성과를 이루어 왔다. 게다가 인근 주민들의 삶의 질을 개선하는 데 그치지 않고, 기후 대응의 관점에 부합하는 각종 활동을 전개하기도 했다. 농산물 생산지와 소비지 사이의 거리를 줄이고, 석유계 비료 사용을 배제하고, 토양에 탄소를 격리하고, 퇴비화를 통한 폐기물 줄이기 등 구체적인 성과를 쌓아 온 것이다. 하지만 샌디의 급습으로 이 모든 성과가 무너졌다. 가을에 수확할 농산물도 전부 사라졌다. 그곳에서 만난 농민들은 공동체가 합심하여 진행했던 일 대부분이 허사로 돌아간 것을 확인하고 극심한 허탈감에 빠져 있었다. 뿐만 아니라 농토에 들어찬 물이 독성이 높아 상토를 새로 채워넣어야 할지도 모른다는 불안감에 시달리고 있었다.

요컨대 주류 경제에서 벗어나 작물을 재배하는 활동은 오늘날 우리 세대가 선택할 수 있는 방법이 아니다. 화석 연료 수송 열차가 폭주하며 거리를 좁혀 오는 상황에서 이런 공동체들은 그야말로 모범적인 생태

박물관에 지나지 않는다. 한때 생명을 위협하는 시스템에 맞선 저항 활동과 대안 시스템 구축 활동이 서로 분리된 공간에서 따로따로 진행되는 것이 가치 있는 일이라고 평가되었던 것은 사실이다. 하지만 이제 우리는 이 두 가지 과제를 동시에 수행해야만 한다. 레드 후크 공동체 농장이 한 것과 같은 훌륭한 대안들을 구축하고 지원함과 동시에, 세계 어느 곳이라 해도 마음을 놓을 수 없을 정도로 위험을 향해 치닫는 경제 모델을 바꾸고자 노력해야 한다. 그럴 때에만 그 대안의 성공 가능성을 조금이나마 지킬 수 있다. 영국과 프랑스에서 오랫동안 생태 활동가로 활약해 온 존 조던은 저항과 대안을 이렇게 묘사한다. 〈이 두 가지는 사회 변화를 구성하는 DNA의 두 가닥이다. 한 가닥만으로는 아무 쓸모가 없다.〉[26]

블로카디아 주민들은 이 사실을 분명히 깨닫고 몸소 실행에 옮긴다. 따라서 우리는 이들의 활동을 〈반대 운동(석탄과 석유를 채취하는 자들, 송유관을 건설하는 자들, 화석 연료를 대량으로 소모하는 사업을 진행하는 자들에 맞서는)〉이나 〈보호 운동(정적이고 가치 있는 생활 방식을 지키는)〉 중 하나로만 규정할 수 없다. 이들의 운동은 다양한 원칙과 가치관을 토대 삼아 대안 경제를 적극적으로 세워 나가는 〈건설적인 운동〉이다.

블로카디아 주민들은 또한 기후와 관련한 재앙이 급습한 직후야말로 새로운 경제를 구축하기에 적절한 시기라는 사실을 깨달았다. 한마디로, 서민 대중이 주체가 된 쇼크 독트린을 내면화하는 것이다. 수천 명의 인명을 앗아 가고 엄청난 피해를 야기한 폭풍 샌디와 하이옌 같은 초대형 참사들이 반복되는 현실은, 필연적으로 현재의 시스템이 참혹한 희생을 낳는다는 사실을 대중에게 뚜렷이 각인시킨다. 이는 곧 기후 위기의 증상만 건드릴 게 아니라 그 근본 원인을 바로잡는 방향으로 시스템을 변화시켜야 한다는 주장을 뒷받침한다. 자원봉사 활동과 구호 성금

이 물밀듯이 쏟아지고 폭리를 노린 사업에 대한 분노가 불길 일듯 치솟는 속에서, 이런 재앙들은 자본주의가 애써 부인해 왔으나 많은 이들의 마음에 굳건히 잠재되어 있던 너그러운 마음에 생기를 불어넣었다. 재난 자본주의자들이 잘 알고 있듯이, 이런 재해가 닥치면 혹독한 긴축의 시기에는 좀처럼 보기 드문, 대량의 공적 자금을 투입하자는 여론이 확산되기 마련이다.

여론의 압력이 올바른 방향으로 가해질 경우, 이 공적 자금은 도시와 공동체를 재건하는 데 그치지 않고 그 생활 방식을 비채취적 모델로 변모시키는 데 투입될 수 있다. 활동가들은 해안에 더 강력한 안벽을 설치하자는 일상적인 요구를 넘어서 민주적으로 통제되는 무상 대중교통을 구축하고, 노선 인근에 공공 주택 건설을 늘리고, 이곳의 전력 수요를 재생 에너지로 충당하자는 등 다양한 요구를 할 수 있다. 투자 과정에서 창출되는 일자리는 현지 노동자들에게 돌아가 생계 유지에 필요한 임금을 제공할 것이다. 재난 자본주의자들은 위기를 이용해 민주적 절차를 우회하려 하지만, 〈민중의 재건People's Recovery〉 운동(〈점령하라〉 운동에 참여했던 많은 사람들이 샌디 재앙 이후 사용한 표현이다)은 큰 피해를 입은 공동체의 재건 방법을 결정할 때 주민 회의 개최 등 새로운 민주적 절차를 준수할 것을 요구한다. 최우선 원칙은 불평등과 기후 변화라는 쌍둥이 위기를 동시에 극복할 방안을 찾는 것이다.

이런 종류의 역전된 쇼크 독트린은 캔자스의 농촌 마을 그린스버그의 사례에서 확인된다. 2007년 초대형 토네이도의 기습으로 이 마을의 약 95퍼센트가 파괴되었다. 재앙이 발생하고 며칠 만에 주민들은 건물 잔해 틈에 세운 천막 안에서 회의를 열어 공동체가 주도하는 특별한 재건 과정을 시작했고, 이제 그린스버그는 미국에서 으뜸가는 〈친환경 마을〉로 평가받는다. 이 마을에는 〈친환경 건축물 인증 제도LEED〉가 제시한 최고 기준을 충족하는 병원과 시청과 학교가 설립되었다. 이와 함께 에너지 절감 조명과 최첨단 친환경 건축물, 폐기물 감소 프로그램과 풍력 발전을 통해 친환경 마을 구축에 큰 관심을 쏟는 숱한 정책 입안자들을 끌어들인다. 특히 이 마을의 풍력 발전은 현지 수요를 넘어서는 전력을 생산하면서 지방 정부의 재원까지 공급하고 있다.[27]

가장 특이한 점은, 이 〈살아 있는 실험실〉이 기후 변화를 현실적인 위기로 여기지 않는 공화당 성향의 주민들로 이루어진 지역의 중심부에 위치한다는 것이다. 게다가 이곳 주민들은 기후 변화 논쟁에 별다른 관심을 보이지 않는다. 그저 함께 겪어 낸 엄청난 경험과 재앙 이후 물밀듯이 밀려든 구호의 손길 속에서, 그린스버그는 농촌 생활 방식에 깊은 연원을 둔 보전 책임주의 의식과 세대 간 책임성이라는 가치의 소중함을 깨우친 것이다. 조상 대대로 농사를 지어 온 집안에서 태어나 우체국장을 거쳐 그린스버그 시장 자리에 오른 밥 딕슨은 이렇게 회고한다. 〈천막에서 진행된 주민 회의의 최우선 관심사는 우리의 정체성은 무엇이고, 우리가 지켜야 할 가치는 무엇인가에 대한 논의에 집중되었다. (……) 의견이 팽팽하게 맞설 때도 있었지만, 항상 서로를 존중했다. 우리는 선조들이 이 땅을 지키는 청지기였다는 점을 잊지 말아야 한다는 데 동의했다. 나의 선조들은 애초부터 친환경으로 지어진 뗏장 가옥에서 살았다. (……) 서로에 대한 존중이야말로 친환경적이고 지속 가능한 생활 방식임을 우리는 깨달았다.〉[28]

이처럼 자아 성찰을 통해 재난 상황에 대처하는 방식은 하향식 쇼크 독트린 모델과는 현격한 차이를 보인다. 이는 위기를 이용해 특정한 이익을 챙기려 하기보다 위기를 전환점 삼아 근본적인 문제를 해결하는 데 역점을 둔 방식이다. 즉, 민주적 참여의 기회를 봉쇄하기보다 오히려 그것을 확장하는 방식이다. 허리케인 카트리나에 강타당한 이후, 뉴올리언스는 공공 부문을 장악하고자 기회를 노리던 민간 기업들의 이익 실현을 위한 실험실이 되었다. 이들은 뉴올리언스의 공공 의료와 공공 교육의 토대를 허물어, 다음번 재난 발생 시에는 더 큰 피해가 우려되는 위태로운 상황으로 도시를 몰아넣었다. 이처럼 재해에 노출될 가능성을 적극적으로 줄이려면 반드시 공공 부문을 재건하고 구축해야만 한다고 믿는 사람들의 터전 역시, 향후에 발생할 재난들로 인해 또 다른 실험실이 될 수 있다.

지역과 세계의 기후 부채

노던 샤이엔 보호 구역을 처음 방문했을 때, 나는 한 가지 질문에 사로잡혀 있었다. 석탄 반대 활동가들이 원하는 건강한 경제를 건설하기 위해 필요한 재원을 어떻게 확보할 것인가? 샤이엔 젊은이들을 위한 역사 교육 그룹을 운영하는 리넷 투 불스는 내게 에콰도르에서 진행되는 흥미진진한 활동에 대해 이야기해 주었다. 야수니 열대 우림에서 석유 채취를 하지 않는 대가로 자국의 사회 복지 제도와 청정에너지 전환에 사용할 재원을 지급할 것을 국제 공동체에 요구하고 있다는 것이다. 그 소식을 전하면서 그녀는 노던 샤이엔 보호 구역에서도 같은 조치가 필요하다고 말했다. 에콰도르가 석유를 채취하지 않고 지하에 그대로 묻어 두는 대가로 보상금을 지급받을 수 있다면, 노던 샤이엔 역시 같은 이유로 보상을 받을 수 있지 않겠느냐는 이야기였다.

탁월한 문제 제기였고, 유사한 사례들이 대단한 성과를 내고 있었다. 에콰도르 열대 우림의 방대한 면적을 아우르는 야수니 국립 공원은 여러 원주민 부족들과 수많은 희귀 동물들의 터전이다(2.5에이커 안에 북미 대륙 전체에 분포된 것과 맞먹는 수종이 분포되어 있다). 다양한 동식물이 깃들어 살고 있는 이 열대 우림 밑에는 약 8억 5천만 배럴, 시가로 따지면 약 70억 달러의 원유가 매장되어 있다. 대형 석유 기업들은 이 지역 진출을 욕심내고 있지만, 만일 이곳의 열대 우림이 벌목되고 그 밑에서 채취된 원유가 채취된 후 연소되면 5억 4,700만 톤의 이산화탄소가 대기 중에 추가될 것이다.[29]

2006년 환경 단체 악시온 에콜로히카(과거 나이지리아에서 석유 채취 반대 운동에 협력했던 바로 그 단체)가 획기적인 제안을 내놓았다. 에콰도르 정부는 석유 판매에 동의하지 말아야 하며, 대신에 생물 다양성이 보존되고 인류가 공유하는 대기 중에 온실가스가 방출되지 않음으로써 집단적인 혜택을 누리게 될 국제 공동체로부터 이에 대한 지원을 받아야 한다는 내용이었다. 다시 말해, 에콰도르가 석유 채취를 선택할 경우 얻게 될 석유 수익의 일부를 국제 공동체가 보상해야 한다는 뜻이다. 악시온 에콜로히카의 회장 에스페란사 마르티네스는 이렇게 설명했다. 〈이 제안을 통해, 석유를 개발하지 않는 조건으로 보상을 받을 수 있다는 주장의 선례가 세워졌다. (……) 이렇게 확보된 재원은 재생 에너지 전환에 사용될 것이며, 이는 부유한 북반구가 가난한 남반구에 떠넘겨 온 생태적 부채에 대한 상환금이라고 볼 수 있다. 또한 이 재원은 지역 차원에서, 그리고 세계 차원에서 민주적인 절차에 따라 분배되어야 한다. (……) 이산화탄소 배출을 가장 효과적으로 줄일 수 있는 방법은 화석 연료를 땅속에 그대로 남겨 두는 것이다.〉[30]

야수니 계획은 에콰도르를 비롯한 모든 개발 도상국이 기후 변화가 안고 있는 근원적인 불공평에 대해 보상을 청구할 수 있다는 주장을 전제로 한다(개발 도상국이 공업화의 기회를 잡기 전에 부유한 국가들이 대기가 안전하게 흡수할 수 있는 이산화탄소 수용량의 대부분을 써버렸기 때문이다). 탄소를 땅속에 그대로 묻어 두면 지구 기후의 안정화에 도움이 되고 따라서 전 세계가 혜택을 입게 된다는 점에서, 기후 위기에 대한 책임이 거의 없는 가난한 나라 에콰도르가 석유로 올릴 수 있는 수익을 포기한 채 경제적 부담을 짊어지기를 요구하는 것은 공평치 못한 처사다. 대기 중 탄소 누적의 책임이 가장 큰 선진 공업국들이 이 부담을 함께 짊어져야 한다. 바꿔 말하면, 이것은 자선 행위가 아니다. 가난한 국가들이 자신들과 똑같이 더러운 방법을 통해 빈곤에서 벗어나기를 바라지 않는다면, 부유한 국가의 정부들은 그들과 함께 그 비용을 짊어질 책임이 있다.

바로 이것이 〈기후 부채〉 주장의 핵심이다. 볼리비아 기후 협상 대표 앙헬리카 나바로 야노스는 2009년 제네바에서 내게 이와 같은 설명을 해주었고, 덕분에 나는 기후 변화가 불평등 구조의 핵심을 공격하는 기폭제이자 〈지구를 위한 마셜 플랜〉의 토대가 될 수 있음을 깨닫게 되었다.[31] 이 주장을 뒷받침하는 근거는 단순하다. 앞서 보았듯이, 기후 변화는 온실가스의 〈누적〉으로 인한 결과다. 우리가 배출하는 이산화탄소는 약 1백 년에서 2백 년에 걸쳐 대기 중에 머무르며, 일부는 1천 년 이상 남아 있기도 한다.[32] 2백 년 넘게 누적된 온실가스로 인해 기후 변화가 나타난 만큼, 지구 온난화의 책임은 최근 수십 년 사이 세계화 경제에 편입된 국가들보다는 산업 혁명 이후 줄곧 화석 연료를 경제의 원동력으로 사용해 온 국가들 쪽이 훨씬 막중하다.[33] 오늘날 기후 변화를 일으키는 온실가스 오염 물질의 70퍼센트는 세계 인구의 20퍼센트 이하가 거주하는 선진 공업국에서 나왔다(세계 인구의 5퍼센트 이하가 거주하는 미국에서만 세계 탄소 배출량의 약 14퍼센트를 배출했다).[34]

이 주장에 따르면 중국과 인도 등 신흥 공업국은 현재 대량의 이산화탄소를 뿜어 내고 있긴 하지만, 2백 년간 누적되어 기후 위기를 초래한 온실가스 가운데 극히 일부에 대해서만 책임이 있는 셈이다. 그런 만큼 그들이 온실가스 제거에 필요한 비용을 선진국들과 똑같이 부담할 의무는 없다. 또한 모든 사람이 생존을 위해 탄소를 연소하고 있는 것도 아니다. 예컨대 인도에서는 아직도 3억 명이 전기 없이 살고 있다. 그런데도 1776년 제임스 와트의 효율적인 증기 기관 발명 이후로 산업 발전을 통해 이산화탄소를 대량 배출하며 부를 축적해 온 영국과 그 반대의 길을 걸어온 인도가 온실가스 감축 의무를 대등하게 부담해야 할까?[35]

물론 그렇지 않다. 1992년에 미국을 포함한 195개국이 서명한 UN 기후 변화 협약에는 〈공동의, 그러나 차별화된 책임〉의 원칙을 명시한 대목이 있다. 모든 사람이 기후 문제 해결에 동참할 의무를 가지지만, 그중에서도 최근 1백 년 동안 온실가스를 더 많이 배출한 국가들은 감축에 앞장서야 할 뿐 아니라 가난한 나라들의 청정에너지 발전 모델 전환에 재정적인 뒷받침을 해야 할 의무가 있음을 천명한 원칙이다.[36]

기후 부채 이론이 형평의 원칙과 국제법을 근간으로 하고 있다는 사실을 부인하는 사람은 극히 드물다. 하지만 이 원칙을 자국의 열대 우림에 적용하려는 에콰도르의 시도는 각종 난관에 직면해 있으며 온전히 실현될 여지도 크지 않다. 다시 한 번 강조하지만, 옳은 주장을 펼치고 정당한 권리를 지닌다 해도 가난한 나라의 힘만으로는 부와 권력을 장악한 국가들을 움직이기에 역부족이다.

비록 단기적인 시도로 끝나긴 했지만, 2007년 중도 좌파 성향의 라파엘 코레아 정부는 국제 무대에서 야수니 계획을 제안하고 옹호하는 활동을 전개한 바 있다. 국토의 소중한 일부를 희생시키지 않는 경제 개발을 천명한 〈야수니-이테테Yasuní-ITT〉 계획(이 명칭은 야수니 국립 공원 내 석유 매장 지역인 이스핑고Ishpingo, 탐보코차Tambococha, 티푸티니Tiputini의 머리글자를 딴 것이다)이 대중적인 운동의 슬로건으로 자리 잡았다. 2011년 여론 조사 결과 에콰도르 국민의 83퍼센트가 야수니에 매장된 석유를 땅속에 그대로 묻어 두자는 방안을 지지했다. 2008년의 41퍼센트에서 크게 증가한 이 수치는 변화 지향적인 목표가 단기간에 대중의 상상력을 사로잡을 수 있음을 입증한다. 하지만 선진국의 참여는 굼뜨게 진행되었고(목표액 36억 달러 가운데 실제 모금된 금액은 1,300만 달러뿐이었다), 결국 2013년 코레아는 유전 개발을 허용하겠다고 공표했다.[37]

그러나 지역 차원에서 이 계획을 지지하는 사람들은 의지를 꺾지 않았다. 계획 포기를 선언한 코레아의 행보로 새로운 블로카디아 전선이 형성된 것이다. 유전 개발 반대 시위에 참가한 사람들은 체포와 고무 총탄 공격에 맞서기 시작했고, 정치적 해법이 봉쇄된 상황에서 원주민들은 몸을 던져서라도 유전 개발을 막을 각오였다. 2014년 4월, 비정부 기구와 시민 단체들이 연합한 조직은 이 문제에 대한 국민 투표 청원 운동을 벌여 75만 명 이상의 서명을 받았다(이 사실이 발표되었을 당시에 코레아는 이미 국민 투표를 봉쇄하고 유전 개발을 강행하기로 마음을 굳히고 있었다). 〈아마존 감시단Amazon Watch〉의 에콰도르 지부장 케빈 코니그는 「뉴욕 타임스」를 통해, 정부에 책임을 물어야 마땅하지만 그렇다고 코레아의 잘못으로만 돌릴 수는 없으며 〈야수니-이테테가 무산된 것은 우리 모두의 잘못〉이라고 밝혔다.[38]

시야를 넓혀 보면, 이는 국제적인 기후 협상이 어떻게 실패하는지를 드러내는 하나의 축소판이다. 기후 위기를 빚어낸 국가들이 더 큰 책임을 지는 방식으로 대책을 마련하자는 핵심 구호는 국제 기후 협상 과정에서 번번이 교착 상태에 빠진다. 결국 어떤 결과가 나타날지는 불 보듯 뻔하다. 온실가스 배출량이 안전 수위를 한참 벗어나 계속 늘어나면서 결국 모든 사람이 곤경을 겪을 것이고, 그중에서도 가장 가난한 사람들이, 가장 먼저, 가장 심한 곤경에 빠질 것이다.

따라서 우리는 야수니를 지키기 위해 처음으로 제안된 독창적인 해법을 비롯하여 여러 가지 실질적인 방안들을 포기할 수 없다. 원주민 토지 권리와 관련하여 살펴보았듯이, 정부가 국제적인(그리고 국내의) 책임에 부응하지 않으려 한다면 대중 운동으로써 지도력의 공백을 채우고 힘의 방정식을 변화시킬 방법을 찾아 나서야 한다.

늘 그렇듯이, 우파는 좌파보다 이런 상황을 더욱 분명하게 이해하고 있다. 그렇기 때문에 기후 변화를 부정하는 세력은 온난화 관련 이슈가

부의 재분배를 노리는 사회주의자들의 책략이라고 주장하는 것이다(기업 경쟁력 연구소의 크리스 호녀는 부국들이 빈국들로부터 〈강탈〉당하고 있다는 말을 즐겨 사용한다).[39] 기후 부채는 강탈이 아니다. 〈아무런 잘못도 없이 기후 위기의 최전선에 몰려 있는 가난한 나라들에게 부유한 나라들은 얼마나 빚을 지고 있는가?〉 이것이 기후 변화가 던지는 신랄한 질문이다. 이제 중국과 인도 같은 나라에서도 지배 계층의 소비와 온실가스 배출이 걷잡을 수 없이 치솟고 있다. 〈부유한 북반구와 가난한 남반구〉라는 전통적인 범주 구분은 무너지고, 부자들의 책임과 가난한 자들의 권리에 대한 엄중한 질문이 세계 도처에서 제기되고 있다. 이 질문을 직시하지 않는다면, 온실가스 감축이 가장 절실하게 요구되는 곳에서 실제로 감축이 이루어질 가능성은 전혀 없다.

앞서 살펴보았듯이, 북미와 유럽은 온실가스 배출을 대대적으로 감축해야 한다. 그러나 자유 무역 시대의 도래와 함께 확산된 역외 생산 방식 덕분에 이 지역들에서 온실가스 배출 증가세가 주춤하는 것도 사실이다. 최근 들어 온실가스를 대량으로 배출하면서 예상보다 빠른 속도로 지구 기후를 임계점으로 몰아가는 주역은 개발 도상 세계에서 가파른 성장세를 보이고 있는 신흥 공업국들, 그중에서도 중국, 인도, 브라질, 남아프리카 공화국이다.

이와 같이 온실가스 배출원이 이동하는 현상은 부유한 서구 국가에서 개발한 고도 소비 기반 경제 모델의 세계화 과정에서 다국적 기업들이 거두는 눈부신 성공과 깊은 관련이 있다. 문제는 대기가 이처럼 폭증하는 온실가스를 더 이상은 흡수할 수 없다는 점이다. 대기 물리학자이자 기후 완화 전문가인 앨리스 보우스라킨은 어느 인터뷰에서 이렇게 말했다. 〈오늘날과 비교해 보면, 최초의 공업화 물결에 발을 들여놓았던 사람들의 수는 너른 바다에 떨어지는 비 한 방울 정도에 지나지 않는다.〉 2013년 말 오바마 대통령이 했던 말대로, 중국과 인도의 에너지 소비량

이 미국 모델을 따라간다면 〈우리는 물속 깊이 가라앉을 것이다〉.[40]

진실은 분명하다. 이 전쟁의 승패를 좌우하는 건 우리가 아니다(물론 자신들의 행동이 세계의 미래를 좌우한다는 가설에 익숙한 문화권에서는 이 진실을 좀처럼 받아들이기 어려울 것이다). 앞으로 싸움의 승패를 가르게 될 주체는 개발 도상 세계에서 블로카디아식 투쟁을 통해 지역별로 청정에너지 전환 및 친환경 일자리 창출, 탄소 채취 반대 활동을 벌이고 있는 사람들이다. 이들은 또한 경제 번영을 이루기 위해서는 환경을 오염시킬 수밖에 없고 경제 성장이 최고의 가치라고 주장하는 자국의 지배 계층과도 맞서 싸운다. 실제로 글로벌 사우스의 정부들은 인류에 닥칠 기후 재앙을 막아 내기 위한 막중한 부담을 개발 도상국들에 떠안기는 게 불공평하다는 주장을 그저 책임 회피용으로만 이용해 왔을 뿐이다.

기후 변화로 인한 재앙의 예방에 신속히 돌입해야 한다는 과학계의 주장에 동의한다면, 당연히 가장 큰 파급 효과를 낳을 수 있는 행동에 초점을 맞추어야 한다. 물론 이는 글로벌 사우스도 마찬가지다. 한 가지 예를 들어 보자. 온실가스 총량의 약 3분의 1이 건물(냉난방과 조명)에서 나온다. 선진국의 건축 수요는 비교적 안정세를 보이는 반면, 아시아―태평양 지역의 건축 수요는 점점 더 늘어나 2021년에는 무려 47퍼센트나 급증할 것으로 예상된다. 따라서 기존 건물의 에너지 효율을 높이는 활동도 중요하지만, 무엇보다 시급한 것은 아시아 지역에서 신축되는 건물들의 에너지 효율을 최고 등급으로 만드는 일이다. 다시 말해, 지구의 북쪽에서 남쪽까지, 서쪽에서 동쪽까지 전 세계가 우리 모두를 파멸로 몰아가는 온실가스를 감축하기 위하여 자신들의 온 힘을 쏟아부어야 한다.[41]

온실가스 균형 배출권

선진 공업화를 이룬 북반구가 끝없는 성장과 더러운 연료를 배제한 발전 모델 육성에 힘을 보탤 방법은 상당히 많다. 우리는 화석 연료를 아시아로 수송하는 송유관과 수출 기지 건설은 물론, 새로운 자유 무역 협상에 반대해야 한다. 또한 과소비를 줄이며, 경제의 지역화를 복원해야 한다. 중국산 제품을 대량으로 소비하는 지금의 상황에서 헤어나지 못하는 한, 중국은 계속해서 엄청난 탄소를 뿜어 낼 테니 말이다.

부유한 북반구뿐 아니라 개발 도상 세계인 글로벌 사우스에서도, 생활 수준의 개선과 유해한 채취 사이의 양자택일을 강요받지 않으면서도 더러운 경제 개발 모델을 대체할 수 있는 실용적이며 구체적인 대안을 개발할 수 있어야 한다. 이 대안은 변화를 추동하는 강력한 원동력으로 작용한다. 만일 더러운 석탄이 전구를 밝히는 유일한 에너지원이라면 인도 사람들은 당연히 더러운 석탄에 의존해 전구를 밝히려 할 것이다. 델리의 대중교통 체계가 형편없다면, 손수 자동차를 몰고 다니려는 사람은 계속 늘어날 것이다.

야수니 계획에서 보았듯이, 심각한 빈부 격차나 문화의 비극적 파괴, 또는 생태계 파괴를 야기하지 않는 발전 모델은 분명히 존재한다. 개발 도상 세계에서는 이런 대안 모델(재생 에너지의 지역별 생산을 통해 수많은 사람들에게 현실적인 힘을 제공하고, 자가용보다 대중교통을 훨씬 쾌적하게 이용할 수 있도록 교통 체계를 쇄신하는 정책)을 위한 힘겨운 투쟁이 시작됐다(앞서 보았듯이, 브라질에서는 대중교통 무상 이용을 요구하는 시위가 진행되고 있다).

최근 갈수록 높은 관심을 끌고 있는 방안으로는 〈국제 발전 차액 지원 제도〉가 있다. 한마디로, 국제적으로 관리하는 기금을 마련해 개발 도상 세계의 청정에너지 전환을 지원하자는 것이다. 이 계획을 입안한 경제학자 타리크 바누리와 기후 전문가 니클라스 헬스트룀은 10년 혹은 14년 동안 연간 1천 억 달러를 투자하면, 〈15억 인구가 혜택을 누릴 수 있는 에너지 개발을 효과적으로 지원함과 동시에 재생 에너지를 향한 결정적인 진전을 제때 이룸으로써, 지구 상의 모든 사회를 기후 재앙으로부터 지켜 낼 수 있다〉고 밝힌다.[42]

인도에서 손꼽히는 중요한 환경 조직 〈과학과 환경 센터〉의 사무총장 수니타 나라인은 부유한 나라들이 경제 규모를 줄여 개발 도상 세계에게 더러운 에너지를 이용한 번영의 기회(그게 가능한지도 의문이지만)를 제공하는 것은 결코 옳은 해법이 아님을 강조한다. 「그보다는 다른 발전 경로를 걸을 기회를 제공하라는 겁니다. 일단 오염 물질을 내뿜고 나중에 청소하는 것, 우리가 원하는 것은 그런 게 아니에요. 다른 경로를 걷기 위해 우리에게 필요한 것은 돈과 기술입니다.」[43] 요컨대, 부유한 세계는 기후 부채를 갚아야만 한다.

하지만 부유한 북반구의 활동가들은 신흥 공업 경제의 〈정의로운 전환〉에 필요한 재원 공급 활동을 최우선 순위에 놓지 않는다. 미국의 수많은 대형 환경 단체들은 자신들에게 이득이 되는 일반적인 〈에너지 안보〉와 녹색 일자리 해법만을 지지할 뿐, 국제적인 협력과 연대의 중요성을 강조하는 기후 부채 개념은 정치적으로 유해한 영향을 미칠 수 있다고 여긴다.

수니타 나라인 역시 그와 같은 반발에 자주 직면한다. 「나는 늘 이런 이야기를 듣습니다. 미국에 있는 친구들이 특히 자주 하는 말이죠. (……) 역사적인 책임의 문제는 거론하지 말아야 한다고. 선조들이 한 일을 두고 자신에게 책임을 묻지 말라고.」 몇몇 나라들은 부를 누리는 반면 다른 어떤 나라들은 가난에 허덕이는 지금의 현실을 초래한 직접적인 원인이 다름 아닌 과거의 행동에 있음을 간과하는 태도다. 그녀는 한 인터뷰에서 이렇게 말했다. 〈지금 당신이 누리는 부는 사회가 자연을 이용해 온 방식, 더 나아가 자연을 과도하게 이용해 온 방식과 연관되어 있다. 따라서 이 빚은 마땅히 청산되어야 한다. 우리는 역사적 책임이라는 점에 있어 이 문제를 회피할 수 없다.〉[44]

이러한 논쟁은 식민지 배상 투쟁과 관련하여 곧잘 등장한다. 중남미의 진보적인 경제학자들은 서구 열강들이 수세기에 걸쳐 피식민지국의 토지를 수탈하고 자원 채취해 왔다는 점에서 〈환경 부채〉를 지고 있다고 주장한다. 아프리카와 카리브 해의 정부들 역시 다양한 계기를 통해 대서양 횡단 노예 무역에 대한 배상을 요구해 왔다. 2001년 남아프리카 공화국 더반에서 열린 세계 인종 차별 철폐 대회가 대표적이다. 이런 배상 요구는 더반 대회가 끝나고 10년 넘게 위축되어 오다가 2013년에 이르러 활력을 되찾았다. 카리브 해 연안 14개국이 연합하여 영국, 프랑스, 네덜란드 등 노예 무역에 참여했던 유럽 국가를 상대로 공식적인 배상 청구를 제기한 것이다. 2013년 7월, 앤티가 바부다의 총리 볼드윈 스펜서는 이렇게 말했다. 〈발전에 필요한 자원을 얻기 위해 부단히 탐색하고 투쟁하는 우리의 현실은 노예 제도와 식민 제도하에서 우리 국민들이 흘려 온 피와 땀이 국민들의 부로 축적되는 대신 외부로 유출되었던 과거와 깊이 연관되어 있다.〉 배상 요구의 목적은 의존의 사슬을 영원히 끊어 내는 데 있다는 주장이었다.[45]

부유한 세계에서는 보통 오래된 과거일 뿐이라며 이런 요구를 단호히 일축한다. 미국 정부 역시 아프리카계 미국인들의 노예제 배상 요구를 무시하고 있다(2014년 봄 배상 요구는 눈에 띄게 강력해졌는데, 그것은 잡지 『애틀랜틱 The Atlantic』의 기자 타네하시 코츠가 쓴 기사가 이 논쟁에 다시 불을 붙인 덕분이었다).[46] 그러나 기후 부채는 노예제와 약간 다르다. 식민 지배가 남긴 유산과 관련한 문제의 경우, 노예 제도가 오늘날의 저개발에 얼마나 영향을 미치고 있는가에 대해서는 논쟁의 여지가 있을 수 있다. 하지만 기후 변화 과학과 관련해서는 반론의 여지란 없다. 산호초와 빙하 속 얼음 안에는 의심할 여지가 없을 만큼 뚜렷한 탄소의 흔적이 남아 있다. 우리는 지구 상의 인류가 대기 중에 배출한 탄소의 총량을 정확하게 측정할 수 있고, 지난 2백 년 동안 이 총량 가운데 누가 얼마만큼의 양을 써버렸는지 또한 정확하게 측정할 수 있다.

더하여 이처럼 숨겨지고 무시되어 온 각종 부채들을 이해할 땐, 이들이 서로 분리된 것이 아니라 하나의 이야기를 구성하는 다른 장(章)이라는 걸 알아야 한다. 맨체스터와 런던의 직물 공장과 설탕 공장에 동력을 공급한 것은 지구 온난화를 야기하는 석탄이었고, 원료를 공급한 것은 식민지에서 대량의 목화와 사탕수수를 경작하는 노예 노동력이었다. 트리니다드토바고의 초대 총리이자 학자로 지금은 작고한 에릭 윌리엄스는 노예제에서 나온 이윤이 영국의 산업화를 추진한 원동력이었다는 유명한 주장을 개진했다. 이제는 우리도 분명히 알고 있듯이, 영국의 산업화는 기후 변화를 야기한 핵심적인 과정이었다. 윌리엄스의 주장 가운데 여러 가지 내용은 오랫동안 격렬한 논쟁의 대상이 되었지만, 2013년 유니버시티 칼리지 런던의 연구자들이 19세기 중반 영국 노예 소유주들의 신원과 재산 상황에 대한 정보를 수집하여 만든 자료를 발표하면서 그의 저작은 다시금 정당성을 인정받게 되었다.[47]

이 연구는 1833년 영국 의회가 식민지 노예제 폐지 결정을 내리면서 노예 소유주들에게 인력 자산 상실에 대한 배상금 지급을 약속했던 사실을 심도 있게 조사했다. 한마디로 노예제의 피해자들이 아니라 가해자들을 대상으로 한 거꾸로 된 배상으로, 이 결정에 따라 지급된 금액은 2천만 파운드에 달했다. 「인디펜던트The Independent」지의 보도에 따르면, 〈영국 재무부의 한 해 지출 예산의 무려 40퍼센트, 오늘날의 임금 가치로 따지면 약 165억 파운드에 이르는 엄청난 금액이 지급되었다〉. 지불금 가운데 상당량은 석탄 연료를 사용하는 기간 시설(공장, 철도, 증기선)에 투입되어 맹렬히 타오르는 산업 혁명을 뒷받침했다. 이러한 시설들은 탐욕스러운 식민주의의 팽창 도구로 기능했고, 식민주의의 상흔

은 오늘날까지 남아 있다.[48]

물론 석탄이 구조적인 불평등을 창조해 낸 주역이라는 것은 아니다. 대서양 횡단 노예 무역과 최초의 식민지 토지 수탈을 뒷받침했던 선박들은 풍력을 이용했으며, 초기의 공장들은 수차의 힘을 이용했다. 그러나 강력할 뿐 아니라 예측 가능한 석탄의 힘은 전에는 상상조차 할 수 없었던 속도로 인력과 자연 자원의 착취를 진행하여 그 불평등 구조를 더욱 맹렬하게 밀어붙였고, 그렇게 오늘날 세계화 경제의 근간이 형성된 것이다.

누구나 알고 있듯이, 노예제가 폐지되고 식민 사업이 휘청거려도 도둑질은 끝나지 않았다. 도둑질은 지금까지 계속되고 있다. 오래전 증기선들과 요란스레 가동되는 공장들이 내뿜었던 온실가스는 대기 중에 과도한 탄소를 누적시키는 시발점이었다. 석탄(나중에는 석유와 가스)은 2백 년 전부터 서구 국가들에게 다른 나라 사람들의 생명과 땅을 도둑질할 기회를 제공했다. 뿐만 아니라, 대량 연소에 따라 온실가스를 지속적으로 축적시킴으로써 탄소를 안전하게 흡수할 수 있는 대기의 능력을 크게 고갈시켰다는 점에서, 비록 의도한 것은 아닐지라도 후손들의 하늘까지 도둑질할 기회를 열어 주었다.

2백 년에 걸쳐 꾸준히 진행되어 온 도둑질(땅, 노동력, 대기의 도둑질)이 초래한 직접적인 결과로, 오늘날 개발 도상국들은 지구 온난화의 파급 효과와 빈곤 완화의 필요성 사이에 끼인 채 고통받고 있다. 현재의 경제 시스템에서 빈곤을 완화할 수 있는 가장 쉽고 저렴한 방법은, 기후 위기의 극심한 악화를 감수하고라도 훨씬 많은 양의 탄소를 태우는 것이다. 외부의 지원이 없다면 개발 도상국은 교착 상태에서 벗어날 방도가 없다. 이들을 도울 수 있는 주체는 이처럼 불법적인 도둑질을 밑거름 삼아 막대한 부를 축적한 국가들과 기업들뿐이다.

기후 부채 상환 요구가 과거의 부채 상환 요구와 다른 점은, 과거와는 달리 문제 제기가 강력하게 이루어지고 있다거나 윤리와 도덕성에 입각하여 제시된다는 사실이 아니다. 글로벌 사우스가 온실가스 저배출 경제로 전환하도록 부유한 나라들이 도와야 할 이유는 간단하다. 그것이 도덕적으로 온당한 일임은 물론, 인류의 집단적인 생존이 걸린 문제이기 때문이다.

또한 우리는 과거 부당하게 유린당한 나라라고 해서 똑같은 범죄를 훨씬 큰 규모로 되풀이할 권리가 있는 건 아니라는 공통의 합의를 도출해야 한다. 강간을 당한 경험이 있다고 강간할 권리를 인정해 주거나 강도를 당한 경험이 있다고 강도질을 할 권리를 인정해 줄 수 없는 것과 마찬가지다. 과거에 기회를 차단당했다고 해서 그 나라에 오염 물질을 대량으로 배출할 권리를 줄 수는 없다. 산업화 초기와는 달리 오늘날의 국가들은 오염 물질 배출 행위가 초래하는 재앙적인 결과를 분명히 알고 있으며, 따라서 이런 권리를 요구하는 건 그야말로 어불성설이다.

따라서 절충안이 요구된다. 다행스럽게도, 절충안을 찾기 위해 노력하는 싱크탱크 〈에코이쿼티EcoEquity〉와 〈스톡홀름 환경 연구소〉 소속 연구자들은 세계적인 차원의 온실가스 감축에 적용 가능한 구체적이고 혁신적인 모델을 개발했다. 〈온실가스 균형 배출권Greenhouse Development Rights〉 계획이라 불리는 이 모델은 부와 탄소 오염이 개발 도상 세계로 이동하는 새로운 현실을 더욱 충실하게 반영한다. 또한 개발 도상 세계가 지속 가능한 발전을 이룰 권리를 확고히 보호하되 누적된 온실가스에 대해서는 서구가 훨씬 큰 책임을 감당해야 함을 인정한다. 연구자들의 주장에 따르면 이런 접근법은 가난한 나라들에게는 공유재인 대기의 남은 부분에 접근할 기회를 적절히 보장하며, 글로벌 노스의 국가들에게는 글로벌 사우스의 부유층이 지금 당장, 그리고 앞으로 기후 문제와 관련해 본분을 다하리는 확신을 심어 준다. 〈국가 간, 그리고 국가 내부에 존재하는 현격한 격차〉를 해소하는 방향으로 기후 난

국을 타개하는 방법이다.[49]

　이 점을 고려할 때, 세계적인 탄소 감축 목표 가운데 각국이 공평하게 부담해야 할 몫은 두 가지 핵심 요소에 따라 결정된다. 바로 과거에 배출한 온실가스에 대한 책임, 그리고 발전 수준에 따라 탄소 감축에 기여할 수 있는 각국의 경제적 능력이다. 구체적인 시나리오를 하나 들어 보자. 미국은 10년 안에 세계 탄소 감축 목표의 약 30퍼센트(단일 국가의 감축량으로는 최대 규모다)를 감축해야 한다. 그러나 이 목표를 전부 국내에서 충족해야 하는 것은 아니며, 글로벌 사우스의 저탄소 경제 전환을 위한 재원 조달과 기타 지원을 통해서도 감축량을 충족시킬 수 있다. 이 연구자들은 각국의 감축 목표를 구체적으로 계량하여 내놓았는데, 이를 이행할 경우에는 탄소 거래제처럼 비효율적이며 조작이 용이한 시장 메커니즘은 굳이 동원될 필요가 없다.[50]

　국내 사회 복지 서비스의 대폭 삭감에 몰두하는 부유 국가 정부들에게 이런 종류의 국제적 활동을 요구하는 것이 비현실적이라고 생각할 사람도 있을 것이다. 최근 이러한 정부들은 공평성을 위해 거액을 투입하는 새로운 접근 방법은커녕 과거에 행했던 것 같은 원조에도 더 이상 관심을 돌리고 있지 않기 때문이다. 하지만 단기적으로 보면, 북반구 국가들이 국고를 바닥 내지 않고도 기후 부채를 갚아 나갈 수 있는 현실적인 방법은 여러 가지가 있다. 예컨대 기후 행동을 하는 대가로 개발 도상국들의 외채를 탕감해 주거나, 청정에너지 특허 규제를 완화하고 그와 관련한 기술 지식을 이전해 주는 방법이다.

　이에 소요되는 재원의 상당 부분은 일반 납세자가 아닌, 오늘날의 위기를 초래한 주역인 기업의 세금으로 충당할 수 있다. 금융 거래세를 신설하거나 화석 연료 기업들에 대한 보조금 제도를 폐지하는 등 앞서 논의된 오염자 부담 정책들을 결합하여 시행하는 것으로도 재원을 마련하기에는 충분하다. 토지 공유 협정이나 원주민들과의 조약을 존중하라는 요구 등, 역사 속에 안전하게 묻어 두었다고 생각했던 불공평이 기후 위기라는 인류 공통의 난관에 어떤 영향을 미치는지 우리는 이제 직시할 수밖에 없다.

오늘날, 아직 개발되지 않은 탄소 매장지 가운데 많은 곳이 극심한 빈곤에 시달리는 사람들의 통제하에 놓여 있고, 과거 극심한 빈곤에 시달리던 일부 지역들에서 온실가스 배출량이 급속히 늘어나고 있다. 지금과 같은 상황에서 빈곤의 근본 원인을 바로잡지 않은 채 기후 재앙을 헤쳐 나갈 방법은 존재하지 않는다.

13장

재생산의 권리

채취에서 복원으로

앞으론 날 두고 회복력이 뛰어나다는 이야기는 하지 말았으면 한다. 난 회복력이 뛰어나지 않다. 나를 두고 〈어휴, 회복력이 대단하군〉이라고 말할 때마다, 사람들은 내게 무슨 짓이라도 해도 된다고 생각한다.

— 트레이시 워싱턴, 뉴올리언스의 인권 변호사, 2010년[1]

여성이 곧 최초의 환경이라는 말은 근본적인 가르침이다. 임신한 여성의 몸은 생명을 부양한다. (……) 인간의 모든 세대는 여성의 젖을 먹고 자란다. 모든 세대가 사회와 맺는 관계, 그리고 자연과 맺는 관계는 여성의 몸에서 발원한다. 옛사람들이 알려 준 대로, 대지는 우리의 어머니이고, 우리의 여성은 대지다.

— 카시 쿡, 모호크족의 조산사, 2007년[2]

나는 폐경을 앞둔 나이에 출산을 준비하는 과정에서 기후 위기를 새로운 시각으로 보게 되었다. 물론 그전에도 누구나 느끼는 수준으로 기후 위기를 감지하고는 있었다. 하지만 기후에 관한 내 불안감은 대개 깊은 비탄이라기보다는 공포에 질리는 순간 그때그때 움터 오르는 은근한 우울함에 지나지 않았다.

약 7년 전, 나는 우리 사회가 끔찍한 생태계 파괴를 향해 치달아 간다는 절망감 때문에 자연 속에서 즐거운 시간을 보내는 내 능력마저 점점 쇠퇴하고 있음을 깨달았다. 사랑을 하면 언젠가는 이별의 아픔을 겪게 되리라는 불안감 때문에 마음껏 사랑하지 못하는 사람처럼, 나는 자연 속에서 아름답고 멋진 경험을 하면 할수록 이 아름다운 경험의 상실을 피할 수 없다는 생각에 비탄에 잠기곤 했다.

브리티시컬럼비아 주 선샤인 코스트에서 아름다운 생명들이 북적이는 아름다운 만을 바라보다가도, 문득 그곳 생태계가 파괴된 모습이 머릿속에 떠올랐다. 멕시코 만에서 BP의 원유 유출 사고를 취재한 뒤로 이런 증상은 더욱 심해져서, 만 2년 동안 강이나 호수나 바다를 볼 때마다 기름으로 뒤덮인 수면이 떠올랐다. 특히 고통스러운 것은 일몰을 볼 때였다. 내 눈에는 수면 위로 일렁이는 붉은 광채가 마치 불길하게 번뜩이는 기름띠처럼 보였다. 언젠가는 싱싱한 붉은연어 한 토막을 굽다가,

불현듯 나 자신이 주름이 쪼글쪼글 잡힌 할머니가 되어 야생 동물들이 완전히 자취를 감춘 세상에 태어난 어린아이에게 강렬한 색상과 비단결 같은 질감을 가진 이 아름다운 물고기에 대해 이야기해 주는 상상에 사로잡히기도 했다.

이런 병적인 습관을 나는 영화 「마이너리티 리포트」의 소재가 되었던 〈범죄 예측〉에 빗대어 〈상실 예측〉이라고 부른다. 이런 증상이 내게만 나타나는 건 아니다. 몇 년 전 내가 칼럼을 기고하는 잡지 『네이션』에서는 일주일간의 알래스카 유람선 여행 계획을 마련했다. 이 잡지는 전면 광고에 〈녹아 없어지기 전에 빙하를 보고 오세요〉라는 문구를 실었다. 나는 내 칼럼을 편집하는 직원에게 전화를 걸어 불같이 화를 냈다. 「탄소를 대량으로 배출하는 여행을 홍보하는 광고에 녹아내리는 빙하 이야기를 넣다니 이럴 수 있습니까? 지구 온난화를 재미난 구경거리로 삼으란 말이잖아요? 온난화를 막는 일에 기여는 못 할망정 이게 말이 됩니까?」 결국 광고는 지면에서 사라졌다. 씁쓸한 일이긴 하지만, 요즘엔 많은 사람들이 마지막 작별을 고하듯 허무주의적인 태도로 야생의 자연을 소비한다는 걸 깨달았다. 이를테면 이런 식이다. 〈에라, 곧 없어진다는데 나중에 후회하지 말고 미리 다 써버리자.〉

30대 후반 무렵까지 아이를 갖지 않으려 했던 내 결심에는 생태계와 관련한 이러한 절망감이 크게 작용했다. 오랫동안 내가 입에 올리곤 하던 농담이 있다. 자식을 낳으면 그 아이는 기후 위기에 몰려 친구들과 함께 영화 「매드 맥스」식으로 식량과 연료를 구하기 위해 전투를 벌이는 전사가 되지 않겠느냐는 얘기였다. 그런 미래를 맞닥뜨리지 않으려면 자녀 출산, 즉 대량 소비자의 생산을 줄여야 한다고 굳게 믿고 있었다. 이런 태도가 바뀌기 시작한 것은 이 책을 집필하기 시작할 즈음이었다. 물론 그 변화에는 문제의 심각성을 부정하는 태도, 〈내 아이 하나 더 보태는 게 뭐 그리 큰일이 되겠어?〉 하는 생각도 한몫했을 것이다. 그러나 또 한 가지 중요한 요인이 있었다. 국제적인 기후 정의 운동에 참여하면서부터, 나는 내 무의식에 새겨진 기후 대재앙 이후의 끔찍한 상황보다 훨씬 낙관적인 여러 가지 미래를 상상할 수 있게 되었다. 바로 지구 상에 우리를 대체할 존재를 남기는 것이 파괴가 아닌 창조적 순환 과정의 일부가 되는, 그런 미래가 열릴지도 모른다는 상상이었다.

행운이 찾아왔다. 아이를 갖기로 결심한 첫 달에 나는 임신을 했다. 그러나 나를 찾아온 행운은 곧바로 되돌아갔다. 유산. 난소 종양. 암이 의심되는 상황. 수술. 몇 달 동안 자가 임신 진단을 계속했지만 감감무소식. 두 번째 임신과 두 번째 유산.

결국 나는 〈생식 공장〉이라 불리는 소용돌이 속에 발을 디밀었다(입이 무거운 남편의 한마디. 「꼭 그런 이름으로 불러야겠어?」). 시내 중심가의 빌딩 속 미로 같은 방들에서는 치과를 찾은 고객에게 칫솔을 내주듯 약품, 호르몬 투입, 통원 수술 지시가 이어졌다. 생식 공장은 그 안에 발을 들여놓은 여성이 갓난아기를 가슴에 안을 수만 있다면 어떤 일도 감수할 거라는 가정하에 움직이고 있었다. 아기를 하나가 아니라 셋 혹은 다섯이나 임신하는 일이 일어날 수도 있고, 위험한 약품과 제대로 규제되지 않는 의료 절차 때문에 건강이 위태로워질 수도 있었다.

나도 한동안은 착실한 환자가 되려고 애를 썼다. 하지만 도저히 버틸 수가 없었다. 결국 내 인내심이 무너진 것은 첫 번째(그리고 마지막) 시험관 아기 시술 뒤, 어느 의사에게서 〈난자의 질에 문제〉가 있는 것 같으니 난자 공여를 받는 게 좋겠다는 말을 들었을 때였다. 순간 나는 품질 유지 기한을 넘긴 식품점의 닭고기가 된 듯한 기분이었다. 의사들이 〈정상 출산〉 성공률을 높이려는 욕심 때문에 이러는 건 아닌지 별별 의심이 솟구쳐서, 그 공장에 드나드는 걸 중단하기로 했다. 약과 주사기를 안전하게 처리한 뒤 그곳을 떠났다.

나는 친구들과 가족에게 희박한 생식 능력을 인공적으로 바로잡으려는 시도를 중단하겠다고 알렸다. 주위 사람들은 내게 성공 가능성이 희박한 상황에서도 아기를 출산한 친구들과 지인들의 이야기를 자주 들려주었다. 내가 하지 않겠다고 결심한 기술들에 의지해 임신한 사람들 이야기도 들었고(이 이야기들은 내게 죄책감을 불어넣었다. 겨우 그만큼 해놓고 포기하다니 출산에 대한 절실함이 없는 건 아닐까?) 시험관 아기 시술 아홉 번, 난자 공여, 대리모 프로그램 등 온갖 기술적인 방법을 다 써보고도 성공하지 못하다가 인공 임신 프로그램을 중단하자마자 아이를 가졌다는 이야기도 간간히 들었다. 이 모든 이야기에는 공통된 내용이 있었다. 자연 임신이 되지 않는다고 해서 임신 불가라고 단정 짓지 말 것. 늘 차선책은 있는 법이다. 가장 으뜸가는 결론은, 의존할 수 있는 기술이 있는데도 도전을 포기해서는 안 된다는 것이었다.

어떻게 보면 이러한 믿음에는 충분한 근거가 있다. 여성의 생식 시스템은 대단한 회복력을 지닌다. 하나만 있어도 임신이 가능한 난소와 나팔관이 두 개나 있고, 건강한 난자 10여 개만 있으면 되는데도 수십만 개나 되는 난자가 있으며, 가임기도 대략 12세에서 50세까지 상당히 길다. 그러나 나는 내 몸이 하는 말에 귀를 기울였다. 이처럼 정교하고도 원초적인 회복력이 있다고는 하지만 내 몸속에는 기를 쓰고 밀어붙여도 꿈쩍하지 않는 벽이 있고, 그 벽을 계속 두들겨 대다가는 몸이 만신창이가 될 거라는 생각이 들었다. 계속해서 아등바등거리며 그 벽을 두들겨 대고 싶지는 않았다.

더 이상 기술적인 개입을 하지 않겠다는 생각은 임신이 〈자연스레〉 이루어져야 한다는 고정관념으로부터 나온 것이 아니었다. 불임 진단을 받은 사람들 입장에서 이런 기술들은 반가운 기적이며, 동성애자들과 성전환자들 입장에서도 기술적인 도움에 의존하는 생식은 생물학적 부모가 될 수 있는 유일한 방법이라는 것을 나 또한 잘 알고 있다. 부모가 되기를 원하는 모든 사람들이 혼인 상태나 성 정체성, 소득 등과 무관하게 자유 의지로 선택권을 인정받아야 한다는 건 내가 오랫동안 갖고 있던 생각이었다(이런 절차들은 막대한 비용을 감당할 만한 경제력을 가진 사람들에게만 제공될 것이 아니라 건강 보험으로 충당되어야 할 것이다).

불임 클리닉에서 내가 느낀 불안감의 이유는 지구 공학자들에 대해서 느꼈던 그것과 대체로 일치했다. 근원적인 원인과 관련한 문제점을 바로잡거나 다른 대안을 찾아보지 않고, 문제가 처음으로 불거진 순간부터 높은 위험성을 무시한 채 기술이라는 편리한 지름길을 선택한다는 점이 못마땅했던 것이다. 특정한 연령에 이른 여성에게는 〈시간이 얼마 남지 않았다〉는 경고를 하면서 말이다. 예컨대, 내가 사는 지역에서는 아이를 입양하는 절차보다 난자 공여자나 대리모를 구하는 절차가 훨씬 간소화되어 있다.

그뿐 아니라, 인공 수정과 관련한 기술들의 위험성은 제대로 밝혀져 있지도 않다. 1백 억 달러가 넘는 규모로 성장한 이 세계적인 산업에 종사하는 많은 의사들은 대수롭지 않다는 태도를 보이지만, 기술의 위험성은 분명히 존재한다. 예컨대 네덜란드에서 진행된 어느 연구에 따르면, 시험관 아기 시술을 받은 여성들은 〈난소 악성 종양〉이 발생하는 비율이 두 배나 높다. 이스라엘에서 진행된 한 연구도, 흔히 처방되는 배란 유도제 클로미펜 *clomiphen*을 복용한 여성들(나도 그중 하나다)은 유방암에 걸릴 위험이 〈상당히 높다〉는 것을 확인했다. 스웨덴의 연구자들은 시험관 아기 시술을 받은 여성들의 경우 임신 초기 폐에 치명적인 수준의 혈전이 생기는 비율이 일곱 배나 높다고 밝혔다. 다른 연구들 역시 이런 방법으로 태어난 아기가 여러 가지 위험에 노출되어 있다는 점을 지적한다.[3]

불임 클리닉에 다니는 동안 나는 이런 연구에 대해 전혀 아는 바가 없었다. 그러면서도 인공 수정을 위한 난자 생성 유도제가 내 몸의 자기방어 기제를 무너뜨리는 건 아닐까, 억지로 하지 않는 편이 좋은 일을 무리해서 밀어붙이고 있는 건 아닐까 하는 막연한 불안감에 시달렸다. 불임 클리닉에서는 이런 의구심을 털어놓을 기회가 없었다. 의사들과의 대화는 고작 2~3분 만에 끝났고, 이런저런 질문을 던지면 심약한 환자 취급을 받았다. 내가 얻을 수 있는 정보는 검사실과 복도의 웬만한 공간에 잔뜩 붙어 있는, 간절히 원하던 아기를 얻은 부모들이 보내온 소식들뿐이었다. 그것들은 아기를 얻는 것보다 더 중요한 일이 어디 있느냐고 나를 압박했다.

기후 변화에 관한 책에 굳이 이런 경험에 대해 이야기하는 까닭이 뭐냐고? 이 책의 집필을 위해 취재를 하고 원고를 썼던 5년의 기간은 내가 약품과 기술에 의존하는 인공적인 방법을 시도했다가 실패하고 마침내 임신에 성공하여 갓난아기를 품에 안기까지의 기간과 일치한다. 사실 처음부터 나는 이 두 여정이 뒤섞이지 않게 하려고 애를 썼다. 하지만 계획은 번번이 빗나갔다. 희한하게도 늘 한쪽 여정이 제 길에서 벗어나 다른 여정에 끼어들곤 했다. 생태계의 위기와 관련해서 알게 된 내용은 내 생식 능력의 위기에 대한 대응 방식에 영향을 미쳤고, 생식 능력과 관련해서 알게 된 내용은 생태계의 위기를 바라보는 내 시각에 영향을 미쳤다.

이 두 갈래 물줄기가 엇갈리는 순간들은 대개 힘겨웠다. 이를테면, 불임 때문에 몹시 괴로워하던 중에는 환경주의자들의 모임에 참석하는 것 자체만으로도 커다란 정신적 고통을 느꼈다. 〈우리 자식들〉 혹은 〈우리 자손들〉에 대해 책임감을 느껴야 한다는 발언이 계속 이어지던 순간이 특히 그랬다. 후손에 대한 의무를 강조하는 이러한 표현이 진심에서 나온 것이며 특정한 사람을 배제하려는 의도는 전혀 없다는 것을 잘 알고 있음에도, 나는 나 자신이 보이지 않는 선 뒤에 서 있다는 기분을 지울 수 없었다. 미래를 걱정하는 마음을 불러일으키는 주요인이 후손에 대한 사랑에서 오는 것이라면, 자식이 없거나 자식을 낳을 수 없는 사람들은 대체 어쩌란 말인가? 자식이 없는 사람이 과연 진정한 환경주의자가 될 수 있을까?

〈어머니 대지〉, 〈어머니 자연〉이라는 개념도 나를 압박했다. 어머니 대지라는 개념에는, 여성이 출산이라는 생물학적 능력을 가졌다는 점에서 번식과 풍요라는 특성을 지닌 대지와 특별한 관계를 맺고 있다는 사고가 깃들어 있다. 나는 일부 여성들이 생명을 창조하는 소중한 능력 덕분에 자연과의 특별한 유대감을 경험한다는 점을 의심치 않는다. 하지만 출산과 양육 능력이 충분함에도 아기를 낳지 않는 쪽을 선택한 여성들(그리고 남성들)이 있는 것도 사실이다. 게다가 모성과 대지를 동격으로 놓는다면, 나처럼 아이를 갖고 싶어도 임신할 수 없는 여성들은 대체 어쩌란 말인가? 우리는 대지에서 추방당한 자들이란 말인가? 이런 절망이 솟구칠 때마다, 나는 내 몸과 창조적 순환 사이의 관계가 마치 먹통이 된 전화선처럼 비정상적으로 끊겨 있다는 생각에 잠기곤 했다.

그런데 어느 결엔가 이와 같은 감정에 변화가 일어났다. 내 안에 깃든 어머니 대지의 손길을 감지했다는 뜻이 아니다. 대지가 신화에나 나오는 풍요의 여신이 아니라 우리를 〈보살피는〉 어머니이며, 자신의 재생산 능력을 위협하는 수많은 도전에 의연히 대처하는 어머니라는 사실을 서서히 깨닫게 된 것이다. 인간의 산업 활동이 자연 생태계에 떠안긴 가장 극심한 폐해는 대지의 재생산 순환 과정에서 가장 핵심적인 시스템(토양과 강우 등)의 순조로운 작용을 방해하고 있다는 점이다. 또한 기후 변화라는 가혹한 시련으로 인해 정상적인 번식과 어린 자식을 보호하는 일이 더더욱 어려워진다는 것을 감지하고 생식 불능의 장벽을 허물고자 애를 쓰는 것은 인간만이 아니라는 사실을 나는 서서히 깨닫게 되었다. 모든 종의 생물이 힘겨운 투쟁을 벌이고 있었다.

훨씬 낙관적으로 표현하자면, 나는 생명을 재생산하는 대지의 정교한 시스템과 대지의 품 안에서 살아가는 모든 생명체들의 번식 능력을 보호하고 소중히 여기는 태도야말로 채취주의에 의존하지 않는 세계를 지향하는 사람들이 가져야 할 새로운 세계관의 핵심이라는 것을 비로소 깨닫게 되었다. 요컨대 우리는 자연을 지배하고 고갈시키는 세계관에서 벗어나 회복과 재생을 돕는 세계관으로 무장해야 한다.

수중 생물계의 유산

불임 치료를 그만두고 꽤 시간이 흐른 뒤였다. 나는 임신했다는 걸 알아차리지 못한 채 루이지애나에서 BP 원유 유출 사고를 취재했다. 집에 돌아와 며칠 만에 생리가 멈춘 것을 확인하고 자가 임신 진단을 해보았다. 이번에는 분홍색 줄이 두 개였는데, 그중 하나가 아주 흐릿했다. 〈임신이 아닐 수도 있다〉라고 읽을 수도 있겠지만, 어쨌든 임신일 가능성도 있었다. 병원에서 몇 가지 검사를 마친 뒤, 나는 의사에게서 임신은 맞지만 호르몬 수치가 지나치게 낮아서 유산할 수도 있다는 말(여러 번 들은 터라 이미 익숙해진, 기대하긴 아직 이르다는 말투였다)을 들었다. 여차하면 세 번째 유산을 겪게 된다는 이야기였다.

그 말을 듣는 순간, 멕시코 만에서 겪은 일들이 머릿속으로 물밀 듯 쏟아져 들어왔다. 원유 유출 사고를 취재하면서 며칠 동안 유독성 유증기를 들이마셨을 뿐 아니라 한번은 오염된 바닷물에 허리까지 몸을 담근 채 기름으로 뒤덮인 외딴 해안까지 걸어가기도 했다. 나는 인터넷을 통해 BP가 사용하는 엄청난 양의 화학 약품들을 검색했고, 그 약품들과 유산의 연관성을 지적한 온라인 대화방 여러 개를 발견했다. 어쨌든 내 불찰인 것만은 분명했다.

일주일쯤 지난 뒤, 자궁 외 임신이라는 진단이 나왔다. 수정란이 자궁 바깥에 착상했다는 건데, 착상한 곳은 나팔관일 확률이 높았다. 나는 신속하게 산부인과에서 응급실로 옮겨졌다. 자궁 외 임신은 임부 사망을 초래하는 주요 원인으로, 개발 도상 세계에서는 이로 인한 사망률이 특히 높다. 자궁 외 임신이 방치되어 수정란이 비정상적인 곳에서 자라나면 기관이 파열되며 대량 내출혈이 발생한다. 일찍 발견된 경우에는 세포 증식을 막는 화학 요법으로 사용되는 강력한 약품 메토트렉세이트 *methotrexate*(여러 가지 부작용이 나타나기도 한다)를 한두 차례 주입한다. 성장이 중단된 수정란은 착상했던 곳에서 저절로 떨어져 나오지만, 이 과정에는 몇 주가 소요되기도 한다.

남편과 나는 오래도록 상실의 고통에 시달려야 했다. 그나마 이번 유산이 멕시코 만에서 겪은 일과는 관계가 없음을 확인한 것이 작은 위안이었다. 하지만 이 일을 계기로 유출 사고 취재 당시를 바라보는 내 시각에 약간의 변화가 생겼다. 임신이 〈해소〉되기를 기다리면서, 나는 일행들과 함께 임대한 낚싯배에 올라 유출된 원유가 습지대까지 번진 것을 확인하던 기나긴 하루를 곰곰이 돌이켜 보았다.

석유와 가스 산업 때문에 황폐화된 멕시코 만의 습지 복원에 전력하는 훌륭한 지역 조직 〈멕시코 만 복구 네트워크〉의 활동가 조녀선 헨더슨이 뱃길 안내를 맡았다. 미시시피 강 삼각주의 좁은 늪지대를 지나가는 동안, 헨더슨은 뱃전 너머로 불쑥 상체를 기울여 연녹색 수초를 자세히 관찰했다. 그가 조바심을 치며 관찰하고 있는 것은 일행이 모두 볼 수 있는 것(악취를 내뿜는 물에서 솟구쳐 오르는 물고기와 적갈색 기름에 뒤덮인 수초)이 아니라, 현미경과 시료 채취 기구 없이 맨눈으로만 탐지하기는 힘든 것이었다. 봄철은 멕시코 만에서는 산란기가 시작되는 시기였고, 헨더슨은 이런 습지대에 눈으로는 볼 수 없는 동물성 플랑크톤과 새우, 굴, 게, 물고기의 어린 새끼들이 바글거리고 있다는 것을 알고 있었다. 봄철 몇 달 동안 습지대의 수초들은 이들에게 양분을 공급하고 포식자들의 공격으로부터 보호하는 수중 인큐베이터 노릇을 한다. 그는 〈만물이 태동하는 곳이 바로 이런 습지〉라고 말한다.[4] 물론 이러한 과정을 방해하는 요인이 없다는 조건하에서만 성립하는 명제다.

알이나 유어 단계에 있는 어류는 성숙한 어류와는 달리 아무런 방어수단이 없다. 이 작은 생명체들은 물살에 쓸려 다니기 때문에 독성 물질이 뿌려진 수역을 피해 갈 능력이 없다. 또한 생장 초기 단계에는 세포막이 대단히 약해 독성 물질의 침투를 막을 방법이 없고, 극미량의 독성 물질에 노출되어도 폐사하거나 변형된다.

핸더슨이 걱정하던 것은 이 작은 생명체들의 생육 환경이 위태롭다는 점이었다. 물살과 함께 계속해서 밀려드는 원유와 유화 처리제 때문에 다환 방향족 탄화수소PAHs의 농도가 상당히 높아져 있었다. 게다가 이런 상황은 하필 생물학적 달력에서 가장 민감한 순간에 벌어졌다. 이 시기는 조개류뿐 아니라 참다랑어, 그루퍼, 도미, 고등어, 황새치, 청새치의 산란철이었다. 툭 트인 바다에서 무리를 지어 부유하는 어린 생명체들은 끊임없이 밀려드는 원유와 유화 처리제 혼합물이 죽음의 천사처럼 자신들을 관통하는 순간을 기다리고 있었다. 미국 해양 대기 관리처의 어류 생물학자 존 램킨은 〈원유와 접촉한 유어는 생존할 가능성이 없다〉고 말한다.[5]

그 주 세계 전역의 신문에 기름에 뒤덮인 펠리컨과 바다거북의 사진이 실리긴 했지만, 눈에 띄지 않게 죽어 나간 생명체들은 공식적인 유출 사고 피해 평가에 계산되지 않았을 뿐 아니라 언론의 관심조차 끌지 못했다. 특정한 종의 유어가 사라져도 우리는 여러 해 동안(정상적인 상황이었다면 이 어린 생명체들이 성장하여 성체가 된 모습을 확인할 수 있는 시기까지) 이 사실을 알아차리지 못할 가능성이 높다. 사진으로 대량 폐사를 확인할 수 있는 생명체와는 달리, 유어들의 죽음은 눈으로 확인할 수 없다. 그야말로 증발. 생명의 순환 고리에 난 커다란 구멍이다.

엑슨 발데스 유조선 사고 이후 청어들에게도 똑같은 일이 일어났다. 사고가 난 뒤 3년간의 상황은 양호했다. 하지만 4년째에 접어들자 청어 개체 수가 4분의 3이나 급감했다. 그 이듬해 알래스카 프린스 윌리엄 사운드 지역에서는 청어 떼가 크게 줄어들어 청어 어업이 파산 위기를 맞았다. 이유는 간단했다. 유출 사고 당시 부유란과 유어 단계에 있던 청어들이 제대로 자랐다면 성어가 되었겠지만, 그러지 못했다는 이야기다.[6]

헨더슨이 습지의 수초를 뚫어져라 바라보며 걱정했던 것은 바로 이처럼 뒤늦게야 드러날 재앙이었다. 낚시꾼들의 천국으로 통하던 레드피시 베이에 도착한 우리는 배의 엔진을 끄고 조용히 물살을 따라 흘러가면서 수면을 덮은 기름띠를 촬영했다.

우리 배가 그곳에서 흔들거리고 있을 때(하늘에는 블랙 호크 헬리콥터와 백로가 날아다니고 있었다), 나는 물이 아니라 수많은 종의 유어들의 시체들이 둥둥 떠다니는 양수 위를 맴돌고 있는 듯, 묘한 기분에 젖어들었다. 내 몸속에서 불행한 운명을 타고난 수정란이 자라나고 있음을 확인하는 순간, 불현듯 머릿속에서는 그때 습지대에서 배를 타던 내 모습이 죽은 아기를 배에 품은 채 유어들의 시체에 둘러싸여 있는 모습으로 바뀌어 떠올랐다.

아이를 가질 수 없는, 스스로를 자연으로부터 버림받은 존재라 여기던 절망감이 내 마음속에서 사라지고, 생식 능력을 잃은 생명체들과의 교감이 움터 오른 것은 바로 그때였다. 내가 방대한 생태계의 일부이며, 이 생태계 안에서 아주 많은 우리(인간이나 인간이 아닌 생명체나 똑같이)가 새로운 생명체를 창조하기 위해 고된 싸움을 벌이고 있다는 깨달음이었다.

어른만 존재하는 나라

우리 문화는 생명권과 태아의 권리에 대해 많은 관심을 보이지만, 특별히 취약한 존재인 유생이나 유아에 대해서는 큰 관심을 기울이지 않는다. 약품과 화학 물질의 안전성 여부를 따지는 유해성 평가 과정 대부분도 성인에게 미치는 영향에 초점을 맞춘다. 생물학자 샌드라 스타인그래버는 이렇게 말한다. 〈모든 규제 시스템은 모든 인류가 생물학적으로 중년의 나이에 도달한 사람이라는 가정을 전제로 한다. (……) 예컨대 1990년대 이전까지 방사선량 기준치는 키 173센티미터, 몸무게 70킬로그램의 백인 남성을 기준으로 한 것이었다.〉 미국에서 대량으로 생산되는 화학 제품의 4분의 3 이상이 태아나 유아에 대한 유해성 평가를 거치지 않는다. 말하자면 생후 1개월에 몸무게 9킬로그램의 여자아이나 수정 9주째인 5백 그램의 태아에게 어떤 영향을 미치는지는 전혀 고려하지 않은 채 생산 승인이 이루어진다는 이야기다.[7]

어떤 집단에서 불임과 유아 질환에 걸린 집단이 늘어났다면, 이는 훨씬 많은 사람들의 건강이 위험에 처해 있음을 드러내는 초기 현상인 경우가 많다. 사실 오래전부터 프래킹과 관련하여 수질과 대기질의 안전성 문제가 제기되었지만, 프래킹이 인간의 건강에 심각한 영향을 미친다는 확실한 증거가 없다는 것이 일반적인 인식이었다. 그러나 2014년 4월 콜로라도 대학 공중 보건 대학과 브라운 대학의 연구자들은 프래킹이 대대적으로 진행되고 있는 콜로라도 주 농촌 지역의 출산 결과에 관한 연구를 발표했다. 이에 따르면 천연가스 채취정이 집중된 지역에 거주하는 여성들은 채취정이 없는 지역에 거주하는 여성들에 비해 선천적으로 심장에 결함이 있는 아기를 출산하는 비율이 30퍼센트나 높았다. 높은 수준의 천연가스에 노출된 여성이 신경 계통에 결함을 지닌 아기를 출산할 위험성이 높다는 것도 확인되었다.[8]

비슷한 시기에 열린 미국 경제 학회American Economic Association 연례 총회 때 마련된 토론회에서 프린스턴 대학과 컬럼비아 대학, MIT의 학자들은 2004년부터 2011년 사이 펜실베이니아 주의 신생아 출생 자료를 근거로 미출간 연구 보고서의 기초 연구 결과를 발표했다. 뉴스 에 이전시 〈블룸버그 뷰Bloomberg View〉의 마크 화이트하우스(이 토론회를 방청한 몇 안 되는 언론인 중 한 사람이다)는 이런 기사를 썼다. 〈이들은 프래킹 채취정 인근에 거주하는 산모가 저체중아를 출산할 확률이 절반 이상 높아져서, 산모 중 적게는 약 5.6퍼센트에서 많게는 9퍼센트에 이른다는 것을 확인했다. 신생아의 신체적 상태를 확인하는 아프가 점수apgar score가 낮게 나올 확률은 약 두 배 이상 높았다.〉[9]

이처럼 유아 건강에 미치는 유해성은 극심한 오염 물질을 배출하는 화석 연료 산업 인근 지역의 공동체에서 흔히 확인된다. 예컨대, 캐나다의 공업 도시 사니아 남쪽에 거주하는 암지우낭 원주민 공동체는 남아 출생률 급감 현상으로 과학계의 큰 관심을 끌고 있다. 1993년까지 이 소규모 원주민 공동체의 신생아 통계 자료에서는 캐나다 평균 통계와 비슷하게 남아 비율이 여아 비율보다 약간 높았다. 하지만 〈케미컬 밸리 Chemical Valley〉라는 별명이 붙은 석유 화학 단지 인근에 거주하는 기간이 길어지면서 변화가 나타났다. 2003년 무렵 이곳 보육 시설에는 여아가 다수를 차지했고, 남아들로만은 야구나 하키 팀을 꾸릴 수 없는 상황이 몇 년이나 계속되었다. 신생아 출생을 연구한 자료를 보면, 1993년부터 2003년까지 암지우낭에서 태어난 남아의 수는 여아의 절반에 불과하다. 특히 1999년부터 2003년까지 태어난 신생아 가운데 남아의 비율은 35퍼센트로, 2009년 잡지 『맨스 헬스Men's Health』의 어느 기사는 이와 관련해 〈지금껏 발표된 남아 비율 가운데 가장 급격하게 감소하고 있다〉고 전했다. 여러 연구에 따르면, 일반적으로 유산을 경험하는 여성의 비율은 약 20퍼센트인데 비해 암지우낭 여성의 경우는 무려 39퍼센트에 달했다. 2013년에 발표된 또 다른 연구는 이 지역 여성들과 아동들의 폴리염화바이페닐의 체내 잔류량이 평균보다 훨씬 높다는 점을 언급하며 호르몬을 교란시키는 화학 물질이 이 같은 결과를 초래했을 수 있다고 지적했다.[10]

루이지애나 주 레이크 찰스 인근, 아프리카계 미국인들이 오래전부터 집단으로 거주해 온 모스빌에서도 나는 이와 비슷한 불임 공포 이야기를 들었다. 최근 몇 년 사이 2천 가구 중 절반 이상이 이곳을 떠났다. 멕시코 만에서 채취한 원유와 가스를 이용해 석유와 플라스틱, 화학 물질을 제조하는 대규모 산업 단지가 인근에 들어서서 극심한 오염 물질을 내뿜고 있기 때문이다. 모스빌은 환경 인종주의의 대표적인 희생양이다. 이곳은 해방된 노예들이 설립한 곳으로, 인근의 습지대에서 번창하던 수렵과 어업 덕분에 주민들은 한동안 편안한 생활을 향유했다. 하지만 1930년대와 1940년대에 루이지애나의 정치인들이 세금 우대 정책을 통해 석유 화학 및 기타 산업을 적극적으로 유치하면서 모스빌에 인접한 곳, 심지어는 주민들의 집에서 불과 1백여 미터 떨어진 곳까지 대규모 공장들이 차례차례 들어섰다. 지금은 미국 최대의 비닐 생산 공장을 포함해서 화학 공장과 석유 정제 공장 열네 채가 모스빌을 둘러싸고 있다. 금속 파이프로만 이루어진 꼴사나운 구조물들은 웅장한 대성당의 첨탑처럼 우뚝 선 채 위험한 화학 물질을 내뿜는다. 기계들은 야간에도 요란스러운 소리와 함께 휘황한 불빛과 화염을 밤하늘로 내뿜으며 하루 24시간 오염 물질을 배출한다.[11]

화학 물질 유출 사고는 다반사고 폭발 사고도 자주 일어난다. 하지만 사고 없이 정상적으로 가동되는 경우에도 이 공장들은 연간 약 2천 톤의 유독성 화학 물질을 인근 토양과 대기, 지하수에 쏟아붓는다.[12] 나는 모스빌을 방문하기 전에 이미 이곳에 암과 호흡기 질환이 만연하며, 일부 주민들에게선 미국 평균보다 세 배나 높은 다이옥신 체내 잔류 농도가 확인된다는 사실을 알고 있었다. 하지만 유산과 자궁 절제 수술, 선천적 기형에 관한 이야기를 들은 것은 그곳을 방문했을 때였다.

오랫동안 화학 산업 반대 투쟁을 벌이다가 결국 그 마을에 있던 집을 버리고 레이크 찰스로 이주할 수밖에 없었던 데브라 라미레즈는 모스빌을 〈화학 물질로 가득 찬 자궁〉이라고 묘사하면서 〈우리는 이 자궁 안에서 죽어 가고 있다〉고 말했다. BP 원유 유출 사고로 인한 수생 생태계의 생식 교란 현장에 다녀온 지 얼마 되지 않은 터라, 나는 〈유독성 화학 물질로 가득 찬 자궁〉이라는 표현을 듣는 순간 섬뜩함에 몸서리를 쳤다. 라미레즈 가족들이 겪어 온 질병의 역사까지 듣고 나자 섬뜩함은 더욱 짙어졌다. 라미레즈는 30년 전 자궁 절제술을 받았고, 그녀의 여동생 둘과 딸 역시 자궁 절제술을 받았다. 그녀는 말했다. 「대물림을 해가며 이 수술을 받은 셈이죠.」 한 가계에서 다섯 명이나 자궁 절제술을 받았으니 유전적인 불운이라고 생각할 수도 있다. 그러나 라미레즈는 CNN 방송의 산제이 굽타가 〈독성 물질에 오염된 마을〉이라는 주제로 이 마을 주민 회관에서 진행했던 특집 방송 영상의 일부를 내게 보여 주었다. 라미레즈가 마을을 찾아온 통신원에게 〈이 지역 젊은 여성들 대부분이 그랬듯이〉 자신 역시 자궁 전체를 들어내는 수술을 받았다고 말하는 장면이었다. 굽타가 주민 회관에 모인 여성들에게 자궁 절제술을 받았느냐고 묻자, 많은 여성들이 고개를 끄덕이며 그렇다고 대답했다. 많은 연구자들이 유독성 물질이 모스빌 주민 건강에 미치는 유해한 영향을 조사하고 있지만, 생식 능력에 미치는 유해성을 자세히 파헤치는 연구는 아직까지 진행된 바가 없다.[13]

　이것은 그리 놀라운 일이 아니다. 우리 문화는 생식 능력(인간뿐 아니라 다양한 생명체들의 생식 능력)을 보호하는 일에는 그다지 관심을 기울이지 않는다. 거액의 돈과 최첨단 기술은 오히려 생태계 순환을 방해하는 관행에 적극적으로 투입되고 있다. 오늘날 세계로 확산된 농업 모델은 생태계의 근간인 종자를 저장하는 전통적 관행을 불법으로 규정하기 때문에 농민들은 해마다 새로운 종자를 구입해야 한다. 세계로 확산된 에너지 모델 역시 물보다 화석 연료를 더 중요하게 여긴다. 모든 생명체가 시작된 곳이자, 모든 생명체가 생존을 위해 반드시 필요로 하는 것이 바로 물인데도 말이다.

또한 우리 경제 시스템은 여성의 재생산 노동을 소중하게 여기지 않으며, 돌봄 노동자들과 교사들에게 형편없는 임금을 지급한다. 일반적으로 여성의 재생산 노동에 관한 이야기가 화제에 오르는 것은 남성들이 그것을 규제하려고 들 때뿐이다.

BP 유출 사고와 뻥 뚫린 공백

산업 활동이 재생산에 미치는 영향을 무시한다는 점에서, 인간보다 취약한 생명체들은 훨씬 극심한 푸대접을 받는다. 멕시코 만 유출 사고 이전에 BP가 제출했던 환경 영향 평가 보고서에서도 뚜렷이 드러나는 현상이다. BP는 심해 시추 승인을 얻어 내기 전에, 원유가 유출될 경우 생태계에 미칠 영향을 평가하는 신빙성 있는 보고서를 제출해야 했다. 사업의 위험성을 최대한 축소하여 평가하는 것이 화석 연료 산업의 전형적인 특징 가운데 하나인 만큼 이 회사는 원유가 유출되어도 성체가 된 어패류는 오염되지 않은 곳으로 피해 가거나 〈탄화수소 대사 과정〉을 수행하여 생명을 유지할 수 있고, 돌고래 같은 해양 포유류는 약간 〈스트레스〉를 받을 뿐이라고 자신 있게 예측했다.[14] 이 보고서에서 〈알〉, 〈유어〉, 〈태중의 새끼〉, 〈치어〉라는 단어들은 찾아볼 수 없다. 바꿔 말하면, 우리가 사는 세계에서는 모든 생명체가 하나같이 성체 상태에 있다는 가정을 기본 전제로 삼고 있다.

아니나 다를까, 이 가정은 결국 비극을 빚어냈다. 사고 초기에 우려했던 것처럼 BP 유출 사고가 미친 지속적인 영향 가운데 손꼽히는 것은 바로 해양 생태계의 생식 능력 쇠퇴 위기다. 멕시코 만의 일부 지역에서는 이런 위기가 수십 년 뒤까지 이어질 것으로 예측된다. 유출 사고가 일어나고 2년 뒤, 플로리다 주 펜사콜라에서 붉은도미와 그루퍼를 주로 낚는 도니 워터스는 〈작은 물고기의 수가 부쩍 줄었다〉고 말했다. 여기서 그가 말한 〈작은 물고기〉란 유출 사고 당시 유어 단계에 있었을 어린 물고기들을 이른다. 상업적인 어획에서는 어린 물고기를 잡지 않기 때문에 당장에는 어획량에 큰 문제가 나타나지 않는다. 하지만 개인 어업으로 펜사콜라 지역 어획량의 큰 부분을 차지하고 있는 워터스는, 시간이 흘러 2016년이나 2017년 말 무렵(이 작은 물고기들이 성체에 도달할 시기)이 되면 그와 동료들은 〈아무것도 없는 빈 낚싯줄〉을 잡아당겨야 할 거라고 걱정했다.[15]

루이지애나와 미시시피의 피해 지역에서 새우와 게, 굴을 잡는 어민들 역시 유출 사고가 일어나고 1년 뒤에야 어획량이 급감했다는 이야기를 하기 시작했다. 일부 어민들에 따르면, 암게가 상대적으로 줄고 번식기에 잡힌 암게의 배 속에 알이 들어 있지 않은 경우가 많았다고 한다(일부 어패류의 어획량이 늘어났지만, 알을 품지 않았거나 전보다 적은 양의 알을 품은 게들이 많다는 소식이 계속 들려온다. 새우와 굴을 잡는 어민들 역시 새우와 굴의 재생산 능력 쇠퇴를 방증하는 증거를 속속 확인하고 있다).[16]

아직까지 정확한 연구 결과가 나오지 않았으므로 이러한 생식 능력 쇠퇴가 원유 유출의 결과라고 단언할 수는 없다. 하지만 어민들이 전하는 소식을 뒷받침하는 과학적인 자료들은 계속 늘어 간다. 예컨대 어느 연구에서 연구자들은 유출 사고 뒤에 굴을 채집하여 조사한 결과 원유에 포함된 세 가지 중금속의 잔류 농도가 비정상적으로 높고, 채집한 굴의 89퍼센트에서 재생산을 저해하는 것으로 알려진 스트레스성 조직 변성이 나타났음을 확인했다. 조지아 기술 연구소 연구원들은 BP 원유와 유화제 코렉시트Corexit가 섞인 용액이 로티퍼rotifers(먹이 사슬의 하층을 형성하는 동물성 플랑크톤으로 하구에 사는 치어와 새우, 게의 먹이가 된다)에 미치는 영향을 검사한 결과, 극소량의 혼합물에 노출된 경우

에도 〈로티퍼의 부화 능력이 절반이나 감소한다〉는 사실을 확인했다.[17]

무엇보다도 큰 걱정을 불러일으키는 것은 캘리포니아 대학 데이비스 캠퍼스의 생물학 교수 앤드루 화이트헤드가 내놓은 연구 결과다. 그는 동료들과 함께 BP 원유가 멕시코 만 습지의 대표 어종인 킬리피시(피라미처럼 크기가 작다)에 미친 영향을 조사하는 일련의 연구를 진행하며 킬리피시 알이 BP 원유에 오염된 침전물(그리고 유출 사고 1년 후에 채집된 침전물 샘플)에 노출되었을 때 어떤 결과가 나타나는가를 확인했다. 〈이 알들은 큰 타격을 받는다. (……) 크기가 커지지 않고 조직도 형성되지 않아 정상적으로 부화하지 않는다. 심장 혈관계 발달 장애로 인해 정상적인 형태의 심장이 만들어지지 않는다.〉[18]

사라진 물고기 따위는 뉴스거리도 되지 않는다. 사진이 없고, 워터스가 걱정한 대로 낚싯줄에 걸려 나오는 것이 아예 없기 때문이다. 하지만 2011년 초에 일어났던 새끼 돌고래의 대량 폐사 사건 같은 경우는 사정이 다르다. 미국 해양 대기 관리처 산하 수산청의 발표에 따르면, 2월 한 달 동안 새끼 돌고래 서른다섯 마리의 사체가 멕시코 만 해안과 습지로 떠밀려 왔는데, 이는 평상시보다 열여섯 배나 많은 숫자였다(일반적으로 2월에 발견되는 새끼 돌고래의 사체는 두 마리 정도다). 2014년 4월 말까지는 무려 235마리의 큰돌고래 새끼 사체가 발견되었다. 과학자들의 견해에 따르면 해안에서 떠밀려 와 발견되는 고래류 사체의 수는 〈실제로 사망한 고래류 사체의 수〉의 2퍼센트에 지나지 않는다.[19]

돌고래 사체를 조사한 미국 해양 대기 관리처 소속 과학자들이 확인한 바에 의하면 그중 일부는 사산한 새끼의 사체이며, 일부는 출생 후 며칠 만에 사망한 것이었다. 미시시피 주 걸프포트에 위치한 해양 포유류 연구소Marine Mammal Studies의 사무총장으로 이 사건의 조사에 참여했던 모비 솔란지는 〈이 동물들이 태중에서 사망하거나 생존하기 어려울 만큼 허약하다는 건 대단히 큰 이변이다〉라고 말했다.[*20]

새끼들의 사체가 확인된 시기는 BP 유출 사고가 일어난 이후 큰돌고래들의 첫 출산 시기와 일치했다. 큰돌고래 어미는 새끼를 배 속에 12개월 동안 품고 있어야 하는데, 사체로 발견된 새끼들을 품었던 어미들은 이 12개월 가운데 상당한 기간 동안 원유와 화학적 유화제로 오염된 물 속에서 헤엄치고, 호흡을 위해 수면으로 올라올 때마다 오염된 공기를 흡입했을 가능성이 크다. 탄화수소의 대사 활동에 체력을 소모한 돌고래들은 박테리아와 질병의 공격을 이겨 내지 못할 만큼 허약한 상태가 되었을 것이다. 미국 해양 대기 관리처 소속 과학자들은 루이지애나 주 해안에 떠밀려 온 돌고래 사체 스물아홉 마리를 부검한 결과, 폐 질환 증세가 심각할 뿐 아니라 신장 기능 부전과 스트레스를 이겨 내는 면역 능력의 지표로 여겨지는 코르티솔cortisol 호르몬의 농도가 지나치게 낮다는 것을 확인했다. 이들은 어미 돌고래의 사체 안에서 임신 5개월째에 사산한 새끼 돌고래를 발견하기도 했다. 그때까지 과학계의 문헌에 기록된 바 없는 극히 드문 사건이었다. 2013년 말 이러한 내용의 논문을 발표하며 로리 슈와케는 이렇게 말했다. 〈건강 상태가 이 정도로 나쁘고 부신 호르몬 등이 비정상적인 동물들의 비율이 이 정도로 높은 건 처음 보았다.〉 이 연구와 관련해서 해양 대기 관리처는 돌고래들이 〈생존과 재생산 능력 쇠퇴에 직면하게 될 가능성이 높다〉고 경고했다.[21]

돌고래들이 재생산 시기에 직면했던 스트레스는 BP 유출 사고만이 아니었다. 2010년에서 2011년으로 넘어가던 겨울, 이 지역에는 이례적인 폭설이 발생했다. 과학자들은 이를 기후 변화와 관련한 것으로 평가한다. 거대한 설빙 고원이 녹으면서 대량의 담수가 멕시코 만에 쏟아져 들어왔다. 따뜻한 염수에 익숙해진 포유류에게는 위험할 정도로 바닷물

* 돌고래 급사 현상은 어린 새끼에만 국한되지 않는다. 2014년 4월 말까지 멕시코 만 해안에서는 다양한 연령대의 돌고래 1천 마리 이상이 사체로 발견되었는데, 미국 해양 대기 관리처의 표현을 빌리자면 이는 〈이례적인 폐사 사건의 일부〉일 뿐이다. 사체로 발견된 돌고래들은 폐사한 돌고래들 중에서도 극히 일부에 지나지 않는다는 것이다.

의 염도와 온도가 낮아졌고, 기름과 유화제 오염까지 겹치면서 돌고래를 비롯한 고래류는 더 큰 충격을 받았다. 도핀 섬 해양 연구소Dauphin Island Sea Lab의 해양 과학자 루스 카마이클은 이렇게 설명한다. 〈화물 열차처럼 돌진해 온 차가운 담수가 치명적이었을 것이다. 이미 허약해져 있던 돌고래들에게 결정타로 작용한 듯하다.〉[22]

그야말로 화석 연료 경제가 날리는 연속 펀치다. 채취 과정에서의 실수로 매장지에서 기름이 누출되는 것도 치명적이고, 채취가 제대로 진행되어 탄소가 대기 중에 배출되는 것도 치명적이다. 그해 겨울 멕시코 만에서 그랬던 것처럼 이 두 경우가 하나의 생태계 안에서 결합하면, 그야말로 대재앙이 펼쳐진다.

온난화된 세계와 꺼져 가는 생명

기후 변화는 이처럼 각종 생물 종 내부에 스트레스를 유발시켜 생존의 가장 중요한 수단, 즉 새로운 생명을 생산하여 유전학상의 혈통을 잇는 능력을 빼앗는다. 가장 허약한 시기인 발생 초기, 즉 수정란 단계나 태아 단계 혹은 산란기와 번식기에 생명의 불꽃이 꺼져 가는 것이다.

바다거북은 수천만 년 전에도 생존했고 공룡을 멸종시킨 소행성 충돌도 버티고 살아남은 종이지만, 오늘날 큰 곤경에 몰려 있다. 암컷이 알을 낳아 묻어 두는 모래밭이 지나치게 뜨거워지고 있기 때문이다. 때로는 많은 알들이 아예 부화되지 못한 채 말라 가고, 부화되는 경우에도 알에서 나오는 것은 대부분 암컷이다. 특정한 종류의 산호 역시 기후와 관련한 재생산 위기에 직면해 있다. 수온이 섭씨 34도를 넘어서면 알은 성장을 멈춘다. 또한 먹이를 구하기도 어려워져 산호는 자신이 내뿜은 알과 정충을 다시 빨아들인다.[23]

오리건 주와 워싱턴 주에 인접한 퍼시픽 코스트에 서식하는 굴 또한 최근 대단히 빠르게 진행되는 해수 산성화로 곤경에 처해 있다. 굴 유생들이 딱딱한 껍데기를 형성하지 못한 채 대량 폐사하는 것이다. 미국 해양 대기 관리처 소속 해양학자 리처드 필리는 이렇게 설명한다. 「대량 폐사가 시작되기 전까지 우리는 성체에 도달한 많은 생물들이 해수 산성화에 민감하다는 지식만 갖고 있었습니다. 유생 단계에 있는 이런 생물들이 이 문제에 훨씬 민감하다는 걸 당시엔 알지 못했어요.」 2014년 브리티시컬럼비아에서 발생한 가리비 대량 폐사도 같은 원인에서 비롯되었다. 이 지역 최대 규모의 가리비 양식장에서 밝힌 바에 따르면, 그곳에서만 가리비 1천만 마리가 폐사했다.[24]

육지에서도 기후 변화는 어린 생명체들에 가장 먼저, 가장 심한 충격을 준다. 예컨대 웨스트그린란드에서는 순록 새끼의 출생률과 생존율이 크게 감소하고 있다. 온도 상승으로 번식기와 수유기의 어미 순록은 물론 새끼 순록의 주식이 되는 풀의 생장 패턴에 변화가 일어났기 때문이다. 유럽 일부 지역에서는 새끼 새의 먹이가 되는 애벌레의 부화 시기가 앞당겨지는 바람에 알락딱새 같은 조류의 개체 수가 급감하고 있다. 메인 주에서도 새끼 새들의 주된 먹이인 작은 물고기들이 수온이 낮은 곳으로 이동함에 따라 북극제비갈매기 새끼들이 굶주려 죽어 간다. 캐나다 허드슨 베이에서는 영구 동토층이 녹아내리면서 흰곰이 서식하는 굴이 무너지고 어린 새끼들이 심각한 위협에 노출되었다.[25]

기후 변화가 생명체 재생산과 어린 생명체에 미치는 영향을 탐구하는 과정에서, 나는 울버린 새끼(얼음이 녹으면 성체 울버린이 얼음 속에 먹이를 저장할 수 없다)와 매 새끼(비정상적인 폭우가 내리면 저체온증에 걸리거나 물에 잠겨 죽는다), 북극 고리무늬물개 새끼(흰곰의 굴처럼 눈 속에 마련된 이들의 보금자리가 영구 동토층의 융용으로 무너지고 있다) 등 다양한 종의 새끼들을 위험으로 몰아넣는 사례들을 무수히 확인했다.[26] 여기에는 당연하고도 뚜렷한 패턴이 있다. 아주 어린 새끼들은 성체보다 훨씬 큰 타격을 입는다. 극히 미세한 환경 변화도 새끼들에게는 엄청난 위협이 된다. 그리고 동물들이 스트레스에 노출되는 경우 가장 먼저 쇠퇴하는 것은 생식 기능이다. 하지만 내가 이런 연구에서 가장 큰 충격을 받았던 것은, 대부분의 전문가들조차 이 모든 사실을 전혀 예측하지 못했다는 점이다.

어찌 보면 당연한 일이다. 우리는 흔히 성체와 유생을 가리지 않고 어느 한 종 혹은 여러 종 전체에 영향을 미치는 과정만을 멸종과 연관 짓는다. 예컨대 공룡을 멸종시킨 소행성 충돌 사건이나 씨가 마를 때까지 동물 성체와 그 새끼를 사냥했던 우리 선조들의 습성 같은 것들 말이다. 물론 지금도 여전히 그런 식으로 특정한 종들을 멸종시킨다. 그러나 화석 연료의 시대 이후로는 훨씬 더 은밀한 방법으로 지구 생태계의 생명력을 쇠퇴시키게 되었다. 요컨대 우리는 성체가 지닌 재생산 능력을 손상시키고, 더 나아가 초기 단계의 생명체들이 생존하기 어려운 환경을 조성하고 있다. 사체는 보이지 않고, 뻥 뚫린 공백만 있을 뿐이다. 그 공백은 갈수록 넓어진다.

휴한기

불임 클리닉 진료를 중단하고 몇 달 뒤에, 나는 한 친구에게서 몇몇 주변 사람들의 임신에 도움을 준 자연 요법 의사를 만나 보라는 권유를 받았다. 이 의사는 많은 여성들이 뚜렷한 의학적 이유 없이 불임으로 고통받는 이유에 대한 나름의 이론을 가지고 있었는데, 이는 그때껏 내가 접했던 것들과는 근본적으로 달랐다.

그녀의 주장에 따르면 임신이란 우리가 스스로의 육체에게 요구할 수 있는 가장 혹독한 시련 가운데 하나이며, 이것이 거부된다는 것은 대개 육체가 여러 가지 다른 상황 — 우리를 거의 지속적인 〈투쟁 혹은 도피〉 상태에 가둬 두는 극심한 스트레스, 독성 물질이나 알레르기 유발 물질을 대사하는 과정에서 생기는 육체적 스트레스, 아니면 현대 생활이 유발하는 각종 스트레스(때로는 이 모든 것이 중첩된 상황) — 에 직면해 있음을 뜻한다. 이처럼 현실적이고 인지된 위협들을 방어하는 일에 전력을 기울이는 동안, 육체는 새로운 생명을 잉태하고 육성하는 데 투입할 여분의 에너지가 없다는 신호를 보낸다.

대부분의 불임 클리닉은 이런 육체의 저항을 진압하기 위해 약품과 기술을 사용하고, 이 조치로 효과를 보는 사람들도 있다. 하지만 이와 같은 조치가 항상 효과를 내진 않으며, 오히려 조치 이전보다 스트레스 수준과 호르몬 불균형이 극심해지는 여성들도 많다. 자연 요법은 모든 면에서 이와는 반대되는 방법을 제안한다. 즉, 내게 무리를 주는 요인이 무엇인지 찾아내서 그것을 제거하고, 호르몬 시스템이 건강과 균형을 회복해 태아에게 강력한 환영의 신호를 보내기를 기다리자는 것이다.

몇 가지 검사를 통해서 나는 미처 알지 못했던 여러 가지 알레르기성 질환과 부신 기능 저하, 그리고 코르티솔 수치가 정상보다 낮다는 진단 (이상하게도 이것은 해양 대기 관리처의 과학자들이 멕시코 만에서 사체로 발견된 돌고래를 조사하여 내린 진단과 똑같았다)을 받았다. 의사는 내게 일상생활과 관련하여 여러 가지 질문을 던졌다. 그중에는 지난 1년간 항공 여행을 몇 시간이나 했느냐는 질문도 있었다. 「그건 왜 물으시죠?」 나는 불안한 마음에 조심스레 반문했다. 「방사능 때문입니다. 항공기 승무원들과 관련해서 항공 여행이 생식 능력에 좋지 않은 영향을 미칠 수도 있다는 연구 결과가 나오고 있습니다.」 충격이었다. 항공 여행이 대기뿐만 아니라 내 몸에도 독성 물질을 주입하고 있었다니![27]

솔직히 나는 이 새로운 접근 방식을 통해 임신에 성공하리라고는 전혀 기대하지 않았고, 이 주장에 확실한 과학적 근거가 있다는 믿음도 없었다. 불임의 원인으로 스트레스를 꼽는 이론에는 오랜 수치의 역사가 있다. 〈마음 편히 가져.〉 아주 오래전부터 임신을 하지 못하는 여성들이 들어 온 말이다(바꿔 말하면, 〈다 네 탓〉이라는 얘기다).* 하지만 억측에 근거한 진료 활동으로 대단히 높은 수익을 올리는 생식 공장의 의사들을 경험한 뒤 만난 이 의사는, 그야말로 신선했다.[28] 내 몸이 거부하는 일을 억지로 강요하는 대신 내가 임신을 하지 못하는 이유를 알아내기 위해 노력하는 사람은 처음이었다. 괜한 헛수고가 아닐까 하는 의심이 솟구치는 순간, 지구 온난화 문제를 다룬 유명한 만화가 머릿속에 떠올랐다. 기후 정상 회의에서 한 남자가 일어나서 질문을 던진다. 〈만에 하나 지구 온난화가 죄다 허풍이라면, 그래서 세상을 더 살기 좋게 만든 우리의 노력이 말짱 헛일이라면 어쩝니까?〉 부신 호르몬 어쩌고 하는 이야기가 모두 허풍이라 해도 손해 볼 것은 없었다. 내 몸이 더 건강해지고 스트레스가 줄어든다면 어쨌든 좋은 거니까.

그래서 나는 할 수 있는 모든 일을 했다. 요가도 하고, 명상도 하고, 식습관도 바꾸었다(이런저런 비법들을 활용하고 밀가루, 글루텐, 유제품, 설탕을 멀리하느라 늘 전쟁을 벌여야 했다). 침도 맞고 한약도 먹었다. 부엌 식탁은 각종 분말류와 영양제 진열장이 되었다. 토론토 시내의 집을 버리고 브리티시컬럼비아의 전원 마을로 이사도 했다. 가장 가까운 도시에 가려면 배를 타야 하고, 가장 가까운 철물점에 가려면 차를 몰고 20분을 달려야 하는 곳이다. 내 부모님이 살고 내 증조부모님이 묻혀 계신 곳. 나도 그곳을 삶의 터전 삼아 머물러 보고 싶었다.

그곳에서 지내다 보니 어느덧 나는 지저귀는 소리만으로도 10여 종류의 새들을 구별할 수 있게 되었고, 수면에 이는 잔물결만으로도 바다 포

---

* 2014년 5월 『휴먼 리프로덕션 *Human Reproduction*』지에 발표된 새로운 연구는 스트레스와 불임 사이의 강력한 상관관계를 밝힌다. 생식 기능에 뚜렷한 결함이 없는 상태에서 임신을 시도하고 있는 미국 여성 5백여 명을 추적·조사한 결과, 타액에서 채취된 알파아밀라아제 *alpha-amylase*(스트레스에 대한 생물학적 지표) 수치가 높은 여성은 그 수치가 낮은 여성에 비해 불임 진단을 받을 확률이 두 배나 높았다.

유류의 종류를 구별할 수 있게 되었다. 이 생명체들이 죄다 사라지고 없다면 지독한 슬픔을 느꼈을 텐데 덕분에 아름다운 순간을 만끽할 수 있으니 너무나 고맙다는 생각이 들기도 했다. 내 지갑에 들어 있는 골든 카드(항공 여행이 잦은 고객이라는 증서)는 10년 만에 처음으로 유효 기한이 만료되었다. 나는 기뻤다.

물론 여전히 연구를 목적으로 여행을 다녔다. 그러면서 나는 새로 만난 의사의 불임 관련 이론과, 파멸을 모면하기 위해 인류가 반드시 이뤄내야 할 변화들 사이에 여러 가지 공통점이 있다는 사실을 자주 실감하게 되었다. 의사의 충고를 한마디로 요약하면, 다른 인간을 돌볼 능력을 가지기 위해서는 우선 자기 자신을 돌보아야 한다는 것이었다. 그녀는 서양 의학계를 평정한 〈더욱 강하게 밀어붙이자〉는 식의 기계론적 접근 방식 대신, 나 스스로 안식할 수 있는 시간을 가지라고 충고했다.

내 안식처를 떠나 캔자스 주 설라이나에 있는 〈토지 연구소Land Institute〉를 방문했을 때, 그 충고가 떠올랐다. 그곳은 최첨단 생태 농법 연구 분야에서 대단히 흥미로운 성과를 올리고 있는 생생한 현장이었다. 이 연구소의 설립자이자 소장인 웨스 잭슨은 〈1만 년 동안 지속되어 온 농업의 문제〉를 해결하고자 노력하고 있었다.[29] 그는 인류가 씨앗을 뿌려 농사를 짓기 시작한 이후 줄곧 토양의 산출력을 쇠퇴시켜 온 것이 문제라고 지적했다.

인간이 개입하지 않으면 다양한 식물이 다양한 방식으로 서로 뒤섞여 자라나며, 다년생 식물이 생명을 이어 가듯 해마다 자신의 종자를 퍼뜨리고 뿌리를 더욱 깊게 뻗는다. 다양한 식물들이 뒤섞인 채 원래의 자리를 지킴으로써 토양은 건강과 안전성, 비옥함을 유지한다. 식물의 뿌리가 토양을 굳건하게 잡아 주기 때문에 식물이 뿌리내린 토양은 그렇지 않은 토양보다 빗물을 훨씬 더딘 속도로 안전하게 흡수하고, 섞여 자라는 서로 다른 식물들이 서로 다른 기능을 통해 토양의 산출력을 강화할 뿐 아니라(콩과 식물과 토끼풀 같은 일부 식물들은 생장에 필수적인 질소 유지 기능이 탁월하다), 해충과 침입성 잡초를 억제하는 기능을 한다.

식물들이 자연적으로 분해되고 천연 비료가 되어 새로운 식물들의 생장을 돕는 생명 순환 과정이 끊임없이 되풀이되는 것, 이것이 바로 스스로를 지탱하는 자립적인 순환 과정이다. 철학자이자 농부인 웬들 베리에 따르면, 이런 순환 과정을 유지하는 것이 인류와 자연 관계의 핵심이 되어야 한다. 〈지속 가능성 문제는 간단히 논할 수 있다. 탄생, 성장, 원숙, 죽음 그리고 부패로 이루어지는 생식의 순환 과정이 끊임없이 계속되어야만 한다. 그래야 복원의 법칙이 유지되며 모든 낭비가 사라진다.〉[30] 간단한 해법이다. 생식 능력을 존중하는 것. 생식 능력이 계속 발휘될 수 있게 하는 것.

하지만 인간이 해마다 땅을 갈아엎는 단일 작물 경작을 시작하면서 생식 능력 상실이라는 문제가 고개를 들었다. 1년생 식물의 수분 보유 능력을 만회하기 위해 산업형 농업은 대대적인 관개 농법을 채택하고(하지만 담수 부족은 갈수록 심해지고 있다), 양분을 공급하고, 침입성 해충과 잡초를 방제하는 용도로 화학 물질을 투입한다.

농업 용수의 유입으로 방대한 면적의 해양 저산소 지대가 형성되는 등, 산업형 농업은 여러 가지 새로운 환경 문제와 건강 문제를 빚어낸다. 바꿔 말하면, 우리는 토양 산출력 문제를 해결하는 대신 이 문제를 몰아붙여 대지의 위기를 해양의 위기로 전환시키는 셈이다. 생식 능력 감퇴의 연쇄 사슬은 점점 확장되고 있다. 산업형 농업에 쓰이는 일부 화학 물질은 생물체의 내분비계 장애를 일으킨다. 연구에 따르면, 제초제 아트라진*atrazine*은 양서류, 어류, 파충류, 설치류의 생식 불능뿐 아니라 수컷 개구리를 난데없이 암컷 개구리로 바꾸는 등 괴이한 성전환을 일으키기도 한다. 아트라진 제조업체는 아무런 연관이 없다고 주장하지만, 이런 화학 물질은 선천적 기형아 출산과 유산의 증가와도 깊은 관련이 있다.

자연계의 중요한 수분(受粉) 매개자인 꿀벌 역시 세계 전역에서 위기를 맞고 있다. 전문가들에 따르면, 꿀벌은 화학 물질 의존 농법이 낳은 또 하나의 희생양이다.[31]

많은 전통 농업 사회들이 1년생 작물을 경작하면서도 토양의 산출력을 유지할 수 있는 방법들을 개발해 왔다. 예컨대, 옥수수를 주로 재배하는 중앙아메리카 문화권에서는 토양의 질이 복원되도록 밭에 작물을 재배하지 않는 휴한기를 두고, 여러 종류의 작물을 혼합하여 경작하는 사이사이에 질소를 유지시키는 콩과 식물을 심는다. 식물들이 야생에서 자생하는 환경을 모방한 이런 전통 농업 사회는 수천 년 동안 토양의 산출력을 성공적으로 유지해 왔다. 토양이 건강하면 탄소 격리라는 추가적인 효과가 나타나고(탄소 배출을 억제하는 효과가 있다), 혼합 경작을 하면 극단적인 폭우에 작물이 쓸려 나가는 것을 방지할 수 있다.[32]

토지 연구소의 웨스 잭슨과 그의 동료들은 이런 접근 방식을 한 단계 더 발전시킨다. 그들은 다년생 밀과 개밀, 수수, 해바라기 등을 이용해 산업 사회의 곡물 생산 방식을 개조하고자 노력하고 있다. 대규모 농업이 시작되기 전 대초원에서 풀들이 무성하게 자라났듯이, 이런 품종을 재배하면 해마다 다시 파종할 필요가 없다. 이 연구소가 펴낸 자료집은 이렇게 설명한다. 〈우리의 목표는 과거 농업이 몰아냈던 자연 생태계를 모방해 지속적으로 유지할 수 있는 농업을 만들고, (……) 외부 투입물을 만드는 제조업자들이 아니라 농민들과 환경에 이득이 돌아가는 경작 방식을 찾는 것이다. 우리는 대체 불가능한 우리의 토양을 보호하는 농업, 화석 연료와 해로운 인공 화학 물질에 대한 의존에서 벗어날 수 있는 농업의 탄생을 꿈꾼다.〉[33]

이런 노력의 성과가 서서히 나타나고 있다. 2010년 내가 처음 방문했을 때 이 연구소의 기념품점에서는 잭슨과 그의 동료들이 개량한 다년생 개밀 컨자*kernza*를 시범 수확하여 만든 밀가루를 시판하고 있었다.

그곳을 다시 찾은 것은 1년 뒤, 미국 남부 평원에 심한 가뭄이 덮쳐 막대한 작물 피해가 발생하던 시기였다. 강우량 조사 기록 이래 최악의 가뭄으로 텍사스 주의 밀과 옥수수, 수수의 수확량은 50~60퍼센트 감소하고, 농업 피해액이 70억 달러를 넘어섰다.[34] 그러나 토지 연구소가 개량한 수수 시범 경작지는 아무런 피해를 입지 않은 채 건강한 상태였다. 뿌리가 깊숙이 뻗어 있기 때문에 적은 양의 수분으로도 작물이 버틸 수 있다는 설명이었다. 인근 수십 킬로미터에 펼쳐진 농경지 가운데 그곳만은 유일하게 푸른 생명력을 뿜어내고 있었다.

　태중에 아기가 들어선 건 바로 그 무렵이었다. 임신 초기 몇 달 동안 가장 힘들었던 것은 모든 게 정상적이고 무탈하다는 믿음을 가지는 일이었다. 숱한 검사와 안심해도 좋다는 진단을 받아 놓고도 나는 여전히 비극을 맞이할 마음의 준비를 하고 있었다. 그때 산책이 내게 가장 큰 도움을 주었다. 출산이 임박한 마지막 몇 주 동안 나는 산책으로 불안감을 달랬다. 걷기가 힘들어져서, 야생 그대로인 시내를 따라 이어진 오붓한 오솔길을 오가는 게 고작이긴 했지만. 이곳에선 눈 덮인 산에서 발원한 맑은 시냇물이 절벽을 타고 흘러내려 수십 개의 웅덩이로 모여들었다가 다시 여울을 이루어 태평양으로 흘러 들어간다.
　시내를 따라 걷는 동안, 종종 나는 얕은 강에서 부화하여 몇 달 동안 성장기를 거친 뒤 은빛 광택을 내뿜으며 바다로 길을 떠나는 어린 연어들을 유심히 살펴보았다. 사력을 다해 여울과 폭포를 헤쳐 가는 은연어, 곱사연어, 첨연어의 사진을 찍기도 했다. 그들에게선 자신이 태어난 산란지인 강 상류에 도달하고야 말겠다는 결의가 느껴졌다. 나는 혼잣말을 하곤 했다. 내 아이가 품은 결의랑 똑같군. 내 아인 투사가 틀림없어.

이렇게 불리한 상황에서도 내게 올 방법을 찾았잖아. 아마 안전하게 태어날 방법까지 찾아낼 거야.

태평양 연어는 꺾이지 않는 생명력의 상징이 되기에 전혀 손색이 없다. 곰과 독수리를 능란하게 따돌리고 힘차게 도약하며 마치 무모한 카약 선수처럼 거대한 폭포를 거슬러 산란지에 이른 연어는, 생의 마지막 단계에 이르러 사명을 완수하기 위해 자신의 생명력을 남김없이 쏟아낸다. 연어의 치어는 독특한 신체적 변형 과정을 거쳐 민물에서 바다로 이동하는 데 적합한 몸을 만들고, 바다에서 생활하다가 수명이 다하기 전에 다시 강 상류로 거슬러 올라간다.

하지만 모든 연어가 이처럼 정교한 생물학적 위업을 달성하는 것은 아니다. 이따금씩 기이하게도 가을철 강에 흔한 민물고기 한두 마리와 낙엽뿐, 연어가 전혀 보이지 않을 때가 있다. 생명의 순환을 유지하려는 결의를 지구 상에서 가장 인상적인 방식으로 표현하는 뛰어난 대표 선수라 해도, 연어는 무적의 존재가 아니다. 연어의 강한 결의는 여러 가지 요인에 의해 꺾일 수 있다. 과도한 남획, 바다 기생충을 확산시키는 양식 활동, 먹이 공급을 위협하는 수온 상승, 산란지를 쓰레기로 오염시키는 무분별한 벌목, 높이뛰기 솜씨가 뛰어난 연어도 범접할 수 없는 콘크리트 댐이 그것이다. 원유 유출 사고와 각종 산업 활동 과정에서의 사고 역시 연어 서식지를 파괴한다.

이런 모든 요인이 결합된 결과, 이제는 연어 서식지로 유명한 퍼시픽 노스웨스트 지역 가운데 약 40퍼센트에 이르는 구간에서 연어를 찾아볼 수 없게 되었다. 일부 지역의 은연어, 왕연어, 홍연어 개체군은 지속적인 위협에 노출되어 씨가 마를 위기에 처해 있다.[35] 뉴잉글랜드 지역과 유럽 대륙의 상황을 검토하는 것만으로도 얼마나 많은 개체군이 사라질 위기에 처해 있는지 파악하기에는 충분하다. 한때 대서양 연어를 풍부하게 공급하던 이 지역들의 강에서는 연어가 자취를 감추었다. 인간과 마찬가지로, 언어 역시 저력을 발휘하여 지독한 불운을 극복할 수 있다. 하지만 모든 불운을 극복할 수 있는 것은 아니다.

여기에 생각이 미치면 나는 갖은 불운을 헤치고 아이를 가졌다는 행복한 결말의 이야기를 하면서도 한편으론 여전히 불안하고 찝찝한 마음이 든다. 임신에 성공했다는 내 이야기를 듣고, 누군가는 인간의 회복력이 궁극적으로는 어떤 역경도 극복한다는 이야기로 받아들일 수 있을 것이다. 그러나 그건 사실과 다르다. 나는 전에 여러 번 임신에 실패했던 이유를 짐작할 수 없는 것처럼, 이번에 내가 임신에 성공한 이유도 짐작할 수 없다. 최첨단 기술에 의존하는 방식이든, 기술적 개입을 배제하는 방식이든, 나를 진료했던 의사들도 모르긴 매한가지다. 불임은 인간이 무지의 바다에서 마주치게 되는 수많은 영역 가운데 하나일 뿐이다. 그런 만큼 나는 그저 감사할 따름이다. 인생에 아무 문제가 없었다면 아마 내 육체를 지나치게 몰아붙이는 일을 중단하지 않았을 테니까. 어쩌면 기술적 해법을 계속 따라가, 정신없이 돌아가는 생식 공장의 벽에 예쁜 아기 사진 한 장을 추가했을지도 모를 일이다.

나는 내 일부가 여전히 기름으로 뒤덮인 루이지애나의 습지에 머물러 있다는 느낌을 받는다. 싸늘하게 식어 갈 태아를 뱃속에 품은 채, 독성 물질에 희생된 유생(幼生)과 수정란의 사체로 뒤덮인 바다를 부유하는 나 자신의 모습이 연상된다. 자꾸만 그 울적한 장소로 내 마음이 돌아가는 건 자기 연민에 빠져서가 아니다. 생물학적 한계에 무모하게 도전했던 기억, 그리고 두 번째, 세 번째, 네 번째 기회를 탕진했던 기억 속에 소중한 것이 깃들어 있다는 확신 때문이다. 장벽에 부딪혔던 경험은 치유와 회복에 대한 내 믿음을 빼앗아 가기는커녕 오히려 이 소중한 선물들을 손에 넣기 위해서는 특별한 성장의 시간이 필요하며, 스스로의 힘만으로는 결코 밀어붙일 수 없는 한계를 헤아리기 위해 늘 깨어 있어야 한다는 깨달음을 주었다.

실로 인간은 놀라운 회복력을 가진 존재, 어떤 역경도 딛고 일어날 수 있는 존재다. 우리는 역경을 헤치고 살아갈 능력과 아드레날린이라는 소중한 선물, 그리고 두 번째, 세 번째, 네 번째 기회라는 호사를 허용하는 수많은 생물학적 중복성biological redundancies을 타고났다. 지구의 바다나 대기도 마찬가지다. 하지만 생존과 번성이 동의어가 아니듯, 생존과 행복 역시 동의어가 아니다. 앞서 보았듯이, 수많은 종들에게 생존한다는 것은 단순히 자양분을 공급받고 새로운 생명을 만들어 낼 수 있다는 의미가 아니다. 생태계에 관용의 사례가 많은 것은 사실이지만, 그렇다고 그 관용이 무한하다고 생각해서는 안 된다. 적절히 주의하고 관리하면 우리는 놀라울 만큼 유연하게 구부러지고 펴진다. 그러나 고장이나기도 한다. 그것은 우리의 육체도, 우리를 지탱하는 사회와 생태계도마찬가지다.

생명으로의 귀환

2013년 초 나는 우연히 미시소거 니시나베그 출신의 작가이자 교육자인 리엔 심슨의 연설을 들었다. 그녀는 자신의 부족이기도 한 아니시나베족의 교육법과 통치 구조를 이렇게 설명했다. 「우리 시스템은 더 많은 생명에게 도움을 주는 방향으로 설계되어 있습니다.」[36] 이 말이 맹렬히 치닫던 나의 발길을 붙들어 놓았다. 이것이야말로 채취주의와 정반대 편에 서 있는 개념이라는 생각이 번득 머리를 스쳤다. 생명을 무한정으로 뽑아낼 수 있다는 가설에 기초한 채취주의는 후대의 생명에 도움을 주기는커녕 살아 있는 시스템을 폐물로 만드는 것이 주특기다. 앨버타 타르 샌드 생산지의 도로 양쪽에 쌓인 〈폐석〉 더미, 임시직 일자리를 찾아 세계를 유랑하는 난민들, 한때는 건강했던 대기를 망치는 미세 입자와 가스, 가스에 갇힌 열기로 한층 강력해진 폭풍, 이에 기습당해 폐허가 된 도시와 마을이 그 대표적인 사례다.

　연설을 들은 뒤에 나는 심슨에게 편지를 써서 이 내용과 관련하여 이야기를 더 들려줄 의향이 있느냐고 물었다. 그렇게 토론토의 어느 카페에서 록 뮤지션풍의 검은 티셔츠 차림에 모터사이클 부츠를 신은 심슨을 만났다. 자기 부족의 구전 역사와 이야기들을 수집, 번역하고 예술적으로 형상화하는 일에 많은 시간과 노력을 쏟고 있던 그녀는, 어떤 백인 연구자가 자신의 아이디어를 훔쳐 가는 건 아닐까 싶었던지 무척 조심스러운 태도였다.

　우리는 오랫동안 다양한 분야에 걸쳐서 대화를 나누었다. 대화 주제는 채취주의 사고방식(심슨은 이를 〈도둑질〉, 사물을 〈관계로부터 절연시키는 짓〉이라고 퉁명스럽게 표현한다)과 재생주의 사고방식의 차이점에 대한 것이었다. 그녀는 아니시나베 공동체 시스템을 〈인간의 생명뿐 아니라 모든 개체의 생명을 재생시키는 방향으로 조직된 생활 방식〉이라고 표현했다. 이것이 바로 많은 원주민 문화들의 공통된 토대를 이루는 균형 혹은 조화의 개념이며, 흔히 〈올바른 삶*the good life*〉으로 번역된다. 하지만 심슨은 〈지속적인 재생*continuous rebirth*〉이라는 번역이 더 마음에 든다며, 이 번역을 아니시나베족 출신의 작가이자 행동주의자인 위노나 라듀크를 통해서 처음 접했다고 일러 주었다.[37]

　이런 개념을 접할 때 자연스럽게 원주민 공동체의 세계관이 연상되는 데는 그럴 만한 이유가 있다. 여기서 핵심은, 원주민 문화들이 식민주의와 기업들이 전개하는 폭력적인 공격 속에서도 이러한 독자적인 세계관을 꿋꿋이 유지하고 있다는 점이다. 씨앗을 저장하는 사람들이 지구에서 살아가는 생물 종자의 다양성을 수호하듯이, 수많은 원주민 문화들이 자연계와 상호 공생의 관계를 맺는 다양한 방식을 수호한다. 언젠가는 이처럼 다양한 지성의 씨앗들이 긴요하게 쓰일 날이 오리라는 믿음, 그리고 언젠가는 이 씨앗들이 자랄 땅이 다시 비옥해지리라는 믿음이 이들을 움직이는 또 하나의 축이다.

블로카디아 현상은 아주 중요한 발전 단계를 거치기 시작했다. 이 운동이 기반을 다지고 원주민들이 주도적인 역할을 담당하면서, 오랫동안 수호되어 온 이들의 세계관은 최근 수세기 동안에는 전혀 찾아볼 수 없었던 독특한 방식으로 확산되어 가고 있다. 지금 부상하는 운동은 새로운 종류의 재생산 권리 운동으로, 여성의 재생산 권리는 물론 지구 생태계의 재생산 권리를 옹호하기 위한 투쟁이다. 이들은 무참하게 깎여 나간 산과 물을 빼앗긴 계곡, 벌목으로 폐허가 된 숲, 프래킹으로 오염된 지하수, 노천 채굴로 폐허가 된 산, 오염된 강, 〈암(癌) 마을〉*의 재생산 권리를 옹호한다. 모든 생태계는 스스로를 복원하고 재생하고 치유할 권리를 가진다.

볼리비아와 에콰도르 같은 나라들(이 나라들은 원주민 인구 비율이 높다)은 이러한 원칙에 기반하여 〈어머니 대지의 권리〉를 법률로 명시하고, 생태계에 존재 권리를 넘어 〈재생〉 권리를 부여하기 위해 독창적인 법적 도구를 마련하기 시작했다.**[38] 일부에선 〈어머니 대지〉라는 표현에 담긴 강조된 여성성을 불쾌하게 여긴다. 하지만 내가 생각하기에 이 표현은 여성의 고유한 특성에 초점을 맞춘 것이 아니다. 대지를 어머니로 보느냐, 아버지로 보느냐, 부모로 보느냐, 무성(無性)적 창조력으로

---

* cancer villages. 공업 폐수가 마을의 식수를 오염시켜 물을 마신 주민들이 대부분 암에 걸린 마을. 무분별한 성장주의로 인해 이와 같은 마을들이 급속히 늘고 있다 — 옮긴이주.

** 에콰도르는 2008년 새로운 헌법을 제정하며 법률에 자연의 권리를 명시한 최초의 국가가 되었다. 에콰도르 헌법 제71조는 이렇게 명시한다. 〈생명의 창조와 재생산을 담당하는 자연은 그 존재를 완전히 존중받을 권리와 중추적인 순환 과정 및 구조, 기능 그리고 진화 과정을 유지하고 재생할 권리를 가진다. 모든 개인 혹은 공동체, 민족, 국민은 이러한 자연의 권리를 존중할 것을 정부 당국에 요구할 수 있다.〉 2010년 4월 볼리비아 코차밤바에서 국제적인 시민 단체 회원 3만 명이 모여 진행한 〈기후 변화와 어머니 대지의 권리에 관한 세계 민중 회의〉에서도 비슷한 원칙을 천명하는 〈민중 협약Peoples Agreement〉을 채택했다. 이 협약은 〈인류가 이미 지구의 재생산 능력을 넘어서는 규모로 자원을 채취하는〉 현실을 지적하며, 〈지구는 인간의 변조 활동에서 벗어나 생태계의 능력을 복원하고 중추적인 순환 과정을 유지할 권리〉를 가짐을 명시한다.

보느냐는 중요하지 않다. 인류는 대지를 책임지는 존재가 아닌 방대한 생태계의 일부이며, 대지에 의존해서밖에 살아갈 수 없다는 사실을 인정한다는 점이 이 말의 핵심이다. 위대한 생태학자 스탠 로우는 대지를 〈자원〉이자 〈근원〉이라고 표현한 바 있다.

이러한 법적 개념은 북미와 유럽을 비롯하여 원주민과 무관한 사회에서도 발의되고 채택되기 시작했다. 극단적인 채취 활동의 위협으로부터 스스로를 보호하고자 노력하는 공동체들이 독자적으로 〈자연의 권리〉 법령을 제정하는 흐름이 거세지고 있다. 2010년 피츠버그 시의회는 천연가스 채취 활동 일체를 금지하고, 도시 내의 자연이 〈존재하고 번성할 권리를 지니고 있으며 이는 양도할 수 없는 근본적인 권리〉임을 명시하는 내용의 법률을 통과시켰다. 유럽에서도 환경 파괴 범죄를 국제법상의 범죄로 규정하려는 노력이 진행 중이다. 이 운동은 환경 파괴를 〈인간의 활동 혹은 각종 요인이 주민들의 평화로운 생활을 심하게 제약하고 있거나 제약할 것으로 예상될 만큼 특정 영토의 생태계를 크게 손상시키거나 파괴하는 행위〉라고 규정한다.[39]

원주민 공동체의 가치관이 이처럼 뜻밖의 규모로 확산되어 가면서 또 다른 일도 일어났다. 많은 사람들이 자신들의 문화 깊은 곳에 생태계를 보살펴 온 전통이 자리 잡고 있음을 상기하고, 인간이 생명의 촉진자로서 한 역할을 담당해야 함을 인식하게 되었다는 점이다. 인간은 자연으로부터 분리될 수 있으며, 자신을 둘러싼 대지와 항구적인 동반자 관계를 유지할 필요가 없다는 개념은 서구에서도 상당히 최근에 등장했다. 대지를 무력한 기계로, 인간을 기계를 운영하는 엔지니어로 여기는 극단적인 주장이 등장하기 전까지, 인간 사회는 인류 전체가 의존하여 살아가는 자연의 재생 순환 과정을 보호하고 촉진하는 의무를 의식하고 있었으니 말이다.

그나마 희망적인 것은, 모든 인간이 이러한 의식을 저버린 채 환경 파괴에 동참하지는 않았다는 사실이다. 극단적인 에너지 채취 열풍으로 집단적 안전이 크게 위협받는 새로운 상황이 펼쳐짐에 따라, 과거의 전통적인 가치관이 다시 힘을 받아 교차 수분과 이종 교배를 거치면서 새로운 상황에 적응해 가고 있다는 점 또한 전혀 예상치 못했던 또 하나의 독특한 현상이라 할 수 있다.

예컨대 그리스 할키디키 주민들이 노천 금광 계획에 맞서서 벌이는 토지 보존 투쟁의 비밀 무기는 여러 세대를 아우르는 투쟁이다. 이곳에서는 스키니 진을 입고 커다란 선글라스를 착용한 10대 소녀들이 거무죽죽한 옷에 정형외과 보정용 신발을 신은 할머니들과 나란히 시위에 참여한다. 이것이 바로 투쟁의 새로운 면모다. 산과 강을 오염시키는 채광 업자들이 달려들기 전까지 노년 세대는 대부분 구형 휴대 전화기처럼 각자 집 안에서 텔레비전 앞에 못 박혀 있는 존재로 여겨져 투쟁 과정에서 배제되었다. 하지만 주민 조직화 과정을 통해 젊은이들은 자신들이 플래시몹 시위 조직과 소셜 미디어를 이용한 메시지 전파 등 특정한 활동에 숙달되어 있듯이, 조부모 세대(전쟁과 군사적 점령의 역경을 견디고 살아남은 세대)는 공동체 차원의 생존과 활동에 대해서 훨씬 많은 것을 알고 있다는 것을 확인했다. 그들은 50인분의 식사를 준비할 줄 알고, 농사가 집단적으로 이루어지던 시대를 기억하며, 땅을 파괴하지 않고도 풍족하게 살아갈 수 있다는 믿음을 자식과 손자 세대에게 전파한다.

기억보다는 신화가 많은 캐나다, 미국, 호주, 뉴질랜드 같은 〈신생〉 국가들에서는 이런 기억 복원 과정이 훨씬 복잡하다. 정착민의 후손들과 그 이후의 이주민들은 자기가 거주하는 지역의 진정한 역사를 배우는 일(예컨대 건국 당시의 조약문들을 찾아 읽기, 그리고 고통스럽긴 하지만 지금의 우리가 누리는 현실이 어떤 과정을 거쳐 이루어진 것인지 확인하기)부터 시작해야 한다. 염소 방목장을 운영하며 몬태나 주의 석탄 반대 투쟁에 앞장서고 있는 환경주의자 마이크 스콧은 〈원주민과 비

원주민의 긴밀한 협력 과정을 거치면서 많은 사람들이 새로운 세계관에 눈을 뜨고 있다〉고 말한다.[40]

인간과 자연 생태계의 상호 의존성에 대한 깊이 있는 자각이 그리스와 브리티시컬럼비아 해안 지역의 촌락에서 전개되는 블로카디아 투쟁을 고무하고는 있지만, 사실상 많은 사람들이 거주하고 일하는 대도시에서는 그리 커다란 영향을 미치지 못한다. 대도시에서 인간의 자연 의존성은 고속도로와 송유관, 송전선, 각종 물품이 그득히 쌓여 있는 상점에 완전히 가려져 있기 때문이다. 이처럼 정교한 격리 시스템의 일부에 금이 가거나 위태로운 상황에 직면할 때에야 비로소 우리가 자연에 크게 의존하고 있으며 얼마나 취약한 존재인가를 어렴풋이 깨닫는다.

요즘 이 균열은 점점 강력한 규칙성을 띠고 나타난다. 유례없는 산불이 멜버른 교외의 주택가를 집어삼키고 템스 강 홍수로 런던 교외의 주택들이 침수되고 초대형 폭풍 샌디의 기습으로 뉴욕 지하철이 운하로 변할 때마다, 도시에 기반한 특권층이 자연 생태계를 제어할 목적으로 세운 장벽들은 서서히 무너져 내린다.

때로는 현대적인 도시로 촉수를 뻗어 가는 극단적인 채취 활동이 이런 장벽을 무너뜨리는 주역이 되기도 한다. 로스앤젤레스 인근에까지 들어선 프래킹 채취정과 토론토 같은 대도시들을 경유하는 타르 샌드 송유관 건설 계획 등이 바로 그것이다. 과거 시드니 주민들은 식수원 문제를 걱정할 필요가 없었다. 하지만 호주 곳곳의 식수원이 프래킹으로 오염되고 있다는 문제가 제기되는 순간, 수많은 사람들이 재빨리 문제의 본질을 간파했다. 정확히 말하면, 우리와 자연과의 관계는 단절된 적이 없다. 자연은 늘 우리와 함께, 우리 신체 안에, 그리고 말끔하게 포장된 우리의 생활 방식 아래 있었다. 그 연관 관계가 많은 이들의 뇌리에서 잠시 지워져 있었을 뿐이다.

공동체들이 채취 산업에 대한 단순한 저항을 넘어 채취의 잔해를 딛고 새로운 세계를 건설하는 활동으로 이동해 감에 따라, 지속 가능한 농업이나 지능형 친환경 건물, 빗물 이용 시설 등 재생산 순환 과정을 보호하는 모델이 급속히 늘어나기 시작한다. 채취라는 일방적인 관계 또한 순환적이며 상호 보완적인 시스템으로 대체되어 간다. 농민들은 종자를 구매하는 대신 저장하고, 물을 재이용하며, 화학 비료가 아니라 가축의 분뇨를 비료로 쓴다. 그렇다고 뭔가 확고한 공식이 있는 것은 아니다. 알렉산더 포프의 표현을 인용한 웨스 잭슨의 말을 빌려 핵심 원칙을 설명하자면, 제각각 다른 〈지역의 특징을 반영하는 것〉이 우리의 과제다.[41] 그러나 여기에는 순환 패턴이 작용한다. 모든 시스템은 외부의 투입을 최소화하고 폐기물을 거의 생산하지 않는 방향, 즉 항상성을 충족하는 방향으로 구축된다(여기서 말하는 〈항상성〉이란 지구 공학을 실행에 옮기길 원하는 사람들이 〈괴물 대지〉를 사랑하는 법을 배우라고 말할 때, 그 괴물 대지와 반대되는 개념이다).

거의 모든 분야에서 독점을 추구하며 움직이는 자본주의와 달리, 이 시스템은 잠재된 중복과 잉여를 유지하는 자연의 천재성을 모방함으로써 종자의 다양성은 물론 에너지와 물의 원천까지 가능한 모든 분야에서 다양성을 확장한다. 이 시스템의 목표는 녹색으로 위장한 몇 가지 대규모 해법을 구축하는 것이 아니라 무수히 많은 소규모 해법들을 만들어 내고, 획일적인 통합 대신 증식을 격려하는 정책(이를테면 재생 에너지를 장려하기 위한 독일의 발전 차액 지원 제도)을 사용하는 것이다. 이 모델은 그 규모가 작기 때문에 설사 몇몇 해법이 실패하더라도 적절한 대비책을 마련해 두면 충분히 관리가 가능하다는 장점을 가진다. 다른 건 몰라도, 앞으로 여러 종류의 충격이 발생하리라는 것만큼은 우리가 분명히 알고 있는 사실 아닌가.

채취주의에 기대지 않고 살아간다고 해서 채취 활동이 전혀 일어나지 않는 것은 아니다. 모든 생명체는 생존을 위해 자연으로부터 자원을 얻어 내야 한다. 하지만 이는 극단적인 채취주의 사고방식과 구분된다. 극단적인 채취주의는 자연을 전혀 돌보지 않고 자원을 뽑아내려 한다. 재생과 복원을 토대로 품위 있는 실존을 영위할 권리를 지닌 복잡한 존재로서 인간과 자연을 존중하는 것이 아니라, 바닥이 드러날 때까지 뽑아내야 할 대상으로 취급한다. 예컨대 벌목은 오랜 옛날부터 계속되어 온 파괴적인 관행이지만 책임감 있게 자연을 돌보는 방식으로 수행하는 것이 가능하다. 소규모 채광 역시 마찬가지다. 이러한 일들은 물론 해당 지역에 살고 있고 토지의 건강성과 생산성 유지에 중요한 이해관계가 달려 있는 주민들에게 적절한 통제권이 주어지는 경우에만 실현될 수 있다. 채취주의에 기대지 않고 살아간다는 것은, 무엇보다 지속적으로 재생 가능한 자원에 의존하는 삶을 의미한다. 예컨대 토양의 산출력을 보호하는 농법으로 식량을 얻고, 태양과 바람과 파도처럼 지속적인 복원력을 가진 자원을 이용해 에너지를 얻고, 자원 재활용 및 재이용을 통해 금속을 얻는 것이다.

이런 과정들은 종종 〈회복〉 과정이라 불리는데, 사실상 〈재생〉 과정이라 부르는 것이 더 적합할 것이다. 회복은 자연의 가장 귀중한 선물이지만 충격을 받아들이고 다시 되돌아감을 암시하는 수동적인 과정이다. 반면에 재생은 능동적인 과정이며, 우리가 생명의 창조성을 극대화하는 과정에서 적극적인 참가자로 나서게 되었음을 뜻한다.

이는 사소한 것만 강조할 뿐 인간이 미치는 충격 혹은 인간의 〈발자취〉에 큰 의미를 두지 않는 그동안의 생태 비평에 비해 훨씬 포괄적인 관점이다. 과거의 관점은 지금의 상황에서 선택할 수 있는 방식이 아니며 대량 학살이라는 결과도 피할 수 없다. 우리는 지금 이곳에 있고, 우리는 다수이며, 우리는 능숙한 기량을 발휘하여 행동에 나서야 한다. 우리는 자연의 생명력을 뽑아내는 방향이 아닌 자연의 생명력을 끊임없이 육성하는 방향으로 우리 행동의 본질을 변화시킬 수 있다. 캘리포니아 오클랜드에 근거지를 둔 환경 단체 〈무브먼트 제너레이션Movement Generation〉과 함께 활동하는 풀뿌리 생태주의자이자 행동주의자 고팔 데이야네니는 내게 이렇게 말했다. 「우리는 개간하고, 수분시키고, 퇴비를 주고, 부패를 촉진시킬 수 있습니다. 노동력이 들어가긴 하지만, 신중하고 단합된 행동을 펼쳐 간다면 우리 힘으로 생태계의 복원과 재생을 가속화할 수 있어요. 지금 이 순간 우리는 하나의 쐐기돌이나 다름없습니다. 어머니 대지의 치유력과 조화를 이루는 전략을 택해야 해요. 지구 생태계의 근본 규칙을 우회할 방법은 없으며, 따라서 이 규칙의 진행을 중단시키거나 역전시키려 해서는 안 되는 겁니다. 이제 지구 생태계를 복원하는 일에 우리의 노동력을 적극적으로 투입해야 합니다.」[42]

이미 이러한 정신은, 부정되거나 경시된 채 수많은 위협에 둘러싸인 생명을 증진하고 보호하는 활동을 분주히 펼치고 있다. 그 정신은 내가 임신 중에 자주 거닐었던 시내에까지 손길을 뻗고 있었다. 오솔길을 걷던 중, 여전히 시내에서 헤엄치고 있는 연어의 모습을 처음 보았을 때 나는 연어라는 종이 지닌 불굴의 의지에 감탄했다. 하지만 인근 주민들을 만나 이야기를 나누면서, 1992년 시내로부터 2~3킬로미터 상류에 연어 부화장이 설치되어 지금까지 운영되고 있으며, 자원 봉사자들이 시내로 쓸려 들어온 벌목 폐기물을 청소하고 치어가 몸을 숨길 수 있는 그늘을 마련해 왔다는 사실을 알게 되었다. 인근의 여러 강에서는 해마다 수십만 마리의 곱사연어와 은연어, 백연어, 왕연어의 치어들이 방류되고 있었다. 이 특별한 세계를 공유하는 물고기와 숲, 그리고 주민들 사이에 이미 동반자 관계가 형성되어 있었던 것이다.

아들이 태어나고 두 달쯤 지나서, 우리 가족은 연어 부화장 견학에 나섰다. 부화장은 초소형 터빈과 지열 발전을 이용해 가동되고 있었다. 갓 난아기 때라 포대기 너머의 모습을 볼 수는 없었겠지만, 아이를 태중에 품고 있을 때 내가 소중한 존재라고 여겼던 어린 연어들과 그 아이가 만 나기를 나는 진심으로 바랐다. 참으로 흥미로운 경험이었다. 우리는 어 린 연어들이 스스로를 보호할 만큼 성숙해질 때까지 안전하게 지켜 주 는 커다란 녹색 수조를 자세히 들여다보았다. 아이 방에는 아직도 그곳 에서 가져온 〈연어 알파벳〉 포스터가 걸려 있다.

그곳은 양식장도 아니고 생식 공장도 아니었다. 무(無)에서 창조되는 것도, 억지로 강요되는 것도 없었다. 그저 생식 순환이 이어지도록 도움 을 주는 곳이었다. 이제부터 우리가 생태계로부터 자원을 얻어 갈 때에 는 반드시 되돌려줘야 한다는 것을, 나아가 이 모든 것을 세심하게 돌보 아야 한다는 것을 깨달았다는 하나의 표현이었다.

도약의 순간들

위기가 곧 기회다

**THIS CHANGES
EVERYTHING**

우리 국민은 가치관의 근본적인 전환을 이루어야 한다. 이제 〈물질 중심 사회〉에서 〈인간 중심 사회〉로 급속한 전환을 시행해야 한다. 기계와 컴퓨터, 이윤 동기와 사유 재산권이 사람보다 중요하게 여겨지게 될 땐, 인종주의와 물질 숭배, 군국주의를 막아 낼 방법은 없다.

— 마틴 루터 킹 주니어, 「베트남을 넘어서」, 1967년[1]

선진국은 결함투성이 가치관을 토대로 세계적인 위기를 빚어내고 있다. 우리로서는 그런 가치관에서 비롯한 해법을 마지못해 받아들일 이유가 전혀 없다.

— 마를린 모지스, 나우루 UN 대사, 2009년[2]

2012년 12월, 샌프란시스코에서 미국 지구 물리학 추계 회의가 열렸다. 머리를 분홍색으로 물들인 복잡계(複雜系) 연구자 브래드 워너가 심각한 표정으로 회의장에 들어섰다. 지구 과학자와 우주 과학자 2만 4천 명이 모인 터라 회의장은 무척 혼잡했다. 그해 추계 회의에는 유명한 과학자들이 대거 참석했다. 우주 탐사 위성 보이저 프로젝트를 진행하는 NASA의 에드 스톤은 〈성간 우주〉 탐사와 관련한 획기적인 계획을 설명했고, 영화 감독 제임스 캐머런은 자신이 진행하는 심해 탐사 활동에 관해 논했다. 그러나 참가자들의 호응이 가장 뜨거웠던 것은 워너가 발제자로 참여한, 〈지구는 만신창이가 되었는가? *Is Earth F**ked?*〉라는 제목의 회의였다(완전한 제목은 이러하다. 〈지구는 만신창이가 되었는가? ─ 지구 환경 관리의 역학적 무용성과 직접 행동을 통한 지속 가능한 환경 확보의 가능성〉).[3]

샌디에이고 캘리포니아 대학의 교수이기도 한 브래드 워너는 최첨단 컴퓨터 모델을 이용해 다소 직설적인 이 질문에 답하면서 청중을 사로잡았다. 시스템 경계, 섭동(攝動), 소산(消散), 끌개, 분기(分岐) 등 그는 복잡계 이론에 문외한인 사람들은 거의 알아들을 수조차 없는 숱한 용어들을 늘어놓았다. 하지만 그 요지만큼은 분명히 알아들을 수 있었다. 세계 자본주의에 의해 자원의 소모는 신속하고 편리하며 거침없이 이루어지게 되었고, 그에 따라 〈지구-인간 시스템〉은 불안정하고 위험한 상황으로 내몰리고 있다. 어느 언론인이 워너에게 〈지구는 만신창이가 되었는가?〉라는 질문에 대한 분명한 대답을 독촉하자, 그는 전문 용어를 쓰지 않고 대답했다. 〈대체로 그렇다.〉[4]

그러나 이 모델에는 조금이나마 희망을 주는 요소가 포함되어 있었다. 워너는 그것을 〈저항〉, 혹은 〈자본주의 문화와 부합하지 않는 역학을 채택한 사람 혹은 집단들〉의 운동이라고 표현했다. 발표문의 개요에 따르면, 여기에는 〈환경 운동의 직접 행동, 즉 원주민과 노동자와 무정부주의자와 기타 행동 집단의 항의 시위, 봉쇄, 사보타주 등 지배적인 문화권 밖에서 진행되는 저항〉이 포함된다. 노예제 폐지 운동이나 시민권 운동과 같은 맥락에서 진행되는 대중 봉기는 통제를 벗어나 질주하는 경제 기계의 작동에 〈마찰〉을 불러일으킬 가장 유력한 동력이다.[5]

그의 주장에 따르면 이것은 역사적으로도 확인된 사실이다. 과거 사회 운동은 〈지배적인 문화의 진전 방식에 (······) 막대한 영향을 미친 바 있다〉. 따라서 〈만일 지구와 지구에 연결된 우리의 미래를 생각한다면, 우리는 저항을 이런 역학의 일환으로 고려해야 한다〉. 또한 워너는 이것이 옳고 그름을 따지는 문제가 아니라, 〈지구 물리학의 문제〉라고 말했다.[6]

요컨대, 현 상황에서는 대중적인 사회 운동만이 우리를 구할 수 있다. 고삐 풀린 말처럼 질주하는 지금의 시스템을 그대로 방치할 경우 어떤 결과가 발생할지 우리는 분명히 알고 있다. 또한 이 시스템이 연달아 발생하는 기후 재앙에 어떻게 대처할 것인지도 우리는 분명히 알고 있다. 이 재앙을 이용해 폭리를 취하고 승자와 패자를 차별하는 포학한 만행이 갈수록 심해질 것이다. 이런 디스토피아에 이르는 방법은 간단하다. 지금 걷고 있는 도로를 벗어나지 않고 질주를 계속하기만 하면 된다. 유일한 변수는 대항 세력이 나타나 도로를 봉쇄하고 더 안전한 목적지로 이어지는 우회로를 개척하는 것뿐이다. 이런 길이 열린다면, 모든 것이 달라질 것이다.

지금껏 자세히 살펴본 운동들이 바로 저항의 단초가 된다. 우리는 수많은 지역 전선을 구축하며 급속하게 확산되는 블로카디아 운동, 화석 연료 투자 회수 및 재투자 운동, 위험한 채취 활동을 금지하는 지역별 법률 제정 운동, 원주민 공동체들의 과감한 법정 싸움을 확인했다. 이런 운동들은 다양한 경로에서 화석 연료 기업들의 세력 팽창 계획을 저지할 수 있는 중요한 길목을 찾아갈 뿐 아니라, 지구라는 영역에서 더 느리게 살아가는 방법, 즉 무자비한 채취를 멈추고 복잡하게 뒤얽힌 상호 관계를 인정하는 경제적 대안들을 제안하고 구축해 나간다. 이것이 바로 워너가 말한 〈마찰〉, 즉 파괴와 불안정의 질주에 제동을 걸기 위해 반드시 필요한 요소다.

변화의 가능성이 보이지 않아 암울할 때면, 나는 이 책을 집필하던 5년 동안 목격했던 것들을 돌이켜 보곤 한다. 물론 대개는 몹시 고통스럽다. 코펜하겐 정상 회의에서 충격을 받아 내 어깨에 기댄 채 비탄의 눈물을 흘리던 젊은 기후 행동주의자, 인류 멸종의 가능성을 놓고 말 그대로 코웃음을 치던 허틀랜드 연구소의 기후 변화 부정론자들, 영국 전원의 대저택에 모여 햇빛을 차단하자는 계획을 세우던 미친 과학자들, BP 원유 유출 사고 당시 검은 기름으로 뒤범벅이 되어 죽음의 정적에 휩싸여 있던 습지대, 앨버타 타르 샌드를 파헤칠 때 대지가 내지르던 신음, 세계 최대의 환경 단체가 직접 석유 시추에 나서고 있었던 사실이 밝혀졌을 때의 충격까지.

그러나 내 생각은 여기에만 머무르지 않는다. 화석 연료 개발 폭주를 가로막고 나선 저항 운동 대부분이 이 여행을 시작했을 때는 아예 존재하지 않았거나 몹시 미약했다. 당시 모든 저항 운동은 지금과는 비교할 수 없을 정도로 서로 떨어져 고립되어 있었다. 북미 사람 대다수는 타르 샌드가 무엇인지도 알지 못했다. 대개는 프래킹이란 말조차 들어 보지 못했다. 북미에서는 기후 변화 방지를 촉구하는 수천 명 규모의 시민 불복종 운동은커녕 대중 행진조차 이루어진 적이 없었다. 화석 연료에 대한 투자를 회수하자는 대중 운동도 존재하지 않았다. 독일의 도시와 마을 수백 개가 주민 투표를 통해 재생 에너지 해법의 일환으로 전력 공급망에 대한 통제권을 되찾고자 결의하는 일도 일어나기 전이었다. 내가 사는 지역에서도 무역 법원에 제소될 만큼 과감한 청정에너지 프로그램이 시행되기 전이었다. 중국에서 들려오는 환경 관련 뉴스는 온통 무시무시한 소식 일색이었다. 전력을 1백 퍼센트 재생 에너지로 충당하는 경제 구축의 가능성을 입증하는 최고 수준의 연구는 아직 지극히 미미한 단계에 놓여 있었다. 경제 성장 논리에 의문을 제기하는 사람들은 극소수였으며, 더군다나 고립되어 있었다. 기후 과학자들 중에서도 자신의 연구가 미친 듯이 질주하는 소비 문화에 미칠 정치적 파장에 대해 직설적으로 이야기하는 사람은 드물었다.

책을 쓰는 동안 이런 모든 상황에 변화가 일어났기 때문에, 나 역시 이를 따라잡기 위해 전력으로 질주해야 했다. 대륙 빙하들은 각종 모델이 예측했던 것보다 빠른 속도로 녹아내리고 있지만, 저항의 불길 역시 못지 않게 빠른 속도로 끓어오르기 시작했다. 이미 진행 중인 운동과 새로 출현한 운동 속에서, 우리는 이제 기후 변화의 결정적 10년을 살아가는 모든 사람들에게 요구되는 헌신과 상상력이 어떤 것인지 똑똑히 확인하고 있다.

탄소 배출량 기록은 거짓말을 하지 않는다. 이 기록은 배출량이 계속 늘어나고 있다는 사실을 알려 준다. 우리는 매년 그 전해보다 많은 온실가스를 배출해 왔고, 최근 10년간 배출량 상승 속도는 크게 증가했다.

이렇게 배출된 온실가스는 다음 세대에게 열기를 안겨 줄 것이며, 혹서와 혹한, 폭우, 가뭄 그리고 기아와 분노가 지금보다 훨씬 극심한 세계를 만들 것이다. 이런 추세를 역전시킬 가능성이 조금이라도 있는데 멀찌감치 떨어져 지켜만 본다는 것은 말도 안 되는 일이다. 모든 영역에서, 하루도 거르지 않고 끊임없이 우리는 기후 혁명을 진행해야 한다.

워너가 정확히 지적한 대로, 과거 변혁을 이뤄 낸 대중 저항 운동이 또다시 그런 성과를 올릴 가능성은 충분하다. 기후 과학자들이 절박하게 경고하는 수준에 맞추어 세계적인 온실가스 배출량을 감축하려면 엄청난 속도와 규모로 변화를 이루어가야 한다는 사실을 우리는 명심해야만 한다. 과학계가 내놓은 배출량 감축 목표를 달성하기 위해 엄청난 수익을 올리는 세계 굴지의 기업들은 이미 확인된 화석 연료 매장지 태반을 건드리지 말아야 하고, 따라서 예상 수익 수십조 달러를 포기해야 한다.[7] 뿐만 아니라 탄소 제로 사회, 재해 대비에 최적화된 사회로 전환하는 과정에도 수십조 달러를 투입해야 한다. 당연한 이야기지만, 우리는 이런 급속한 변화를 어떤 유혈 사태도 없이 민주적인 절차에 따라 이루어 가기를 원한다. 혁명 전위대의 것과 같은 폭력적인 혁명으로는 변화의 로드 맵을 제시하는 데 그다지 큰 기여를 할 수 없다.

우리는 다음과 같은 핵심적인 질문에 대한 답을 찾아야 한다. 과거에 이처럼 급진적인 경제 변혁을 이루어 낸 경험이 있는가? 누구나 알고 있듯이, 전시에는 그런 상황이 발생하기도 한다. 전시에는 대통령과 총리가 하향식으로 변혁 과정을 지휘한다. 그렇다면, 지도자들이 자신의 책무를 방기하고 있을 때 일반 민중이 아래로부터 이러한 변혁을 요구한 적이 있는가? 선례를 찾기 위해 나는 사회 운동의 역사를 꼼꼼하게 검토했다. 예상대로 이에 대한 대답은 몹시 복잡할 뿐 아니라 〈어느 정도〉, 〈거의〉라는 단어를 잔뜩 동원해야 가능해진다. 그럼에도, 그 답은 〈긍정〉이다.

서구에서 사회 운동이 역사적 변혁 세력이 되었던 사례로 자주 언급되는 것은 20세기의 인권 운동(예컨대 시민권 운동, 여권 운동, 성 소수자 권리 운동)이다. 이 운동들은 의심할 여지 없이 지배 문화의 외관과 구성을 변화시킨 게 사실이다. 하지만 과거의 인권 운동은 언제나 법적·문화적 투쟁에서만 성과를 거두었을 뿐, 경제적 투쟁에서는 커다란 진전을 보이지 못했다. 기후 운동의 가장 힘겨운 과제는 바로 심층적이고도 급진적인 경제 변혁의 강력한 추진이다.

물론 미국 시민권 운동은 분리와 차별에 반대하는 법적 투쟁과 병행하여 인종 간의 경제적 격차를 근절하기 위해 학교와 직업 프로그램에 대한 대규모 투자를 촉구하는 투쟁을 전개한 바 있다. 마틴 루터 킹 주니어는 1967년에 쓴 『우리는 어디로 갈 것인가: 혼란인가 공동체인가?』에서 이렇게 지적한 바 있다. 〈우리가 이곳에 도달하기까지 이뤄 온 변화의 실질적 비용은 대단히 낮다. 저렴한 비용으로 제한된 개혁이 이루어진 것이다. 대중 식당과 도서관, 공원, 호텔 등 각종 시설을 흑인과 백인이 공유하는 데는 비용과 세금이 일체 들어가지 않는다. (……) 진짜로 비용이 들어갈 일은 우리 앞에서 기다리고 있다. (……) 현재 흑인들이 받고 있는 부실한 교육을 양질의 교육으로 변화시키려면 상당한 비용이 필요하다. 일자리를 만드는 일 또한 투표권을 허용하는 것보다 훨씬 많은 어려움과 비용이 따른다. 수백만 명이 거주하는 빈민가를 없애는 것 역시 버스와 대중 식당에서의 분리벽을 없애는 것보다 훨씬 복잡하고 까다로운 일이다.〉[8]

자주 간과되는 일이지만, 제2기 여권 운동의 급진파 역시 자유 시장 경제 질서에 근본적인 변화가 필요하다고 주장했다. 이들은 전통적인 직업 분야에서의 동일 노동·동일 임금 원칙뿐 아니라, 가정에서 아동과 노인을 보살피는 돌봄 노동의 가치를 인정하고 상당한 금액의 시장 보조금으로 보상할 것을 주장했다. 한마디로, 뉴딜 정책보다 훨씬 광범위한 규모의 부의 재분배를 요구한 것이다.

제도적 차별 폐지 투쟁에서 큰 승리를 거둔 것은 사실이지만 미완인 채로 남겨진 경제적 측면에서의 승리는, 킹의 말을 빌리자면 〈저렴한 비용으로는〉 거둘 수 없는 것이었다. 1970년대의 여권 운동이 〈가사 노동에 대한 임금 지급〉이라는 성과를 따내지 못했듯(세계 대부분의 지역에서는 유급 육아 휴가 투쟁조차 결실을 거두지 못하고 있다), 아프리카계 미국인들을 위한 직업과 학교, 품위 있는 주택 제공이라는 측면에 있어서도 역시 대규모 투자가 이루어지지 않았다. 법적으로 대등한 권리를 누리는 것과 자원의 대등한 분배를 누리는 것은 전혀 별개의 문제다.

딱 한 가지 예외를 꼽자면, 대공황 직후 노동 운동이 거둔 대규모 성과다. 자본가들은 노동조합 조직화의 거대한 파도에 떠밀려 그들에게 훨씬 많은 부를 나누어 주어야 했고, 노동 운동의 강화는 다시 광범위한 사회 보장 연금과 실업 보험 제도의 채택을 부추겼다(아프리카계 미국인들 대다수와 많은 여성 노동자들은 이런 혜택에서 배제되었다). 또한 1929년 시장 붕괴에 대한 대응으로, 막대한 비용이 들어감에도 불구하고 무분별한 이윤 추구 활동을 규제하기 위해 금융 부문에 대한 강력한 규제 법령들이 도입된 바 있다. 같은 시기, 사회 운동의 강력한 압박은 전 세계적으로 뉴딜 정책과 이와 유사한 정책들이 채택될 수 있는 조건을 형성했으며, 공공 기간 시설(수도, 전기 등 공익 사업체와 대중교통 시스템, 주거)에 대한 대대적인 투자를 가능케 했다. 당시의 투자 규모는 오늘날 기후 위기 극복에 필요한 투자 규모와 견줄 만한 것이었다.

역사적인 선례의 범위를 전 세계로 확장하는 경우에도(현재로선 매우 버거운 일이지만 시도해 볼 가치는 충분하다), 엇비슷하게 희망과 절망이 교차하는 교훈을 찾을 수 있다. 1950년대 이후 민주적인 선거를 통해 출범한 일부 사회주의 정부(가장 널리 알려진 사례로는 이란의 모하마드 모사데그 정부와 칠레의 살바도르 아옌데 정부를 꼽을 수 있다)는 채취 산업의 상당 부분을 국영화하고 그때까지는 외국 은행 계좌로 흘러 나가던 부를 빈민층과 중산층에 재분배하는 활동에 돌입했다. 하지만 이런 실험들은 최대의 잠재력을 발휘할 단계에 도달하기도 전에 외국의 후원을 받은 쿠데타에 의해 저지되었다. 토지나 광물 등 부당하게 집중 된 자원의 재분배를 핵심 과제로 추진하는 탈식민주의 독립운동은 정치 인 암살, 외국의 개입 그리고 최근에는 채무와 연계된 강제 구조 조정 프 로그램 (또한 자국 엘리트들의 부패) 등 끊임없는 공격에 시달리고 있다.

놀라운 성과를 거둔 남아프리카 공화국의 아파르트헤이트 철폐 투쟁 역시 경제적 전선에서는 중대한 좌절을 맞았다. 이 나라의 자유의 투사 들은 투표권과 이동의 자유 보장에 그치지 않고, 아프리카 민족 회의의 공식 정강인 〈자유 헌장Freedom Charter〉이 천명한 대로 수백만 흑인들 의 빈곤을 일소하기 위해 광산과 은행 등 주요 경제 부문의 수익을 사회 복지 프로그램에 투입할 것을 요구했다. 그러나 이 역시 결과는 다르지 않았다. 법률과 선거권 관련 투쟁에서는 중요한 성과를 따냈지만 아파 르트헤이트를 통해 축적된 부는 고스란히 유지되었고, 아파르트헤이트 가 폐지된 뒤 흑인들의 빈곤은 오히려 심화되었다.[9]

그럼에도 오늘날 사회 운동이 기후 재앙의 도래를 막기 위해 전개해 야 할 투쟁과 엇비슷한 사례, 견고하게 확립된 부를 상대로 강력한 도 전을 펼쳐 성과를 거둔 사회 운동의 선례는 분명히 존재한다. 바로 노예 제 폐지 운동과 식민 열강으로부터의 독립을 쟁취했던 제3세계 운동이 다. 대대적인 변혁의 요구와 함께 이러한 운동이 격렬하게 전개되자, 지 배 계급은 요즘의 화석 연료 채취 활동만큼이나 엄청난 수익을 제공하 던 관행을 폐지할 수밖에 없었다.

특히 노예제 폐지 운동은 지금 우리 앞에 놓인 과제만큼이나 대대적 인 전환의 시행 사례로 꼽힌다. 실로 이 운동은 인류 역사를 통틀어 몇 안 되는 위대한 순간 중 하나라 할 만하다. 일부 역사학자들과 평론가들에 따르면, 19세기 중반 노예제 폐지가 미친 경제적 충격은 대대적인 온실가스 감축이 미칠 충격과 놀라우리만치 흡사하다. 언론인이자 방송인인 크리스 헤이스는 2014년 언론상을 수상한 「새로운 노예제 폐지 운동」이라는 글에서 〈기후 정의 운동은 정치·경제 분야의 기득권 세력에게 수십억 달러의 부를 내놓도록 강제할 것을 주장하고 있다〉고 지적하고, 〈인류 역사상 이에 필적할 만한 선례는 노예제 폐지 운동뿐이다〉라고 결론지었다.[10]

노예제가 폐지되자, 지배 계급 대다수가 노예 상태에 있던 남성과 여성을 착취할 법적인 권리를 상실하며 엄청난 경제적 타격을 입었다. 오늘날 기후 정의가 실현될 경우 엑슨, 리처드 브랜슨 등 다양한 구성원들 역시 이에 필적하는 타격을 입을 것이다. 역사학자 그레그 그랜딘은 이렇게 말한다. 〈경제 분야에서 노예의 중요성은 노예의 무보수 노동에서 창출된 부를 훨씬 뛰어넘는 것이었다. 미국뿐 아니라 아메리카 대륙 전역에서 노예제는 시장 혁명을 주도한 원동력이었다.〉 18세기에 노예 노동에 의존했던 카리브 해 지역의 사탕수수 플랜테이션은 대영 제국의 다른 식민지들보다 훨씬 많은 수익을 창출했다. 애덤 혹실드는 저서 『사슬을 묻어라』에서 열성적인 노예 매매상의 말을 인용하여, 인신매매를 〈지구 상의 모든 무역을 움직이는 중심점〉이자 〈우리 상업의 기반이며 (……) 우리 나라 산업과 부의 주춧돌〉이라고 묘사한다.[11]

대등하게 취급할 수는 없겠지만, 노예 노동에 대한 미국 경제(특히 남부의 여러 주)의 의존성은 화석 연료에 대한 세계 경제의 의존성에 비견할 만하다.* 역사학자 에릭 포너의 말에 따르면, 남북 전쟁 초기 〈노예

---

* 하지만 사실상 이러한 의존성이 미국 남부에만 국한된 것은 아니었다. 최근에 이루어진 역사적 연구들은 이 시기 미국 북부와 남부의 경제 체제가 이질적이며 대립적이었다는 오랜 인식의 근거를 무너뜨리고 있다. 북부의 상공업자와 월스트리트는 노예제와 관련해서 흔히들 생각하는 것보다 훨씬 깊은 의존성과 연관성을 가지고 있었고, 과학적 관리와 회계 분야에서 이루어진 중요한 혁신 가운데 일부는 아메리카 대륙의 플랜테이션 경제에서 비롯된 것이다.

의 자산 가치는 전국 은행과 공장, 철도의 가치 총합을 뛰어넘는 것이었다〉. 노예와 화석 연료와의 유사성을 강조하기 위해 헤이스는 이렇게 지적한다. 〈1860년 미국 전역에서 노예는 가계 자산 총액(즉 부의 총액)의 약 16퍼센트에 해당했다. 이를 오늘날의 가치로 환산하면 무려 10조 달러에 이른다.〉 이 금액은 우리가 온도 상승을 섭씨 2도 이하로 유지하고자 할 때 땅에 그대로 묻어 두어야 하는 세계적인 탄소 매장량의 가치와 거의 일치한다.[12]

하지만 이런 유추가 완벽하게 맞아떨어지는 것은 아니다. 도덕적인 관점에서 보자면, 노예를 소유하는 일이나 다른 나라들을 점령하는 일은 화석 연료를 태우는 일과 대등하게 놓기 어렵다(물론 석유 기업들이 기후 과학의 경고에 적극적으로 반기를 들며 온실가스 통제 정책을 막기 위해 강력한 로비를 펼치고, 방글라데시와 사하라 이남 아프리카 지역 등 많은 인구가 거주하는 국가의 침수 위험을 아랑곳하지 않은 채 탄소 대량 매장지에 대한 소유권을 주장하는 것 또한 도덕적으로 매우 극악한 범죄 행위이지만). 노예제와 식민 통치를 종식시킨 운동들은 무혈의 경로로는 승리를 거둘 수 없었다. 불매 운동이나 시위 등의 비폭력 전술이 중심 역할을 담당하긴 했지만 카리브 해 지역에서는 수많은 노예 폭동이 참혹하게 진압된 뒤에야 노예제가 불법화되었고, 미국에서도 남북 전쟁의 대량 학살을 거치고 나서야 노예제가 폐지되었다.

한편 이런 유추는 또 다른 문제를 안고 있다. 이 시기에 이루어진 수백만의 노예 해방(영국의 식민지에서 약 80만 명, 미국에서 약 4백만 명)은 당시(혹은 이론의 여지가 있긴 하지만 인류 역사를 통틀어) 인권과 관련한 가장 위대한 승리였으나, 살펴본 바와 같이 경제적 측면에서는 그다지 큰 성과를 거두지 못했다. 각 국가 및 세계의 엘리트들은 노예로 부림 당했던 사람들에게 거의 혹은 전혀 보상하지 않았고, 오히려 자신들이 입은 인력 자산의 〈손실〉을 벌충한다는 명목으로 터무니없는 보상을 받아 냈다. 정부는 남북 전쟁 종결 직전에 해방된 노예들에게 광활한 남부 토지의 소유권을 넘겨주겠다고 약속했지만, 그 약속은 지켜지지 않았다. 토지는 노예를 소유했던 사람들에게 돌아갔고, 이들은 소작 계약을 통해 농지를 경작할 인력을 충당했다. 앞서 언급했듯이, 영국은 노예제 폐지 당시 노예를 소유했던 사람들에게 엄청난 보상금을 지급했다. 프랑스에서는 놀랍게도 갓 해방된 나라 아이티에 소함대를 보내 노예 노동력을 상실한 프랑스 정부에 거액의 보상금을 지급하지 않으면 공격하겠다고 위협하기까지 했다.[13] 보상이 이루어지긴 했지만, 상대가 뒤바뀐 보상이었다.

아이티와 모잠비크에서는 이 보상 비용을 비롯해서 섬뜩하리만큼 부당한 수탈 행위로 인해 여전히 많은 사람들이 고통받고 있다. 뒤바뀐 보상은 갓 해방된 국가와 국민들에게 엄청난 부채를 떠안기고 진정한 독립의 기회를 빼앗는 한편, 유럽의 산업 혁명을 가속화하는 데 도움을 주었다. 결국 이 산업 혁명이 낳은 높은 수익성이 노예제 폐지의 경제적 충격을 완화했다. 이와는 완전히 대조적으로, 화석 연료 시대가 막을 내릴 경우에는 석유, 가스, 석유 산업의 주요한 참가자들을 달랠 만한 보상이 이루어질 수 없다. 태양열과 풍력 에너지 사업이 수익을 올리겠지만, 이런 에너지들은 본질적으로 분산되어 있기 때문에 지금껏 화석 연료 기업들이 익숙하게 누려 왔던 독점적 초과 이윤을 보장해 주지 않는다. 한마디로, 기후 정의가 승리를 거둔다면 우리의 엘리트들은 탄소를 땅속에 그대로 놓아두어야 할 뿐 아니라, 변혁 과정에 필수적으로 동반되는 규제와 세금, 사회 복지 프로그램에 순응해야만 한다는 점에서 실로 엄청난 경제적 비용을 감당하게 될 것이다. 억만장자 갑부들에게 부과되는 이 새로운 요구들은 다보스 포럼에 기반한 과두 지배 자본주의 시대를 종식시키는 효과적인 무기로 쓰일 수 있다.

미완의 해방

어떤 면에서 보면, 경제적 목표 달성에 실패한 주요 사회 운동의 수많은 사례가 무기력과 절망감을 자아낼지 모른다. 더욱 공평한 경제 시스템을 구축하기 위한 계획이 실패로 돌아가는 현실에서, 과연 기후 운동이 성공을 거둘 수 있을까?

하지만 우리는 역사를 달리 해석할 수 있다. 기초적인 공공 서비스 시행, 편안한 주거 보장, 토지 재분배라는 경제적 요구는 지난 2백 년 동안 진행되어 온 강력한 해방 운동(시민권 운동과 여성 운동, 원주민 주권 회복 운동)이 이루어 내지 못한 미완의 과제다. 기후 위기 대응(이미 닥친 기상 이변에 안정적으로 적응하는 동시에 앞으로 예상되는 재앙 수준의 온난화를 방지하기 위한 대응)에 요구되는 세계적 차원의 대규모 투자는 이 모든 것을 바꿀 수 있는, 그야말로 모든 것을 바로잡을 좋은 기회다. 식민 통치와 독재에서 벗어나면 시행되리라 예상했던 농지의 공평한 재분배도, 킹 목사가 꿈꾸었던 안정된 일자리와 편안한 주거도, 원주민 공동체들이 원하는 깨끗한 물도, 남아프리카 공화국의 흑인 거주지 주민이 원하는 전등과 상수도 설치도 이런 시스템에서는 실현될 수 있다. 이것이 바로 지구를 위한 마셜 플랜이 보장하는 약속이다.

우리 세계가 몹시 불공평하고 불공정한 상태로 지속되고 있는 것은, 중요한 사회 정의 운동들이 대개 법률적인 전선에서만 승리를 거두었을 뿐 경제적인 전선에서는 큰 낭패를 보았기 때문이다. 이런 실패들이 남긴 유산이 바로 차별의 지속, 이중적인 기준 적용, 구조적 빈곤(위기가 닥칠 때마다 심화되는)이다. 그러나 평등이란 〈존엄한 생활을 유지하게 하는 기본적인 서비스에 대한 공평한 접근권〉이라는 핵심 명제를 근거로 경제적 투쟁에서 어느 정도 승리를 거두기도 했다. 우리가 지금 누리고 있는 몇 가지 제도, 이를테면 도서관, 대중교통 수단, 공공 의료 시설이 바로 그것이다. 다행스럽게도, 오래전에 시작된 이런 운동들은 아직

힘겹게나마 투쟁을 이어 가고 있다. 인권의 완벽한 보장과 인종, 성, 성적 취향에 관계없는 평등, 진정한 의미의 탈식민화와 보상 실현, 안전한 식량과 농민의 권리 보장, 과두 지배 금지, 공공 분야의 보호와 확장을 위한 투쟁은 여전히 진행 중이다.

따라서 기후 변화에 대응하기 위해 우리에게 필요한 것은 기적적인 성공을 향한 새로운 운동이 아니다. 기후 변화는 채취주의 세계관이 야기한 극단적인 위기이자 인류를 견고하고도 확실한 최후의 한계로 밀어붙이는 위기라는 점에서, 오히려 이제껏 지속되어 온 모든 운동을 통합하는 원동력이라 할 만하다. 강물은 수많은 지류의 집단적인 힘을 끌어모아야만 강력한 물살을 이루어 원대한 바다에 이른다. 프란츠 파농은 1961년에 발표한 뛰어난 저서 『대지의 저주받은 자들』에서 이렇게 썼다. 〈식민주의 대 반식민주의, 자본주의 대 사회주의라 여겨졌던 기본 대립 구도는 이미 그 무게를 잃었다. 이 순간 우리 앞의 지평선을 가로막는 실로 중요한 문제는 부의 재분배가 절실하다는 점이다. 인류는 이 문제를 해결하기 위해 전력을 다해야 한다. 아무리 충격적인 결과가 예상된다 할지라도.〉[14] 기후 변화는 해묵은 잘못을 최종적으로 바로잡을 수 있는 기회, 해방이라는 미완의 과제를 달성할 수 있는 마지막 기회다.

승리는 다양한 세력이 유례없는 규모로 결집할 때 비로소 달성될 것이다. 기후 변화의 도전과 완벽하게 맞아떨어지는 역사적 사례는 존재하지 않지만 과거의 변혁 운동들은 우리에게 분명한 교훈을 남겼다. 그 하나로, 경제적 권력의 저울추가 대대적인 움직임을 보이는 경우는 예외 없이 엄청난 수준의 사회적 움직임에 의한 것이라는 사실이다. 이 시점에 도달하면 사회 운동은 하나의 문화에 속한 소규모 집단(전위적인 급진주의 집단 혹은 구변 좋은 전문가들로 이루어진 하위 집단)의 활동을 넘어서, 모든 사회 성원(임대인 연합회, 여성들의 지원 모임, 원예 동호회, 주민회, 노동조합, 전문가 집단, 스포츠 모임, 청년 단체 등)의 보편적인 활동으로 전환된다. 역사상으로 특별한 시기(두 차례의 세계 대전, 대공황 직후, 시민권 운동의 절정기)에는 사회 변화라는 목표가 일상에 깊이 스며들었기 때문에 〈사회 운동가〉와 〈보통 사람〉을 가르는 통상의 범주 구분이 무의미했다. 한마디로, 모든 사람이 사회 운동가였다.

여기서 우리는 다시 이 책의 출발점으로 돌아간다. 하필이면 자유 시장주의가 가장 난폭하게 질주하는 이런 때 우리는 급속한 기후 변화라는 도전에 맞닥뜨렸다. 늘 명심해야 할 것은, 이미 손을 쓸 수 없는 단계로 넘어갔다거나 대처할 방법을 알지 못한다는 구실을 내세워 기후 위기에 대한 인류의 집단적인 대응을 단념해서는 안 된다는 점이다. 아직 시간은 충분히 남아 있고, 우리는 기후 시계를 되돌릴 녹색 기술과 녹색 해법을 충분히 가지고 있다. 그럼에도 브래드 워너가 내놓은 도발적인 질문 〈지구는 만신창이가 되었는가?〉에 대해 많은 사람들이 그렇다고 대답하는 까닭은, 이러한 도구를 채택하고 정책을 실행에 옮기기에는 우리 정치계의 역량이 부족하다고 여기기 때문이다. 갈수록 패권을 강화하는 억압적인 자유 시장 이데올로기에서 벗어나지 않는다면, 당연히 정치계는 이런 힘을 발휘할 수 없다.

우리의 앞길을 가로막는 것은 직접 선거를 통해 선출되고도 유권자의 욕구를 충족시키지 못하는 정치인들만이 아니다. 우리 역시 우리의 앞길을 가로막는다. 탈산업 사회의 일원으로 살아가는 대부분의 사람들은 1930년대 총파업이나 1940년대에 식량 보급용으로 시행되었던 〈승리의 텃밭 가꾸기〉 운동이나 1960년대 흑인 차별 항의 활동으로 진행되었던 〈자유의 버스 순례〉 운동을 기록한 흑백 화면을 보면서도, 그처럼 엄청난 강도와 규모를 지닌 사회 운동에 자신이 참여한다는 것은 있을 수 없는 일이라고 여긴다. 이런 운동은 그 시절 그 사람들에게나 어울리는 일이지, 우리 자신에게는 어울리지 않는다고 생각한다. 우리의 시선은 휴대 전화 화면에 고정되어 있고, 우리의 주의력은 자극적인 기사들에 분산되어 있으며, 우리의 신의는 힘겨운 부채와 불안정한 계약직 노동에 의해 무너지고 있다. 도대체 우리가 어느 지점에서 뭉칠 수 있단 말인가? 도대체 우리는 누구를 믿고 따를 수 있는가? 아니, 그보다 〈우리〉는 대체 누구인가?

우리는 우리 시대의 산물이며 지배 이데올로기의 산물이다. 지배 이데올로기는 기회가 닿을 때마다 인간은 자신의 협소한 이익을 극대화하려는 존재라고, 우리는 자기만족을 추구하는 개인들일 뿐이라고 가르친다. 또한 크고 작은 문제들을 해결할 기술이 축적된 공동체로부터 사람들을 갈라놓는다. 지배 이데올로기의 활동은 20년이 넘는 세월 동안 우리 정부들의 발목을 붙잡아, 기후 위기를 〈손자 손녀들〉의 문제에서 〈당장 내 집 문을 두드리는〉 문제로 만들어 버렸다.

따라서 기후 변화에 대응하여 시도되는 그 어떤 노력도 훨씬 광범위한 세계관 투쟁의 일환이라는 인식을 공유하지 않고는 아무런 결실을 맺지 못할 것이다. 공격과 무시의 세월이 수십 년 동안 이어져 온 만큼 우리는 집단주의, 공동체주의, 공공 의식, 공민 의식, 시민 의식이라는 개념을 재구축하고 개혁하는 과정을 밟아야만 한다. 기후 변화 대응과 관련해서 가장 커다란 도전은 수많은 규율들을 당장에 분쇄하지 않으면 안 된다는 것이다. 세금 인상을 추진하거나, 막대한 피해를 야기하는 대규모 투자를 차단하거나, 만인을 위험으로 몰아넣는 경제 부문을 점진적으로 축소하고자 노력해야 하며, 동시에 이를 가로막는 규율들을 모조리 분쇄해야 한다. 국가별 법률이나 무역 협정은 물론이고 성문화되어 있지는 않지만 강력한 힘을 발휘하는 모든 규율들을 말이다.

지금의 규율은 모두 하나로 통합된 단일한 세계관에서 비롯한다. 세계관의 정당성이 부인되면, 거기에 근거한 규율의 힘 역시 크게 약화된다. 바로 이것이 정치적 스펙트럼을 떠나 모든 사회 운동의 역사에서 우리가 얻을 수 있는 또 하나의 교훈이다. 급진적인 변화는 수십 년 세월에 걸친 법률의 점진적인 변화가 아니라 속사포처럼 연속적으로 이루어지는 법률 제정을 통해서만 이루어진다. 이를 가리켜 우파는 〈충격 요법〉이라고 부르고, 좌파는 대중의 대규모 지지와 동원이 필요한 과정이라는 의미에서 〈포퓰리즘〉이라 부른다(뉴딜 시대에 시행된 규제 정책과 1960년대와 1970년대에 이루어진 환경 관련 법률 제정을 생각해 보라).

그렇다면 우리는 이러한 세계관을, 아무 의심 없이 받아들여지는 지금의 이데올로기를 어떻게 해야 바꿀 수 있을까? 이를 위해서는 초기에 올바른 정책 요구 투쟁을 선택해야 한다. 물론 이 투쟁은 법률의 변화만이 아니라 사고방식의 변화를 목적으로 할 때에만 판도를 바꾸는 결정적인 힘을 발휘한다. 예컨대 대규모 연합을 형성하는 최저 소득 보장 요구 투쟁에 비하면, 소액의 탄소세 도입 투쟁의 힘은 훨씬 미약하다. 앞서 살펴보았듯이 최저 소득이 보장되면 노동자들은 더러운 에너지와 관련한 일자리를 거부할 수 있을 뿐 아니라, 보편적인 사회 안전망 제도를 요구하는 과정에서 핵심적인 가치에 관한 적극적인 논쟁(보편적인 인간성을 기반으로 우리가 서로에게 빚지고 있는 것이 무엇인지, 그리고 우리 사회가 경제 성장과 기업 이윤보다 더 소중하게 여겨야 하는 것이 무엇인지)을 펼칠 공간이 확보된다.

근본적인 사회 변화를 야기하는 수많은 활동은 필연적으로 논쟁을 수반하며, 이 논쟁 과정에서는 우리의 발목을 옥죄던 신화를 대체하는 새로운 이야기들이 등장하기 마련이다. 〈결정적 10년〉 동안 급격한 문명의 도약이 이루어지길 바란다면, 우리는 인간이 이기적이고 탐욕적이기만 한 존재가 아니라는 확신을 새로이 다져야 한다. 리얼리티 쇼와 신고전주의 경제학 이론들이 끊임없이 우리에게 주입시켜 온 이 이미지를 몰아내야 한다.

참으로 역설적인 일이지만, 우리는 또한 이런 논쟁을 통해 기후 변화에 대한 타인의 침묵을 훨씬 깊게 이해할 수 있다. 격렬한 분노가 아닌 공감 의식을 가지고 과거(그리고 현재)의 실패를 바라보게 된다. 많은 사람들이 행동에 나서지 않는 건 무엇 때문일까? 지나친 이기심에 쫓겨 추상적인 문제 혹은 얼핏 아득히 멀리 떨어진 듯 보이는 문제를 등한시하기 때문이 아니라, 그저 엄청난 불안감에 압도되어 어찌할 바를 모르기 때문이 아닐까? 우리가 침묵하는 건 묵인하겠다는 마음을 품고 있기 때문이 아니라, 그저 극심한 공포감을 조장하는 생태계 파괴에 맞서는 데 필요한 연대의 공간이 부족하기 때문이 아닐까? 누구나 알다시피 세계의 종말은 각자가 혼자만의 힘으로 감당해야 하는 과제가 아니다. 사회학자 카리 노가드는 대부분의 사람들이 기후 위기라는 명백한 현실을 부정하는 방식을 탐구한 훌륭한 저서 『부인하는 삶』에서 이렇게 밝힌다. 〈기후 변화를 부정하는 것은, 우리 인간이 비록 제대로 된 대응에 나서진 못한다 해도 기후 대응에 대해 공감과 연민, 그리고 근원적인 도덕적 의무감을 지니고 있음을 입증하는 증거라고 볼 수 있다. 반드시 그렇게 보아야 한다고 나는 생각한다.〉[15]

본질적으로 우리의 과업은 대안 정책을 내놓는 데 그치지 않는다. 우리는 생태계의 위기를 초래한 핵심 세계관을 제압할 만한 새로운 세계관을 천명해야 한다. 물론 새로운 세계관은 초개인주의 대신 상호 의존성, 독점적 지배 대신 호혜성, 권위적인 위계 대신 협력을 근간으로 삼는다. 이러한 세계관을 구축할 때 비로소 우리는 온실가스 감축을 위한 정치적 환경을 조성할 수 있으며, 더 이상 회피할 수 없는 기후 재앙에 효과적으로 대처할 수 있다. 지금껏 배출해 온 온실가스로 인해 불가피하게 맞이하게 될 뜨겁고도 험악한 기상 상황을 고려할 때, 만인은 평등한 권리를 가진다는 확고한 신념과 깊은 연민을 느끼는 능력은 문명과 야만을 가르는 유일한 기준점이 될 것이다.

과거의 변혁 운동들로부터 깨우쳐야 할 또 하나의 교훈이 있다. 모든 변혁 운동은 문화적 가치관을 바꾸는 과정(극히 짧은 기간에 진행되기 때문에 계량하긴 어렵지만)이 자신들의 핵심 과업이라는 사실을 잘 알고 있었다. 그들은 대중적인 상상력을 발휘하여 향상된 인류의 모습을 제시했다. 자신들의 행동을 통해 새로운 가치관을 선보이며, 그 과정에서 대중들의 정치적 상상력을 일깨우고 실현 가능성에 대한 인식을 빠르게 바꾸어 놓았다. 그들은 또한 〈도덕성〉이라는 말을 입에 담기를 주저하지 않았다. 다시 말해 그들은 비용과 편익을 따지는 실용적인 논의를 중단하고 정의와 불의, 사랑과 분노에 대해 이야기했다.

『국부론』에서 노예제 반대론을 펼쳤던 애덤 스미스는 노예제를 분석하면서 도덕성이 아닌 노동의 성과를 반론의 핵심 근거로 두었다. 그의 주장에 따르면 노예 소유주들은 노예 인력의 〈사용에 따른 소모와 손상〉이라는 값비싼 대가까지 부담해야 하는 반면, 부지런히 일하려는 의욕이 훨씬 큰 고용 노동자들의 경우엔 그 노동이 〈노예들이 하는 노동보다 훨씬 싸게 먹힌다〉.[16] 유럽 대륙과 아메리카 대륙의 수많은 노예제 폐지론자들은 이런 실용적인 주장을 수용하려 했다.

하지만 18세기 말 영국에서 일어난 노예 무역 폐지 운동은 노예제의 도덕성 문제와 노예제를 탄생시킨 파괴적인 세계관을 공격하는 일에 중점을 두었다. 영국의 노예제 폐지론자 토머스 클라크슨은 1808년에 쓴 글에서 노예 무역을 둘러싼 투쟁을 〈동료 피조물의 행복과 존엄 문제를 깊이 통감하는 사람들과, 사악한 관습과 탐욕을 좇아 타인의 천부적인 신성한 권리를 짓밟고 그들의 마음속 신앙심마저 지우려 하는 사람들 사이에서 펼쳐지는 주도권 다툼〉이라고 묘사했다.[17]

미국의 노예제 폐지론자들이 썼던 수사와 주장은 훨씬 더 강경하고 비타협적이었다. 노예제에 반대했던 유명한 웅변가 웬들 필립스는 1853년의 연설에서 노예제를 옹호하는 사람들에 대한 비난의 권리를 주장했다. 〈가혹한 비난과 혹독한 질책, 신랄한 야유, 냉혹한 조롱은 그어떤 상황에서도 정당화될 수 없다고? 무슨 근거에서 하는 말인가? 아니, 사안이 너무나 긴박한 만큼 우리는 그 어떤 무기도 내려놓지 않을 것이다. 이런 무기들은 무지와 편견을 깨뜨리고, 잠자는 양심을 일깨우고, 오만한 범죄자들을 망신시켰고, 인간의 행동을 변화시켰던 강력한 목소리다. 우리의 목표는 여론의 향로를 돌리는 것이다.〉이 목표를 이루는 데 결정적으로 기여했던 것은 해방된 노예들의 발언이었다. 프레더릭 더글러스는 저술과 연설을 통해 〈7월 4일 독립 기념일이 미국 노예들에게 무슨 의미가 있는가?〉라는 질문을 제기하며 미국 애국주의의 토대에 이의를 제기했다.[18]

이처럼 격렬하고 극단적인 수사는 이해관계가 첨예하게 대립하는 투쟁에 흔히 동반되었다. 역사학자 데이비드 브리온 데이비스가 그의 저서에서 밝혔듯이, 노예제 폐지론자들은 혐오스러운 관행을 없애는 것에 그치지 않고 애초에 노예제 도입에 기여했던 견고한 기성의 가치관을 바꾸기 위해 노력하는 것이 바로 자신들의 역할이라 보았다. 〈신세계에서의 노예제 폐지는 도덕적 인식의 대전환에 상당 부분 의존한다. 18세기 중엽 부상하기 시작한 저술가와 웅변가와 개혁가들은 수천 년 동안 이어져 온 제도에 대한 공격을 서슴지 않았고, 탐욕과 권력을 향한 끊임없이 경쟁을 넘어 보다 향상된 사회로 이 세상을 변화시키고자 분투했다.〉[19]

생명의 본질적 가치를 옹호해야 한다는 인식이야말로 지금껏 이루어진 모든 진보적인 승리를 낳은 핵심 요인이다. 이와 같은 운동들은 하나같이 정의 실현 요구에 경제적 요인을 포함시켰다. 그러나 이 운동이 승리를 거둔 것은 평등한 권리와 자유의 실현에 금전적인 가치를 매겼기 때문이 아니라, 이 권리와 자유가 금전적인 가치로 평가할 수 없을 만큼 소중한 것이며 모든 인간의 천부적인 권리라고 주장했기 때문이다. 오늘날도 화석 연료에서 탈피할 것을 요구하는 경제적 변수들이 다양한 방식으로 나타나고 있으며, 참을성 있게 이러한 상황을 좇는 투자자들의 수도 점점 늘어나기 시작했다. 물론 주목할 만한 움직임이다. 하지만 유리한 입장에 선 경제 주체들의 주장을 제압하려는 노력, 이를테면 재앙이 닥친 뒤에 대응하는 것보다 지금 당장 온실가스를 감축하는 데 투자하는 것이 〈비용과 효과 면〉에서 훨씬 유리하다는 주장만으로는 기후 재앙을 막기 위한 싸움에서 결코 승리를 거둘 수 없다. 그들의 계산법이 도덕적인 면에서 극악무도한 것임을 역설할 때 비로소 우리는 승리를 거두게 된다. 그들의 계산법에는 많은 나라가 완전히 물에 잠기도록 놓아두는 것, 가뭄으로 갈라진 땅에서 수백만 명이 굶주려 죽어 가도록 내버려 두는 것, 아름답고 경이로운 피조물들로 가득 찬 세상에서 살아갈 다음 세대의 권리를 빼앗는 것쯤은 충분히 수용할 만한 대가라는 생각이 내포되어 있으니 말이다.

국제 무대에서 기후 운동은 아직 본격적으로 도덕성 문제에 대해 목소리를 내지 못하고 있다. 하지만 목청을 가다듬고 있는 것만은 분명하다. 국제적으로 체결된 기후 협약을 무시하는 결정이 초래한 극악한 절도 행위와 피해자의 고통을 유사 이래 가장 흉악한 범죄로 규정하는 것이 그런 움직임의 일환이다. 도덕성 문제를 신랄하게 지적하는 목소리는 이미 거리와 법정에서 세대 간 정의 실현을 요구하는 청년층으로부터 울려 나오기 시작했다. 사회 정의 운동 역시 그런 목소리를 내고 있다. 노벨 평화상 수상자이자 케이프타운의 주교였던 데즈먼드 투투는 화석 연료 투자 회수 운동에 열정적으로 참여하면서 〈창조된 세계의 보호자라는 직함은 거저 얻어지는 것이 아니다. 우리는 이 직함에 맞게 행동해야 한다. 지금의 엄중한 상황은 우리의 시급한 행동을 요구한다〉고 역설했다.[20] 무엇보다도 주목해야 할 것은, 도덕성을 지적하는 선명한 목소리가 블로카디아의 전선, 즉 위험성 높은 화석 연료 채취 활동과 다른 곳보다 먼저 닥친 기후 변동 때문에 가장 직접적인 타격을 입고 있는 사람들로부터 울려 나오고 있다는 점이다.

어느 날 갑자기, 모두가 뛰쳐나와

모든 전문가들이 예상했던 바와 달리, 최근 여러 지역에서는 대중들이 더 이상 참을 수 없다며 들고일어나는 사건이 빈번히 일어나기 시작했다. 〈아랍의 봄〉(비극과 배반까지 포함해서), 여러 달 동안 도심을 점거했던 유럽의 〈광장 점거 운동〉, 미국의 〈월스트리트를 점령하라〉, 칠레와 퀘벡의 학생 운동이 그 대표적인 사례다. 멕시코 언론인 루이스 에르난데스 나바로는 근접 접촉에 대한 냉소주의를 녹여 버린, 좀처럼 보기 드문 이런 정치적 사건들을 가리켜 〈끓어오르는 봉기〉라고 표현한다.[21]

어떤 사회가 급격한 변화 요구에 부딪칠 때 일어나는 봉기들은 대개 예상을 깨뜨리는 충격을 안긴다. 그중에서도 가장 큰 충격을 받는 건 대개 그 봉기를 직접 조직한 사람들이다. 나는 다음과 같은 이야기를 여러 차례 들었다. 「어느 날 친구들과 함께 이루어질 수 없는 계획을 구상했는데, 다음 날 전 국민이 모여든 듯 수많은 사람들이 광장에 나와 우리 계획을 지지하고 있었어요.」 이 운동과 관련해 모든 이들을 놀라게 하는 것은 우리가 흔히들 이야기해 온 것보다 훨씬 강력한 힘을 가지고 있다는 사실이며, 우리가 지금껏 상상해 온 것보다 훨씬 강력한 열망을 훨씬 많은 사람들과 공유하고 있다는 점이다.

이처럼 끓어오르는 봉기의 순간이 언제 다시 도래할지는 아무도 모른다. 다음번 봉기에 불을 붙이는 촉매가 경제 위기일지, 자연재해일지, 정치적 부정행위일지 그 역시 아무도 알 수 없다. 유쾌한 일은 아니지만, 온난화가 가속화된 세계에는 봉기에 불을 당길 촉매가 차고 넘친다. 스톡홀름 환경 연구소의 중견 과학자 시반 카르타는 이렇게 말한다. 〈지금 정치적으로 실현 가능한 일과 카트리나급의 허리케인이나 샌디급의 초대형 폭풍이나 보파급의 태풍이 몇 차례 더 발생한 뒤에 가능한 일은 천양지차다.〉[22] 정확한 지적이다. 우리가 부지런히 일해서 모아 놓은 물건들이 갑자기 물에 휩쓸려 가거나 산산조각이 나거나 쓰레기로 변하는 순간에는 세상이 달라 보이지 않겠는가.

지금 세상은 1980년대의 세상과 전혀 다르다. 앞서 언급했듯이, 하필 자유 시장 우월주의가 정점에 달한 시점에 기후 변화가 공적 과제로 부상한 것은 정말로 안타까운 일이다. 그러나 필사적인 대응을 요구하는 기후 위기는 전혀 다른 종류의 역사적 전기로 우리 앞에 다가오고 있다. 기후 위기에 대한 결정적인 대응을 무력화시켜 온 수많은 장벽들이 이제는 심각하게 침식되어 무너져 내리기 시작했다. 자유 시장 이데올로기는 수십 년에 걸쳐서 심화되어 온 불평등과 부패로 인해 설득력을 잃고 있다(정치적·경제적 힘은 여전히 막강하지만). 귀중한 에너지를 엉뚱한 곳으로 돌리는 다양한 형태의 주술적 사고(기술이 기적을 낳으리라는 맹신과 도량 넓은 억만장자들의 선행을 찬미하는 태도) 역시 빠른 속도로 믿음을 잃어 간다. 자유 시장에 맡겨 두면 어느 누구도 이 위기에 개입해서 상황을 바로잡으려 하지 않을 것이며, 아래로부터 끓어오르는 대중 운동이 주도권을 잡아야만 변화가 가능하다는 것을 수많은 사람들이 점차 깨닫기 시작했다.

우리는 또한 10년 전과는 비교할 수 없을 정도로 고립된 생활에서 크게 벗어나 있다. 신자유주의의 폐허 속에 새로 들어선 조직들(소셜 미디어와 노동자 협동조합, 농민 직영 시장, 공동체 은행 등)은 우리가 탈근대 사회의 파편화된 생활 속에서 공동체를 일구어 가도록 돕는다. 많은 사람들이 소셜 미디어를 통해 전 세계에 걸쳐 전개되는 소란스러운 대화에 꾸준히 참여하고 있다. 이런 대화는 때때로 불쾌감을 안기기도 하지만, 한편으론 유례가 없는 전파력과 힘을 발휘하기도 한다.

이런 상황을 고려할 때, 또 다른 위기가 닥치는 순간 우리가 다시 거리와 광장에 모여 우리 스스로도 놀랄 만한 결집력을 과시하리라는 데에는 의심의 여지가 없다. 중요한 문제는 진보 세력이 그 순간에, 이때 결집된 힘과 자신감을 가지고 무엇을 이루어 낼 것인가 하는 점이다. 불가능한 일이 갑자기 가능할 것처럼 보이는 이러한 순간들은 대단히 드물고 귀중한 기회다. 그렇기 때문에 우리는 이 순간을 이용해 더 많은 성과를 올려야 한다. 기회가 찾아오면, 이를 통해 현실 세계를 비판하는 데 그치지 않고 과도기적인 해방 공간을 마련해야 하며, 우리 모두의 안전이 보장된 세계를 구축하는 일의 기폭제로 삼아야 한다. 엄청난 위험이 도사리고 있고 시간은 촉박하다. 우리로서는 단 한 발짝도 물러설 수 없다.

———————

1년 전, 아테네에서 만난 지 얼마 안 된 친구들과 함께 저녁 식사를 한 일이 있다. 나는 그들에게 알렉시스 치프라스에게 어떤 질문을 하면 좋을지 의견을 구했다. 치프라스는 그리스의 야당 지도자이자 긴축 정책으로 황폐해진 유럽에 희망을 불어넣는 인물로 주목받는 젊은 정치인이었다.

한 사람이 이렇게 대답했다. 「역사가 문을 두드릴 때 대답을 했느냐고 물어보세요.」

좋은 질문이다. 우리 모두에게.

주

주에 대한 일러두기

- 주석 부분이 본문보다 길어져서는 안 되므로, 이 책의 본문에 밝힌 모든 사실들에 전부 인용 주석을 달지는 않았다. 물론 출처를 밝힌 경우도 많다. 기후 과학이나 탄소 감축과 관련한 인용문과 통계 및 데이터는 처음 언급될 때 출처를 밝혔으며, 이 범주에 속하지는 않지만 논쟁의 여지가 있는 경우에도 출처를 밝혔다.

- 논쟁의 여지가 없을 뿐 아니라 키워드 검색으로 쉽게 확인할 수 있는 사실(널리 알려진 사건)을 언급할 때는 출처를 밝히지 않았다. 저자가 직접 써서 발표한 글에 분명히 언급된 사실(인용이 아닌 경우) 역시 대개는 출처를 생략했다.

- 한 문단 안에 언급된 여러 가지 사실과 인용들에 대해 출처를 밝히는 경우에는 주석 번호를 문단 끝에 두었다. 이 주석의 내용에서는 문단에 언급되는 순서대로 출처를 기재하고, 예외가 있는 경우에는 별도로 표시했다. 이는 텍스트의 혼잡함을 줄이고 주석의 양을 최대한 줄이기 위함이다.

- 저자나 저자의 연구원이 직접 인터뷰한 내용이나 이 책과 함께 발표된 기록 영화(아비 루이스Avi Lewis 감독)에서 따온 인용은 주석에 〈개인 인터뷰personal interview〉라고 표시했다.

- 본문 각주에 대한 출처가 있는 경우에는 텍스트에 표시된 별표 바로 다음에 오는 주석에 그 출처를 밝히되, 〈FOOTNOTE〉라는 표시를 붙였다.

- 온라인 이용이 가능한 뉴스 기사들의 웹 페이지 주소는 웹의 변동성을 고려하여 따로 밝히지 않았다. 온라인으로만 제공되는 문서인 경우에는 해당 문서가 게재된 홈페이지 주소를 밝히되, 링크의 변동성을 고려하여 특정 텍스트의 URL 전체를 밝히지는 않았다.

제사

1 "Rebecca Tarbotton", Rainforest Action Network, http://ran.org/becky/.

2 Kim Stanley Robinson, "Earth: Under Repair Forever", *On Earth*, December 3, 2012.

서문 어쨌든, 모든 것은 변한다

1 Mario Malina et al., "What We Know: The Reality, Risks and Response to Climate Change", AAAS Climate Science Panel, American Association for the Advancement of Science, 2014, 15~16.

2 "Sarah Palin Rolls Out at Rolling Thunder Motorcycle Ride", Fox News, May 29, 2011.

3 Martin Weil, "US Airways Plane Gets Stuck in 'Soft Spot' on Pavement at Reagan National", *Washington Post*, July 7, 2012; "Why Is My Flight Cancelled?", Imgur, http://imgur.com/.

4 Weil, "US Airways Plane Gets Stuck in 'Soft Spot' on Pavement at Reagan National"

5 일상적인 기후 변화 부정에 대한 중요한 사회학적·심리학적 분석은 다음을 참조하라. Kari Marie Norgaard, *Living in Denial: Climate Change, Emotions, and Everyday Life*(Cambridge, MA: MIT Press, 2011); Rosemary Randall, "Loss and Climate Change: The Cost of Parallel Narratives", *Ecopsychology* 1.3(2009), 118~129; and the essays in Sally Weintrobe, ed., *Engaging with Climate Change*(East Sussex: Routledge, 2013).

6 Angélica Navarro Llanos, "Climate Debt: The Basis of a Fair and Effective Solution to Climate Change", Presentation to Technical Briefing on Historical Responsibility, Ad Hoc Working Group on Long-term Cooperative Action, United Nations Framework Convention on Climate Change, Bonn, Germany, June 4, 2009.

7 "British PM Warns of Worsening Floods Crisis", Agence France-Presse, February 11, 2014.

8 "Exponential Growth in Weather Risk Management Contracts", Weather Risk Management Association, press release, June, 2006; Eric Reguly, "No Climate-Change Deniers to Be Found in the Reinsurance Business", *Globe and Mail*, November 28, 2013.

9 "Investor CDP 2012 Information Request: Raytheon Company", Carbon Disclosure Project, 2012, https://www.cdp.net/.

10 "Who Will Control the Green Economy?", ETC Group, November 1, 2011, 23; Chris Glorioso, "Sandy Funds Went to NJ Town with Little Storm Damage", NBC News, February 2, 2014.

11 "Get It Done: Urging Climate Justice, Youth Delegate Anjali Appadurai Mic-Checks UN Summit", *Democracy Now!*, December 9, 2011.

12 Corinne Le Quéré et al., "Global Carbon Budget 2013", *Earth System Science Data Discussions* 6(2014), 253; "Greenhouse Gases Rise by Record Amount", Associated Press, November 3, 2011.

13 Sally Weintrobe, "The Difficult Problem of Anxiety in Thinking About Climate Change", *Engaging with Climate Change*, ed. Sally Weintrobe(East Sussex: Routledge, 2013), 43.

14 섭씨 2도 목표의 역사와 정치적 역학에 대한 중요한 분석은 다음을 참조하라. Joni Seager, "Death By Degrees: Taking a Feminist Hard Look at the 2 Degrees Climate Policy", *Kvinder, Køn og Foraksning* 18(Denmark, 2009), 11~22; Christopher Shaw, "Choosing a Dangerous Limit for Climate Change: An Investigation into How the Decision Making Process Is Constructed in Public Discourses", PhD thesis(The University of Sussex, 2011), available at http://www.notargets.org.uk; Christopher Shaw, "Choosing a Dangerous Limit for Climate Change: Public Representations of the Decision Making Process", *Global Environmental Change* 23(2013), 563~571; COPENHAGEN: Copenhagen Accord, United Nations Framework Convention on Climate Change, December 18, 2009, p. 1; "DEATH SENTENCE": "CJN CMP Agenda Item 5 Intervention", Speech delivered by activist Sylvia Wachira at Copenhagen climate conference, Climate Justice Now!, December 10, 2009, http://www.climate-justice-now.org; GREENLAND: J. E. Box et al., "Greenland Ice Sheet", Arctic Report Card 2012, National Oceanic and Atmospheric Administration, January 14, 2013; ACIDIFICATION: Barbel Honisch et al., "The Geological Record of Ocean Acidification", *Science* 335(2012), 1058~1063; Adrienne J. Sutton et al., "Natural variability and anthropogenic change in equatorial Pacific surface ocean pCO_2 and pH", *Global Biogeochemical Cycles* 28(2014), 131~145; PERILOUS IMPACTS: James Hansen et al., "Assessing 'Dangerous Climate Change': Required

Reduction of Carbon Emissions to Protect Young People, Future Generations and Nature", *PLOS ONE* 8(2013), e81648.

15 "Climate Change Report Warns of Drastically Warmer World This Century", World Bank, press release, November 18, 2012.

16 위의 글; Hans Joachim Schellnhuber et al., "Turn Down the Heat: Why a 4℃ Warmer World Must Be Avoided", A Report for the World Bank by the Potsdam Institute for Climate Impact Research and Climate Analytics, November 2012, xviii; Kevin Anderson, "Climate Change Going Beyond Dangerous─Brutal Numbers and Tenuous Hope", *Development Dialogue* no. 61, September, 2012, 29.

17 섭씨 4도 온난화 세계에서 예상되는 충격에 대한 과학 연구들을 개론하는 글은 다음을 참조하라. Schellnhuber et al., "Turn Down the Heat" 또한 같은 저자가 같은 주제를 다룬 다음 논문을 참조하라. "Four degrees and beyond: the potential for a global temperature increase of four degrees and its implications", compiled and edited by Mark G. New et al., *Philosophical Transactions of The Royal Society A* 369(2011), 1~241. 2013년에 세계은행은 섭씨 4도 기온 상승이 일어날 경우 지역별로 발생하는 충격을 아시아와 아프리카에 초점을 맞추어 탐구하는 보고서를 발표했다. Hans Joachim Schellnhuber et al., "Turn down the Heat: Climate Extremes, Regional Impacts, and the Case for Resilience", A report for the World Bank by the Potsdam Institute for Climate Impact Research and Climate Analytics, June 2013. 섭씨 4도 온난화를 초래하는 가장 심각한 온실가스 배출 상승 시나리오의 경우에도 IPCC의 해수면 상승 예상치는 여기서 인용한 것보다 훨씬 낮다. 하지만 많은 전문가들은 IPCC의 예측이 지나치게 온건하다고 본다. 이와 관련한 연구로는 다음을 참조하라. Scjhellnhuber et al., "Turn down the Heat", 29; Anders Levermann et al., "The Multimillennial Sea-Level Commitment of Global Warming", *Proceedings of the National Academy of Sciences* 110(2013), 13748; Benjamin P. Horton et 84(2014), 1~6. 또한 다음을 참조하라. Benjamin P. Horton et al., "Expert assessment of sea-level rise by A.D. 2100 and A.D. 2300", *Quaternary Science Reviews* 84(2014), 1~6. 〈여느 때와 똑같은〉 배출량 시나리오나 그렇지 않은 시나리오에서(훨씬 낙관적인 시나리오를 포함하여) 해수면 상승으로 섬나라들과 중남미, 동아시아와 동남아시아의 연안 지역들이 입을 타격과 관련한 더 많은 정보를 구하려면 다음을 참조하라. 4th and 5th Assessment Reports of the IPCC(http://www.ipcc.ch), chapters 10, 13, and 16 of M. L. Perry

et al., ed., Climate Change 2007, *Impacts, Adaptation and Vulnerability, Contribution of Working Group II to the Fourth Assessment Report of the Intergovernmental Panel on Climate Change*(Cambridge: Cambridge University Press, 2007); and chapters 24, 27, and 29 of V. R. Barros et al., ed., Climate Change 2014, *Impacts, Adaptation, and Vulnerability, Part B: Regional Aspects, Contribution of Working Group II to the Fifth Assessment Report of the Intergovernmental Panel on Climate Change*(Cambridge: Cambridge University Press, 2014). 캘리포니아와 미국 북동부에 관해서는 다음을 참조하라. Matthew Heberger et al., "Potential Impacts of Increased Coastal Flooding in California Due to Sea-Level Rise", *Climatic Change* 109, Issue 1 Supplement(2011), 229~249; and Asbury H. Sallenger Jr., Kara S. Doran, and Peter A. Howd, "Hotspot of Accelerated Sea-Level Rise on the Atlantic Coast of North America", *Nature Climate Change* 2(2012), 884~888. 해수면 상승으로 특별히 큰 위기에 처할 수 있는 대도시들에 대한 최신 분석으로는 다음을 참조하라. Stephane Hallegatte et al., "Future Flood Losses in Major Coastal Cities", *Nature Climate Change* 3(2013), 802~806.

18 섭씨 4도가 넘는 지구 온난화와 관련된 지역별 기온을 개관하는 내용은 다음을 참조하라. M. G. Sanderson, D. L. Hemming and R. A. Betts, "Regional Temperature and Precipitation Changes Under High-end ($\geq 4^\circ$C) Global Warming", *Philosophical Transactions of the Royal Society A* 369(2011), 85~98. 또한 다음을 참조하라. "Climate Stabilization Targets: Emissions, Concentrations, and Impacts over Decades to Millennia", Committee on Stabilization Targets for Atmospheric Greenhouse Gas Concentrations, National Research Council, National Academy of Sciences, 2011, 31. TENS OF THOUSANDS: Jean-Marie Robine, "Death Toll Exceeded 70,000 in Europe During the Summer of 2003", *Comptes Rendus Biologies* 331(2008), 171~178; CROP LOSSES: "Climate Stabilization Targets", National Academy of Sciences, 160~163.

19 ICE-FREE ARCTIC: "Climate Stabilization Targets", National Academy of Sciences, 132~136. VEGETATION: Andrew D. Friend et al., "Carbon Residence Time Dominates Uncertainty in Terrestrial Vegetation Responses to Future Climate and Atmospheric CO_2", *Proceedings of the National Academy of Sciences* 111(2014), 3280; "4 Degree Temperature Rise Will End

Vegetation 'Carbon Sink'", University of Cambridge, December 17, 2013; WEST ANTARCTICA STUDY: E. Rignot et al., "Widespread, Rapid Grounding Line Retreat of Pine Island, Thwaites, Smith, and Kohler Glaciers, West Antarctica, from 1992 to 2011", *Geophysical Research Letters* 41(2014): 3502~3509; "APPEARS UNSTOPPABLE": "West Antarctic Glacier Loss Appears Unstoppable", Jet Propulsion Laboratory, NASA, press release, May 12, 2014; "DISPLACE MILLIONS" AND STILL TIME: Eric Rignot, "Global Warming: It's a Point of No Return in West Antarctica. What Happens Next?" *Observer*, May 17, 2014.

20 "World Energy Outlook 2011", International Energy Agency, 2011, 40; "World Energy Outlook 2011"(video), Carnegie Endowment for International Peace, November 28, 2011; Timothy M. Lenton et al., "Tipping Elements in the Earth's Climate System", *Proceedings of the National Academy of Sciences* 105(2008): 1788; "Too Late for Two Degrees?" Low Carbon Economy Index 2012, PricewaterhouseCoopers, November 2012, p. 1.

21 Lonnie G. Thompson, "Climate Change: The Evidence and Our Options", *The Behavior Analyst* 33(2010): 153.

22 미국, 영국, 캐나다에서 〈승리의 텃밭〉과 〈승전을 위한 국채 매입〉을 뜻하는 용어는 서로 다르고, 1차 세계 대전과 2차 세계 대전 사이에도 다르다. 예컨대, 〈전시 텃밭〉, 〈방어 국채〉란 용어가 쓰이기도 했다. Ina Zweiniger-Bargielowska, *Austerity in Britain: Rationing, Controls, and Consumption, 1939~1955*(Oxford: Oxford University Press, 2000), 54~55; Amy Bentley, Eating for Victory: Food Rationing and the Politics of Domesticity(Chicago: University of Illinois Press, 1998), 114.

23 Pablo Solón, "Climate Change: We Need to Guarantee the Right to Not Migrate", Focus on the Global South, http://focusweb.org/.

24 Glen P. Peters et al., "Rapid Growth in CO_2 Emissions After the 2008~2009 Global Financial Crisis", *Nature Climate Change* 2(2012), 2.

25 Spencer Weart, *The Discovery of Global Warming*(Cambridge, MA: Harvard University Press 2008), 149.

26 Corrine Le Quéré et al., "Trends in the Sources and Sinks of Carbon Dioxide", *Nature Geoscience* 2(2009): 831, as cited in Andreas Malm, "China as Chimney of the World: The Fossil Capital Hypothesis", *Organization & Environment*

25(2012): 146; Glen P. Peters et al., "Rapid Growth in CO_2 Emissions After the 2008~2009 Global Financial Crisis", *Nature Climate Change* 2(2012), 2.

27 Kevin Anderson and Alice Bows, "Beyond 'Dangerous' Climate Change: Emission Scenarios for a New World", *Philosophical Transactions of the Royal Society A* 369(2011), 35; Kevin Anderson, "EU 2030 Decarbonisation Targets and UK Carbon Budgets: Why So Little Science?", Kevin Anderson.info, June 14, 2013, http://kevinanderson.info.

28 Gro Harlem Brundtland et al., "Environment and Development Challenges: The Imperative to Act", Joint paper by the Blue Planet Prize laureates, The Asahi Glass Foundation, February 20, 2012, p. 7.

29 "World Energy Outlook 2011", IEA, 40; James Herron, "Energy Agency Warns Governments to Take Action Against Global Warming", *Wall Street Journal*, November 10, 2011.

30 Henry Red Cloud와의 개인 인터뷰, June 22, 2011.

31 Gary Stix, "Effective World Government Will Be Needed to Stave Off Climate Catastrophe", *Scientific American*, March 17, 2012.

32 Daniel Cusick, "Rapid Climate Changes Turn North Woods into Moose Graveyard", *Scientific American*, May 18, 2012; Jim Robbins, "Moose Die-Off Alarms Scientists", *New York Times*, October 14, 2013.

33 Josh Bavas, "About 100,000 Bats Dead After Heatwave in Southern Queensland", ABC News(Australia), January 8, 2014.

34 Darryl Fears, "Sea Stars Are Wasting Away in Larger Numbers on a Wider Scale in Two Oceans", *Washington Post*, November 22, 2013; Amanda Stupi, "What We Know—And Don't Know— About the Sea Star Die-Off", KQED, March 7, 2014.

1부 하필 이런 때

1 William Stanley Jevons, *The Coal Question: An Inquiry Concerning the Progress of the Nation, and the Probable Exhaustion of Our Coal-Mines*(London: Cambridge, 1865), viii.

2 Hugo's original: "C'est une triste chose de songer que la nature parle et que le genre humain n'ecoute pas", Victor Hugo, *OEuvres complètes de Victor Hugo*, Vol. 35, ed. Jeanlouis Cornuz(Paris: Editions Recontre, 1968), 145.

1장 우파가 옳다

1 Mario Malina et al., "What We Know: The Reality, Risks and Response to Climate Change", AAAS Climate Science Panel, American Association for the Advancement of Science, 2014, p. 3.

2 Thomas J. Donohue, "Managing a Changing Climate: Challenges and Opportunities for the Buckeye State, Remarks", speech, Columbus, Ohio, May 1, 2008.

3 Session 4: Public Policy Realities(video), 6th International Conference on Climate Change, The Heartland Institute, June 30, 2011.

4 위의 글.

5 "Va. Taxpayers Request Records from University of Virginia on Climate Scientist Michael Mann", American Tradition Institute, January 6, 2011; Christopher Horner, "ATI Environmental Law Center Appeals NASA Denial of Request for Dr. James Hansen's Ethics Disclosures", press release, March 16, 2011; Session 4: Public Policy Realities(video), The Heartland Institute.

6 Obama for America, "Barack Obama's Plan to Make America a Global Energy Leader", October 2007; Patrick Michaels와의 개인 인터뷰, July 1, 2011; Session 5: Sharpening the Scientific Debate(video), The Heartland Institute; Marc Morano와의 개인 인터뷰, July 1, 2011.

7 Larry Bell, *Climate of Corruption: Politics and Power Behind the Global Warming Hoax*(Austin: Greenleaf, 2011), xi.

8 Peter Doran and Maggie Zimmerman, "Examining the Scientific Consensus on Climate Change", Eos 90(2009), 22~23; William R. L. Anderegg et al., "Expert Credibility in Climate Change", *Proceedings of the National Academy of Sciences*, 107(2010), 12107~12109.

9 Keynote Address(video), The Heartland Institute, July 1, 2011; Bob Carter, "There Is a Problem with Global Warming······ It Stopped in 1998", *Daily Telegraph*, April 9, 2006; Willie Soon and David R. Legates, "Avoiding Carbon Myopia: Three Considerations for Policy Makers Concerning Manmade Carbon Dioxide", *Ecology Law Currents* 37(2010), 3; Willie Soon, "It's the Sun, Stupid!", The Heartland Institute, March 1, 2009, http://heartland.org; Keynote Address(video), The Heartland Institute, June 30, 2011.

10 Joseph Bast와의 개인 인터뷰, June 30, 2011.

11 이 콘퍼런스가 끝난 뒤 몇 년 동안은 기후 변화를 다룬 언론 보도는 약간 늘어나서 2012년에는 29건, 2013년에는 30건을 기록했다. Douglas Fischer, "Climate Coverage Down Again in 2011", *The Daily Climate*, January 3, 2012; Douglas Fischer, "Climate Coverage Soars in 2013, Spurred by Energy Weather", *The Daily Climate*, January 2, 2014.

12 Joseph Bast, "Why Won't Al Gore Debate?", The Heartland Institute, press release, June 27, 2007; Will Lester, "Vietnam Veterans to Air Anti-Kerry Ads in W. Va", Associated Press, August 4, 2004; Leslie Kaufman, "Dissenter on Warming Expands His Campaign", *New York Times*, April 9, 2009; John H. Richardson, "This Man Wants to Convince You Global Warming Is a Hoax", *Esquire*, March 30, 2010; Session 4: Public Policy Realities(video), The Heartland Institute.

13 "Big Drop in Those Who Believe That Global Warming Is Coming", Harris Interactive, press release, December 2, 2009; "Most Americans Think Devastating Natural Disasters Are Increasing", Harris Interactive, press release, July 7, 2011; Scott Keeter와의 개인 인터뷰, September 12, 2011.

14 Lydia Saad, "A Steady 57% in U.S. Blame Humans for Global Warming", Gallup Politics, March 18, 2014; "October 2013 Political Survey: Final Topline", Pew Research Center for the People & the Press, October 9~13, 2013, p. 1; Riley Dunlap에게서 받은 개인 이메일, March 29, 2014.

15 DEMOCRATS AND LIBERALS: Aaron McCright and Riley Dunlap, "The Politicization of Climate Change and Polarization in the American Public's Views of Global Warming 2001~2010", *The Sociological Quarterly* 52(2011), 188, 193; Lydia Saad, "A Steady 57% in U.S. Blame Humans for Global Warming", Gallup Politics, March 18, 2014; REPUBLICANS: Anthony Leiserowitz et al., "Politics and Global Warming: Democrats, Republicans, Independents, and the Tea Party", Yale Project on Climate Change Communication and George Mason University Center for Climate Change Communication, 2011, pp. 3~4; 20 PERCENT: Lawrence C. Hamilton, "Climate Change: Partisanship, Understanding, and Public Opinion", Carsey Institute, Spring 2011, p. 4; OCTOBER 2013 POLL: "Focus Canada 2013: Canadian Public Opinion About Climate Change", The Environics Institute, November 18, 2013, http://www.environicsinstitute.org; AUSTRALIA, U.K.,

AND WESTERN EUROPE: Bruce Tranter, "Political Divisions over Climate Change and Environmental Issues in Australia", Environmental Politics 20(2011), 78~96; Ben Clements, "Exploring public opinion on the issue of climate change in Britain", British Politics 7(2012), 183~202; Aaron M. McCright, Riley E. Dunlap, and Sandra T. Marquart-Pyatt, "Climate Change and Political Ideology in the European Union", Michigan State University, Working Paper, 2014.

16 과학을 부인하는 우파의 태도에 대한 연구를 폭넓게 개괄한 자료는 다음을 참조하라. Chris Mooney, *The Republican Brain: The Science of Why They Deny Science-and Reality*(Hoboken, NJ: John Wiley & Sons, 2012); CULTURAL WORLDVIEW: Dan M. Kahan et al., "The Second National Risk and Culture Study: Making Sense of—and Making Progress in—the American Culture War of Fact", The Cultural Cognition Project at Yale Law School, September 27, 2007, p. 4, available at http://www.culturalcognition.net/.

17 Dan Kahan, "Cultural Cognition as a Conception of the Cultural Theory of Risk", in *Handbook of Risk Theory: Epistemology, Decision Theory, Ethics, and Social Implications of Risk*, ed. Sabine Roeser et al.(London: Springer, 2012), 731.

18 Kahan et al., "The Second National Risk and Culture Study", 4.

19 Dan Kahan, "Fixing the Communications Failure", *Nature* 463(2010), 296; Dan Kahan et al., "Book Review—Fear of Democracy: A Cultural Evaluation of Sunstein on Risk", *Harvard Law Review* 119(2006), 1083.

20 Kahan, "Fixing the Communications Failure", 296.

21 Rebecca Rifkin, "Climate Change Not a Top Worry in U.S", Gallup, March 12, 2014; "Deficit Reduction Declines as Policy Priority", Pew Research Center for the People & the Press, January 27, 2014; "Thirteen Years of the Public's Top Priorities", Pew Research Center for the People & the Press, January 27, 2014, http://www.people-press.org

22 Sarah Goodyear, "Tea Party Reveals: 'Sustainable Development' Is Sinister Attempt to Destroy American Dream", *Grist*, May 31, 2011.

23 보수주의 운동이 기후 변화 부정에 미친 영향에 관련해서 더 자세한 내용은 다음을 참조하라. Riley E. Dunlap and Aaron M. McCright, "Organized Climate Change Denial", in *The Oxford Handbook of Climate Change and Society*, ed. John S. Dryzek, Richard B. Norgaard, and David Schlosberg(Oxford: Oxford

University Press, 2011), 144~160; and Aaron M. McCright and Riley E. Dunlap, "Anti-Reflexivity: The American Conservative Movement's Success in Undermining Climate Science and Policy", *Theory, Culture, and Society* 27(2010), 100~133. DENIAL BOOKS STUDY: Riley E. Dunlap and Peter J. Jacques, "Climate Change Denial Books and Conservative Think Tanks: Exploring the Connection", *American Behavioral Scientist* 57(2013), 705~706.

24 Bast와의 인터뷰, June 30, 2011.

25 Robert Manne, "How Can Climate Change Denialism Be Explained?", *The Monthly*, December 8, 2011.

26 GORE: "Al Gore Increases His Carbon Footprint, Buys House in Ritzy Santa Barbara Neighborhood", Science and Public Policy Institute, July 10, 2010; HANSEN: William Lajeunesse, "NASA Scientist Accused of Using Celeb Status Among Environmental Groups to Enrich Himself", Fox News, June 22, 2011; Christopher Horner, "A Brief Summary of James E. Hansen's NASA Ethics File", American Tradition Institute, November 18, 2011, http://www.atinstitute.org; VINDICATED: David Adam, " 'Climategate' Review Clears Scientists of Dishonesty over Data", *Guardian*, July 7, 2010; FUELED: James Delingpole, "Climategate: The Final Nail in the Coffin of 'Anthropogenic Global Warming'?", *Daily Telegraph*, November 20, 2009; James Delingpole, "Climategate: FOIA—The Man Who Saved the World", *Daily Telegraph*, March 13, 2013; BILLBOARD CAMPAIGN: Wendy Koch, "Climate Wars Heat Up with Pulled Unabomber Billboards", *USA Today*, May 7, 2012.

27 James Delingpole과의 개인 인터뷰, July 1, 2011; Bast와의 인터뷰, June 30, 2011.

28 Bast와의 인터뷰, July 1, 2011.

29 "The Rt Hon. Lord Lawson of Blaby", Celebrity Speakers, http://www.speakers.co.uk; Nigel Lawson, *The View from No. 11: Britain's Longest-Serving Cabinet Member Recalls the Triumphs and Disappointments of the Thatcher Era*(New York: Doubleday, 1993), 152~162; Tim Rayment and David Smith, "Should High Earners Pay Less Tax", *The Times*(London), September 11, 2011; Nigel Lawson, *An Appeal to Reason: A Cool Look at Global Warming*(New York: Overlook Duckworth, 2008), 101.

30 Naomi Oreskes and Erik M. Conway, *Merchants of Doubt*(New York:

Bloomsbury, 2010), 5, 25~26, 82, 135, 164; Václav Klaus, "The Climate Change Doctrine Is Part of Environmentalism, Not of Science", *Inaugural Annual GWPF Lecture*, October 19, 2010, http://www.thegwpf.org.

31 Robert J. Brulle, "Institutionalizing Delay: Foundation Funding and the Creation of U.S. Climate Change Counter-Movement Organizations", *Climatic Change* 122(2014), 681.

32 사회과학자들은 〈세계관〉이란 개념이 정치적 이데올로기와 뚜렷이 구분되며 독특한 해석의 힘을 가지고 있는가에 대해 의문을 제기하고 있을 뿐 아니라, 기후 변화 부정 운동의 구조적인 동인들을 무시하는 문화 인지 이론에 대해 비판적인 입장을 보이고 있다. 이 운동의 사회적·정치적·경제적 역학 관계에 초점을 둔 연구 자금 지원의 대표적인 사례들에 대해서는 다음을 참조하라. Dunlap and McCright, "Organized Climate Change Denial", and McCright and Dunlap, "Anti-Reflexivity" On the Heartland Institute's funding. Greenpeace USA의 ExxonSecrets project에 따르면, 이 조직은 〈1998년부터 엑슨모빌로부터 67만 6,500달러를 받았다.〉 American Bridge 21st Century Foundation이 확보하고 있는 Conservative Transparency의 데이터베이스에 따르면, 허틀랜드는 1986년부터 1989년 사이, 그리고 2011년에 Charles G. Koch Charitable Foundation으로부터 추가로 총 4만 2,578달러를 받았고, 1988년부터 1991년 사이, 그리고 1995년에 Sarah Scaife Foundation으로부터 추가로 총 22만 5,000달러를 받았고, 1992년부터 1999년 사이에 Claude R. Lambe Charitable Foundation(Koch 가문과 연관된)으로부터 총 4만 달러를 받았고, 1986년에는 The Carthage Foundation(Scaife 소속 재단)로부터 총 1만 달러를 받았다. 다음을 참조하라. "Factsheet: Heartland Institute", ExxonSecrets.org, Greenpeace USA, http://www.exxonsecrets.org; Joseph L. Bast, "A Heartland Letter to People for the American Way", The Heartland Institute, August 20, 1996, http://heartland.org; "Heartland Institute", Conservative Transparency, Bridge Project, American Bridge 21st Century Foundation, http://conservativetransparency.org. "MERITS OF OUR POSITIONS": "Reply to Our Critics", The Heartland Institute, http://heartland.org/reply-to-critics; LEAKED DOCUMENTS: "2012 Fundraising Plan", The Heartland Institute, January 15, 2012, pp. 20~21.

33 "Money Troubles: How to Kick-Start the Economy", *Fareed Zakaria GPS*, CNN, August 15, 2010; "Factsheet: Cato Institute", ExxonSecrets.org, Greenpeace USA, http://www.exxonsecrets.org; "Koch Industries Climate

Denial Front Group: Cato Institute", Greenpeace USA, http://www.
greenpeace.org; "Case Study: Dr. Willie Soon, a Career Fueled by Big Oil
and Coal", Greenpeace USA, June 28, 2011, http://www.greenpeace.org.

34 "Factsheet: Committee for a Constructive Tomorrow", ExxonSecrets.org,
Greenpeace USA, http://www.exxonsecrets.org; Suzanne Goldenberg, "Secret
Funding Helped Build Vast Network of Climate Denial Thinktanks", *Guardian*,
February 14, 2013.

35 Lawrence C. Hamilton, "Climate Change: Partisanship, Understanding, and
Public Opinion", Carsey Institute, Spring 2011, p. 4; "Vast Majority Agree
Climate Is Changing", Forum Research, July 24, 2013, p. 1, http://www.
forumresearch.com.

36 Doran and Zimmerman, "Examining the Scientific Consensus on Climate
Change", 23; Upton Sinclair, I, *Candidate for Governor: And How I Got
Licked*(Berkeley: University of California Press, 1994), 109.

37 Aaron McCright에게서 받은 개인 이메일, September 30, 2011; Aaron McCright
and Riley Dunlap, "Cool Dudes: The Denial of Climate Change Among
Conservative White Males in the United States", *Global Environmental Change*
21(2011), 1167, 1171.

38 Session 5: Sharpening the Scientific Debate(video), The Heartland Institute;
Chris Hooks, "State Climatologist: Drought Officially Worst on Record", *Texas
Tribune*, October 4, 2011; Keynote Address(video), The Heartland Institute,
July 1, 2011; "France Heat Wave Death Toll Set at 14,802", Associated Press,
September 25, 2003; Keynote Address(video), The Heartland Institute, June
30, 2011.

39 "World Bank Boosts Aid for Horn of Africa Famine", Agence France-Presse,
September 24, 2011; "Mankind Always Adapts to Climate, Rep. Barton Says",
Republicans on the House and Energy Commerce Committee, press release,
March 25, 2009, http://republicans.energycommerce.house.gov.

40 "Turn Down the Heat: Why a 4℃ Warmer World Must Be Avoided", Potsdam
Institute for Climate Impact Research and Climate Analytics, World Bank,
November 2012, p. ix; Patrick Michaels와의 개인 인터뷰, July 1, 2011.

41 "Petition of the Chamber of Commerce of the United States of America for
EPA to Conduct Its Endangerment Finding Proceeding on the Record Using

Administrative Procedure Act §§556 and 557", Attachment 1, "Detailed Review of the Health and Welfare Science Evidence and IQA Petition for Correction", U.S. Chamber of Commerce, 2009, p. 4.

42 Christian Parenti, *Tropic of Chaos: Climate Change and the New Geography of Violence*(New York: Nation Books, 2011).

43 Bryan Walsh, "The Costs of Climate Change and Extreme Weather Are Passing the High-Water Mark", *Time*, July 17, 2013; Suzanne Goldenberg, "Starbucks concerned world coffee supply is threatened by climate change", *Guardian*, October 13, 2011; Emily Atkin, "Chipotle Warns It Might Stop Serving Guacamole If Climate Change Gets Worse", Climate Progress, March 4, 2014; Robert Kopp, et al., "American Climate Prospectus: Economic Risks in the United States", prepared by Rhodium Group for Risky Business Project, June 2014.

44 "Insurer Climate Risk Disclosure Survey", *Ceres*, March 2013, p. 53, http://www.ceres.org; Eduardo Porter, "For Insurers, No Doubts on Climate Change", *New York Times*, May 14, 2013; "2012 Fundrasing Plan", The Heartland Institute, January 15, 2012, pp. 24-25.

45 Joseph Bast, "About the Center on Finance, Insurance, and Real Estate at the Heartland Institute", Policy Documents, The Heartland Institute, June 5, 2012; Eli Lehrer와의 개인 인터뷰, August 20, 2012.

46 Lehrer interview, August 20, 2012.

47 위의 인터뷰.

48 John R. Porter et al., "Food Security and Food Production Systems", in *Climate Change 2014: Impacts, Adaptation, and Vulnerability, Part A: Global and Sectoral Aspects, Contribution of Working Group II to the Fifth Assessment Report of the Intergovernmental Panel on Climate Change*, ed. C. B. Field et al.(Cambridge: Cambridge University Press, 2014), 20~21; Joan Nymand Larsen et al., "Polar Regions", in *Climate Change 2014: Impacts, Adaptation, and Vulnerability, Part B: Regional Aspects, Contribution of Working Group II to the Fifth Assessment Report of the Intergovernmental Panel on Climate Change*, ed. V. R. Barros et al. (Cambridge: Cambridge University Press, 2014), 20; Julie Satow, "The Generator Is the Machine of the Moment", *New York Times*, January 11, 2013.

49 William Alden, "Around Goldman's Headquarters, an Oasis of Electricity",

New York Times, November 12, 2012; "How FedEx Survived Hurricane Sandy", KLTV, October 31, 2012; Kimi Yoshino, "Another Way the Rich Are Different: 'Concierge-Level' Fire Protection", *Los Angeles Times*, October 26, 2007; P. Solomon Banda, "Insurance Companies Send Crews to Protect Homes", Associated Press, July 5, 2012.

50 Jim Geraghty, "Climate Change Offers Us an Opportunity", *Philadelphia Inquirer*, August 28, 2011; FOOTNOTE: "House Bill No. 459", 2011 Montana Legislature, February 15, 2011; Brad Johnson, "Wonk Room Interviews Montana Legislator Who Introduced Bill to Declare Global Warming 'Natural'", ThinkProgress Green, February 17, 2011.

51 FOOTNOTE: "Mission Statement", American Freedom Alliance, http://www.americanfreedomalliance.org; Chris Skates, *Going Green: For Some It Has Nothing to Do with the Environment*(Alachua, FL: Bridge-Logos, 2011).

52 Kurt M. Campbell, Jay Gulledge, J. R. McNeill, et al., "The Age of Consequences: The Foreign Policy National Security Implications of Global Climate Change", Center for Strategic and International Studies and Center for a New American Security, November 2007, p. 85.

53 Lee Fang, "David Koch Now Taking Aim at Hurricane Sandy Victims", *The Nation*, December 22, 2012.

54 "230,000 Join Mail Call to Use Some of the UK's "11billion Foreign Aid Budget to Tackle Floods Crisis", *Daily Mail*, February 14, 2014.

55 Joe Romm, "Krauthammer, Part 2: The Real Reason Conservatives Don't Believe in Climate Science", Climate Progress, June 1, 2008.

56 Spencer Weart, *The Discovery of Global Warming*(Cambridge, MA: Harvard University Press, 2008), 149.

57 Global Carbon Project emissions data, 2013 Budget v2.4(July 2014), available at http://cdiac.ornl.gov.

58 위의 글; Michael Mann interview, *The Big Picture with Thom Hartmann*, RT America, March 24, 2014; Kevin Anderson, "Why Carbon Prices Can't Deliver the 2℃ Target", KevinAnderson.info, August 13, 2013, http://kevinanderson.info

59 Kahan et al., "The Second National Risk and Culture Study", 5~6.

60 Robert Lifton and Richard Falk, *Indefensible Weapons: The Political and Psychological Case Against Nuclearism*(New York: Basic Books, 1982).

61 Dan Kahan et al., "The Tragedy of the Risk-Perception Commons: Culture Conflict, Rationality Conflict, and Climate Change", Cultural Cognition Project Working Paper No. 89, 2011, 15~16, available at http://culturalcognition.net; Umair Irfan, "Report Finds 'Motivated Avoidance' Plays a Role in Climate Change Politics", *ClimateWire*, December 19, 2011; Irina Feygina, John T. Jost, and Rachel E. Goldsmith, "System Justification, the Denial of Global Warming, and the Possibility of 'System-Sanctioned Change'", *Personality and Social Psychology Bulletin* 36(2010), 336.

62 Ted Nordhaus and Michael Shellenberger, "The Long Death of Environmentalism" Breakthrough Institute, February 25, 2011; Shellenberger and Ted Nordhaus, "Evolve", *Orion*, September/October 2011.

63 Scott Condon, "Expert: Win Climate Change Debate by Easing off Science", *Glenwood Springs Post Independent*, July 29, 2010.

64 Feygina, Jost, and Goldsmith, "System Justification, the Denial of Global Warming, and the Possibility of 'System-Sanctioned Change'", 326~338.

65 세대 간 차이에 관심을 둔 심리학자들이 캘리포니아 대학에서 진행한 〈미국 대학 신입생〉 설문 조사 데이터를 분석한 사례로는 다음을 참조하라. Jean M. Twenge, Elise C. Freeman, and W. Keith Campbell, "Generational Differences in Young Adults' Life Goals, Concern for Others, and Civic Orientation, 1966~2009", *Journal of Personality and Social Psychology* 102(2012), 1045~1062. 교육 비용 상승(이 자체가 신자유주의 시대의 산물이다) 같은 또 다른 설명들은 물질중심주의적 태도의 변화를 설명하는 데 도움이 될 수 있다. 1966년부터 2013년까지의 설문 조사 데이터에 관한 내용은 다음을 참조하라. Alexander W. Astin, Robert J. Panos, and John A. Creager, "National Norms for Entering College Freshmen—Fall 1966", Ace Research Reports, Vol. 2, No. 1, 1967, p. 21; Kevin Eagan et al., "The American Freshman: National Norms Fall 2013", Cooperative Institutional Research Program at the Higher Education Research Institute(Los Angeles: University of California, 2013), 40; THATCHER QUOTE: Ronald Butt, "Mrs Thatcher: The First Two Years", *Sunday Times*(London), May 3, 1981.

66 John Immerwahr, "Waiting for a Signal: Public Attitudes Toward Global Warming, the Environment, and Geophysical Research", Public Agenda, American Geophysical Union, April 15, 1999, 4~5.

67 Yuko Heath and Robert Gifford, "Free-Market Ideology and Environmental

Degradation: The Case of Belief in Global Climate Change", *Environment and Behavior* 38(2006), 48~71; Tim Kasser, "Values and Ecological Sustainability: Recent Research and Policy Possibilities", in *The Coming Transformation: Values to Sustain Human and Natural Communities*, eds. Stephen R. Kellert and James Gustave Speth, Yale School of Forestry & Environmental Studies, 2009, 180~204; Tim Crompton and Tim Kasser, *Meeting Environmental Challenges: The Role of Human Identity*(Surrey: WWF-UK, 2009), 10.

68 Milton Friedman and Rose D. Friedman, *Two Lucky People: Memoirs*(Chicago: University of Chicago Press, 1998), 594.

69 Rebecca Solnit, *A Paradise Built in Hell: The Extraordinary Communities That Arise in Disaster*(New York: Penguin Books, [2009] 2010).

2장 세계화 경제와 온난화

1 Ken Burns, The Dust Bowl, PBS, 2012.

2 Marlene Moses, "The Choice Is Ours", Planet B, Rio + 20 Special Edition, June 2012, p. 80.

3 US CHALLENGE TO CHINA: "China—Measures Concerning Wind Power Equipment", Request for Consultations by the United States, World Trade Organization, December 22, 2010, p. 1; CHINA CHALLENGE TO EU: "European Member States—Certain Measures Affecting the Renewable Energy Generation Sector", Request for Consultations by China, World Trade Organization, November 7, 2012, p. 1; CHINA THREATENS US: "Announcement No. 26 of 2012 of the Ministry of Commerce of the People's Republic of China on the Preliminary Investigation Conclusion on the U.S. Policy Support and Subsidies for Its Renewable Energy Sector", Ministry of Commerce, People's Republic of China, May 27, 2012, http://english.mofcom.gov/; US CHALLENGE TO INDIA: "India—Certain Measures Relating to Solar Cells and Solar Modules", Request for Consultations by the United States, World Trade Organization, February 11, 2013, pp. 1~2; CONTEMPLATING CLOSURE: Chandra Bhushan, "Who Is the One Not Playing by the Rules—India or the US?", Centre for Science and Environment, February 8, 2013; Chandra Bhushan 과의 개인 인터뷰, Deputy Director General, Centre for Science and Environment, May 10, 2013; INDIA RESPONSE: "Certain Local Content Requirements in

Some of the Renewable Energy Sector Programs", Questions by India to the United States, World Trade Organization, April 17, 2013, p. 1; "Subsidies", Questions Posed by India to the United States Under Article 25.8 of the Agreement on Subsidies and Countervailing Measures — State Level Renewable Energy Sector Subsidy Programmes with Local Content Requirements, World Trade Organization, April 18, 2013.

4 Paolo Maccario와의 개인 인터뷰, January 9, 2014.

5 Green Energy and Green Economy Act, 2009, S.O. 2009, c.12 — Bill 150, Government of Ontario, 2009.

6 Jenny Yuen, "Gore Green with Envy", Toronto Star, November 25, 2009; "International Support for Ontario's Green Energy Act", Government of Ontario, Ministry of Energy, June 24, 2009.

7 "Feed-in Tariff Program: FIT Rules Version 1.1", Ontario Power Authority, September 30, 2009, p. 14.

8 Michael A. Levi, *The Canadian Oil Sands: Energy Security vs. Climate Change*, New York: Council on Foreign Relations, 2009, 12; Gary Rabbior, "Why the Canadian Dollar Has Been Bouncing Higher", *Globe and Mail*, October 30, 2009.

9 GAS: Mississauga Power Plant Cancellation Costs, Special Report, Office of the Auditor General of Ontario, April 2013, pp. 7~8; Oakville Power Plant Cancellation Costs, Special Report, Office of the Auditor General of Ontario, October 2013, pp. 7~8; WIND: Dave Seglins, "Ont. Couple Seeks Injunction to Stop Wind-Farm Expansion", CBC News, September 11, 2012; SOLAR: "Ontario Brings More Clean Solar Power Online, Creates Jobs", Government of Ontario, Ministry of Energy, press release, July 31, 2012; ONE COAL PLANT: "Ontario — First Place in North America to End Coal-Fired Power", Government of Ontario, Office of the Premier, November 21, 2013; JOBS: "Progress Report 2014: Jobs and Economy", Government of Ontario, May 1, 2014, http://www.ontario.ca/

10 "Wayne Wright, Silfab Solar"(video), BlueGreen Canada, 2011.

11 "Canada — Certain Measures Affecting the Renewable Energy Generation Sector", Request for Consultations by Japan, World Trade Organization, September 16, 2010, pp. 2~3.

12 "Canada — Certain Measures Affecting the Renewable Energy Generation

Sector; Canada—Measures Relating to the Feed-in Tariff Program", Reports of the Appellate Body, World Trade Organization, May 6, 2013; "Ontario to Change Green Energy Law After WTO Ruling", Canadian Press, May 29, 2013; "Ontario Lowering Future Energy Costs", Government of Ontario, Ministry of Energy, press release, December 11, 2013.

13 Elizabeth Bast et al., "Low Hanging Fruit: Fossil Fuel Subsidies, Climate Finance, and Sustainable Development", Oil Change International for the Heinrich BOll Stiftung North America, June 2012, p. 16; Nicholas Stern, *The Economics of Climate Change: The Stern Review*(Cambridge: Cambridge University Press, [2006] 2007), xviii.

14 "Facts About Wind Power: Facts and Numbers", Danish Energy Agency, http://www.ens.dk; "Renewables Now Cover More than 40% of Electricity Consumption", Danish Energy Agency, press release, September 24, 2012; Greg Pahl, *The Citizen-Powered Energy Handbook: Community Solutions to a Global Crisis*(White River Junction, VT: Chelsea Green, 2007), 69; Shruti Shukla and Steve Sawyer(Global Wind Energy Council), *30 Years of Policies for Wind Energy: Lessons from 12 Wind Energy Markets*(Abu Dhabi, UAE: International Renewable Energy Agency, 2012), 55.

15 Scott Sinclair, "Negotiating from Weakness", Canadian Centre for Policy Alternatives, April 2010, p. 11.

16 Aaron Cosbey, "Renewable Energy Subsidies and the WTO: The Wrong Law and the Wrong Venue", *Subsidy Watch* 44(2011), 1.

17 "Multi-Association Letter Regarding EU Fuel Quality Directive", Institute for 21st Century Energy, May 20, 2013, http://www.energyxxi.org; "Froman Pledges to Preserve Jones Act, Criticizes EU Clean Fuel Directive", *Inside US Trade*, September 20, 2013; "Non-paper on a Chapter on Energy and Raw Materials in TTIP", Council of the European Union, May 27, 2014, http://www.scribd.com; Lydia DePillis, "A Leaked Document Shows Just How Much the EU Wants a Piece of America's Fracking Boom", *Washington Post*, July 8, 2014.

18 이 인용구는 2005년에 International Forum on Globalization의 사무총장 Victor Menotti가 했던 인터뷰 내용에서 따온 것이다. Victor Menotti, "G8 'Climate Deal' Ducks Looming Clash with WTO", International Forum on Globalization, July 2007, http://www.ifg.org/.

19 "Notice of Arbitration Under the Arbitration Rules of the United Nations Commission on International Trade Law and Chapter Eleven of the North American Free Trade Agreement", Lone Pine Resources, September 6, 2013.

20 "U.S. Solar Market Insight Report: 2013 Year-in-Review", Executive Summary, GTM Research, Energy Industries Association, p. 4; Bhushan, "Who Is the One Not Playing by the Rules— India or the US?"; Bhushan interview, May 10, 2013; Maccario interview, January 9, 2014; "Climate Change, China, and the WTO", March 30, 2011(video), panel discussion, Columbia Law School.

21 Steven Shrybman과의 개인 인터뷰, October 4, 2011.

22 해양학자 Roger Revelle는 존슨 대통령에게 제출한 보고서에서 대기 중 이산화탄소 문제를 제기한 팀을 이끌었는데, 그는 일찍이 1957년에 화학자 Hans Suess와 함께 공동 집필한 획기적인 기후 과학 논문에서 탄소 배출을 〈지구물리학 실험〉이라고 묘사했을 때도 비슷한 용어를 썼다. 다음을 참조하라. Roger Revelle and Hans E. Suess, "Carbon Dioxide Exchange Between Atmosphere and Ocean and the Question of an Increase of Atmospheric CO_2 during the Past Decades", *Tellus* 9(1957), 19~20. 기후 과학과 정치에 관한 자세한 역사에 대해서는 다음을 참조하라. Spencer Weart, *The Discovery of Global Warming*(Cambridge, MA: Harvard University Press, 2008); Joshua P. Howe, *Behind the Curve: Science and the Politics of Global Warming*(Seattle: University of Washington Press, 2014); HISTORY: Weart, *The Discovery of Global Warming*, 1~37; JOHNSON REPORT: Revelle et al., "Atmospheric Carbon Dioxide", in *Restoring the Quality of Our Environment: Report of the Panel on Environmental Pollution*, President's Science Advisory Committee, Panel on Environmental Pollution, Appendix Y4, pp. 126~127.

23 "Statement of Dr. James Hansen, Director, NASA Goddard Institute for Space Studies", presented to United States Senate, June 23, 1988; Philip Shabecoff, "Global Warming Has Begun, Expert Tells Senate", *New York Times*, June 24, 1988; Weart, *The Discovery of Global Warming*, 150~151.

24 Thomas Sancton, "Planet of the Year: What on EARTH Are We Doing?", *Time*, January 2, 1989.

25 위의 글.

26 President R. Venkataraman, "Towards a Greener World", speech at WWF-India, New Delhi, November 3, 1989, in *Selected Speeches, Volume I: July*

1987~December 1989(New Delhi: Government India, 1991), 612.

27 Daniel Indiviglio, "How Americans' Love Affair with Debt Has Grown", *The Atlantic*, September 26, 2010.

28 어느 과감한 제안서는 앞으로 청정에너지 전환이 진행되고 산업들이 탈탄소 생산을 시작하면, 이런 방안들이 도입되고 점진적으로 강화될 수 있다고 주장하면서, 화석 연료를 이용해 생산된 상품 일체에 대해 교역 제재를 두자고 제안했다. 다음을 참조하라. Tilman Santarius, "Climate and Trade: Why Climate Change Calls for Fundamental Reforms in World Trade Policies", German NGO Forum on Environment and Development, Heinrich BOll Foundation, pp. 21~23; U.N. CLIMATE AGREEMENT: United Nations Framework Convention on Climate Change, United Nations, 1992, Article 3, Principle 5; "PIVOTAL MOMENT": Robyn Eckersley, "Understanding the Interplay Between the Climate and Trade Regimes", in *Climate and Trade Policies in a Post-2012 World*, United Nations Environmental Programme, p. 17.

29 Martin Khor, "Disappointment and Hope as Rio Summit Ends", in *Earth Summit Briefings*(Penang: Third World Network, 1992), p. 83.

30 Steven Shrybman, "Trade, Agriculture, and Climate Change: How Agricultural Trade Policies Fuel Climate Change", Institute for Agriculture and Trade Policy, November 2000, p. 1.

31 Sonja J. Vermeulen, Bruce M. Campbell, and John S. I. Ingram, "Climate Change and Food Systems", *Annual Review of Environment* 37(2012), 195; Steven Shrybman에게서 받은 개인 이메일, April 23, 2014.

32 "Secret Trans-Pacific Partnership Agreement(TPP) — Environment Consolidated Text", WikiLeaks, January 15, 2014, https://wikileaks.org/; "Summary of U.S. Counterproposal to Consolidated Text of the Environment Chapter", released by RedGE, February 17, 2014, http://www.redge.org.pe.

33 여기서 통행량은 해상 화물 운송량을 말하며, 길이 20피트의 컨테이너 박스에 해당하는 물량TEUs으로 측정된다. 1994년부터 2013년 사이에, 세계적인 컨테이너 해상 화물 운송량은 1억 2,832만 326TEUs에서 약 6억 2,793만 960TEUs로 389.4퍼센트 증가했다. 다음을 참조하라. United Nations Conference on Trade and Development, "Review of Maritime Transport", various years, available at http://unctad.org. 2012년부터 2013년 사이에 산업계가 추정한 해상 화물 운송량에 대한 자료는 다음을 참조하라. Drewry: "Container Market Annual Review

and Forecast 2013/14", October 2013; NOT ATTRIBUTED: "Emissions from Fuel Used for International Aviation and Maritime Transport(International Bunker Fuels)", United Nations Framework Convention on Climate Change, http://unfccc,int; SHIPPING EMMISSIONS: ØOyvind Buhaug et al., "Second IMO GHG Study 2009", International Maritime Organization, 2009, p. 1.

34 "European Union CO_2 Emissions: Different Accounting Perspectives", European Environmental Agency Technical Report No. 20/2013, 2013, pp. 7~8.

35 Glen P. Peters et al., "Growth in Emission Transfers via International Trade from 1990 to 2008", *Proceedings of the National Academy of Sciences* 108(2011), 8903~8904.

36 Corrine Le Quéré et al., "Global Budget 2013", *Earth System Science Data* 6(2014), 252; Corrine Le Quéré et al., "Trends in the Sources and Sinks of Carbon Dioxide", *Nature Geoscience* 2(2009), 831; Ross Garnaut et al., "Emissions in the Platinum Age: The Implications of Rapid Development for Climate-Change Mitigation", *Oxford Review of Economic Policy* 24(2008), 392; Glen P. Peters et al., "Rapid Growth in CO_2 Emissions After the 2008~2009 Global Financial Crisis", *Nature Climate Change* 2(2012), 2; "Technical Summary", in O. Edenhofer et al., ed., *Climate Change 2014: Mitigation of Climate Change, Contribution of Working Group III to the Fifth Assessment Report of the Intergovernmental Panel on Climate Change*(Cambridge: Cambridge University Press), 15.

37 Andreas Malm, "China as Chimney of the World: The Fossil Capital Hypothesis", *Organization & Environment* 25(2012): 146, 165; Yan Yunfeng and Yang Laike, "China's Foreign Trade and Climate Change: A Case Study of CO_2 Emissions", *Energy Policy* 38(2010), 351; Ming Xu et al., "CO_2 Emissions Embodied in China's Exports from 2002 to 2008: A Structural Decomposition Analysis", *Energy Policy* 39(2011), 7383.

38 Margrete Strand Rangnes와의 개인 인터뷰, March 18, 2013.

39 Malm, "China as Chimney of the World", 147, 162.

40 Elisabeth Rosenthal, "Europe Turns Back to Coal, Raising Climate Fears", *New York Times*, April 23, 2008; IEA Clean Coal Centre에게서 받은 개인 이메일, March 19, 2014.

41 Jonathan Watts, "Foxconn offers pay rises and suicide nets as fears grow over

wave of deaths", *Guardian*, May 28, 2010; Shahnaz Parveen, "Rana Plaza factory collapse survivors struggle one year on", BBC News, April 23, 2014.

42 Mark Dowie, *Losing Ground: American Environmentalism at the Close of the Twentieth Century*(Cambridge, MA: MIT Press, 1996), 185~186; Keith Schneider, "Environment Groups Are Split on Support for Free-Trade Pact", *New York Times*, September 16, 1993.

43 Dowie, *Losing Ground*, 186~187; Gilbert A. Lewthwaite, "Gephardt Declares Against NAFTA; Democrat Cites Threat to U.S. Jobs", Baltimore Sun, September 22, 1993; John Dillin, "NAFTA Opponents Dig In Despite Lobbying Effort", *Christian Science Monitor*, October 12, 1993; Mark Dowie, "The Selling (Out) of the Greens; Friends of Earth-or Bill?", *The Nation*, April 18, 1994.

44 Bill Clinton, "Remarks on the Signing of NAFTA(December 8, 1993)", Miller Center, University of Virginia.

45 Stan Cox, "Does It Really Matter Whether Your Food Was Produced Locally?", *Alternet*, February 19, 2010.

46 Solomon과의 인터뷰, August 27, 2013.

47 Kevin Anderson, "Climate Change Going Beyond Dangerous—Brutal Numbers and Tenuous Hope", *Development Dialogue* no. 61, September 2012, pp. 16~40.

48 〈8~10퍼센트〉라는 수치는 앤더슨과 보우스라킨과의 인터뷰, 그리고 두 사람의 논문에서 따온 것이다. 온실가스 배출량과 관련한 중요한 시나리오에 관한 자료로는 C + 1, C + 3, C + 5, B6 3의 경로를 참조하라. Kevin Anderson and Alice Bows, "Beyond 'Dangerous' Climate Change: Emission Scenarios for a New World", *Philosophical Transactions of the Royal Society A 369*(2011), 35. 또한 다음을 참조하라. Kevin Anderson, "EU 2030 Decarbonisation Targets and UK carbon Budgets: Why So Little Science?", KevinAnderson.info, June 14, 2013, http://kevinanderson.info; HUGELY DAMAGING: Anderson, "Climate Change Going Beyond Dangerous", pp. 18~21; DE BOER: Alex Morales, "Kyoto Veterans Say Global Warming Goal Slipping Away", Bloomberg, November 4, 2013.

49 Stern, *The Economics of Climate Change*, 231~232.

50 위의 책, 231; Global Carbon Project emissions data, 2013 Budget v2.4(July 2014) available at http://cdiac.ornl.gov; Carbon Dioxide Information Analysis Center emissions data, available at http://cdiac.ornl.gov.

51 Kevin Anderson and Alice Bows, "A 2℃ Target? Get Real, Because 4℃ Is on Its Way", *Parliamentary Brief 13*(2010), 19; FOOTNOTE: Anderson and Bows, "Beyond 'Dangerous' Climate Change", 35; Kevin Anderson, "Avoiding Dangerous Climate Change Demands De-growth Strategies from Wealthier Nations", KevinAnderson.info, November 25, 2013, http://kevinanderson.info.

52 앤더슨과 보우스라킨은 2009년 코펜하겐 유엔 기후 정상 회의에서 정부들이 내놓은 약속을 분석한 자료를 토대로 해서 온실가스 감축이 〈공정성〉 원칙하에 실시되어야 한다고 주장하고 있다(다시 말해서, 가난한 나라들이 발전을 이룰 시간적 여유를 가질 수 있도록 부국들이 앞장서야 한다는 뜻이다). 일부 학자들은 부국들이 그렇게까지 막대한 양의 감축을 실시할 필요는 없다고 주장한다. 하지만 그게 사실이라 하더라도 세계적인 상황은 이를 위해 필요한 감축 활동이 경제 성장과 양립할 수 없음을 시사하고 있다. Tim Jackson은 논문 *Prosperity Without Growth*에서 녹색 기술과 효율성 향상만으로는 연간 4.9퍼센트의 세계적인 온실가스 감축을 달성할 수 없다고 주장한다. 그는 세계 인구와 일인당 소득이 지금과 같은 속도로 계속 상승세를 유지하면서 이 목표를 달성하려면, 탄소 집약적인 경제 활동을 〈현재보다 10배 빠른 속도로〉 축소할 필요가 있다고 주장한다. 또한 우리는 2050년까지 효율성을 현재보다 21배 향상시킬 필요가 있다. 과장이 심하다는 걸 인정한다 하더라도, 앤더슨과 보우스라킨의 근본적인 입장은 충분히 타당성이 있다. 우리는 지금과 같은 성장 모델을 변화시킬 필요가 있다. 다음을 참조하라. Tim Jackson, *Prosperity Without Growth: Economics for a Finite Planet*(London: Earthscan, 2009), 80, 86.

53 Anderson and Bows, "A New Paradigm for Climate Change", 640.

54 Kevin Anderson, "Romm Misunderstands Klein's and My View of Climate Change and Economic Growth", KevinAnderson.info, September 24, 2013.

55 Clive Hamilton, "What History Can Teach Us About Climate Change Denial", in *Engaging with Climate Change: Psychoanalytic and Interdisciplinary Perspectives*, ed. Sally Weintrobe(East Sussex: Routledge, 2013), 18.

56 지속 가능한 세계 경제를 이루기 위한 〈대전환〉과 관련한 기본적인 시나리오에 대해서는 Tellus Institute와 Stockholm Environment Institute의 연구자들이 연구한 내용을 참조하라. Paul Raskin et al., "Great Transition: The Promise and Lure of the Times Ahead", Report of the Global Scenario Group, Stockholm Environment Institute and Tellus Institute, 2002. 이 연구는 Tellus' Great Transition Initiative의 일부로 진행되고 있다. 다음 자료를 참조하라. "Great

Transition Initiative: Toward a Transformative Vision and Praxis", Tellus Institute, http://www.greattransition.org. 영국의 New Economics Foundation 이 진행한 유사한 연구로는 다음을 참조하라. Stephen Spratt, Andrew Simms, Eva Neitzert, and Josh Ryan-Collins, "The Great Transition", The New Economics Foundation, June 2010.

57 Bows와의 인터뷰, January 14, 2013.

58 Rebecca Willis and Nick Eyre, "Demanding Less: Why We Need a New Politics of Energy", Green Alliance, October 2011, pp. 9, 26.

59 FOOTNOTE: "EP Opens Option for a Common Charger for Mobile Phones", European Commission, press release, March 13, 2014; Adam Minter, *Junkyard Planet*(New York: Bloomsbury, 2013), 6~7, 67, 70.

60 이 인용구는 앤더슨의 요청에 따라 약간 명료하게 수정되었다. Paul Moseley and Patrick Byrne, "Climate Expert Targets the Affluent", BBC, November 13, 2009.

61 Phaedra Ellis-Lamkins, "How Climate Change Affects People of Color", *The Root*, March 3, 2013, http://www.theroot.com.

62 Tim Jackson, "Let's Be Less Productive", New York Times, May 26, 2012.

63 John Stutz, "Climate Change, Development and the Three-Day Week", Tellus Institute, January 2, 2008, pp. 4~5. 또한 다음을 참조하라. Juliet B. Schor, *Plenitude: The New Economics of True Wealth*(New York: Penguin Press, 2010); Kyle W. Knight, Eugene A. Rosa, and Juliet B. Schor, "Could Working Less Reduce Pressures on the Environment? A Cross-National Panel Analysis of OECD Countries, 1970~2007", *Global Environmental Change* 23(2013), 691~700.

64 Alyssa Battistoni, "Alive in the Sunshine", *Jacobin* 13(2014), 25.

3장 공공 부문의 재건과 오염자 부담 원칙

1 Sunita Narain, "Come Out and Claim the Road", *Business Standard*, November 10, 2013.

2 George Orwell, The Lion and the Unicorn: Socialism and the English Genius(London: Secker & Warburg, [1941] 1962), 64.

3 Anna Leidreiter, "Hamburg Citizens Vote to Buy Back Energy Grid", World Future Council Climate and Energy Commission, September 25, 2013; Hans

Thie에게서 받은 개인 이메일, economic policy advisor, German Bundestag Left Party, March 14, 2014.

4 Wiebke Hansen과의 개인 인터뷰, March 20, 2014.

5 재생 전기 공급량이 총전력 소비량에서 차지하는 비율을 측정한 독일의 데이터는 풍력과 태양광 전력이 순전력 생산에서 차지하는 비율을 측정한 미국의 데이터와 약간의 차이를 보인다. "Renewable Energy Sources in Germany—Key Information 2013 at a Glance", German Federal Ministry for Economic Affairs and Energy, Working Group on Renewable Energy-Statistics(AGEE-Stat), http://www.bmwi.de; "Table 1.1.A. Net Generation from Renewable Sources: Total(All Sectors), 2004-April 2014", Electric Power Monthly, U.S. Energy Information Administration. http://www.eia.gov; "Table 1.1. Net Generation by Energy Source: Total(All Sectors), 2004-April 2014", Electric Power Monthly, U.S. Energy Information Administration; "City of Frankfurt 100% by 2050", Go 100% Renewable Energy, http://www.go100percent.org; "City of Munich", Go 100% Renewable Energy.

6 "Factbox—German Coalition Agrees on Energy Reforms", Reuters, November 27, 2013.

7 Leidreiter, "Hamburg Citizens Vote to Buy Back Energy Grid"

8 Nicholas Brautlecht, "Hamburg Backs EU2 Billion Buyback of Power Grids in Plebiscite", Bloomberg, September 23, 2013; 독일 지역 공익시설 연합회 대변인인 Elisabeth Mader와의 개인 인터뷰, March 20, 2014.

9 "Energy Referendum: Public Buy-Back of Berlin Grid Fails", *Spiegel Online*, November 4, 2013; BurgerEnergie Berlin(Citizen Energy Berlin)의 공동 창립자 Arwen Colell과의 개인 인터뷰, March 20, 2014.

10 Steve Fenberg와의 개인 인터뷰, March 19, 2014.

11 "Campaign for Local Power"(video), New Era Colorado, September 1, 2013; "Boulder and Broomfield Counties' Final 2011 Election Results", Daily Camera, November 1, 2011.

12 "Campaign for Local Power"(video), Fenberg, March 19, 2014.

13 NETHERLANDS: International Energy Agency, *Energy Policies of IEA Countries: The Netherlands; 2008 Review*(Paris: International Energy Agency and the Organisation for Economic Co-operation and Development, 2009), 9~11, 62~64; AUSTRIA: International Energy Agency, *Energy Policies of IEA*

Countries; Austria: 2007 Review(Paris: International Energy Agency and the Organisation for Economic Co-operation and Development, 2008), 11~16; NORWAY: International Energy Agency, *Renewable Energy: Medium-Term Market Report 2012; Market Trends and Projections to 2017*(Paris: International Energy Agency and the Organisation for Economic Co-operation and Development, 2012), 71~76; AUSTIN: "Climate Protection Resolution No. 20070215-023", 2013 Update, Office of Sustainability, City of Austin, p. 3, http://www.austintexas.gov; SACRAMENTO: "Our Renewable Energy Portfolio", Sacramento Municipal Utility District, https://www.smud.org/; "Greenhouse Gas Reduction", Sacramento Municipal Utility District, https://www.smud.org/; "LOBBY AS HARD AS WE CAN": John Farrell과의 개인 인터뷰, March 19, 2014.

14 Translation provided by Tadzio Mueller, "Unser Hamburg, Unser Netz", Hamburger Energienetze in die Öffentliche Hand!, http://unser-netz-hamburg.de/

15 "Energy Technology Perspectives 2012: Pathways to a Clean Energy System", International Energy Agency, 2012, p. 149.

16 David Hall et al., "Renewable Energy Depends on the Public Not Private Sector", Public Services International Research Unit, University of Greenwich, June 2013, p. 2.

17 위의 글, pp. 2, 3~5.

18 Mark Z. Jacobson and Mark A. Delucchi, "A Plan to Power 100 Percent of the Planet with Renewables", *Scientific American*, November 2009, pp. 58~59; Mark Z. Jacobson and Mark A. Delucchi, "Providing All Global Energy with Wind, Water, and Solar Power, Part I: Technologies, Energy Resources, Quantities and Areas of Infrastructure, and Materials", *Energy Policy* 39(2011), 1154~1169, 1170~1190.

19 Matthew Wright and Patrick Hearps, "Zero Carbon Australia 2020: Stationary Energy Sector Report—Executive Summary"(2nd ed.), University of Melbourne Energy Research Institute and Beyond Zero Emissions, August 2011, pp. 2, 6.

20 이 책을 출간할 당시에 미국 해양 대기 관리처의 연구 결과는 출간되지 않고 기사로만 발표되었다. Scott Simpson, "Green Power Holds Promise", *Vancouver Sun*, February 18, 2012.

21 M. M. Hand et al., "Renewable Electricity Futures Study — Volume 1: Exploration of High-Penetration Renewable Electricity Futures", National Renewable Energy Laboratory, 2012, pp. xvii–xviii.

22 Mark Z. Jacobson et al., "Examining the Feasibility of Converting New York State's All-Purpose Energy Infrastructure to One Using Wind, Water, and Sunlight", *Energy Policy* 57(2013), 585; Elisabeth Rosenthal, "Life After Oil and Gas", *New York Times*, March 23, 2013.

23 Louis Bergeron, "The World Can Be Powered by Alternative Energy, Using Today's Technology, in 20~40 Years, Says Stanford Researcher Mark Z. Jacobson", Stanford Report, January 26, 2011; Elisabeth Rosenthal, "Life After Oil and Gas", *New York Times*, March 23, 2013.

24 Nastaran Mohit와의 개인 인터뷰, November 10, 2012.

25 Steve Kastenbaum, "Relief from Hurricane Sandy Slow for Some", CNN, November 3, 2012; Glynnis MacNicol, "After Sandy, A Great and Complex City Reveals Traumas New and Old", Capital New York, November 10, 2012.

26 Johnathan Mahler, "How the Coastline Became a Place to Put the Poor", *New York Times*, December 3, 2012; Aria Doe와의 개인 인터뷰, executive director, Action Center for Education and Community Development, February 3, 2013.

27 Sarah Maslin Nir, "Down to One Hospital, Rockaway Braces for Summer Crowds", *New York Times*, May 20, 2012; Nastaran Mohit에게서 받은 개인 이메일, March 28, 2014; Mohit와의 개인 인터뷰, November 10, 2012.

28 위의 글; FOOTNOTE: Greg B. Smith, "NYCHA Under Fire for Abandoning Tenants in Hurricane Sandy Aftermath", *New York Daily News*, November 19, 2012.

29 Mohit와의 개인 인터뷰, November 10, 2012.

30 위의 인터뷰.

31 Andrew P. Wilper et. al., "Health Insurance and Mortality in U.S. Adults", *American Journal of Public Health* 99(2009), 2289~2295; Mohit와의 인터뷰, November 10, 2012.

32 Doe와의 개인 인터뷰, February 3, 2013.

33 John Aglionby, Mark Odell, and James Pickford, "Tens of Thousands Without Power After Storm Hits Western Britain", *Financial Times*, February 13, 2014; Tom Bawden, "St. Jude's Day Storm: Four Dead After 99mph Winds and

Night of Destruction—But at Least We Saw It Coming", *The Independent*(London), October 29, 2013.

34 Alex Marshall, "Environment Agency Cuts: Surviving the Surgeon's Knife", *The ENDS Report*, January 3, 2014; Damian Carrington, "Hundreds of UK Flood Defence Schemes Unbuilt Due to Budget Cuts", *Guardian*, July 13, 2012.

35 Dave Prentis, "Environment Agency Workers Are Unsung Heroes", UNISON, January 6, 2014.

36 EM-DAT, International Disaster Database, Centre for Research on the Epidemiology of Disasters(advanced searches), http://www.emdat.be/database; Michael Mann에게서 받은 개인 이메일, March 27, 2014.

37 "Billion-Dollar Weather/Climate Disasters", National Climatic Data Center, http://www.ncdc.noaa.gov; Lixion A. Avila and John Cangialosi, "Tropical Cyclone Report, Hurricane Irene", National Hurricane Center, December 14, 2011; "Billion-Dollar Weather/Climate Disasters", National Climatic Data Center, http://www.ncdc.noaa.gov; "Review of Natural Catastrophes in 2011: Earthquakes Result in Record Loss Year", Munich RE, press release, January 4, 2012.

38 Amy Bach와의 개인 인터뷰, September 18, 2012.

39 "Climate Change: Impacts, Vulnerabilities and Adaptation in Developing Countries", UNFCCC, 2007, pp. 18~26, 29~38; "Agriculture Needs to Become 'Climate-Smart'", Food and Agriculture Organization of the UN, October 28, 2010.

40 "World Economic and Social Survey 2011: The Great Green Technological Transformation", United Nations Department of Economic and Social Affairs, 2011, pp. xxiii, 174.

41 석유 및 가스 부문은 2012년과 2013년에 『포춘』이 선정한 세계 500대 부문 가운데 상위 20대 부문과 겹치거나 관련을 맺고 있었다. "Fortune Global 500", CNN Money, 2013, http://money.cnn.com; "Fortune Global 500", CNN Money, 2012, http://money.cnn.com. BLOCKED PROGRESS: James Hoggan with Richard Littlemore, *Climate Cover-Up: The Crusade to Deny Global Warming*(Vancouver: Greystone Books, 2009); $900 BILLION: Daniel J. Weiss, "Big Oil's Lust for Tax Loopholes", Center for American Progress, January 31, 2011; 2011 EARNINGS: "2011 Summary Annual Report", ExxonMobil, p. 4; 2012 EARNINGS: "2012 Summary Annual Report", ExxonMobil, p. 4; "Exxon's

2012 Profit of $44.9bn Misses Record", Associated Press, February 1, 2013.

42 예컨대, BP사는 2005년에 대안 에너지 사업에 80억 달러를 투입하겠다고 약속
했다. Saaed Shah, "BP Looks 'Beyond Petroleum' with $8bn Renewables
Spend", *The Independent*(London), November 29, 2005; BEYOND
PETROLEUM: Terry Macalister and Eleanor Cross, "BP Rebrands on a
Global Scale", *Guardian*, July 24, 2000; HELIOS MARK: "BP Amoco
Unveils New Global Brand to Drive Growth", press release, July 24, 2000;
BROWNE: Terry Macalister and Eleanor Cross, "BP Rebrands on a Global
Scale", Guardian, July 24, 2000; CHEVRON: "We agree: Oil Companies
Should Support Renewable Energy"(video), Chevron, YouTube, 2010; 2009
STUDY: Daniel J. Weiss and Alexandra Kougentakis, "Big Oil Misers",
Center for American Progress, March 31, 2009; EXECUTIVE PAY: James
Osborne, "Exxon Mobil CEO Rex Tillerson Gets 15 Percent Raise to $40.3
Million", *Dallas Morning News*, April 12, 2013.

43 Antonia Juhasz, "Big Oil's Lies About Alternative Energy", *Rolling Stone*,
June 25, 2013; Ben Elgin, "Chevron Dims the Lights on Green Power",
Bloomberg Businessweek, May 29, 2014; Ben Elgin, "Chevron Backpedals
Again on Renewable Energy", Bloomberg Businessweek, June 9, 2014

44 Brett Martel, "Jury Finds Big Tobacco Must Pay $590 Million for Stop-
Smoking Programs", Associated Press, May 21, 2004; Bruce Alpert, "U.S.
Supreme Court Keeps Louisiana's $240 Million Smoking Cessation Program
Intact", *Times-Picayune*, June 27, 2011; Sheila McNulty and Ed Crooks, "BP
Oil Spill Pay-outs Hit $5bn Mark", Financial Times, August 23, 2011; Lee
Howell, "Global Risks 2013", World Economic Forum, 2013, p. 19.

45 Marc Lee, "Building a Fair and Effective Carbon Tax to Meet BC's Greenhouse
Gas Targets", Canadian Centre for Policy Alternatives, August 2012.

46 미국 국방부의 온실가스 배출량은 2011년 회계연도에 발표된 온실가스 명세서
를 토대로 계산된 것이다. "Fiscal Year 2011 Greenhouse Gas Inventory:
Government Totals", U.S. Department of Energy, Office of Energy Efficiency
and Renewable Energy, June 14, 2013, http://energy.gov; "Greenhouse Gas
100 Polluters Index", Political Economy Research Institute, University of
MassachusettsAmherst, June 2013.

47 Borgar Aamaas, Jens Borken-Kleefeld, and Glen P. Peters, "The Climate

Impact of Travel Behavior: A German Case Study with Illustrative Mitigation Options", *Environmental Science & Policy* 33(2013), 273, 276.

48 Thomas Piketty, Capital in the Twenty-First Century, trans. Arthur Goldhammer(Cambridge, MA: Harvard University Press, 2014); Gar Lipow, *Solving the Climate Crisis through Social Change: Public Investment in Social Prosperity to Cool a Fevered Planet*(Santa Barbara: Praeger, 2012), 56; Stephen W. Pacala, "Equitable Solutions to Greenhouse Warming: On the Distribution of Wealth, Emissions and Responsibility Within and Between Nations", presentation to International Institute for Applied Systems Analysis, November 2007.

49 "Innovative Financing at a Global and European Level", European Parliament, resolution, March 8, 2011, http://www.europarl.europa.eu.

50 "Revealed: Global Super-Rich Has at Least $21 Trillion Hidden in Secret Tax Havens", Tax Justice Network, press release, July 22, 2012.

51 "World Economic and Social Survey 2012: In Search of New Development Finance", United Nations Department of Economic and Social Affairs, 2012, p. 44.

52 Sam Perlo-Freeman, et. al., "Trends in World Military Expenditure, 2012", Stockholm International Peace Research Institute, April 2013, http://sipri.org.

53 "Mobilizing Climate Finance: A Paper Prepared at the Request of G20 Finance Ministers", World Bank Group, October 6, 2011, p. 15, http://www.imf.org.

54 "Governments Should Phase Out Fossil Fuel Subsidies or Risk Lower Economic Growth, Delayed Investment in Clean Energy and Unnecessary Climate Change Pollution", Oil Change International and Natural Resources Defense Council, June 2012, p. 2.

55 미국에 초점을 두고 이런 종류의 재원을 이용해서 기후 대응 재원을 마련하자는 심도 깊은 논의에 대해서는 다음을 참조하라. Lipow, *Solving the Climate Crisis through Social Change*, 55~61.

56 식량 배급과 기후 변화, 환경 정의, 경제 정의와 관련한 더 자세한 내용은 다음을 참조하라. Stan Cox, *Any Way You Slice It: The Past, Present, and Future of Rationing*(New York: The New Press, 2013); 16 PERCENT: Ina Zweiniger-Bargielowska, *Austerity in Britain: Rationing, Controls, and Consumption 1939~1955*(Oxford: Oxford University Press, 2000), 55, 58.

57 Nicholas Timmins, "When Britain Demanded Fair Shares for All", The Independent(London), July 27, 1995; Martin J. Manning and Clarence R. Wyatt, *Encyclopedia of Media and Propaganda in Wartime America*, Vol. 1(Santa Barbara, CA: ABC-CLIO, 2011), 533; Terrence H. Witkowski, "The American Consumer Home Front During World War II", *Advances in Consumer Research* 25(1998).

58 *Rationing, How and Why?*(pamphlet), Office of Price Administration, 1942, p. 3.

59 Donald Thomas, *The Enemy Within: Hucksters, Racketeers, Deserters and Civilians During the Second World War*(New York: New York University Press, 2003), 29.

60 Jimmy Carter, "Crisis of Confidence" speech(transcript), American Experience, PBS.

61 "The Pursuit of Progress"(video), *Richard Heffner's Open Mind*, PBS, February 10, 1991.

62 Eleanor Taylor, "British Social Attitudes 28", *Environment*, NatCen Social Research, p. 104.

63 Will Dahlgreen, "Broad Support for 50P Tax", YouGov, January 28, 2014; "Nine in Ten Canadians Support Taxing the Rich 'More' (88%) and a Potential 'Millionaire's Tax' (89%)", Ipsos MORI, May 30, 2013; Anthony Leiserowitz, "Public Support for Climate and Energy Policies in November 2013", Yale Project on Climate Change Communication and George Mason University Center for Climate Change Communication, November 2013; "Voter Attitudes Toward Pricing Carbon and a Clean Energy Refund"(memo), Public Opinion Strategies, April 21, 2010.

64 "Americans Support Limits on CO_2", Yale Project on Climate Change Communication, April, 2014.

4장 과감한 계획과 적극적인 봉쇄

1 John Berger, *Keeping a Rendezvous*(New York: Pantheon, 1991), 156.

2 James Gustave Speth, *The Bridge at the End of the World: Capitalism, the Environment, and Crossing from Crisis to Sustainability*(New Haven: Yale University Press, 2008), 178.

3 "The Second McCain-Obama Presidential Debate"(transcript), Commission

on Presidential Debates, October 7, 2008.

4   Sam Gindin, "The Auto Crisis: Placing Our Own Alternative on the Table", Bullet/Socialist Project, E-Bulletin No. 200, April 9, 2009.

5   Ricardo Fuentes-Nieva and Nick Galasso, "Working for the Few", Oxfam, January 20, 2014, p. 2; FOOTNOTE: Jason Walsh, "European Workers Rebel as G-20 Looms", *Christian Science Monitor*, April 1, 2009; Rupert Hall, "Swansea Factory Workers Start Production at Former Remploy Site", Wales Online, October 14, 2013; Alejandra Cancino, "Former Republic Windows and Doors Workers Learn to Be Owners", *Chicago Tribune*, November 6, 2013.

6   미국 노동 통계청의 데이터에 따르면, 2008년 1월부터 2014년 1월까지 제조업 일자리 순손실은 1만 4,500개였다. "Employment, Hours, and Earnings from the Current Employment Statistics Survey(National)", U.S. Bureau of Labor Statistics, http://data.bls.gov.

7   Michael Grunwald, *The New New Deal: The Hidden Story of Change in the Obama Era*(New York: Simon & Schuster, 2012), 10~11, 163~168; "Expert Reaction to Two New Nature Papers on Climate", Science Media Centre, December 4, 2011.

8   Roger Lowenstein, "The Nixon Shock", *Bloomberg Businessweek Magazine*, August 4, 2011; Bruce Bartlett, "Keynes and Keynesianism", *New York Times*, May 14, 2013.

9   370만 개의 일자리가 창출될 거라는 예측을 내놓은 BlueGreen Alliance는 2011년에 Apollo Alliance Project에 통합되었다. "Make It in America: The Apollo Clean Transportation Manufacturing Action Plan", Apollo Alliance, October 2010; Smart Growth America, "Recent Lessons from the Stimulus: Transportation Funding and Job Creation", February 2011, p. 2.

10 "Working Towards Sustainable Development: Opportunities for Decent Work and Social Inclusion in a Green Economy", International Labour Organization, May 2012.

11 "More Bang for Our Buck", BlueGreen Canada, November 2012; Jonathan Neale, "Our Jobs, Our Planet: Transport Workers and Climate Change", A report originally written for the European Transport Workers Federation, October 2011, p. 49; "About", One Million Climate Jobs, http://www.climatejobs.org.

12 Will Dahlgreen, "Nationalise Energy and Rail Companies, Say Public",
   YouGov, November 4, 2013.

13 "2011 Wind Technologies Market Report", U.S. Department of Energy,
   August 2012, p. iii; Matthew L. Wald, "New Energy Struggles on Its Way to
   Markets", *New York Times*, December 27, 2013.

14 Ben Parfitt과의 개인 인터뷰, September 21, 2013.

15 Michelle Kinman and Antonia Juhasz, ed., "The True Cost of Chevron: An
   Alternative Annual Report", True Cost of Chevron Network, May 2011, pp.
   12, 18, 22, 43; Patrick Radden Keefe, "Reversal of Fortune", *The New Yorker*,
   January 9, 2012; Pierre Thomas et al., "B.P.'s Dismal Safety Record", ABC
   News, May 27, 2010; Alan Levin, "Oil Companies Fought Stricter
   Regulation", USA Today, May 20, 2010; Chip Cummins et al, "Five Who
   Laid Groundwork for Historic Spike in Oil Market", *Wall Street Journal*,
   December 20, 2005.

16 Seth Klein, "Moving Towards Climate Justice: Overcoming Barriers to
   Change", Canadian Centre for Policy Alternatives, April 2012.

17 "The Perils of Petrobras", *The Economist*, November 17, 2012; Jeffrey Jones,
   "Statoil, PTTEP Deal to Test Tighter Oil Sands Rules", *Globe and Mail*, January
   30, 2014; "PetroChina Buys Entire Alberta Oilsands Project", Canadian Press,
   January 3, 2012.

18 Burns H. Weston and David Bollier, "Universal Covenant Affirming a Human
   Right to Commons-and Rights-Based Governance of Earth's Natural Wealth
   and Resources", Commons Law Project, 2013.

19 독일 좌파당의 경제 정책 자문위원 Hans Thie와의 개인 인터뷰, March 20,
   2014; "Solarstrombranche(Photovoltaik)", Statistische Zahlen der deutschen,
   BSW Solar, March 2014, p. 1; "Status Des Windenergieausbasus An Land In
   Deutschland", Deutsche WindGuard, 2013, p. 1; "Flyer: Renewably
   Employed!", Federal Ministry for the Environment, Nature Conservation,
   Building and Nuclear Safety, August 2013.

20 Hans Thie, "The Controversial Energy Turnaround in Germany: Successes,
   Contradictions, Perspectives", Vienna Theses, July 2013.

21 "Danish Key Figures", Facts and Figures, Danish Energy Agency, 2010,
   http://www.ens.dk/en; Energinet.dk 전략 에너지 컨설턴트 Carsten Vittrup에게

서 받은 개인 이메일, March 20, 2014.

22 Russ Christianson, "Danish Wind Co-ops Can Show Us the Way", Wind-Works, August 3, 2005.

23 Dimitra Spatharidou와의 개인 인터뷰, May 20, 2013.

24 Andrea Stone, "Family Farmers Hold Keys to Agriculture in a Warming World", *National Geographic*, May 2, 2014.

25 Calogero Carletto, Sara Savastano, and Alberto Zezza, "Fact or Artifact: The Impact of Measurement Errors on the Farm Size-Productivity Relationship", *Journal of Development Economics* 103(2013), 254~261; "Typhoon Haiyan Exposes the Reality of Climate Injustice", La Via Campesina, press release, December 4, 2013; Raj Patel, *Stuffed and Starved: The Hidden Battle for the World Food System*(Brooklyn: Melville House, 2012), 6~7.

26 드 슈터의 분석은 국제 연합 무역 개발 회의UNCTAD와 개발을 위한 농업 기술과 과학에 대한 국제 평가IAASTD 등 주류 개발 기구들 사이에서 호응을 얻고 있다. 이 두 기구는 몇 년 전부터 기후 위기와 빈곤의 악순환을 해결할 수 있는 중요한 해법으로 소규모 농생태학 농법(특히 여성들이 농지를 통제하는 방법)을 지지하는 보고서를 발표하고 있다. 다음을 참조하라. "Trade and Environment Review 2013: Wake Up Before It Is Too Late", United Nations Conference on Trade and Development, 2013; "Agriculture at a Crossroads: Synthesis Report", International Assessment of Agriculture Knowledge, Science and Technology for Development, 2009; "LARGE SEGMENT": "Eco-Farming Can Double Food Production in 10 Years, Says New UN Report", United Nations, Office of the High Commissioner for Human Rights, press release, March 8, 2011.

27 Verena Seufert, Navin Ramankutty, and Jonathan A. Foley, "Comparing the Yields of Organic and Conventional Agriculture", Nature 485(2012), 229~232; "Eco-Farming Can Double Food Production in 10 Years, Says New UN Report", United Nations.

28 Raj Patel에게서 받은 개인 이메일, June 6, 2014.

29 위와 같음.

30 Hans Thie와의 개인 인터뷰, March 20, 2014; "Greenhouse Gas Emissions Rise Slightly Again in 2013, by 1.2 Percent", German Environment Agency(UBA), press release, March 10, 2014.

31 Hans Thie와의 개인 인터뷰, March 20, 2014; Helen Pidd, "Germany to Shut All Nuclear Reactors", *Guardian*, May 30, 2011; Peter Friederici, "WW II-Era Law Keeps Germany Hooked on 'Brown Coal' Despite Renewables Shift", InsideClimate News, October 1, 2013.

32 Mark Z. Jacobson and Mark A. Delucchi, "A Plan to Power 100 Percent of the Planet with Renewables", *Scientific American*, November 2009, pp. 58~59; Mark Z. Jacobon, "Nuclear Power Is Too Risky", CNN, February 22, 2010; *Real Time with Bill Maher*, HBO, episode 188, June 11, 2010.

33 U.S. Energy Information Administration이 완벽한 자료를 확보한 2011년에 원자력을 이용한 순전력 생산량은 세계 순전력 생산량의 11.9퍼센트였다. "International Energy Statistics", U.S. Energy Information Administration, http://www.eia.gov.

34 Sven Teske, "Energy Revolution: A Sustainable EU 27 Energy Outlook", Greenpeace International and the European Renewable Energy Council, 2012, p. 11.

35 Hans Thie와의 인터뷰, March 20, 2014; Andreas Rinke, "Merkel Signals Support for Plan to Lift Carbon Prices", Reuters, October 16, 2013.

36 Tdadzio Mueller에게서 받은 개인 이메일, March 14, 2014.

37 "Development of Baseline Data and Analysis of Life Cycle Greenhouse Gas Emissions of Petroleum-Based Fuels", U.S. Department of Energy, National Energy Technology Laboratory, DOE/NETL-2009/1346, 2008, p. 13.

38 Bill McKibben, "Jojn Us in Civil Disobedience to Stop the Keystone XL Tar Sands Pipeline", Grist, June 23, 2011.

39 James Hansen, "Game Over for the Climate", *New York Times*, May 9, 2012.

40 Barack Obama, "Barack Obama's Remarks in St. Paul"(speech), St. Paul, Minnesota, *New York Times*, June 3, 2008.

41 "Keystone XL Pipeline Project Review Process: Decision to Seek Additional Information", press release, U.S. Department of State, Office of the Spokesperson, November 10, 2011, http://www.state.gov/; "Keystone XL Pipeline Project Compliance Follow-up Review: The Department of State's Choice of Environmental Resources Management, Inc., To Assist in Preparing the Supplemental Environmental Impact Statement", U.S. Department of State and the Broadcasting Board of Governors, Office of Inspector General, February 2014, http://oig.state.gov/; Philip J. Victor, "State Department

Environmental Review OKs Keystone XL pipeline", Al Jazeera and Reuters, January 31, 2014.

42 "Remarks by the President on Climate Change"(speech), Washington, D.C., June 25, 2013, White House Office of the Press Secretary.

43 Jackie Calmes and Michael Shear, "Interview with President Obama", *New York Times*, July 27, 2013.

44 "Presidential Memorandum—Power Sector Carbon Pollution Standards", White House Office of the Press Secretary, June 25, 2013, http://www.whitehouse.gov/; Mark Hertsgaard, "A Top Obama Aide Says History Won't Applaud the President's Climate Policy", *Harper's*, June 2, 2014.

45 Keynote Address(video), 6th International Conference on Climate Change, The Heartland Institute, June 30, 2011.

46 Robert W. Howarth, Renee Santoro, and Anthony Ingraffea, "Methane and the Greenhouse-Gas Footprint of Natural Gas from Shale Formations", *Climatic Change* 106(2011), 679~690.

47 위의 책, 681~685, 687; Gunnar Myhre et al., "Anthropogenic and Natural Radiative Forcing", in *Climate Change 2013: The Physical Science Basis. Contribution of Working Group I to the Fifth Assessment Report of the Intergovernmental Panel on Climate Change*, ed. T. F. Stocker et al.(Cambridge: Cambridge University Press, 2013), p. 714.

48 위의 책; Robert Howarth와의 개인 인터뷰, April 10, 2014.

49 Howarth는 셰일 가스의 메탄 배출량 후속 연구에 대한 유익한 개관을 제공하고 있으며, 이 후속 연구가 2011년 보고서의 핵심적인 결론을 뒷받침하고 있다고 주장한다. Robert W. Howarth, "A Bridge to Nowhere: Methane Emissions and the Greenhouse Gas Footprint of Natural Gas", *Energy Science & Engineering*(Early View), May 15, 2014, pp. 1~14; FIRST PEERREVIEWED: Howarth, Santoro, and Ingraffea, "Methane and the Greenhouse-Gas Footprint of Natural Gas from Shale Formations", 687; QUICK TO VOLUNTEER: Bryan Schutt, "Methane Emissions 'Achilles Heel' of Shale Gas, Cornell Professor Contends", SNL Daily Gas Report, May 23, 2011; LACK OF TRANSPARENCY: Robert W. Howarth, Renee Santoro, and Anthony Ingraffea, "Venting and Leaking of Methane from Shale Gas Development: Response to Cathles et al.", *Climatic Change* 113(2012), 539~540; FOOTNOTE: "U.S. Energy-Related Carbon

Dioxide Emissions, 2012", U.S. Energy Information Administration, October 2013, p. ii; "Emissions of Greenhouse Gases in the United States 2009", U.S. Energy Information Administration, March 2011, pp. 1, 35; "Changing the Game? Emissions and Market Implications for New Natural Gas Supplies", Energy Modeling Forum, Stanford University, EMF Report No. 26, Vol. 1, September 2013, p. vii; Shakeb Afsah and Kendyl Salcito, "Shale Gas: Killing Coal Without Cutting CO_2", CO_2 Scorecard, December 2, 2013, http://www.co2scorecard.org/.

50 Stefan Wangstyl, "German Coal Use at Highest Level Since 1990", *Financial Times*, January 7, 2014; Stefan Nicola and Ladka Bauerova, "In Europe, Dirty Coal Makes a Comeback", *Bloomberg Businessweek*, February 27, 2014.

51 Chester Dawson and Carolyn King, "Exxon Unit Seeks Canada Approval for Oil-Sands Project", *Wall Street Journal*, December 17, 2013; "Environmental Responsibility", Kearl, Operations, Imperial, http://www.imperialoil.ca/; "Fuel for Thought: The Economic Benefits of Oil Sands Investment", Conference Board of Canada, October 2012, pp. 3, 9.

52 Leila Coimbra and Sabrina Lorenzi, "BG to Spend $30 Billion on Brazil Offshore Oil by 2025", Reuters, May 24, 2012; "Chevron Announces $39.8 Billion Capital and Exploratory Budget for 2014", Chevron, press release, December 11, 2013; "Gorgon Project Overview", Chevron, January 2014, pp. 1~2, http://www.chevronaustralia.com/; "Gorgon Project Overview", Gorgon Project Fact Sheet, Chevron, January 2014, http://www.chevronaustralia.com/; Andrew Callus, "Record-Breaking Gas Ship Launched, Bigger One Planned", Reuters, December 3, 2013; "A Revolution in Natural Gas Production", Shell Global, http://www.shell.com/.

53 "Gorgon Project Overview", p. 1; "Prelude FLNG in Numbers", Shell Global, http://www.shell.com/; "Operations: Kearl Oil Sands Project", Overview, Imperial Oil, http://www.imperialoil.ca/; "Sunrise Energy Project", Husky Energy, http://www.huskyenergy.com/; Kevin Anderson and Alice Bows, "Beyond 'Dangerous' Climate Change: Emission Scenarios for a New World", *Philosophical Transactions of the Royal Society A 369*(2011), 35.

54 "Reserve-Replacement Ratio", Investopedia Dictionary, http://www.investopedia.com/.

55 Fred Pals, "Shell Lagged Behind BP in Replacing Reserves in 2008",
Bloomberg, March 17, 2009; "Royal Dutch Shell Plc Strategy Update 2009—
Final", Fair Disclosure Wire, March 17, 2009; WIND AND SOLAR: "Royal
Dutch Shell Plc Strategy Update 2009—Final", Fair Disclosure Wire, March
17, 2009; Ruth Pagnamenta, "Anger as Shell Cuts Back on Its Investment in
Renewables", *The Times*(London), March 18, 2009; 3.4 BILLION
BARRELS: "Royal Dutch Shell Plc Updates on Strategy to Improve
Performance and Grow", Royal Dutch Shell, press release, March 16, 2010;
STOCK PRICE: Robert Perkins, "Shell Eyes 2012 Output of 3.5 Million Boe/
d", *Platts Oilgram Price Report*, March 17, 2010.

56 "World Energy Outlook 2013", International Energy Agency, 2013, pp. 471~472.

57 "Exxon Mobil Corporation Announces 2011 Reserves Replacement",
ExxonMobil, press release, February 23, 2012.

58 온난화를 섭씨 2도로 제한하기 위한 탄소 예산을 달리 평가하는 경우에는 이 문
단에서 제시한 수치들이 달라질 수 있다. 이 수치들은 Carbon Tracker가 2009년
에 *Nature*에 처음 발표한 보고서에 따른 것이다. James Leaton, "Unburnable
Carbon", Carbon Tracker Initiative, 2011, pp. 6~7; Malte Meinshausen et al.,
"Greenhouse-Gas Emission Targets for Limiting Global Warming to 2℃",
Nature 458(2009), 1161. Carbon Tracker가 최근에 개정해서 발표한 분석은 다
음을 참조하라. James Leaton et al., "Unburnable Carbon 2013: Wasted
Capital and Stranded Assets", Carbon Tracker Initiative, 2013; "THE THING
TO NOTICE": Bill McKibben, speech, New York City, November 16, 2012,
http://350.org/.

59 John Fullerton, "The Big Choice", Capital Institute, July 19, 2011; Leaton,
"Unburnable Carbon", p. 6.

60 2013년에 석유 및 가스 산업계가 로비에 투입한 자금 총액은 1억 4,487만 8,531달
러였다. 다음을 참조하라. "Oil & Gas", OpenSecrets.org, Center for Responsive
Politics, https://www.opensecrets.org/; ELECTION SPENDING: "Oil and Gas:
Long-Term Contribution Trends", Center for Responsive Politics, February 18,
2014, https://www.opensecrets.org/.

61 Daniel Cayley-Daoust and Richard Girard, "Big Oil's Oily Grasp: The
Making of Canada as a Petro-State and How Oil Money is Corrupting
Canadian Politics", Polaris Institute, December 2012, p. 3; Damian Carrington,

"Energy Companies Have Lent More Than 50 Staff to Government Departments", *Guardian*, December 5, 2011.

62 구글 파이낸스가 2009년 12월 1일부터 같은 해 12월 31일 사이에 ExxonMobil, Chevron, Royal Dutch Shell, ConocoPhillips, BP, Anglo American, Arch Coal의 주가를 수집한 기록에 따른 것이며, 특별히 12월 18일의 주가 기록에 주목했다.

63 Suzanne Goldenberg, "ExxonMobil Agrees to Report on Climate Change's Effect on Business Model", *Guardian*, March 20, 2014; "Energy and Carbon—Managing the Risks", ExxonMobil, 2014, pp. 1, 8, 16.

64 John Ashton에게서 받은 개인 이메일, March 20, 2014.

65 Mark Dowie, *Losing Ground: American Environmentalism at the Close of the Twentieth Century*(Cambridge, MA: MIT Press, 1996), 25.

66 Yotam Marom, "Confessions of a Climate Change Denier", Waging Nonviolence, July 30, 2013.

67 "Paxman vs. Brand—Full Interview"(video), *BBC Newsnight*, October 23, 2013.

68 "System change—not climate change", A People's Declaration from Klimaforum09, December 2009.

69 Miya Yoshitani, "Confessions of a Climate Denier in Tunisia", Asian Pacific Environment Network, May 8, 2013.

70 Nick Cohen, "The Climate Change Deniers Have Won", *The Observer*, March 22, 2014.

71 Philip Radford, "The Environmental Case for a Path to Citizenship", *Huffington Post*, March 14, 2013; Anna Palmer and Darren Samuelsohn, "Sierra Club Backs Immigration Reform", *Politico*, April 24, 2013; "Statement on Immigration Reform", BlueGreen Alliance, http://www.bluegreenalliance.org/; May Boeve, "Solidarity with the Immigration Reform Movement", 350.org, March 22, 2013, http://350.org/.

72 Pamela Gossin, *Encyclopedia of Literature and Science*(Westport, CT: Greenwood, 2002), 208; William Blake, "And did those feet in ancient time", poem in *The Complete Poetry and Prose of William Blake*(Berkeley: University of California Press, 2008), 95.

73 Colin Miller와의 개인 인터뷰, March 14, 2011; Simon Romero, "Bus-Fare Protests Hit Brazil's Two Biggest Cities", *New York Times*, June 13, 2013; Larry Rohter, "Brazil's Workers Take to Streets in One-Day Strike", *New York*

Times, July 11, 2013.

5장 채취주의를 넘어서

1 Steve Stockman, Twitter post, March 21, 2013, 10:33 AM, https://twitter.com/.

2 Ben Dangl, "Miners Just Took 43 Police Officers Hostage in Bolivia", *Vice*, April 3, 2014.

3 Rodrigo Castro et al., "Human-Nature Interaction in World Modeling with Modelica", prepared for the Proceedings of the 10th International Modelica Conference, March 10~12, 2014, http://www.ep.liu.se/.

4 Nerida-Ann Steshia Hubert와의 개인 인터뷰, March 30, 2012.

5 Hermann Joseph Hiery, *The Neglected War: The German South Pacific and the Influence of World War I*(Honolulu: University of Hawai'i Press, 1995), 116~125, 241; "Nauru", New Zealand Ministry of Foreign Affairs and Trade, updated December 9, 2013, http://wwww.mfat.govt.nz/; "Nauru"(video), NFSA Australia, NFSA Films.

6 Charles J. Hanley, "Droppings Form the Heart of Economy", Associated Press, April 13, 1985; Steshia Hubert와의 인터뷰, March 30, 2012.

7 "Country Profile and National Anthem", Permanent Mission of the Republic of Nauru to the United Nations, United Nations, http://www.un.int/; Jack Hitt, "The Billion-Dollar Shack", *New York Times Magazine*, December 10, 2000.

8 Hiery, *The Neglected War*, 116~125, 241; "Nauru", New Zealand Ministry of Foreign Affairs and Trade.

9 Hitt, "The Billion-Dollar Shack"; David Kendall, "Doomed Island", Alternatives Journal, January 2009.

10 "Nauru"(video), NFSA Films.

11 Philip Shenon, "A Pacific Island Is Stripped of Everything", *New York Times*, December 10, 1995.

12 Hitt, "The Billion-Dollar Shack"; Robert Matau, "Road Deaths Force Nauru to Review Traffic Laws", Islands Business, July 10, 2013; "The Fattest Place on Earth"(video), ABC Nightline, January 3, 2011; Steshia Hubert와의 인터뷰, March 30, 2012.

13 Hitt, "The Billion-Dollar Shack"; "Nauru", Country Profile, U.N. Data, http://data.un.org/.

14 "Nauru", Overview, Rand McNally, http://education.randmcnally.com/; Tony Thomas, "The Naught Nation of Nauru", *The Quadrant*, January/February 2013; Andrew Kaierua et al., "Nauru", in *Climate Change in the Pacific*, International Climate Change Adaptation Initiative, Australian Government, 2011, pp. 134, 140; "Fresh Water Supplies a Continual Challenge to the Region", Applied Geoscience and Technology Division, Secretariat of the Pacific Community, press release, January 18, 2011.

15 Glenn Albrecht, "The Age of Solastalgia", *The Conversation*, August 7, 2012.

16 Kendall, "Doomed Island"

17 "Nauru: Phosphate Roller Coaster; Elections with Tough Love Theme", August 13, 2007, via WikiLeaks, http://www.wikileaks.org/.

18 Nick Bryant, "Will New Nauru Asylum Centre Deliver Pacific Solution?", *BBC News*, June 20, 2013; Rob Taylor, "Ruling Clouds Future of Australia Detention Center", *Wall Street Journal*, January 30, 2014; "Nauru Camp a Human Rights Catastrophe with No End in Sight", Amnesty International, press release, November 23, 2012; "What We Found on Nauru", Amnesty International, December 17, 2012; "Hundreds Continue 11-Day Nauru Hunger Strike", ABC News(Australia), November 12, 2012.

19 Bryant, "Will New Nauru Asylum Centre Deliver Pacific Solution?"; Oliver Laughland, "Nauru Immigration Detention Centre—Exclusive Pictures", *Guardian*, December 6, 2013; "Hundreds Continue 11-Day Nauru Hunger Strike", ABC News(Australia); "Police Attend Full-Scale Riot at Asylum Seeker Detention Centre on Nauru", ABC News(Australia), July 20, 2013.

20 "Nauru Camp a Human Rights Catastrophe with No End in Sight", Amnesty International, press release, November 23, 2012; "UNHCR Monitoring Visit to the Republic of Nauru, 7 to 9 October 2013", United Nations High Commissioner for Refugees, November 26, 2013; Mark Isaacs, *The Undesirables*(Richmond, Victoria: Hardie Grant Books, 2014), 99; Deborah Snow, "Asylum Seekers: Nothing to Lose, Desperation on Nauru", *Sydney Morning Herald*, March 15, 2014.

21 "The Middle of Nowhere", *This American Life*, December 5, 2003, http://www.thisamericanlife.org/; Mitra Mobasherat and Ben Brumfield, "Riot on a Tiny Island Highlights Australia Shutting a Door on Asylum", CNN, July 20, 2013;

"PERHAPS": Rosamond Dobson Rhone, "Nauru, the Richest Island in the South Seas", *National Geographic* 40(1921), 571, 585.

22 Marcus Stephen, "On Nauru, a Sinking Feeling", *New York Times*, July 18, 2011.

23 Francis Bacon, *De Dignitate et Augmentis Scientiarum*, Works, ed. James Spedding, Robert Leslie Ellis, and Douglas Devon Heath, Vol. 4(London: Longmans Green, 1870), 296.

24 William Derham, *Physico-Theology: or, A demonstration of the Being and Attributes of God, from His Works of Creation*(London: Printed for Robinson and Roberts, 1768), 110.

25 Barbara Freese, *Coal: A Human History*(New York: Penguin, 2004), 44.

26 강조된 부분은 원저자가 강조한 것이다. 이 부분의 많은 내용들이 다음 저서에서 인용되었다. Andreas Malm, "The Origins of Fossil Capital: From Water to Steam in the British Cotton Industry", *Historical Materialism* 21(2013), 31.

27 J. R. McCulloch [unsigned], "Babbage on Machinery and Manufactures", *Edinburgh Review* 56(January 1833), 313~332; Francois Arago, *Historical Eloge of James Watt*, trans. James Patrick Muirhead(London: J. Murray, 1839), 150.

28 C. H. Turner, *Proceedings of the Public Meeting Held at Freemasons' Hall, on the 18th June, 1824, for Erecting a Monument to the Late James Watt*(London: J. Murray, 1824), pp. 3~4, as cited in Andreas Malm, "Steam: Nineteenth-Century Mechanization and the Power of Capital", in *Ecology and Power: Struggles over Land and Material Resources in the Past, Present, and Future*, eds. Alf Hornborg, Brett Clark, and Kenneth Hermele(London: Routledge, 2013), 119.

29 M. A. Alderson, *An Essay on the Nature and Application of Steam: With an Historical Notice of the Rise and Progressive Improvement of the Steam-Engine*(London: Sherwood, Gilbert and Piper, 1834), 44.

30 Asa Briggs, *The Power of Steam: An Illustrated History of the World's Steam Age*(Chicago: University of Chicago Press, 1982), 72.

31 Jackson J. Spielvogel, "Since 1500", in *Western Civilization: A Brief History*, Volume II(8th)(Boston: Wadsworth, 2014), 445.

32 Herman E. Daly and Joshua Farley, *Ecological Economics: Principles and Applications*(Washington D.C.: Island Press, 2011), 10.

33 Rebecca Newberger Goldstein, "What's in a Name? Rivalries and the Birth of

Modern Science", in *Seeing Further: The Story of Science, Discovery, and the Genius of the Royal Society*, ed. Bill Bryson(London: Royal Society, 2010), 120.

34 Ralph Waldo Emerson, *The Conduct of Life*(New York: Thomas Y. Crowell, 1903), 70.

35 Clive Hamilton, "The Ethical Foundations of Climate Engineering", July 2011, p. 12, available at http://clivehamilton.com/.

36 Esperanza Martinez, "The Yasuni—ITT Initiative from a Political Economy and Political Ecology Perspective", in Leah Temper et al., "Towards a Post-Oil Civilization: Yasunization and Other Initiatives to Leave Fossil Fuels in the Soil", EJOLT Report No. 6, May 2013, p. 12.

37 Jean-Paul Sartre, *Critique of Dialectical Reason*, trans. Alan Sheridan-Smith(London: Verso, 2004), 154; Tim Flannery, *Here on Earth: A Natural History of the Planet*(New York: Grove), 185.

38 Karl Marx, *Capital*, Vol. 3, as cited in John Bellamy Foster, Marx's Ecology: Materialism and Nature(New York: Monthly Review Press, 2000), 155.

39 "Yearly Emissions: 1987", CAIT database, World Resources Institute, http://cait.wri.org/; Nicholas Stern, *The Economics of Climate Change: The Stern Review*(Cambridge: Cambridge University Press, [2006] 2007), 231; Judith Shapiro, Mao's War Against Nature: Politics and the Environment in Revolutionary China(Cambridge: Cambridge University Press, 2001); Mara Hvistendahl, "China's Three Gorges Dam: An Environmental Catastrophe?", *Scientific American*, March 25, 2008; Will Kennedy and Stephen Bierman, "Free Khodorkovsky to Find Oil Industry Back in State Control", Bloomberg, December 20, 2013; Tom Metcalf, "Russian Richest Lost $13 Billion as Global Stocks Fell", *Bloomberg News*, March 4, 2014.

40 ROUGHLY 81 PERCENT: "Stockholm Action Plan for Climate and Energy, 2012~2015: With an Outlook to 2030", Stockholm Environment and Health Administration, p. 12; MAJORITY STATE-OWNED: "Annual Report on Form 20-F", Statoil, 2013, p. 117, http://www.statoil.com/; TAR SANDS: "Oil Sands", About Statoil, Statoil, http://www.statoil.com/; ARCTIC: "Large-Scale Oil and Gas Drilling Decades Away", Reuters, November 29, 2013; "Statoil Stepping Up in the Arctic", Statoil, press release, August 28, 2012; IRAQ: "Iraq", Our Operations, Annual Report 2011, Statoil, http://www.statoil.com/;

Stephen A. Carney, "Allied Participation in Operation Iraqi Freedom", Center of Military History, United States Army, 2011, http://www.history.army.mil/.

41 "Brazil Reduces Extreme Poverty by 89 Percent in 10 Years", Agência EFE Brasil, March 18, 2014; Anthony Boadle, "Brazil's Rousseff Says Extreme Poverty Almost Eradicated", Reuters, February 19, 2013; Mark Weisbrot and Jake Johnston, "Venezuela's Economic Recovery: Is It stainable?", Center for Economic and Policy Research, September 2012, p. 26; "Ecuador Overview", Ecuador, World Bank, http://www.worldbank.org/; "Population Below National Poverty Line, Urban, Percentage", Millienium Development Goals Database, U.N. Data, http://data.un.org/.

42 "Bolivia: Staff Report for the 2013 Article IV Consultation", International Monetary Fund, February 2014, p. 6.

43 Luis Hernández Navarro, "Bolivia Has Transformed Itself by Ignoring the Washington Consensus", *Guardian*, March 21, 2012.

44 ECUADOR: Nick Miroff, "In Ecuador, Oil Boom Creates Tensions", Washington Post, February 16, 2014; BOLIVIA AND VENEZUELA: Dan Luhnow and José de Córdoba, "Bolivia Seizes Natural-Gas Fields in a Show of Energy Nationalism", *Wall Street Journal*, May 2, 2006; ARGENTINA: "Argentine Province Suspends Open-Pit Gold Mining Project Following Protests", MercoPress, January 31, 2012; "GREEN DESERTS": "The Green Desert", *The Economist*, August 6, 2004; BRAZIL: "The Rights and Wrongs of Belo Monte", The Economist, May 4, 2013; RAW RESOURCES: Exports of Primary Products as Percentage of Total Exports, "Statistical Yearbook for Latin America and the Caribbean", Economic Commission for Latin America and the Caribbean, United Nations, 2012, p. 101; CHINA: Joshua Schneyer and Nicolás Medina Mora Perez, "Special Report: How China Took Control of an OPEC Country's Oil", Reuters, November 26, 2013.

45 Eduardo Gudynas, "Buen Vivir: Today's Tomorrow", *Development* 54(2011): 442~443; Martinez in Temper et al., "Towards a Post-Oil Civilization", p. 17; Eduardo Gudynas, "The New Extractivism of the 21st Century: Ten Urgent Theses About Extractivism in Relation to Current South American Progressivism", Americas Program Report, Washington, D.C.: Center for International Policy, January 21, 2010.

46 Alexis Tsipras와의 개인 인터뷰, May 23, 2013.

47 Patricia Molina, "The 'Amazon Without Oil' Campaign: Oil Activity in Moseten Territory", in Temper et al., "Towards a Post-Oil Civilization", p. 75.

48 William T. Hornaday, *Wild Life Conservation in Theory and Practice*(New Haven: Yale University Press, 1914), v-vi.

49 "Who Was John Muir?", Sierra Club, http://www.sierraclub.org/; John Muir, *The Yosemite*(New York: Century, 1912), 261~262.

50 Bradford Torrey, ed., *The Writings of Henry David Thoreau: Journal, September 16, 1851~April 30, 1852*(New York: Houghton Mifflin, 1906), 165; Aldo Leopold, A Sand County Almanac(Oxford: Oxford University Press, 1949), 171; FOOTNOTE: Henry David Thoreau, *Walden*(New York: Thomas Y. Crowell, 1910), 393~394.

51 Leopold, *A Sand Counrty Almanac*, 171; Jay N. Darling to Aldo Leopold, November 20, 1935, Aldo Leopold Archives, University of Wisconsin Digital Collections.

52 Rachel Carson, *Silent Spring*(New York: Houghton Mifflin, 1962), 57, 68, 297.

53 위의 책, 297.

54 Christian Parenti, " 'The Limits to Growth': A Book That Launched a Movement", *The Nation*, December 5, 2012.

2부 주술적 사고

1 William Barnes and Nils Gilman, "Green Social Democracy or Barbarism: Climate Change and the End of High Modernism", in *The Deepening Crisis: Governance Challenges After Neoliberalism*, ed. Craig Calhoun and Georgi Derlugian(New York: New York University Press, 2011), 50.

2 Christine MacDonald, *Green, Inc.: An Environmental Insider Reveals How a Good Cause Has Gone Bad*(Guilford, CT: Lyons Press, 2008), 236.

6장 뿌리는 캐내지 않고 열매만 따 먹기

1 Barry Commoner, "A Reporter at Large: The Environment", *New Yorker*, June 15, 1987, 68.

2 Eric Pooley, *The Climate War*(New York: Hyperion, 2010), 351~352.

3 Valgene W. Lehmann, "Attwater's Prairie Chicken—Its Life History and

Management", *North American Fauna* 57, U.S. Fish and Wildlife Service, Department of the Interior, 1941, pp. 6~7; "Attwater's Prairie-Chicken Recovery Plan", Second Revision, U.S. Fish and Wildlife Service, 2010, p. 5.

4 "Texas Milestones", The Nature Conservancy, http://www.nature.org/.

5 Joe Stephens and David B. Ottaway, "How a Bid to Save a Species Came to Grief", *Washington Post*, May 5, 2003; "Texas City Prairie Preserve", Nature Conservancy, http://www.nature.org/, version saved by the Internet Archive Wayback Machine on February 8, 2013, http://web.archive.org/.

6 Richard C. Haut et al., "Living in Harmony — Gas Production and the Attwater's Prairie Chicken", prepared for presentation at the Society of Petroleum Engineers Annual Technical Conference and Exhibition, Florence, Italy, September 19~20, 2010, pp. 5, 10; Oil and Gas Lease, Nature Conservancy of Texas, Inc. to Galveston Bay Resources, Inc., March 11, 1999, South 1,057 Acres; Stephens and Ottaway, "How a Bid to Save a Species Came to Grief"; Aaron Tjelmeland와의 개인 인터뷰, April 15, 2013.

7 Janet Wilson, "Wildlife Shares Nest with Profit", *Los Angeles Times*, August 20, 2002; Stephens and Ottaway, "How a Bid to Save a Species Came to Grief"

8 위의 글.

9 위의 글.

10 위의 글.

11 "Nature Conservancy Changes", *Living on Earth*, Public Radio International, June 20, 2003.

12 자연 보호 협회 텍사스 지부 마케팅 커뮤니케이션 차장 Vanessa Martin과의 개인 인터뷰, May 16, May 21, and June 24, 2013.

13 자연 보호 협회는 1999년에 설치한 최초의 유전과 2007년에 같은 지역에 설치한 대체 유전 이외에도, 2011년에 또 다른 유전 두 개의 설치를 의뢰했다. 한 곳의 가스 유전은 2004년에 폐쇄되었고, 또 다른 유전에는 가스가 없는 것으로 판명되었다. Haut et al., "Living in Harmony", p. 5; Vanessa Martin에게서 받은 개인 이메일, April 24 and May 16, 2013.

14 Oil and Gas Lease, Nature Conservancy of Texas, Inc. to Galveston Bay Resources, Inc., pp. 3~5; Martin에게서 받은 개인 이메일, May 21 and June 24, 2013; "Attwater's Prairie Chicken Background", The Nature Conservancy, provided on April 24, 2013, p. 3.

15 NOVEMBER 2012: Attwater Prairie Chicken National Wildlife Refuge의 야생 생물학자 Mike Morrow에게서 받은 개인 이메일, April 17, 2013; "NONE THAT WE KNOW ABOUT": Tjelmeland와의 인터뷰, April 15, 2013; "BIGGEST" AND THIRTY-FIVE COUNTRIES: D.T. Max, "Green is Good", *The New Yorker*, May 12, 2014; MEMBERS: "About Us: Learn More About the Nature Conservancy", http://www.nature.org; ASSETS: "Consolidated Financial Statements", Nature Conservancy, June 30, 2013, p. 3; MILLIONS: Stephens and Ottaway, "How a Bid to Save a Species Came to Grief"; WEBSITE: "Texas City Prairie Preserve", Nature Conservancy, http://www. nature.org/.

16 DONATIONS FROM SHELL AND BP TO CF, CI, AND TNC, AND FROM AEP TO CF: Christine MacDonald, *Green, Inc.: An Environmental Insider Reveals How a Good Cause Has Gone Bad*(Guilford, CT: Lyons Press, 2008), 25; SUPPORT FROM AEP TO TNC: 위의 책, 139; WWF AND SHELL: Alexis Schwarzenbach, *Saving the World's Wildlife: WWF–The First 50 Years*(London: Profile, 2011), 145~148, 271; "The Gamba Complex—Our Solutions", World Wildlife Fund Global, http://wwf.panda.org/; WRI AND SHELL FOUNDATION: "WRI's Strategic Relationships", World Resources Institute, http://www.wri.org/; CI PARTNERHSIPS: "Corporate Partners", Conservation International, http://www.conservation.org/; $2 MILLION: Joe Stephens, "Nature Conservancy Faces Potential Backlash from Ties with BP", *Washington Post*, May 24, 2010; FOOTNOTE: "Undercover with Conservation International"(video), *Don't Panic*, May 8, 2011; Tom Zeller Jr., "Conservation International Duped by Militant Greenwash Pitch", *Huffington Post*, May 17, 2011; Peter Seligmann, "Partnerships for the Planet: Why We Must Engage Corporations", *Huffington Post*, May 19, 2011.

17 John F. Smith Jr., a former CEO and later chairman of General Motors, and E. Linn Draper Jr., formerly the CEO and chairman of American Electric Power, both served on The Nature Conservancy's board of directors: "Past Directors of The Nature Conservancy", Nature Conservancy, http://www.nature.org/; David B. Ottaway and Joe Stephens, "Nonprofit Land Bank Amasses Billions", *Washington Post*, May 4, 2003. BUSINESS COUNCIL: "Working with Companies: Business Council", Nature Conservancy, http://www.nature.org/;

BOARD OF DIRECTORS: "About Us: Board of Directors", Nature
Conservancy, http://www.nature.org/.

18 "Consolidated Financial Statements", Nature Conservancy, June 30, 2012, pp.
20~21; Naomi Klein, "Time for Big Green to Go Fossil Free", *The Nation*, May
1, 2013; FOOTNOTE: Mark Tercek email message to senior managers, August
19, 2013.

19 셸은 인권 침해와 관련한 소송에서 합의금 1,550만 달러를 지불하기로 합의했지
만, 셰브론이 했듯이 인권 침해에 가담한 사실은 시종일관 부인하고 있다. Jad
Mouawad, "Shell to Pay $15.5 Million to Settle Nigerian Case", *New York
Times*, June 8, 2009; Michelle Kinman and Antonia Juhasz, ed., "The True Cost
of Chevron: An Alternative Annual Report", True Cost of Chevron network,
May 2011, p. 20; "Bowoto v. Chevron", EarthRights International, http://www.
earthrights.org/. SIERRA CLUB: Bryan Walsh, "How the Sierra Club Took
Millions from the Natural Gas Industry — and Why They Stopped", Time,
February 2, 2012; Michael Brune, "The Sierra Club and Natural Gas", Sierra
Club, February 2, 2012; 시에라 클럽 홍보이사, Bob Sipchen에게서 받은 개인 이
메일, April 21, 2014.

20 2012 Form 990, Attachment 8, Ford Foundation, pp. 44, 48, 53.

21 탄소 거래제를 둘러싼 의회 투쟁이 시작되기 전에, ClimateWorks Foundation을
비롯한 미국 내 자선 단체들은 Hewlett Foundation와 the Packard Foundation 등
으로부터 끌어 모은 자금 수백만 달러를 수많은 환경 단체들에게 분배했고, 그 덕
분에 환경 단체들 사이에서는 탄소 거래제 투쟁에 초점을 맞추거나 이 투쟁 활동
에 대해 기피하는 분위기가 조성되었다. Petra Bartosiewicz and Marissa Miley,
"The Too Polite Revolution: Why the Recent Campaign to Pass Comprehensive
Climate Legislation in the United States Failed", paper presented at symposium
on the Politics of America's Fight Against Global Warming, Harvard
University, February 2013, p. 30; Jigar Shah와의 개인 인터뷰, September 9,
2013. DESIGN TO WIN: "Design to Win: Philanthropy's Role in the Fight
Against Global Warming", California Environmental Associates, August 2007,
pp. 14~18, 24, 42.

22 Robert Brulle, "Environmentalisms in the United States", in *Environmental
Movements Around the World*, Vol. 1, ed. Timothy Doyle and Sherilyn
MacGregor(Santa Barbara: Praeger, 2013), 174.

23 Global Carbon Project emissions data, 2013 Budget v2.4(July 2014), available at http://cdiac.ornl.gov/. "Caring for Climate Hosts Inaugural Business Forum to Co-Create Climate Change Solutions", United Nations Global Compact, press release, November 19, 2013; Rachel Tansey, "The COP19 Guide to Corporate Lobbying: Climate Crooks and the Polish Government's Partners in Crime", Corporate Europe Observatory and Transnational Institute, October 2013.

24 "Partners for COP19", United Nations Climate Change Conference, COP19/ CMP9 Warsaw 2013, Media Centre, press release, September 17, 2013; "Who We Are", PGE Group, Investor Relations, http://www.gkpge.pl/en/; "International Coal & Climate Summit 2013", World Coal Association, http:// www.worldcoal.org/. Adam Vaughan and John Vidal, "UN Climate Chief Says Coal Can Be Part of Global Warming Solution", *Guardian*, November 18, 2013; David Jolly, "Top U.N. Official Warns of Coal Risks", *New York Times*, November 18, 2013.

25 Pooley, *The Climate War*, 59; "25 Years After DDT Ban, Bald Eagles, Osprey Numbers Soar", Environmental Defense Fund, press release, June 13, 1997.

26 Ramachandra Guha and Joan Martinez Alier, *Varieties of Environmentalism* (Abingdon, Oxon: Earthscan, 2006), 3~21; Joan Martinez Alier, *The Environmentalism of the Poor: A Study of Ecological Conflicts and Valuation*(Cheltenham: Edward Elgar, 2002).

27 *Mark Dowie, Losing Ground: American Environmentalism at the Close of the Twentieth Century*(Cambridge, MA: MIT Press, 1996), 33, 39.

28 Lou Cannon, *Governor Reagan: His Rise to Power*(Cambridge, MA: PublicAffairs, 2003), 177~178; "Watt Says Foes Want Centralization of Power", Associated Press, January 21, 1983.

29 Riley E. Dunlap et al., "Politics and Environment in America: Partisan and Ideological Cleavages in Public Support for Environmentalism", *Environmental Politics* 10(2001), 31; "Endangered Earth, Planet of the Year", *Time,* January 2, 1989; FOOTNOTE: Dunlap et al., "Politics and Environment in America", 31.

30 "Principles of Environmental Justice", First National People of Color Environmental Leadership Summit, October 1991, http://www.ejnet.org/.

31 Gus Speth, "American Environmentalism at a Crossroads", speech, Climate Ethics and Climate Equity series, Wayne Morse Center for Politics, University

of Oregon, April 5, 2011.

32 "Corporations", Conservation Fund, http://www.conservationfund.org/; "History", Conservation International, http://www.conservation.org/, version saved by Internet Archive Wayback Machine on December 5, 2013, http://web.archive.org/.

33 Ottaway and Stephens, "Nonprofit Land Bank Amasses Billions"; Joe Stephens and David B. Ottaway, "Nonprofit Sells Scenic Acreage to Allies at a Loss", *Washington Post*, May 6, 2003; Monte Burke, "Eco-Pragmatists: The Nature Conservancy Gets in Bed with Developers, Loggers and Oil Drillers", *Forbes*, September 3, 2001.

34 "Environmentalists Disrupt Financial Districts in NYC, San Francisco", Associated Press, April 23, 1990; Donatella Lorch, "Protesters on the Environment Tie Up Wall Street", *New York Times*, April 24, 1990; Martin Mittelstaedt, "Protesters to Tackle Wall Street", *Globe and Mail*, April 23, 1990.

35 Elliot Diringer, "Environmental Demonstrations Take Violent Turn", *San Francisco Chronicle*, April 24, 1990; "Post-Earth Day Protesters Disrupt Financial Districts", *St. Petersburg Times*, April 24, 1990.

36 Pooley, *The Climate War,* 69.

37 Fred Krupp, "New Environmentalism Factors in Economic Needs", *Wall Street Journal*, November 20, 1986; "Partnerships: The Key to Lasting Solutions", How We Work, Environmental Defense Fund, http://www.edf.org/.

38 Michael Kranish, "The Politics of Pollution", Boston Globe Magazine, February 8, 1998; Pooley, *The Climate War*, 74~81; Environmental Protection Agency 소속 변호사 Laurie Williams and Allan Zabel과의 개인 인터뷰, April 4, 2014.

39 "Fred Krupp", Our People, Environmental Defense Fund, http://www.edf.org/; "Our Finances", About Us, Environmental Defense Fund, http://www.edf.org/; Pooley, *The Climate War*, 98; FOOTNOTE: Ken Wells, "Tree-Hitter Tercek Channels Goldman at Nature Conservancy", Bloomberg, May 31, 2012.

40 6,500만 달러는 월튼 패밀리 재단이 온라인으로 게시하는 연간 기부금 보고서에서 2009년부터 2013년까지 환경 보호 기금에 기부했다고 밝힌 금액들을 모두 더해서 나온 금액이다. 이 기부 금액은 이 재단의 미국 국세청 표준 재무 보고 990양식에도 게시되어 있다. "2011 Grant Report", Walton Family Foundation, http://www.waltonfamilyfoundation.org/; 2011 Annual Report, Environmental

Defense Fund, p. 31, http://www.edf.org/. DONATION POLICY: "Corporate Donation Policy", How We Work, Environmental Defense Fund, http://www. edf.org/; "WOULD UNDERMINE": Eric Pooley, "Viewpoint: Naomi Klein' s Criticism of Environmental Groups Missed the Mark", Climate Progress, September 11, 2013; Michelle Harvey, "Working Toward Sustainability with Walmart", Environmental Defense Fund, September 18, 2013; FAMILY-CONTROLLED: 2012 Form 990, Attachment 14, Walton Family Foundation, https://www.guidestar.org/; NO DIRECT DONATIONS: Stephanie Clifford, "Unexpected Ally Helps Wal-Mart Cut Waste", *New York Times*, April 13, 2012; SAM RAWLINGS WALTON: "Our Board of Trustees", About Us, Environmental Defense Fund, http://www.edf.org/.

41 Stacy Mitchell, "Walmart Heirs Quietly Fund Walmart's Environmental Allies", *Grist*, May 10, 2012; Stacy Mitchell, "Walmart's Assault on the Climate", Institute for Local Self-Reliance, November 2013.

42 "2011 Grant Report", Walton Family Foundation, http://www. waltonfamilyfoundation.org/; "Walmart Announces Goal to Eliminate 20 Million Metric Tons of Greenhouse Gas Emissions from Global Supply Chain", Environmental Defense Fund, press release, February 25, 2010; Daniel Zwerdling and Margot Lewis, "Is Sustainable-Labeled Seafood Really Sustainable?", NPR, February 11, 2013; "Walmart Adds a New Facet to Its Fine Jewelry Lines: Traceability", Walmart, July 15, 2008, http://news.walmart. com/; Mitchell, "Walmart Heirs Quietly Fund Walmart's Environmental Allies"

43 McIntosh, "Where Now 'Hell and High Water?"

44 FOOTNOTE: "Universal Pictures, Illumination Entertainment and the Nature Conservancy Launch 'The Lorax Speaks' Environmental Action Campaign on Facebook", Universal Pictures, press release, February 17, 2012; Raymund Flandez, "Nature Conservancy Faces Flap Over Fundraising Deal to Promote Swimsuit Issues", Chronicle of Philanthropy, March 6, 2012; "Sports Illustrated Swimsuit Inspired Swimwear, Surfboards and Prints on Gilt.com", Inside Sports Illustrated, January 30, 2012.

45 George Marshall, "Can This Really Save the Planet?", *Guardian*, September 12, 2007.

46 Edward Roby, Untitled, UPI, June 11, 1981; Joseph Romm, "Why Natural

Gas Is a Bridge to Nowhere", Energy Collective, January 24, 2012; Martha M. Hamilton, "Natural Gas, Nuclear Backers See Opportunity in 'Greenhouse' Concern", *Washington Post*, July 22, 1988.

47 "Nation's Environmental Community Offers 'Sustainable Energy Blueprint' to New Administration", U.S. Newswire, press release, November 18, 1992; National Energy Policy: Hearing Before the Subcommittee on Energy and Air Quality, Committee on Energy and Commerce, United States House of Representatives, 107th Congress(2001), statement of Patricio Silva, project attorney, Natural Resources Defense Council.

48 "Golden Rules for a Gold Age of Gas", World Energy Outlook Special Report, International Energy Agency, May 29, 2012, http://www. worldenergyoutlook.org/; Nidaa Bakhsh and Brian Swint, "Fracking Spreads Worldwide", *Bloomberg Businessweek*, November 14, 2013.

49 Anthony Ingraffea, "Gangplank to a Warm Future", *New York Times*, July 28, 2013.

50 "Climate Experts Call for Moratorium on UK Shale Gas Extraction", University of Manchester, press release, January 20, 2011; Sandra Steingraber, "A New Environmentalism for an Unfractured Future", EcoWatch, June 6, 2014.

51 Mark Z. Jacobson과의 개인 인터뷰, April 7, 2014.

52 "Companies We Work With: JPMorgan Chase & Co.", Nature Conservancy, http://www.nature.org/; Marc Gunther, "Interview: Matthew Arnold on Steering Sustainability at JP Morgan", Guardian, February 18, 2013; Ann Chambers Noble, "The Jonah Field and Pinedale Anticline: A Natural-Gas Success Story", WyoHistory.org(Wyoming State Historical Society), http://www.wyohistory.org/; Bryan Schutt, et al., "For Veteran Producing States, Hydraulic Fracturing Concerns Limited", *SNL Energy Gas Utility Week*, July 11, 2011; "Working with Companies: BP and Development by Design", About Us, Nature Conservancy, http://www.nature.org/.

53 "Strategic Partners", Center for Sustainable Shale Development, www.sustainableshale.org/; J. Mijin Cha, "Voluntary Standards Don't Make Fracking Safe", Huffington Post, March 22, 2013.

54 "Big Green Fracking Machine", Public Accountability Initiative, June 2013, p. 1; Joyce Gannon, "Heinz Endowments President's Departure Leaves Leadership Void", *Pittsburgh Post-Gazette*, January 14, 2014; Heinz Endowments 홍보부

Carmen Lee에게서 받은 개인 이메일, June 25, 2014.

55 "Environmental Defense Fund Announces Key Grant from Bloomberg Philanthropies", Environmental Defense Fund, August 24, 2012; Peter Lattman, "What It Means to Manage the Mayor's Money", *New York Times*, October 15, 2010; "Company Overview of Willett Advisors LLC", Capital Markets, *Bloomberg Businessweek*, http://investing.businessweek.com/; 블룸버그 자선 재단 대리인에게서 받은 개인 이메일, April 16, 2014.

56 "First Academic Study Released in EDF's Groundbreaking Methane Emissions Series", Environmental Defense Fund, press release, September 16, 2013; Michael Wines, "Gas Leaks in Fracking Disputed in Study", *New York Times*, September 16, 2013; "University of Texas at Austin Study Measures Methane Emissions Released from Natural Gas Production", Cockrell School of Engineering, press release, October 10, 2012; David T. Allen et al., "Measurements of Methane Emissions at Natural Gas Production Sites in the United States", *Proceedings of the National Academy of Sciences* 110(2013), 17, 768~773; Robert Howarth, "Re: Allen et al. Paper in the *Proceedings of the National Academy of Sciences*", Cornell University, press release, September 11, 2013.

57 위의 글; Denver Nicks, "Study: Leaks at Natural Gas Wells Less Than Previously Thought", *Time*, September 17, 2013; Seth Borenstein and Kevin Begos, "Study: Methane Leaks from Gas Drilling Not Huge", Associated Press, September 16, 2013; "Fracking Methane Fears Overdone", *The Australian*, September 19, 2013.

58 Lindsay Abrams, "Josh Fox: 'Democracy Itself Has Become Contaminated'", Salon, August 1, 2013.

59 Pooley, *The Climate War*, 88~89.

60 William Drozdiak, "Global Warming Talks Collapse", *Washington Post*, November 26, 2000; "Special Report", *International Environment Reporter*, February 4, 1998.

61 "The EU Emissions Trading System", Policies, Climate Action, European Commission, http://ec.europa.eu/; "State and Trends of the Carbon Market 2011", Environment Department, World Bank, June 2011, p. 9; UNEP DTU Partnership의 에너지 효율화 컨설턴트 Jacob Ipsen Hansen에게서 받은 개인 이메일, April 15, 2014; The Corner House의 탄소 거래제 전문가 Larry Lohmann에게서 받은 개인 이메일.

62 Oscar Reyes, "Future Trends in the African Carbon Market"(box), in Trusha Reddy, ed., *Carbon Trading in Africa*: A Critical Review(Pretoria: Institute for Security Studies, 2011), 21~28; Fidelis Allen, "Niger Delta Oil Flares, Illegal Pollution and Oppression", in Patrick Bond, Khadija Sharife, and Ruth Castel-Branco(Coord.), *The CDM Cannot Deliver the Money to Africa*, EJOLT 32367 ThisChangesEverything_text_2P.indd 495 7/23/14 3:54 PM\ 496 | NOTES TO PAGES 222~228 report, December 2012, pp. 57~61, http://www.ejolt. org/; "Green Projects", Carbon Limits(Nigeria), http://carbonlimitsngr.com/.

63 Elisabeth Rosenthal and Andrew W. Lehren, "Profits on Carbon Credits Drive Output of a Harmful Gas", New York Times, August 8, 2012; John McGarrity, "India HFC-23 Emissions May Rise if CDM Boon Ends— Former Official", Reuters(Point Carbon), October 31, 2012; "Two Billion Tonne Climate Bomb: How to Defuse the HFC-23 Problem", Environmental Investigation Agency, June 2013, p. 5.

64 "CDM Panel Calls for Investigation over Carbon Market Scandal", CDM Watch and Environmental Investigation Agency, press release, July 2, 2010, http://eia-global.org/.

65 "CDM Projects by Type", CDM/JI Pipeline Analysis and Database, United Nations Environment Programme(UNEP), September 1, 2013, http://www. cdmpipeline.org/.

66 Rowan Callick, "The Rush Is on for Sky Money", *The Australian*, September 5, 2009; "Voices from Madagascar's Forests: 'The Strangers, They're Selling the Wind'", No REDD in Africa Network, http://no-redd-africa.org/.

67 Ryan Jacobs, "The Forest Mafia: How Scammers Steal Millions Through Carbon Markets", *The Atlantic*, October 11, 2013; Luz Marina Herrera, "Piden que Defensoría del Pueblo investigue a presunto estafador de nacionalidad australiana", La Región, April 4, 2011; Chris Lang, "AIDESEP and COICA Condemn and Reject 'Carbon Cowboy' David Nilsson and Demand His Expulsion from Peru", REDD-Monitor, May 3, 2011; Chris Lang, "David Nilsson: Carbon Cowboy", Chris Lang.org, November 22, 2011, http:// chrislang.org; Perú: Amazónicos exigen "REDD+ Indigena" y rechazan falsas soluciones al cambio global", Servendi, May 2, 2011; FOOTNOTE: Patrick Bodenham and Ben Cubby, "Carbon Cowboys", *Sydney Morning Herald*, July

23, 2011; "Record of Proceedings(Hansard)", 48th Parliament of Queensland, December 3, 1996, p. 4781, http://www.parliament.qld.gov.au/.

68 Larry Lohmann, "Carbon Trading: A Critical Conversation on Climate Change, Privatisation and Power", Development Dialogue, no. 48, The Corner House, September 2006, p. 219; Deb Niemeier and Dana Rowan, "From Kiosks to Megastores: The Evolving Carbon Market", *California Agriculture* 63(2009); Chris Lang, "How Forestry Offset Project in Guatemala Allowed Emissions in the USA to Increase", REDD-Monitor, October 9, 2009.

69 *The Carbon Rush*, directed by Amy Miller(Kinosmith, 2012); Anjali Nayar, "How to Save a Forest", *Nature* 462(2009), 28.

70 Mark Schapiro, "GM's Money Trees", *Mother Jones*, November/December 2009; "The Carbon Hunters"(transcript), reported by Mark Schaprio, *Frontline/World*, PBS, May 11, 2009; Chris Lang, "Uganda: Notes from a Visit to Mount Elgon", chrislang.org, February 28, 2007.

71 Rosie Wong, "The Oxygen Trade: Leaving Hondurans Gasping for Air", *Foreign Policy in Focus*, June 18, 2013; Rosie Wong, "Carbon Blood Money in Honduras", *Foreign Policy in Focus*, March 9, 2012.

72 Chris Lang에게서 받은 개인 이메일, September 28, 2013.

73 Bram Büscher, "Nature on the Move: The Value and Circulation of Liquid Nature and the Emergence of Fictitious Conservation", *New Proposals: Journal of Marxism and Interdisciplinary Inquiry* 6(2013), 20~36; Bram Buscher에게서 받은 개인 이메일, April 16, 2014.

74 EUROPEAN CARBON MARKET: Stanley Reed and Mark Scott, "In Europe, Paid Permits for Pollution Are Fizzling", *New York Times*, April 21, 2013; "MEP's Move to Fix EU Carbon Market Praised", BBC, July 4, 2013; U.K. COAL: "Digest of UK Energy Statistics 2012", United Kingdom Department of Energy and Climate Change, press release, July 26, 2012, p. 5; "Digest of UK Energy Statistics 2013", United Kingdom Department of Energy and Climate Change, press release, July 25, 2013, p. 6; UN COMMISSIONED REPORT: "Climate Change, Carbon Markets and the CDM: A Call to Action", Report of the High Level Panel on the CDM Policy Dialogue, 2012, p. 67; "99 PERCENT": Oscar Reyes에게서 받은 개인 이메일, May 2, 2014; Alessandro Vitelli, "UN Carbon Plan Won't Reverse 99% Price Decline, New Energy

Says", Bloomberg, December 12, 2013.

75 Gillian Mohney, "John Kerry Calls Climate Change a 'Weapon of Mass Destruction'", ABC News, February 16, 2014.

76 "It Is Time the EU Scraps Its Carbon Emissions Trading System", Scrap the EU-ETS, press release, February 18, 2013; "List of Signatories", Scrap the EU-ETS, http://scrap-the-euets.makenoise.org/; "Time to Scrap the ETS Declaration", Scrap the EU-ETS, http://scrap-the-euets.makenoise.org/.

77 "EU ETS Phase II—The Potential and Scale of Windfall Profits in the Power Sector", Point Carbon Advisory Services for WWF, March 2008; Suzanne Goldenberg, "Airlines 'Made Billions in Windfall Profits' from EU Carbon Tax", Guardian, January 24, 2013.

78 Pooley, *The Climate War*, 156, 160; Brad Johnson, "Duke Energy Quits Scandal-Ridden American Coalition for Clean Coal Electricity", Climate Progress, September 2, 2009; "USCAP Members Include", United States Climate Action Partnership, http://www.us-cap.org/; "Welcome to the U.S. Climate Action Partnership(USCAP) Web Site", United States Climate Action Partnership, http://www.us-cap.org/.

79 Pooley, *The Climate War*, 371, 377.

80 Bartosiewicz and Miley, "The Too Polite Revolution", p. 27.

81 "Comparison Chart of Waxman-Markey and Kerry-Lieberman", Center for Climate and Energy Solutions, http://www.c2es.org/; Bartosiewicz and Miley, "The Too Polite Revolution", p. 20.

82 Johnson, "Duke Energy Quits Scandal-Ridden American Coalition for Clean Coal Electricity"; Jane Mayer, "Covert Operations", *The New Yorker*, August 30, 2010; Ian Urbina, "Beyond Beltway, Health Debate Turns Hostile", *New York Times*, August 7, 2009; Rachel Weiner, "Obama's NH Town Hall Brings Out Birthers, Deathers, and More", Huffington Post, September 13, 2009.

83 MEMBERS DROP OUT: Steven Mufson, "ConocoPhillips, BP and Caterpillar Quit USCAP", Washington Post, February 1, 2010; "UNRECOVERABLE": Statement of Red Cavaney, senior vice president, government affairs, ConocoPhillips, U.S. Climate Action Partnership: Hearings Before the Committee on Energy and Commerce, United States House of Representatives, 111th Congress, 5(2009); ConocoPhillips, 2012

Annual Report, February 19, 2013, p. 20; CONOCOPHILLIPS WEBSITE: Kate Sheppard, "ConocoPhillips Works to Undermine Climate Bill Despite Pledge to Support Climate Action", *Grist*, August 18, 2009; EMPLOYEES: "ConocoPhillips Intensifies Climate Focus", ConocoPhillips, press release, February 16, 2010; "LOWEST-COST OPTION": Michael Burnham, "Conoco, BP, Caterpillar Leave Climate Coalition", Greenwire, *New York Times*, February 16, 2010.

84 "Representative Barton on Energy Legislation"(video), C-SPAN, May 19, 2009; FOOTNOTE: Session 4: Public Policy Realities(video), 6th International Conference on Climate Change, The Heartland Institute, June 30, 2011; Chris Horner, "Al Gore's Inconvenient Enron", *National Review Online*, April 28, 2009.

85 John M. Broder and Clifford Krauss, "Advocates of Climate Bill Scale Down Their Goals", *New York Times*, January 26, 2010.

86 Theda Skocpol, "Naming the Problem: What It Will Take to Counter Extremism and Engage Americans in the Fight Against Global Warming", paper presented at symposium on the Politics of America's Fight Against Global Warming, Harvard University, February 2013, p. 11.

87 "Environmentalist Slams Exxon over EPA"(video), CNN Money, April 5, 2011; Colin Sullivan, "EDF Chief: 'Shrillness' of Greens Contributed to Climate Bill's Failure in Washington", *New York Times*(Greenwire), April 5, 2011.

88 "Fortune Brainstorm Green 2011", Fortune Conferences, http://fortuneconferences.com/.

7장 구세주는 없다

1 이 인용구는 브랜슨이 2007년에 출간한 책의 초판에서 따온 것이다. 앞으로 이 책에서 인용하는 모든 내용은 2008년 개정판을 참조한 것이다. Richard Branson, *Screw It, Let's Do It: Expanded*(New York: Virgin, 2008), 114.

2 Katherine Bagley and Maria Gallucci, "Bloomberg's Hidden Legacy: Climate Change and the Future of New York City, Part 5", *InsideClimate News*, November 22, 2013.

3 Branson, *Screw It, Let's Do It*, 118.

4 위의 책, 122~124.

5 위의 책, 119, 127.

6 Andrew C. Revkin, "Branson Pledges Billions to Fight Global Warming", *New York Times,* September 21, 2006; Marius Benson, "Richard Branson Pledges $3 Billion to Tackle Global Warming", *The World Today,* ABC(Australia), September 22, 2006.

7 Bruce Falconer, "Virgin Airlines: Powered by Pond Scum?", Mother Jones, January 22, 2008; Branson, Screw It, Let's Do It, 131.

8 "Virgin Founder Richard Branson Pledges $3 Billion to Fight Global Warming", Reuters, September 22, 2006; Michael Specter, "Branson's Luck", *The New Yorker,* May 14, 2007.

9 "The Virgin Earth Challenge: Sir Richard Branson and Al Gore Announce a $25 Million GlobalScience and Technology Prize", The Virgin Earth Challenge, Virgin Atlantic, http://www.virgin-atlantic.com/; "Branson, Gore Announce $25 Million 'Virgin Earth Challenge'", *Environmental Leader,* February 9, 2007; Branson, *Screw It, Let's Do It,* 138; "Virgin Offers $25 Million Prize to Defeat Global Warming", Virgin Earth Prize, press release, February 9, 2007.

10 Branson, *Screw It, Let's Do It,* 140.

11 Joel Kirkland, "Branson's 'Carbon War Room' Puts Industry on Front Line of U.S. Climate Debate", ClimateWire, *New York Times,* April 22, 2010; Rowena Mason, "Sir Richard Branson: The Airline Owner on His New War", *Telegraph,* December 28, 2009.

12 Bryan Walsh, "Global Warming: Why Branson Wants to Step In", *Time,* December 31, 2009.

13 Carlo Rotella, "Can Jeremy Grantham Profit from Ecological Mayhem?", *New York Times,* August 11, 2011; Jeremy Grantham, "The Longest Quarterly Letter Ever", Quarterly Letter, GMO LLC, February 2012, http://www.capitalinstitute.org/; FOOTNOTE: "Grantees", The Grantham Foundation for the Protection of the Environment", http://www.granthamfoundation.org/.

14 Whitney Tilson, "Whitney Tilson's 2007 Berkshire Hathaway Annual Meeting Notes", Whitney Tilson's Value Investing Website, May 5, 2007, http://www.tilsonfunds.com/.

15 "NV Energy to Join MidAmerican Energy Holdings Company", MidAmerican Energy Holdings Company, press release, May 19, 2013, http://www.

midamerican.com/; "Berkshire Hathaway Portfolio Tracker", CNBC, http://www.cnbc.com/; Nick Zieminski, "Buffett Buying Burlington Rail in His Biggest Deal", Reuters, November 3, 2009; Alex Crippen, "CNBC Transcript: Warren Buffett Explains His Railroad 'All-In Bet' on America", CNBC, November 3, 2009.

16 Keith McCue, "Reinsurance 101", presentation, RenaissanceRe, 2011; Eli Lehrer와의 개인 인터뷰, August 20, 2012; Eli Lehrer, "The Beach House Bailout", *Weekly Standard*, May 10, 2010.

17 Josh Wingrove, "Meet the U.S. Billionaire Who Wants to Kill the Keystone XL Pipeline", *Globe and Mail*, April 6, 2013; FOOTNOTE: Joe Hagan, "Tom Steyer: An Inconvenient Billionaire", *Men's Journal*, March 2014; "Unprecedented Measurements Provide Better Understanding of Methane Emissions During Natural Gas Production", University of Texas at Austin, press release, September 16, 2013; Tom Steyer and John Podesta, "We Don't Need More Foreign Oil and Gas", *Wall Street Journal*, January 24, 2012.

18 "Beyond Coal Campaign", Philanthropist: Moving Beyond Coal, Mike Bloomberg, http://www.mikebloomberg.com/; "Bloomberg Philanthropies Grant Awarded to Environmental Defense Fund", Bloomberg Philanthropies, press release, August 27, 2012; Katherine Bagley and Maria Gallucci, "Bloomberg's Hidden Legacy: Climate Change and the Future of New York City, Part 1", InsideClimate News, November 18, 2013; FOOTNOTE: Tom Angotti, "Is New York's Sustainability Plan Sustainable?" paper presented at Association of Collegiate Schools of Planning and Association of European Schools of Planning joint conference, July 2008; Michael R. Bloomberg and George P. Mitchell, "Fracking is Too Important to Foul Up", *Washington Post*, August 23, 2012.

19 "Introducing Our Carbon Risk Valuation Tool", Bloomberg, December 5, 2013; Dawn Lim, "Willett Advisors Eyes Real Assets for Bloomberg's Philanthropic Portfolio", Foundation & Endowment Intelligence, May 2013.

20 "Risky Business Co-Chair Michael Bloomberg"(video), Next Generation, YouTube, June 23, 2014; Robert Kopp, et al., "American Climate Prospectus: Economic Risks in the United States, prepared by Rhodium Group for the Risky Business Project, June 2014; "Secretary-General Appoints Michael

Bloomberg of United States Special Envoy for Cities and Climate Change",
United Nations, press release, January 31, 2014.

21 게이츠 재단은 Shell, ConocoPhillips, Chevron 등 대형 석유 및 가스 기업들에
투자하고 있고, 석탄, 가스, 채광 회사들뿐 아니라 석유 및 가스 탐사, 생산, 서비
스, 엔지니어링과 관련된 많은 회사들에게까지 투자하고 있다. Bill & Melinda
Gates Foundation Trust, Form 990-PF, Return of Private Foundation,
Attachment C, pp. 1~18, and Attachment D, pp. 1~15. U.S. Securities and
Exchange Commission, December 31, 2013, http://www.sec.gov/.

22 "ENERGY MIRACLES": Bill Gates, "Innovating to Zero!"(video), TED,
February 2010; TERRAPOWER: "Chairman of the Board", http://terrapower.
com/; Robert A. Guth, "A Window into the Nuclear Future", *Wall Street
Journal*, February 28, 2011; CARBON-SUCKING INVESTMENT: "About
CE", Carbon Engineering, http://carbonengineering.com/; MILLIONS OF
HIS OWN MONEY: "Fund for Innovative Climate and Energy Research",
http://dge.stanford.edu/; PATENTS: U.S. Patent 8,702,982, "Water Alteration
Sructure and System", filed January 3, 2008; U.S. Patent 8,685,254, "Water
Alteration Structure Applications and Methods", filed January 3, 2008; U.S.
Patent 8,679,331, "Water Alteration Structure Movement Method and
System", filed January 3, 2008; U.S. Patent 8,348,550, "Water Alteration
Structure and System Having Heat Transfer Conduit", filed May 29, 2009;
"WE FOCUS": Interview with David Leonhardt(transcript), Washington
Ideas Forum, November 14, 2012; "CUTE": Dave Mosher, "Gates: 'Cute'
Won't Solve Planet's Energy Woes", *Wired*, May 3, 2011; "NON-
ECONOMIC": "Conversation with Bill Gates"(transcript), *Charlie Rose Show*,
January 30, 2013; 25 PERCENT: "Production: Gross Electricity Production
in Germany from 2011 to 2013", Statistisches Bundesamt, https://www.
destatis.de/.

23 "Texas Oilman T. Boone Pickens Wants to Supplant Oil with Wind", *USA
Today*, July 11, 2008; "T. Boone Pickens TV Commercial"(video),
PickensPlan, Youtube July 7, 2008.

24 Dan Reed, "An Apology to Boone Pickens: Sorry, Your Plan Never Had a
Chance", *Energy Viewpoints*, December 9, 2013; Carl Pope, "T. Boone and
Me", *Huffington Post*, July 3, 2008.

25 Christopher Helman, "T. Boone Reborn", *Forbes*, March 31, 2014; Kirsten Korosec, "T. Boone Pickens Finally Drops the 'Clean' from His 'Clean Energy' Plan", *MoneyWatch*, CBS, May 19, 2011; Fen Montaigne, "A New Pickens Plan: Good for the U.S. or Just for T. Boone?", *Yale Environment 360*, April 11, 2011; "T. Boone Pickens on Why He's for the Keystone XL Pipeline, Why the Tax Code Should Be 'Redone' and No One Person Is to Blame for Gas Prices", CNN, April 25, 2012.

26 VIRGIN GREEN FUND: Nicholas Lockley, "Eco-pragmatists", *Private Equity International*, November 2007, pp. 76~77; AGROFUEL INVESTMENTS: "Khosla Ventures and Virgin Fuels Invest in Gevo, Inc.", Gevo, Inc., press release, July 19, 2007; Kabir Chibber, "How Green Is Richard Branson?" *Wired*, August 5, 2009; NOT AN INVESTOR IN BIOFUEL PROJECTS: LanzaTech의 유럽 관계 부장 Freya Burton에게서 받은 개인 이메일, April 18, 2014; Ross Kelly, "Virgin Australia Researching Eucalyptus Leaves as Jet Fuel," *Wall Street Journal,* July 6, 2011; "HASN'T": Branson, *Screw It, Let's Do It*, 132; BIOFUELS STALLED: "What Happened to Biofuels?" The *Economist*, September 7, 2013; "INCREASINGLY CLEAR": Richard Branson 에게서 받은 개인 이메일, May 6, 2014; FOOTNOTE: National Research Council, *Renewable Fuel Standard: Potential Economic and Environmental Effects of U.S. Biofuel Policy*(Washington, D.C.: National Academies Press, 2011), 105~175.

27 "Our Companies: Gevo", Virgin Green Fund, http://www.virgingreenfund. com/; "Our Companies: Seven Seas Water", Virgin Green Fund; "Our Companies: Metrolight", Virgin Green Fund; "Our Companies: GreenRoad", Virgin Green Fund; Evan Lovell과의 개인 인터뷰, September 3, 2013.

28 Jigar Shah와의 개인 인터뷰, September 9, 2013.

29 Chibber, "How Green Is Richard Branson?"

30 브랜슨은 솔라자임의 시리즈 D 라운드 파이낸싱에 참여했고, 이 회사는 이 기간에 10개 이상의 투자처로부터 약 6천만 달러의 재원을 확보했다. 이 라운드를 주도했던 모건스탠리와 브래머 에너지 벤처스는 〈일반적으로 단일 라운드 파이낸싱에서 적게는 1백만 달러에서 많게는 1천만 달러〉를 투자하여 최대 총 2,500만 달러를 투자한다고 말했다. 설사 이 시리즈 D 펀딩의 태반을 브랜슨이 투자했다 하더라도(가능성이 희박한 시나리오지만), 그가 떠벌리는 투자금의

가치는 3억 달러에서 수백 만 달러가 모자란다. "Solazyme Announces Series D Financing Round of More Than $50 Million", Solazyme Inc., press release, August 9, 2010; "Solazyme Adds Sir Richard Branson as Strategic Investor", Solazyme Inc., press release, September 8, 2010; "About Braemar Energy Ventures", Braemar Energy Ventures, http://www.braemarenergy.com/; "TWO OR THREE HUNDRED MILLION": "Richard Branson on Climate Change" (video), *The Economist*, September 23, 2010; "HUNDREDS OF MILLIONS": John Vidal, "Richard Branson Pledges to Turn Caribbean Green", *Observer*, February 8, 2014; Lovell interview, September 3, 2013.

31 Branson과 주고받은 이메일, May 6, 2014; Irene Klotz, "Profile: Sir Richard Branson, Founder, Virgin Galactic", *SpaceNews*, November 11, 2013; Vidal, "Richard Branson Pledges to Turn Caribbean Green"

32 Chibber, "How Green Is Richard Branson?"; Branson email communication, May 6, 2014.

33 Branson, *Screw It, Let's Do It*, xi; Dan Reed, "Virgin America Takes Off", *USA Today*, August 8, 2007; Virgin America의 홍보이사 Madhu Unnikrishnan으로 부터 받은 개인 이메일, September 6, 2013; Victoria Stilwell, "Virgin America Cuts Airbus Order, Delays Jets to Survive", Bloomberg, November 16, 2012; Grant Robertson, "Virgin America Sets Course for Canada", *Globe and Mail*, March 19, 2010.

34 "Virgin America Orders 60 New Planes, Celebrates 'Growing Planes' with Sweet 60 Fare Sale", Virgin America, press release, January 17, 2010.

35 NUMBER OF PEOPLE: Virgin Australia Airlines Pty Ltd, Annual Report 2012, http://www.virginaustralia.com/; "STIFF COMPETITION": "Richard Branson Beats off Stiff Competition for Scottish Airport Links", Courier, April 9, 2013; NO FARES: Alastair Dalton, "Virgin's 'Zero Fares' on Scots Routes in BA Battle", *Scotsman*, March 18, 2013; "Taxi Fares", Transport for London, http://www.tfl.gov.uk/; FOOTNOTE: Mark Pilling, "Size Does Matter for Virgin Boss Branson", *Flight Global News*, July 23, 2002; Leah McLennan, Flying in Style on Branson's V Australia", *Sydney Morning Herald*, April 17, 2009; Lucy Woods, "5 Virgin Aviation Stunts by Sir Richard Branson", *Travel Magazine*, May 7, 2013.

36 버진 애틀랜틱과 버진 아메리카의 확장 전략은 이 두 항공사의 홍보 분야 대표

들이 확인한 사항이다. 버진 오스트레일리아의 확장은 이 회사의 2014년 전반기 보고서와 2007년 연간 보고서에 게재된 정보를 토대로 한 것이다. 여기에는 비행기 전세업을 비롯한 서비스들은 포함되었지만, 버진이 일시적으로 투자했던 Brussels Airlines, Air Asia X, Virgin Nigeria(지금은 Air Nigeria) 등 다른 항공사들은 포함되지 않았다. "Annual Report 2007", Virgin Blue Holdings Ltd.; "2014 Half Year Results"(presentation), Virgin Australia Holdings Ltd., February 28, 2014. 배출량 상승률은 2006~2007 회계연도에 버진 애틀랜틱과 버진 오스트레일리아가 배출한 배출량 합계와 2012년에 버진 그룹 소속 3개 항공사들이 배출한 배출량 합계를 비교한 것이다(버진 아메리카는 2007년 중반에 사업을 시작했다). 버진 오스트레일리아의 배출량은 2011~2012 회계연도에 보고된 것이다. "How Big is Virgin Atlantic's Carbon Footprint?" Virgin Atlantic, http://www.virgin-atlantic.com/; "Supply Chain 2013", Virgin Atlantic Airways Ltd., Carbon Disclosure Project, https://www.cdp.net/; "Annual Report 2007", Virgin Blue Holdings Ltd.; "Annual Report 2012", Virgin Australia Holdings Ltd.; 2008 and 2012 emissions information submitted to the Climate Registry, Virgin America Inc., https://www.crisreport.org/; DIP: "Sustainability Report: Winter 2011/12", Virgin Atlantic Airways Ltd., http://www.virgin-atlantic.com/.

37 Mazyar Zeinali, "U.S. Domestic Airline Fuel Efficiency Ranking 2010", International Council on Clean Transportation, September 2013, http://theicct.org/.

38 "Virgin and Brawn Agree Sponsorship to Confirm Branson's Entry to Formula One", *Guardian*, March 28, 2009; "What Does a $250,000 Ticket to Space with Virgin Galactic Actually Buy You?", CNN, August 16, 2013; Peter Elkind, "Space-Travel Startups Take Off", *Fortune*, January 16, 2013; FOOTNOTE: Salvatore Babones, "Virgin Galactic's Space Tourism Venture for the 1% Will Warm the Globe for the Rest of Us", *Truthout*, August 14, 2012.

39 Chibber, "How Green Is Richard Branson?"

40 Richard Wachman, "Virgin Brands: What Does Richard Branson Really Own?", *Observer*, January 7, 2012; David Runciman, "The Stuntman", *London Review of Books*, March 20, 2014; Heather Burke, "Bill Gates Tops Forbes List of Billionaires for the 12th Year", Bloomberg, March 9, 2006; "The World's Billionaires: #301 Richard Branson", *Forbes*, as of July 2014; Vidal, "Richard

Branson Pledges to Turn Caribbean Green"

41 Chibber, "How Green is Richard Branson?"

42 James Kanter, "Cash Prize for Environmental Help Goes Unawarded", *New York Times*, November 21, 2010; Paul Smalera, "Richard Branson Has Deep-Sea Ambitions, Launches Virgin Oceanic", *Fortune*, April 5, 2011.

43 Kanter, "Cash Prize for Environmental Help Goes Unawarded"

44 Branson과 주고받은 이메일, May 6, 2014; Helen Craig, "Virgin Earth Challenge Announces Leading Organisations", Virgin Unite, November 2011.

45 위의 글; "$25 Million Prize Awarded to Green Technology", SWTVChannel, YouTube, November 3, 2011, https://www.youtube.com/; "The Finalists", Virgin Earth Challenge, http://www.virginearth.com/; "Biochar: A Critical Review of Science and Policy", *Biofuelwatch*, November 2011.

46 Craig, "Virgin Earth Challenge Announces Leading Organisations"; "Virgin Coming to Global Clean Energy Congress in Calgary", Calgary Economic Development, press release, September 9, 2011.

47 버진 그룹의 지속 가능 발전 자문이라는 앨런 나이트의 직위는 2012년에 종료되었지만, 그는 아직도 어스 챌린지 상에 관여하고 있다. "Management Team", The Virgin Earth Challenge, http://www.virginearth.com/; OTHER CLIENTS: "My Corporate Expertise", Dr. Alan Knight, http://www.dralanknight.com/; "PRIVATE ACCESS": Alan Knight, "Oil Sands Revisited", Dr. Alan Knight, November 10, 2011, http://www.dralanknight.com/; OSLI: "Contact", Oil Sands Leadership Initiative, http://www.osli.ca/.

48 Knight, "Oil Sands Revisited"; Alan Knight와의 개인 인터뷰, December 12, 2011.

49 Rebecca Penty, "Calgary Firm a Finalist in Virgin's $25M Green Technology Challenge", *Calgary Herald,* September 28, 2011; Alan Knight, "Alberta Oil Sands Producers 'Distracted from Ambition and Creativity'", *Financial Post*, November 1, 2011.

50 미국 에너지 관리청에 따르면, 2012년에 이미 확인된 원유 매장량은 265억 배럴이었다. 이산화탄소를 이용한 원유 회수 증진법과 관련한 현재 기술과 〈차세대〉 기술을 이용해서 채취할 수 있는 수익성 있는 추가 매장량 추정치가 2012년 기준량에 추가되었다. "Crude Oil Proved Reserves", International Energy Statistics, U.S. Energy Information Administration; Vello A. Kuuskraa, Tyler

Van Leeuwen, and Matt Wallace, "Improving Domestic Energy Security and Lowering CO_2 Emissions with 'Next Generation' CO_2-Enhanced Oil Recovery(CO_2-EOR)", National Energy Technology Laboratory, U.S. Department of Energy, DOE/NETL-2011/1504, June 20, 2011, p. 4; "SINGLE LARGEST DETERRENT": Marc Gunther, "Rethinking Carbon Dioxide: From a Pollutant to an Asset", *Yale Environment* 360, February 23, 2012.

51 Marc Gunther, "Nations Stalled on Climate Action Could 'Suck It Up'", Bloomberg, June 18, 2012; Marc Gunther, "The Business of Cooling the Planet", *Fortune*, October 7, 2011.

52 Penty, "Calgary Firm a Finalist in Virgin's $25M Green Technology Challenge"; Robert M. Dilmore, "An Assessment of Gate-to-Gate Environmental Life Cycle Performance of Water-Alternating-Gas CO_2-Enhanced Oil Recovery in the Permian Basin", Executive Summary, National Energy Technology Laboratory, U.S. Department of Energy, DOE/NETL-2010/1433, September 30, 2010, p. 1; Paulina Jaramillo, W. Michael Griffin, and Sean T. McCoy, "Life Cycle Inventory of CO_2 in an Enhanced Oil Recovery System", *Environmental Science & Technology* 43(2009), 8027~8032.

53 Marc Gunther, "Direct Air Carbon Capture: Oil's Answer to Fracking?" GreenBiz.com, March 12, 2012.

54 "NRDC Calls on Major Airlines to Steer Clear of Highly Polluting New Fuel Types", Natural Resources Defense Council, press release, January 10, 2008; Liz Barratt-Brown, "NRDC Asks Airlines to Oppose Dirty Fuels and Cut Global Warming Pollution", Natural Resources Defense Council, January 10, 2008; Letter from Peter Lehner, Executive Director of the Natural Resources Defense Council, to Gerard J. Arpey, Chief Executive Officer of American Airlines, January 9, 2008, http://docs.nrdc.org/.

55 Alan Knight, "Alberta Oil Sands Producers 'Distracted from Ambition and Creativity'", *Financial Post*, November 1, 2011; FOOTNOTE: Brendan May, "Shell Refuses to Save the Arctic, but Its Customers Still Could", *Business Green*, July 24, 2013.

56 Julie Doyle, "Climate Action and Environmental Activism: The Role of Environmental NGOs and Grassroots Movements in the Global Politics of Climate Change", in Tammy Boyce and Justin Lewis, eds., *Climate Change*

and the Media(New York: Peter Lang, 2009), 103~116; Mark Engler, "The Climate Justice Movement Breaks Through", Yes!, December 1, 2009; "Heathrow North-west Third Runway Option Short-Listed by Airports Commission", Heathrow Airport, press release, December 17, 2013.

57 David Hencke, "Minister Bows to Calls on Climate Change Bill", *Guardian*, October 26, 2008; George Monbiot, "Preparing for Take-off", *Guardian*, December 19, 2006; Dan Milmo, "Brown Hikes Air Passenger Duty", Guardian, December 6, 2006; "Euro MPs Push for Air Fuel Taxes", *BBC News*, July 4, 2006.

58 Jean Chemnick, "Climate: Branson Calls Carbon Tax 'Completely Fair' but Dodges Question on E.U. Airline Levy", *E&E News*, April 26, 2012; Gwyn Topham, "Virgin Atlantic Planning Heathrow to Moscow Flights", *Guardian*, July 2012; Richard Branson, "Don't Run Heathrow into the Ground", *Times*(London), June 30, 2008; FOOTNOTE: Roland Gribben, "Sir Richard Branson's 5bn Heathrow Offer Rejected", *Telegraph*, March 12, 2012.

59 "Branson Criticises Carbon Tax, Backs Biofuels", *PM*, ABC(Australia), July 6, 2011; Rowena Mason, "Sir Richard Branson Warns Green Taxes Threaten to Kill Aviation", *Telegraph*, December 16, 2009; FOOTNOTE: "Behind Branson", *The Economist*, February 19, 1998; Juliette Garside, "Richard Branson Denies Being a Tax Exile", *Guardian*, October 13, 2013; Branson, *Screw It, Let's Do It,* 113~116.

60 Matthew Lynn, "Branson's Gesture May Not Save Aviation Industry", Bloomberg, September 26, 2006.

61 "Virgin America Selling Carbon Offsets to Passengers", *Environmental Leader*, December 5, 2008; John Arlidge, "I'm in a Dirty Old Business but I Try", *Sunday Times*(London), August 9, 2009. 62; Knight, "Alberta Oil Sands Producers 'Distracted from Ambition and Creativity'"

63 Karl West, "Virgin Gravy Trains Rolls On", *Sunday Times*(London), January 16, 2011; Phillip Inman, "Privatised Rail Will Remain Gravy Train", *Guardian,* July 4, 2011; Richard Branson, "It's Nonsense to Suggest Virgin's Success Has Depended on State Help", *Guardian*, November 23, 2011.

64 Gwyn Topham, "Privatised Rail Has Meant 'Higher Fares, Older Trains and Bigger Taxpayers' Bill'", *Guardian*, June 6, 2013; Adam Whitnall, "Virgin

Trains Set for £3.5m Refurbishment—to Remove Smell from Corridors",
Independent(London), October 6, 2013; Will Dahlgreen, "Nationalise Energy
and Rail Companies, Say Public", YouGov, November 4, 2013.

65 Penty, "Calgary Firm a Finalist in Virgin's $25M Green Technology
Challenge"; Gunther, "The Business of Cooling the Planet"

8장 햇빛을 차단하라

1 Newt Gingrich, "Stop the Green Pig: Defeat the Boxer-Warner-Lieberman
Green Pork Bill Capping American Jobs and Trading America's Future",
Human Events, June 3, 2008.

2 William James, *The Will to Believe: And Other Essays in Popular
Philosophy*(New York: Longmans Green, 1907), 54.

3 "Geoengineering the Climate: Science, Governance and Uncertainty", Royal
Society, September 2009, p. 62; "Solar Radiation Management: the
Governance of Research", Solar Radiation Management Governance
Initiative, convened by the Environmental Defense Fund, the Royal Society,
and TWAS, 2011, p. 11.

4 Environmental Defense Fund, "Geoengineering: A 'Cure' Worse Than the
Disease?", *Solutions* 41(Spring 2010), 10~11.

5 EXPERIMENTS: Patrick Martin et al., "Iron Fertilization Enhanced Net
Community Production but not Downward Particle Flux During the Southern
Ocean Iron Fertilization Experiment LOHAFEX", *Global Biogeochemical
Cycles*(2013), 871~881; "Haida Salmon Restoration Project: The Story So
Far", Haida Salmon Restoration Corporation, September 2012; PEER-
REVIEWED PAPER: GeoLibrary, Oxford Geoengineering Programme,
http://www.geoengineering.ox.ac.uk/; SHIPS AND PLANES: John Latham et
al., "Marine Cloud Brightening", *Philosophical Transactions of the Royal
Society A* 370(2012), 4247~4255; HOSES: David Rotman, "A Cheap and
Easy Plan to Stop Global Warming", *MIT Technology Review*, February 8,
2013; Daniel Cressey, "Cancelled Project Spurs Debate over Geoengineering
Patents", *Nature* 485(2012), 429.

6 P. J. Crutzen, "Albedo Enhancement by Stratospheric Sulfur Injections: A
Contribution to Resolve a Policy Dilemma?" *Climate Change* 77(2006), 212;

Oliver Morton, "Is This What It Takes to Save the World?", *Nature* 447(2007), 132.

7   Ben Kravitz, Douglas G. MacMartin, and Ken Caldeira, "Geoengineering: Whiter Skies?", *Geophysical Research Letters* 39(2012), 1, 3~5; "Geoengineering: A Whiter Sky", Carnegie Institution for Science, press release, May 30, 2012.

8   "Solar Radiation Management", p. 16.

9   Roger Revelle et al., "Atmospheric Carbon Dioxide", in *Restoring the Quality of Our Environment: Report of the Panel on Environmental Pollution*, President's Science Advisory Committee, Panel on Environmental Pollution, Appendix Y4, p. 127.

10 James Rodger Fleming, *Fixing the Sky: The Checkered History of Weather and Climate Control*(New York: Columbia University Press, 2010), 165~188.

11 P. J. Crutzen, "Albedo Enhancement by Stratospheric Sulfur Injections: A Contribution to Resolve a Policy Dilemma?", 216.

12 "When Patents Attack", *Planet Money*, NPR, July 22, 2011.

13 "The Stratospheric Shield", *Intellectual Ventures*, 2009, pp. 3, 15~16; "Solving Global Warming with Nathan Myhrvold"(transcript), *Fareed Zakaria GPS*, CNN, December 20, 2009.

14 Steven D. Levitt and Stephen J. Dubner, *SuperFreakonomics*(New York: HarperCollins, 2009), 194.

15 "A Future Tense Event: Geoengineering", New America Foundation, http://www.newamerica.net/.

16 Eli Kintisch, Hack the Planet: Science's Best Hope—or Worst Nightmare—for Averting Climate Catastrophe(Hoboken, NJ: John Wiley & Sons, 2010), 8; James Fleming과의 개인 인터뷰, November 5, 2010.

17 "Inventors", Intellectual Ventures, http://www.intellectualventures.com/.

18 GATES AND FUND: "Fund for Innovative Climate and Energy Research", Carnegie Institution for Science, Stanford University, http://dge.stanford.edu/; GATES AND CARBON ENGINEERING: "About CE", Carbon Engineering, http://carbonengineering.com/; GATES AND INTELLECTUAL VENTURES: Jason Pontin, "Q&A: Bill Gates", MIT Technology Review, September/October 2010; PATENTS: U.S. Patent 8,702,982, "Water Alteration Structure and System", filed January 3, 2008; U.S. Patent

8,685,254, "Water Alteration Structure Applications and Methods", filed January 3, 2008; U.S. Patent 8,679,331, "Water Alteration Structure Movement Method and System", filed January 3, 2008; U.S. Patent 8,348,550, "Water Alteration Structure and System Having Heat Transfer Conduit", filed May 29, 2009; TERRAPOWER: "Nathan Myhrvold, Ph.D.", TerraPower, http://terrapower.com/; BRANSON: "Stakeholder Partners", Solar Radiation Management Governance Initiative, http://www.srmgi.org/.

19 Jon Taylor, "Geo-engineering—Useful Tool for Tackling Climate Change, or Dangerous Distraction?", WWF-UK, September 6, 2012, http://blogs.wwf.org.uk/.

20 Alan Robock, "20 Reasons Why Geoengineering May Be a Bad Idea", *Bulletin of the Atomic Scientists* 64(2008), 14~18; Clive Hamilton, "The Ethical Foundations of Climate Engineering", July 2011, p. 23, available at http://clivehamilton.com.

21 Francis Bacon, *Bacon's New Atlantis*, ed. A. T. Flux(London: Macmillan, 1911); John Gascoigne, *Science in the Service of Empire: Joseph Banks, the British State and the Uses of Science in the Age of Revolution*(Cambridge: Cambridge University Press, 1998), 175.

22 Sallie Chisholm에게서 받은 개인 이메일, October 28, 2012.

23 "PRINTING PRESS AND FIRE": Matthew Herper, "With Vaccines, Bill Gates Changes the World Again", *Forbes*, November 2, 2011; RUSS GEORGE: "Background to the Haida Salmon Restoration Project", Haida Salmon Restoration Corporation, October 19, 2012, p. 2; ONE HUNDRED TONS: "Haida Gwaii Geo-engineering, Pt 2", *As It Happens with Carol Off & Jeff Douglas*, CBC Radio, October 16, 2012; "THE CHAMPION": Mark Hume and Ian Bailey, "Businessman Russ George Defends Experiment Seeding Pacific with Iron Sulphate", *Globe and Mail*, October 19, 2012; "PANDORA'S BOX": Jonathan Gatehouse, "Plan B for Global Warming", *Maclean's*, April 22, 2009. "IRRIGATION": David Keith와의 개인 인터뷰, October 19, 2010.

24 Wendell Berry, *The Way of Ignorance: And Other Essays*(Emeryville, CA: Shoemaker & Hoard, 2005), 54.

25 Petra Tschakert, "Whose Hands Are Allowed at the Thermostat? Voices from Africa", presentation at "The Ethics of Geoengineering: Investigating the

Moral Challenges of Solar Radiation Management", University of Montana, Missoula, October 18, 2010.

26 Alan Robock, Martin Bunzl, Ben Kravitz, and Georgiy L. Stenchikov, "A Test for Geoengineering?", *Science* 327(2010), 530; Alan Robock, Luke Oman, and Georgiy L. Stenchikov, "Regional Climate Responses to Geoengineering with Tropical and Arctic SO2 Injections", *Journal of Geophysical Research* 113(2008), 1.

27 Robock, Bunzl, Kravitz, and Stenchikov, "A Test for Geoengineering?", Science 327(2010), 530.

28 Martin Bunzl, "Geoengineering Research Reservations", presentation to the American Association for the Advancement of Science, February 20, 2010; Fleming, *Fixing the Sky*, 2.

29 Robock, Oman, and Stenchikov, "Regional Climate Responses to Geoengineering with Tropical and Arctic SO2 Injections"; K. Niranjan Kumar et al., "On the Observed Variability of Monsoon Droughts over India", *Weather and Climate Extremes* 1(2013), 42.

30 수많은 논문들이 로벅의 연구 결과를 재확인하고 있으며, 태양 복사 관리가 지구의 물 순환 및 지역별 강우량 패턴에 또 다른 부정적인 영향을 미칠 가능성이 있다고 밝히고 있다. 최근에 발표된 유명한 논문들은 다음과 같다. Simone Tilmes et al., "The Hydrological Impact of Geoengineering in the Geoengineering Model Intercomparison Project(GeoMIP)", *Journal of Geophysical Research: Atmospheres* 118(2013), 11,036~11,058; Angus J. Ferraro, Eleanor J. Highwood, and Andrew J. Charlton-Perez, "Weakened Tropical Circulation and Reduced Precipitation in Response to Geoengineering", *Environmental Research Letters* 9(2014), 1~7; The 2012 study is: H. Schmidt, K. Alterskjaer, and D. Bou Karam et al., "Solar Irradiance Reduction to Counteract Radiative Forcing from a Quadrupling of CO_2: Climate Responses Simulated by Four Earth System Models", *Earth System Dynamics* 3(2012), 73. 영국의 Met Office Hadley Centre가 진행한 초기 연구는 남부아프리카 해안에서 구름의 발생이 줄어들면 아마존 지역에서 무려 30퍼센트의 강우량 감소가 나타날 거라고 예측했다. 이 연구는 보도 자료를 통해 아마존의 강우량 감소로 열대 우림의 고사가 가속화될 수 있다고 발표했다. 다음을 참조하라. Andy Jones, Jim Haywood, and Olivier Boucher, "Climate Impacts of Geoengineering Marine Stratocumulus

Clouds", *Journal of Geophysical Research* 114(2009), 1; "Geoengineering Could Damage Earth's Eco-systems", UK Met Office, press release, September 8, 2009; The 2013 study is: Jim M. Haywood, Andy Jones, Nicolas Bellouin, and David Stephenson, "Asymmetric Forcing from Stratospheric Aerosols Impacts Sahelian Rainfall", *Nature Climate Change* 3(2013), 663.

31 일부 연구자들은 태양 복사 관리의 위험성과 관련한 특별한 문제점으로, 기후 모델들이 〈21세기 강우량 변화를 과소평가하는 것으로 보인다〉는 점을 지적하고 있다. Gabriele C. Hegerl and Susan Solomon, "Risks of Climate Engineering", *Science* 325(2009), 955~956; Julienne Stroeve et al., "Arctic Sea Ice Decline: Faster than Forecast", *Geophysical Research Letters* 34(2007), 1; Julienne C. Stroeve et al., "Trends in Arctic Sea Ice Extent from CMIP5, CMIP3 and Observations", *Geophysical Research Letters* 39(2012), 1; Stefan Rahmstorf et al., "Recent Climate Observations Compared to Projections", *Science* 316(2007), 709; Ian Allison et al., "The Copenhagen Diagnosis, 2009: Updating the World on the Latest Climate Science", University of New South Wales Climate Change Research Centre, 2009, p. 38.

32 Ken Caldeira, "Can Solar Radiation Management Be Tested?", email to the Google Group listserv "Geoengineering", September 27, 2010; Levitt and Dubner, *SuperFreakonomics*, 197.

33 위의 책, 176.

34 Aiguo Dai와의 개인 인터뷰, June 6, 2012; Kevin E. Trenberth and Aiguo Dai, "Effects of Mount Pinatubo Volcanic Eruption on the Hydrological Cycle as an Analog of Geoengineering", *Geophysical Research Letters* 24(2007), 1~5; *Climate Change and Variability in Southern Africa: Impacts and Adaptation Strategies in the Agricultural Sector,* United Nations Environment Programme, 2006, p. 2; Donatella Lorch, "In Southern Africa, Rains' Return Averts Famine", *New York Times*, April 23, 1993; Scott Kraft, "30 Million May Feel Impact of Southern Africa Drought", *Los Angeles Times*, May 18, 1992.

35 Dai와의 개인 인터뷰, June 6, 2012; Trenberth and Dai, "Effects of Mount Pinatubo Volcanic Eruption on the Hydrological Cycle as an Analog of Geoengineering", 4.

36 생략하지 않은 볼네의 본명은 콩스탕탱프랑수와 샤스뵈프, 카운트 드 볼네다. "WEAKER THAN NORMAL": Alan Robock과의 개인 인터뷰, October 19,

2010; "ALL HAD PERISHED": Constantin-François Volney, *Travels Through Syria and Egypt, in the Years 1783, 1784, and 1785*, Vol. 1(London: G. and J. Robinson, 1805), 180~181.

37 John Grattan, Sabina Michnowicz, and Roland Rabartin, "The Long Shadow: Understanding the Influence of the Laki Fissure Eruption on Human Mortality in Europe", *Living Under the Shadow: Cultural Impacts of Volcanic Eruptions*, ed. John Grattan and Robin Torrence(Walnut Creek, CA: Left Coast Press, 2010), 156; Clive Oppenheimer, *Eruptions That Shook the World*(Cambridge: Cambridge University Press, 2011), 293; Rudolf Brázdil et al., "European Floods During the Winter 1783/1784: Scenarios of an Extreme Event During the 'Little Ice Age'", *Theoretical and Applied Climatology* 100(2010), 179~185; Anja Schmidt et al., "Climatic Impact of the Long-lasting 1783 Laki Eruption: Inapplicability of Mass-independent Sulfur Isotopic Composition Measurements", *Journal of Geophysical Research* 117(2012), 1~10; Alexandra Witze and Jeff Kanipe, *Island on Fire: The Extraordinary Story of Laki, the Volcano That Turned Eighteenth-century Europe Dark*(London: Profile Books, 2014), 141~145.

38 Luke Oman, Alan Robock, and Georgiy L. Stenchikov, "High-Latitude Eruptions Cast Shadow over the African Monsoon and the Flow of the Nile", *Geophysical Research Letters* 33(2006), 4; Michael Watts, *Silent Violence: Food, Famine and Peasantry in Northern Nigeria*(Berkeley: University of California Press, 1983), 286, 289~290; Stephen Devereux, "Famine in the Twentieth Century", Institute of Development Studies, IDS Working Paper 105, 2000, pp. 6, 30~31.

39 Oman, Robock, and Stenchikov, "High-Latitude Eruptions Cast Shadow over the African Monsoon and the Flow of the Nile", 4; Alan Robock과의 개인 인터뷰, May 29, 2012.

40 David Keith, *A Case for Climate Engineering*(Cambridge, MA: MIT Press, 2013), 10, 54.

41 Trenberth and Dai, "Effects of Mount Pinatubo Volcanic Eruption on the Hydrological Cycle as an Analog of Geoengineering", 1, 4.

42 Ed King, "Scientists Warn Earth Cooling Proposals Are No Climate 'Silver Bullet'", Responding to Climate Change, July 8, 2013, http://www.rtcc.org/;

Jim M. Haywood, Andy Jones, Nicolas Bellouin, and David Stephenson, "Asymmetric Forcing from Stratospheric Aerosols Impacts Sahelian Rainfall", *Nature Climate Change* 3(2013), 663~664.

43 "Why We Oppose the Copenhagen Accord", Pan African Climate Justice Alliance, June 3, 2010; "Filipina Climate Chief: 'It Feels Like We Are Negotiating on Who Is to Live and Who Is to Die'", *Democracy Now!*, November 20, 2013; Rob Nixon, *Slow Violence and the Environmentalism of the Poor*(Cambridge, MA: Harvard University Press, 2011).

44 "Bill Gates: Innovating to Zero!", TED Talk, February 12, 2010, http://www.ted.com/; Levitt and Dubner, *SuperFreakonomics*, 199.

45 Bruno Latour, "Love Your Monsters: Why We Must Care for Our Technologies as We Do Our Children", in *Love Your Monsters: Postenvironmentalism and the Anthropocene*, ed. Michael Shellenberger and Ted Nordhaus(Oakland: Breakthrough Institute, 2011); Mark Lynas, *The God Species: How the Planet Can Survive the Age of Humans*(London: Fourth Estate, 2011).

46 David Keith, *A Case for Climate Engineering*(Cambridge, MA: MIT press, 2013), p. 111.

47 Italics in original. Ed Ayres, *God's Last Offer*(New York: Four Walls Eight Windows, 1999), 195.

48 Levitt and Dubner, *SuperFreakonomics*, 195; "About CE", Carbon Engineering, http://carbonengineering.com/; Nathan Vardi, "The Most Important Billionaire In Canada", Forbes, December 10, 2012.

49 "Policy Implications of Greenhouse Warming: Mitigation, Adaptation, and the Science Base", National Academy of Sciences, National Academy of Engineering, Institute of Medicine, 1992, 458, 472.

50 Dan Fagin, "Tinkering with the Environment", *Newsday*, April 13, 1992.

51 Jason J. Blackstock et al., "Climate Engineering Responses to Climate Emergencies", Novim, 2009, pp. i-ii, 30.

52 "Factsheet: American Enterprise Institute", ExxonSecrets.org, http://www.exxonsecrets.org/; Robert J. Brulle, "Institutionalizing Delay: Foundation Funding and the Creation of U.S. climate changee Counter-Movement Organizations", *Climatic Change*, December 21, 2013, p. 8; 2008 Annual Report, American Enterprise Institute, pp. 2, 10; Lee Lane, "Plan B: Climate

Engineering to Cope with Global Warming", *The Milken Institute Review*, Third Quarter 2010, p. 53.

53 Juliet Eilperin, "AEI Critiques of Warming Questioned", *Washington Post*, February 5, 2007; "Factsheet: American Enterprise Institute", ExxonSecrets. org; Kenneth Green, "Bright Idea? CFL Bulbs Have Issues of Their Own", Journal Gazette(Fort Wayne, Indiana), January 28, 2011.

54 Rob Hopkins, "An Interview with Kevin Anderson: 'Rapid and Deep Emissions Reductions May Not Be Easy, but 4℃ to 6℃ Will Be Much Worse'", Transition Culture, November 2, 2012, http://transitionculture.org/.

55 "A Debate on Geoengineering: Vandana Shiva vs. Gwynne Dyer", *Democracy Now!*, July 8, 2010.

56 Jeremy Lovell, "Branson Offers $25 mln Global Warming Prize", Reuters, February 9, 2007.

57 Barbara Ward, *Spaceship Earth*(New York: Columbia University Press, 1966), 15; FOOTNOTE: Robert Poole, *Earthrise: How Man First Saw the Earth*(New Haven: Yale University Press, 2008), 92~93; Al Reinert, "The Blue Marble Shot: Our First Complete Photograph of Earth", *The Atlantic*, April 12, 2011; Andrew Chaikin, "The Last Men on the Moon", *Popular Science*, September 1994; Eugene Cernan and Don Davis, *The Last Man on the Moon*(New York: St. Martin's, 1999), 324.

58 Kurt Vonnegut Jr., "Excelsior! We're Going to the Moon! Excelsior!", *New York Times Magazine*, July 13, 1969, SM9.

59 Poole, *Earthrise: How Man First Saw the Earth*, 144~145, 162; Peder Anker, "The Ecological Colonization of Space", *Environmental History* 10(2005), 249~254; Andrew G. Kirk, *Counterculture Green: The Whole Earth Catalog and American Environmentalism*(Lawrence: University Press of Kansas, 2007), 170~172; Stewart Brand, *Whole Earth Discipline: Why Dense Cities, Nuclear Power, Transgenic Crops, Restored Wildlands, and Geoengineering Are Necessary*(New York: Penguin, 2009).

60 Leonard David, "People to Become Martians This Century?", NBC News, June 25, 2007.

61 "Richard Branson on Space Travel: 'I'm Determined to Start a Population on Mars'", *CBS This Morning*, September 18, 2012; "Branson's Invasion of

Mars", *New York Post*, September 20, 2012; "Branson: Armstrong 'Extraordinary Individual'"(video), *Sky News*, August 26, 2012.

62 2011년에 버진에 소속된 항공사 세 곳이 배출한 이산화탄소 총량은 약 880만 메트릭톤이며, 이는 그해에 온두라스 항공사가 배출한 약 800만 메트릭톤보다 훨씬 많은 양이다. "Sustainability Report: Autumn 2012", Virgin Atlantic Airways Ltd.; "Annual Report 2011", Virgin Australia Holdings Pty Ltd.; 2011 emissions information submitted to the Climate Registry, Virgin America, Inc., https://www.crisreport.org/; "International Energy Statistics", U.S. Energy Information Administration, http://www.eia.gov/.

63 Kenneth Brower, "The Danger of Cosmic Genius", *The Atlantic*, October 27, 2010.

64 Christopher Borick and Barry Rabe, "Americans Cool on Geoengineering Approaches to Addressing Climate Change", Brookings Institution, Issues in Governance Studies No. 46, May 2012, p. 3~4; "A Quantitative Evaluation of the Public Response to Climate Engineering", *Nature Climate Change* 4(2013), 106~110; "Climate Engineering — What Do the Public Think?", Massey University, press release, January 13, 2014.

3부 어쨌든 시작하자

1 Arundhati Roy, "The Trickledown Revolution", *Outlook*, September 20, 2010.

2 Translation provided by Mitchell Anderson, field consultant at Amazon Watch. Gerald Amos, Greg Brown, and Twyla Roscovich, "Coastal First Nations from BC Travel to Witness the Gulf Oil Spill"(video), 2010.

9장 블로카디아

1 "United Nations Conference on Environment and Development: Rio Declaration on Environment and Development", *International Legal Materials* 31(1992), 879, http://www.un.org/.

2 Harold L. Ickes, *The Secret Diary of Harold L. Ickes: The First Thousand Days, 1933~1936*(New York: Simon & Schuster, 1954), 646.

3 Scott Parkin, "Harnessing Rebel Energy: Making Green a Threat Again", *CounterPunch*, January 18~20, 2013.

4 "Greece Sees Gold Boom, but at a Price", *New York Times*, January 13, 2013; Patrick Forward, David J. F. Smith, and Antony Francis, *Skouries Cu/Au*

Project, Greece, NI 43-101 Technical Report, European Goldfields, July 14, 2011, p. 96; "Skouries", Eldorado Gold Corp., http://www.eldoradogold. com/; Costas Kantouris, "Greek Gold Mine Savior to Some, Curse to Others", Associated Press, January 11, 2013.

5 그리스의 정치행동가이자 작가인 Theodoros Karyotis와의 개인 인터뷰, January 16, 2014.

6 Deepa Babington, "Insight: Gold Mine Stirs Hope and Anger in Shattered Greece", Reuters, January 13, 2014; Alkman Granitsas, "Greece to Approve Gold Project", *Wall Street Journal*, February 21, 2013; Jonathan Stearns, "Mountain of Gold Sparks Battles in Greek Recovery Test", Bloomberg, April 9, 2013.

7 Karyotis와의 인터뷰, January 16, 2014.

8 Nick Meynen, "A Canadian Company, the Police in Greece and Democracy in the Country That Invented It", EJOLT, June 13, 2013; "A Law Unto Themselves: A Culture of Abuse and Impunity in the Greek Police", Amnesty International, 2014, p. 11; Karyotis와의 인터뷰, January 16, 2014.

9 Luiza Ilie, "Romanian Farmers Choose Subsistence over Shale Gas", Reuters, October 27, 2013.

10 "Romania Riot Police Clear Shale Gas Protesters", Agence France-Presse, December 2, 2013; Alex Summerchild, "Pungesti, Romania: People Versus Chevron and Riot Police", *The Ecologist*, December 12, 2013; Antoine Simon and David Heller, "From the Frontline of Anti-Shale Gas Struggles: Solidarity with Pungesti", Friends of the Earth Europe, December 7, 2013, https://www.foeeurope.org/; "Romanian Villagers Call for Referendum on Shale Gas Exploration", *Romania Libera*, October 18, 2013.

11 "First Nations Chief Issues Eviction Notice to SWN Resources", *CBC News*, October 1, 2013; "SWN Resources Wraps Up Shale Gas Testing in New Brunswick", *CBC News*, December 6, 2013; Daniel Schwartz and Mark Gollom, "N.B. Fracking Protests and the Fight for Aboriginal Rights", *CBC News*, October 21, 2013.

12 OCTOBER 17: "RCMP, Protesters Withdraw After Shale Gas Clash in Rexton", *CBC News*, October 17, 2013; HUNDRED COPS: "Shale Gas Clash: Explosives, Firearms, Seized in Rexton", *CBC News*, October 18, 2013;

PEPPER SPRAY, DOGS, HOSES, BEANBAG ROUNDS, SNIPERS, DOZENS ARRESTED, ARREN SOCK, VEHICLES BURNED: "First Nations Clash with Police at Anti-Fracking Protest", Al Jazeera, October 17, 2013; "Shale Gas Clash", CBC News; "RCMP Says Firearms, Improvised Explosives Seized at New Brunswick Protest", The Canadian Press, October 18, 2013; Gloria Galloway and Jane Taber, "Native Shale-Gas Protest Erupts in Violence", *Globe and Mail*, October 18, 2013; ELDERS AND CHILDREN: "Police Cars Ablaze: Social Media Captures Scene of Violent New Brunswick Protest", *Globe and Mail*, October 17, 2013.

13 William Shakespeare, *The First Part of King Henry IV*, edited by Herbert Weil, Judith Weil(Cambridge: Cambridge University Press, 1997); James Ball, "EDF Drops Lawsuit Against Environmental Activists After Backlash", *Guardian*, March 13, 2013.

14 John Vidal, "Russian Military Storm Greenpeace Arctic Oil Protest Ship", *Guardian*, September 19, 2013; "Greenpeace Activists Being Given Russian Exit Visas After Amnesty", UPI, December 26, 2013.

15 David Pierson, "Coal Mining in China's Inner Mongolia Fuel Tensions", *Los Angeles Times*, June 2, 2011; Jonathan Watts, "Herder's Death Deepens Tensions in Inner Mongolia", *Guardian*, May 27, 2011.

16 "About", Front Line Action on Coal, http://frontlineaction.wordpress.com/; Oliver Laughland, "Maules Creek Coal Mine Divides Local Families and Communities", *Guardian*, April 9, 2014; Ian Lowe, "Maules Creek Proposed Coal Mine: Greenhouse Gas Emissions", submission to the Maules Creek Community Council, 2012, http://www.maulescreek.org/; "Quarterly Update of Australia's National Greenhouse Gas Inventory: December 2013", Australia's National Greenhouse Accounts, Department of the Environment, Australian Government, 2014, p. 6.

17 "Dredging, Dumping and the Great Barrier Reef", Australian Marine Conservation Society, May 2014, p. 3.

18 "Tar Sands Pipeline Spills Again", Sierra Club, June 1, 2011; Anthony Swift, "What the 21,000 Gallon Keystone Spill Tells us About the Safety of Tar Sands Diluted Bitumen Pipelines", Natural Resources Defense Council, May 10, 2011; Nathan Vanderklippe, "Oil Spills Intensify Focus on New Pipeline

Proposals", *Globe and Mail*, May 9, 2011; Carrie Tait, "Pump Station Spill Shuts Keystone Pipeline", *Globe and Mail*, May 31, 2011; Art Hovey, "TransCanada Cleaning Up Spill at N.D. Pump Station", *Lincoln Journal Star*(Nebraska), May 10, 2011.

19 Jamie Henn, "40,000+ Join 'Forward on Climate" Rally in Washington, DC", *Huffington Post*, February 17, 2013; Tar Sands Blockade의 Ramsey Sprague에게서 받은 개인 이메일, January 22~23, 2014.

20 "Oil Sands Export Ban: BC First Nations Unite to Declare Province-Wide Opposition to Crude Oil Pipeline", Yinka Dene Alliance, press release, December 1, 2011.

21 Ian Ewing, "Pipe Piling Up", *CIM Magazine*, October 2013; Shawn McCarthy, "Keystone Pipeline Approval 'Complete No-Brainer', Harper Says", *Globe and Mail*, September 21, 2011.

22 "Ossie Michelin on His Iconic Fracking Protest Image", *CBC News*, January 20, 2014; "Britain & Ireland Frack Free", Facebook, http://www.facebook.com/.

23 FOOTNOTE: Maxime Combes, "Let's Frackdown the Fracking Companies", in Leah Temper, et al., "Towards a Post-Oil Civilization: Yasunization and Other Initiatives to Leave Fossil Fuels in the Soil", EJOLT Report No. 6, May 2013, p. 92.

24 Esperanza Martinez, "The Yasuni—ITT Initiative from a Political Economy and Political Ecology Perspective", in Temper et al., "Towards a Post-Oil Civilization", p. 11; KC Golden, "The Keystone Principle", Getting a GRIP on Climate Solutions, February 15, 2013.

25 Human Rights Watch, "Chop Fine: The Human Rights Impact of Local Government Corruption and Mismanagement in Rivers State, Nigeria", January 2007, p. 16; "Niger Delta Human Development Report", United Nations Development Programme, 2006, p. 76; Adam Nossiter, "Far from Gulf, a Spill Scourge 5 Decades Old", *New York Times*, June 16, 2010; Christian Purefoy, "Nigerians Angry at Oil Pollution Double Standards", CNN, June 30, 2010.

26 미국 해양 대기 관리처의 위성 자료에 따르면, 2011년에 나이지리아는 천연가스 146억 세제곱미터를 화염으로 연소시켰다. 미국 에너지 관리청이 기준으로 제시한 천연가스 1Mcf당 127킬로와트시로 가정하면 이런 규모의 천연가스는 나이

지리아가 2011년에 소비한 전력량(약 231억 킬로와트시)의 약 세 배에 이른다. 현재 나이지리아 인구의 절반가량이 전기를 이용할 수 없는 형편이다. 미국 에너지 관리청의 자료에 따르면, 2011년에 나이지리아에서 가스 플레어링 과정에서 나온 이산화탄소 배출량은 약 3,110만 메트릭톤으로, 같은 해에 나이지리아가 에너지 소비 과정에서 나온 이산화탄소 배출량의 40퍼센트다. 다음 자료를 참조하라. "Estimated Flared Volumes from Satellite Data, 2007~2011", World Bank, Global Gas Flaring Reduction, http://web.worldbank.org/; "Frequently Asked Questions: How Much Coal, Natural Gas, or Petroleum is Used to Generate a Kilowatthour of Electricity?" U.S. Energy Information, U.S. Department of Energy, http://www.eia.gov/; "International Energy Statistics", U.S. Energy Information Administration, U.S. Department of Energy, http://www.eia.gov/; DELTA COMMUNITIES LACK: Paul Francis, Deirdre Lapin, and Paula Rossiasco, "Niger Delta: A Social and Conflict Analysis for Change", Woodrow Wilson International Center for Scholars, 2011, p. 10; Richard Essein, "Unemployment Highest in Niger Delta", *Daily Times Nigeria*, March 30, 2011; "Communities Not Criminals: Illegal Oil Refining in the Niger Delta", Stakeholder Democracy Network, October 2013, p. 4.

27 Jedrzej George Frynas, "Political Instability and Business: Focus on Shell in Nigeria", *Third World Quarterly* 19(1998), 463; Alan Detheridge and Noble Pepple(Shell), "A Response to Frynas", *Third World Quarterly* 3(1998), 481~482.

28 셸이 철수한 이후에도, 다른 유전에서 생산된 석유를 오고니 영토를 지나가는 송유관으로 운반하는 활동은 계속 진행되었다. Godwin Uyi Ojo, "Nigeria, Three Complementary Viewpoints on the Niger Delta", in Temper et al., "Towards a Post-Oil Civilization", pp. 39~40; "Nigeria Ogoniland Oil Clean-up 'Could Take 30 Years'", *BBC News*, August 4, 2011; Carley Petesch, "Shell Niger Delta Oil Spill: Company to Negotiate Compensation and Cleanup with Nigerians", Associated Press, September 9, 2013; Eghosa E. Osaghae, "The Ogoni Uprising: Oil Politics, Minority Agitation and the Future of the Nigerian State", *African Affairs* 94(1995), 325~344.

29 Isaac Osuoka와의 개인 인터뷰, January 10, 2014; Ojo in Temper et al., "Towards a Post-Oil Civilization", p. 40.

30 Elisha Bala-Gbogbo, "Nigeria Says Revenue Gap May Reach as Much as

$12 Billion", Bloomberg, November 1, 2013; Ed Pilkington, "14 Years After Ken Saro-Wiwa's Death, Family Points Finger at Shell in Court", *Guardian*, May 26, 2009; Frank Aigbogun, "It Took Five to Hang Saro-Wiwa", Associated Press, November 13, 1995; Andrew Rowell and Stephen Kretzmann, "The Ogoni Struggle", report, Project Underground, Berkeley, California, 1996.

31 Bronwen Manby, "The Price of Oil: Corporate Responsibility and Human Rights Violations in Nigeria's Oil Producing Communities", Human Rights Watch, HRW Index No. 1-56432-225-4, January 1999, pp. 123~126.

32 "The Kaiama Declaration", United Ijaw, 1998, http://www.unitedijaw.com/.

33 위의 글.

34 Isaac Osuoka와의 개인 인터뷰, January 10, 2014.

35 Isaac Osuoka, "Operation Climate Change", in *Climate Change: Who's Carrying the Burden? Chilly Climates of the Global Environmental Dilemma*, ed. L. Anders Sandberg and Tor Sandberg(Ottawa: The Canadian Center for Policy Alternatives, 2010), 166.

36 Brownen Manby, "Nigeria: Crackdown in the Niger Delta", Human Rights Watch, Vol. 11, No. 2(A), May 1999, pp. 2, 11, 13~17.

37 Ojo in Temper et al., "Towards a Post-Oil Civilization", p. 44.

38 Paul M. Barrett, "Ecuadorian Court Cuts Chevron's Pollution Bill in Half", *Bloomberg Businessweek*, November 13, 2013; "Supreme Court will hear Chevron appeal in Ecuador environmental damages case", The Canadian Press, April 3, 2014.

39 Bob Deans, "Big Coal, Cold Cash, and the GOP", *OnEarth,* February 22, 2012.

40 Clifford Krauss, "Shale Boom in Texas Could Increase U.S. Oil Output", *New York Times*, May 27, 2011.

41 Brian Milner, "'Saudi America' Heads for Energy Independence", *Globe and Mail*, March 18, 2012; "Moving Crude Oil by Rail", Association of American Railroads, December 2013; Clifford Krauss and Jad Mouawad, "Accidents Surge as Oil Industry Takes the Train", *New York Times*, January 25, 2014; "Kim Makrenl, "How Bakken Crude Moved from North Dakota to Lac-Megantic", *Globe and Mail*, July 8, 2014; Jim Monk, "Former Gov. Sinner Proposes National Rail Safety Discussion", KFGO(North Dakota), January 7, 2014.

42 Nathan Vanderklippe and Shawn McCarthy, "Without Keystone XL, Oil Sands Face Choke Point", *Globe and Mail*, June 8, 2011.

43 "Energy: The Pros and Cons of Shale Gas Drilling", *60 Minutes*, CBS, June 21, 2011.

44 "Glenn Beck—Bernanke Confused, a Coming Caliphate and Rick Santorum", *Glenn Beck*, June 23, 2011; Suzanne Goldenberg, "Fracking Hell: What It's Really Like to Live Next to a Shale Gas Well", Guardian, December 13, 2013; Russell Gold and Tom McGinty, "Energy Boom Puts Wells in America's Backyards", *Wall Street Journal*, October 25, 2013.

45 Kim Cornelissen, "Shale Gas and Quebecers: The Broken Bridge Towards Renewable Sources of Energy", in Temper et al., "Towards a Post-Oil Civilization", p. 100; Emily Gosden, "Half of Britain to Be Offered for Shale Gas Drilling as Fracking Areas Face 50 Trucks Passing Each Day", *Telegraph*, December 17, 2013; Damian Carrington, "Fracking Can Take Place in 'Desolate' North-East England, Tory Peer Says", *Guardian*, July 30, 2013.

46 David Mildenberg and Jim Efstathiou Jr., "Ranchers Tell Keystone: Not Under My Backyard", *Bloomberg Businessweek*, March 8, 2012; Goldenberg, "Fracking Hell"

47 Daniel Gilbert, "Exxon CEO Joins Suit Citing Fracking Concerns", *Wall Street Journal*, February 20, 2014; "Polis Welcomes ExxonMobil CEO into 'Exclusive' Group of People Whose Neighborhood Has Been Fracked", Congressman Jared Polis, press release, February 21, 2014.

48 Thomas Paine, *Rights of Man*, Common Sense, and Other Political Writings, ed. Mark Philp(Oxford: Oxford University Press, 1998), 25.

49 Nick Engelfried, "The Extraction Backlash—How Fossil Fuel Companies Are Aiding Their Own Demise", *Waging Nonviolence*, November 22, 2013.

50 Mark Dowie, *Losing Ground: American Environmentalism at the Close of the Twentieth Century*(Cambridge, MA: MIT Press, 1996), 125.

51 "Americans, Gulf Residents and the Oil Spill", poll, CBS News/*New York Times*, June 21, 2010; Bruce Alpert, "Obama Administration 'Cannot Support' Bill Increasing Offshore Revenue Sharing", *Times-Picayune*, July 23, 2013; "The Damage for Gulf Coast Residents: Economic, Environmental, Emotional", poll, ABC News/*Washington Post*, July 14, 2010.

52 "Current High Volume Horizontal Hydraulic Fracturing Drilling Bans and Moratoria in NY State", FracTracker.org, http://www.fractracker.org/.

53 "Minisink Compressor Project: Environmental Assessment", Federal Energy Regulatory Commission, March 2012; Mary Esch, "NY Town of 9/11 Workers Wages Gas Pipeline Fight", Associated Press, February 14, 2013; "Blow-Down Events at Minisink Compressor Frighten Un-Notified Residents", Stop the Minisink Compressor Station and Minisink Residents for Environmental Preservation and Safety, March 11, 2013, http://www.stopmcs.org/.

54 Maxime Combes, "Let's Frackdown the Fracking Companies", in Temper et al., "Towards a Post-Oil Civilization", p. 91, 97.

55 Vince Devlin, "Proposed Big Rigs 9 Feet Longer than Howard Hughes' Spruce Goose", *Missoulian*, November 13, 2010; "747-8: Airplane Characteristics for Airport Planning", Boeing, December 2012, p. 7; "Vertical Clearance", Federal Highway Administration, U.S. Department of Transportation, http://safety.fhwa.dot.gov/.

56 Marty Cobenais와의 개인 인터뷰, October 17, 2010.

57 Betsy Z. Russell, "Judge Halts Megaloads on Highway 12 in Idaho", *Spokesman-Review*(Spokane), September 13, 2013; Alexis Bonogofsky와의 개인 인터뷰, October 21, 2010.

58 Marc Dadigan, "Umatilla Tribe Battles Mega-Loads Headed for Alberta Oil Sands", *Indian Country Today Media Network*, December 11, 2013.

59 Lesley Fleischman et al. "Ripe for Retirement: An Economic Analysis of the U.S. Coal Fleet", *The Electricity Journal* 26(2013), 51~63; Michael Klare, "Let Them Eat Carbon: Like Big Tobacco, Big Energy Targets the Developing World for Future Profits", *Tom Dispatch*. May 27, 2014.

60 KC Golden, "Live on Stage in the Great Northwest: King Coal's Tragic Puppet Show, Part 1", Getting a GRIP on Climate Solutions, March 4, 2013.

61 Michelle Kinman and Antonia Juhasz, ed., "The True Cost of Chevron: An Alternative Annual Report", True Cost of Chevron network, May 2011, pp. 13~14; "Contra Costa County Asthma Profile", California Breathing, http://www.californiabreathing.org/; Jeremy Miller, "The Bay Area Chevron Explosion Shows Gaps in Refinery Safety", High Country News, September 3, 2012; Robert Rogers, "Chevron Refinery Fire One Year Later: Fallout,

Impact Show No Sign of Warning", *Contra Costa Times*, August 10, 2013.

62 David R. Baker, "Judge Deals Setback to Chevron Refinery Plan", *San Francisco Chronicle*, June 9, 2009; Katherine Tam, "Court Rules Richmond Refinery Plan Is Inadequate", *Contra Costa Times*, April 26, 2010; "Chevron Refinery Expansion at Richmond, CA Halted", EarthJustice, press release, July 2, 2009.

63 Melina Laboucan-Massimo와의 개인 인터뷰, July 5, 2013.

64 Hannibal Rhoades, "'We Draw the Line': Coal-Impacted Lummi Nation and Northern Cheyenne Unite in Solidarity", *IC Magazine*, October 9, 2013.

65 "Jonathan Chait, "The Keystone Fight Is a Huge Environmentalist Mistake", *New York Magazine*, October 30, 2013; Joe Nocera, "How Not to Fix Climate Change", New York Times, February 18, 2013; Joe Nocera, "A Scientist's Misguided Crusade", *New York Times*, March 4, 2013.

66 Jad Mouawad, "U.S. Orders Tests on Rail Shipments", *New York Times*, February 25, 2014; Jad Mouawad, "Trailing Canada, U.S. Starts a Push for Safer Oil Shipping", *New York Times*, April 24, 2014; Curtis Tate, "Regulators Take Voluntary Route on Tank Car Rules", McClatchy Newspapers, May 7, 2014.

67 희석된 역청이 특정한 상황, 특히 고온에서는 다른 원유보다 부식 효과가 훨씬 높을 수 있음을 입증하는 증거들이 있다. 그러나 몇 년 전부터 이 문제에 대해서 이론이 제기되어 왔다. 또한 희석된 역청이 균열 등 다른 종류의 송유관 훼손을 야기할 가능성이 높다는 증거들도 있다. Anthony Swift, Susan Casey-Lefkowitz, and Elizabeth Shope, "Tar Sands Pipelines Safety Risks", Natural Resources Defense Council, 2011, p. 3.

68 Vivian Luk, "Diluted Bitumen Sinks When Mixed with Sediments, Federal Report Says", *Globe and Mail*, January 14, 2014; "Properties, Composition and Marine Spill Behaviour, Fate and Transport of Two Diluted Bitumen Products from the Canadian Oil Sands", Federal Government Technical Report, Government of Canada, November 30, 2013.

69 FOOTNOTE: Bob Weber, "Syncrude Guilty in Death of 1,600 Ducks in Toxic Tailings Pond", The Canadian Press, June 25, 2010; Syncrude, Suncor Cleared After Duck Death Investigation", *CBC News*, October 4, 2012; Colleen Cassady St. Clair, Thomas Habib, and Bryon Shore, "Spatial and Temporal Correlates of Mass Bird Mortality in Oil Sands Tailings Ponds",

report prepared from Alberta Environment, November 10, 2011, pp. 17~18.

70 매장량 규모가 해마다 달라지기는 하지만, 오일 샌드의 가치는 오일 샌드 산업
    이 팽창함에 따라 줄곧 상승하여, 1990년에는 190억 캐나다달러에서 2010년에
    는 4,600억 캐나다달러로 급증했다. "Energy", *Canada Year Book 2012*,
    Statistics Canada, http://www.statcan.gc.ca/. Bill Donahue는 본문에 언급한 연
    구를 진행한 저자가 아니다. "Oilsands Study Confirms Tailings Found in
    Groundwater, River", *CBC News*, February 20, 2014; Richard A. Frank et al.,
    "Profiling Oil Sands Mixtures from Industrial Developments and Natural
    Groundwaters for Source Identification", *Environmental Science & Technology*
    48(2014), 2660~2670; DIFFERENT CASE: Mike De Souza, "Scientists
    Discouraged from Commenting on Oilsands Contaminant Study", *Postmedia
    News*, November 4, 2012.

71 Florence Loyle, "Doctor Cleared over Suggested Link Between Cancer,
    Oilsands", *Edmonton Journal*, November 7, 2009; Vincent McDermott, "Fort
    Chipewyan Cancer Study Set to Begin", *Fort McMurray Today*, February 20,
    2013; Michael Toledano, "We Interviewed Dr. John O'Connor, One of the
    First Tar Sands Whistleblowers", *Vice*, March 3, 2014.

72 Peter Moskowitz, "Report Finds Doctors Reluctant to Link Oil Sands with
    Health Issues", Al Jazeera America, January 20, 2014; Mike De Souza,
    "Scientist Speaks Out After Finding 'Record' Ozone Hole over Canadian
    Arctic", *Postmedia News*, October 21, 2011.

73 Mike De Souza, "Federal Budget Cuts Undermine Environment Canada's
    Mandate to Enforce Clean Air Regulations: Emails", *Postmedia News*, March
    17, 2013; "Silence of the Labs", *The Fifth Estate, CBC News*, January 10, 2014.

74 FOOTNOTE: Abha Parajulee and Frank Wania, "Evaluating Officially
    Reported Polycyclic Aromatic Hydrocarbon Emissions in the Athabasca Oil
    Sands Region with a Multimedia Fate Model", *Proceedings of the National
    Academy of Sciences* 111(2014), 3348; "Oil Sands Pollution Two to Three
    Times Higher than Thought", Agence France-Presse, February 3, 2014.

75 "Regulation of Hydraulic Fracturing Under the Safe Drinking Water Act",
    Environmental Protection Agency, http://water.epa.gov/; Mary Tiemann and
    Adam Vann, "Hydraulic Fracturing and Safe Drinking Water Act Regulatory
    Issues", Congressional Research Service, Report R41760, January 10, 2013;

Lisa Song, "Secrecy Loophole Could Still Weaken BLM's Tougher Fracking Regs", *InsideClimate News*, February 15, 2012.

76 Robert B. Jackson, et al., "Increased Stray Gas Abundance in a Subset of Drinking Water Wells Near Marcellus Shale Gas Extraction", *Proceedings of the National Academy of Sciences* 110(2013), 11250~11255; Mark Drajem, "Duke Fracking Tests Reveal Dangers Driller's Data Missed", Bloomberg, January 9, 2014

77 Cliff Frohlich, "Two-Year Survey Comparing Earthquake Activity and Injection Well Locations in the Barnett Shale, Texas", *Proceedings of the National Academy of Sciences* 109(2012), 13934~13938.

78 위의 글; Won-Young Kim, "Induced Seismicity Associated with Fluid Injection into a Deep Well in Youngstown, Ohio", *Journal of Geophysical Research: Solid Earth* 118(2013), 3506~3518; Charles Q. Choi, "Fracking Practice to Blame for Ohio Earthquakes", *LiveScience*, September 4, 2013; Nicholas J. van der Elst et al., "Enhanced Remote Earthquake Triggering at Fluid-Injection Sites in the Midwestern United States", Science 341(2013), 164~167; Sharon Begley, "Distant Seismic Activity Can Trigger Quakes at 'Fracking' Sites", Reuters, July 11, 2013.

79 "Report Regarding the Causes of the April 20, 2010 Macondo Well Blowout", U.S. Department of the Interior, Bureau of Ocean Energy Management, Regulation and Enforcement, September 14, 2011, p. 191; "Deep Water: The Gulf Oil Disaster and the Future of Offshore Drilling", National Commission on the BP Deepwater Horizon Oil Spill and Offshore Drilling, January 2011, p. 125; Joel Achenbach, "BP's Cost Cuts Contributed to Oil Spill Disaster, Federal Probe Finds", *Washington Post*, September 14, 2011.

80 Elizabeth McGowan and Lisa Song, "The Dilbit Disaster: Inside The Biggest Oil Spill You've Never Heard Of, Part 1", *InsideClimate News*, June 26, 2012.

81 위의 글; Charles Rusnell, "Enbridge Staff Ignored Warnings in Kalamazoo River Spill", *CBC News*, June 22, 2012; "Oil Cleanup Continues on Kalamazoo River", U.S. Environmental Protection Agency, June 2013.

82 대니엘은 자신이 예전에 했던 부인에 대해 설명할 때, 엔브리지 송유관을 통해 운반되는 희석된 역청은 채광 방식 대신에 최신 〈in situ〉 증기 주입 방식으로 채취된 것이기 때문에 타르 샌드 오일과는 질적으로 다르다고 주장하려 했던 것으

로 보인다. Todd Heywood, "Enbridge CEO Downplays Long-Term Effects of Spill", *Michigan Messenger*, August 12, 2010; MORE THAN A WEEK: McGowan and Song, "The Dilbit Disaster"; DANIEL: Kari Lyderson, "Michigan Oil Spill Increases Concern over Tar Sands Pipelines", *OnEarth*, August 6, 2010; Kari Lyderson, "Michigan Oil Spill: The Tar Sands Name Game(and Why It Matters)", OnEarth, August 12, 2010.

83 Cobenais와의 인터뷰, October 17, 2010.

84 Dan Joling, "Shell Oil-Drilling Ship Runs Aground on Alaska's Sitkalidak Island", Associated Press, January 1, 2013; Rachel D'Oro, "Nobel Discoverer, Shell Oil Drilling Vessel, Shows No Signs of Damage, Coast Guard Claims", Associated Press, July 15, 2012; John Ryan, "Sea Trial Leaves Shell's Arctic Oil-Spill Gear 'Crushed Like a Beer Can'", KUOW.org, November 30, 2012.

85 Mike Soraghan, "Oil Spills: U.S. Well Sites in 2012 Discharged More Than Valdez", *EnergyWire*, Monday, July 8, 2013; Dan Frosch and Janet Roberts, "Pipeline Spills Put Safeguards Under Scrutiny", *New York Times*, September 9, 2011.

86 Jim Paulin and Carey Restino, "Shell Rig Grounds off Kodiak", *Bristol Bay Times*, January 4, 2013.

87 "SINGLE ENGINEER": Bruce Campbell, "Lac-Mégantic: Time for an Independent Inquiry", *Toronto Star*, February 27, 2014; UNTIL THE 1980s: Railroad Workers United의 사무총장 Ron Kaminkow와의 개인 인터뷰, January 29, 2014; "CUTTING": Julian Sher, "Lac Megantic: Railway's History of Cost-Cutting", *Toronto Star*, July 11, 2013; "OFTEN DON'T TEST": Grant Robertson, "Fiery North Dakota Train Derailment Fuels Oil-Shipping Fears", *Globe and Mail*, December 30, 2013; NORTH DAKOTA: Daniella Silva, "Mile-Long Train Carrying Crude Oil Derails, Explodes in North Dakota", NBC News, December 30, 2013; NEW BRUNSWICK: Solarina Ho, "Train Carrying Oil Derails, Catches Fire in New Brunswick, Canada", *Reuters*, January 8, 2014; VIRGINIA: Selam Gebrekidan, "CSX Train Carrying Oil Derails in Virginia in Fiery Blast", *Reuters*, April 30, 2014.

88 Charlie Savage, "Sex, Drug Use and Graft Cited in Interior Department", *New York Times*, September 10, 2008.

89 André Turcotte, Michal C. Moore, and Jennifer Winter, "Energy Literacy in

Canada", School of Public Policy SPP Research Papers, Vol. 5, No. 31, October 2012.

90 "Americans Less Likely to Say 18 of 19 Industries Are Honest and Trustworthy This Year", Harris Interactive, December 12, 2013; Jeffrey Jones, "U.S. Images of Banking, Real Estate Making Comeback", Gallup, August 23, 2013; Turcotte, Moore, and Winter, "Energy Literacy in Canada"; "How Companies Influence Our Society: Citizens' View", TNS Political and Social, European Commission, Flash Eurobarometer 363, April 2013, Q3, p. 25.

91 Sandra Steingraber, "It's Alive! In Defense of Underground Organisms", *Orion Magazine*, January/February 2012, p. 15.

92 Wendell E. Berry, "It All Turns on Affection", Jefferson Lecture in the Humanities, National Endowment for the Humantities, 2012, http://www.neh.gov/.

10장 사랑으로 지구를 살리자

1 Rachel Carson, "The Real World Around Us", speech to Theta Sigma Phi, Columbus, Ohio, 1954, in *Lost Woods: The Discovered Writing of Rachel Carson*, ed. Linda Lear(Boston: Beacon Press, 1998), 163.

2 Paige Lavender and Corbin Hiar, "Blair Mountain: Protesters March to Save Historic Battlefield", *Huffington Post*, June 10, 2011.

3 노던 게이트웨이가 브리티시컬럼비아 해안에서 운행하려고 계획했던 초대형 유조선은 원유 220만 배럴을 실을 수 있다. 이는 엑슨 발데스호의 수송량 126만 4,155배럴의 1.74배다. "Section 3.9: Ship Specifications", TERMPOL Surveys and Studies, Northern Gateway Partnership Inc., Enbridge Northern Gateway Project, January 20, 2010, pp. 2~7; "Oil Spill Facts: Questions and Answers", Exxon Valdez Oil Spill Trustee Council, http://www.evostc.state.ak.us/.

4 Jess Housty, "Transformations", Coast, April 1, 2013.

5 "Protesters Blamed for Cancelled Pipeline Hearing", CTV News Vancouver, April 2, 2012.

6 요크 대학교 박사과정에 있는 Tyler McCreary에게서 받은 개인 이메일, January 30, 2014.

7 Sheri Young, letter to the Heiltsuk Tribal Council, Heiltsuk Hereditary Chiefs and Heiltsuk Economic Development Corporation on behalf of the Enbridge Northern Gateway Project Joint Review Panel, April 2, 2012; Housty,

"Transformations"; Alexis Stoymenoff, "Enbridge Northern Gateway Protest in Bella Bella Was 'Absolutely Peaceful'", *Vancouver Observer*, April 2, 2012.

8   Housty, "Transformations"; Kai Nagata, "Enbridge Misses Heiltsuk Pipeline Hearings", *The Tyee*, July 27, 2012; FOOTNOTE: 위의 글.

9   Jess Housty, "At the JRP Final Hearings", Coast, June 20, 2013.

10 Melachrini Laikou와의 개인 인터뷰, May 31, 2013.

11 Alexis Bonogofsky와의 개인 인터뷰, March 27, 2013.

12 Andrew Nikiforuk, *Tar Sands: Dirty Oil and the Future of a Continent* (Vancouver: Greystone, 2010).

13 Jeff King과의 개인 인터뷰, June 23, 2011.

14 Luiza Ilie, "Romanian Farmers Choose Subsistence over Shale Gas", Reuters, October 27, 2013.

15 "Oil Sands Export Ban: BC First Nations Unite to Declare Province-Wide Opposition to Crude Oil Pipeline and Tanker Expansion", Yinka Dene Alliance, press release, December 1, 2011; "First Nations Gain Powerful New Allies in Fight Against Enbridge Northern Gateway Pipeline and Tankers", Yinka Dene Alliance, press release, December 5, 2013; Author's original reporting, December 1, 2011.

16 "Read the Declaration", Save the Fraser Declaration, Gathering of Nations, savethefraser.ca.

17 Sheila Leggett, Kenneth Bateman, and Hans Matthews, "Report of the Joint Review Panel for the Enbridge Northern Gateway Project", Volume 2, National Energy Board, 2013, pp. 222, 271.

18 "White House Could Cast Decisive Vote to Permit 20,000 Fracking Wells in Delaware River Basin", *Democracy Now!*, November 11, 2011; "Natural Gas Development Regulations", Delaware River Basin Commission, November 8, 2011, p. 19.

19 "High Plains Aquifer Water Quality Currently Acceptable but Human Activities Could Limit Future Use", U.S. Department of the Interior U.S. Geological Survey, press release, July 16, 2009; "Ogallala Aquifer Initiative", Natural Resources Conservation Service, U.S. Department of Agriculture, http://www.nrcs.usda.gov/.

20 2.3 BARRELS: "Oil Sands Water Use"(2013 data), Oil Sands Information

Portal, Government of Alberta, http://osip.alberta.ca/; CONVENTIONAL CRUDE: "Growth in the Canadian Oil Sands: Finding the New Balance", IHS Cambridge Energy Research Associates, 2009, pp. III-7; REQUIRES MORE WATER: Trisha A. Smrecak, "Understanding Drilling Technology", *Marcellus Shale* no. 6, Paleontological Research Institution, January 2012, p. 3; "70 TO 300 TIMES": Seth B. Shonkoff, "Public Health Dimensions of Horizontal Hydraulic Fracturing: Knowledge, Obstacles, Tactics, and Opportunities", 11th Hour Project, Schmidt Family Foundation, April 18, 2012, http://www.psr.org/; 280 BILLION: Elizabeth Ridlington and John Rumpler, "Fracking by the Numbers: Key Impacts of Dirty Drilling at the State and National Level", Environment America, October 2013, p. 4, http://www.environmentamerica.org/; "ENOUGH TO FLOOD": Suzanne Goldenberg, "Fracking Produces Annual Toxic Water Enough to Flood Washington, D.C.", *Guardian*, October 4, 2013.

21 Monika Freyman, "Hydraulic Fracturing and Water Stress: Water Demand by the Numbers", *Ceres*, February 2014, pp. 49~50, 59~63; David Smith, "Proposed Fracking in South Africa Beauty Spot Blasted", *Guardian*, August 23, 2013; "Hydraulic Fracturing and the Karoo", Shell South Africa, July 2012, http://www.shell.com/zaf.html/; "Tampering with the Earth's Breath" (video), Green Renaissance for Treasure the Karoo Action Group.

22 Ilie, "Romanian Farmers Choose Subsistence over Shale Gas"

23 Anni Vassiliou와의 개인 인터뷰, June 1, 2013.

24 Marion W. Howard, Valeria Pizarro, and June Marie Mow, "Ethnic and Biological Diversity Within the Seaflower Biosphere Reserve", *International Journal of Island Affairs* 13(2004), 113; "Caribbean Archipelago Spared from Oil Drilling", Rainforest Rescue, June 21, 2012, http://www.rainforest-rescue.org/; FOOTNOTE: "Nicaragua Issues Further Claims Against Colombia over Disputed Archipelago", International Boundaries Research Unit, Durham University, November 5, 2013.

25 "Victories", Beyond Coal, Sierra Club, http://content.sierraclub.org/; Mary Anne Hitt, "Protecting Americans from Power Plant Pollution", Sierra Club, September 17, 2013.

26 James E. Casto, "Spokesmen for Coal Blast EPA Regulatory Mandates", *State Journal*(West Virginia), November 15, 2013.

27 Jeremy van Loon, "Canada's Oil-Sand Fields Need U.S. Workers, Alberta Minister Says", *Bloomberg News*, September 7, 2011; Shawn McCarthy and Richard Blackwell, "Oil Industry Rebuts 'Trash-Talking' Celebrity Critics", *Globe and Mail*, January 15, 2014.

28 T. S. Sudhir, "After Police Firing, Srikakulam Power Plants Under Review", NDTV.com, July 16, 2010.

29 Gillian Wong, "China Major Protest Demands Halt to Planned Coal-Fired Power Plant", Associated Press, December 20, 2011; Gillian Wong, "Haimen, China, Protests: Tear Gas Fired at Protesters", Associated Press, December 23, 2011.

30 Li Bo와의 개인 인터뷰, January 11, 2014.

31 Steff Gaulter, "Hazardous Pollution Levels Choke Beijing", Al Jazeera English, February 23, 2014; "Beijing's Air Pollution at Dangerously High Levels", Associated Press, January 16, 2014; Ma Yue, "Alarm System to Close Schools in Severe Smog", *Shanghai Daily*, January 16, 2014; "Chinese Anger over Pollution Becomes Main Cause of Social Unrest", Bloomberg, March 6, 2013, accessed January 29, 2014.

32 Bruce Einhorn, "Why China Is Suddenly Content with 7.5 Percent Growth", *Bloomberg Businessweek*, March 5, 2012; "GDP Growth(Annual %)", World Development Indicators, World Bank, http://data.worldbank.org/; James T. Areddy and Brian Spegele, "China Chases Renewable Energy as Coast Chokes on Air", *Wall Street Journal*, December 6, 2013; Justin Guay, "The Chinese Coal Bubble", *Huffington Post*, May 29, 2013; Katie Hunt, "China Faces Steep Climb to Exploit Its Shale Riches", *New York Times*, September 30, 2013.

33 Christian Lelong et al., "The Window for Thermal Coal Investment Is Closing", Goldman Sachs, July 24, 2013; Dave Steves, "Goldman Sachs Bails on Coal Export Terminal Investment", *Portland Tribune*, January 8, 2014.

34 "Shale Gas: Member States Need Robust Rules on Fracking, Say MEPs", European Parliament, press release, November 21, 2012.

35 Andrea Schmidt, "Heirs of Anti-Apartheid Movement Rise Up", *Al Jazeera*, December 15, 2013.

36 "Over 100 Colleges and Universities Join 350.org Fossil Fuel Divestment Campaign", 350.org, press release, November 29, 2012; Jamie Henn, "San Francisco State University Divests from Coal and Tar Sands!", Go Fossil

Free, June 11, 2013, http://gofossilfree.org/; "350.org and Partners Launch Fossil Free Europe Tour Ahead of Regional Divestment Campaign", Go Fossil Free, press release, October 11, 2013; "Commitments", Go Fossil Free, http://gofossilfree.org/; "Stanford to Divest from Coal Companies", Stanford University, press release, May 6, 2014.

37 "Harvard University Endowment Earns 11.3% Return for Fiscal Year", *Harvard Gazette*, September 24, 2013; Andrea Schmidt, "Heirs of Anti-Apartheid Movement Rise Up", *Al Jazeera*, December 15, 2013; Mark Brooks, "Banking on Divestment", Alternatives Journal, November 2013.

38 Mark Brownstein, "Why EDF Is Working on Natural Gas", Environmental Defense Fund, September 10, 2012.

39 FOOTNOTE: "Nearly 70 Groups: Environmental Defense Fund Does Not Speak for Us on Fracking", Civil Society Institute, press release, May 22, 2013.

40 Ben Casselman, "Sierra Club's Pro-Gas Dilemma", *Wall Street Journal*, December 22, 2009; Bryan Walsh, "How the Sierra Club Took Millions from the Natural Gas Industry — and Why They Stopped", *Time*, February 2, 2012; Dave Michaels, "Natural Gas Industry Seeks Greater Role for Power Plants, Vehicles", *Dallas Morning News*, September 18, 2009; Sandra Steingraber, "Breaking Up with the Sierra Club", *Orion*, March 23, 2012.

41 Felicity Barringer, "Answering for Taking a Driller's Cash", *New York Times*, February 13, 2012; "48 Arrested at Keystone Pipeline Protest as Sierra Club Lifts 120-Year Ban on Civil Disobedience", *Democracy Now!*, February 14, 2013; 시에라 클럽 홍보부장 Bob Sipchen에게서 받은 개인 이메일, April 21, 2014.

42 Robert Friedman, "Tell Your Alma Mater, Fossil Fuel Divestment Just Went Mainstream", Natural Resources Defense Council, April 30, 2014; Naomi Klein, "Time for Big Green to Go Fossil Free", *The Nation*, May 1, 2013.

43 Andrea Vittorio, "Foundations Launch Campaign to Divest from Fossil Fuels", Bloomberg, January 31, 2014; "Philanthropy", Divest-Invest, http://divestinvest.org/.

44 "Global 500", *Fortune*, http://fortune.com/; Stanley Reed, "Shell Profit Rises 15% but Disappoints Investors", *New York Times*, January 31, 2013; Stanley Reed, "Shell Says Quarterly Earnings Will Fall 48%", *New York Times*, January 17, 2014.

45 위의 글.

46 "Notice of Arbitration Under the Arbitration Rules of the United Nations Commission on International Trade Law and Chapter Eleven of the North American Free Trade Agreement", Lone Pine Resources Inc., September 6, 2013, pp. 4, 15~18.

47 The General Agreement on Tariffs and Trade(GATT 1947), World Trade Organization, Article XI, 1, http://www.wto.org/.

48 Ilana Solomon과의 개인 인터뷰, August 27, 2013.

49 Sarah Anderson and Manuel Perez-Rocha, "Mining for Profits in International Tribunals: Lessons for the Trans-Pacific Partnership", Institute for Policy Studies, April 2013, p. 1; Lori Wallach, "Brewing Storm over ISDR Clouds: Trans-Pacific Partnership Talks—Part I", Kluwer Arbitration Blog, January 7, 2013.

50 Lindsay Abrams, "The Real Secret to Beating the Koch Brothers: How Our Broken Political System Can Still Be Won", Salon, April 29, 2014; Marily Papanikolaou와의 개인 인터뷰, May 29, 2013; Mark Strassman, "Texas Rancher Won't Budge for Keystone Pipeline", *CBS Evening News*, February 19, 2013; Kim Murphy, "Texas Judge Deals Setback to Opponents of Keystone XL Pipeline", *Los Angeles Times*, August 23, 2012.

51 FOOTNOTE: Suzanne Goldenberg, "Terror Charges Faced by Oklahoma Fossil Fuel Protesters 'Outrageous'", *Guardian*, January 10, 2014; Molly Redden, "A Glitter-Covered Banner Got These Protesters Arrested for Staging a Bioterror Hoax", *Mother Jones*, December 17, 2013; Great Plains Tar Sands Resistance의 Moriah Stephenson에게서 받은 개인 이메일, January 22, 2014; Will Potter, "Two Environmentalists Were Charged with 'Terrorism Hoax' for Too Much Glitter on Their Banner", Vice, December 18, 2013.

52 Adam Federman, "We're Being Watched: How Corporations and Law Enforcement Are Spying on Environmentalists", *Earth Island Journal*, Summer 2013; Matthew Millar, "Canada's Top Spy Watchdog Lobbying for Enbridge Northern Gateway Pipeline", *Vancouver Observer*, January 4, 2014; Jordan Press, "Chuck Strahl Quits Security Intelligence Review Committee", *Postmedia News*, January 24, 2014.

53 Greg Weston, "Other Spy Watchdogs Have Ties to Oil Business", *CBC News*,

January 10, 2014; Press, "Chuck Strahl Quits Security Intelligence Review Committee"

54 Leggett, Bateman, and Matthews, "Report of the Joint Review Panel for the Enbridge Northern Gateway Project", pp. 209, 384.

55 최근의 여론 조사에 따르면, 브리티시컬럼비아 주민의 64퍼센트가 유조선 통행량 증가에 반대의 뜻을 밝혔고, 〈강력한〉 지지의 뜻을 밝힌 응답자보다 〈강력한〉 반대의 뜻을 밝힌 응답자가 네 배나 더 많았다. "Oil Tanker Traffic in B.C.: The B.C. Outlook Omnibus", Justason Market Intelligence, January 2014, p. 5; COMMUNITY HEARINGS: Larry Pynn, "Environmentalists Pledge Renewed Fight to Stop Northern Gateway Pipeline", *Vancouver Sun*, December 19, 2013; 80 PERCENT: Scott Simpson, "Massive Tankers, Crude Oil and Pristine Waters", *Vancouver Sun*, June 5, 2010; "SYSTEM IS BROKEN": Christopher Walsh, "Northern Gateway Pipeline Approved by National Energy Board", Edmonton Beacon, December 19, 2013.

56 Edgardo Lander, "Extractivism and Protest Against It in Latin America", presented at The Question of Power: Alternatives for the Energy Sector in Greece and Its European and Global Context, Athens, Greece, October, 2013.

57 "Initiative Figures", Transition Network, updated September 2013, https://www.transitionnetwork.org/; Transition Network, "What Is a Transition Initiative?", http://www.transitionnetwork.org/.

58 David Roberts, "Climate-Proofing Cities: Not Something Conservatives Are Going to Be Good At", *Grist*, January 9, 2013.

59 Jesse McKinley, "Fracking Fight Focuses on a New York Town's Ban", *New York Times*, October 23, 2013.

60 "Panel Fails to Listen to British Columbians", Sierra Club BC, press release, December 19, 2013.

11장 군대라도 가지고 있나?

1 Melanie Jae Martin and Jesse Fruhwirth, "Welcome to Blockadia!", YES!, January 11, 2013.

2 Mary Jones, *The Autobiography of Mother Jones*(Chicago: Charles H. Kerr & Company, 1925).

3 Gurston Dacks, "British Columbia After the *Delgamuukw* Decision: Land

Claims and Other Processes", *Canadian Public Policy* 28(2002), 239~255.

4   "Statement of Claim between Council of the Haida Nation and Guujaaw suing on his own behalf and on behalf of all members of the Haida Nation(plaintiffs) and Her Majesty the Queen in Right of the Province of British Columbia and the Attorney General of Canada(defendants)", Action No. L020662, Vancouver Registry, November 14, 2002, http://www.haidanation.ca/; *Haida Nation v. British Columbia*(Minister of Forests) 3 SCR 511(SCC 2004); "Government Must Consult First Nations on Disputed Land, Top Court Rules", *CBC News*, November 18, 2004; Arthur Manuel과의 개인 인터뷰, August 25, 2004.

5   Tyler McCreary에게서 받은 개인 이메일, York University, January 30, 2014.

6   *Delgamuukw v. British Columbia*, [1997], 3 SCR 1010; British Columbia Treaty Commission, "A Lay Person's Guide to Delgamuukw v. British Columbia", November 1999, http://www.bctreaty.net/; Chelsea Vowel, "The Often-Ignored Facts About Elsipogtog", *Toronto Star*, November 14, 2013.

7   Melanie G. Wiber and Julia Kennedy, "Impossible Dreams: Reforming Fisheries Management in the Canadian Maritimes After the Marshall Decision", in *Law and Anthropology: International Yearbook for Legal Anthropology*, Vol. 2, ed. Rene Kuppe and Richard Potz(The Hague: Martinus Nijhoff Publishers, 2001), pp. 282~297; William Wicken, "Treaty of Peace and Friendship 1760", Aboriginal Affairs and Northern Development Canada, https://www.aadnc-aandc.gc.ca/; *R. v. Marshall*, 3 SCR 456(1999); "Supreme Court Decisions: R. v. Marshall", Aboriginal Affairs and Northern Development Canada.

8   "Map of Treaty-Making in Canada", Aboriginal Affairs and Northern Development Canada, https://www.aadnc-aandc.gc.ca/; "Alberta Oil Sands", Alberta Geological Survey, last modified June 12, 2013, http://www.ags.gov.ab.ca/; "Treaty Texts—Treaty No. 6; Copy of Treaty No. 6 Between Her Majesty the Queen and the Plain and Wood Cree Indians and Other Tribes of Indians at Fort Carlton, Fort Pitt, and Battle River with Adhesions", Aboriginal Affairs and Northern Development Canada, https://www.aadnc-aandc.gc.ca/.

9   "Emergency Advisory: Mi'kmaq say, 'We Are Still Here, and SWN Will Not

Be Allowed to Frack'", press release, Halifax Media Co-op, November 3, 2013.

10 Martha Stiegman and Miles Howe, "Summer of Solidarity—A View from the Sacred Fire Encampment in Elsipogtog"(video), Halifax Media Co-op, July 3, 2013.

11 "'Crown Land Belongs to the Government, Not to F*cking Natives'", APTN, October 17, 2013; Martin Lukacs, "New Brunswick Fracking Protests Are the Frontline of a Democratic Fight", *Guardian*, October 21, 2013; Renee Lewis, "Shale Gas Company Loses Bid to Halt Canada Protests", Al Jazeera America, October 21, 2013.

12 "FORUMe Research Results", PowerPoint, MQO Research, presented at FORUMe conference, New Brunswick, June 2012, http://www.amiando.com/; Kevin Bissetta, "Alward Facing Opposition from N.B. Citizens over Fracking", The Canadian Press, August 30, 2011.

13 Stiegman and Howe, "Summer of Solidarity."

14 Richard Walker, "In Washington, Demolishing Two Dams So That the Salmon May Go Home", *Indian Country Today*, September 22, 2011; "Press Release 02/26/2014", Shield the People, press release, February 26, 2014; "Keystone XL Pipeline Project Compliance Follow-up Review: The Department of State's Choice of Environmental Resources Management, Inc., To Assist in Preparing the Supplemental Environmental Impact Statement", United States Department of State and the Broadcasting Board of Governors, February 2014; Jorge Barrera, "Keystone XL 'Black Snake' Pipeline to Face 'Epic' Opposition from Native American Alliance", APTN, January 31, 2014.

15 Steve Quinn, "U.S. Appeals Court Throws Arctic Drilling into Further Doubt", Reuters, January 23, 2014; *Native Village of Point Hope v. Jewell*, 44 ELR 20016, No. 12-35287(9th Cir., 01/22/2014); "Native and Conservation Groups Voice Opposition to Lease Sale 193 in the Chukchi Sea", World Wildlife Fund, press release, February 6, 2008; Faith Gemmill, "Shell Cancels 2014 Arctic Drilling—Arctic Ocean and Inupiat Rights Reality Check", Platform, January 30, 2014.

16 *Native Village of Point Hope v. Jewell*.

17 Terry Macalister, "Shell's Arctic Drilling Set Back by US Court Ruling",

Guardian, January 23, 2014; "New Shell CEO Ben van Beurden Sets Agenda for Sharper Performance and Rigorous Capital Discipline", Shell, press release, January 30, 2014.

18 Erin Parke, "Gas Hub Future Unclear After Native Title Dispute", ABC(Australia), February 7, 2013; "Environmentalists Welcome Scrapping of LNG Project", ABC(Australia), April 12, 2013; Andrew Burrell, "Gas Fracking Wars to Open Up on a New Front", *Australian*, December 30, 2013; "Native Title Challenge to Canning Gas Bill", Australian Associated Press, June 20, 2013; Vicky Validakis, "Native Title Claimants Want to Ban Mining", *Australian Mining*, May 14, 2013.

19 "Ecuador: Inter-American Court Ruling Marks Key Victory for Indigenous People", Amnesty International press release, July 27, 2012.

20 ORIGINAL VOTE: United Nations News Centre, "United Nations Adopts Declaration on Rights of Indigenous Peoples", United Nations press release, September 13, 2007; LATER ENDORSEMENTS: "Indigenous Rights Declaration Endorsed by States", Office of the United Nations High Commissioner for Human Rights, press release, December 23, 2010; "HAVE THE RIGHT", "REDRESS": *United Nations Declaration on the Rights of Indigenous Peoples*, G.A. Res. 61/295, U.N. Doc. A/Res/61/295(September 13, 2007), pp. 10~11, http://www.un.org/; CONSTITUTION(ORIGINAL SPANISH): República del Bolivia, Constitución de 2009, Capitulo IV: Derechos de las Naciones y Pueblas Indigena Originario Campesinos, art. 30, sec. 2; CONSTITUTION(ENGLISH TRANSLATION): L. Temper et al., "Towards a Post-Oil Civilization: Yasunization and Other Initiatives to Leave Fossil Fuels in the Soil", EJOLT Report No. 6, May 2013, p. 71.

21 Alexandra Valencia, "Ecuador Congress Approves Yasuni Basin Oil Drilling in Amazon", Reuters, October 3, 2013; Amnesty International, "Annual Report 2013: Bolivia", May 23, 2013, http://www.amnesty.org/.

22 John Otis, "Chevron vs. Ecuadorean Activists", *Global Post*, May 3, 2009.

23 "Beaver Lake Cree Sue over Oil and Gas Dev't", *Edmonton Journal*, May 14, 2008; "Beaver Lake Cree Nation Draws a Line in the (Oil) Sand", Beaver Lake Cree Nation press release, May 14, 2008.

24 위의 글; Court of the Queen's Bench, Government of Alberta, 2012 ABQB

195, Memorandum of Decision of the Honourable Madam Justice B. A. Browne, March 28, 2012.

25 Bob Weber, "Athabasca Chipewyan File Lawsuit Against Shell's Jackpine Oil Sands Expansion", The Canadian Press, January 16, 2014; Chief Allan Adam, "Why I'm on Tour with Neil Young and Diana Krall", Huffington Post Canada, January 14, 2014; "Administration and Finance", Athabasca Chipewyan First Nation, http://www.acfn.com/; "Shell at a Glance", Shell Global, http://www.shell.com/global/.

26 Emma Gilchrist, "Countdown Is On: British Columbians Anxiously Await Enbridge Recommendation", DesmogCanada, December 17, 2013; Mike Scott과의 개인 인터뷰, October 21, 2010.

27 Benjamin Shingler, "Fracking Protest Leads to Bigger Debate over Indigenous Rights in Canada", Al Jazeera America, December 10, 2013.

28 OMNIBUS BILLS: Bill C-38, Jobs, Growth and Long-Term Prosperity Act, 41st Parliament, 2012, S.C. 2012, c. 19, http://laws-lois.justice.gc.ca; Bill C-45, Jobs and Growth Act 2012, 41st Parliament, 2012, S.C. 2012, c. 31, http://laws-lois.justice.gc.ca/; REVIEWS: Tonda MacCharles, "Tories Have Cancelled Almost 600 Environmental Assessments in Ontario", Toronto Star, August 29, 2012; COMMUNITY INPUT: Andrea Janus, "Activists Sue Feds over Rules That 'Block' Canadians from Taking Part in Hearings", CTV News, August 15, 2013; ACT: Navigable Waters Protection Act, Revised Statutes of Canada 1985, c. N-22, http://laws-lois.justice.gc.ca/; FROM PRACTICALLY 100 PERCENT: "Omnibus Bill Changes Anger Water Keepers", CBC News, October 19, 2012; TO LESS THAN 1 PERCENT: "Legal Backgrounder: Bill C-45 and the Navigable Waters Protection Act" (RSC 1985, C N-22), EcoJustice, October 2012; "Hundreds of N.S. Waterways Taken off Protected List; Nova Scotia First Nation Joins Idle No More Protest", CBC News, December 27, 2012; PIPELINES: 다음을 참조하라. Amendments 349(5) and 349(9) of Bill C-45, Jobs and Growth Act 2012, 41st Parliament, 2012, S.C. 2012, c. 31; DOCUMENTS REVEALED: Heather Scoffield, "Documents Reveal Pipeline Industry Drove Changes to 'Navigable Waters' Act", The Canadian Press, February 20, 2013.

29 "Electoral Results by Party: 41st General Election(2011.05.02)", Parliament

of Canada, http://www.parl.gc.ca/; Ian Austen, "Conservatives in Canada Expand Party's Hold", *New York Times*, May 2, 2011.

30 Julie Gordon and Allison Martell, "Canada Aboriginal Movement Poses New Threat to Miners", Reuters, March 17, 2013.

31 Martin Lukacs, "Indigenous Rights Are the Best Defence Against Canada's Resource Rush", *Guardian*, April 26, 2013.

32 "Neil Young at National Farmers Union Press Conference"(video), YouTube, Thrasher Wheat, September 9, 2013; Jian Ghomeshi, "Q exclusive: Neil Young Says 'Canada Trading Integrity for Money'"(video), CBC News, January 13, 2014.

33 Athabasca Chipewyan First Nation의 홍보부장 Eriel Deranger와의 개인 인터뷰, January 30, 2014; "Poll: How Do You Feel About Neil Young Attacking the Oilsands?", *Edmonton Journal*, January 12, 2014.

34 Ghomeshi, "Q exclusive: Neil Young Says 'Canada Trading Integrity for Money'"; Adam, "Why I'm on Tour with Neil Young and Diana Krall"

35 "Canada: The Right to Water in First Nations Communities", Amnesty International Canada, http://www.amnesty.ca/.

36 2012년에 그린란드가 덴마크에서 받은 지원금은 약 36억 덴마크크로네로, 같은 해 그린란드 국내총생산의 31퍼센트에 해당한다. 2013년에도 이 지원금은 약 36억 덴마크크로네였다. "Greenland in Figures: 2014", Statistics Greenland, 2014, pp. 7~8; Jan. M. Olsen, "No Economic Independence for Greenland in Sight", Associated Press, January 24, 2014; "OUR INDEPENDENCE": McKenzie Funk, *Windfall: The Booming Business of Global Warming*(New York: Penguin, 2014), p. 78.

37 Angela Sterritt, "Industry and Aboriginal Leaders Examine Benefits of the Oilsands", *CBC News*, January 24, 2014.

38 Phillip Whiteman Jr.와의 개인 인터뷰, October 21, 2010.

12장 하늘은 모두의 것

1 Leah Temper, "Sarayaku Wins Case in the Inter-American Court of Human Rights but the Struggle for Prior Consent Continues", EJOLT, August 21, 2012.

2 Sivan Kartha, Tom Athanasiou, and Paul Baer, "The North-South Divide,

Equity and Development—The Need for Trust-Building for Emergency Mobilisation", *Development Dialogue* no. 61, September 2012, p. 62.

3 미국 지질학회 조사에 따르면, 파우더리더 지역에는 기술적으로 회수 가능한 석탄 1620억 숏톤이 매장되어 있다. 2012년 미국 에너지 관리청이 발표한 미국의 석탄 총 소비량 8억 8,900만 숏톤을 기준으로 하면, 이 매장량은 약 182년 동안 쓸 수 있는 양이다. David C. Scott and James A. Luppens, "Assessment of Coal Geology, Resources, and Reserve Base in the Powder River Basin, Wyoming and Montana", U.S. Geological Survey, February 26, 2013; "International Energy Statistics", U.S. Energy Information Administration, U.S. Department of Energy, http://www.eia.gov/.

4 "Many Stars CTL", Beyond Coal, Sierra Club, http://content.sierraclub.org/; Homepage, Many Stars Project, http://www.manystarsctl.com/index.html/.

5 Mike Scott과의 개인 인터뷰, October 21, 2010; Alexis Bonogofsky와의 개인 인터뷰, October 21, 2010.

6 "2013 American Indian Population and Labor Force Report", U.S. Department of the Interior, Office of the Secretary, Office of the Assistant Secretary—Indian Affairs, January 2014, p. 47; "Cheyenne Warriors", *Day One*, ABC News, July 6, 1995.

7 Charlene Alden과의 개인 인터뷰, October 22, 2010.

8 Henry Red Cloud와의 개인 인터뷰, June 22, 2011.

9 Andreas Malm, "The Origins of Fossil Capital: From Water to Steam in the British Cotton Industry", *Historical Materialism* 21(2013), 45.

10 Larry Bell과의 개인 인터뷰, July 1, 2011.

11 Carolyn Merchant; "Environmentalism: From the Control of Nature to Partnership", Bernard Moses Lecture, University of California, Berkeley, May 2010.

12 Landon Means와의 개인 인터뷰, June 24, 2011; Jeff King과의 개인 인터뷰, June 23, 2011.

13 Henry Red Cloud와의 개인 인터뷰, June 22, 2011; Alexis Bonogofsky와의 개인 인터뷰, June 22, 2011.

14 Matthew Brown, "Wildfires ravage remote Montana Indian reservation", Associated Press, August 31, 2012; Vanessa Braided Hair와의 개인 인터뷰, March 27, 2013.

15 Henry Red Cloud와의 개인 인터뷰, June 24, 2011.

16 Alexis Bonogofsky가 제공한 오디오 녹음, January 17, 2013.

17 Enei Begaye, "The Black Mesa Controversy", *Cultural Survival Quarterly* 29(2005); Timothy Lesle, "Making a Just Transition: Club Partners with Navajo, Hopi on Renewable Energy Plan", *The Planet*(newsletter), Sierra Club, http://www.sierraclub.org/; "Our Work", Black Mesa Water Coalition, http://www.blackmesawatercoalition.org/ourwork.html/; "Black Mesa Water Coalition"(video), Black Mesa Peep, December 19, 2011.

18 Marc Lee, *Enbridge Pipe Dreams and Nightmares: The Economic Costs and Benefits of the Proposed Northern Gateway Pipeline*, Vancouver, BC: Canadian Centre for Policy Alternatives, March 2012, 4~7

19 위의 글, p. 6.

20 Dan Apfel, "Why Investors Must Do More Than Divest from Fossil Fuels", *The Nation*, June 17, 2013.

21 Diane Cardwell, "Foundations Band Together to Get Rid of Fossil-Fuel Investments", *New York Times*, January 29, 2014; Brendan Smith, Jeremy Brecher, and Kristen Sheeran, "Where Should the Divestors Invest?", Common Dreams, May 17, 2014.

22 위의 글.

23 Melanie Wilkinson, "Pipeline Fighters Dedicate Structure on Route", *York News-Times*(Nebraska), September 24, 2013.

24 "Our Mission", REPOWERBalcombe, http://www.repowerbalcombe.com/.

25 Bill McKibben과의 개인 인터뷰, November 5, 2011.

26 John Jordan에게서 받은 개인 이메일, January 13, 2011.

27 Patrick Quinn, "After Devastating Tornado, Town is Reborn 'Green'", *USA Today*, April 23, 2013.

28 위의 글.

29 Scott Wallace, "Rain Forest for Sale", *National Geographic*, January 2013; Kevin Gallagher, "Pay to Keep Oil in the Ground", *The Guardian*, August 7, 2009.

30 Esperanza Martinez, "The Yasuní—ITT initiative from a Political Economy and Political Ecology perspective", in L. Temper, et al., "Towards a Post-Oil Civilization: Yasunization and Other Initiatives to Leave Fossil Fuels in the Soil", EJOLT Report No. 6, May 2013, pp. 11, 27.

31 Angélica Navarro Llanos, "Climate Debt: The Basis of a Fair and Effective Solution to Climate Change", Presentation to Technical Briefing on Historical Responsibility, Ad Hoc Working Group on Long-term Cooperative Action, United Nations Framework Convention on Climate Change, Bonn, Germany, June 4, 2009.

32 Susan Solomon et al., "Persistence of Climate Changes Due to a Range of Greenhouse Gases", *Proceedings of the National Academy of Sciences* 107 43(2010), 18355.

33 "Kyoto Protocol", Kyoto Protocol, United Nations Framework Convention on Climate Change, http://unfccc.int/.

34 Matthew Stilwell, "Climate Debt—A Primer", *Development Dialogue* no. 61, September 2012, p. 42; Global Carbon Project emissions data, available at http://cdiac.ornl.gov/.

35 위의 글; "Global Status of Modern Energy Access", International Energy Agency, World Energy Outlook 2012; Barbara Freese, *Coal: A Human History*(New York: Penguin, 2004), 64.

36 "Status of Ratification of the Convention", UNFCCC, http://unfccc.int/; "Article 3: Principles", Full Text of the Convention, United Nations Framework Convention on Climate Change, http://unfccc.int/; Kyoto Protocol, United Nations Framework Convention on Climate Change, http://unfccc.int/.

37 Martínez in Temper et al., "Towards a Post-Oil Civilization", p. 32; Jonathan Watts, "Ecuador Approves Yasuni National Park Oil Drilling in Amazon Rainforest", *Guardian*, August 16, 2013.

38 Mercedes Alvaro, "Coalition to Halt Ecuador Oil-Block Development to Appeal Invalidation of Signatures", *Wall Street Journal*, May 9, 2014; Kevin M. Koenig, "Ecuador Breaks Its Amazon Deal", *New York Times*, June 11, 2014.

39 James M. Taylor, "Cancun Climate Talks Fizzle, but U.S. Agrees to Expensive New Program", *Heartlander Magazine*, The Heartland Institute, January 3, 2011.

40 Alice Bows-Larkin과의 개인 인터뷰, January 14, 2013; David Remnick, "Going the Distance: On and off the Road with Barack Obama", *The New Yorker*, January 27, 2014.

41 Sustainable Buildings and Climate Initiative, *Buildings and Climate Change: Summary for Decision Makers*, United Nations Environment Programme, 2009,

http://www.unep.org/; "Global Building Stock Will Expand 25 Percent by 2012, Driven by Growth in Asia Pacific, Forecasts Pike Research", *BusinessWire*, December 28, 2012; "Retail and Multi-Unit Residential Segments to Drive Global Building Space Growth through 2020", Navigant Research, press release, September 19, 2011, http://www.navigantresearch.com/.

42 "Climate Change Leadership—Politics and Culture", CSD Uppsala, http://www.csduppsala.uu.se/; Tariq Banuri and Niclas Hä_llströ_m, "A Global Programme to Tackle Energy Access and Climate Change", *Development Dialogue* no. 61, September 2012, p. 275.

43 "'The Most Obdurate Bully in the Room': U.S. Widely Criticized for Role at Climate Talks", *Democracy Now!*, December 7, 2012.

44 Sunita Narain과의 개인 인터뷰, director general, Centre for Science and Environment, May 6, 2013.

45 Nicole Itano, "No Unity at Racism Conference", *Christian Science Monitor*, September 7, 2001; Declaration of the World Conference Against Racism, Racial Discrimination, Xenophobia and Related Intolerance, http://www.un.org/WCAR/durban.pdf/; Ben Fox, "Caribbean Nations Seeking Compensation for Slavery", Associated Press, July 25, 2013; "Statement by the Honorable Baldwin Spencer, Prime Minister of Antigua and Barbuda to 34th Regular Meeting of the Conference of Heads of Government of the Caribbean Community, July 2013—On the Issue of Reparations for Native Genocide and Slavery", Caribbean Community Secretariat press release, July 6, 2013.

46 Ta-Nehisi Coates, "The Case for Reparations", *The Atlantic*, May 21, 2014.

47 Eric Williams, *Capitalism and Slavery*(Chapel Hill: University of North Carolina Press, [1944] 1994); "Legacies of British Slave-ownership", University College London, http://www.ucl.ac.uk/.

48 Sanchez Manning, "Britain's Colonial Shame: Slave-owners Given Huge Payouts After Abolition", *Independent*, February 24, 2013; "Legacies of British Slave-ownership", University College London.

49 Paul Baer, Tom Athanasiou, Sivan Kartha, and Eric Kemp-Benedict, "The Greenhouse Development Rights Framework: The Right to Development in a Climate Constrained World", revised 2nd edition, Heinrich Böll Foundation, Christian Aid, EcoEquity, and the Stockholm Environment Institute, 2008;

Kartha, Athanasiou, and Paul Baer, "The North-South Divide, Equity and Development", p. 54.

50 온실가스 균형 배출권에 관한 더 자세한 내용과 이 모델이 현실에서 어떤 형태를 취할 수 있는가를 탐구하려면 다음 웹 사이트에 게시된 공평성 측정기와 기타 정보들을 참조하라. http://gdrights.org/; 30 PERCENT AND CARBON TRADING: Kartha, Athanasiou, and Baer, "The North-South Divide, Equity and Development", pp. 59~60, 64; Sivan Kartha와의 개인 인터뷰, January 11, 2013.

13장 재생산의 권리

1 Tracie Washington과의 개인 인터뷰, May 26, 2010.

2 Katsi Cook, "Woman Is the First Environment", speech, Live Earth, National Museum of the American Indian, Washington, D.C., July 7, 2007, http://nmai.si.edu/.

3 "Global In Vitro Fertilization Market to Reach $21.6 Billion by 2020", Allied Market Research, press release, January 29, 2014; F. E. van Leeuwen et al., "Risk of Borderline and Invasive Ovarian Tumours After Ovarian Stimulation for in Vitro Fertilization in a Large Dutch Cohort", *Human Reproduction* 26(2011), 3456~3465; L. Lerner-Geva et al., "Infertility, Ovulation Induction Treatments and the Incidence of Breast Cancer—A Historical Prospective Cohort of Israeli Women", *Breast Cancer Research Treatment* 100(2006), 201~212; Peter Henriksson et al., "Incidence of Pulmonary and Venous Thromboembolism in Pregnancies After In Vitro Fertilisation: Cross Sectional Study", *BMJ* 346(2013), 1~11.

4 Jonathan Henderson과의 개인 인터뷰, May 25, 2010.

5 Cain Burdeau and Seth Borenstein, "6 Months After Oil Spill, Scientists Say Gulf Is Sick but Not Dying", Associated Press, October 18, 2010.

6 Doug O'Harra, "Cordova on the Brink", *Anchorage Daily News*, May 1, 1994.

7 Sandra Steingraber, *Raising Elijah: Protecting Our Children in an Age of Environmental Crisis*(Philadelphia: Da Capo, 2011), 28; Sandra Steingraber, *Having Faith: An Ecologist's Journey to Motherhood*(Cambridge, MA: Perseus, 2001), 88.

8 Lisa M. McKenzie et al. "Birth Outcomes and Maternal Residential Proximity to Natural Gas Development in Rural Colorado", *Environmental Health*

Perspectives 122(2014), 412-417.

9 Mark Whitehouse, "Study Shows Fracking Is Bad for Babies", *Bloomberg View*, January 4, 2014.

10 Constanze A. Mackenzie, Ada Lockridge, and Margaret Keith, "Declining Sex Ratio in a First Nation Community", *Environmental Health Perspectives* 113(2005), 1295~1298; Melody Petersen, "The Lost Boys of Aamjiwnaang", *Men's Health*, November 5, 2009; Nil Basu et al., "Biomarkers of Chemical Exposure at Aamjiwnaang", McGill Environmental Health Sciences Lab Occasional Report, 2013.

11 Advocates for Environmental and Human Rights의 공동 이사 Monique Harden 에게서 받은 개인 이메일, February 13, 2012; 화학자이자 환경 컨설턴트 Wilma Subra와의 개인 인터뷰, January 26, 2012; David S. Martin, "Toxic Towns: People of Mossville 'Are Like an Experiment'", *CNN*, February 26, 2010.

12 Living on Earth, "Human Rights in Cancer Alley", April 23, 2010, http://www.loe.org/; Monique Harden에게서 받은 개인 이메일, February 13 and 15, 2012.

13 Debra Ramirez와의 개인 인터뷰, May 27, 2010; Martin, "Toxic Towns"; Wilma Subra와의 개인 인터뷰, January 26, 2012.

14 "Initial Exploration Plan, Mississippi Canyon Block 252", BP Exploration & Production Inc., p. 14.

15 Donny Waters와의 개인 인터뷰, February 3, 2012.

16 Monica Hernandez, "Fishermen Angry as BP Pushes to End Payments for Future Losses", WWLTV, July 8, 2011; St. Bernard Parish Councilman로 재직한 적이 있는 게잡이 어민 Fred Everhardt와의 개인 인터뷰, February 22, 2012, and March 7, 2014; United Commercial Fisherman's Association의 회장 George Barisich와의 개인 인터뷰, February 22, 2012, and March 10, 2014.

17 "Scientists Find Higher Concentrations of Heavy Metals in Post-Oil Spill Oysters from Gulf of Mexico", California Academy of Sciences, press release, April 18, 2012; "Gulf of Mexico Clean-Up Makes 2010 Spill 52-Times More Toxic", Georgia Institute of Technology, press release, November 30, 2012; Roberto Rico-Martinez, Terry W. Snell, and Tonya L. Shearer, "Synergistic Toxicity of Macondo Crude Oil and Dispersant Corexit 9500A(R) to the Brachionus Plicatilis Species Complex(Rotifera)", *Environmental Pollution* 173(2013), 5~10.

18 Andrew Whitehead와의 개인 인터뷰, February 1, 2012; Andrew Whitehead et al., "Genomic and Physiological Footprint of the *Deepwater Horizon* Oil Spill on Resident Marsh Fishes", *Proceedings of the National Academy of Sciences* 109(2012), 20298~20302; Benjamin Dubansky, Andrew Whitehead, Jeffrey T. Miller, et al., "Multitissue Molecular, Genomic, and Developmental Effects of the Deepwater Horizon Oil Spill on Resident Gulf Killifish(*Fundulus grandis*)", *Environmental Science & Technology* 47(2013), 5074~5082.

19 "2010~2014 Cetacean Unusual Mortality Event in Northern Gulf of Mexico", Office of Protected Resources, NOAA Fisheries, National Oceanic and Atmospheric Administration, http://www.nmfs.noaa.gov/; Rob Williams et al., "Underestimating the Damage: Interpreting Cetacean Carcass Recoveries in the Context of the *Deepwater Horizon*/BP Incident", *Conservation Letters* 4(2011), 228.

20 Harlan Kirgan, "Dead Dolphin Calves Found in Mississippi, Alabama", *Mobile Press-Register*, February 24, 2011; FOOTNOTE: "2010~2014 Cetacean Unusual Mortality Event in Northern Gulf of Mexico", Office of Protected Resources, NOAA Fisheries, National Oceanic and Atmospheric Administration, http://www.nmfs.noaa.gov/.

21 Lori H. Schwacke, Cynthia R. Smith, Forrest I. Townsend, et al., "Health of Common Bottlenose Dolphins(*Tursiops truncatus*) in Barataria Bay, Louisiana, Following the *Deepwater Horizon* Oil Spill", *Environmental Science & Technology* 48(2014), 93~103; "Scientists Report Some Gulf Dolphins Are Gravely Ill", NOAA Fisheries, National Oceanic and Atmospheric Administration, press release, December 18, 2013.

22 "Dolphin Deaths Related to Cold Water in Gulf of Mexico, Study Says", Associated Press, July 19, 2012.

23 Moises Velasquez-Manoff, "Climate Turns Up Heat on Sea Turtles", *Christian Science Monitor*, June 21, 2007; A. P. Negri, P. A. Marshall, and A. J. Heyward, "Differing Effects of Thermal Stress on Coral Fertilization and Early Embryogenesis in Four Indo Pacific Species", *Coral Reefs* 26(2007), 761; Andrew C. Baker, Peter W. Glynn, and Bernhard Riegl, "Climate Change and Coral Reef Bleaching: An Ecological Assessment of Long-Term Impacts, Recovery Trends and Future Outlook", *Estuarine, Coastal and Shelf*

Science 80(2008), 435~471.

24 급속히 진행되는 해양 산성화 현상은 산도가 높은 해양 심층수가 자연적으로 솟아오르는 과정뿐 아니라 인간이 배출하는 많은 양의 이산화탄소를 해양이 흡수하는 과정에서도 발생한다. "MUCH MORE SENSITIVE": Richard Feely와의 개인 인터뷰, November 20, 2012; SCALLOP DIE-OFF: Mark Hume, "Mystery Surrounds Massive Die-Off of Oysters and Scallops off B.C. Coast", *Globe and Mail*, February 27, 2014.

25 CARIBOU CALVES: Eric Post and Mads C. Forchhammer, "Climate Change Reduces Reproductive Success of an Arctic Herbivore Through Trophic Mismatch", *Philosophical Transactions of the Royal Society* B 363(2008), 2369-2372; PIED FLYCATCHER: Christiaan Both, "Food Availability, Mistiming, and Climatic Change", in *Effects of Climate Change on Birds*, ed. Anders Pape Moller et al.(Oxford: Oxford University Press, 2010), 129~131; Christiaan Both et al., "Climate Change and Population Declines in a Long-Distance Migratory Bird", *Nature* 441(2006), 81~82; ARCTIC TERN: Darryl Fears, "Biologists Worried by Migratory Bird Starvation, Seen as Tied to Climate Change", *Washington Post*, June 19, 2013; DENS COLLAPSING, DANGEROUSLY EXPOSED: Ed Struzik, Trouble in the Lair", Postmedia News, June 25, 2012; Steven Amstrup과의 개인 인터뷰, January 7, 2013.

26 "Arctic Rain Threatens Baby Peregrine Falcons", *CBC News*, December 4, 2013; Dan Joling, "Low-Profile Ring Seals Are Warming Victims", Associated Press, March 5, 2007; Jon Aars, "Variation in Detection Probability of Polar Bear Maternity Dens", *Polar Biology* 36(2013), 1089~1096.

27 Schwake et al., "Health of Common Bottlenose Dolphins(Tursiops truncatus) in Barataria Bay, Louisiana, Following the *Deepwater Horizon* Spill"; L. Lauria, "Reproductive disorders and pregnancy outcomes among female flight attendants", *Aviation, Space and Environmental Medicine* 77(2006), 533~539.

28 FOOTNOTE: C.D. Lynch, et. al., "Preconception Stress Increases the Risk of Infertility: Results from a Couple-based Prospective Cohort Study—The LIFE Study", *Human Reproduction* 29(May 2014), 1067~1075.

29 Wes Jackson, "We Can Now Solve the 10,000-Year-Old Problem of Agriculture", in Allan Eaglesham, Ken Korth, and Ralph W. F. Hardy, eds., *NABC Report 24: Water Sustainability in Agriculture*, Ithaca: National Agricultural

Biotechnology Council, 2012, p. 41.

30 Wendell Berry, "It All Turns on Affection", Jefferson Lecture in the Humanities, Washington, D.C., April 23, 2012, http://www.neh.gov/.

31 Tyrone B. Hayes, Lloyd L. Anderson, Val R. Beasley, et al., "Demasculinization and Feminization of Male Gonads by Atrazine: Consistent Effects Across Vertebrate Classes", *Journal of Steroid Biochemistry and Molecular Biology* 127(2011), 65, 67; Karla Gale, "Weed Killer Atrazine May Be Linked to Birth Defect", Reuters, February 8, 2010; Kelly D. Mattix, Paul D. Winchester, and L. R. "Tres" Scherer, "Incidence of Abdominal Wall Defects Is Related to Surface Water Atrazine and Nitrate Levels", *Journal of Pediatric Surgery* 42(2007), 947~949; Tye E. Arbuckle et al., "An Exploratory Analysis of the Effect of Pesticide Exposure on the Risk of Spontaneous Abortion in an Ontario Farm Population", *Environmental Health Perspectives* 109(2001), 851~857; Rachel Aviv, "A Valuable Reputation", *The New Yorker*, February 10, 2014.

32 Charles C. Mann, *1491: New Revelations of the Americas Before Columbus*(New York: Vintage, 2006), 226.

33 "Transforming Agriculture with Perennial Polycultures", The Land Institute, http://landinstitute.org/.

34 Blair Fannin, "Updated 2011 Texas Agricultural Drought Losses Total $7.62 Billion", *Agrilife Today*, March 21, 2012.

35 James A. Lichatowich, *Salmon Without Rivers: A History of the Pacific Salmon Crisis*(Washington, D.C.: Island Press, 2001), p. 54.

36 "Restoring Nationhood: Leanne Betasamosake Simpson", YouTube video, Simon Fraser University, January 13, 2014.

37 Leanne Simpson과의 개인 인터뷰, February 22, 2013.

38 John Vidal, "Bolivia Enshrines Natural World's Rights with Equal Status for Mother Earth", *Guardian*, April 10, 2011; Clare Kendall, "A New Law of Nature", *Guardian*, September 23, 2008; FOOTNOTE: Edgardo Lander, "Extractivism and Protest Against It in Latin America", presented at the Question of Power: Alternatives for the Energy Sector in Greece and Its European and Global Context, Athens, October 2013; Republica del Ecuador, Constitución de la República del Ecuador de 2008, Capítulo Séptimo: Derechos de la Naturaleza, art. 71; "Peoples Agreement of Cochabamba",

World People's Conference on Climate Change and the Rights of Mother Earth, April 24, 2010, http://pwccc.wordpress.com/.

39 Fiona Harvey, "Vivienne Westwood Backs Ecocide Law", *Guardian*, January 16, 2014; "FAQ Ecocide", End Ecocide in Europe, April 16, 2013, https://www.endecocide.eu/.

40 Mike Scott과의 개인 인터뷰, March 23, 2013.

41 Wes Jackson, *Consulting the Genius of the Place: An Ecological Approach to a New Agriculture*(Berkeley: Counterpoint, 2010).

42 Gopal Dayaneni에게서 받은 개인 이메일, March 6, 2014.

결론 도약의 순간들

1 Martin Luther King Jr., "Beyond Vietnam", speech, New York, April 4, 1967, Martin Luther King Jr. Research and Education Institute, Stanford University, http://mlk-kpp01.stanford.edu/.

2 Marlene Moses, Statement on Behalf of Pacific Small Island Developing States, presented at Youth Delegates Demand Climate Justice, side event for United Nations Youth Delegates, New York, October 13, 2009.

3 Brad Werner에게서 받은 개인 이메일, December 22, 2012.

4 "The Future of Human-Landscape Systems II"(video), American Geophysical Union(AGU), December 5, 2012; Brad Werner와의 개인 인터뷰, October 2, 2013; Dave Levitan, "After Extensive Mathematical Modeling, Scientist Declares 'Earth Is F**ked'", io9, December 7, 2012.

5 "The Future of Human-Landscape Systems II"(video), YouTube; Brad Werner에게서 받은 개인 이메일, December 22, 2012; Brad Werner와의 개인 인터뷰, February 15 and October 2, 2013.

6 "The Future of Human-Landscape Systems II"(video), YouTube.

7 John Fullerton, "The Big Choice", Capital Institute, July 19, 2011.

8 Martin Luther King Jr., *Where Do We Go from Here: Chaos or Community?* (Boston: Beacon, [1967] 2010), 5~6.

9 Johannes G. Hoogeveen and Berk Özler, "Not Separate, Not Equal: Poverty and Inequality in Post-Apartheid South Africa", Working Paper No. 739, William Davidson Institute, University of Michigan Business School, January 2005.

10 기후 변화와 노예제, 노예제 폐지 운동 사이의 다층적인 평행 관계를 더 폭넓게

탐구하려면 다음을 참조하라. Jean-François Mouhot, "Past connections and present similarities in slave ownership and fossil fuel usage", *Climatic Change* 105(2011), 329~355; Jean-Francois Mouhot, *Des esclaves énergétiques: Réflexions sur le changement climatique*(Seyssel: Champ Vallon, 2011); Andrew Nikiforuk, *The Energy of Slaves*(Vancouver: Greystone Books, 2012); HAYES: Christopher Hayes, "The New Abolitionism", The Nation, April 22, 2014.

11 Greg Grandin, "The Bleached Bones of the Dead", *TomDispatch*, February 23, 2014; Adam Hochschild, *Bury the Chains: Prophets and Rebels in the Fight to Free an Empire's Slaves*(New York: Houghton Mifflin, 2006), 13~14, 54~55.

12 Christopher Hayes, "The New Abolitionism", The Nation, April 22, 2014; FOOTNOTE: Seth Rockman and Sven Beckert, eds., *Slavery's Capitalism: A New History of American Economic Development*(Philadelphia: University of Pennsylvania Press, forthcoming); Sven Beckert and Seth Rockman, "Partners in Iniquity", *New York Times*, April 2, 2011; Julia Ott, "Slaves: The Capital That Made Capitalism", Public Seminar, April 9, 2014; Edward E. Baptist and Louis Hyman, "American Finance Grew on the Back of Slaves", *Chicago Sun-Times*, March 7, 2014; Katie Johnston, "The Messy Link Between Slave Owners and Modern Management", *Forbes*, January 16, 2013.

13 Lauren Dubois, *Haiti: The Aftershocks of History*(New York: Metropolitan Books, 2012), 97~100.

14 Frantz Fanon, *The Wretched of the Earth*(New York: Grove, 2004), 55.

15 Kari Marie Norgaard, *Living in Denial: Climate Change, Emotions, and Everyday Life*(Cambridge, MA: MIT Press, 2011), 61.

16 Adam Smith, *The Wealth of Nations*, Books I-III, ed. Andrew Skinner (London: Penguin, 1999), 183~184, 488~489.

17 Seymour Drescher, *The Mighty Experiment: Free Labor Versus Slavery in British Emancipation*(Oxford: Oxford University Press, 2002), 34~35, 233; Thomas Clarkson, *The History of the Rise, Progress, and Accomplishment of the Abolition of the African Slave-Trade, by the British Parliament*, Vol. 2(London: Longman, Hurst, Rees, and Orme, 1808), 580~581.

18 Wendell Phillips, "Philosophy of the Abolition Movement: Speech Before the Massachusetts Antislavery Society(1853)", in *Speeches, Lectures, and Letters*(Boston: James Redpath, 1863), 109~110; Frederick Douglass, "The

Meaning of July Fourth for the Negro", speech at Rochester, New York, July 5, 1852, in *Frederick Douglass: Selected Speeches and Writings*, ed. Philip S. Foner and Yuval Taylor(Chicago: Chicago Review Press, 2000), 196.

19 David Brion Davis, *Inhuman Bondage: The Rise and Fall of Slavery in the New World*(New York: Oxford University Press, 2006), 1.

20 Desmond Tutu, "We Need an Apartheid-Style Boycott to Save the Planet", *Guardian*, April 10, 2014.

21 Luis Hernández Navarro, "Repression and Resistance in Oaxaca", *CounterPunch*, November 21, 2006.

22 Sivan Kartha와의 개인 인터뷰, January 11, 2013.

감사의 말

　직업적인 생애에서 내가 내린 가장 현명한 결정은 2010년 초, 라지브 시코라를 선임 연구원으로 채용한 것이다. 라지브는 최고의 자질을 지닌 연구원일 뿐 아니라, 이 책의 출간에 이르는 긴 여정에서 내 곁을 지켜 준 지적 동반자이기도 하다. 그는 이루 말할 수 없이 다양한 분야에서 수집한 엄청난 양의 자료들을 정리하고, 모든 단계에서 뛰어난 정치적 분석을 제시하여 커다란 도움을 주었다.

　이 책의 모든 집필 과정에 라지브의 노고가 있었다. 그의 독특한 분석에 크게 도움받은 내용을 들자면 무역, 기후 부정 심리의 분석, 노예제 폐지 운동의 역사, 기후 부채 그리고 지구 공학적 방법을 비롯하여 기후 과학과 관련한 모든 항목을 아우른다. 라지브의 해박한 지식과 세부 사항에 대한 뛰어난 분석력, 그리고 이 프로젝트와 주제에 대한 열정적인 태도는 놀라울 정도였다. 프로젝트를 진행하는 내내 동료이자 친구로서 그의 도움을 받을 수 있었던 건 참으로 큰 축복이었다.

　2년 전 라지브와 나는 비범하고 성실한 언론인이자 연구자인 알렉산드라 템푸스를 만났다. 그녀는 초대형 폭풍 샌디 이후 기승을 부렸던 재난 자본주의, 자연의 금융화, 일부 환경 단체와 기부 재단의 불투명한 관계 그리고 기후 변화가 산출력에 미치는 영향에 이르기까지 자신이 맡은 다양한 주제들을 단숨에 파악했다. 그녀는 중요한 정보원들을 찾아내고, 내가 미처 알지 못했던 충격적인 사실들을 짚어 냈으며, 늘 깊이 있는 분석으로 도움을 주었다.

라지브와 알렉산드라는 수많은 전문가들과 연락을 주고받으며 인터뷰를 진행했다. 이 책이 마지막 단계에 접어들어 수천 가지 사실들에 대한 출처를 밝히고, 점검하고, 또 점검하고, 법적 심사를 진행해야 했을 때, 이 업무를 완료하기 위해 필요한 것이라면 어떤 일도 마다하지 않는 두 사람의 모습을 보며 나는 깊은 감동을 받았다. 이들은 몇 날 며칠을 꼬박 새워 가며 일을 했다. 진지하고 헌신적인 두 동료의 도움을 받을 수 있었던 건 나로서는 참으로 고마운 선물이다.

다음으로 내가 깊이 신세를 진 사람은 바로 뛰어난 열정과 재능을 갖춘 편집자들이다. 이들은 내가 계속해서 원고의 질을 향상시키도록 조언해 주었다. 『노 로고 *No Logo*』를 출간하고 15년 만인데도 랜덤 하우스 캐나다의 대담하고 훌륭한 대표 루이스 데니스와 다시 힘을 합쳐 작업을 진행하는 영광을 누릴 수 있었으니, 너무나 고마운 일이다. 자상한 루이스는 나를 속속들이 이해했으며, 언제나 최선을 다해 나를 독려해 주었다. 『쇼크 독트린 *The Shock Doctrine*』을 출간할 때 큰 도움을 주었던 펭귄 UK의 헬렌 컨퍼드는 이번에도 사려 깊은 질문과 통찰력으로 원고를 보강해 주었을 뿐 아니라, 늘 훌륭한 영감을 주는 출판 동반자로서 많은 도움을 주었다.

이번에 나는 처음으로 미국의 사이먼 앤 슈스터Simon & Schuster와 함께 출간 작업을 진행했다. 조너선 카프의 통찰력과 지도력, 그리고 밥 벤더의 뛰어난 편집 감각이 없었다면 아마 한 발짝도 나아가지 못했을 것이다. 무한히 고마울 따름이다. 내가 임신 7개월째에 접어든 여성이었음에도 두 사람은 계약을 감행했고, 틀림없이 집필을 완료할 것이라 믿어 주었다. 물론 집필이 완료된 건 틀림없지만 여러 번 지연이 있었던 것도 사실이다. 두 사람이 이 프로젝트에 보여 준 깊은 열정과 인내심을 영원히 잊지 못할 것이다. 쾌활하게 편집 팀을 이끌며 두 번, 세 번 거듭해서 원고의 질을 향상시켜 준 밥에게 특히 큰 고마움을 전한다.

출판 에이전트 어맨다 어반을 만난 것도, 그녀의 동료 캐롤리나 서턴과 헬렌 맨더스를 만난 것도 내겐 행운이었다. 이들은 세계 전역을 뒤지며 내 책을 출간할 완벽한 출판사를 찾아내고, 어려운 일이 닥칠 때마다 믿음직한 친구이자 투사로서 나를 돕는다. 참으로 고마운 사람들이다.

재키 조이너에게도 고마움을 전한다. 우리가 함께 설립한 작은 출판 및 영화 제작사 〈클라인 루이스 프로덕션Klein Lewis Productions〉을 운영하는 그녀는 언제나 큰 힘이 된다. 그녀가 여러 가지 활동들을 훌륭하게 관리해 준 덕분에, 나는 이 책을 쓰면서도 처음 겪는 출산과 육아를 감당할 시간과 공간을 확보할 수 있었다. 우리가 배를 띄울 때마다 재키는 그 배가 뒤집히지 않도록 든든하게 잡아 준다. 우리의 가족이나 다름없는 그녀가 없다면, 아비와 나는 길을 잃고 말 것이다.

오랫동안 연구 보조원으로 나를 도와준 데브라 레비는 2012년 아쉽게도 이 프로젝트를 떠나야 했다. 그전까지 그녀는 지구 공학, 구세주로 나선 억만장자들, 기후 부채와 관련한 항목에서 특히 크나큰 도움을 주었다. 라지브와 알렉산드라가 이 프로젝트에 안착하도록 도운 것도 바로 그녀였다. 내 이력에 소중한 도움을 준 공로자, 아직도 그녀가 그립다.

마감을 몇 달 앞둔 때에 앨린 브라운과 로런 서덜랜드는 몹시 촉박한 마감에 맞추어 사실 확인 작업을 도우며 대활약을 펼쳤다. 로런은 또한 억만장자들과 관련하여 열정적인 취재를 맡아 주기도 했다. 데이브 오즈월드 미첼은 성장 논리와 관련하여, 그리고 마라 카다스넬슨은 독일과 볼더 시의 지역 분권화 운동과 관련하여 신중하고도 포괄적인 취재를 맡아 주었다.

몹시 바쁜 중에도 기후 변화의 충격과 대책에 관한 항목을 흔쾌히 읽어 준 기후 과학자들에게도 라지브와 나는 큰 신세를 졌다. 케빈 앤더슨(틴들 기후 변화 연구소)과 앨리스 보우스라킨(틴들 연구소), 제임스 핸슨(컬럼비아 대학), 피터 글레이크(태평양 연구소), 시반 카르타(스톡홀름 환경 연구소) 등 기라성 같은 과학 전문가들이 이 책의 광범한 항목들을 읽으며 그 정확성을 검토해 주었다. 마이클 E. 만(펜 주립 대학) 역시 서문에 포함된 섭씨 4도 온난화 세계에 대한 예측을 검토하고 소중한 조언을 해주었다. 나는 과학자가 아니기에, 자료의 정확성과 관련하여 이러한 전문가들의 검토는 필수적이었다. 과학적으로 확인된 사실들을 토대로 제시한 정치적 입장은 모두 나의 독자적인 결론이며, 여기 소개한 관대한 과학자들과는 전혀 무관함을 밝혀 둔다.

2011년 빌 맥키번이 내게 350.org의 이사회에 참여해 달라고 요청했을 때, 나는 그게 얼마나 힘든 일이 될는지 전혀 예상하지 못했다. 키스톤 XL 반대 운동과 화석 연료 투자 회수 운동의 출발 단계에서 350.org의 훌륭한 팀과, 특히 뛰어난 상상력을 가진 사무국장 메이 뵈브와 함께 일하면서 나는 책에서도 언급했듯이 급속히 변화하는 기후 정의 운동의 선두에 서게 되었다. 믿음직한 친구인 빌은 세계에서도 독보적인 인물로, 오래전부터 기후 정의에 관해 많은 글을 써왔다. 이 투쟁을 그와 함께한다는 것은 참으로 행복한 일이다. 덧붙여, 이 책에 밝힌 의견은 모두 나의 독자적 판단이며, 350.org라는 조직과는 무관하다는 것도 밝혀 둔다.

그 밖에도 여러 분야의 전문가들이 이 책의 수많은 항목들을 검토해 주었다. 라일리 던랩, 애런 M. 맥라이트, 로버트 브루엘, 스티븐 슈리브먼, 오스카 레예스, 래리 로만, 패트릭 본드, 타트치오 뮐러 그리고 톰 크루제. 이들 모두에게 깊은 고마움을 전한다.

사랑하는 벗들, 쿄 맥클리어, 이브 엔슬러, 베치 리드, 조핸 해리. 이들은 모두 이 책의 일부를 읽고 작가이자 편집자로서 소중한 재능을 나누어 주었다. 특히 조핸은 지금껏 내가 편집과 관련해서 받았던 조언 중에서도 가장 독보적인 내용을 일러 주었다. 그의 도움은 영원히 잊지 못할 것이다. 벗들로 꾸려진 이 비공식적인 출간 팀은 제목 구상을 돕고, 책의 주제에 대해서 끊임없는 대화를 나누는 등 헤아릴 수 없을 만큼 다양한 경로로 나를 도왔다.

내 어머니 보니 클라인과 아버지 마이클 클라인, 두 분도 소중한 조언을 주었다. 산부인과 분야의 인위적 개입에 따르는 위험을 연구하면서 여성의 건강을 지키는 일에 평생을 바치신 아버지는 불임 치료의 의학적 위험에 대해 조사하는 나를 위해 과분하게도 연구 보조원 역할을 맡아 주셨다. 꼼꼼하고 신중한 조언을 건넨 오빠 세스 클라인, 그리고 캐나다 정책 대안 센터Canadian Centre for Policy Alternatives 브리티시컬럼비아 지부에서 기후 정의에 관한 획기적인 연구로 도움을 준 오빠의 동료들에게도 깊은 고마움을 전한다.

남편 아비 루이스는 나의 영원한 첫 번째 독자이자 최고의 협력자다. 이 프로젝트를 통해 우리는 이러한 관계를 공식화했다. 내가 책을 쓰는 동안 아비는 같은 주제의 기록 영화를 제작했다. 집필과 영화 제작이 동시에 진행된 덕분에 우리는 함께 조사하며 여행을 다닐 수 있었고, 영화는 책에도 반영되었다. 영화 제작에 참여한 분들의 공로는 영화 크레디트에도 표시되겠지만, 지면을 통해 특별히 언급하지 않고서는 이 감사의 글이 완벽해질 수 없을 것이다. 제작 초기부터 막대한 기여를 해준 조슬린 반스, 케이 매케너, 애너딜 호사인, 메리 램슨, 셰인 호펠트, 마크 엘럼, 대니얼 휴잇, 크리스 밀러, 니콜라 졸리엣, 마틴 루카치, 마이클 프레모, 알렉스 켈리, 대프니 위섬, 재클린 수헨, 엘런 도시, 톰 크루제, 카라 메테스, 에이미 라오에게 고마움을 전한다.

우리가 이 분야에서 만난 분들과 함께 일하시는 분들 모두 다양한 경로로 이 책에 큰 도움을 주었다. 테오도로스 캐리오티스, 아포스톨리스 포티아디스, 라우라 고테스디너, 크리스털 레임먼, 알렉시스 보노고프스키, 마이크 스콧, 나스타란 모히트, 소피아 갈리사 뮤린테, 웨스 잭슨, 필립 화이트먼 주니어, 리넷 투 불스, 데이비드 홀랜더, 찰스 코바치, 그 밖에도 많은 분들이 있다.

탁월한 전문 지식을 나눠 준 분들, 소렌 앰브로즈, 댄 아펠, 톰 아타나시우, 에이미 바크, 다이애나 브론슨, 존 카반나흐, 스탠 콕스, 브렌든 드멜레, 알무스 언스팅, 조스 가먼, 저스틴 과이, 제이미 헨, 제스 휴스티, 스티브 혼, 마틴 코어, 케빈 코니그, F. 제럴드 메이플스, 리디 낙필, 마이클 오펜하이머, 샘 랜덜스, 마크 란다소, 재닛 레드먼, 앨런 로벅, 마크 샤피로, 스콧 싱클레어, 레이철 스몰커, 일라나 솔로몬, 매슈 스틸웰, 제시 스완휴서, 션 스위니, 짐 토머스, 케빈 트렌버스, 에런 바일스, 벤 웨스트, 이본 야네즈, 애덤 주커먼에게도 고마움을 전한다.

수많은 연구소와 비정부 기구, 언론 기구도 귀중한 도움을 주었다. 기후 과학 신속 대응 팀, DeSmogBlog, EJOLT, 펨비나 협회, 그린피스 캐나다, 이산화탄소 정보 분석 센터, 국제 석유 대체 기구에 특별히 감사를 전한다. 기후 관련 뉴스를 제공해 준 웹 사이트 〈그리스트Grist〉와 〈클라이머트 프로그레스〉, 또한 깊이 있는 분석을 해준 〈오리온Orion〉의 훌륭한 필자들에게도 큰 빚을 졌다. 기후 관련 뉴스 분야에서 어느 누구도 따라갈 수 없는 열정적인 활동을 펼치며 모든 인터뷰 녹취록을 무상으로 제공해 준 〈데모크라시 나우!Democracy Now!〉가 없었다면 우리는 길을 잃고 말았을 것이다.

이 책에 인용한 많은 책과 논문들에 대해서는 본문과 주석에 이름을 명시해 두었지만, 마크 도위의 『잃어버린 땅』, 크리스틴 맥도널드의 『그린 주식회사』, 페트라 바르토시에비치와 마리사 마일리의 『너무 잔잔한 혁명』 그리고 탄소 거래제에 관한 허버트 도세나의 글로부터는 특히 큰 도움을 받았다. 석탄의 역사를 다룬 안드레아스 말름의 연구와 클리브 해밀턴의 논문은 내게 큰 깨우침을 주었다. 리앤 심슨의 연구 덕분에 채취주의의 근본 논리를 확실히 이해할 수 있었고 르네 러즈먼, 카리 노가드, 샐리 와인트로브, 로즈머리 랜덜의 연구 덕분에 기후 변화 부정론을 새로운 시각으로 볼 수 있었다.

기후 위기의 정치 경제학은 몹시 난해한 분야다. 이 분야의 기초를 확립함으로써 나의 집필에 도움을 준 중요한 사상가들의 이름을 빠짐없이 소개하는 건 아마 불가능할 것이다. 여기에서는 내 지식에 특별히 기여한 사람들 중 앞에서 언급되지 않은 몇몇 이름들만 소개하고자 한다. 후안 마르티네스 알리에르, 님모 배시, 로버트 D. 불러드, 에릭 M. 콘웨이, 허먼 데일리, 조슈아 팔리, 존 벨라미 포스터, 데이비드 하비, 리처드 하인버그, 팀 잭슨, 데릭 젠슨, 반 존스, 마이클 T. 클레어, 위노나 라듀크, 에드가르도 란데르, 캐롤린 머천트, 조지 몬비어트, 나오미 오레스키, 크리스천 패런티, 일리 페레도, 앤드루 로스, 줄리엣 B. 쇼어, 조니 시거, 앤드루 심즈, 파블로 솔론, 제임스 구스타브 스페스, 샌드라 스타인그래버, 피터 빅터.

출판이란 유행의 흐름보다는 세부적인 사항에 훨씬 많은 관심을 기울여야 하는 까다로운 작업이다. 이 중요한 일들을 챙기느라 고생한 모든 사람들의 노고를 기린다. 특히 사이먼 앤 슈스터의 훌륭한 편집 팀, 조한나 리, 루스 페시치, 프레드 체이스, 필 멧커프의 노고가 컸다. 크노프/랜덤 하우스 캐나다의 어맨다 루이스는 원고를 읽고 편집과 관련해서 유익한 조언을 해주었다. 또 랜덤 하우스 캐나다의 스콧 리처드슨이 이 책의 대담한 표지 디자인을 맡아 주었다. 표지에 내 이름을 넣지 않아도 좋겠다고 확신하게 할 만한 디자인을 내놓을 수 있는 사람은 스콧밖에 없을 것이다. 이 책을 세상으로 내보내는 책임을 맡아 준 유능하고 헌신적인 세 명의 홍보 전략가, 사이먼 앤 슈스터의 줄리아 프로서와 랜덤 하우스 캐나다의 쇼나 쿡, 펭귄 UK의 애너벨 헉슬리에게도 미리 감사를 전한다. 또한 본문 내용을 법률적으로 검토해 준 변호사 브리안 머

클라우드 로저스, 엘리사 리블린, 데이비드 허스트에게도 고마움을 전하고 싶다.

그 외에 여러 조사원들과 『네이션』의 견습 기자들이 5년이 넘는 기간 동안 이 프로젝트에 직간접적으로 참여했다. 제이크 존스턴, 돈 페일리, 미첼 첸, 카일라 네일런, 나타샤 셰리프, 세라 울프, 에릭 웨스트왈드, 리사 보스코프엘런, 사이프 라흐만, 다이애나 루이스, 시몬 데이비스코엔, 오언 데이비스, 라이언 데버럭스. 이들 모두가 훌륭한 성과를 보여 주었다. 알론소 리오스 미라를 비롯한 여러 사람들도 인터뷰 녹취를 맡아 소중한 도움을 주었다.

내 저술은 늘 〈네이션 인스티튜트The Nation Institute〉의 지원을 받는다. 나는 네이션 인스티튜트 퍼핀 재단의 선임 연구원이며, 이 프로젝트를 진행하는 동안 라지브는 네이션 인스티튜트가 내준 사무 공간을, 알렉산드라는 『네이션』에서 내준 사무 공간을 사용했다. 『네이션』이라는 궤도 안에서 함께 활동하는 모든 동료들에게 고마움을 전한다. 특히 내 글을 편집하는 역할을 맡아 준 베치 리드, 카트리나 반덴 휴벨, 피터 로스버그, 리처드 킴, 타야 키트먼, 루스 볼드윈, 에스터 캐플런에게 고마울 따름이다. 여러 해 동안 나를 지원해 준 월리스 글로벌 펀드, 래넌 재단, 노보 재단의 후의를 기리고 싶다.

라지브를 대신하여 해나 쇼와 라지브의 부모님인 두르가 말람팔리, 조지프 시코라에게 진실한 감사를 전한다. 또한 알렉산드라를 대신하여 그녀의 부모님 로빈 싱글러와 케네스 싱글러, 그리고 켄트 템푸스와 데니스 시디템푸스, 그녀의 할머니 샌드라 니스윙거에게도 깊이 감사드린다. 깊은 몰입을 요하는 기나긴 프로젝트를 진행하는 동안 언제나 우리를 이해해 주고 지원을 아끼지 않았던 이들 모두에게 우리의 고마움을 전한다.

이 주제와 관련해서 나와 깊이 있고 발전적인 대화를 나누어 온 많은 친구들이 있다. 앞서 소개한 사람들을 제외한 이들, 저스티 포더, 클레이튼 토머스밀러, 캐서린 바이너, 아서 매뉴얼, 하르샤 왈리아, 안드레아 슈미트, 소머스 밀른, 멜리나 라보칸마시모, 로버트 젠슨, 마이클 하트, 존 조던, 라즈 파텔, 브렌든 마틴, 에마 루비삭스, 제인 삭스, 탄투 카디널, 제러미 스카힐이 있다. 고팔 다야네니와 〈무브먼트 제너레이션〉의 모든 사람들은 내게 귀중한 지식과 끊임없는 영감을 주었다. 미샤 클라인, 미셸 란츠베르크, 스티븐 루이스, 프랜시스 코디, 낸시 프리드랜드, 데이비드 월, 사라 폴리, 켈리 오브라이언, 세실리 서래스키, 캐롤린 헌트, 세라 에인절, 앤서니 아노브, 브렌다 코글린, 존 그레이슨, 스티븐 앤드루스, 앤 비링거, 마이클 서머스, 벨린다 레예스, 오펠리아 휘틀리까지, 모두 개인적으로 고마운 사람들이다.

누구보다 고마운 사람이 있다. 어리광을 부릴 나이임에도 놀라운 참을성을 보여 준, 참으로 대단한 나의 아들 토마. 이 세계가 우리 동네보다 훨씬 크다는 걸 너도 곧 깨닫게 되겠지.

찾아보기

옮긴이의 말

〈앞으론 날 두고 회복력이 뛰어나다는 이야기는 하지 말았으면 한다. 난 회복력이 뛰어나지 않다. 나를 두고 《어휴, 회복력이 대단하군》이라고 말할 때마다, 사람들은 내게 무슨 짓이라도 해도 된다고 생각한다.〉 저자가 이 책에 인용한, 뉴올리언스의 인권 변호사 트레이시 워싱턴의 글이다. 이 책에서 내게 가장 깊은 여운을 남긴 글이다.

트레이시의 글에서 〈나〉라고 표현한 것은 트레이시 개인을 뜻하는 게 아니다. 이 글은 뉴올리언스의 전봇대에도, 건물 벽에도 붙었던 아프리카계 미국인들의 인권 옹호 슬로건이다. 주민 가운데 약 70퍼센트가 아프리카계 미국인이고 이 중 절반이 빈곤층인 뉴올리언스는 2005년 미국 최악의 참사 허리케인 카트리나의 습격으로 80퍼센트가 침수되어 가옥 10만 채가 파손되고 1,800명이 사망했다. 뉴올리언스가 저소득층 지역이라 미국 정부가 구호에 늑장을 부려 피해를 키웠다는 논란이 제기되기도 했다(이 책에선 뉴올리언스 참사 이야기는 나오지 않는다).

그런데 이 책을 다 읽은 뒤에 트레이시의 인용구를 다시 읽으면, 여기서 〈나〉는 영락없이 〈지구〉라는 깨달음이 소름끼치듯 다가온다. 우리는 〈아주 오랜 세월 동안〉 지구에게 무슨 짓을 해도 괜찮다고 생각해 온 게 사실이니까. 게다가 이 글에서는 〈이제부턴 가만히 있지 않을 거야〉라는 단호한 결기가 느껴진다. 〈두고 봐. 꼭 되갚아 줄 테니〉 식의 앙갚음 선언도 아니고, 〈이제 그만 좀 괴롭혀, 제발〉 이런 식의 애원은 더더욱 아니다.

우리나라의 일반인들 사이에선 지구 온난화가 그다지 심각한 위기로 여겨지지 않는다. 지구가 따뜻해지는 건 사실이라고 생각하지만, 당장 내 눈앞에서 끔찍한 일이 벌어지진 않을 거라 생각한다. 일본에서 후쿠시마 원전이 해일에 공격당하는 장면을 보면서도 바다 건너 이웃 나라 일이라고 안심한다. 대기 오염, 수질 오염, 산성비 등이 야기하는 일상적인 불편 혹은 피해에는 민감하지만, 지구 온난화는 나의 일상과는 관계없는, 비유하자면 〈대기권 밖의 일〉로 치부한다. 그런데 이 책은 외면하고 싶은 사실을 외면할 수 없게 만든다. 이 책을 읽으면 남의 일이 아니구나 싶으면서 우리의 암울한 미래가 그려져 마음이 아프다. 다행히 이 책은 거기서 끝나지 않는다. 이 책을 끝까지 읽으면 밝은 미래의 여명이 그려져 용기가 샘솟는다.

이 책의 원제는 〈This Changes Everything: Capitalism vs. The Climate〉이다. 〈this〉는 무얼 말하는 걸까? 언뜻 보기엔 this는 기후다. 〈everything〉은 무얼 말하는 걸까? 모든 것. 〈그럼 기후 문제가 인류를 비롯한 지구 상의 모든 생명의 삶의 조건을 바꾼다는 뜻이겠지.〉 책 제목을 처음 들었을 때 나는 그리 짐작했다. 두꺼운 책이니 자료가 풍부히 들어 있을 테고, 결론은 뻔히 기후 문제의 심각성을 강조하는 거겠지, 싶었다. 그렇다면 〈this〉 대신에, 내놓고 〈기후climate〉라고 하지 않은 건 왜일까? 궁금증은 책을 다 읽고서야 해소되었다.

책 부제로 〈Capitalism vs. The Climate〉이란 말을 택한 데서 알 수 있듯이, 저자는 〈기후 변화는 자본주의와 기후의 전쟁〉이라고 말한다. 〈기후가 모든 것을 바꾸어 놓는다〉는 말을 저자는 풍부한 자료와 취재를 통해 〈탈규제 자본주의가 모든 것을 바꾸어 놓는다〉는 뜻으로 전환시킨다. 지구 온난화의 위기를 맞은 인류는 탈규제 자본주의에게 완전히 칼자루를 넘겨주고 탐욕과 파멸의 지옥으로 향하느냐, 아니면 철저히 조직된 기후 대응으로 평등하고 건강한 세계를 건설하느냐를 결정하는 갈림길에 서 있다. 저자는 우리가 둘 중 어느 길을 선택해야 하는지를 조목조목 설명하고 있다.

이 책은 탁상 앞에 가만히 앉아서 쓴 글이 아니다. 저자가 발로 뛰며 쓴 글, 기후 정의 운동에 참여해 취재하면서 쓴 글이라 생동감이 넘친다. 그렇다고 객관적인 근거가 박약할 거라 생각하면 오해다. 이 책에는 방대한 학문적 내용이 녹아 있다. 저자는 지구 온난화를 부인하는 사람들의 주장 뒤에 화석 연료 채취를 통해 막대한 수익을 얻는 자본의 논리가 숨어 있음을 파헤치고, 세계적인 차원에서 인력 자원의 약탈을 옹호하는 탈규제 자본주의의 정치적, 경제적, 문화적, 심리적 시스템을 분석한다.

우리는, 〈하필이면〉 지구 온난화가 심각한 시대에 태어난 우리 세대가 피해자라고 생각하기 쉽다. 다시 말해 지구 온난화를 적으로 생각하기 쉽다. 기상 이변으로 숱한 인명과 재산이 희생되고 있는 현실을 생각하면 그럴 법도 하다. 하지만 저자는 우리에게 희망을 제시한다. 〈지구 온난화는 기회〉라고 우리를 설득한다. 자본주의 이전부터 존재해 온 물질 만능주의에서 벗어날 수 있는 기회, 화석 연료의 채취를 기반으로 한 무한 팽창주의에서 평등주의와 공동체주의로 전환할 수 있는 기회임을, 여러 가지 사례로 제시하고 있다.

인상적인 것은 사적인 경험까지 녹여낸 대목이다. 저자는 30대 후반까지는 기후 위기가 목전에 다가온 상황에서의 자녀 출산은 곧 대량 소비자의 생산이라고 여겨 아이를 갖지 않았다고 한다. 하지만 결국 출산을 결심하고, 불임의 장벽에 부딪히고 우여곡절을 겪고서야 아이를 얻을 수 있었다. 저자는 인공의 힘에 유린당했다는 점에서 자신이 지구와 똑같은 처지임을, 나아가 자신이 지구와 똑같이 신비로울 정도의 재생 능력을 가진 존재임을 깨달았다고 고백한다. 그 과정 속에서 탄생한 기후 운동의 건설적인 미래에 대한 강한 확신이 이 책의 〈주춧돌〉이다. 저자는 이 주춧돌 위에 서서 지구와 인류의 미래에 대한 비관주의를 물리칠 수 있는 강력한 청사진을 제시하고 있다. 나머지는 우리 몫이다. 청사진이 옳은가 그른가를 판단하는 것은, 그리하여 이 청사진을 이 세계에서 실현하느냐 마느냐 하는 것은, 이 시대를 살아가는 우리에게 달려 있다.

저자는 책머리에 아들 〈토마에게〉 이 책을 바친다고 쓰고 있다. 그런데 책을 읽고 나니 이 헌사를 예사롭게 지나칠 수가 없다. 험난한 환경을 헤치고 어머니의 자궁을 통해 지구에 도달한 〈토마〉를 부르는 헌사 속에, 미래 세대의 평온하고 평등한 삶에 대한 기원이 응축되어 있다는 느낌이 들어서다. 〈이제부턴 가만히 있지 않을 거야〉란 말이 귀에서 울리는 것 같아서다.

2016년 5월
이순희 씀

옮긴이 **이순희** 서울대학교 영어영문학과를 졸업했고, 현재 전문번역가로 활동하고 있다. 『불평등의 대가』, 『나쁜 사마리아인들』, 『가난한 사람이 더 합리적이다』 등 경제서와 『세계의 도서관』, 『아프리카의 운명』, 『제국의 미래』 등 역사서, 『행복의 정복』, 『러셀 북경에 가다』, 『나는 무엇을 보았는가』, 『사람들은 왜 싸우는가』 등 버트런드 러셀의 책 그리고 『희망의 불꽃』, 『나에게는 꿈이 있습니다』, 『집단지성이란 무엇인가』, 『가난은 어떻게 죄가 되는가』, 『글래머의 힘』 등을 옮겼다.

이것이 모든 것을 바꾼다 자본주의 대 기후

발행일	2016년 6월 15일 초판 1쇄
	2021년 4월 1일 초판 7쇄

지은이	나오미 클라인
옮긴이	이순희
발행인	홍예빈 · 홍유진
발행처	주식회사 열린책들

경기도 파주시 문발로 253 파주출판도시
전화 031-955-4000 팩스 031-955-4004
www.openbooks.co.kr

Copyright (C) 주식회사 열린책들, 2016, *Printed in Korea*.
ISBN 978-89-329-1768-9 03300

이 도서의 국립중앙도서관 출판예정도서목록(CIP)은 서지정보유통지원시스템 홈페이지(http://seoji.nl.go.kr)와 국가자료공동목록시스템(http://www.nl.go.kr/kolisnet)에서 이용하실 수 있습니다.(CIP제어번호 : CIP2016013229)